#wir sind noch mehr

DEUTSCHLAND IN AUFRUHR

Hanno Vollenweider (Hrsg.)
David Berger
Michael Stürzenberger
Thomas Bachheimer
Roger Letsch
Charles Krüger
Wolfgang van de Rydt
Heiko Schrang
Petra Paulsen
Ramin Peymani
Marcus Franz
Peter Helmes
Christian Jung
Naomi Seibt
Vera Lengsfeld
Jürgen Fritz
Imad Karim
Thomas Böhm
Niki Vogt
John James
Friedemann Wehr

MSW
MACHT STEUERT WISSEN

Hinweis

Die in diesem Buch veröffentlichten Beiträge stammen von den jeweiligen Autoren, die im Rahmen ihrer inhaltlichen Ausarbeitung journalistisch und redaktionell verantwortlich sind. Die Autoren nutzen damit Ihren Grundrechteschutz entsprechend Artikel 5 GG Absatz 1 Satz 1 und 2 sich frei zu äußern.

1. Auflage

ISBN: 978-3-945780-42-8
Weitere Informationen zum Buch finden Sie unter: www.macht-steuert-wissen.de
Lektorat: Maria Schneider, dasfrauenbuendnis@mailbox.org, Dolmetscher, Übersetzer, Lektorat
Coverlayout: Amadeus Holey, Birkenweg 4, 74579 Fichtenau, Mail: a.holey@gundf.de
Druck und Bindung: Finidr, s.r.o. Cesky Tesin

Besuchen Sie uns im Internet unter:
www.heikoschrang.de
www.shop.macht-steuert-wissen.de

Bibliografische Informationen der Deutschen Nationalbibliothek
Die Deutsche Nationalbibliothek verzeichnet diese Publikation in der Deutschen Nationalbibliografie.

Inhalt

Vorwort des Herausgebers

Meine sehr geehrten Damen und Herren,

wir Deutschen werden immer reicher, Merkel wird von Tag zu Tag beliebter, Migranten nicht krimineller, Trump und Putin bringen die Welt an den Rand der Apokalypse, aber vorher wird jeder einzelne von uns durch den Klimawandel dahingerafft. Zumindest ist das so, wenn man der etablierten deutschen Presselandschaft glauben will.

Der Deutsche horcht und gehorcht auf das, was ihm nicht nur im öffentlich-rechtlichen Flunker-TV von Claus Kleber und Konsorten für die Wahrheit und nichts als die einzige Wahrheit verkauft wird. Dieser primitive Obrigkeitsjournalismus, wie es ihn einst schon in der DDR gab, hat es nötig gemacht, dass sich ein breites Spektrum der Gegenöffentlichkeit in Form von immer mehr Blogs und Autorennetzwerken gründen, mit dem Ziel, Informationen, die der Öffentlichkeit bewusst vorenthalten werden, ans Tageslicht zu bringen, Halbwahrheiten aufzudecken und Totgeschwiegenen eine Stimme zu geben.

Und gerade jetzt ist genau das noch wichtiger geworden!

Denn in den letzten Wochen und Monaten überschlagen sich die Ereignisse in Deutschland wie selten in der Nachkriegszeit.

Es vergeht beinahe kein Tag mehr, an dem sich Deutschland nicht weiter abschafft. Argumente zählen nicht mehr, nicht mal mehr Menschenleben. Wenn in Chemnitz ein Deutscher von einem abgelehnten Flüchtling erstochen wird, dann gerät ganz schnell das ermordete Opfer in den Mainstreammedien in den Hintergrund – bloß den bösen Rechten keine Argumente geben! Sogar Videobeweise für „Hetzjagden" auf Ausländer werden erfunden. Unter dem Hashtag #WirSindMehr wird eine Kampagne gegen „Rechts" gegen die Bürger initiiert, die um die Opfer der Massenmigration trauern.

Staats-Punk Campino reist mit seinen Toten Hosen an, Coca-Cola verteilt gratis Brause, Busse karren „Demonstranten" nach Chemnitz und wozu? Nur, um zu zeigen, dass in Deutschland alles Friede, Freude, Eierkuchen ist! Und dafür schämt man sich nicht einmal, auf dem Grab eines gerade ermordeten jungen Mannes zu tanzen.

Sprach man hier, in unserem Land, vor kurzem noch von einem Riss, der durch die Gesellschaft ging, ist es heute schon so, als hätte sich zwischen zwei Lagern eine riesige Schlucht aufgetan, die fast unüberwindbar scheint. Und die, die diesen Riss zu verschulden haben, sind nicht nur die Regierungsparteien und große Teile der Opposition, es sind auch ihre Hofschreiber von der Staatspresse mit ihren Merkel-Mantras.

Dabei wäre es so einfach, dieser Mainstream-Filterblase zu entfliehen. Es ist ein großer Schritt, aber einer der sich lohnt! Mit diesem Buch finden sie den Schlüssel zu einer wichtigen neuen Informationsquelle außerhalb der Einheitsmeinung. Und glauben Sie mir, wenn ich Ihnen sage, dass Sie sich mehr als einmal wundern werden, wie viele Informationen nur teilweise, gar nicht oder völlig verdreht und verfälscht an die Öffentlichkeit gelangen.

Die ersten, die über den Mord in Chemnitz, seine Hintergründe und später über die gefälschten Hetzjagd-Beweise berichteten, waren die Freien Medien – große und kleine Blogs sowie YouTube-Kanäle. Dieser Bürger-Journalismus, oder um den aus dem Englischen kommenden Begriff „Graswurzel-Journalismus" zu benutzen, gewinnt in Deutschland immer mehr an Bedeutung, absolut zurecht! In einem Land, in dem die großen und einflussreichen Medien immer staatshöriger werden, ist es umso wichtiger, dass sich gute Leute finden, die eine Gegenöffentlichkeit zu dem schaffen, was die Machthaber ihren Untertanen als die Wahrheit einimpfen wollen.

Viele von Ihnen werden unsere Autoren, oder zumindest einige davon, sicherlich kennen. Die, die es nicht tun, möchte ich an dieser Stelle vorwarnen: Wir sind die, die Ihnen die selbsternannten Qualitätsmedien in ihrem Kampf um die Deutungshoheit mit allen Mitteln als die Fake-News-Presse, Nazis oder Verschwörungstheoretiker verkaufen.

Mit diesem Buch haben Sie nun die Chance, sich selbst ein Bild von dem zu machen, was wir zu sagen haben. Vergewissern sie sich selbst, ob wir wirklich die Schreihälse sind, vor denen Sie Ihr Nachrichtensprecher und Ihre etablierte Tageszeitung so sehr gewarnt haben. Ich persönlich bin mir sicher, wenn Sie den nachfolgenden Seiten „open-minded" entgegentreten, werden Sie feststellen, dass wir alles andere sind als Fake-News!

Ein paar Worte zu diesem Buch:

Während der Bearbeitung der Texte der verschiedenen Autoren habe ich versucht, die Beiträge thematisch in eine sinnvolle Ordnung zu bringen. Da das teilweise nicht leicht war und der ein oder andere Text ohne den aktuellen Bezug, wie er zum Zeitpunkt seines Verfassens gegeben war, einer Einleitung bedarf, habe ich mir erlaubt, zwischen den einzelnen Blogs und teilweise auch vor einigen Texten, durch mich verfasste Anmerkungen zu platzieren. Es sei an dieser Stelle auch gesagt, dass wir als die Freien Medien – was der Name eigentlich schon suggerieren sollte – nicht gleichgeschaltet sind und uns somit auch untereinander nicht bei allen Themen einig sein müssen. Wir akzeptieren die Meinung unserer Kollegen und haben – da spreche ich sicher für alle Autoren – keinerlei Probleme damit, wenn auch in diesem Buch zu einem Thema unterschiedliche Meinungen bestehen.

Es liegt nun genug Text vor Ihnen, weshalb ich an dieser Stelle nur noch auf die Vereinigung der Freien Medien e.V. aufmerksam machen möchte. Aufgrund des steigenden Drucks durch die Politik und Zensurbehörden haben wir uns dort vereinsmäßig organisiert. Mehr über uns erfahren Sie unter *www.DeutschlandsFreieMedien.de* – dort finden Sie auch einen Newsticker mit den jeweils neuesten Meldungen aus den Freien Medien.

Sapere Aude!

Hanno Vollenweider

Chemnitz und die Wirklichkeitsallergiker

Im Vorwort wurden die Vorfälle von Chemnitz bereits kurz thematisiert. In diesem ersten Buchabschnitt wollen wir etwas tiefer auf dieses noch immer aktuelle Thema eingehen, Hintergründe beleuchten und einige Zusammenhänge aufzeigen, die bisher weniger öffentliche Aufmerksamkeit gefunden haben.

Für mich persönlich hat alles, was sich im Nachhinein um den Vorfall in Chemnitz ereignet hat, eins gezeigt: Wenn du es wagen solltest, den allein gültigen Narrativ in diesem Land anzutasten, nämlich den linken, dann wird man dich mit allen Mitteln bekämpfen!

Verfassungsschutzpräsident Hans-Georg Maaßen muss seinen Posten räumen. Nach langem hin und her zwischen Merkel, Seehofer und Nahles ist nun klar, dass er in Zukunft für besondere Aufgaben im Bundesinnenministerium zuständig sein wird. Eine Farce mit nur einem Grund: Er als Chef einer – wie es von Politiker aller etablierten Parteien in Interviews gerne hieß – „nachgeordneten Behörde" hatte es gewagt, bei den angeblichen Beweisvideos zur „Hetzjagd" in Chemnitz von (O-Ton) „linker Desinformation" zu sprechen. Maaßen hätte beweisen können was immer er auch wollte – für das Kanzleramt, linke Parteien und die beteiligten Journalisten ging es nicht darum, irgendwas aufzuklären – weder die Echtheit irgendwelcher verwackelten Internetvideos, noch die der plötzlich aufgetauchten dubiosen Zeugen. Es ging ihnen um die Deutungshoheit in diesem Land, um eine Machtdemonstration dieses längst schon halb- oder dreiviertel-totalitären Regimes und um ein Signal an alle wichtigen und unwichtigen Beamten in diesem Land: Leg dich nicht mit uns an!

Was in Chemnitz wirklich stattgefunden hat, nämlich die Tötung des 35-jährigen Deutschen Daniel H. durch eine Gruppe teils abgelehnter und krimineller Asylbewerber, ist Politikern und Journalisten anscheinend egal. Von Asylbewerbern getötete Deutsche machen sich eben nicht so gut in der „Wir schaffen das"-Bilanz.

Die nun im ersten Abschnitt dieses Buches folgenden Beiträge unserer Autoren blicken hinter die Kulissen der Vorgänge in Chemnitz, analysieren das politische Geschehen und die Berichterstattung der Mainstreammedien. Sie beweisen aber auch eins, wie z.B. Vera Lengsfeld mit ihrem Beitrag „Alltägliche Propaganda": Diese Art und Weise der Manipulation und Ablenkung hat bereits System in Deutschland! Den Themenbereich beendet Roger Letsch mit einer bitterbösen Satire.

Die Hetzjagd auf die Wahrheit

Von Vera Lengsfeld

Wie sehr Politik und Medien neben der Spur sind, wurde in der Haushaltsdebatte nach der Sommerpause im Deutschen Bundestag deutlich. Der Abgeordnete Martin Schulz wiederholte eine Nummer, die ihm seinerzeit im Europaparlament einen steilen Aufstieg bescherte. Damals stellte er dem italienischen Regierungschef Berlusconi eine Reihe scharfer Fragen zu dessen Regierungspolitik, bis der erwiderte, er würde Schulz für die Rolle eines Kapos in einem KZ-Film vorschlagen, der gerade in Italien gedreht wurde. Diesmal hielt Schulz nach der Rede des AfD-Fraktionschefs Gauland eine Kurzintervention, indem er Gauland „Faschismus" vorwarf und meinte, er gehöre auf den „Misthaufen der Geschichte". Für diesen Rückgriff auf stalinistisches Vokabular erhielt Schulz, der seit seiner kläglich gescheiterten Kanzlerkandidatur nur noch ein Schattendasein führt, endlich wieder einmal stehende Ovationen.

Das war der vorläufige Tiefpunkt der gegenwärtigen politischen Kampagne gegen die Realität. Seit den von Politik und Medien erfundenen „Hetzjagden" in Chemnitz wird mit allen Mitteln gegen den Einsturz dieses Lügengebäudes gekämpft. Weil Politiker und Journalisten zu tief in den größten Skandal dieses Jahrhunderts verwickelt sind, weigern sie sich einfach, die Tatsachen anzuerkennen. Nach dem unseligen Motto, dass man eine Lüge nur lange genug wiederholen muss, damit sie für die Wahrheit gehalten wird, redet man einfach weiter von „Hetzjagden", obwohl es sie nie gegeben hat. Jeder, der widerspricht, wird in seiner Existenz bedroht.

Auch der sächsische Ministerpräsident Kretschmer wird angegriffen, weil er in seiner Regierungserklärung sagte, dass es weder Hetzjagden noch gar Pogrome in Chemnitz gegeben habe. Im Visier ist vor allem Verfassungsschutzchef Maaßen, weil er aussprach, was jeder seriöse Journalist und jeder Politiker, der diesen Namen verdient, von Anfang an hätte sehen können: Das dubiose Video von Antifa Zeckenbiss ist kein Beweis für die haarsträubenden Anschuldigungen gegen die Chemnitzer. Es ist, wie Maaßen zutreffend formulierte, eine **Falschinformation**.

Mit dieser Falschinformation, die von einem von der Antifa generierten Twitter-Gewitter über angebliche Verfolgungen braver Migranten durch rechtsextremistische Chemnitzer begleitet wurde, landete die Antifa ihren bisher größten Coup, als Zeit, Spiegel und danach die gesamte Qualitätspresse ihre Desinformationskampagne aufgriff und auch die Kanzlerin sie sich zu eigen machte.

Nachdem sich Merkels Regierungssprecher Seibert und auch die Kanzlerin über angebliche Hetzjagden in Chemnitz verbreitet hatten, war der Antifa-Fake regierungsamtlich bestätigt. Die Nachricht von den unverbesserlichen Dunkeldeutschen ging wie ein Lauffeuer um die Welt.

Niemand konnte sich vorstellen, dass eine Regierungschefin auf Grund ungeprüfter Informationen von Linksextremisten ihr eigenes Volk verunglimpfen würde. Aber genau das war der Fall. Merkel sprach von „Videos", die das beweisen würden. Inzwischen musste das Kanzleramt eingestehen, dass es nur das Zeckenbiss-Video gab. Wenn wir noch in einer funktionierenden Demokratie lebten, hätten sich weder die Opposition noch die Medien diesen Skandal entgehen lassen. Wir haben aber Nicht-Regierungsparteien, die für die Kanzlerin in die Bresche springen, statt ihre Tätigkeit zu kontrollieren.

Besonders die Grünen, die sich offensichtlich als Regierungspartei im Wartestand sehen, verteidigen Merkel vehement. Nach der SPD kamen die meisten Rücktrittsforderungen für Maaßen von den Grünen. Interessant dabei ist die Frage, ob sie selbst am richtigen Platz sei, die sich Katrin Göring Eckhard von etlichen Ihrer Follower gefallen lassen musste, als sie den Rückzug von Innenminister Seehofer forderte. Werten ihre Mitarbeiter solche Reaktionen aus, oder bleiben sie unbeachtet?

Nachdem durchgesickert war, dass es keine Hetzjagden gab, machten sich die Medien nicht etwa daran herauszufinden, wie es geschehen konnte, dass das Kanzleramt auf Grund ungeprüfter Informationen eine Schmutzkampagne gegen die eigenen Bürger lostrat, sondern sie versuchten „Beweise" zu finden, dass es doch Ausschreitungen gegeben hat.

Der Focus griff auf zwei Syrer zurück, die entsprechende Behauptungen aufstellten. Einer der beiden, Thaer Ayoub, ist ein Schauspieler, der in Projekte der Stadt Chemnitz eingebunden ist. Er stellte eine Reihe unbewiesener

Behauptungen auf und beschwerte sich, dass die Polizei ihn nicht auf seinem Nachhauseweg begleitet habe. Immerhin räumte er großmütig ein, dass ja nicht alle Chemnitzer böse seien. Vor dem verhängnisvollen Sonntag im August, an dem er massenhaft Nazis auf den Straßen gesehen haben will, hat er in einem Video verkündet, dass er sich in Chemnitz sehr wohl fühle.

Der zweite Interviewpartner, der in supermodischer pelzverbrämter Kutte auftrat, wiederholte zweimal die Behauptung, die Nazis seien mit „Schwertern" auf ihn losgegangen. Er wäre „nur noch gerannt". Dann kommt ein Satz, der den Video-Machern offensichtlich so gut ins Konzept passte, dass er auch zwei Mal wiederholt wurde: Er sei nicht nach Deutschland gekommen, um zu sterben. Natürlich kann man nur rechtsextrem sein, wenn man sich beim Hören die Frage stellt, warum in aller Welt er in einem so tödlichen Land bleibt.

Solche „Zeugen" der Öffentlichkeit zu präsentieren, hat schon etwas Verzweifeltes an sich.

Auf ähnlichem Niveau bewegt sich die das andere Video, in dem die beiden Afghanen, die auf dem Zeckenbiss-Video zu sehen sind, interviewt werden. Es wird aufgemacht mit der reißerischen Behauptung, man hätte sie totgeschlagen, wenn sie nicht weggerannt wären. Aus einem Verfolger, der auf dem Zeckenbiß-Material zu sehen ist, werden hier erst 300, dann 30 „sehr aggressive" Nazis.

Trotz dieser gefährlichen Übermacht hat der eine Afghane Handyvideos gemacht, die er auch in die Kamera hält. Angeblich sollen das Szenen aus dem Trauermarsch sein, an dessen Rand er und sein Kumpel gestanden haben, als die Zeckenbiss-Aufnahmen gemacht wurden. Wenn man sich die Aufnahmen genau ansieht, entdeckt man, dass die Körperhaltung der beiden anfangs keine Fluchthaltung, sondern eher als aggressiv zu werten ist. Es sieht so aus, was Augenzeugen auch bestätigen, dass die beiden die Trauermarschteilnehmer provoziert haben. Übrigens tragen die Afghanen Handschuhe, was an einem heißen Tag ungewöhnlich ist. Beim Interview fehlen diese Accessoires. Warum die Handschuhe? Der mit dem Handy behauptet, das Handy wäre ihm mit einer Bierflasche aus der Hand geschlagen worden. Dem Handy ist aber keinerlei Beschädigung anzusehen, nicht einmal ein Riß. Hätten die Video-Macher nicht einmal an einem alten Handy ausprobieren sollen, was passiert, wenn es mit einer Bierflasche geschlagen wird und anschließend auf die Straße fällt, ehe sie dem Publikum solche Geschichten zumuten? Obwohl sich die Erzählungen der beiden Afghanen anhören, wie die Geschichten aus Tausend und einer Nacht, nur nicht so schön, wollen die Qualitätsjournalisten ihnen aufs Wort glauben, ohne den Wahrheitsgehalt nachzuprüfen. In der DDR nannte man solchen Journalismus klassenbewusst, heute ist das pc.

Man fragt sich auch, warum ein Überfall auf ein jüdisches Restaurant, der sich am Montag, dem 27. August ereignet hat und der erst von der Polizei als Sachbeschädigung eingestuft wurde, Tage später als „Beweis" für Hetzjagden, die ja am Sonntag, dem 26. stattgefunden haben sollen, medial verwertet wurde. Der Wirt sprach von schwarz Vermummten, die Medien machen, noch ehe die Täter gefasst sind, Rechtsradikale daraus. Die Antwort ist, der Vorfall soll die Aussagen von Verfassungsschutzchef Maaßen entkräften. Was nicht passt, wird passend gemacht. Der Glaubwürdigkeit der Medien tut dieses Vorgehen nicht gut.

Genauso steht es mit dem „Geheimbericht" der Polizei über hundert Vermummte, die Ausländer zum Jagen gesucht haben sollen. In dem Polizeibericht, der dem Politmagazin „Frontal 21" vorliegt, soll nun von „Vermummten" die Rede sein, die „mit Steinen" bewaffnet „Ausländer suchen" und schließlich ein jüdisches Restaurant überfallen: „100 vermummte Personen suchen Ausländer", soll die wortwörtliche Formulierung sein.

Allerdings handelt es sich bei diesem Satz anscheinend nur um eine Information, die der Polizei zuging. Die daraufhin einsetzende Suche nach den vermummten Gewalttätern verlief erfolglos. Das musste Frontal21 eingestehen. Wozu also diese Meldung? Um der Öffentlichkeit zu suggerieren, die Kanzlerin hätte doch irgendwie recht gehabt? Das ist Staatsjournalismus pur.

Besonders pikant: Das gesamte bisher bekannte Bildmaterial aus Chemnitz, auf dem Vermummte zu sehen sind, zeigt immer nur linksextreme vermummte Gewalttäter.

Zurück zu der Bundestagsdebatte, in der auch Kanzlerin Merkel ihren Auftritt hatte. Sie könne jeden verstehen, „der darüber empört sei, wenn sich nach Tötungsdelikten einmal mehr herausstellt, dass diejenigen Straftäter sind, die schon mehrere Vorstrafen haben, oder Menschen sind, die vollziehbar ausreisepflichtig sind." Hier sehe sie „Aufgaben, die zu lösen sind". Aber bei allem Verständnis holt die Kanzlerin dann doch wieder das verbale Totschlagargument heraus, dass all dies kein Grund sei für „menschenverachtende Demonstrationen".

Trauermärsche um getötete Mitbürger sind also menschenverachtend. Mehr Verachtung gegenüber dem Souverän kann kaum gezeigt werden. Mit demokratischem Politikverständnis hat das nichts mehr zu tun.

Am selben Tag wurde Verfassungsschutzpräsident Maaßen vor dem Bundestagsinnenausschuss angehört.

Maaßen begründete seine Aussagen über Chemnitz mit seiner Sorge vor einer Desinformationskampagne. In seinem vierseitigen Bericht an Innenminister Horst Seehofer (CSU) erhebt Maaßen schwere Vorwürfe gegen den Twitter-Nutzer „Antifa Zeckenbiss".

Es sei davon auszugehen, dass dieser das Video, das eine „Hetzjagd" belegen sollte, vorsätzlich mit der falschen Überschrift „Menschenjagd in Chemnitz" versehen habe, „um eine bestimmte Wirkung zu erzielen".

Maaßen sieht keinen Anlass, sich grundsätzlich von seinen Äußerungen zu distanzieren. Nicht er, sondern der Urheber des Videos habe zu belegen, dass damit „Hetzjagden" in Chemnitz am 26. August 2018 dokumentiert werden.

Ich bin keine Verfassungsschutz-Freundin, denn ich habe größte Vorbehalte gegen V-Männer des Verfassungsschutzes, die sich laut Bundestagsbeschluss auch „szenetypisch" verhalten dürfen. Man weiß am Ende nie genau, ob ein Hitlergruß, der von den Medien als Beweis rechtsradikaler Ausfälligkeiten präsentiert wird, tatsächlich echt, oder nur „szenetypisch" ist. Aber wo der Verfassungsschutzpräsident Recht hat, hat er Recht und die von Politikern und Medien erhobene Forderung, Antifa Zeckenbiss mehr zu glauben, als dem Verfassungsschutz, ist ein Zeichen dafür, wie weit der Zeitgeist sich vom gesunden Menschenverstand entfernt hat.

www.vera-lengsfeld.de

Artilleriefeuer aus dem Elfenbeinturm: Der Krieg der Medien gegen das Volk

Von Niki Vogt

Der Krieg der Medien gegen das Volk: Seit Chemnitz ist alles anders

Chemnitz. Viele Deutsche wussten bisher nur, dass es diese Stadt da irgendwo „drüben" gibt. Heute titeln alternative Medien mit „Heldenstadt Chemnitz", wogegen die Mainstreammedien und Politiker in der sächsischen Stadt einen einzigen, braunen Sumpf erblicken, ja, gleich ganz Sachsen als Nazi-Hochburg beleidigen. Gegen das Titelblatt des Spiegels „Sachsen – Wenn Rechte nach der Macht greifen", auf dem das Wort „Sachsen" auf schwarzem Grund gedruckt, langsam von weißer zu brauner und von einer serifenlos-modernen zu einer Schwabacher Frakturschrift mutiert, also den Übergang in den Hitlerfaschismus darstellen soll, sind mehrere Anzeigen wegen Volksverhetzung bei der Hamburger Staatsanwaltschaft eingegangen.

Gewundert über die neue Hassattacke des Spiegels hat sich niemand. Kaum eine Gazette, die nicht Empörung, Hass und Häme über die Demonstrierenden ausgoss. Es war „Silvesternacht Kölner Domplatte reloaded" nur wesentlich heftiger. Die Volksbeschimpfung und das Totschweigen der wahren Vorkommnisse hat bisher beispiellose Formen angenommen. Seit Chemnitz tobt ein regelrechter Krieg: Das Volk gegen das Politmediale Kartell.

An vorderster Front die öffentlich-rechtlichen Medien. Man tat buchstäblich alles, um die Geschehnisse möglichst zu vertuschen und zurechtzubiegen. Man war sich für nichts zu schade, denn jetzt, so empfinden es viele, war mit einem Mal alles anders. Das dumpfe Grummeln der Bevölkerung über „Lügenpresse" explodierte in puren Zorn und die Mainstreampresse samt Polit- und Kulturelite keulte rücksichtslos gegen „die Sachsen". Der Theaterautor und Komödienspezialist Reiner Woop forderte auf Twitter *„Mauer um Sachsen, AfD rein, Dach drüber, Napalm und Tür zu!"*.

Solche Worte sind noch nicht einmal von Weltbösewicht Nr.1, aka Adolf Hitler bekannt geworden. Was Woop hier fordert, ist Völkermord.

Dabei war eigentlich in Chemnitz „nichts Besonderes" passiert. Es war – wie immer. Irgendwo in der Bundesrepublik Deutschland war einmal wieder einer der wöchentlichen Messermorde geschehen. Wie fast immer, war das Messer in der Hand von muslimischen Zuwanderern, wie meistens, waren diese Zuwanderer schon vorher polizeilich als Kriminelle und Gewalttäter aufgefallen, und wie nicht selten, war der Täter ein abgelehnter Asylbewerber, der eigentlich hätte abgeschoben werden müssen. Was, wie fast immer in diesen Fällen, nicht geschah.

Doch noch am Abend des bestialischen Mordes mit 25 Messerstichen am jungen Daniel Hillig, sammelte sich ein Trauerzug, um die Anteilnahme an dem Tod des so jungen, hoffnungsvollen Familienvaters zu zeigen, und die Trauer und die Empörung darüber, dass so ein bestialischer Mord nicht nur überhaupt möglich, sondern alltägliche Begleiterscheinung im Leben in Deutschland geworden ist. Der Volkszorn darüber, dass man noch nicht einmal ein Stadtfest fröhlich und unbesorgt feiern kann, die Trauer um einen jungen, liebenden Familienvater und die Angst vor dem Verlust der Sicherheit in der eigenen Stadt brauchten einen Ausdruck. Man wollte zusammen sein, Trost in der Menge finden, gemeinsam dieses tiefempfundene Gefühl des hilflosen, allgemeinen Ausgeliefertseins zum Ausdruck bringen.

Die Menge von etwa 1000 Chemnitzern ging durch die Innenstadt. Es brannten keine Autos. Es gab keine eingeschlagenen Scheiben. Es gab keine Verletzten. Keine Sachbeschädigungen.

Die sofortige Umkehrung der Wertung: Die Bürger sind die Täter

Die Meldungen in den Mainstreammedien des nächsten Tages schienen von einer ganz anderen Begebenheit zu berichten. Ein „brauner Mob" sei gewalttätig, randalierend und pöbelnd durch Chemnitz „marschiert".

Eine Hetzjagd auf alles, was ausländisch aussehe, habe es gegeben, schrieb die Presse bundesweit. Das war das Fanal zu einem Empörungsdarstellungswettbewerb der Sonderklasse. Jeder, der sich auf der Seite der Wahren, Guten, Linken und Schönen wähnt, absolvierte seine persönliche Empörungsshow, echauffierte sich möglichst publikumswirksam und die Presse bot die Bühne: „Rassisten machen Jagd auf Ausländer!"

Eine glatte Lüge. Die gesamte Medienwelt schrieb diese Lüge von einem erkennbar der Antifa zugeordneten Twitter-Konto namens „Zeckenbiss" völlig kritiklos ab. Es gab ein paar Rangeleien am Rande des Trauermarsches, weil sich gleich Antifa und Linksextreme einfanden, ein paar Schubsereien mit der Polizei, aber das waren Einzelfälle am Rande. Die Medien, die sonst bei jedem noch so scheußlichen Verbrechen von Migranten an Deutschen reflexartig in Warnungen vor Pauschalisierungen von Einzelfällen ausbrechen, haben ihrerseits – gerade in der Sache Chemnitz – sofort die Mega-Pauschalisierungs- und Vorverurteilungskeule auf alle Sachsen niedersausen lassen. Die Polizei hatte aber lediglich über 50 „gewaltbereite" Demonstranten berichtet.

Interessanterweise hörte das auch nicht auf, nachdem die unglaubliche Lüge der Ausländer-Hetzjagd schon aufgedeckt worden war.

Fast jeden Abend trafen sich nun Chemnitzer Bürger zu solchen friedlichen Protestzügen. Stets wurde in der Presse vom „marschierenden, rechten Pöbel" berichtet, obwohl jeder, der die Bilder sah, Menschen erblickte, die ganz normale Bürger waren. Alte Damen und Herren, junge Mütter mit Kinderwagen, Büroangestellte, Jugendliche, ganz normale Menschen.

Gesetze gelten nur, wenn es dem politisch-medialen Kartell passt

Am 1. September gab ein eine weitere, wesentlich größere Demonstration. Das Recht zu demonstrieren ist eine der im Grundgesetz verbrieften bürgerlichen Freiheiten. Die Bürgerdemonstrationen hatten sich als vollkommen friedlich erwiesen, die Antifanten zeigten das Gegenteil. Augenzeugen und Videos zeigen, dass die Polizei entlang der Wege der über die Zehntausend zählenden, demonstrierenden Bürgern, ihre Helme gar nicht aufhatten und recht entspannt am Straßenrand standen. Dort, wo die Antifa sich mit Spruchbändern postierte, zeigte sich die Polizei nur mit Helmen und in voller Kampfmontur. Was sagt uns das?

Dennoch gab es anscheinend einen Befehl der Politik von oben, den Demonstrationszug der Bürger am 01. September so gut, wie möglich zu behindern und damit das Grundgesetz zu boykottieren. Antifa und Linke bauten eine Straßensperre auf, die der Polizei ein Leichtes gewesen wäre wegzuräumen. Doch das war offensichtlich nicht gewollt. Während die Gegendemo, auf der sich diverse linke und grüne Politiker von ihrer sie umgebenden Filterblase bis in den Abend feiern ließen, noch bis in den Abend in der Innenstadt herumlief, löste die Polizei die Versammlung der Bürger pünktlichst auf, obwohl sie nicht ihren vorgegebenen Weg zu Ende gehen konnte.

Das war aber noch nicht alles. Die Journalisten des Politmedialen Kartells hatten eine neue Sau, die sie durchs Dorf trieben: „MDR-Kamerateam angegriffen". Ein Kamerateam des MDR hatte an einer Wohnungstür geklingelt. Ein Kind öffnete und wurde von dem MDR-Kamerateam überrumpelt. Das Kind, von der ganzen Männergruppe vom „Fernsehen" eingeschüchtert, ließ das MDR-Team herein. Der Vater kam dazu und warf das Team aus seiner Wohnung, was rechtens war. Es war schon eine Unverschämtheit, ein Kind dermaßen zu überfahren, und nicht zu fragen, ob denn die Eltern daheim sind. Nach dem Rausschmiss fiel ein Kameramann auf dem Weg hinaus die Treppe hinunter. Der Sender MDR erstattete Anzeige: Gewalt gegen Journalisten, die hässliche Fratze des Faschismus! Davon, dass das Team einen veritablen Hausfriedensbruch begangen hat, wurde natürlich nicht berichtet. Auf Nachfragen zu den genauen Vorgängen erhielten alternative Medien keine Antwort. Man weiß recht gut um die eigene, voreingenommene Berichterstattung.

Auch, was die Medien an Zahlen nannten, war höchst zurechtgebogen. Die Anzahl der Teilnehmer an den Demonstrationen der Bürger wurde stets nach unten manipuliert, die der Gegendemonstranten nach oben geschönt. Die Videoaufnahmen lassen aber eine recht valide Schätzung der Trauerzug-Teilnehmerzahlen zu, die übereinstimmend deutlich höher liegen als die in den Medien berichteten Zahlen.

Dann schnitt die ARD in die Filmbilder der Bürgerdemonstration auch noch Sequenzen von Filmaufnahmen aus der Demo der Hooligans vom 27. September ein, die mit dem Protestzug vom 01. September nichts zu tun hatten. Und dazu benutzten sie auch noch die schlimmsten Bilder der Hooligan-Demo. In den Tagesthemen wurde dann so berichtet, dass der Zuschauer denken musste, dass die Hooligan-Bilder auf der Trauermarsch-Demonstration gedreht wurden und es gab folgenden Sprechertext dazu:

„4500 Menschen sind es, die am frühen Abend ihren Trauermarsch beginnen, angeführt von den AfD-Landeschefs von Sachsen, Thüringen und Brandenburg. Manche Teilnehmer des Zuges zeigen sich offen rechtsextrem." (Hier das erwähnte Filmmaterial vom 27. 8.: Man sieht offensichtlich Rechtsextreme, die „Wir sind die Fans – Adolf Hitler – Hooligans!" skandieren.)

Erst nachdem dies auch wieder von den alternativen Medien aufgedeckt wurde, entfernte die ARD diese Sequenz aus der Sendung. Auf Twitter ließ man wissen, Tagesthemen habe die „Tage verwechselt", da sei ein Fehler unterlaufen. Seltsamerweise passieren diese „Fehler" immer nur zugunsten der allgemeinen Linksberichterstattung.

Die Opfer interessieren nicht – Trauer der Bürger nicht legitim

Was (viel zu spät) den Politikern und Medien in ihrem Furor gegen die „braunen Horden" erst einmal vollkommen entgangen war: Es gab nur Empörung gegen die Demonstranten. Aber kein Wort des Bedauerns und Mitgefühls für die Opfer und deren Familien. Denn neben dem abgeschlachteten jungen Familienvater gab es noch zwei weitere Schwerverletzte. Nach ersten Meldungen hieß es, auch ein zweites Opfer sei seinen Verletzungen erlegen. Dies wurde jedoch nicht bestätigt und bis heute ist nicht klar, ob der zweite, schwerverletzte junge Mann noch am Leben ist, und wenn ja, in welchem Zustand.

Fünf Tage lang hagelte es Prügel auf die Chemnitzer Trauermärsche, bis den hohen Herrschaften selbst auffiel, dass da ja noch irgendwie irgendwas war: Huch ... Vergessen! Da waren ja noch die Opfer. Dann folgte eine theaterreife Aufführung mit Verneigen vor den Opfern und schönen Reden, die vor Pauschalisierungen warnten, und dabei noch einmal ihren pauschalisierten Abscheu vor den demonstrierenden Bürgern als „braunen Mob" bekräftigten. Kurz darauf verkündete man stolz ein Riesenkonzert mit allen möglichen Stars, die so gutmenschlich und politisch korrekt sind, dass sie das Konzert kostenlos machen. Bezahlt wurde es trotzdem von verschiedenen Verbänden und auch durch Unternehmenssponsoring.

Und immer und immer wieder: Vertuschen, verschweigen, verzerren

Anfangs wurde eine Nebelwand um die Herkunft der Täter gelegt. Nur die sozialen Medien und dann die Polizeimeldung erzwangen anfangs, dass die Medien nolens volens berichteten, es habe sich um „einen Iraker und einen Syrer" gehandelt. Auch das ist falsch. Die Meute, die über die drei jungen Männer herfiel, bestand – Augenzeugen zufolge – aus mindestens zehn arabisch aussehenden Männern. Und auch dann berichtete die Presse nicht, mit welcher wahnsinnigen Mordswut, nämlich 25 bis 30 tiefen Stichen, der junge Mann abgeschlachtet wurde.

Verlust der öffentlichen Sicherheit? – Gewöhnt Euch dran!

Das alles offenbarte sich erst hieb- und stichfest (im wahrsten Sinne), als der Justizangestellte Daniel Zabel, der die ganze Lügerei, das Verschweigen und Vertuschen nicht mehr aushalten konnte, den Haftbefehl gegen den Haupttäter mit vollem Namen in die Öffentlichkeit durchstach.

Er fotografierte den Haftbefehl gegen die beiden Täter Alaa S. und Yousif A. und gab sie weiter.

Selbstverständlich wurde der Mann sofort vom Dienst suspendiert und ist gerade deshalb weit über Sachsen hinaus ein Volksheld geworden. Als der Name des Haupttäters dadurch bekannt war, fanden ihn die Leute auf Facebook, wo der Messermörder sich in Machopose und mit Schusswaffe ablichten ließ und unverhohlen mit Mord drohte. Er war also nicht nur polizeilich längst bekannt, konnte als abgelehnter Asylbewerber nicht nur unrechtmäßig immer noch in Deutschland frei herumlaufen, er hatte auch noch seine Absicht zu morden öffentlich kundgetan. Eine Zeitbombe, die hochgehen musste. Es traf Daniel H. und seine Familie.

Und jeder fragt sich: Warum wurde nichts dagegen getan? Warum konnte der Mörder unbehelligt mit einem Messer hier herumlaufen und unschuldige Bürger abstechen? Weil es zu viele von solchen Kriminellen gibt. Es sind so viele, dass die Polizei dagegen machtlos ist. Was bedeutet das? Dass es jede Woche Woche ein Lotteriespiel ist, wer den Jackpot gewinnt und ermordet wird. Irgendwo ist irgendwer wieder einmal zur falschen Zeit am falschen Ort und trifft auf eine dieser Zeitbomben. Mal sind es zwei oder drei Opfer, mal eine Woche keins.

„... dass die Medien nicht mehr die Hoheit haben ..."

Der Justizangestellte Zabel ging, zusammen mit seinem Rechtsanwalt Frank Hannig mit einer Erklärung an die Öffentlichkeit. In dieser Erklärung heißt es:

*„**Ich möchte, dass die Öffentlichkeit weiß, was geschehen ist.** Ich möchte, dass die Spekulationen über einen möglichen Tatablauf ein Ende haben und ich möchte, **dass die Medien nicht mehr die Hoheit haben, den tatsächlichen Tatablauf in Frage zu stellen, zu manipulieren oder auf eine ihnen jeweils genehme Art und Weise zu verdrehen.** Ich möchte, dass die gesamte Öffentlichkeit ausschließlich die zum heutigen Zeitpunkt bekannten harten Fakten kennt.*

*Ich bin als Justizvollzugsbeamter tagtäglich im Brennpunkt eines Geschehens, dass es in unserem Land vor einigen Jahren in dieser Intensität und Weise nicht gegeben hat. Trotzdem **beobachte ich jeden Tag, dass die meisten Menschen über die Veränderungen in unserem Land belogen werden** oder die Wahrheit nicht wahrhaben wollen. Zumindest im Hinblick auf den Totschlag oder Mord von Chemnitz wollte ich aber nicht mehr Teil dieser schweigenden Masse sein, sondern dafür sorgen, dass die Wahrheit, und ausschließlich die Wahrheit ans Tageslicht kommt. Dafür stehe ich."*

Hier zeigt sich in einem Brennglas, woher wirklich der Gestank der Verwesung eines einst vorbildlichen Staates weht. Was hier (vom Autor fettgestellt) zum Ausdruck kommt, ist die verzweifelte Hilflosigkeit des Bürgers vor der alles erstickenden Verschwörung der Medien zusammen mit der Politik gegen das Volk, um eine Agenda durchzupeitschen, von der man schon vorher wusste, dass das Volk sich dagegen wehren *müssen* wird. Zu diesem Behuf *muss* das polit-mediale Kartell verschweigen und vertuschen, was nur geht, verdrehen und lügen, wenn etwas doch publik wird und jeden öffentlich diffamieren und niederschreiben, der sich dagegen wehrt.

Daniel Zabel ist ein Bürger, der – obwohl Staatsdiener – es einfach nicht mehr aushalten konnte und bereit war, auch seine wirtschaftliche Existenz zu opfern, weil er endlich einmal die (Miss-)deutungshoheit der Medien durchbrechen wollte.

Wenn es brave, gesetzestreue Bürger so weit treibt, dann läuten alle Alarmglocken.

Als Addendum soll hier noch erwähnt werden, dass der Medienanwalt Ralf Höcker sich in dieser Sache öffentlich äußerte, dass das entsetzte Skandalgeplärr der Medien wegen des Haftbefehl-Leaks heuchlerisch sei. Auf seinem Facebook-Account schrieb er:

„Das Durchstechen von Ermittlungsakten ist in der Tat strafbar. Trotzdem passiert das jeden Tag und nicht nur in Chemnitz. Normalerweise regt sich die Presse aber nicht darüber auf. Warum nicht? Weil sie die Akten selber zugespielt bekommt oder sogar Justizmitarbeiter besticht, um an diese Akten zu gelangen. Die Preise variieren. Nach unseren Erfahrungen bekommt man Akten bereits für 500-800 € von korrupten Justizangestellten oder Polizisten zugeschoben. Nicht nur die Boulevardpresse, sondern auch seriöse Tageszeitungen berichten fast täglich aus Justizakten, die sie nur aufgrund eines Rechtsbruchs erlangt haben können. Wie gesagt: wenn das nicht in Chemnitz passiert, sondern in der Wirtschaftsredaktion der Süddeutschen, aktuell in der Lokalredaktion Hannover der HAZ oder dem Unterhaltungsressort der Bild-Zeitung, ist das für die Presse nie ein Problem. Im Gegenteil. Wenn wir als Medienanwälte für Mandanten, deren Akten durchgestochen wurden, gegen Journalisten vorgehen, regen sie sich fürchterlich auf. Ein Eingriff in die Pressefreiheit sei das. Das stimmt, aber ein notwendiger Eingriff, mit dem das Recht wiederhergestellt wird."

Chemnitz ist nur der vorläufige Höhepunkt

Die Staatsmacht karrt nun Polizei aus allen möglichen Bundesländern nach Chemnitz, um der Lage Herr zu werden. Doch die Polizeikräfte in Deutschland sind schon kaum in der Lage, die Kriminalität im Griff zu halten. Die Hundertschaften, die dort an die Front geschickt werden, fehlen woanders. Die Chemnitzer Bürger sind keine Gefahr für die Polizisten, doch die fehlende Polizei ist eine Gefahr für andere Städte, wo bestimmte Elemente das Fehlen der Polizei bald zu nutzen wissen werden.

Auch weitere friedliche Paralleldemonstrationen in anderen Städten werden schnell zu einer Überlastung führen. Angenommen in einer anderen Stadt geschieht bald – was Gott verhüten möge – etwas ähnliches und dort gehen die Spontandemos im Zehntausenderbereich los, während die Chemnitzer Bürgerschaft auch nicht klein beigeben und still nach Hause gehen will. Die Chancen, dass es so kommen könnte, stehen leider sehr gut. Es mag zwischendrin Phasen relativer Ruhe geben, aber sehr wahrscheinlich wird bald eine Stadt nach der anderen als rotes Lämpchen auf der Landkarte der Bürger-Großdemonstrationen aufleuchten.

Die Polizei wird überlastet sein. Kommt dann die Bundeswehr ins Spiel? Damit wäre die nächste Eskalationsstufe erreicht und das Versagen des Staates offenkundig.

Damit ist der Anpfiff zum Endspiel gegeben. Es gibt nicht nur gewalttätige, kriminelle Migranten. Es gibt auch einen großen Pool deutscher Krimineller und Gewalttäter, die diese Situation zu nutzen wissen und dann ganz offen rauben, plündern und das ganze Repertoire an Straftaten ungehindert durchziehen werden. Ausländergangs und deutsche Banden werden dann ihre Beutegebiete aufteilen.

Werden die Medien dann umschwenken? Wahrscheinlich nicht. Sie sind zu eng mit der Politik verflochten und zu ideologieblind, um ihre Mittäterschaft an dem Desaster einzusehen. Die Politik jedoch wird umso stärker die Vertuschung der Zustände einfordern. So, wie es zur Zeit in der Ukraine auch zu beobachten ist.

Der Mord an Daniel Hillig ist einer in einer langen Reihe. Hunderte junge Männer sind schon krankenhausreif geprügelt, Dutzende totgeprügelt, totgetreten, abgestochen und erschlagen worden. Hunderte Frauen und Mädchen vergewaltigt, erwürgt, erstochen und totgeschlagen.

Und immer wieder stellt sich die Presse gegen die Opfer, ihre Familien und das entsetzte und verunsicherte Volk.

Als ein Abgeordneter der AfD im Bundestag eine Schweigeminute für die von einem Flüchtling getötete Susanna initiiert, schreibt die Presse von „Provokation" und „Instrumentalisierung des Opfers".

Die Trauermärsche für die grausam hingerichtete Mia in Kandel wurden von Linksradikalen mit Geschrei und bunten Schirmen gestört und verhöhnt. Die Medien erklärten die Trauer- und Schweigemärsche zu rechtsradikalen Veranstaltungen.

Wenn die Vereinigung „Mütter gegen Gewalt" Dutzende von Plakaten mit den Bildern ermordeter Mädchen mit sich trägt, um an ihr Schicksal zu erinnern, wird das in der Presse niedergeschrieben als Hetze.

Der Mord an der erst fünfzehnjährigen Mia wurde nur nach einer Weile und widerwillig berichtet, die grausamen Einzelheiten vollkommen weggelassen. Der Mörder erhielt eine Jugendstrafe, die deutlich unter der im Gesetz vorgesehenen Höchststrafe für besonders schwere Fälle liegt.

Als dagegen die junge Türkin Tuğçe Albayrak von einem Serben so brutal geschlagen wurde, dass sie umfiel und so hart mit dem Kopf aufschlug, dass sie starb, überschlug sich die Presse in der Berichterstattung. Der Täter, Sanel M., bekam nur eine Jugendstrafe, wurde aber sofort ausgewiesen. Er klagte dagegen. Der Hessische Verwaltungsgerichtshof bestätigte in letzter Instanz die Entscheidung der Ausweisung. Begründung: Von Sanel M. gehe weiterhin eine Gefahr für die öffentliche Sicherheit aus. Auch das wurde berichtet.

Man stelle sich nur einen Augenblick vor, ein Deutscher hätte die junge Tuğçe so brutal getötet.

Gute Gewalttäter – schlechte Gewalttäter und kostbare Opfer – wertlose Opfer

Was über das Vertuschen und Verdrehen des politisch-medialen Kartells noch hinausgeht, sind die willkürlichen und zutiefst heuchlerischen Beurteilungen. Zweierlei Maß kommt der Verfahrensweise nicht wirklich nahe.

Tuğçe war sicher eine wunderbare, junge Frau und couragiert. Sie kam zwei Mädchen auf der McDonalds-Toilette zur Hilfe, die von dem Serben und seinen Kumpels bedrängt worden waren. Das war mutig und nobel von ihr. Nur leider hatte sie den Falschen „beleidigt" und bezahlte mit ihrem Leben.

Beim Prozessauftakt am Landgericht in Darmstadt standen größere Gruppen von Menschen, hauptsächlich Frauen mit großen Schildern vor dem Gerichtsgebäude. „Gegen Gewalt" und „Gerechtigkeit!" stand auf den Schildern und „Tugce, Du wirst nicht vergessen" und „Zivilcourage".

Eigentlich sehen die empörten Bürger und BürgerInnen auf dem Bild genauso aus, wie die Bürger und BürgerInnen, die die gleichen Schilder für

Mia aus Kandel hochgehalten haben. Aber nein! Die DemonstrantInnen für Tuğçe sind natürlich die Guten, weil Tuğçe eine Türkin war. Da darf man trauern und empört sein und der Focus kommentiert es wohlwollend: *„Menschen hielten zum Prozessauftakt vor dem Landgericht eine Mahnwache"* steht unter dem Bild.

Auch n-tv zeigt ein Plakat mit zwei Herzchen, dem Namen Tuğçe und einem aufgeklebten Bild des Mädchens und titelt: „Tugce-Schläger abgeschoben – Sanel M. ist außer Landes". Im Artikeltext findet sich folgende Passage: *„Die Gefahr, dass Sanel M. weitere Straftaten begehe und seine Resozialisierung scheitere, sei angesichts seiner mangelnden Integration in der Bundesrepublik nicht hinnehmbar."*

Diejenigen, die Schilder mit Fotos von Mia hochhielten und Gerechtigkeit forderten, sind dagegen vom „rechten Spektrum" (wie auch immer das auch definiert werden mag) und „instrumentalisieren" die arme Mia und Kandel für finstere, politische Zwecke. Für welche Zwecke, steht natürlich im Artikeltext: „Fremdenhass". Bei den Demonstrationen gegen den Mord an Mia in Kandel erschienen große Gruppen von Antifa und anderen linksradikalen Schlägern, die bei der Demo vor dem Prozess gegen den Totschläger Tuğçes offenbar zeitlich verhindert waren.

Dieses zweierlei Maß in der Beurteilung von Gewalttätigkeit und Straftaten in Medien und Politik gibt es nicht erst seit der Grenzöffnung 2015. Die heuchlerische Moralisiererei und das auf dem linken Auge blind sein hat schon eine längere Tradition.

Schon 1999 schrieb Klaus Rainer Röhl, der Ex-Ehemann von Ulrike Meinhof und Vater von Bettina Röhl einen Beitrag unter dem Titel „Von guten und von schlechten Toten", in dem er den „Ungeist der Parteilichkeit" der Medien schon damals geißelt:

„Die RAF ist tot, die Verluderung der Medien besteht fort. Skinheads sind Mörder, autonome Schläger verteidigen sich nur. Die Blindheit auf dem einen Auge besteht weiter. Der Ungeist der Parteilichkeit, die Grobeinteilung der Welt in Kirchenasyl fordernde Ausländerfreunde und Baseballschläger schwingende Ausländerfeinde, unverbesserliche Faschisten und besserungsfreudige Kommunisten – das ist die Aufkündigung des antiautroritären Konsenses, des Kern-

stücks der Nachkriegs-Demokratie. Das ist schlecht. Schlecht, schlecht, schlecht so." (Welt am Sonntag, So., den 28. 02. 1999, Seite 2)

Der Wind beginnt sich zu drehen

Daran hat sich bis heute nicht nur nichts geändert, sondern dieser Ungeist ist mittlerweile gut vorangekommen, blüht, wächst und gedeiht und legt sich wie eine giftige Schimmelschicht über das ganze Land, über Gedanken und Worte und Schrift und Sprache. Er kriecht in jede Ritze und die privatesten Winkel. Selbst auf Familienfeiern wird kein offenes Wort mehr gesprochen, man möchte ja nicht als „rechts" verdächtigt werden.

Selbst die zarteste Kritik an irgendwelchen sakrosankten Themen, wenn überhaupt geübt, wird mit umfänglichen Präliminarien und Kotaus vor der Political Correctness eingeläutet. Man sei ja nun wirklich nicht rechts, also *wirklich* nicht, und man habe auch üüüberhaupt nichts gegen Flüchtlinge, nein, im Gegenteil, man habe ja auch gespendet, aber irgendwie sei es doch nicht wirklich rechtens, was da so ... Und falls der politisch ganz korrekte Schwager dann mit der Rassisten-Nazikeule kommt, wird auch sofort der Kopf eingezogen und unter Beteuerungen der Rückzug angetreten.

Doch auch die Nazikeule nutzt sich ab. Wie schon Eckart im Film „Werner beinhart" sagte: „Nach ganz fest kommt ganz locker". Die Stahl-Daumenschraube des Gesinnungsterrors des polit-medialen Kartells ist überdreht worden und bekommt Risse. Zu oft, zu hochnäsig, zu abgehoben, zu blindwütig, zu hasserfüllt, zu voreingenommen, zu verlogen, zu heuchlerisch und zu weit weg vom Volk, nicht nur vom „kleinen Mann auf der Straße".

Die Abstimmung mit den Füßen der Leser und Zuschauer führt die Volkserzieher langsam aber sicher an den Abgrund des wirtschaftlichen Bankrotts. Entsetzt bemerken sie, dass ihre Auflagen und Zuschauerzahlen von Vierteljahr zu Vierteljahr sinken. Konnte man sich in den Redaktionsstuben noch vor ein paar Jahren damit beruhigen, dass der Pöbel eben unbelehrbar sei, so bescherten in Auftrag gegebene Marktumfragen ein böses Erwachen: Die gebildete Mittelschicht der Leser und Zuschauer bricht auf breiter Front weg. Zu sicher waren sich die erlesenen Deutungshoheiten in den Spiegel-, FAZ- und Zeit-Redaktionsstäben, dass kluge Menschen ohne die gebildeten

Flaggschiffe der Medienlandschaft nicht leben wollen. Doch die wandern still ab oder knallen wütende Kündigungsbriefe auf den Tisch, wenn sie wieder einmal der Zorn über schlampige und vor allem ideologisch-voreingenommene und einseitige Berichterstattung packt.

Weil die Kurve der Auflagenzahlen beständig nach Süden zeigt, beschleicht die Journalisten auch großer und traditionsreicher, einstmals angesehener Medien, wie „Der Spiegel" die Existenzangst. Man geht sogar so weit, die Verfasser kritischer Leserbriefe zu kontaktieren. Gerade die, die sich gut ausdrücken können und bei denen man vielleicht wirklich etwas Brauchbares zu hören bekommen könnte, werden vom Spiegel angesprochen, und siehe da, man bekommt Auskunft.

„Unter Gebildeten wächst die Wut auf die etablierten Medien – auch auf den Spiegel. Zu Recht?"

Diese Zeile steht über einem langen Artikel, in dem die Redakteurin Isabell Hülsen sich in die Höhle der Löwen begibt und sich von verprellten Lesern anhört, warum gebildete Leute Wut auf den Spiegel haben. Hinter dieser fassungslosen Frage steckt schon ein Teil der Antwort, möchte man ihr sagen, denn sie insinuiert, dass eigentlich nur „Pöbel" und Ungebildete wütend auf den Spiegel sein können, weil sie zu dumm sind, die Dinge richtig zu bewerten. Dass aber Gebildete doch bitteschön „verdammt nochmal" begreifen müssten, dass der Spiegel (wie die anderen seriösen Medien) den Durchblick hat. Ein sicheres Symptom für realitätsferne, abgehobene Arroganz.

Diese Haltung kommt auch immer wieder in dem Artikel durch:

„Das „Lügenpresse"-Gebrüll eines Marktplatz-Mobs, der keine Argumente kennt, nur Wut, ließe sich noch abtun. Doch die Verachtung von Bildungsbürgern nagt am Selbstbewusstsein."

Frau Hülsen nimmt es tapfer und schreibt auch tatsächlich, welche verbale Watsch'n sie einstecken muss. Da ist der kluge Kopf, der als Junior Professor an der Uni lehrt. Mit den deutschen Mainstreammedien, erklärt er ihr, „ist er durch". Er findet es widerlich, dass er ständig belehrt werde, was er zu denken habe, legt er vor und zählt die „Stationen seiner Entfremdung" von den Qualitätsmedien auf: Die Berichterstattung über das Schuldendrama in Griechenland, die Flüchtlingskrise, die Debatte um den Atomausstieg – mehr Wunschdenken als Realität. Ihn nervt die Alternativlosigkeit, deren Ikone die Bundeskanzlerin ist. Es sind aber lebenswichtige und zukunftsgestaltende Probleme und Themen, die da als alternativlos verkauft werden: Die Europäische Union, die Flüchtlingspolitik, der Atomausstieg, der Klimawandel, der Genderismus … die linksgrüne Gutmensch-Weltsicht eben. Alles andere ist indiskutabel und eben „rechts".

Die Spiegelredakteurin bekommt eine Ahnung davon vermittelt, welchen Flurschaden die selbsternannten Moralwächter und Lehrmeister der Political Correctness angerichtet haben:

„Die Flüchtlingskrise hat nur an die Oberfläche gespült, was sich lange angestaut haben muss: das Gefühl, Journalisten berichteten nicht neutral, sondern maßten sich an, ihre Leser und Zuschauer zu manipulieren, indem sie Fakten bögen oder unterschlügen. Nicht an der Wahrheit seien Medien interessiert, sie wollten, bewusst oder unbewusst, ihre Leser erziehen, was gut und böse sei, was in Deutschland gesagt werden dürfe und was nicht. Von „FAZ" bis „SZ", von der „Welt" bis zum SPIEGEL herrsche ein Meinungskartell politischer Korrektheit, das glaube, es besitze selbst in Zeiten der Ultrahocherhitzung durch Facebook, Twitter und alternative Nachrichtenportale noch die Macht, Fakten zu verschweigen, die nicht ins Bild passten."

Frau Hülse versucht, dagegen zu argumentieren, als der Junior Professor der Presse vorwirft, dass der Tod von Migranten ermordeter Deutscher möglichst gar nicht berichtet werde, so geschehen im Fall Mia in der „Tagesschau". Auf den Einwand, dass die „Tagesschau" doch am Folgetag berichtet habe, bekommt sie zu hören, der Widerwille der Redaktion sei auch dann allzu deutlich zu spüren gewesen. Was nämlich nicht ins Bild passe, finde erst einmal nicht statt.

Die Reaktion der Spiegel-Journalistin hier ist ungemein bezeichnend. Sie beschreibt sie wie folgt:

„Krohn-Grimberghe ist blitzschnell im Kopf und rhetorisch so flink, dass man ihm schwer Paroli bieten kann. Wo soll man anfangen, das Knäuel aus berechtigter Kritik, haltloser Unterstellung, Urteil und Vorurteil zu entwirren? Das Ringen

um die Argumentationshoheit macht ihm sichtlich Spaß – auch deshalb ist es kaum zu fassen, dass jemand wie Krohn-Grimberghe als Leser von der Fahne gehen konnte. (…) Was ist plötzlich so schlimm daran, dass sich Medien in manchen Dingen einig sind? Etwa darin, dass Deutschland eine humanitäre Verantwortung hat, sich um Flüchtlinge zu kümmern, und Rassismus in diesem Land keinen Platz haben sollte."

Selbst ein rhetorisch brillanter, kluger und redegewandter Mann wie der Junior-Professor kann in der Dame nicht den Hauch eines Ansatzes einer kritischen Selbstreflexion darüber bewirken, dass die heiligen Themen der Political Correctness, die erst in den letzten dreißig Jahren der zweihunderttausendjährigen Menschheitsgeschichte als sakrosankt erklärt wurden, vielleicht Denkstereotype sein könnten, die es an der Realität zu prüfen gälte.

Ihre Scheren im Kopf, die von der PC geforderten Denkverbote, hat sie so fest installiert, dass selbst vollkommen klare Sachverhalte nicht so sind, wie sie sind, weil sie nicht so sein dürfen: Es fiele Frau Hülse im Vollrausch nicht ein, zum Beispiel die Vorgänge in Südafrika, wo weiße Farmer, nur weil sie Weiße sind, von ihren Farmen verjagt werden und froh sein können, wenn sie nicht grausam umgebracht werden, rassistisch motivierte Verbrechen zu nennen. Weil ja farbige Menschen (People of Colour) immer Opfer und weiße Menschen immer Täter sind. Auch das ist schon Rassismus.

Die Journalisten der „Qualitätsmedien" sind in ihren ideologiedefinierten Denkmustern so festgefahren, dass sie nicht mehr hinaus *können*. Sie reagieren geschockt und beleidigt auf die zwar kreativen, aber boshaften Bezeichnungen, die ihnen in den Leserbriefen und Kommentaren unter ihren Beiträgen um die Ohren gehauen werden: „Kaste der Bevormunder", „Zensoren", „Meinungsdiktatur". „öffentlich-rechtlicher Haltungsjournalist", PMK-Filz (Politisch-Medialer Komplex) oder „militante Gutmenschen, die ihr Meinungsglyphosat" versprühen, damit kein unerwünschtes Pflänzlein mehr in der politisch korrekten Monokultur wachsen kann.

Die Medien – eine vom Volk entfremdete Kaste

Kommen wir noch einmal auf die Äußerungen von Frau Redakteurin Hülsen zurück:

„Das „Lügenpresse"-Gebrüll eines Marktplatz-Mobs, der keine Argumente kennt, nur Wut, ließe sich noch abtun. Doch die Verachtung von Bildungsbürgern nagt am Selbstbewusstsein." Und: *„Was ist plötzlich so schlimm daran, dass sich Medien in manchen Dingen einig sind? Etwa darin, dass Deutschland eine humanitäre Verantwortung hat, sich um Flüchtlinge zu kümmern, und Rassismus in diesem Land keinen Platz haben sollte."*

Die Medien haben die Aufgabe, es sei denn, sie sind „Special Interest" Veröffentlichungen oder Fachmagazine, die soziale Vielfalt der Gesellschaft abzubilden, in der sie wirken. Sie sollen weder Volkserzieher sein, noch eindeutig parteiisch. Das Problem der Medienhäuser ist, dass sie ihr Personal schon vorher nach bestimmten Kriterien aussieben. Wer nicht ein hoffnungsvoller Spross des linksgrünen Bildungsmilieus ist, hat dort keine Chance.

Ein Kandidat, der irgendwie aus dem AfD-Dunstkreis kommt? Um Himmelsgotteswillen! Anstelle zu überlegen, dass ein so ganz anders denkender vielleicht die verkrustete, sich gegenseitig bekräftigende Gruppenzwangstruktur der einzig wahren und guten Gesinnung aufbrechen und den unverstellten Blick auf's Volk und dessen Lebensrealität wiederherstellen könnte, würde Empörung und blankes Entsetzen den umgehenden Rausschmiss des Bewerbers begleiten. Die Personaler, Chefs und Redakteure würden sich ratlos und erschüttert anschauen, wie denn SO EINER! überhaupt auch nur auf die Idee kommen konnte, sich BEI IHNEN! zu bewerben.

Genau das trug seit Jahren dazu bei, dass die Medienschaffenden sich in ihrer Echokammer eingerichtet haben und sich als die Selbstbestätigungsinstitutionen des linksgrünen Bildungsbürgertums verstanden haben – und verstanden fühlten. Aber auch das ist vorbei. Die ehemaligen Hätschelkinder dieser Medien bemerken, dass die in den Medien porträtierte, politische und soziale Wirklichkeit nur noch ein Phantasieprodukt ist, das vielleicht vor dreißig Jahren einmal der realen Wirklichkeit als erhoffte Utopie entsprungen war. Doch was vor dreißig Jahren einmal eine fortschrittliche Vorreiter-Denke war, ist heute eine abgehängte, realitäts- und lebensferne, verbitterte Rechthaberei ungeliebter Alt-Ideologen-Clubs geworden.

Und das ist der zweite Punkt, an dem die Medien von der Straße abgekommen sind und sich verblüfft im Nirgendwo wiederfinden. Sie geben die

Themen vor, über die berichtet wird oder eben nicht. Sie berichten durch ihre Brille und bewerten das, was sie überhaupt berichten, ausschließlich aus dem Blickwinkel der offiziellen Einheitsmeinung, die man verdammt nochmal zu haben hat – und die sie selbst natürlich vorgeben und formen – ein tödlicher Zirkel. Eine andere Wertung ist illegitim, ja schändlich.

Entwicklungen in der Gesellschaft, die nicht ins Bild passen, werden verschwiegen oder dämonisiert. Menschen die Träger oder Ergebnisse solcher großen, gesellschaftlichen Entwicklungen sind, öffentlich niedergeschrieben, persönlich fertiggemacht und beschimpft. Steht eine Regierung – wie die Angela Merkels – in wichtigen Punkten der Ideologie der Medien-Echokammer nahe, wird sie bedingungslos unterstützt, auch gegen den eigentlichen Souverän, das Volk. Man reagiert jedoch beleidigt auf Sprüche wie „öffentlich-rechtlicher-Haltungsjournalismus" oder dem „PKM" (Polit-Medialen Komplex) als „ein sich gegenseitig bestätigender Machtapparat".

Vertrauensverlust der Medien auf breiter Front

Eine Allensbach-Umfrage ermittelte im Jahr 2015, dass 39% der Deutschen davon überzeugt sind, dass die Medien die Wahrheit verdrehen und Tatsachen verschweigen. Von „Lügenpresse" wollten zwar nur noch 13% sprechen, wie eine Studie des Instituts für Publizistik der Uni Mainz herausfand. Aber auch, dass 17% der Deutschen Medien grundsätzlich nicht vertrauen, weitere 41% nur teilweise.

Im Januar 2018 konnte in der jährlichen Forsa-Umfrage zum Vertrauen der Deutschen in die Medien das Fernsehen nur noch 28% „Vertrauen" oder „eher Vertrauen" für sich verbuchen, statt 32% wie im Vorjahr (Das bedeutet 72% haben kein Vertrauen oder eher wenig Vertrauen!). 40% der Befragten äußerten „Vertrauen" oder „eher Vertrauen" in die Presse, das sind 4% weniger, als im Vorjahr (und damit 60% die gar kein oder eher weniger Vertrauen in die Presse haben). Am besten kam noch der Hörfunk weg, der mit 56 % Vertrauen oder eher Vertrauen zwar ebenfalls 4% eingebüßt hat, aber immerhin bei noch mehr als der Hälfte der Bevölkerung gut angesehen ist.

Die zunehmenden Prozentzahlen des Misstrauens korrelieren auch mit dem Auflagenschwund der Presse und dem Zuschauerschwund des Fernsehens.

Die Abgehobenheit vom Volk ist auch eine deutlich spürbare Verachtung des Volkes, gegen das man von seiner geballten Veröffentlichungsmacht rücksichtslos Gebrauch macht. Um auf unser Paradebeispiel Chemnitz zurückzukommen: Während die Bürgerdemonstrationen und Trauerzüge niedergeschrieben und mit unglaublichen Unterstellungen und Verleumdungen überhäuft (Ausländerhatz) wurden, wurde in den höchsten Tönen das „#Wirsindmehr"-Konzert gelobt und gepriesen und auf eine völlig unpolitische Sängerin, wie Helene Fischer, medialer Druck aufgebaut, bis sie einlenkte und – gegen ihren zuerst geäußerten Willen – doch auftrat. Sehr wahrscheinlich, um nicht als „Rechte" niedergemacht zu werden.

Die Folge dieser Entwicklung ist eine wachsende Verärgerung breiter Teile der Gesellschaft über die Medien.

Gerade in Chemnitz, wo sich die Entwicklung der letzten Jahre in einer Stadt, mit all den Facetten der Fehlentwicklungen von Politik und Medien in Deutschland und Europa, innerhalb weniger Tage offenbarte, als ob man ein verschwommenes Bild plötzlich scharfstellt und die Verwundungen, das Blut, die Gesichter, das Vertuschen und die Waffen in den Händen unvermittelt kristallklar sieht, erlebten es die Medienschaffenden unvermittelt. Und zwar nicht mehr aus der Zuschauerpost in der Pressestelle, sondern von Angesicht zu Angesicht. Die Verleumdungskampagne und das Sachsenbashing zeigte Wirkung.

Man sah sich einem regelrechten Hass ausgesetzt. Auf der Webseite des ZDF greinen nun jene, die immer auf dem Volk herumtrampeln, dass sie beim direkten Kontakt die Quittung für jahrelanges Bashing bekämen. Unter dem Titel „Hass auf Medien – Wie Journalisten Chemnitz erlebten" steht: *„Die ZDF-Journalisten Dunja Hayali und Michael Bewerunge erlebten am Wochenende in Chemnitz, was „Wutbürger" von Medien halten. Auch andere Reporter fühlten sich „unter Feinden."*

Die Webseite MEEDIA titelt *„So viel Hass auf Medien habe ich noch nie erlebt: Offenbar gezielte Angriffe auf Journalisten bei Chemnitz-Demos"*

Auch die „Tagesschau" ist erschüttert: *„Noch nie soviel Hass auf Medien erlebt".*

Und was tut die vierte Macht im Staate? Sie heult und beschuldigt die Polizei, sie nicht gut genug beschützt zu haben. Dieselbe Polizei, über die sie sehr gern herzieht und die sich überall in Acht nehmen muss, dass sie nur ja keinen Linken oder Antifanten oder Ausländer ein wenig zu grob anfasst. Den bösen braunen Sachsen, denen soll sie aber mal so richtig eins überziehen, nicht wahr?

Skandalisieren und Totschweigen – viele Journalisten finden das in Ordnung

In ihrer Selbstsicherheit haben die Journalisten bisweilen unter der Flagge des Grundrechts der Meinungsfreiheit das Selbige der anderen mit Füßen getreten. Sie wähnen sich, da sie davon überzeugt sind, die einzig legitime Meinung zu haben, berechtigt, dies zu tun.

Prof. Hans Mathias Kepplinger, renommierter Professor für empirische Kommunikationsforschung, ließ 332 repräsentativ ausgewählte Redakteure befragen. Das Sujet: Prominente, belegte Fälle unangemessener Skandalisierung und Totschweigen unerwünschter Nachrichten.

In der Berichterstattung über kontroverse Themen konstatiert er eine breitflächige, einseitige Darstellung. Zum Beispiel ein Übergewicht der Präsentation der Interessen von Migranten bei der Zuwanderungskrise und das Erwecken des Eindrucks, das Vertreten der Interessen der Einheimischen sei rechtsradikal oder inhuman. Effekt: Die Bevölkerung kam zu der „erfahrungsgesättigten Sichtweise", dass man in Deutschland seine Meinung zur Flüchtlingssituation nicht frei äußern dürfe.

Im Beispiel von Thilo Sarrazins Bücher habe ihm die Presse Thesen unterstellt, die er gar nicht aufgestellt habe. Das sei bis zum Rufmord gegangen. Sarrazin gelte deshalb bis heute aber als Unperson.

Bei Demonstrationen von so genannten „Rechten" und den unvermeidlichen Gegendemonstrationen Linker bis Linksradikaler, wie die Antifa-Schlägertrupps, berichtet die Presse immer von „gewalttätigen Ausschreitungen", die so dargestellt werden, dass der Leser oder Zuschauer glaubt, die Gewalt gehe von den bösen Rechten aus. Das Gegenteil ist aber weitaus überwiegend der Fall.

Auch ehrenrührige Verdächtigungen werden gern vorschnell als Tatsachen veröffentlicht. Im Falle Chemnitz haben sie weitreichende, schlimme Auswirkungen. Wie stehen die Journalisten selbst zu den immensen Schäden, die sie widerrechtlich und ungerechterweise verursachen?

Herrn Kepplingers Befragung der Journalisten ergab, dass der Ursprung solchen Missbrauchs der Macht der Presse bis hin zu massiven Verleumdungskampagnen, die Überzeugung von 70 % der Zeitungsredakteure widerspiegelt, Übertreibungen seien vertretbar, um Missstände zu beheben. Was ein Missstand ist, definieren natürlich sie selbst. Die Verantwortung für das, was sie damit Menschen unrechtmäßig antun, übernehmen sie aber nicht, kritisiert Prof. Mathias Kepplinger.

Was das „Totschweigen" betrifft, so findet es ein Viertel der Journalisten zum Beispiel in Ordnung, berechtigte Kritik von betroffenen Politikern, Unternehmern oder Autoren an fehlerhaften oder ehrenrührigen Berichten totzuschweigen, wie zum Beispiel in der Causa des niedergeschriebenen und deshalb aus dem Amt gejagten Ex-Bundespräsidenten Wulff. Die böswillige und verleumderische Berichterstattung hierzu muss nach Meinung von Professor Kepplinger als Falschmeldung gewertet werden.

Ein sehr großer Teil des Totschweigens ist auf die Absicht zurückzuführen, dadurch unerwünschte Entwicklungen zu vermeiden. Das beobachten wir insbesondere auf dem Gebiet der Migrantenkriminalität, der kulturellen Eigenheiten des Islam und der Einwanderungszahlen. Die Bevölkerung soll nach dem Motto „Was ich nicht weiß, macht mich nicht heiß" im Dunkeln gelassen werden. Wüssten die Deutschen die wahren Zahlen und Opfer, würden sie wahrscheinlich nicht mehr friedlich bleiben, ist die Befürchtung des polit-medialen Kartells. Da die Masseneinwanderung aber ein beschlossenes Programm ist, das Frau Bundeskanzlerin Frau Dr. Angela Merkel zusammen mit den Führungspersönlichkeiten der EU entschlossen durchsetzt, wird weiter totgeschwiegen werden. Ob in Kandel oder Chemnitz.

Vor den Folgen der unkontrollierten Zuwanderung, der Schuldenkrise in der EU (und dem Rest der Welt), der Energiewende, der Banken und Subprime-Krise, des unaufhörlichen Provozierens Russlands, des Trump-Bashings, des Genderwahnsinns und vieler anderer sakrosankter Themen verschließen die Schreiberlinge die Augen so fest es nur geht.

Man fragt sich, ob sie wirklich nicht sehen, dass sie die Musikkapelle im Salon des politischen Superdampfers Titanic sind, welcher mit voller Fahrt den Eisberg schon gerammt hat. Man spielt weiter, obwohl das Wasser in immer größeren Strömen eindringt und behauptet, es gebe so etwas wie Wasser überhaupt nicht. Dass das die verängstigten Passagiere, die das Wasser sehen und fühlen, erst richtig wahnsinnig vor Wut und Angst macht, begreifen sie offenbar nicht.

Nicht einmal, wenn es ihnen in Chemnitz ins Gesicht geschrien wird. Vielleicht glauben sie ja, dass sie einen VIP-Ticket haben für die wenigen Rettungsboote?

www.dieUnbestechlichen.com

Chemnitz für Dummies

Von Heiko Schrang

Die Ereignisse überschlagen sich. Wir kommen nicht mehr hinterher. Bislang war es ja so, dass in der Gesellschaft ein gewisser Riss auszumachen war. Seit den Ereignissen von Chemnitz ist das nicht mehr der Fall. Man kann es eher so beschreiben, dass hier ein Berg ist und dort ein Berg und dazwischen ist eine riesengroße Schlucht, die immer breiter wird, zwischen zwei Parteien, kann man sagen, nicht von der Parteienlandschaft, sondern von den Leuten, die sagen: „He juppihe! Blumenstrauß! Feuerwerk! Flüchtlinge alle her! Deutschland verrecke!", und auf der anderen Seite die Leute, die sagen, „Moment mal, also irgendwie finde nicht mehr so angenehm und schön, dass hier reihenweise Frauen vergewaltigt werden, Menschen umgebracht werden". Das ist die Situation, die wir haben, und wir wollen heute die Sache relativ nüchtern betrachten und (darauf lege ich ganz großen Wert) zum ersten Mal eine Ursachenfindung machen und nicht das, was viele andere machen, die sagen: „Okay, wir fangen an, über die Wirkung zu reden". Das ist mir persönlich zu langweilig – vergleichbar damit, dass man einen Apfel nimmt und darüber debattiert. Die eine Seite ist ein bisschen grün, die andere Seite ist aber rötlich und da ist der Apfel ein bisschen trocken. Viel wichtiger ist, dass dieser Apfel namens Deutschland einen Wurm hat. Er hat eine Made, die dabei ist, diesen Apfel zu zerstören. Wann das alles begonnen hat, darüber reden wir gleich. In *medias res* – kurz zurück – letzte Woche. Ihr habt es alle mitbekommen, es wurde unter dem Motto „Wir sind mehr" eine Propaganda gestartet, die selbst die Propaganda, muss ich jetzt mal sagen, des Dritten Reiches völlig in den Schatten stellt. Darüber werden sich einige wieder aufregen, wenn ich das so sage, aber es ist nun mal so.

Es wurde, obwohl nachweisbar – laut Ministerpräsident, laut Chef vom Verfassungsschutz – keine Hetzjagd gemacht wurde, trotzdem gesagt, als Essenz: Wir müssen gegen „Rechts" vorgehen.[1] Ihr habt es alle mitbekommen, Coca-Cola, FlixBus, wie sie alle hießen, die Leute dort angekarrt haben zu dieser Veranstaltung. Ich finde interessant, wie man mit allen Mitteln daran festhält. Heute wurde mir sogar gesagt, beim Spiel der deutschen Nationalmannschaft gegen Peru wurde ein Transparent hochgehalten mit diesem Motto: „Wir sind mehr!"[2] Also es wird wirklich von Helene Fischer angefangen, alles in die Waagschale geworfen, aber das wollen wir nicht im Detail analysieren. Spannend ist, woher die Leute ihre Meinung nehmen und sagen: „Ja wir haben bewiesen", wie Kleinstkinder das machen, ganz bockig sagen: „Wir haben bewiesen, wir sind mehr!" So, wie wenn nach der Wahl Frau Merkel sagt: „Na, ich wurde doch legitimiert, Bundeskanzlerin zu werden." Wieviel Nichtwähler haben wir? Vierzig, fünfzig Prozent? Millionen Menschen, einer davon war ich, die nicht zur Wahl gegangen sind und die nicht diese (aus meiner Sicht verbrecherische) Politik zum Unwohle der Bevölkerung legitimiert haben. Aber man sagt einfach: „Na, wir sind mehr!" In der Politik ebenso wie dort. Ein großer Teil der Menschen, die nicht auf die Straße gegangen sind, weil sie Angst haben, dass sie vielleicht auch zusammengeschlagen werden, oder diffamiert werden oder ihren Arbeitsplatz verlieren, was x-mal schon vorgekommen ist nach PEGIDA-Veranstaltungen und so weiter. Ich möchte keine Lanze für diese Leute hier brechen, hier geht's nur darum, dass viele von ihnen natürlich Angst haben, essentielle/existentielle Angst.

Was ist passiert? Die feierten sich und sagten: „Wir sind mehr!" Ich fand es persönlich, das gebe ich ehrlich zu, sogar billig. Denn ich dachte: „Oh Mann, so einfach lassen die Leute sich ködern, mit einem Gratiskonzert, dazu ne Cola in die Hand und in die andere ein Ben & Jerry's Eis, plus Fahrkarte vom FlixBus und was sie noch alles in den Po geschmiert (m.E. besser: in den Hintern gesteckt) bekommen haben, wenn ich das mal so sagen darf. Warum? Wenn wir mal bisschen historisch zurückgehen, zu Zeiten, wo wir gerade in Berlin Straßenschlachten hatten zwischen den Kommunisten und den Leuten der SA – es war die Endphase der Weimarer Republik – da war eines ganz spannend: Da sind reihenweise Kommunisten übergelaufen zur SA. Warum? Weil es da Freibier gab! Die NSDAP war damals sehr clever; sie hat zwei Brauereien erworben, eine im Norden, eine im Süden und hat die Leute damit geködert. Also das Argument war, hab' ich eine Ideologie und sage, ich bin dafür, dann kriege ich Freibier und renne dorthin. Bei den Leuten ist es gemütlicher. Daran fühlte ich mich erinnert. Gut, Thema beiseite.

Wir haben die Situation, dass Deutschland die ganze Welt alimentiert. Das ist mittlerweile bekannt. Wir denken gar nicht mal drüber nach – wir sind EU Nettozahler Nummer Eins. Wir finanzieren die UN. Peter Scholl-Latour hat das damals gebrandmarkt, weil es keinen Sinn ergibt. Aber keiner denkt mehr darüber nach, inzwischen ist das Normalität. Wir müssen feststellen, dass in Deutschland 1,4 Millionen Kinder unter der Armutsgrenze leben. Ein trauriger Rekord hier in Deutschland. Das interessiert aber auch irgendwie keinen. Deutschland ist mittlerweile in seinem Wahn nicht nur zum Gespött der ganzen Welt geworden, wir kriegen mittlerweile tausend Mails am Tag aus der ganzen Welt, aus Malaysia, die lachen nur noch. Die Leute hier werden für Witzfiguren gehalten, bei dem was hier abläuft, in diesem Staat. Man denkt wirklich im Ausland, und das ist das schlimme, hier leben nur noch Bekloppte, die das alles mit sich machen lassen. Also Leute, die jetzt schon auf den Weihnachtsmarkt warten, um dann da zu schlendern hinter Merkellegos, so wie ich es selber letztes Jahr auf dem Gendarmenmarkt in Berlin gesehen habe, wo Sicherheitsleute mit Maschinengewehren lang rennen, während sie da mit ihrem Moet-Champagner oder Glühwein stehen und sagen: „Ach, schön, schön gemütlich." Keiner überlegt mehr: „Moment mal, es gab eine Zeit, da gab es keine Betonsperren; es gab eine Zeit, da ist keiner mit Maschinengewehr hier lang gerannt." Aber das ist „rechts"! Es ist „rechts", wenn ich so etwas sage. Was ist „rechts" überhaupt?

Doch zurück zur Kinderarmut. Deutschland ist vergleichbar mit einer Mutter, die Drillinge geboren hat, sich aber verpflichtet fühlt, dringendst den kleinen Babys in der Nachbarschaft die gesamte Milch zu geben. Was passiert? Die eigenen Kinder sterben. Genau das läuft in Deutschland ab und dann ist es ja mittlerweile so – die Hysterie kennt ja keine Grenzen mehr – dass wir als Verbraucher ungefragt die politische Gesinnung der Hersteller mitgeteilt bekommen. Die Listen der Erzeuger werden immer länger, die sich positionieren und sagen: „Hey, wir sind gegen Rassismus, wir sind dagegen, dagegen, dagegen!" So als würde ich zu meinem Italiener gehen und er sagt erstmal: „Übrigens ich bin Kommunist, hab' eine linke Gesinnung, das will ich dir gleich mal vorab sagen, bevor du dir deine Minestrone bestellst", und je nachdem, wie ich reagiere, überlegt er sich, ob der Koch oder er, falls ich die falsche Antwort gebe, mir in die Suppe spuckt. So weit ist es und deswegen muss jeder für sich selber entscheiden, was er daraus macht.

Entweder holt man sich in Zukunft tonnenweise Ben & Jerry's, um zu zeigen, „Toll, Flüchtlinge willkommen finde ich super". Ja, also er steht dazu. Das ist okay. Aber auch das andere, wenn Leute sagen: „Nö, ich boykottiere das, bin da anderer Meinung, ich sehe es ein bisschen anders."

Wir alle wissen, was da passiert ist und kennen diejenigen, die sich sehr häufig in diesem Bereich positioniert haben. Also ich konsumiere diese Produkte nicht, bin da ganz konsequent, selbst in einem Lokal kann man mich ja nicht zwingen. Das muß jeder für sich selbst mit seinem Kaufverhalten entscheiden, ob er sich dort weiter gängeln lassen will oder nicht.

Aber wo ist die Ursache zu finden?

Zunächst, wann seid ihr geboren? Überlegt, wie alt wart ihr 1989? Wart ihr überhaupt schon geboren? Damals hat das Desaster, das wir heute erleben, aus meiner Sicht begonnen. Warum? Wir merken in der schnelllebigen Zeit, in der wir leben, gar nicht, wie sich die Dinge entwickeln. Und wenn ganz subtil, wie der Tropfen den Stein aushöhlt, in den Menschen einfließen lässt, merkt er das gar nicht. 1989 hatten wir mit dem Mauerfall ein ganz entscheidendes Jahr. Zwei Wochen nach dem Fall der Mauer gab es in Strasbourg ein Gipfeltreffen, da hat Helmut Kohl schon die Weichen für seine Auftraggeber gestellt und entschieden, dass wir eine Währungsreform bekommen werden.[3] Schon damals war man der Meinung, die starke D-Mark muss weg. Ende 1989 Alfred Herrhausen. Alfred Herrhausen war Chef der deutschen Bank, der einflussreichste Mann hier in Deutschland. Ein Mann, der Riesen-Macht besaß, engster Freund von Helmut Kohl. Er hatte, und das wissen nur die Wenigsten, kurz vor seiner Ermordung in einem letzten Interview gesagt, dass er Pläne zum Wiederaufbau Deutschlands hat und da ging es um die „blühenden Landschaften", von denen Kohl damals sprach. Aber man hatte daran kein Interesse und hat dann das Märchen vom RAF-Phantom ins Leben gerufen.[4] 1991, anderthalb Jahre später, Detlev Karsten Rohwedder. Chef der Treuhand, ein wichtiger Mann, denn es ging ja um die Abwicklung der ehemaligen Ostbetriebe, und Rohwedder hatte auch seine eigenen Pläne. Er hatte immer gesagt, die Sanierung der Betriebe geht vor Privatisierung. Und dann wurde uns weisgemacht, dass aus fünfundsechzig Metern von unten nach oben durch dichtes Gestrüpp über einen Fluss genau in sein Schlafzimmerfenster so genau geschossen worden ist, dass der Mann tot war – obwohl Experten sich einig waren, dass nur ganz wenige auf der Welt diesen Schuss überhaupt hinbekommen.[5]

Also auf gut Deutsch, man hat das Märchen von der RAF wieder weitergesponnen, das mit Herrhausen angefangen hat. Man hat alle diese Leute, die tatsächlich die Macht und Größe besaßen, aus dem wiedervereinigten Deutschland etwas zu machen, eliminiert. Dann ist genau das Gegenteil passiert – Birgit Breuel, allseits bekannt und legendär; Betriebe wurden für einen Euro verkauft, verramscht, aber das ist nur die materielle Seite.[6] Dazu kommt die Seite der Ideologie. Aus meiner Sicht wurde eine noch nie dagewesene Propaganda gegen Deutschland durchgeführt, die ihresgleichen sucht. Man hat ab 1990 angefangen, alles was irgendwie deutsch, national war, zu verbieten, zu verhindern, zu diffamieren Da hat alles begonnen. 1994 wurde die Wiking-Jugend als rechtsgerichtete Jugendorganisation bezeichnet und verboten.[7] Ist ja nicht weiter schlimm, aber die Frage sei doch bitte erlaubt, wie das sein kann. Die Wiking-Jugend ist 1952 gegründet worden und in den Sechzigern, Siebzigern und Achtzigern hat sie keinen Menschen gestört. Auf einmal stört der Verein so ungemein, dass man dagegen vorgehen muss. Dann kam Professor Guido Knopp, wir alle kennen ihn, legendär, gab es vorher auch nicht in der Art. Hitlers Helfer, Hitlers Krieger, Hitlers Hund, Hitlers Grippe, Hitlers Geschlechtskrankheiten, Hitlers Frauen, Hitlers Kinder, Hitlers Kriege ... das ganze Programm, durchgekaut von vorne bis hinten.

Wir gehen etwas weiter, wo wart ihr 1997? Wie alt wart ihr damals? Wir haben ja viele Fans, die sind so Mitte bis Ende Zwanzig, also zu der Zeit ungefähr geboren, da sah es folgendermaßen aus. Ich hatte damals gezielt fern geschaut und habe mir die „TV-Spielfilm" geholt. Alle 2 Wochen hab ich mit einem Marker gesucht, was es Interessantes anzusehen gibt. Das waren nicht wenige Dokumentationen, die mich interessiert haben. Aber damals ist mir aufgefallen, es gab nicht einen Tag, an dem nicht auf irgendeinem Sender irgendetwas zum Dritten Reich lief. Dokumentationen, Spielfilme, Comediesendungen, die zeigen sollten, wie verblödet die damals waren – das ganze

Programm. Wenn die 1997 schon so weit waren, was ja in den Achtzigern undenkbar war, ist das eine Mega-Propaganda, die da abgelaufen ist. Hier soll nichts relativiert werden, gar nichts. Ich versuche nur, zu erklären, wie es sein kann, dass heute Leute rumrennen und sagen: „Deutschland, du Stück Scheiße! Ich hasse Deutschland, ich hasse ...", eigentlich hassen sie sich selber. Und dass das so dermaßen zugenommen hat.

Es gibt einen alten Spruch, der sagt, nur eigene Erfahrung ist reell, alles andere sind nur gedankliche Gebilde. Wir sind wie Wiederkäuer, die das wiederkäuen, was andere uns vorher eingegeben haben. Die Massen sind Wiederkäuer, die letztendlich nur gelebt werden. Viele geben das wieder, was andere für sie gedacht haben, mehr nicht.

Und 1991 wurden auch die Weichen gestellt, in die Richtung, in die wir sollen. Da gab es in Berlin die Mainzer Straße, da gab es besetzte Häuser, da gab Straßenschlachten nie dagewesener Art und Weise im ehemaligen Ostberlin. Dort wurde heißes Öl heruntergekippt auf Polizisten. Dort wurden Eingangstüren unter Strom gesetzt, damit die Leute einen Schlag bekommen haben.

Ganz krass. Mittlerweile hat sich herausgestellt, dass damals einige von der PDS, die später Abgeordnete wurden, selbst dort bei den Krawallen dabei waren.[8] Ich will das überhaupt nicht werten, ich will damit einfach nur sagen, man hat Derartiges damals schon mehr oder weniger toleriert. Im Gegensatz zu denen, die mehr oder weniger gestreichelt wurden, die sogenannte „linke Seite", wurde beispielsweise die sogenannte Gruppe „Freital" als Terrororganisation eingestuft. Die haben aus Polenböllern irgendwelche Bomben gebaut, haben die vor Flüchtlingsheimen detonieren lassen, was überhaupt nicht zu rechtfertigen ist. Spannend ist aber, dass diese Leute trotzdem hohe und höchste Strafen bekommen haben, über zehn Jahre Haft für den Rädelsführer dieser „Organisation". Und die Medien waren dann mal ehrlich. Die Zeit hat dann getitelt: Das Urteil ist zu sehen als ein Urteil für eine offene Gesellschaft.[9] Und es ging noch viel weiter.

Was damals so gut wie keiner mitbekommen hat, wie das Verfahren absolut in Szene gesetzt worden ist. Eigens für das Verfahren hat das Oberlandesgericht für 5,5 Millionen Euro einen Hochsicherheits-Gerichtssaal umgebaut.[10] Glauben sie nicht, dass es so ein altes Gebäude, ein alter Gerichtssaal war –

nein, weit gefehlt. Man hat ein Erstaufnahmelager für Flüchtlinge genommen und hat das eigens dafür umgebaut. Das erinnert doch mehr denn je an den Nürnberger Hauptkriegsverbrecherprozess von damals. Es ist immer das gleiche Prinzip. Und da muss ich an Chemnitz denken. Nachweislich waren dort keine Hetzjagden und trotzdem wurde diese Sache so hochgepusht. Je größer die Lüge, desto mehr Menschen folgen ihr. Aber das passt nicht mehr ganz. So viele glauben dieses Lügengebilde nicht mehr. Ein paar Wenige, völlig verstrahlte, hypnotisierte, die muss man in Szene setzen. Das hat man bei dieser „Terrorzelle" gemacht und das hat man jetzt auch in Chemnitz gemacht.

Da werden Kameras aufgefahren, mit Kränen, von allen Seiten. Man könnte denken, da findet ein Riesen-Konzert von Rammstein statt, oder Fußballweltmeister werden in Szene gesetzt. Wenn man sich aber den Trauerzug ansieht, bei dem es um den ermordeten Daniel ging, da war nicht annähernd so ein Aufgebot. Und im Endeffekt ist es ganz einfach. Man baut eine Kulisse auf, dazu holt man sich Statisten, wie oben erwähnt, versorgt die mit Coca-Cola, Ben & Jerry's Eis und steckt ihnen für umsonst ein FlixBus-Ticket in die Tasche und setzt sie in Szene. Aber wofür denn? Für uns, für die Medien, für den Mainstream, damit es nach außen hin riesengroß wirkt. Wenn an diesem Tag, so läuft es im Kamerageschäft wohl ab, alle Kameras anderweitig ausgeliehen wären, hätte es diese Veranstaltung von „Wir sind mehr" an diesem Tag nicht gegeben. Darüber sollte man bitte nachdenken! Wir müssen uns den Sand aus den Augen wischen, den man uns immer wieder hereinstreut und mal versuchen, den richtigen Blick zu bekommen. Der Mainstream, die Politiker, die Angst haben, die so eine Angst haben, dass alles aufgefahren wird – in den Schulen die Lehrer, die Manipulation, Propagandamaschinerie in noch nie dagewesener Art und Weise. Warum muß ich aus Vorfällen, die so nicht gewesen sind, so eine Riesen-Geschichte machen? Weil ich an diesem kleinen verlogenen System festhalte! Aber wir sind in einer Zeit der großen Transformation, der Veränderung, wo immer mehr ans Tageslicht kommt. Die Lügen werden enttarnt und das täglich. Die „Tagesthemen" mussten sich für Fehlberichterstattung in diesem Zusammenhang entschuldigen. Sie können nicht mehr anders. Und deswegen seid ihr gefragt, dass ihr jetzt anfangt, euch zu organisieren im Osten. Denn die Revolution beginnt im Osten. In

Dresden, in Chemnitz, in Leipzig. Fangt in diesen großen Städten an, euch zu organisieren! Fangt an, euch zu treffen, macht Treffen an einem bestimmten Punkt zur selben Zeit aus. Da kommen schnell 20.000 Leute auf die Straße. Dann funktioniert das nicht mehr. So viele Benefizkonzerte, die alle finanziert und bezahlt werden müssen, so viele FlixBus-Busse kann es gar nicht geben. Wir befinden uns gerade an diesem Punkt, an dem das Glas dabei ist, überzulaufen. Es fehlen nur noch zwei, drei Tropfen. Das ist die Energie, das ist die Essenz, die momentan vorhanden ist. Und denkt immer daran, nur wer gegen den Strom schwimmt, der gelangt zu Quelle, nur tote Fische schwimmen mit dem Strom, wie beim Publikum von „Wir sind mehr" zu sehen war ...

www.HeikoSchrang.de

Dieser Artikel erschien zuerst als Video auf YouTube
https://www.youtube.com/watch?v=LtYsgInN6Zo

Die alltägliche Heuchelei und Propaganda

Von Vera Lengsfeld

Nachdem sich die Erregungswogen über den Messerangriff von Altena geglättet haben, ist es Zeit für eine nüchterne Analyse. Die Reaktion der Politik und die Art der Berichterstattung sagen viel darüber aus, was in unserem Land schief läuft, oder bereits aus dem Ruder gelaufen ist.

Als ich bei Google die Meldung sah, dass sich Bundeskanzlerin Merkel „entsetzt" zeigt über einen Angriff auf einen Bürgermeister, war ich erstaunt, dass die bei ähnlicher Gelegenheit eisern schweigende Kanzlerin sich plötzlich äußerte. Es hatte schließlich einen ganzen Tag gedauert, bis sie sich zu dem Attentat auf den Berliner Weihnachtsmarkt im letzten Jahr eine Bemerkung abrang. Am Tag nach diesem grausamen Ereignis, bei dem zwölf Menschen getötet und 48 verletzt wurden, war bis zum Mittag auf der Internetseite der Kanzlerin kein Statement zu finden. Nur gezwungenermaßen hat sie nach Tagen ein Wort zu dem polnischen Lastwagenfahrer gesagt, der als Erster starb. Seiner Familie wurde auch keine Hilfe angeboten. Das übernahm ein englischer Trucker, der ein Spendenkonto für die Hinterbliebenen seines Kollegen eröffnete. In den Medien wurde das Opfer sogar als möglicher Mittäter bezeichnet, ohne dass sich jemand dafür entschuldigte.

Als längst klar war, dass es sich um einen terroristischen Anschlag handelte, wollte Innenminister de Maizière nicht davon reden. Wörtlich in der ARD: „Ich möchte jetzt noch nicht das Wort Anschlag in den Mund nehmen, obwohl viel dafür spricht."

Ähnlich war es in anderen Fällen. Die von einem Syrer getötete schwangere Polin, Mutter von vier Kindern, war der Kanzlerin kein Wort wert. In den Medien wurde die Ermordete noch durch den Dreck gezogen, mit der Behauptung, sie hätte mit ihrem Mörder ein Verhältnis gehabt und es wäre eine „Beziehungstat" gewesen. Erst durch energische Proteste in Polen kam die Wahrheit allmählich ans Licht, aber nur im Kleingedruckten, was die Qualitätsmedien betrifft. Nur wer sich im Netz informierte, wusste, was wirklich passiert war.

Von den alltäglichen Messerangriffen, von denen es nach Schätzungen etwa zehn täglich gibt, ist meist nur in den Lokalnachrichten die Rede, auch wenn sie viel gravierendere, oft lebensgefährliche Verletzungen verursachen, als eine kleine Schnittwunde am Hals.

Kommen wir nun zu dem Vorfall in Altena. In den Berichten war dramatisch von einem 30 cm langen Messer die Rede, mit dem eine 15 cm tiefe Wunde verursacht worden sein sollte. Man wunderte sich nur, dass der angeblich schwer verletzte Bürgermeister, kaum dass er im Krankenhaus war, sofort wieder entlassen wurde. Als er am nächsten Tag seine Pressekonferenz gab, wirkte er putzmunter und hatte lediglich ein kleines Pflaster am Hals.

Im Gegensatz zu den alltäglichen Berichten über Gewaltakte gegen Bürger „die schon länger hier leben", war der Täter nicht ein „Mann" oder ein „Altenaer", sondern ein Deutscher. Es war die Erleichterung, endlich einmal über einen biodeutschen Angreifer zu berichten, deutlich zu spüren.

Bei Anschlägen wie in Cuxhaven dagegen, wo ein Syrer mit Vollgas in eine Menschengruppe raste und nach der Kollision mit der Gruppe weitergerast war, verbreitete die Polizei per Twitter, dass es keinen Anhaltspunkt für einen Anschlag gebe. „Wir prüfen, ob der Vorfall im Zusammenhang mit einem vorangegangenen Streit in der Disco stehen könnte", sagte ein Polizeisprecher. Kein Erschrecken der Kanzlerin über die rohe Gewalt, die inzwischen auf unseren Straßen herrscht.

Auch in Saarbrücken, nachdem ein Psychologe von einem Syrer erstochen worden war, was von der Kanzlerin ebenfalls mit Schweigen übergangen wurde, beeilte sich die Polizei, zu versichern: „Terror war überhaupt nicht im Spiel."

Was den Täter von Altena betrifft, war von Anfang an klar, dass es nur ein fremdenfeindliches Motiv sein durfte. Die Staatsanwaltschaft war sich noch vor Beginn der Ermittlungen sicher, dass es sich um einen Mordversuch „aus niederen Motiven" handelte. Erst als diese Nachricht der Öffentlichkeit eingehämmert worden war, wurde leise weinend zugegeben, dass es sich bei dem Täter um einen Mann handelte, dem das Wasser abgestellt worden war und dessen Haus zwangsversteigert werden soll. Der Satz, den er nach Aussage des Bürgermeisters Hollstein am Tatort geäußert hat: „Sie lassen mich verdursten und holen 200 Flüchtlinge nach Altena", weist eher auf eine Verzweiflungstat hin, die natürlich auch in einem rechtsstaatlichen Verfahren unter Berücksichtigung aller Tatumstände juristisch verfolgt werden muss.

Charakteristisch ist auch, wie die Tat in Altena politisch ausgeschlachtet werden soll. Der Bürgermeister selbst gießt eifrig Öl ins Feuer. Obwohl der Täter gar nicht wissen konnte, dass er den Bürgermeister in der Döner-Bude treffen würde und er sich erst erkundigt hat, ob er wirklich den Bürgermeister vor sich habe, behauptete Hollstein auf der Pressekonferenz, es hätte sich um eine vorsätzliche Tat gehandelt: „Ich glaube, dass das Messer in der Tasche für mich gedacht war."

Allerdings gehen die Ermittler davon aus, dass es sich um eine Spontantat handelte. Als „Beweis" für Fremdenfeindlichkeit kann, mangels Verbindungen des Täters zu rechtsradikalen Kreisen, nur der Halbsatz: „... und holen 200 Flüchtlinge nach Altena" herhalten. Was an dieser (den Tatsachen entsprechenden) bloßen Zustandsbeschreibung allerdings primär fremdenfeindlich sein soll, ist nur mit dem Willen zu erklären, jegliche Diskussion um die Einwanderung zu ersticken. Im Gegensatz dazu sind „Allahu akbar"-Rufe natürlich kein Beweis für einen islamistischen Hintergrund.

Hollstein geht noch weiter. Er nutzt seine Viertelstunde Ruhm, um gegen das noch freie Internet zu Felde zu ziehen. Er warnte vor Hass in der politischen Auseinandersetzung. „Hass bringt uns nicht weiter. Diese Botschaft rüberzubringen, ist mir wichtig". Er beklagte eine Verrohung des gesellschaftlichen Klimas. Ihn hätten bereits E-Mails erreicht, in denen die Tat gelobt werde.

Nun werden Rufe lauter nach einem Gesetz, das Kritik an Politikern zu „Stalking" erklären und unter Strafe stellen soll. Damit wären wir wieder in der DDR, wo Gefängnis drohte, wenn die Unfehlbarkeit des Politbüros angezweifelt wurde. Wie weit die Auslegung sein wird, kann man schon abschätzen, wenn man weiß, dass man von den Merkelianern schon als „Hetzerin" eingestuft wird, wenn man die Betonsperren, die neuerdings unsere Weihnachtsmärkte umzingeln, absurd findet. Schließlich hat Innenminister de Maizière schon öffentlich klar gemacht, wie man die Merkel-Poller finden soll. Anlässlich der Eröffnung der Weihnachtsmärkte sagte er, die Besucher sollten „achtsam, aber nicht furchtsam" sein, denn: „Die Weihnachtsmärkte sehen heute anders aus als vor einigen Jahren, und das ist auch gut so". „Die Terrorgefahr ist einfach sehr hoch. Jederzeit. Überall."

Wer jetzt noch sagt, dass es sehr wohl eine Zeit gab, wo man sich in Deutschland nicht vor Terrorismus fürchten musste, ist ein „Hetzer" und gehört vor den Kadi. Jedenfalls demnächst, wenn das Gesetz zum besonderen Schutz von Politikern verabschiedet worden sein wird.

www.vera-lengsfeld.de

Oxytocin oder Oxymoron – Hauptsache Merkel regiert!

Von Roger Letsch

Der Ort für unser Treffen ist klug gewählt: Ein abgelegenes Café, wenig Kundschaft, wie verabredet wartet Harald Schön-Reder (Name geändert), einen Spiegel lesend, an einem der Ecktische. Schön-Reder ist Chef einer europaweit tätigen PR-Agentur, die eher im Verborgenen arbeitet und die außer deren illustren Kundschaft kaum jemand kennt.

Ich bestelle Kaffee, Reder nippt an dem Tee, den er bereits bestellt hat. Es ist unser zweites Treffen. Als wir uns vor vier Jahren zum ersten Mal genau in diesem Café begegneten, berichtete er mir noch stolz, dass seine Firma es endlich geschafft habe, für alle großen Parteien gleichzeitig zu arbeiten. Man steuere ihre Kommunikation, berate bei den Wahlprogrammen und hätte endlich auch mit der Initiative „Kampf gegen rechts" den perfekten Grund dafür gefunden, warum die Parteien sich inhaltlich immer nähergekommen seien. Alles laufe perfekt, denn da man für alle arbeite, setze man automatisch immer auf den Sieger. Die Euphorie dauerte nicht lange. Vor zwei Jahren rief Reder mich an und stammelte, es sei da etwas gründlich schief gelaufen. Die Wähler hätten gemerkt, dass sie von allen dasselbe bekämen und würden anfangen, sich abseits der großen Parteien zu organisieren und dumme Fragen zu stellen. Seine Kunden würden ihn anrufen und verlangen, er solle dafür sorgen, dass die Wähler wieder Vertrauen in die Politik hätten. Reder wirkte gehetzt, erschöpft und überfordert, jedoch hörte ich danach zwei Jahre nichts mehr von ihm. Bis gestern. Wann wir uns treffen könnten, es sei dringend, lautete die Nachricht. Er habe die Lösung für das Dilemma, in das ihn seine Kunden gebracht hätten. Gerade noch rechtzeitig, so kurz vor der Wahl. Er müsse dringend eine Idee für ein Produkt haben, um das sich alle Deutschen reißen würden. Wir können uns treffen, antwortete ich. Morgen, bekannter Ort.

Ein Kopfnicken zur Begrüßung, ich setzte mich Reder gegenüber auf die Bank. Er sieht nicht gerade entspannt aus, nestelt nervös mit der Linken in seiner

Jackentasche und wischt dabei mit der anderen Hand versehentlich meine Autoschlüssel vom Tisch. „Nervenbündel," denke ich, als ich sie wieder aufhebe. Der Beruf wäre nichts für mich. Also, was gibt's, frage ich, und er berichtet.

„Unser Problem war, dass die Wähler irgendwann merkten, dass unsere Agentur hinter allen Programmen, Reden und Gesetzen steckte. Das sollte eigentlich nicht passieren und warum machten sich die Leute überhaupt Gedanken über das, was sie von Regierung und Opposition gesagt bekamen? Das waren schließlich alles gut durchdachte und perfekt begründete Ideen, wozu sollte man da im Detail noch was ändern oder kritisieren? Bei uns sitzen schließlich Experten, die wissen was sie tun und die machen auch keine Fehler! Doch je mehr wir den Menschen die Entscheidungen abgenommen hatten, umso renitenter wurden sie. Projekt „Richtige Meinung" wurde zum Desaster! Das kam soweit, dass wir manche kleinere Projekte gar nicht mehr starten konnten. Die Projekte „Richtige Autos fahren elektrisch" und „Richtiges Fleisch ist Halal" mussten wir kurz nach dem Start abbrechen, weil der BRBA unsere Argumente einfach abstieß ..."

Ich muss nachfragen. „BRBA, was soll das sein?"

„Belehrungsresistenter Bevölkerungsanteil", ein Fachausdruck, der die Teile der Bevölkerung beschreibt, die wir mit unseren Argumenten erreichen wollen. Wir kürzen das lieber ab. Jedenfalls hat es nicht funktioniert, obwohl die Wähler von allen Parteien dasselbe hörten, sich also gar nicht falsch entscheiden konnten! Manche Wähler wurden misstrauisch, weil alles zu perfekt war. Können Sie das begreifen? Zu perfekt!"

„Sie meinen, so wie im Film ‚Matrix'?", unterbreche ich ihn. Er winkt verächtlich ab.

„Ja, könnte sein. Es liegt wohl in der Natur des Menschen, dass er sich nicht frei fühlt oder sowas, wenn er nicht das Gefühl hat, wirklich eine Wahl zu haben."

„Und diese Wahl soll er nun wieder bekommen? Ist es das?"

„Ach was, nein! Wozu soll das denn gut sein! Dann besteht die Gefahr, dass es zur falschen Entscheidung kommt oder zu keiner. Die Leute müssen aber mitmachen, freiwillig. Das ist wichtig."

Ich nehme noch einen Schluck Kaffee, der schon langsam kalt wird und immer seltsamer schmeckt. „Warum ist das wichtig, manche Menschen interessieren sich eben nicht für Politik."

„Je breiter die Zustimmung, umso eher sind die Leute geneigt, Entscheidungen mitzutragen, wenn's mal brenzlich wird."

„Mitgefangen, mitgehangen?"

„In gewisser Weise. Aber keine Sorge, wir passen schon auf, dass wir nur die richtigen Entscheidungen treffen, da kann nichts schiefgehen. Sie glauben mir doch, oder? Sie vertrauen mir?"

„Ich bin nicht sicher."

„Na gut. Was würden Sie sagen, wenn es einen Weg gäbe, die Menschen durch ein Medikament dazu zu bringen, uns zu glauben und Vertrauen in die politische Führung des Landes zu entwickeln? Auf die Idee brachte uns Professor René Hurlemann von der Klinik für Psychiatrie und Psychotherapie der Uniklinik Bonn, der durch die Verabreichung des Hormons Oxytocin bei seinen Probanden herausfand, dass sich deren Spenden- und Hilfsbereitschaft signifikant verbesserte. Der WDR sprach sogar von „wichtiger Forschung bei der Flüchtlingsfrage!"[1] An diesen Forschungen konnten wir ansetzen um weitere, akzeptanzfördernde Mittel zu entwickeln."

„Sie wollen das Zeug doch nicht ernsthaft im großen Maßstab ..."

„Aber warum denn nicht? Die Entscheidungen, die die Menschen unter diesen Medikamenten treffen, sind doch schließlich die richtigen! Sie helfen freiwillig, sie spenden mehr und ziehen zudem ihnen völlig Fremde ihren Landsleuten vor. Und sie tun das alles auch noch von Herzen gern! Die Möglichkeiten sind fast unbegrenzt. Im Laborversuch schafften wir es, den Probanden ein verklärtes Lächeln aufs Gesicht zu zaubern, wenn sie eine Parteitagsrede der Kanzlerin sahen. Vier Mal hintereinander, unterbrochen nur von den Neujahrsansprachen! Ein Bescheid über die Verdopplung der GEZ-Gebühren löste in einer WG nur Zustimmung und Jubel aus und eine Familie bot drei Migranten aus dem Südsudan freiwillig das Zimmer ihrer 14-jährigen Tochter als Unterkunft an. Bei höherer Dosierung war ein Proband nicht mal mehr dazu zu bewegen, wegen eines Wohnungsbrandes das Haus zu verlassen oder die Feuerwehr zu rufen. Er ist lächelnd und ohne zu schreien in den Flammen verbrannt. Das ist der vorbildliche Bürger der Zukunft, der nicht wegen jeder Kleinigkeit sofort in Alarmismus ausbricht, sondern Vertrauen hat, selbstlos hilft und nicht an die Folgen denkt!"

„Das ist ja entsetzlich! Und es ist Betrug, nichts davon ist echt! Die Menschen handeln gegen ihren Willen, missachten – ohne es zu wollen – ihre eigenen Interessen und verhalten sich so, dass es ihrem Überleben eher abträglich ist! Man kann doch nicht jede negative Emotion für unrechtmäßig und unerwünscht erklären! Mit diesem Teufelszeug ist es doch nicht der Mensch, der entscheidet, sondern die Chemie!"

„Ach papperlapapp, Chemie ist immer! Was glauben sie, wie Entscheidungen sonst zustande kommen. Hormone, Botenstoffe, Enzyme ... alles Chemie da in ihrem Kopf. Wo ist da der Unterschied?"

„Ja, aber es ist meine Chemie, nicht ihre!"

„Das Ergebnis unseres Experiments ist aber pure gesellschaftliche Harmonie! Das ist der erste Schritt hin zur absoluten Gleichheit und sozialen Gerechtigkeit! Kein dummer, alberner „freier Wille" mehr, keine Zweifel, kein Misstrauen! Die Regierung kann endlich und widerstandslos das machen, wozu sie da ist: sich intensiv um alle Belange der Bürger kümmern ..."

„Das ist nicht die Aufgabe der Regierung! Die soll lediglich..."

„...nützliche Gesetze verabschieden – statt immer und immer wieder um das Vertrauen der Bürger zu kämpfen und wir können endlich unsere tollen Projekte umsetzen, von denen die Leute begeistert sein werden, wenn sie nicht mehr darüber entscheiden müssen."

„Bis die Wirkung des Medikaments nachlässt. Was passiert denn dann?"

„Das ist derzeit noch ein Problem. Die Eltern des Mädchens haben uns wegen gewisser Vorfälle verklagt, denn wenn das Medikament nicht regelmäßig eingenommen wird, wachen die Probanden mit üblen Gewissensbissen auf und können sich leider auch an jede ihrer Entscheidungen erinnern. Daran arbeiten wir aber. Und da kommen sie ins Spiel ... sie müssen das Produkt so beschreiben und bewerben, dass die Menschen es nehmen wollen! Freiwillig! Wir stellen es auch kostenlos zur Verfügung."

„Anders als ARD und ZDF, für die die Leute auch noch zahlen müssen?", sage ich im Scherz.

„Na ja, im Grunde zahlen sie natürlich doch dafür. Indirekt, über die Steuern, aber das ist schon ok, oder?"

„Ja ... ok, ... glaube ... ich."

„Sehr schön! Wie sie bemerken, wirkt unser Mittel innerhalb von nur wenigen Minuten. Gibt's nämlich nicht nur als Nasenspray, sondern auch in Tablettenform. Ich hab' ihnen vorhin eine in den Kaffee getan. Etwas bitter, aber man gewöhnt sich daran. Sie machen sich also Gedanken über den Namen, ja? Bis morgen? Wir haben es etwas eilig, sie verstehen sicher ..."

„Ich verstehe."

„Und bitte, nehmen sie davon dreimal am Tag eine. Im Kaffee, wenn sie mögen."

Er schiebt ein unbeschriftetes Röhrchen über den Tisch, steht auf und geht. Ich muss auch los. Muss mir Gedanken über einen Namen machen. Wenn ich nur wüsste, warum.

* * *

Um aus der Fiktion zurück in die Wirklichkeit zu kommen, hier ein Zitat aus dem WDR-Bericht:

„Es genügt, wenn Menschen zusammenkommen, zusammen tanzen, sich berühren und so weiter. Dann wird jede Menge Oxytocin ausgeschüttet. Und dann tritt auch der Fall ein, dass in Verbindung mit einem positiven sozialen Rollenvorbild Fremdenfeindlichkeit nachlässt."

Falls die Begegnung nicht ganz freiwillig ist, wird aber leider Adrenalin ausgeschüttet. Das zu verhindern und chemisch durch einen positiven Effekt zu überlagern, hält der WDR für eine tolle Idee im Kampf gegen die Fremdenfeindlichkeit. Oxytocin wird in dieser Anwendung schnell zu Oxymoron. Krieg ist Frieden, Freiheit ist Sklaverei, Unwissenheit ist Stärke. George Orwell wäre stolz auf euch beim WDR ... und auf Forscher, die versuchen, die Akzeptanz von Migration chemisch zu optimieren.

www.unbesorgt.de

Das große Ganze

Egal ob Deutschland, unsere Parteienlandschaft, die EU, Gender-Gaga oder Linksextremismus, all dies sind Themen, mit denen sich ganze Bände füllen ließen. Für den nächsten Abschnitt dieses Buches habe ich zusammen mit den Autoren aus einer unglaublichen Fülle an Material eine kleine Auswahl getroffen, die wir für wichtig erachten, um die wahren Hintergründe aktueller politischer Vorgänge und Entscheidungen besser zu verstehen.

Ganz nebenbei geben diese Beiträge auch noch einen hervorragenden Einblick in unsere Arbeit als Freie Medien! Tag für Tag erläutern unsere Autoren auf ihren Blogs und YouTube-Kanälen für ihre Leser wichtige Zusammenhänge, recherchieren Hintergründe, decken Missstände auf und legen den Finger in die Wunde. In der Vergangenheit kam es nicht selten vor, dass Leser gerade bei uns zuerst über Skandale und wichtige Ereignisse informiert wurden, von welchen die Mainstreammedien erst später oder oft auch gar nicht berichteten. Und wenn sie es doch taten, dann meistens, weil unsere Beiträge in den sozialen Medien in einer solchen Menge geteilt wurden, dass das Verschweigen fast unmöglich geworden war.

Die Beiträge sprechen für sich, weshalb es keiner weiteren Erläuterung bedarf.

Der Untergang von Einigkeit, Recht und Freiheit - die Liste der Schande

Von Hanno Vollenweider

Einigkeit und Recht und Freiheit für das deutsche Vaterland? Davon sind wir heute so weit entfernt wie in der DDR von „Deutschland einig Vaterland". In der DDR wurde der Text der Nationalhymne stillschweigend entsorgt. In der nächsten Legislaturperiode könnte das Lied der Deutschen dasselbe Schicksal ereilen. Auch wenn nach der Vereinigung der Ost-West-Konflikt nie wirklich gelöst wurde, ist er nicht das, was die Deutschen heute in mindestens zwei Lager teilt. Es war Bundeskanzlerin Angela Merkel, die mit „Wir schaffen das" den endgültigen Keil durch unser Land getrieben und damit alle emanzipatorischen Anstrengungen der letzten knapp 150 Jahre zunichte gemacht hat, das Land zu einen und seine Bürger zu einer Nation zu formen.

Man muss sich nur Merkels Spur der Verwüstung durch die deutsche Parteienlandschaft anschauen, um ein sich Bild von ihrer Politik zu machen. Der Vergleich zur Schwarzen Witwe drängt sich förmlich auf, wenn man betrachtet, wie sie ihre Partner nach der Paarung auffrisst. Von der FDP bis hin zur einst so stolzen SPD hat sie nur leere Hüllen übrig gelassen. In ihrer eigenen Partei, der CDU, sieht es nicht anders aus. Die alten konservativen und christlichen Werte hat sie nach und nach beerdigt und dann die ganze Partei zu einer Art neuen bunten Einheitspartei geformt – Erich Honecker wäre stolz auf sie.

Sogar sonderbare Randerscheinungen wie die Grünen und Punks wie *Tote Hosen* Sänger Campino finden „Mutti" und die CDU auf einmal gut. Aber um welchen Preis?

Wie es um die Abschaffung von (Menschen-)Recht und Freiheit in Deutschland bestellt ist, möchte ich mit dieser Auflistung verdeutlichen, die mir in Teilen so von einem Bekannten gesendet wurde und die ich um einige Punkte sowie entsprechende Quellen, also Links und Zitate, ergänzt habe:

Fakten zu Arbeit, Armut und Hartz-IV:

- Der Armutsbericht der Bundesregierung ist gefälscht und sollte in Teilen sogar unterschlagen werden! (Bericht aus ZEIT ONLINE vom 12.04.2017, „Armutsbericht – Zensiert und Geschönt"[1], Zitat: „Vielerorts gehören Menschen, die in Müllcontainern nach Pfandflaschen suchen, heute zum Stadtbild. In manchen Ballungsgebieten der Bundesrepublik gefährden drastisch steigende Mieten und Energiepreise sogar den Lebensstandard von Normalverdienern.")
- Deutschland steuert aufgrund der Asylflut auf eine Anzahl von 8 Mio. Hartz-IV-Empfängern zu! (Bericht aus der „Welt" vom 27.04.2017, „Zahl der Hartz-IV-Empfänger aus Nicht-EU-Staaten steigt stark"[2], Zitat: „Die Entwicklung des deutschen Arbeitsmarkts wird zunehmend von Migration bestimmt.")
- Die Regierung betrügt in Sachen Vollzeitstellen und erst recht beim Arbeitsmarkt! Gerade mal 24 Millionen Menschen sind in Deutschland in Vollzeit beschäftigt! (Quelle: FAZ vom 23.07.2017, „Gesetz von Nahles Rückkehrrecht aus Teilzeit in Vollzeit gescheitert"[3], Zitat: „Die Zahl der Vollzeitbeschäftigten ist seit 1996 von rund 25,9 Millionen auf 24 Millionen gesunken.")
- Im Jahresdurchschnitt 2016 waren rund 43,4 Millionen Personen mit Wohnsitz in Deutschland erwerbstätig. JEDER ab dem 15. Lebensjahr mit einer Stunde Arbeit im Monat wird hier mit einberechnet! (Quelle: Pressemitteilung des Statistischen Bundesamtes vom 02.01.2017, „Zahl der Erwerbstätigen im Jahr 2016 um 1 % gestiegen."[4])
- 15,3 Millionen haben nur einen Teilzeitjob. (Quelle: SPIEGEL ONLINE vom 28.04.2017, „15 Millionen Beschäftigte arbeiten in Teilzeit"[5], Zitat: „Immer mehr Menschen in Deutschland arbeiten in Teilzeit, in den vergangenen zwanzig Jahren hat sich die Zahl fast verdoppelt. Mittlerweile haben vier von zehn Arbeitnehmern keine Vollzeitstelle mehr."
- Über 9,6% der Deutschen verdienen unter 869 Euro im Monat und fallen damit unter die Erwerbsarmutsgrenze. (Quelle: DieUnbestechlichen.com vom 20.07.17, „Erwerbsarmut – Arm trotz Arbeit, das bittere

Los immer mehr Deutscher"[6], Zitat: „Was einem aber wirklich zu Denken geben sollte, ist neben der enorm hohen Zahl der Betroffenen vor allem die Steigerung, die Deutschland in der Quote hingelegt hat. Im Zeitraum von 2004 bis 2014 verzeichnete diese nämlich eine Zunahme von 100% und hat sich somit innerhalb von 10 Jahren verdoppelt!"

- Jeder 12. Arbeitnehmer hat zusätzlich zu seiner Vollzeitstelle noch einen sog. Minijob, also ein Beschäftigungsverhältnis auf 450€ Basis. Insgesamt sind in Deutschland 7,3 Millionen Menschen gering beschäftigt, also Minijobber. 4,9 Millionen Deutsche beziehen ihr Einkommen ausschließlich aus einem Nebenjob. (Quelle: SPIEGEL ONLINE vom 04.07.2016, „Zahl der Minijobber steigt auf knapp 2,5 Millionen"[7])
- „Über 1,5 Millionen Menschen kommen regelmäßig zu den Tafeln, davon 24 % Rentnerinnen und Rentner. Diese Zahl hat sich seit 2007 verdoppelt und wir gehen davon aus, dass sie noch weiter steigen wird." Jochen Brühl, Vorsitzender des Bundesverbands Deutsche Tafel, (Quelle: „Pressemitteilung Bundestafel-Treffen 2017"[8] vom 01.07.2017). Diese Zahlen beziehen sich nur auf die „Tafeln", andere Organisationen sind nicht mit einberechnet.
- Über 1 Mio. Erwerbstätige in Deutschland sind sog. „Aufstocker", die unter Hartz-IV-Niveau arbeiten gehen und einen Ausgleich zu ihrem Lohn vom Amt erhalten müssen, um zu überleben. (Quelle: RP-Online vom 06.08.2016, „Hartz-IV-Aufstocker sind mehrheitlich Fachkräfte"[9].)
- Knapp 1 Mio. Deutsche sind dauerhaft in Leiharbeit. Zitat: „Niemals waren so viele Menschen in Deutschland in Zeitarbeit beschäftigt. Sie verdienen deutlich weniger als Festangestellte. Vor allem zwei Branchen nutzen das System." (Quelle: ZEIT ONLINE vom 08.09.2016, „Zahl der Leiharbeiter steigt auf Höchststand"[10])
- Jeder zehnte Rentner muss arbeiten, um sein Leben finanzieren zu können. Zitat: „Binnen eines Jahrzehnts hat sich der Anteil derjenigen Rentner, die mit 65 plus einen bezahlten Job haben, von fünf Prozent auf elf Prozent mehr als verdoppelt." (Quelle: Merkur.de vom 13.07.17, „Weil das Geld nicht reicht – Jeder zehnte Rentner muss arbeiten"[11])

- Deutschlands Arbeitslosenzahlen sind geschönt, allein die Anzahl der Arbeitslosen, die aus Gründen wie Weiterbildungsmaßnahmen, Eingliederung, Krankheit und „ü58 + Hartz-IV" aus der Statistik gestrichen werden, liegt bei über 1 Mio. (Quelle: SPIEGEL ONLINE vom 01.03.2017, „So wird die Arbeitslosigkeit schöngerechnet"[12]), zusätzlich geht das Institut für Arbeitsmarkt- und Berufsforschung (IAB) davon aus, dass sich 3,1 bis 4,9 Millionen Menschen gar nicht arbeitslos gemeldet haben.
- Prognose bis einschließlich 2018: bis zu 536.000 wohnungslose Menschen in Deutschland! Zitat: „Die Armut der unteren Einkommensgruppen hat sich verfestigt u. a. durch die Ausweitung des Niedriglohnsektors und der atypischen Beschäftigung sowie durch den unzureichenden ALG II-Regelsatz." (Quelle: BAG Wohnungslosenhilfe[13])
- Rund 2 Mio. Haushalte in Deutschland sind total überschuldet, was rund 7 Mio. Personen inkl. Kinder betreffen dürfte. Zitat: „In der zunehmenden Überschuldung spiegelt sich die steigende Armutsgefährdung und die Schwächung der sozialen Sicherungssysteme." (Quelle: Nordwest Zeitung vom 06.09.2016, „Immer mehr Haushalte sind überschuldet"[14])
- 15,1 % der Kinder in Deutschland leben in relativer Armut; 4,9 % der Kinder unter 15 Jahren leben in einer Familie, die nicht immer genug zu essen hat. (Quelle: SPIEGEL ONLINE vom 15.06.2017, „Wo Kinder am besten leben"[15])
- Die Altersarmut in Deutschland nimmt dramatisch zu! Laut einer Studie der Bertelsmann Stiftung dürfte bereits 2036 jeder fünfte Rentner unter der Armutsgrenze leben. (Quelle: Osthessen News vom 21.07.17 „Tabuthema Altersarmut: Zum Leben zu wenig, zum Sterben zu viel"[16])
- 330.000 Haushalten wurde 2016 der Strom abgestellt. Zitat: „Viele Menschen schämen sich ihrer Zahlungsunfähigkeit, sind stigmatisiert, ziehen sich bei Stromsperren von Freunden und sozialem Umfeld zurück, was besonders Kindern schadet." (Quelle: shz.de vom 02.03.2017, „Armut in Deutschland: 330.000 Haushalten wurde der Strom abgestellt"[17])

Fakten zu Recht und Freiheit:

- Ganz oben muss hier natürlich das Maas'sche Zensurgesetz „NetzDG" stehen. Mit der Annahme des Gesetzes am 30.06.2017 durch den Deutschen Bundestag ist die Zensur im Netz nun Realität geworden! Ausführungen dazu würden hier den Rahmen sprengen, deshalb empfehle ich die Artikel folgender Autoren: David Berger: „Bundestag – Bekämpfung von News, die der Regierung schaden könnten, soll hohe Priorität bekommen"[18], Thomas Spahn: „NetzDG und so weiter: „Die Gedanken sind frei" – wie lange noch?"[19] und Alexander Wallasch: „Zensur durchgewunken- NetzDG: Löschorgie von Kai aus der Kiste"[20]
  Das „NetzDG" ist im Übrigen eigentlich europarechtswidrig[21], was der ehem. Justizminister Maas gewusst haben muss, man hat ihn nämlich im Vorhinein darauf hingewiesen:
- Im Juni 2017 hat der Bundestag ein sehr weitreichendes neues Überwachungsgesetz beschlossen. Zitat: „Der Bundestag hat eine neue rechtliche Grundlage für den Einsatz von Staatstrojanern beschlossen. Für das Hacken von Computern durch Deutschlands Strafverfolgungsbehörden, für das Verwanzen von Smartphones, für das heimliche Mitlesen von WhatsApp-Nachrichten." Das Gesetz heißt *„Gesetz zur effektiveren und praxistauglicheren Ausgestaltung des Strafverfahrens"*[22] und ist wahrscheinlich verfassungswidrig. Siehe auch ZEIT ONLINE vom 22.06.2017, „Dein trojanischer Freund und Helfer"[23].
  In diesem Zusammenhang seien Berichte von 2016 erwähnt, die deutlich machen, dass der Bundesnachrichtendienst die sog. Krypto-Messenger wie WhatsApp mit von Hilfe 150 Mio. Euro teurer Technologien knacken wollte. (Quelle: heise.de vom 30.11.2016, „BND will angeblich mit 150 Millionen Euro WhatsApp & Co. knacken"[24])
- Bereits im Mai 2017 genehmigte der Bundestag den Onlinezugriff auf die Passbilder-Datenbank der Meldeämter für alle Ordnungsbehörden (Polizei, Geheimdienste, Steuer- und Zollfahnder etc.), was auf über kurz oder lang Gesichtsscannen und Tracking ermöglicht.

Zitat: „Der frühere Bundesdatenschutzbeauftragte Peter Schaar warnt nun vor einem ‚Big-Brother-Gesetz'. Die bisherigen Auflagen habe der Gesetzgeber eingeführt, um eine ‚Massenüberwachung' anhand der Gesichtsfotos zu verhindern. Jetzt sei damit zu rechnen, ‚dass die umfassenden Abrufmöglichkeiten längerfristig dazu verwendet werden, im Rahmen der *intelligenten Videoüberwachung* alle Menschen zu identifizieren', die sich im öffentlichen Raum aufhielten. Nicht umsonst habe die Koalition kürzlich die gesetzlichen Befugnisse entsprechend aufgebohrt." (Quelle: heise.de vom 19.05.2017, „Bundestag genehmigt Online-Zugriff auf Passfotos durch Sicherheitsbehörden"[25])

- Im März 2017 genehmigte der Bundestag den Ausbau der Videoüberwachung in Deutschland. Zitat: „Unverändert hat das Parlament einen Regierungsentwurf durchgewinkt, wonach die Videoüberwachung an ‚öffentlich zugänglichen großflächigen Anlagen' ausgeweitet werden soll. Die Bundespolizei erhält Bodycams und Kennzeichen-Scanner." Der Hamburgische Datenschutzbeauftragte Johannes Caspar kritisierte die Initiative, da diese „einen Weg für eine Totalüberwachung des öffentlichen Raums" ebne, ohne jedoch Terroristen abzuschrecken.
  Mit der Verabschiedung dieses Gesetzes ist nun auf eine Kennzeichen-Überwachung auf Autobahnen durch Mautkameras etc. möglich. (Quelle: heise.de vom 10.03.2017, „Bundestag genehmigt Ausbau der Videoüberwachung"[26])
- „Name, Adresse, Kreditkartennummer: Seit 2018 müssen Fluglinien Datensätze ihrer Passagiere den Behörden überlassen. Das Bundeskabinett hat die Umsetzung einer EU-Richtlinie beschlossen." (Quelle: SPIEGEL ONLINE vom 15.02.2017, „Umstrittene EU-Richtlinie Kabinett beschließt Speicherung von Fluggastdaten"[27])
- Ganz in diesem Sinne ist auch die Anpassung des deutschen Datenschutzes an „europäische Standards", siehe DSAnpUG-EU-Gesetz, z.B. Datenschutzbeauftragter.info „Datenschutzrechtliche Zäsur": Neues Bundesdatenschutzgesetz verabschiedet"[28].

- Und natürlich die Neufassung des BKA-Gesetzes – längere Speichermöglichkeiten, weniger Kontrolle durch öffentliche Stellen, generelle Absenkung des Datenschutz-Niveaus etc.; ich spare mir die Ausführung, lesen Sie selbst: datenschutz-praxis.de vom 23.03.2017, „Neues Bundeskriminalamtgesetz beschneidet Grundrechte"[29].
- Die Neufassung des Archivgesetzes schränkt die Informationsfreiheit gemäß Informationsfreiheitsgesetz ein. (Quelle: iRights.info vom 11.11.2016, „Neues Archivgesetz: Die Akten bleiben geschlossen"[30])
- Nochmal zurück zum Internet: Im April 2017 erlaubte der Bundestag sog. Deep Packet Inspection und Netzsperren. Dies erlaubt Providern, gezielt Datenverkehr zu unterbinden. Die Türkei nutzt dieses System, um den Zugang zu „Tor" zu sperren. (Quelle: heise.de vom 28.04.2017, „IT-Sicherheit: Bundestag erlaubt Deep Packet Inspection und Netzsperren"[31] und heise.de vom 20.12.2016, „Türkei blockiert wohl mit Deep Packet Inspection Zugang zu Tor"[32])
- Das Bankgeheimnis ist in Deutschland *de jure* abgeschafft. Zitat: „Unter der Bezeichnung ‚Steuerumgehungsbekämpfungsgesetz' sorgen die neuen Regelungen dafür, dass Finanzbehörden ungehinderten Zugang zu Privatkonten haben und diese auch ganz allgemein überwachen können. So können nun wahllos alle Daten und Kontobewegungen erfasst werden, ohne dass die Betroffenen davon erfahren. Der Bundestag hatte Ende April und der Bundesrat Anfang Juni dem Gesetz zugestimmt. Vordergründig soll es dabei um die Bekämpfung von Steueroasen, das Verhindern von Geldwäsche sowie den Kampf gegen Terrorismus gehen." (Quelle: Mitteldeutscher Rundfunk vom 10.07.2017, „Deutsches Bankgeheimnis endgültig abgeschafft"[33])
- Nicht zu vergessen die Bargeldobergrenze! Seit Juli 2017 dürfen Sie in Deutschland keine anonymen Bargeldgeschäfte mehr über 10.000€ machen. Damit soll, natürlich, die Terrorismusfinanzierung eingedämmt werden. Auch der 500€-Schein wird unter diesem Vorwand abgeschafft. Man nähert sich Schritt für Schritt dem Bargeldverbot, siehe hierzu „Das Bargeldverbot kommt! – Eine düstere Prophezeiung"[34].

- Auch in Sachen Zwangsbehandlung hat die Bundesregierung nachgelegt. War eine Zwangsbehandlung bisher nur auf richterliche Anordnung möglich, wenn sich ein Patient stationär in einer Klinik aufhielt, können nach der Lockerung des Gesetzes nun auch Behandlungen unter Zwang durchgeführt werden, wenn ein Patient nicht die Kriterien für eine stationäre Aufnahme in eine psychiatrische Klinik erfüllt. (Quelle: TAZ vom 21.06.2017 „Mehr Zwangsbehandlungen"[35])
- „Bundesjustizminister Heiko Maas hat einen Gesetzesentwurf eingebracht, der den Richtervorbehalt bei der Anordnung von Blutentnahme bei Verkehrsstraftaten abschafft. Zukünftig kann der Staatsanwalt entscheiden. Ist dieser nicht erreichbar, können die Polizeibeamten die Anordnung treffen. Die verkehrspolitische Sprecherin der SPD-Bundestagsfraktion, Kirsten Lühmann, begrüßt den Vorschlag." Dazu muss man nichts sagen! (Quelle: Celler Presse vom 21.02.2017, „Richtervorbehalt bei Blutentnahme entfällt"[36])
- Am 01.06.2017 trat das „Gesetz zur Ausweitung des Maßregelrechts bei extremistischen Straftätern" in Kraft. Damit schufen der ehem. Bundesjustizminister Heiko Maas und der ehem. Bundesinnenminister Thomas de Maizière die Grundlage zur besseren Überwachung extremistischer Straftäter und Gefährder, Stichwort: Fußfessel. An sich ein gutes Vorhaben, doch wer wird in naher Zukunft alles ein extremistischer Straftäter oder Gefährder sein? Möchten Sie wirklich, dass diese Entscheidung von der derzeitigen Bundesregierung getroffen wird? (Quelle: Bundesregierung vom 08.02.2017, „Überwachung mit elektronischer Fußfessel"[37])
- Neuerdings können Fahrverbote von bis zu 6 Monaten für alle Straftaten ausgesprochen werden – ganz besonders natürlich für „Hassverbrechen", wie z.B. Hasskommentare auf Facebook oder bei Steuerstraftaten – der „Erziehungsgedanke" spielt laut Aussage des CSU-Abgeordneten Alexander Hoffmann dabei eine übergeordnete Rolle. (Quelle: t-online.de vom 22.06.2017, „Jetzt kommen Fahrverbote für sämtliche Straftaten"[38])

An dieser Stelle höre ich auf, zum Thema Zensur finden Sie in diesem Buch noch weitere wichtige Informationen in dem betreffenden Kapitel.

Ich weiß, dass diese Aufzählung nicht vollzählig ist, es ist fast unmöglich alles aufzulisten, was die Merkel-Regierung in den letzten Jahren gegen ihr eigenes Volk veranstaltet hat. Trotzdem denke ich, dass diese knapp 5 Seiten Text ausreichen, um sich ein vernünftiges Bild von der Lage in Deutschland zu machen.

www.dieUnbestechlichen.com

Merkel will die Bürger unter Kontrolle bringen

Von Vera Lengsfeld

Was ist aus der einst bürgerlichen und damit lesbaren Welt für ein armseliges Kanzlerinnen-Huldigungs-Blatt geworden! „Merkel überzeugt mit einer großen Europa-Rede" titelt sie tatsächlich, ohne schamrot zu werden. Damit nicht einer allein die Verantwortung für diese Schmach übernehmen muss, haben gleich drei Qualitätsjournalisten an dem Stück von 5 Minuten Lesedauer gewerkelt.

Sie mussten allerdings einräumen, dass Merkels „große Rede" und ihr angebliches „Comeback" weitaus weniger Interesse weckte, als die des indischen Präsidenten Narendra Modi, aber dafür hätte die Kanzlerin „wesentlich mehr geboten". Die Schmeichler verfallen bei ihrer Eloge also in nationale Überheblichkeit. Wäre eine ähnliche Bemerkung eines AfD-Politikers nicht schon purer Rassismus?

Schauen wir mal, was Merkel in dem ihr eigenen Kauderwelsch geboten hat:

„Wir sehen, dass es nationale Egoismen gibt, wir sehen, dass es Populismus gibt. Wir sehen, dass in vielen Staaten eine polarisierende Atmosphäre herrscht und vielleicht ist das an vielen Stellen auch die Sorge, ob die multilaterale Kooperation wirklich in der Lage ist, ehrlich, fair die Probleme der Menschen zu lösen und ob es angesichts der großen technologischen Herausforderung der Digitalisierung der disruptiven Veränderungen gelingt, alle Menschen mitzunehmen, daran gibt es in allen Ländern Zweifel.

Das Land aus dem ich komme, in dem ich Bundeskanzlerin bin, hat Schwierigkeiten und hat diese Polarisierung im Land, wie wir sie seit Jahrzehnten nicht hatten. Herausgefordert durch zwei Ereignisse, die im Grunde auch Ausdruck der Globalisierung sind – einmal durch die Eurokrise, die wir jetzt inzwischen gut bewältigt haben. Und dann durch die Herausforderung der Migration in den letzten Jahren.

Aber ich darf Ihnen sagen, Deutschland will, und das haben die Gespräche, die ich geführt habe und die ich jetzt führe zur Bildung einer Regierung, immer wieder gezeigt, Deutschland will ein Land sein, das auch in Zukunft seinen Beitrag leistet, um gemeinsam in der Welt die Probleme der Zukunft zu lösen."

Den ersten Satz kann man noch so oft lesen, man kommt nicht dahinter, was uns die Kanzlerin eigentlich sagen will. Wer sind „wir"? Ist das ihr persönlicher Pluralis Majestatis? Sie redet von Staaten, in denen „eine polarisierende Atmosphäre herrscht" und orakelt über eine ominöse „multilaterale Kooperation", die „Digitalisierung der disruptiven Veränderungen", von denen niemand wissen kann, was sie damit meint.

Im nächsten Satz verweist sie auf „diese Polarisierung" in dem „Land aus dem ich komme", ohne die Polarisierung zu beschreiben und ihre Verantwortlichkeit zu benennen. Sie tut so, als sei die Polarisierung irgendwie vom Himmel gefallen, wie die Eurokrise und die Migration. Aber sie darf ihrem Publikum sagen, dass Deutschland „in der Welt die Probleme der Zukunft zu lösen" hat. Wieder diese unsägliche Selbstüberhebung. Merkel, die weder willens, noch in der Lage ist, die Probleme Deutschlands, die sie an führender Stelle mit verursacht hat, zu lösen, spielt sich als Weltretterin auf.

Außer verquasten Phrasen, wie die Weltrettung verlaufen soll, hat sie nichts zu bieten:

„... wir glauben, dass dann, wenn wir untereinander der Meinung sind, dass die Dinge nicht fair zugehen, dass die Mechanismen nicht reziprok sind, dass wir dann multilaterale Lösungswege suchen sollten und nicht unilaterale, die letztlich die Abschottung und den Protektionismus nur befördern."

Sätze von dieser Qualität gibt es in der „großen Rede" zuhauf:

„Die Frage, was kann ich jetzt noch verteilen und was investiere ich in die Zukunft, beschäftigt uns zum Teil sehr in unseren Gesprächen. Wir wissen, wenn wir das Wohlstandsversprechen für alle in der Zeit der Digitalisierung leisten wollen – auch für unsere Menschen in Deutschland – dann bedeutet das, wir brauchen eine soziale Marktwirtschaft 4.0, nicht nur eine Industrie 4.0."

Soziale Marktwirtschaft 4.0 heißt also, denen, die den Wohlstand erarbeiten, soll noch mehr weggenommen werden. Da ist tatsächlich noch viel Spielraum nach oben. In der DDR lag die Steuerlast für die produktiven Selbstständigen schließlich bei 90%. Unsere Kanzlerin denkt darüber nach, wie sie das Land, dessen Namen sie nicht einmal mehr aussprechen mag, noch effektiver ausplündern kann. Das lassen wir uns doch im Namen der „multilateralen Kooperation" gern gefallen, oder?

Wenn Merkel ins Außenpolitische abschweift, hört sich das so an:

„Wir haben im Grunde die sunnitisch-schiitischen Konflikte vor unserer Haustür, wir haben den IS vor unserer Haustür, unser Nachbar ist Afrika – nur wenige Kilometer getrennt von den südlichen Teilen Europas. Syrien ist der Nachbar von Cypern. Das heißt, die Tatsache, dass Europa außenpolitisch nicht der aktivste Kontinent war, sondern wir uns oft auf die Vereinigten Staaten von Amerika verlassen haben – die sich aber jetzt auch mehr auf sich konzentrieren – muss uns dazu bringen zu sagen, wir müssen jetzt mehr Verantwortung übernehmen. [...] Wir sind mitverantwortlich für die Entwicklung des afrikanischen Kontinents, wir sind mitverantwortlich für die Frage, wie geht's im Irak weiter. Wir sind mitverantwortlich für die Frage, wie geht es in Libyen weiter [...]."

Abgesehen von dem fatalen Irrtum, dass wir den IS nicht nur „vor unserer Haustür", sondern mitten in Europa und speziell in Deutschland haben, wo durch die unkontrollierte Einwanderung mehr und mehr Terroristen einsickern, die von der Einwanderungsindustrie liebevoll umsorgt werden, ist Merkels Rede ein Ausdruck von Kolonialismus 4.0. Der Gedanke, dass die Afrikaner für die Entwicklung ihres Kontinents verantwortlich sind und die Libyer entscheiden müssen, wie es mit ihrem Land weiter geht, ist Merkel offensichtlich ganz fremd.

Dann hängt sie noch die linksradikale These an, dass Europa Schuld sei am gegenwärtigen Zustand Afrikas, als wären es nicht seit Jahrzehnten die mit westlichen Entwicklungsgeldern korrumpierten afrikanischen Eliten, die verantwortlich sind für die Entwicklung des Kontinents seit dem Rückzug der Kolonialstaaten.

Am Ende ihrer „großen Rede" bekam Merkel noch das Stichwort Rechtspopulismus geliefert und reagiert mit dem üblichen Pawlowschen Reflex:

Rechtspopulismus sei, wenn der Eindruck entstünde, „andere würden auf unsere Kosten leben und uns etwas wegnehmen". Wenn eine Million junge Männer in unsere Sozialsysteme einwandern, in die sie nie eingezahlt haben und vermutlich zum größten Teil auch nie einzahlen werden, wird natürlich niemandem etwas weggenommen, denn es handelt sich lediglich um ein Umverteilungsproblem. Wenn eine Million junge Männer auf Steuerzahlerkosten medizinisch versorgt werden, stabilisieren sie lediglich die Krankenkassen, jedenfalls wenn man glaubt, was uns von den merkelhörigen Medien als Propaganda geboten wird. Und wenn diese eine Million junge Männer demnächst auch noch ihre Großfamilien nachholen dürfen, dann wird sich diese Zahl der Leistungsempfänger nochmals vervielfachen, und zwar dauerhaft und irreversibel. Ein Rassist, wem angesichts dieser Perspektive Zweifel an der Zukunftsfähigkeit dieses Landes kommen.

Merkels „große Rede" war zwar nichts als ein großes Gestammel, aber wir müssen sie sehr ernst nehmen. Sie enthält eine Kampfansage an alle Bürger Deutschlands, die in wachsender Zahl der Politik ihrer Kanzlerin kritisch gegenüberstehen. Sie sind gemeint, wenn Merkel androht, dieses „Gift" Rechtspopulismus „unter Kontrolle zu bekommen".

Wenige Monate, bevor er im Orkus der Geschichte verschwand, ist DDR-Chef Erich Honecker zum „großen Europäer" erklärt worden.

www.vera-lengsfeld.de

Das Milliardenspiel: Was uns die Parteien und Abgeordneten des Bundestags kosten

Von Ramin Peymani

Im Bundestag regnet es Geld. Fortlaufend greift die Berufspolitik dem Steuerzahler tief in die Tasche. Ihr Meisterstück machte sie im Sommer 2018. Nachdem die Große Koalition mit ihrer Stimmenmehrheit gerade erst dafür gesorgt hatte, den Parteien zusätzliche Millionenbeträge in die Kassen zu spülen, erhöhten sich die Bundestagsfraktionen nahezu unbemerkt von der breiten Öffentlichkeit auch ihre eigenen Gelder kräftig. Der auf 709 Abgeordnete aufgeblähte Bundestag ist uns Wählern nunmehr satte 112 Millionen Euro im Jahr wert, weil die Abgeordneten beschlossen haben, dass ein dreiprozentiger Aufschlag auf ihre Fraktionsgelder bei einer Inflationsrate von rund 2% gerade recht ist. Dazu kommen weitere drei Millionen Euro für die Große Koalition zur Finanzierung des „Nachrüstungsbedarfs bei der Digitalisierung und IT-Sicherheit". Insgesamt erhöhten sich 2018 die Zahlungen an die Bundestagsfraktionen damit auf einen Schlag um mehr als 30%. Rechnet man die auf 190 Millionen Euro angewachsenen Zuweisungen aus der staatlichen Parteienfinanzierung hinzu, die nur zu einem geringen Teil an Parteien und Wählergruppen außerhalb des höchsten deutschen Parlaments fließen, bekommen die sieben im Bundestag vertretenen Parteien und die sechs dazugehörigen Fraktionen nunmehr rund 300 Millionen Euro für ihre politische Arbeit. Doch das ist nicht alles. Zusammen mit den Diäten und Kostenpauschalen für die Abgeordneten und den staatlichen Geldern für die Parteistiftungen fließen den Bundestagsparteien und ihren Abgeordneten für das Jahr 2018 erstmals mehr als eine Milliarde Euro zu.

Nervenaufreibende Debatten, wie sie bei den Erhöhungen der Abgeordnetendiäten früher regelmäßig stattfanden, gibt es heute kaum mehr, weil schnell und diskret gehandelt wird. Apropos Diäten: Hier sorgt seit vielen Jahren eine Steigerungsdynamik dafür, dass Jahr für Jahr mehr Geld in die Taschen der Parlamentarier wandert. Kein lästiges Aushandeln mehr, das allzu viele schlafende Hunde wecken könnte. Nicht ganz so geräuschlos verliefen die Diskussionen zu den Anhebungen für Parteien und Fraktionen. Doch der in Windeseile auf die Tagesordnung gesetzte und eisern durchgepeitschte Millionenregen war Gesetz, bevor sich größerer öffentlicher Protest erhob. Auch die gekonnt zur Schau gestellte Empörung der Oppositionsparteien verpuffte schnell wieder, weil jeder wusste, dass diese keinesfalls über Nacht ihre Liebe zum deutschen Steuerzahler entdeckt hatten, sondern ausschließlich damit haderten, dass ihr finanzieller Abstand zu den beiden großen Parteien und deren Fraktionen immer größer wird. Zwar wurde inzwischen eine Normenkontrollklage angestrengt, doch dürften nur die kühnsten Optimisten davon ausgehen, dass die geschaffenen Fakten noch einmal revidiert werden. Und selbst im Falle des Einkassierens wird es nicht lange dauern, bis sich die findigen Trüffelsucher der Großen Koalition neue Finanzierungsquellen auf Kosten der Steuerzahler erschließen. Es ist bezeichnend für den Zustand der Demokratie, dass wir Bürger nur noch zusehen können, wie sich die Berufspolitik immer ungenierter am Gemeinwohl vergreift.

Politische Entscheidungen, die regelmäßig in kleinsten Zirkeln außerhalb legitimierter Gremien fallen, allzu gerne in Brüsseler Nacht-und-Nebelaktionen, aber auch ansonsten so oft wie möglich ohne direkte Beteiligung des Bundestages, sind nur eines der vielen Symptome einer erodierenden Demokratie. Da muss es niemanden wundern, wenn längst auch der Zugriff auf die Steuerkasse nicht mehr nur zum Kauf von Wählerstimmen erfolgt. In Zeiten ausbleibender Wähler verschafft man sich das Geld durch die fortlaufende Änderung der Berechnungsgrundlage – oder eben durch eine unappetitliche Erhöhung. Der Bundestag hat sich verselbständigt. Nur noch die Interessen der Parteien und das Machtkalkül ihrer Fraktionen entscheiden heute darüber, was wann wie beschlossen wird. Waren die Parteien einmal mit dem verfassungsmäßigen Auftrag zur Mitwirkung an der politischen Willensbildung des Volkes betraut, so fühlen sie sich heute nur noch der Durchsetzung ihrer ureigenen Interessen verpflichtet. Der treue Michel und das naive Lieschen durchschauen das unselige Treiben zwar zunehmend, trauen sich aber nicht, ihrer Obrigkeit entschlossen entgegenzutreten. Vor allem fürchten sie den Streit, den sie daher keinesfalls anzetteln wollen. Statt den Parteienstaat endlich an die Kandare zu nehmen, schauen sie zu, wie er sich immer weiter abschottet und sich das in Infrastruktur und Bildung so dringend benötigte Geld milliardenweise in den Rachen wirft. Wahrscheinlich verdienen Lieschen und Michel es aber auch gar nicht anders. Wer sich nicht traut, seine demokratischen Rechte wahrzunehmen, ist selbst schuld.

www.peymani.de

Wie die CDU über Jahrzehnte hinweg das eigene Volk belogen und betrogen hat

Von Jürgen Fritz

Helmut Kohl hat Geschichte geschrieben. Deutsche und europäische Geschichte. Er ist der Kanzler der Deutschen Einheit. Hier kommen ihm und der Union große Verdienste zu. Aber da gibt es noch eine andere Seite von Kohl und der CDU – eine dunkle, eine schwarze, eine rabenschwarze Seite.

Kohls Aufstieg und seine Förderer im Hintergrund

Die ARD strahlte am 4.12.2017 am späten Abend eine Sendung aus, die den Titel *Bimbes – Die schwarzen Kassen des Helmut Kohl*[1] trug. Worum es hierbei ging, macht der Name schon deutlich. Es geht um eines der dunkelsten Kapitel der Geschichte der CDU. Es geht um Lug und Betrug, um Machenschaften, die die Vorstellungskraft der meisten von uns übersteigen. Es geht um Macht und gnadenlosen, systematischen Machtmissbrauch. Und das über mehr als ein Vierteljahrhundert.

Kohls Aufstieg als Politiker beginnt in Rheinland-Pfalz in den 1960er Jahren. Er gilt als junger Wilder, der die CDU modernisieren will und er gilt als Hoffnungsträger der Konservativen. Eine der Stärken des 1930 Geborenen: sein Geschick, vielfältige Kontakte aufzubauen und zu pflegen. Einer dieser davon zum Flick-Manager Eberhard von Brauchitsch.

Man trifft sich zur Jagd. Von Brauchitsch ist ein besonders gern gesehener Gast, was einen einfachen, aber handfesten Grund hat: Er verteilt seit Jahren großzügige Spenden an ausgewählte Politiker. Dies natürlich nicht ohne Hintergedanken. Von Brauchitsch handelt im Auftrag von Friedrich Karl Flick, ein deutsch-österreichischer Unternehmer und Milliardär, einer der mächtigsten Industriellen Deutschlands.

Flick lässt bereits seit Jahren bestimmten Politikern Spenden zukommen, aber von Brauchitsch beginnt, das Ganze systematisch zu organisieren: Immer mehr Geld für immer mehr Politiker. Dabei ist ein Mann für den Flick-Konzern von besonderem Interesse: Helmut Kohl. Denn dieser ist seit 1969 Ministerpräsident von Rheinland-Pfalz und er ist die große Hoffnung der CDU. Bereits der 39-Jährige strebt nach ganz oben. Er will nicht nur Ministerpräsident sein, sondern Bundesvorsitzender der CDU. Doch das ist Anfang der 1970er Jahre ein anderer: Rainer Barzel. Der Machtkampf zwischen den beiden ist unvermeidlich.

Dann kommt Kohls große Chance. Rainer Barzel scheitert 1972 beim Versuch, Willy Brandt in einem konstruktiven Misstrauensvotum als Bundeskanzler abzulösen (übrigens mit Hilfe der Stasi, die Schmiergelder an CDU-Abgeordnete zahlte – Barzel fehlten nur zwei Stimmen!).

Die Stunde Biedenkopfs

Jetzt ist der CDU-Vorsitzende Barzel angeschlagen und nun mischt sich ein weiterer Konzern in die Politik ein: Henkel. Der Geschäftsführer der Henkel-Werke: Kurt Biedenkopf (Bild unten), der spätere CDU-Generalsekretär, dessen Frau vor ein paar Jahren Schlagzeilen machte, weil sie an der IKEA-Kasse eine riesige Schlage erzeugte, da sie mit der Kassiererin über die Preise handeln wollte.

Biedenkopf und von Brauchitsch treffen sich 1973 und sprechen sich ab. Die beiden schmieden einen Plan: Aktion K. – eine Anwaltskanzlei als Spendensammelbecken. Das erste Ziel: Barzel muss weg. Kohl wird über den Plan informiert, wie man Barzel den Abgang erleichtern könnte. Im Mai 1973 legt Barzel zunächst den Fraktionsvorsitz im Deutschen Bundestag nieder. Den Parteivorsitz will er aber noch nicht an Kohl abgeben.

Wieder mischt sich der Henkel-Manager Biedenkopf ein, kontaktiert zunächst den Flick-Manager von Brauchitsch. Wenige Tage später legt Barzel plötzlich doch den Parteivorsitz nieder. Kohl wird CDU-Vorsitzender. Weshalb aber tritt Barzel jetzt so schnell von der großen Bühne ab? Was hat ihn dazu bewogen? Dazu später mehr.

Jetzt, 1973, wechselt Biedenkopf von der Wirtschaft in die Politik, wird CDU-Generalsekretär. Sein Gehalt soll aber geheim bleiben. Niemand darf wissen, was der Top-Manager von Henkel jetzt als CDU-Generalsekretär verdient. Doch wie kann das geheim gehalten werden? Dafür ist schnell eine Lösung gefunden: Kohl zahlt Biedenkopf aus einem Anderkonto. Es wird ein eigenes Finanzierungssystem geschaffen. Spätestens jetzt werden inoffizielle Kassen geführt. Aus einer solchen wird Kurt Biedenkopf, der keinerlei Interview geben wollte zu diesen Fragen, bezahlt. Und wie werden diese geheimen Kassen gefüllt? Mit Barspenden, die nirgends registriert sind.

In den Folgejahren gestalten Kohl als Parteivorsitzender und Biedenkopf als sein Generalsekretär die CDU nach ihren Vorstellungen. Kohl weiß, dass viel Geld für seine Pläne vorhanden ist. Nicht nur die offizielle Parteikasse, sondern auch die dunklen Kassen, von denen niemand weiß, und er wiederum weiß diese für sich zu nutzen.

Wer ist der Flick-Konzern?

Aber nicht nur die CDU steht auf der Spendenliste des Flick-Konzerns, sondern auch Helmut Kohl persönlich. Allein von 1973 bis 1975 fließen dem Pfälzer 300.000 DM direkt zu, die nirgends offiziell auftauchen. Doch was ist das für ein Unternehmen?

Während der Nazi-Herrschaft profitiert der Konzern enorm von der Aufrüstung. Auch von der Enteignung jüdischer Unternehmer. Der Seniorchef Friedrich Flick (Bild oben) spendet an die NSDAP und wird selbst Parteimitglied. Im Nürnberger Prozess wird er wegen Kriegsverbrechen zu sieben Jahren Haft verurteilt, aber in den 1950er Jahren profitiert der Konzern erneut, jetzt beim Wiederaufbau. Flick junior ist nach dem Tod des Vaters 1972 einer der reichsten Deutschen.

„Landschaftspflege"

Ab Ende der 1960er Jahre machen ihm und anderen Konzernlenkern die zunehmend instabile Lage – bedingt durch Studentenunruhen und den kalten Krieg – Sorgen. Bereits in diesen Jahren beginnt man, bestimmten Politikern immer mehr Geld zu spenden, die man gerne in führenden Positionen sähe, zunächst hauptsächlich an CDU/CSU und FDP, später auch an die SPD. „Landschaftspflege" nennen sie dies. Von Brauchitsch ist nicht der Einzige, der diese besondere Form der Pflege betreibt, jedoch der größte Financier.

Da diese Form der Parteienfinanzierung bald illegal ist, lassen sich unsere „Landschaftsgärtner“ entsprechende Umwege einfallen. Zu diesem Zweck wird das Geld nicht direkt vom Spender an die Partei oder den Politiker gezahlt, sondern zunächst in die *Staatsbürgerliche Vereinigung* in Koblenz, ein bereits in den 1950er Jahren von Industrievertretern mit Hilfe der CDU gegründeter gemeinnütziger Verein. Dieser fördert bereits ab 1964 den 34-jährigen Helmut Kohl mit zig tausend DM. Die *Staatsbürgerliche Vereinigung* war in Wahrheit kein gemeinnütziger Verein, sondern eine Geldwaschanlage zur illegalen Parteienfinanzierung.

Von Koblenz wird das Geld zunächst auf Schweizer Konten transferiert. So kann die Herkunft der Gelder noch besser verschleiert werden. In die Schweiz werden dann Geldboten geschickt, die das Geld dort abhoben, im Kofferraum verstecken und nach Deutschland einschleusen. Ein solcher Geldbote ist Uwe Lüthje, ein enger Vertrauter des CDU-Schatzmeisters Walther Leisler Kiep.

Auch ein römisch-katholischer Orden hilft mit bei der Geldwäsche

Im Lauf der Jahre landen nicht nur Hunderttausende DM auf den Schwarzkonten der CDU, sondern viele Millionen. Alles vorbei am Finanzamt, an der deutschen Öffentlichkeit, den deutschen Bürgern, dem Souverän.

Aber nicht nur die *Staatsbürgerliche Vereinigung* hilft bei der Geldwäsche und Steuerhinterziehung, sondern auch die *Gesellschaft für Gemeinwohl mbH* namens *Soverdia*, ein Wirtschaftsunternehmen des Ordens der Steyler Missionare.

Das Ganze funktioniert wie folgt: Der Flick-Konzern spendet offiziell z.B. eine Million an *Soverdia* und lässt sich darüber eine Spendenquittung ausstellen. Dies führt zu einer Steuervergünstigung von ca. 50 Prozent, also rund eine halbe Million. Aus eigener Tasche hat Flick also nur 500.000 DM gespendet, die anderen 500.000 DM zahlt das Finanzamt, also die Allgemeinheit. Anschließend gibt Soverdia 80 Prozent, also im Beispiel 800.000 DM wieder zurück an Flick. Somit hat der Konzern sogar einen Gewinn erzielt von 300.000 DM und der Orden hat immerhin 200.000 DM erhalten, macht zusammen 500.000 DM. Und wer kommt für diese auf? Die insgesamt 500.000 DM zahlt das Finanzamt, also der deutsche Steuerzahler bzw. Staatsbürger. Und das macht man nicht mit einer Million, sondern mit 12,7 Millionen. So füllt Flick seine schwarzen Kassen für die „Landschaftspflege".

Wer ist involviert und wer hilft mit?

Viele Politiker stehen auf der Empfängerliste aus Flicks schwarzen Kassen, weit oben der CDU-Chef. Doch nicht nur Uwe Lüthje fungiert als Geldbote, der regelmäßig in die Schweiz fährt, sondern auch Kohls langjährige Büroleiterin Juliane Weber. Zu dieser pflegte Kohl ein sehr enges und vertrauensvolles Verhältnis. Nachdem er 1976 als Fraktionsvorsitzender des Deutschen Bundestages nach Bonn geht, wohnt er mit ihr und dem Fahrer dort unter einem Dach, während Ehefrau Hannelore in Ludwigshafen-Oggersheim bleibt.

Es sind nur einige in der CDU, die wissen, wie genau das System der schwarzen Kassen funktioniert und von wo das Geld kommt: Kohl selbst, Biedenkopf, Leisler Kiep, Lüthje, Juliane Weber und einige mehr. Aber die anderen wissen, dass da irgendetwas nicht mit rechten Dingen zugeht. Ihnen muss ja auffallen, dass, wenn Geld in größeren Summen gebraucht wird, Kohl dies immer im Nu von irgendwoher beschaffen kann, und zwar nicht aus der offiziellen Parteikasse. Von wo kommt denn das Geld? Man fragt aber wohlweislich lieber nicht nach.

Die Staatsanwaltschaft kommt dem Flick-Konzern auf die Schliche

Dann, 1980, fliegt ein Teil des Systems der schwarzen Kassen auf. Die Staatsanwaltschaft beginnt gegen den Flick-Konzern wegen Steuerhinterziehung zu ermitteln. Dort findet man eine Liste mit Namen von über tausend Personen mit vielen Notizen wie *„trinkt gerne"*, *„spielt gerne"*, *„hat eine Schwäche für Frauen"* etc.

Als Erste knicken die Ordensbrüder von *Soverdia* ein und geben den ganzen Schwindel zu. Nun kommt immer mehr heraus. Alle der damals im Bundestag vertretenen Parteien haben die Hand aufgehalten. Die Staatsanwälte interessieren sich jedoch vor allem für Politiker der FDP. Jahre später werden sie wegen Steuerhinterziehung und Beihilfe dazu verurteilt. Wirtschaftsminister Graf Lambsdorf (FDP) wird zurücktreten.

Während die Untersuchungen laufen, wird Kohl Ende 1982 Bundeskanzler. Kurz zuvor, Anfang September 1982, ruft er Uwe Lüthje, den Geldboten und einen der wesentlichen Drahtzieher der schwarzen Kassen zu sich. Der baldige Kanzler hat eine große Bitte an Lüthje. Jetzt erst erfährt dieser, was selbst er bisher nicht wusste, dass nicht nur enorme Summen an Schwarzgeldern in die CDU-Kasse geflossen sind, sondern auch Hunderttausende DM an Kohl. Der will jetzt, dass Lüthje sich was einfallen lassen soll, das Ganze zu vertuschen. Das darf auf keinen Fall rauskommen, dass er, Kohl, selbst auch Geld bekommen hat!

Weshalb Barzel Kohl den Weg plötzlich frei machte

Dann, 1984, kommt noch etwas anderes ans Tageslicht: Wieso Barzel damals, 1973, Kohl plötzlich den Weg frei machte zum Parteivorsitzenden. Rainer Barzel, inzwischen Fraktionsvorsitzender von CDU/CSU, erhielt vom Flick-Konzern (natürlich über Schweizer Umwege) – enorme Summen, um ihm den Rückzug „etwas zu erleichtern":

- 1974: 250.000 DM
- 1975: 250.000 DM
- 1976: 250.000 DM
- 1977: 250.000 DM
- 1978: 250.000 DM
- 1979: 250.000 DM
- 1980: 62.000 DM
- insgesamt: 1,562 Millionen DM.

Als dies im Rahmen der Ermittlungen bekannt wird, tritt Barzel als CDU/CSU-Fraktionsvorsitzender zurück.

Und dabei ist der Flick-Konzern nur einer von mehreren, wenn nicht vielen, von denen regelmäßig schwarze Gelder an die Parteien und einzelne Politiker fließen. Was hier über viele Jahre, ja Jahrzehnte abläuft, sind, wie der Steuerfahnder Frank Wehrmann es formuliert, **Mafia-Methoden**. Es wurden massenhaft Straftaten begangen. Aber ab den 1980er Jahre wird das System allmählich stückchenweise aufgedeckt.

Kohls angeblicher Blackout

Die Staatsanwaltschaft kann zunächst folgende Sachverhalte sicher ermitteln: Die *Staatsbürgerliche Vereinigung*, die Hauptgeldwaschanlage, hat zwischen 1969 und 1980 **über 227 Millionen DM eingenommen**. Davon flossen fast 200 Millionen DM auf Festgeldkonten in der Schweiz.

1985 muss sich Helmut Kohl dann vor zwei Untersuchungsausschüssen verantworten. Und hier lügt der CDU-Vorsitzende und Kanzler, dass sich die Balken biegen. Er habe von der Funktion der *Staatsbürgerliche Vereinigung* als Geld- und Spendenbeschaffungs-Anlage überhaupt nichts gewusst. Jahre später meint er, er habe nicht gelogen, sondern nur unüberlegt geantwortet und habe die Frage auch gar nicht verstanden. Otto Schily, der spätere Bundesinnenmister, erstattet daraufhin **Strafanzeige gegen Kohl wegen vorsätzlicher falscher uneidlicher Aussage**. Heiner Geißler, der CDU-Generalsekretär, versucht, den CDU-Vorsitzenden zu exkulpieren, dieser habe in diesem Moment der Falschaussage womöglich einen „*Blackout*" gehabt. Das könne ja mal passieren, wenn der Tag lang ist.

Lüthje lügt für Kohl nach Strich und Faden und rettet ihm Kopf und Kragen

1986 lädt die Staatsanwaltschaft Koblenz dann Uwe Lüthje aus der CDU-Schatzmeisterei vor, einen der wichtigsten Geldboten in die Schweiz. Lüthje ist hin und her gerissen zwischen der Pflicht wahrheitsgemäß auszusagen und der Loyalität seinem Parteivorsitzenden gegenüber. Was soll er tun?

Auch Lüthje lügt, dass sich die Balken biegen. Kohl hätte von den Machenschaften der *Staatsbürgerliche Vereinigung* nichts gewusst. Jahre später gibt Lüthje alles zu. Kohl habe ihn 1986 sogar gefragt, ob er nichts sicherheitshalber zurücktreten solle, ehe das Ergebnis der staatsanwaltschaftlichen Ermittlungen ihn dazu zwingen würde. Lüthje hält Kohl davon ab und lügt für ihn, wo er nur kann. Er rettet Kohl die politische Karriere. Später wird Kohl ihn, als es für ihn selbst erneut eng wird, eiskalt fallen lassen. Das Ermittlungsverfahren gegen den CDU-Vorsitzenden und Bundeskanzler wird nach den Aussagen von Lüthje eingestellt.

Die CDU macht genau so weiter

Derweil liegen in der Schweiz noch immer riesige Summen auf schwarzen Konten und das ganze Spiel geht genau so weiter wie zuvor. Trotz der Flick-Affäre, trotz der Untersuchungsausschüsse, trotz der Ermittlungen der Staatsanwaltschaft. **Jetzt werden auch schwarze Konten in Liechtenstein angelegt.** Kohls Image aber ist nach drei bis vier Jahren Kanzlerschaft am Tiefpunkt angelangt, Anfang 1987 stehen aber Bundestagswahlen an. Was tun?

Die CDU will im Wahlkampf nochmals alles mobil machen und ruft zur großen Abschlusskundgebung in die Dortmunder Westfalenhalle. Man sorgt für ein großes Unterhaltungsprogramm, aber Kohl ist inzwischen so unbeliebt, dass man fürchtet, die Halle werde halb leer bleiben. Aber wie sieht das denn aus, wenn der CDU-Vorsitzende nicht einmal die eigenen Leute motivieren kann, zu einer Abschlusskundgebung zu kommen? Das geht unmöglich. Man braucht die Bilder einer vollen Halle und Standing Ovations. Also beschafft man sich Claqueure in ausreichender Anzahl. 60.000 Teilnehmer schafft man nach Dortmund, chartert 15 Sonderzüge und über 330 Busse. **Alles auf Parteikosten.** Man zahlt den Leuten aus ganz Deutschland einen hübschen Ausflug nach Dortmund. Der Finanzmehrbedarf, der dadurch entsteht – nicht Gesamtbedarf, sondern nur der Mehrbedarf(!): über 5 Millionen DM. Und woher nimmt man das zusätzliche Geld? Nun raten Sie mal.

Jedes CDU-Mitglied bekommt einen Brief von Kohl persönlich

Die CDU verliert bei der Bundestagswahl 1987 fast 5 Prozentpunkte, Kohl bleibt aber mit einer schwarz-gelben Koalition im Amt. Seine Beliebtheit innerhalb der Partei sinkt jedoch weiter. Kohl entschließt sich zu einer sehr ungewöhnlichen Maßnahme. Über 800.000 CDU-Mitglieder bekommen jeder Einzelne einen persönlichen Brief vom Parteivorsitzenden, der so wirkt, als habe Kohl ihn selbst mit Füllfederhalter unterschrieben. Kosten der Aktion: 800.000 DM.

Als es dann Vorwürfe innerhalb der Partei gibt, wie man denn nur das Geld der Partei so aus dem Fenster werfen könne, beruhigt Kohl die Parteimitglieder, sie müssten sich keine Sorgen machen, das Problem mit den Kosten habe er anders gelöst. Das werde die Partei nichts kosten. Plötzlich liegt ein Scheck genau in der fehlenden Höhe auf dem Tisch. Woher das Geld kommt? Ich denke, Sie wissen es. Das System der schwarzen Konten, jetzt in Schweiz und Liechtenstein, läuft munter weiter. Die Staatsanwaltschaft und Steuerfahndung hatten ja nur einen Teil entdeckt.

Kohl ist auch weiterhin nicht bereit, auf die dunklen Geldkanäle zu verzichten

Nun will der Hauptabteilungsleiter Organisation im Konrad-Adenauer-Haus in Bonn, **Rüdiger May**, aber wissen, wo das Geld herkam. Er muss es ja ordnungsgemäß verbuchen. Man sagt ihm, er solle es unter *„Sonstiges"* einordnen. Das könne er bei so einer großen Summe unmöglich machen, erwidert May. Das müsse schon ordentlich verbucht werden. Er werde den Rechenschaftsbericht so nicht unterschreiben, wenn das nicht geklärt werde.

Wenige Monate später wird sein Vertrag mit der CDU aufgelöst. Nach zehn Jahren Tätigkeit im Amt scheidet er 1989 aus der CDU-Parteizentrale aus. Helmut Kohl ist nicht bereit, auf das Geld aus den dunklen Kanälen, welches seit Jahrzehnten fließt, zu verzichten, und er wird es auch in die 1990er Jahre hinübernehmen. Er macht immer weiter. Nun kommt die Deutsche Einheit und da sind solche Fragen ohnehin nicht mehr von Belang. Kohl sitzt jetzt fester im Amt als je zuvor.

Der Rüstungslobbyist Schreiber und seine gut gefüllten Geldkoffer

Doch dann kommt es zum nächsten Verfahren. Leisler Kiep und Lüthje müssen sich 1990 in Düsseldorf erneut vor Gericht wegen Beihilfe zur Steuerhinterziehung verantworten. Kommt jetzt endlich das gesamte System der schwarzen Kassen ans Tageslicht? Nachdem die *Staatsbürgerliche Vereinigung* aufgeflogen ist, **wird das CDU-Geld jetzt einfach woanders versteckt, insbesondere in der Norfolk-Stiftung**. Der neue Geldbote ist nun der Wirtschaftsprüfer Horst Weyrauch, der unzählige Male in die Schweiz reist, um Bargeld zu holen.

Aber in der Schweiz liegt nicht nur altes gebunkertes Geld. Es kommt auch Neues hinzu. 1991 reisen Leisler Kiep (Bild oben rechts), der CDU-Schatzmeister, und Weyrauch, der CDU-Wirtschaftsprüfer, in die Schweiz, um dort konspirativ den Waffenhändler und Rüstungslobbyisten **Karlheinz Schreiber** zu treffen.

Schreiber gibt den beiden CDU-lern **eine Million DM** in bar. Das Ganze geschieht übrigens, während Leisler Kiep noch vor Gericht steht in der Flick-Affäre. Während des Berufungsverfahrens begeht er also bereits die nächsten Straftaten, und zwar genau die gleichen. Das dürfte an krimineller Energie kaum noch zu überbieten sein!

Die Million von Schreiber teilen Leisler Kiep, Weyrauch und Lüthje unter sich auf. Außerdem holen sie noch 1,5 Millionen aus der Norfolk-Stiftung. Als Kohl später selbst in der Klemme steckt, wird er diese Informationen gegen Lüthje benutzen, der ihm einst mit seinen Lügen Kopf und Kragen gerettet hat. Und Kohl kommt wieder in die Klemme.

Der Dicke wird abgewählt und das ganze Schwarzgeldsystem droht aufzufliegen

1998 verliert Kohl seine letzte Bundestagswahl mit Pauken und Trompeten. Die sechzehnjährige Kanzler-Ära ist zu Ende. Das System der schwarzen Kassen bleibt zunächst unentdeckt. Aber Ende 1999 steht Leisler Kiep erneut vor Gericht. Jetzt wegen der Million, die er mit Weyrauch von Schreiber angenommen hat. Kiep weiß sich nicht mehr zu helfen und gibt nun die Geldannahme zu. Fliegt nun das ganze System endlich auf?

Jetzt bricht Panik aus. Weyrauch und Lüthe treffen sich auf einer Autobahnraststätte zwischen Koblenz und Bonn. Niemand soll mitbekommen, worüber die beiden reden. Lüthjes größte Sorge: Ein Teil wurde entdeckt, aber die anderen Anderkonten dürfen auf keinen Fall entdeckt werden, sonst wird deutlich, dass das Ganze System hat. Wenn das Gesamtsystem des CDU-Kohl'schen Finanzierungssystems auffliegt, wird dies eine Katastrophe mit unabsehbaren Folgen geben. Just diese Katastrophe will auch Helmut Kohl vermeiden.

Kohl will ein Interview beim ZDF

Laut Terminkalender von Kohls Büroleiterin Juliane Weber bespricht der Ex-Kanzler sich im Dezember 1999 gleich viermal mit dem CDU-Abgeordneten und Rechtsanwalt **Ronald Pofalla**, der später unter Merkel CDU-Generalsekretär und Kanzleramtschef werden wird. Die beiden besprechen wohl, wie Kohl strategisch geschickt vorgehen soll. Der Druck steigt immer mehr.

Dann meldet sich Kohl beim ZDF. Er will ein Interview, das ihm das ZDF auch gerne sofort gewährt. Dort erzählt er nichts von all dem Geld von Flick, das er und die CDU bekommen haben, nichts von dem geschmierten Barzel, nichts von der *Staatsbürgerliche Vereinigung*, nichts von geheimen Konten in der Schweiz und in Liechtenstein. Stattdessen erzählt Kohl jetzt eine völlig abstruse Geschichte.

Ich habe mein Ehrenwort gegeben

Er hätte zwischen 1993 und 1998 Spenden entgegengenommen in einer Höhe von 1,5 bis 2 Millionen DM. Diese Spenden hätte er in der Tat nicht angegeben – und jetzt kommt's -, weil die Spender ihn ausdrücklich darum gebeten hätten. Auf die Frage, wer denn diese Spender gewesen seien, sagt Kohl, dass er die Namen nicht verraten werde, weil er ihnen sein **Ehrenwort** gegeben hätte, ihre Namen nicht zu nennen. In Wahrheit ist diese ganze Geschichte natürlich frei erfunden.

Das Ganze ist ein einziges Ablenkungsmanöver. Die Ermittler sollten sich an seiner Geschichte die Zähne ausbeißen. Alle Welt diskutiert jetzt, ob ein Ehrenwort (welches in Wahrheit niemals ergangen war) über dem Gesetz stehen könne und wer denn die Spender wohl waren. **Damit lenkte Kohl ab vom Eigentlichen.** Die falsche Fährte ist gelegt und man springt auf sie an. Die Flick-Gelder und die *Staatsbürgerliche Vereinigung,* vor allem all die Anderkonten im Ausland sind jetzt außen vor. Genau das war das Ziel.

Kohl lügt immer weiter, bis zum Schluss

Es kommt zum Untersuchungsausschuss gegen Helmut Kohl, aber die CDU-Abgeordneten aus dem Ausschuss treffen sich vorher mit Kohl und seinem Anwalt, briefen diesen und spielen sogar die Fragen und Antworten zusammen durch. Das heißt, nicht nur Kohl selbst, nein **die CDU versucht, den ganzen Sachverhalt gemeinsam zu verdunkeln.**

Kohl selbst bleibt stur. Er **lügt und lügt und lügt**, bleibt bei seiner erfundenen Geschichte mit den Spendern, ist sich nicht mal sicher, ob es vier oder fünf waren, verplappert sich teilweise, dass er sie gar nicht kenne, äääh hh, benennen könne, meine er natürlich.

Im Frühjahr 2000 wird dann ein Redemanuskript von Lüthje, dem Hauptgeldboten, der Kohl einst gerettet hatte, publik, in welchem er 1997 auf der Geburtstagsfeier von Weyrauch damit prahlte, wie er und Weyrauch Kohl in der Flick-Affäre mit ihren Lügen gerettet hätten. Jetzt streitet **Kohl** auch das alles ab und **sagt, Lüthje hätte sich selbst bereichert** und gelogen, was den schwerkranken Mann, der nicht mehr lange zu leben hat, schwer trifft.

2015 gibt Schäuble die schwarzen CDU-Kassen endlich zu

Nach Kohls Abwahl Ende 1998 wird **Wolfgang Schäuble** neuer CDU-Vorsitzender und Angela Merkel seine Generalsekretärin. Auch ihnen gegenüber sagt Kohl nicht die Wahrheit. Die neue Führung merkt aber schnell, dass da einiges nicht stimmen kann. Als Schäuble dann aber selbst einen **Koffer vom Rüstungslobbyisten Schreiber mit 100.000 DM annimmt** und dies herauskommt, muss auch er zurücktreten. Jetzt, im Jahre 2000, wird Angela Merkel neue CDU-Vorsitzende. Sie ist zu der Zeit die Einzige, die den Mut hat, sich offen gegen Kohl zu stellen. **Doch auch die Merkel-CDU wird in den kommenden 17 Jahren das Schwarz-Geld-System der CDU niemals voll aufklären.**

Helmut Kohl wird später behaupten, er habe doch alles gesagt bis auf die vier oder fünf Namen der geheimen Spender (die es nie gab), denen er sein Ehrenwort gegeben habe. Er wird bis zum Schluss lügen. 2015 gibt Schäuble endlich zu, dass er diese Geschichte mit den anonymen Spendern und dem Ehrenwort niemals geglaubt, dass es diese nie gegeben habe. Dass es seit der Flick-Zeit schwarze CDU-Kassen gegeben hat. **Dies zuzugeben, damit ließ sich Herr Schäuble 15 Jahre Zeit. Heute ist er übrigens Bundestagspräsident.**

Und Merkel?

Wenn Sie jetzt glauben, unter **Merkel** wäre seither alles anders, was die Aufrichtigkeit von CDU-Politikern dem Volk gegenüber anbelangt, dann lesen Sie bitte – auch wenn es hier nicht um schwarze Kassen geht, die den Machterhalt sichern sollen – Robin Alexanders Buch ***Die Getriebenen***[2], insbesondere was von Merkels Aussage zu halten ist, es wäre gar nicht möglich, die deutschen Grenzen zu sichern, oder bezüglich der Einflussnahme des Großkapitals heute und bezüglich der Islamisierung Europas von Bat Ye'or ***Europa und das kommende Kalifat***[3].

www.juergenfritz.com

Traktat über den Verfall der einst stolzen SPD – eine Erklärung

Von Peter Helmes

Saftlos, kraftlos, konzeptionslos

Arme Genossen! Da haben sie gerade erst mit einiger Mühe die Juso-Oma Andrea nach vorne geschoben, frisch geschminkt und staatstragend gestylt – und es hat nichts genützt. Im Keller ist es halt dunkel, da sieht man nicht mal Schatten.

Die „Grand Old Party" – gegründet 1863, also jetzt 145 Jahre alt – ist nur noch ein Schatten ihrer selbst. Zählte sie noch vor wenigen Jahrzehnten fast 1 Million Genossen, hat sich die Mitgliederzahl inzwischen halbiert: auf 457.700 (Stand: 31. März 2018).

Klar, die „Sozis" – wie sie von politischen Gegnern gerne gerufen werden – sind stolz darauf, älteste und traditionsreichste Partei Deutschlands zu sein und vier politische Systeme überdauert zu haben. 1875, im Kaiserreich, wurde sie als Zusammenschluss des von Ferdinand Lassalle 1863 begründeten Allgemeinen Deutschen Arbeitervereins (ADAV) mit der sechs Jahre später gebildeten, von August Bebel und Wilhelm Liebknecht angeführten Sozialdemokratischen Arbeiterpartei (SDAP) gegründet. (Ihren heutigen Namen „Sozialdemokratische Partei Deutschlands" – SPD – trägt sie seit 1890.)

Die Partei hat in ihrer langen Geschichte Höhen und Tiefen durchlebt, sich Verdienste erworben, aber auch wieder aufs Spiel gesetzt. Anhand der Geschichte der letzten zwei, drei Jahrzehnte wird der Niedergang einer einst stolzen und vaterländischen Partei sichtbar. Friedrich Ebert, Kurt Schumacher, Georg Leber, Helmut Schmidt … ja selbst Willy Brandt waren und sind erst recht auch heute noch die „großen Namen" der SPD, die zutiefst – wenn auch nicht immer erfolgreich – für Anstand, Würde und soziale Gerechtigkeit standen.

Ihre Epigonen vom Schlage eines Oskar Lafontaine, eines Rudolf Scharping, eines „Königs" Kurt Beck oder wie sie alle hießen – wer kennt die Zahlen, nennt die Namen der Nachfolger der sozialdemokratischen Urgesteine? – letztlich bis hin zu „Siggi" Gabriel und Martin Schulz, hatten weder Größe noch Format und mitnichten Fortune in ihrem zu groß geratenen Amtsanzug, aber verstrickten sich nur zu gerne in Diadochenkämpfe.

So (ver-)sank die SPD in immer tiefere Abgründe – und nahm Abschied vom Vaterland der Deutschen, das nach Willy Brandts innigstem Wunsch gerade erst „zusammengewachsen war, weil es zusammen gehört …" Doch seit den Zeiten Willy Brandts kam sie nie mehr in ruhige Fahrwasser. (Und nicht zu vergessen: Auch der „Hl. Willy" wurde von den Seinen weiland aus dem Amt gemobbt.)

Angefangen hatte der rapide Ansehensverlust der SPD mit Gerhard Schröder, einem zwar von willfährigen Medien viel zu hochgeschriebenen, aber politisch und moralisch fragwürdigen Genossen. Die rapide Schwindsucht und die fehlende Parteitreue der SPD-Granden der letzten Jahre werden besonders deutlich, wenn man sich die Amtszeiten der SPD-Vorsitzenden nach 1990 anschaut und mit denen der Vorsitzenden vor 1990 vergleicht:

Vorsitzende der SPD in Westdeutschland 1946-1990

Kurt Schumacher	1946-1952	(6 Amtsjahre)
Erich Ollenhauer	1952-1963	(11 Amtsjahre)
Willy Brandt	1964-1987	(23 Amtsjahre)
Hans-Jochen Vogel	1987-1991	(4 Amtsjahre)

Danach begann die Zeit der innerparteilichen Intrigen und demzufolge nur noch kurz amtierender Vorsitzender:

Björn Engholm	1991-1993
Rudolf Scharping	1993-1995
Oskar Lafontaine	1995-1999
Gerhard Schröder	1999-2004
Franz Müntefering	2004-2005
Matthias Platzeck	2005-2006
Kurt Beck	2006-2008
Franz Müntefering	2008-2009
Sigmar Gabriel	2009-2017
Martin Schulz (März)	2017-2018
Andrea Nahles	seit April 2018

4 Vorsitzende in 46 Jahren, 11 Vorsitzende in 26 Jahren!

Um es auf den Punkt zu bringen:

In den ersten 46 Jahren dieser Republik hatte die SPD 4 Vorsitzende (1945 bis 1991). Seit 1991, also seit 26 Jahren oder gerade 'mal in der Hälfte der ersten Zeit, hat die SPD zehn Vorsitzende verschlissen, zum Teil vom Hof gejagt wie räudige Hunde oder zum Abdanken getrieben. „Sic transit gloria mundi!" *(So vergeht der Ruhm der Welt.)*

Anders ausgedrückt: Die SPD hatte von 1946 bis 1987 nur drei Vorsitzende. Anschließend blieben die Parteivorsitzenden nur wenige Jahre im Amt. Vor allem in den „Nullerjahren" gaben sich die Vorsitzenden die Klinke in die Hand. **Von 2004 bis 2009 führten sechs SPD-Vorsitzende die Partei.** Gerhard Schröder, Franz Müntefering, Matthias Platzeck Kurt Beck, kommissarisch für zwei Monate Frank-Walter Steinmeier und anschließend noch einmal Franz Müntefering.

Nullnummer Martin Schulz

Der 10. Vorsitzende der SPD (seit 1991), Martin Schulz, verkörperte einen weiteren Tiefpunkt in dieser von innen verfallenden Sozialdemokratie – allem Genossen-Hurrageschrei zum Trotz. Mit dieser Personalie erreichte die Misere dieser Partei neue Höhen: Der Kandidat für das wichtigste (und zweithöchste) Amt dieses Staates war eine Null-Minus-Nummer. Eine Groteske und eine Zumutung für die Wähler, die dies mit dem schlechtesten Bundestags-Wahlergebnis seit Gründung der Bundesrepublik quittierten!

Ja, schon recht: Diese Null-Minus-Nummer war der letzte Strohhalm, an den sich die Genossen klammerten – und das bei einer etablierten Presse in Deutschland, die absolut links-grün dominiert ist. Die SPD wurde immer mehr zum Sorgenkind der Mainstream-Medien. Die Umfragewerte der Sozialdemokraten sanken immer tiefer in den Keller. Das „Spitzenpersonal" der SPD hatte keine Chance bei den Bürgern. Neues mußte her – Schulz! Ein kapitales SPD-Eigentor!

* * *

Medien und „Frankfurter Schule" – kritiklose Übernahme durch die SPD und ein Schlüssel zum Verständnis der Misere

Seit vielen Jahren müssen wir registrieren, daß bestimmte Medien unseres Landes – nicht alle, aber die meisten – alles kaputtzuschreiben versuchen, was nicht „links" ist. Sie greifen bei jeder von links abweichenden Meinung zum Totschlagswort „rechts" oder „rechtspopulistisch", dem sie den Sinn geben, daß „rechts" gleich faschistisch ist.

Damit manipulieren sie in unzulässigem Maße den politischen Diskurs in Deutschland. Das kommt nicht von ungefähr; denn nach seriösen Schätzungen und wissenschaftlichen Untersuchungen sind etwa zweidrittel unserer Journalisten linksgrün – mit einem deutlichen Übergewicht zu Grün. Was sich am Beispiel Martin Schulz wieder einmal trefflich erkennen ließ.

Zum medialen Konzert gehört ein Dirigent, der hinter den Kulissen den Einsatz gibt. Man nennt ihn Zeitgeist, politisch korrekter und treffender: „Neue Gesellschaft" des „Neuen Menschen". Jedenfalls gilt der mediale Einsatz, gutmenschlich betrachtet, all denen, die unsere Gesellschaft verändern wollen – **und auf der Gegenseite all den „Rechten", den „Reaktionären" und den „Unbelehrbaren", die man entweder eines Besseren belehren oder vernichten muß.**

Um diese destruktive Rolle der Meinungsmacher zu erkennen, muß man die Regeln der Systemmedien, insbesondere der linken Kampfmedien, kennen. Sie wissen genau, daß man jemanden hoch-, aber auch runterschreiben kann. Und „man", das sind die rund 70 Prozent der medialen Zunft, die eindeutig linksgewickelt sind. Sie entscheiden, wer medial gefördert und wer zum Abschuß freigegeben wird.

Also lautet das strategische Ziel medialer Meinungsmacher: Rot/Grün oder Rot/Rot/Grün – am besten aber nur Rot. Dort sitzen die Gutmenschen. Die Bösmenschen sitzen „rechts". Der bis vor kurzem ausgemachte Gegner hieß CDU/CSU. Nachdem aber auch dort der Zeitgeist das Kommando übernommen hatte, blieb als Haß- und Bekämpfungsobjekt der Linken nur die AfD.

* * *

Die Regie der „Frankfurter Schule"

Um zu verstehen, wohin die Roten unseres Landes segeln, muß man sich mit der „Frankfurter Schule" befassen und deren Hauptziel:

Den Neuen Menschen schaffen, und die Menschheit gleichschalten

Die Eroberung der geistigen und faktischen Hoheit über den politischen Diskurs, den die '68er – also die „Frankfurter Schule" – eingeläutet haben, hat eine neue Gesellschaft geschaffen – zumindest vorbereitet: den Neuen Menschen! Dahinter steht der alte Ansatz von Habermas und Genossen, die Erde, die Menschheit, gleichzuschalten. Der Frage allerdings, daß diese neue Gesellschaft mit den „Neuen Menschen" dann von einigen wenigen „Auserwählten" ge- bzw. verführt werden wird, weichen die Apologeten der Frankfurter Schule bis heute aus.

Die „Neue Gesellschaft"

Schlimm ist, daß ihnen – den Marcuses, Adornos oder Habermasens – niemand zugehört bzw. die „Botschaft" nicht verstanden hat: die „neue Gesellschaft". Sie nivelliert, sie eliminiert die Widerständler, kujoniert die Andersdenkenden und traktiert die Bürger mit ihrer Ideologie. Aber: Ihnen war es gelungen, die „Hoheit über die Bildung" zu erlangen.

Fortan kamen Lehrer, Erzieher, Richter und ihre Professoren in die Schaltstellen der Bildungs- und Justizpolitik – dem Zukunfts- und Schlüsselelement der Gesellschaft. Sie haben früh – und richtig – erkannt: Wer die Bildung bestimmt, bestimmt die Zukunft eines Volkes. Und: Wer die Begriffe bestimmt, bestimmt die Sprache – und damit das wichtigste Instrument der Macht in einem Land.

Sie legten fest, was „politisch korrekt", was rechts und was links ist. Und da wir alle unter dem Auschwitzkomplex leiden, brachten sie der Bevölkerung widerstandslos bei, daß „rechts" = faschistisch und „links" = gut ist. Hinfort gibt es in unserem Land nur noch die „Guten" von links, und alles, was nicht links ist, ist böse.

Wir haben diese teuflische Strategie verschlafen und wachten erst auf, als es zu spät war. Schlimmer noch, aufgewacht und erkennend, wohin der Gesellschaftszug fuhr, hechelten viele Bürgerliche und Konservative hinterher und riefen „Wir sind auch … politisch korrekt!", etc.

Verrat unserer Werte sowie Kotau vor dem Zeitgeist und dem Islam

Dieser Kotau vor dem – welch trefflicher Ausdruck! – „Zeitgeist" läßt sich ganz plastisch besonders an den christlichen Kirchen festmachen: In einem unglaublichen Abfall von ihren eigenen tradierten Werten biedern sich die geistlichen Führer der katholischen und evangelischen Kirche dem Zeitgeist an, betreiben „Appeasement" mit dem Islam – der schlimmsten Bedrohung unserer Kultur – und verraten bewährte konservative Werte unter dem Schlachtruf: „Wir müssen uns öffnen ..."

Sie öffneten fortan ihre Tore für alles Fremde und schlossen sie vor den alten Gläubigen. Sie unterstützen blind eine Öffnung unseres Landes für Menschen (Flüchtlinge???), die unsere Kultur nicht akzeptieren und schon gar nicht übernehmen wollen. Allerdings nehmen sie gerne die Segnungen unseres Sozialstaates in Anspruch.

Verrat an europäischen Werten

Dieser Verrat an den europäischen Werten, welche die europäischen Länder bisher verbanden, hat die europäischen Nationen entfremdet – in solche, die die christlich-abendländische Kultur bewahren wollen, und in die, die sich „der Öffnung" widmen. Logische Konsequenz: Das „christlich-abendländische" Vaterland ist obsolet und hat als Klammer ausgedient. Die „neue Gesellschaft" mit Millionen von Neuankömmlingen wird unsere alte Gesellschaft usurpieren.

Dabei bleiben „Deutsch" und „der Deutsche" auf der Strecke – in Sprache, Kultur und Religion und in stiller Kollaboration mit der SPD. Sie werden ersetzt durch eine Mischung von Sprachen, Ethnien und Kulturen. Europa als einigende Klammer ist tot. GOTT ist tot, Allah ist groß – Inschallah!

Der wahre Gründer der „Frankfurter Schule" war der ungarische Bolschewist Georg Lukas. Nach Niederringung der ungarisch-bolschewistischen Revolution 1919 floh er nach Frankfurt und gründete dort mit Hilfe deutscher Kommunisten im Jahre 1924 in Frankfurt am Main das Institut für Sozialforschung. Dieses Institut ist heute unter dem Namen „Frankfurter Schule" bekannt.

Die Hauptaufgabe dieses Instituts (Frankfurter Schule) war die Propagierung einer vollständigen Zersetzung aller bürgerlichen Werte in Deutschland und den übrigen „kapitalistischen" Staaten. Sämtliche linken Parteien, die Antifa, aber auch Kirchen und Gewerkschaften, atmen bis heute den zersetzenden Geist von Adorno, Habermas und Horkheimer. Deren ideologisches Gift hat Deutschland mehr zerstört als alle Kriege, Hungersnöte und diversen Pestwellen der vergangenen 1200 Jahre zusammengenommen.

Deutschland steht zum ersten Mal in seiner auch glorreichen Geschichte vor dem Zusammenbruch. Die Medien – nahezu allesamt von Linken unterwandert und dominiert – sind dabei das schärfste Schwert dieser historischen Zersetzungskampagne.

Die deutschen Journalisten treiben die Politik vor sich her

Niemand hat ihnen das Recht dazu verliehen, Politik zu gestalten, anstelle diese zu interpretieren. Und niemand hat ihnen das Recht gegeben, de facto die mächtigste Organisation in Deutschland zu sein.

Denn die Medien sind mächtiger als Staat und Regierung:

- Sie bestimmen, was die Regierung tut und mithin auch die Opposition; denn alle werden von diesen Medien erfaßt.
- Sie sind die wichtigsten Antreiber der Abschaffung Deutschlands per Flutung durch Abermillionen Moslems.
- Sie haben die Täuschungen über Islam und „Flüchtlinge" zur Doktrin erhoben.
- Sie können jeden und alles hoch-, aber auch in die Vernichtung schreiben.
- Sie können jeden Ministerpräsidenten, Bundesminister und sogar Bundespräsidenten zu Fall bringen.

Die Verfassung hat ihnen dieses Recht nicht gegeben. Und auch vom Volk sind sie nicht gewählt. Daher ist das Treiben der überwiegend bolschewistisch orientieren Medien illegal, ja kriminell, und stellt de facto einen kalten Putsch gegen den Staat dar.

Kalter Putsch gegen Staat und Meinungsvielfalt

„Die deutschen Journalisten waren immer schon Gesinnungsjournalisten. Sie haben sich nie damit begnügt, einfach nur zu analysieren und zu berichten, sondern wollten immer Meinungen voranbringen.“ (Prof. Norbert Bolz, Medienwissenschaftler)

Soweit der Einschub zum Thema Medien, die sich allemal für linksgrüne Ziele mobilisieren lassen.

* * *

Nehmen wir zum Abschluß dieses Kapitels als abschreckendes Beispiel noch ein Thema, das für die Zukunft unseres Landes oberste Priorität genießen sollte:

Die deutsche Bildungspolitik trägt seit Jahrzehnten die Handschrift der SPD – Sozialdemokraten treiben Deutschland sehenden Auges in die Dummheit

Hinter dem Schulz-Mantra von der „Gerechtigkeit“ – im letzten Bundestagswahlkampf wie eine Monstranz vor sich hergetragen – steckte nahezu ungetarnt der alte sozialistische Traum von der „Gleichheit“, die selbstverständlich in der Bildung unseres Nachwuchses ein sattes Betätigungsfeld fand. Alle Schüler sind gleich, ergo müssen sie auch gleich benotet werden.

Das Elend, der Abstieg der deutschen Bildungspolitik, fing damit an, daß die Sozis – und damals gab es „links“ nur diese – anfingen mit der Behauptung, die Menschen seien gleich und deshalb müßten sie auch gleich bewertet werden. Folge: Das Niveau in Schule und beim Abitur wurde ganz offen gesenkt, damit „wir allen Kindern eine Chance zum Studium ermöglichen“. Ziel war: **„Abitur für alle!“** Der „Elite“" wurde der Krieg erklärt – „wir sind alle gleich, da darf es keine Eliten geben!“

Mit der irren Folge, daß die Unis überlaufen wurden und Fachhochschulen den Unis quasi gleichwertig gegenübergestellt wurden. Und dann kam der Todesstoß gegen eine wertvolle, werthaltige Bildung: Die von den ’68ern ausgehende Bildungsreform, die ab Anfang der 1970er furios vorangetrieben wurde. (Der Name des damaligen hessischen SPD-(Ver-) Bildungsministers von Friedeburg ist ganz eng mit der Misere verbunden.) Das Jahr 1971 brachte das endgültige Aus für ein klar gegliedertes und abgestuftes Bildungssystem durch die Einführung des „Berufsausbildungsförderungsgesetzes" (so hieß das Monstrum wirklich).

Die heutige Qualität von Unterricht ist im Gefolge der „Bildungs"-Reformen der 70er-Jahre herausgekommen. Weil man zwanghaft immer höhere Abiturientenzahlen vorweisen wollte, die Intelligenz aber naturgemäß nicht explodiert ist, hat man immer weniger die kognitiven und intellektuellen Fähigkeiten – vor allem auch bei der Benotung (siehe auch Wegfall der „Kopfnoten") – bewerten lassen, sondern daneben die Kategorie der „sozialen Kompetenz" gestellt.

Dazu wurden dann derartige „Aufgaben" gestellt, bei denen es nicht um intelligente Problemerfassung geht, sondern um gefühliges Geschwafel. Und weil man „Gefühle" schwerer schlecht bewerten kann, weil sie ja absolut subjektiv sind und sich der Logik entziehen, konnte man so eine befriedigende Note auch dann noch erreichen, wenn man in Grammatik, Texterfassung oder Zeichensetzung völlig versagte. Und heute wird klammheimlich diese bereits eingeführte Methode zur politischen Indoktrination verwendet.

Die deutsche Bildungslandschaft ist heute ein idealer Nährboden für die Ausbreitung des Linkskartells: Erst werden die Deutschen dumm gehalten, dann warnt man sie vor der „Gefahr von rechts".

Klar, nachdem die Erfinder des „neuen deutschen Geistes" – vulgo: der Political Correctness – unisono links gestrickt sind, läßt sich prima die Gleichung aufmachen: „Links ist gut", und „rechts ist böse". Und „links" umfaßt heute die eindeutige Mehrheit der Parteien: SPD, Teile der CDU, Die Grünen, die FDP und die Linkspartei sowieso.

In ihrer Links-Verblendung haben sie längst ein Faktum ausgeblendet: Der heutige „Links-Block" nährt sich aus drei historischen Wurzeln:

- Vor 1989 in der DDR durch Einfluß aus Moskau
- In der alten Bundesrepublik seit 1968 aus der „Frankfurter Schule" bzw. den daraus entstandenen '68ern
- Und seit 1990 („Wende") durch den neu aufgebauten Popanz, der aber heute real existiert: „Kampf gegen rechts"

Dies hat z. B. die bittere Erkenntnis zur Folge, die eigentlich jedem nicht Gehirnamputierten zu denken geben müßte:

1990 ging eine Linksdiktatur unter, die heute „Unrechtsstaat" heißt, deren gigantische Kaderstruktur des SED-Staates unter der demokratischen Oberfläche jedoch erhalten blieb und in die demokratischen Medien und Institutionen eindrang – oft mit der Absicht, dort weiterzumachen, wo sie 1990 aufgehört hatte.

Es hätte nun eigentlich nach 1990 eine Auseinandersetzung durch einen „medialen und parlamentarischen Kampf gegen links" entstehen müssen. Also eine Auseinandersetzung über die Mechanismen, Vor- und Nachteile der SED-Diktatur und die zahllosen Netzwerke der „westdeutschen Unterstützer" von der SPD, FDP, DKP – bis hin zu den „Grünen".

Es hätte eine Unterstützung und Entschädigung der von der SED verfolgten und von der SPD unterdrückten DDR-Widerstandskultur erfolgen müssen. Nichts geschah. Im Gegenteil. Nach wenigen Jahren wurde die ostdeutsche unabhängige Demokratiebewegung und ihre Widerstandskultur von allen vier Bundestagsparteien ausgetrocknet und zerstört.

Stattdessen wurde ein „Kampf gegen rechts" inszeniert, als ob 1990 das Dritte Reich untergegangen wäre. Denn ein neuer angeblich „verteilungsgerechterer" Linksstaat sollte die alte Bundesrepublik nun ersetzen.

Nur daß das heutige „Linkskartell" mit seinem Steuerverschwendungswahn (die Berliner Flughafenruine BER der Marke SPD kostet den Steuerzahler alleine **1,4 Mio € pro Tag**) als „Linksstaat" alles dafür tut, damit die Armen immer ärmer – und die Reichen immer reicher werden!

Und der gesamte SED-Apparat wurde in den gewendeten Institutionen in diesen „Kampf" einbezogen. So konnte der DDR Kultusministeriale und vorgegaukelte „Bürgerrechtler" Wolfgang Thierse umgehend „Bundestagspräsident" und eine ehemalige, mit den einschlägigen Arbeitsmethoden der Stasi bestens vertraute Mitarbeiterin Leiterin einer neuen Bundesdeutschen Horch- und Schnüffelzentrale werden. Sie konnten also tatsächlich – nun gemeinsam mit den „demokratischen West-Linkskartellparteien" – dort weitermachen, wo man 1990 aufgehört hatte:

1. Den Linksstaat aufbauen
2. Die Linkssprache weiter entwickeln
3. Die Linksinquisition einrichten
4. Die Linksjustiz schaffen
5. Das Linksmedienkartell aufbauen.

Vieles basiert auf der Ideologie der Frankfurter Schule, und deren Vertreter sind die eigentlichen Väter dieser „Gehirnwäschesprache". Auch wenn sehr viel dazu erfunden wurde und noch wird – die Aufgabe ist dieselbe wie im berühmten Orwell-Roman „1984":

- Die Kontaminierten sollen Kritik- und denkunfähig gemacht werden.
- Die Kontaminierten sollen zur Selbstzensur erzogen werden:
- Die gesamte Informationsbewertung jedes Informations-Inputs soll von jedem „der schon länger hier Lebenden" nach einem „Gutdenker-/Ungutdenker-Filter vorselektiert" – und nur noch in diesem vorselektierten Sinne – umgangssprachlich, mediensprachlich, kultursprachlich und wissenschaftssprachlich – angewandt werden.

Große Themenbereiche werden bereits in den Köpfen als „Ungutdenk" voreingestellt, und deshalb automatisch vom selbstständigen Denken ausgespart und tabuisiert (Stichworte z. B.: Islamisierung, Migrantenprobleme, Meinungsfreiheit (§ 130 StGB zu „Volksverhetzung") etc.

Um das ganz deutlich zu sagen: Die Sprachwaschmaschine wird von den linken Eliten betrieben, von den Wissenschaftlern und von Leuten, die die Wahrheit gepachtet zu haben glauben.

Es ist den Linken unseres Landes im Laufe der Zeit gelungen, die heranwachsenden Generationen der Jugendlichen damit zu kontaminieren, die Geschichte massiv zu fälschen, Andersdenkende zu diffamieren, und als Wähler für die abstrusesten Ziele zu gewinnen, ein Nebenprodukt waren die „Antideutschen", ein weiteres die „Antifanten".

In keinem europäischen Land gibt es eine Entsprechung zu diesen deutschfeindlichen, oft universitär „gebildeten" Jugendbewegungen – eine Folge linker (sozialistischer) Bildungspolitik.

Um das einmal plastisch zu verdeutlichen:

In der „Links"-DDR hieß eine Putzfrau „Raumpflegerin". Das ist harmlos und vielleicht auch witzig. Aber ein Honecker-Kritiker war bereits eine „feindlich-negative Person".

Das ist nicht mehr witzig. Denn dann war er bereits ein Objekt zur gesellschaftlichen Entsorgung. Und dieselbe Bedrohung haben wir schon wieder – nun heißen die Kritiker von rechts **„Pack" und „Nazis"**.

Man hätte nicht geglaubt, daß auch in Demokratien, in deren Verfassungen die Meinungsfreiheit angeblich zu den unverrückbaren höchsten Gütern gehört, genau dieselben Methoden Raum gewinnen könnten.

Aber schon George Orwell beschrieb in seinen Jahrtausendroman „1984", wie im Aufbau des „Engsoz" (Englischer Sozialismus) die damalige einstige Demokratie in den totalitären Einheitsparteienstaat des „Großen Bruders" transformiert wurde. Ein Schelm, der es wagt, dies mit der Gegenwart zu vergleichen!

Die SPD ist die Hauptkraft hinter dem Gesinnungsterror gegen politisch Andersdenkende. Heiko Maas ist der linke Gesinnungspate des Kontroll- und Überwachungsstaates sozialistischer Prägung. Dabei ist die SPD engstens verbunden mit den DGB-Gewerkschaften – hier befindet sich die heimliche Machtzentrale der Sozialisten) -, den Medien (die SPD besitzt das größte Medienimperium Europas) und der Antifa.

Der unsägliche Terror gegen Islamkritiker, die auf ihren Veranstaltungen von Hundertschaften der Polizei gegen linke Gewalt geschützt werden müssen, die alljährlichen bürgerkriegsartigen Szenarien der Antifa und des Schwarzen Blogs (z. B. in Berlin, Hamburg und anderen deutschen Großstädten) werden entweder direkt oder indirekt von der SPD gesteuert, organisiert, finanziert – oder im geringsten Fall geduldet.

Daß die linken Krawallmacher insbesondere der Antifa, auf deren Konto weitaus mehr Straftaten gehen als auf das der Rechten, nicht längst als terroristische Vereinigung eingestuft und verboten wurden hat einen Grund: Mit an Sicherheit grenzender Wahrscheinlichkeit mischt dabei die SPD mit, die bislang jeden Versuch abgebügelt hat, die Antifa zu verbieten oder wenigstens wirkungsvoll zu bekämpfen.

* * *

Nahles – ein Rohrkrepierer und ein weiterer Sargnagel für die geschundene Partei

Jetzt sollte es Andrea Nahles richten – eine Fortsetzung der Misere ist die Folge: Die SPD sinkt in den Umfragen immer mehr ab. Bald wird sie auf 10 Prozent oder noch tiefer gelandet sein – nicht mehr weit vom Exitus. Blogger „altmod“[1] kommentiert bissig:

„Nach Namen ist Nahles die Nummer 26 der SPD-Vorsitzenden seit deren Wiedergründung 1890, Nummer 13 seit 1946.

‚Basta und Testosteron hatten wir in den letzten Jahren genug‘, sagte A. Nahles am 13. November 2009 auf einem Parteitag in der Bewerbungsrede um ein erstes großes Amt in der SPD (Generalsekretärin).

Statt ‚Testosteron‘ nun Wehen-Hormone, statt ‚Basta‘ jetzt ‚Bätschi‘.

‚Die SPD wird gebraucht. Bätschi, sage ich dazu nur. Und das wird ganz schön teuer. Bätschi, sage ich dazu nur.‘ Meinte Nahles am 7. Dezember 2017 über Gespräche mit der Union über eine Regierungsbildung.

Im Bundestag hat sie auch schon mal Kinderlieder angestimmt: *‚Ich mach' mir die Welt, widde widde wie sie mir gefällt.‘* sang Pippi Nahles am 3. September 2013 im Bundestag mit Vorwürfen an die Bundesregierung).

Die Beherrscherin des Olfaktorischen: *‚Für die Leute machen wir das, verdammte Kacke nochmal.‘* (am 5. März 2014 über die Rente mit 63) und

‚Ich rieche ihre Schwäche.‘ (am 10. Dezember 2016 über CDU-Chefin und Kanzlerin Angela Merkel).

Nahes steht für die SPD und ihr Programm: Einfalt statt Inhalt, Infantilität statt fortgeschrittener politischer Maturität.“

„Keine Partei ist Deutschland öfter in den Rücken gefallen als die SPD“

Dies schrieb der bekannte Blogger Michael Mannheimer dem Autor und fährt fort: *„Und damit kehrt die sozialistische Partei wieder an ihre Ursprünge zurück: Zu einer Partei, die nun ihr längst vergessen geglaubtes, urkommunistisches Gesicht wieder offen herzeigt.*

Die Quittung hat sie längst: Sie ist keine Volkspartei mehr. Mit Martin Schulz hatte die SPD einen neuen Tiefstand erreicht – und Nahles ist nur die konsequen-

te Fortsetzung. Einen Mann wie Schulz an die Spitze zu bringen, war nichts anderes als Verlust von Moralität und Anstand.

Vaterlandstreue gibt es bei der SPD nicht mehr

Die SPD ist keine National-Partei. Nicht erst seit Bebel, der deutsche Militärgeheimnisse an England verriet. Die bayerische SPD verhinderte damals die Abschiebung Hitlers nach Österreich, wie von der konservativen bayerischen Landesregierung vorgeschlagen wurde. Hat man je davon gehört, daß die SPD mitschuldig am Aufstieg des Nationalsozialismus war, der ohne die charismatische Figur Hitler so niemals stattgefunden hätte?"

Nationen sind eben keine Zufallsgemeinschaften

Sie sind das Ergebnis einer langen Entwicklung. Was die Deutschen als Nation eint und zu Deutschen macht, ist eine jahrhundertealte, gemeinsame Alltags-, Sitten-, Mentalitäts-, Kultur- und Geistesgeschichte, die Teil der jeweilig ähnlichen aber dennoch unterschiedlichen Geschichte der anderen europäischen Völker ist – also auch das, was wir mit christlich-abendländischer Tradition beschreiben.

Der Versuch Helmut Kohls in Anlehnung an Ernst Nolte, einen neuen deutschen Patriotismus zu formen und dadurch ein bodenständiges und europafreundliches deutsches Nationalbewußtsein zu begründen, wurde von den Grünen und der SPD brutal niedergemacht und im Keim erstickt, und zwar mit den von dort bekannten jakobinisch-maoistischen Methoden.

„Deutschland verrecke!"

Das Thema Nation ist von Politik und Medien regelrecht korrumpiert und zertreten worden. Ihm wurde der Mantel des Nationalismus übergestülpt und Vaterlandsliebe zu Chauvinismus verzerrt, während man Patriotismus in anderen Ländern und Kulturen als etwas Positives darstellt. Hierzulande polemisiert man mit dem Begriff des „völkischen Nationalismus" und/oder will – wie die Grünen – die Nationalhymne ändern lassen, weil von „deutschem Vaterland" die Rede ist.

So wird in Deutschland Patriotismus gleichgesetzt mit Ausländerhaß, Faschismus und Fremdenfeindlichkeit. Und sträflich übergangen wird,

daß jedes Land – also auch Deutschland – Patrioten braucht, bei uns also deutsche Patrioten, die einen gesunden Patriotismus an den Tag legen und ein Bekenntnis zum Vaterland ablegen. Der ist ruchlos, der das in den Schmutz zieht – wie bei Rot (Jusos) und Grün (Grüne Jugend, Claudia Roth usw.) nahezu täglich zu erleben. Wer hinter Transparenten marschiert und Rufe skandiert „Deutschland, du mieses Stück Scheiße" oder „Deutschland verrecke" ist seines Vaterlandes unwürdig. Ob wir dazu je eine klare Distanzierung der Kanzlerin und der SPD-Granden vernehmen werden???

Dafür steht Deutschland in der Welt

Unser Land steht für die Eigenschaften, die unsere Wirtschaft und uns nach dem 2. Weltkrieg so stark gemacht haben. Leider sind diese Eigenschaften unmodern geworden, weil sie Anstrengungen der Bürger fordern. Unsere Wirtschaft und damit auch wir haben uns dem Weltmarkt angepaßt und damit auch unsere Tugenden verloren und unsere Identität verleugnet.

Heute ist unser Staat in vielen (nicht nur materiellen) Bereichen marode, unsere Schulden werden immer höher, die Zuverlässigkeit unserer Baumeister erkennt man an BER, Elbphilharmonie und anderen Großprojekten, und die Bildungsideale, die wir z.B. der jungen Generation vermitteln, sind über weite Strecken atheistisch, materialistisch und von humanistischer Bildung weit entfernt. Ein solches System befördert dann eben auch Halbgebildete (wie ein Großteil der politischen „Führungselite" dieses Landes), ohne damit ein schlechtes Gewissen zu erzeugen.

Für all die Zustände im „neuen" Europa – wachsende Kriminalität, wachsende Islamisierung, Abkehr von unseren tradierten Werten etc. – stehen die europäischen Sozialisten. Und auch die deutsche Sozialdemokratie. Diese hat mit der SPD Brandts oder Schmidts so wenig zu tun wie die heutige CDU mit jener Adenauers oder Erhards.

Fehlentwicklungen: Mitverantwortung der SPD

Die SPD trägt die Haupt- bzw. ein gerüttelt Maß an Mitverantwortung für die Asylkatastrophe ebenso wie über die Schuldenmacherei, Gratis-Wohlfahrtsstaat-für-Alle-Illusion und leistungsfeindliche Schulpolitik bis hin zur

Genderei und „Grundeinkommen für Alle", auch wenn sie nicht arbeiten. Jeder Anspruch soll erfüllt werden. Abtreibung und Schwulenehe als zentrale gesellschaftliche Werte. Und alles durchsetzt von der Political Correctness. Datenschutz statt Schutz vor Verbrechern. Und vieles andere mehr, was schlecht und teuer ist …

Von einem Neuanfang ist in der SPD nichts zu spüren.

Daran änderte auch der Wechsel zu Nahles nichts!! Die bitterste Erkenntnis für die paar selbstkritischen Genossen: **Es gibt auch keinen Grund mehr, die SPD zu wählen.** Bis zur Kanzlerschaft Gerhard Schröders galt die SPD als eine verläßliche Anwältin des (vor allem) „kleinen Mannes", ihr Schwerpunkt lag auf sozialen Themen, für die sie jahrzehntelang tapfer eintrat. Aber das ist lange vorbei. Es sieht eher so aus, als habe die Partei den Kontakt zu den Wählern verloren und/oder vergessen, was ihn drückt. Nahles hat es – wie ihre letzten Vorgänger – bisher nicht verstanden, deutlich zu machen, daß und wie sie das ändern will.

Unter besonderem Druck durch AfD

470.000 Wähler verlor die SPD bei der Bundestagswahl 2017 an die AfD. Statt der SPD steht heute die von den Linken als „Rechtspopulisten" verschriene AfD, die viel eher für viele heute als die Partei des „kleinen Mannes" angesehen wird. Sie eröffnen in den Innenstädten, gerade im Osten, Bürgerbüros und kümmern sich um Hilfe bei politischen Alltagsproblemen, insbesondere z. B. bei Rentenanträgen – während der SPD vielerorts die Leute fehlen.

Eine Partei voller Widersprüche

Zudem steckt das öffentliche Auftreten der Sozialdemokraten/Sozialisten voller Widersprüche, z. B.:

- **Das gravierendste Dilemma: Mitten durch die SPD geht ein Riß: Der vollkommen ungeklärte Streit um einen Mitte-Kurs oder einem Links-Kurs.** Das dadurch entstandene unklare Profil wirkt abschreckend, zumindest ist es für potentielle Parteiinteressenten nicht attraktiv.

- In der Flüchtlingsfrage ist die Partei gespalten zwischen Willkommenskultur und Abschottung.
- Dann versuchte Scholz, das linke Profil zu schärfen mit einer Rentengarantie auf heutigem Niveau bis 2040, aber ohne Finanzierungskonzept.
- Zugleich sät sein Ministerium Zweifel, ob das SPD-Lieblingsprojekt einer stärkeren Besteuerung von Internetkonzernen wie Amazon, Apple und Google kommen wird – man fürchtet Gegenmaßnahmen der US-Seite.
- Gleiches „Spiel" in der Außenpolitik: Nahles bringt mal eben Hilfen für die Türkei ins Spiel – bar jeglicher Analyse und der dazu gehörenden Kritik an Erdogan.
- Dann fordert sie, Leistungskürzungen für junge Hartz-IV-Bezieher abzuschaffen.
- Natürlich will die Vorsitzende mit den Grünen zumindest gleichziehen und Themen besetzen. Sie übersieht dabei, daß fast alle Themen schon längst von den Grünen abgeräumt sind. Und daß bei denen das Original (Grüne) glaubwürdiger wirkt als eine billige Nahles-Kopie oder sie tritt – sie tut mir schon fast leid – den Grünen ans Bein, indem sie – ausgerechnet mitten im Dürre- und Hitzesommer – beim Klimaschutz auf die Bremse geht.
- Selbstverständlich unterstreicht sie auch das „Profil" der SPD in der umstrittenen Kohlefrage: *„Für eine Blutgrätsche gegen die Braunkohle steht die SPD nicht zur Verfügung."*

Genug der Erbarmen heischenden Beispiele des grenzenlosen Themen-Hoppings der Vorsitzenden und der SPD insgesamt. Aus den Fehlern des Wahlkampfs 2017 hat die Partei noch immer nichts gelernt. Damit läßt sie aber nicht erkennen, ob sie die Kraft hat, sich zu ändern.

„Nothelfer" AfD – ein weiteres Dilemma für die SPD:

Die Union ist mittlerweile so weit nach links gerückt, daß dort kaum mehr Raum für eine SPD ist. (Daß das in der CDU große Probleme aufwirft, sei hier nur am Rande erwähnt.) Aber eine bedeutende Folge dieser Entwicklung kann gar nicht genug betont werden:

Durch den Bedeutungsverlust der SPD und den Linksruck der CDU ist auf der rechten, betont bürgerlichen Seite des politischen Spektrums viel Raum freigeräumt worden, der mehr und mehr von der AfD ausgefüllt wird.

Die Chancen der AfD steigen damit, weil die Partei durch die Annahme dieser Rolle aufgewertet wird: Sie steht sozusagen als Nothelfer der deutschen Bürger auf dem politischen Parkett und unterstreicht diese Rolle durch ihre immer breiter werdende Präsenz vor allem auch in den Kommunen. Die Bürger (Wähler!) erfahren somit einen besonderen Eindruck: Einerseits sehen sie sich bestätigt in ihrem Eindruck von der (vermeintlichen oder echten) Ignoranz der alten „Volksparteien“; andererseits sehen sie die AfD mehr und mehr als Partei, die die Nöte und Sorgen der Bürger ernstnimmt und glaubwürdig etwas zum Wohle der Arbeiter und Angestellten zu verbessern verspricht.

Kurz: Die SPD (die CDU ebenso) hat sich die Probleme selbst ins Haus geholt, aber findet jetzt keine Antwort und erst recht keine Lösung darauf.

Hinter AfD: SPD nur noch auf Platz Drei – das Ende ist Nah(les)

Die DPA veröffentlichte dazu im kollegialen Mit-Trauerton das Ergebnis einer neuen bundesweiten Umfrage:

„Es ist der nächste Schock für die Sozialdemokraten: Die SPD liegt in einer bundesweiten Umfrage nur noch auf dem dritten Platz – hinter der AfD.

Die SPD ist in einer Umfrage des Meinungsforschungsinstituts INSA in der Wählergunst hinter die AfD auf den dritten Platz zurückgefallen. Sie rutschte um einen halben Prozentpunkt auf 16 Prozent, wie die ‚Bild‘-Zeitung als Auftraggeberin der Umfrage mitteilte. (…)

„Die Stellung der SPD als zweitstärkste politische Kraft im Bund ist in Gefahr“, sagte Insa-Chef Hermann Binkert. „Je länger Union und SPD zusammen regieren, umso unwahrscheinlicher wird es, dass sie bei Wahlen noch eine parlamentarische Mehrheit erzielen.“ (Quelle: t-online, 4.9.18)

Hochmut und Fall

Besonders betroffen macht die SPD gewiß, daß sie ausgerechnet von der von ihr mit Häme und blinder Wut bekämpften AfD überrundet wurde. Dazu hält der Volksmund eine passende Erklärung bereit: „Hochmut kommt vor dem Fall".

Die heutige SPD steht für Lethargie, Stillstand sowie Ideen- und Antriebslosigkeit – eine Partei also, vor der niemand etwas zu befürchten braucht. Der Trend geht in schnellen Schritten in Richtung Niedergang. Die SPD ist tot, niedergestreckt von ihrer eigenen Unfähigkeit – frei nach Trappatoni: „Die SPD hat fertig".

www.conservo.wordpress.com

Kein Schwein braucht Parteien, schon gar nicht in der Politik

Von Thomas Böhm

Unser politisches System ist anachronistisch, überteuert und raubt einem den letzten Nerv.

Nachdem der liebe Gott – oder irgendeine andere Urknalltüte – die Menschen nach seinem Ebenbild erschaffen hatte, stellte er sich die berechtigte Frage: „Wie kann ich verhindern, dass diese Typen meine wunderschöne Erde nicht gleich am ersten Tag in eine Wüste verwandeln?"

Und da er ein schlauer Jemand war, fand er schnell eine Lösung. Er gab jedem Menschen eine Aufgabe – heute würde man Arbeit dazu sagen. Einige wurden Handwerker, andere wiederum Polizisten, manch einer gar Friseur, und es gab sogar Leute, die fortan den Müll wegbrachten. So gingen sie alle einer sinnvollen Beschäftigung nach.

Alle?

Nein, einer stand dumm herum, guckte in die Luft, brabbelte vor sich hin, ließ es sich auf Kosten der anderen gut gehen und gab dabei eine jämmerliche Figur ab: Der Nichtsnutz.

Da bekam der Herr Mitleid, formte aus ihm einen Politiker und sagte:

„Jetzt bist Du auch wer. Sogar etwas ganz Besonderes. Ab sofort kannst Du Dir Deine Mitmenschen zu Untertanen machen und viel Geld verdienen, ohne Verantwortung zu tragen."

Der Nichtsnutz jubelte so laut, dass auch andere Menschen neugierig wurden, aufhörten zu arbeiten und ebenfalls Politiker werden wollten. Sie rotteten sich zusammen, fielen sich in die Arme und gründeten Parteien. Als der erschöpfte Schöpfer merkte, was er da angerichtet hatte, kehrte er der Erde den Rücken zu.

Gottlos hatten die Politiker jetzt freie Bahn und so quälten sie von diesem Tage an die gesamte Menschheit. Alle Jahre wieder kriechen nun die Leicht- und Gutgläubigen zu Kreuze, lassen ihren Verstand regelmäßig in Wahlurnen einäschern und geben ihre Stimme ab, um sich anschließend als Teil der schweigenden Mehrheit wieder aufs stille Örtchen zu verkriechen.

Gott erbarme!

Die Wurzel allen Übels oder warum eine Partei gegründet wird

Heutzutage sind wir von Parteien umzingelt und ständig schießen weitere aus dem Boden, wie Plagegeister nach einem milden Winter.

Kein Wunder. Nichts ist einfacher, als eine Partei zu gründen, das hat man bei der AfD gemerkt. Weil Parteien-Politik lediglich ein gewinnorientiertes Geschäftsmodell ist, müssen die Protagonisten nur „Mut zur Lücke" zeigen und ein beliebiges Produkt, das in den Lagerhallen der Parlamentsdemokratie vor sich hingammelt, in die entsprechenden Worthülsen packen und als „neu" verkaufen.

Nicht anders arbeiten auch die Marketing-Spezialisten in den Konzernen, wenn sie dem Volk Düngemittel und Tütensuppen schmackhaft machen wollen.

Lucke & Co hatten leichtes Spiel. Ihre Marktanalyse brachte eine riesige Lücke zwischen CDU und NPD zutage, die Angela Merkel hinterlassen hatte, als sie sich zum Fischfang tief ins rot-grüne Feuchtgebiet begeben hatte. Wie man es dagegen falsch macht, haben die Piraten gezeigt. Sie wollten sich in die Enge zwischen SPD und Linke quetschen, in die kein Blatt mehr passt und inzwischen sind sie selber platt wie eine Flunder.

Ist der Rahmen abgesteckt, die Marktanalyse erfolgreich abgeschlossen, wird eine Satzung erarbeitet, die zumindest nach außen hin den Eindruck erwecken soll, dass es sich bei der Partei um eine seriöse Firma und nicht um eine Spielvereinigung handelt.

Es folgt das Grundsatzprogramm und weil im Schmerzzentrum des Volkes immer mal wieder Platz ist, wird dann noch ein Wahlprogramm aus dem Hemdsärmel geschüttelt und nach dem Tag X wieder ungelesen in die Abstellkammer gelegt.

Parteiprogramme machen im Prinzip nur Sinn in einer Diktatur, in der sie ohne Widerstand durchgesetzt werden können. Sie werden in unserer parlamentarischen Demokratie auch nur in den Verkehr gezogen, um sich auf dem Kreuzzug von der Konkurrenz ein wenig abzugrenzen. Letztendlich handelt es sich hier lediglich um Variablen des politischen Einheitsbreis, den man unterschiedlich gewürzt hat.

Die politische Gesinnung ist eine Erfindung der politisch Gesinnten

Auch wenn's weh tut. Die politische Gesinnung wird völlig überbewertet. Dieser Begriff wurde nur erfunden, um dem systemimmanent eingepferchten Stimmvieh zu verklickern, dass die eine Partei etwas ganz anderes im Schilde führt als die andere Partei.

Im Grunde genommen benötigen nur Politiker die politische Gesinnung. Sie begründet überhaupt erst ihr Dasein und gehört als Balztanz zum Abgrenzungsritual. Bei unseren besten Freunden, den Hunden, funktioniert das einfacher: Sie bilden Rudel und pinkeln an Bäume, um ihr Revier zu markieren.

Ok, für fantasielose und recherchefaule Journalisten, die sich verzweifelt an irgendwelche Schreibtischschubladen klammern, um nicht völlig orientierungslos vom Stuhl zu kippen, ist die politische Gesinnung ebenfalls zweckdienlich: Als Hinweisschild und zusätzliche Krücke, damit die überforderten Medienvertreter wenigstens ab und zu mal wissen, wo vorne und hinten, oben und unten und vor allen Dingen links und rechts ist.

Für Menschen, die immer noch glauben, die Erde wäre eine verkorkste Pizza – eine Scheibe also, mit aufgeweichter Mitte und harten Rändern -, für diejenigen also, die nicht wahrhaben wollen, dass wir alle auf einer runden Kugel leben, die sich ständig dreht und auf der der politische Standpunkt lediglich eine Frage des Gezeitenwechsels ist, mag die politische Gesinnung ebenfalls alternativlos sein.

Doch in Wahrheit ist sie ziemlich nebensächlich, allerhöchstens zweitrangig, denn überall feilschen anständige wie unanständige mit Mitgliedsnummern ausstaffierte Charaktere innerhalb des Rudels um Positionen wie die Teppichhändler auf dem Fischmarkt. In allen Parteien spiegelt sich, egal in welche politische Richtung sie sich aus marktstrategischen Gründen orientieren, die Gesellschaft im Bonsai-Format wieder. Durchwühlt man die Mitgliederdatenbänke der Parteien, so findet man überall die gleichen obskuren Gestalten:

Hundehalter, Kinderfreunde, Häuslebauer, Singles, Vegetarier, Zahnärzte, Lehrer, Finanzbeamte, Anwälte, Kleingärtner, Blondinen, Ostfriesen, Scherzkekse, Stinkstiefel, Psychopathen, Phrasendrescher, Giftspritzen, Parteischädlinge, Parteischädlingsbekämpfer, Denunzianten, Schürzen- und Postenjäger, Profilneurotiker, Besserwisser, Ehrgeizkragen, Querulanten, Rumpelstilzchen, Herpeskranke, Stadtneurotiker, Dorftrottel, Kollaborateure, Wasch-, Gier- und Jammerlappen, Bedenkenträger, Neidhammel und Streithammel und seit geraumer Zeit auch immer mal wieder ein Vorzeige-Migrant.

Ob dick oder dünn, hässlich oder hübsch, klein oder groß, arm oder reich, gut oder böse, in einer Partei ist Platz für jeden Typen.

Würde jemand eine Angela Merkel über all unsere Parteien stülpen, selbst ein Politikwissenschaftler könnte nicht mehr den kleinen aber feinen Unterschied zwischen den angeblichen Kontrahenten herausschmecken.

Parteien werden im Laufe ihres überflüssigen Daseins zu reinen Tretmühlen. Es wird eingetreten, ausgetreten, hervorgetreten, zurückgetreten, aufgetreten, abgetreten, draufgetreten, weggetreten und wer zum passenden Zeitpunkt an genau der richtigen Stelle seinen Konkurrenten in den Hintern tritt, ohne dabei selber auf den Arsch zu fallen, schafft es dann bis ganz nach oben an die Spitze. Dort wo die Luft zwar dünn, die Aussicht aber umso vielversprechender ist.

Auf jeden Fall müssen alle Mitglieder beschäftigt werden, um sie bei Laune zu halten. Schließlich benötigt man die Beiträge, die neben den Spenden aus der Lobby das Fundament der Parteien bilden (2012 waren es allein bei den im Bundestag vertretenen Parteien 117 Millionen Euro aus Mitgliedsbeiträgen und 154 Millionen Euro aus Spendenbeiträgen).

Deshalb ist eine Partei wie ein Grippe-Virus konstruiert. Sie macht auch vor Kleinkleckersdorf nicht halt. Neben dem Bundesverband werden in Windeseile untergeordnete Landesverbände, Regionalverbände und Kreisverbände gegründet. Und jetzt geht es richtig los: Bis in den hintersten Winkel der Republik werden Parteitage, Klausurtagungen, Vorstandssitzungen, Konferenzen, Ausschüsse und Regionaltreffen veranstaltet, auf denen die Streithähne in die Arena geschickt werden und die Partei als Wählscheibe rotiert. In den unvermeidlichen Kommissionen, Initiativen, Foren, Gruppen, Delegationen, Flügeln, Fraktionen und Ortsgruppen darf dann jeder mal zu Wort kommen, auch wenn er nichts zu sagen hat.

Die Vereinsmeierei läuft in den Parteien zur Höchstform auf. Beim Plätzchen backen werden in einer Partei aus zweitrangigen erstklassige Menschen geknetet: Es gibt Vorsitzende, Generalsekretäre, Stellvertreter, Schatzmeister, Schriftführer, Beisitzer, Delegierte, Mitglieder der Mandatsprüfungskommission, Mitglieder der Zählkommission, Mitglieder des Schiedsgerichts.

Und die Basis bitte nicht vergessen. Sie besteht aus den Lemmingen, die tatsächlich glauben, Parteienpolitik würde einen Sinn ergeben, der die Gesellschaft in Form hält und der Demokratie einen würdigen Rahmen verleiht. Sie bilden den morastigen Bodensatz, auf dem sich die Karrieristen in die Höhe recken. Sie zollen den Aufsteigern ihren Tribut bei jeder Abstimmungsorgie. Applaus, Applaus.

Wehe aber, die Basis schreit nach innerparteilicher Demokratie, träumt gar von Basisdemokratie. Spätestens dann greift das merkelistische Prinzip (früher stalinistische Prinzip), schwingen die Alpha-Tiere die Peitsche. Die Partei hat schließlich immer recht und der Vorstand noch rechter. Dass es anders gar nicht geht, haben uns die Freibeuter der Leere gerade gezeigt. In der Piratenpartei durften alle so lange am Ruder drehen, bis auch wirklich alle Schrauben locker waren.

Als Dankeschön fürs Strammstehen und Stillhalten gibt es als großzügige Geste einen bunten Mitgliedsausweis, der die Brieftasche stärkt und ein blitzendes Abzeichen, das den Partei-Untertanen ins Herz gerammt wird.

Der Wahlkampf oder die Stunde der Populisten

Nach mir die Sintflut, vor mir der Aufsichtsratsposten – die Legislaturperiode

Haben die Parteien durch plakative Leerversprechen genügend Bürger bequatscht, die elitäre 5-Prozent-Hürde geknackt und sind zum Ringelpietz mit Anblaffen ins Parlament-Paradies eingezogen, tritt unsere Parteien-Demokratie auf die Vollbremse.

Im ersten Jahr einer Legislaturperiode werden mithilfe von überteuerten Experten, Beratern und Gutachtern, die natürlich der Steuerzahler entlohnt, so genannte Gesetze entworfen und in überhitzten Schein-Debatten durch den Koalitionspartner weich gekocht.

Im zweiten Jahr einer Legislaturperiode werden diese Gesetze dann mit Hängen und Würgen beschlossen, damit sie vom Bundesrat über die Retourkutsche an die Regierung zurückgeschickt werden können und nachgebessert werden müssen.

Doch nützen tut das alles nichts. Denn hat ein Gesetz, homöopathisch dosiert, tatsächlich den Abstimmungszirkus überstanden, wird es vom Bundesverfassungsgericht einkassiert oder von den Brüsseler Spitzen in der Biotonne entsorgt.

Denken wir doch nur mal an die „Dobrindtsche Mautgebühr"! Und kennt jemand unseren Agrarminister mit Namen?

Mit Sätzen wie „Nach intensiven Beratungen und einer zielführenden Diskussion ist es uns gelungen, gemeinsam eine Lösung zu finden und das Ergebnis auf den Weg zu bringen" wird die Intelligenz der Wähler Sitzungswoche für Sitzungswoche beleidigt und die Ergebnisse in die nächste Sackgasse – nachdem die eben erwähnte Mautgebühr entrichtet wurde – hinter den Bundestag getrieben.

Wenn die Luft im Parlament mal wieder zum Stehen kommt, die Redner an ihren eigenen Phrasen zu ersticken drohen, werden die medialen Ventilatoren eingeschaltet und die miese Luft über die Bundespressekonferenz der Höflinge nach draußen transportiert und dem Stimmvieh als vitales Futter untergejubelt.

So wird uns vorgetäuscht, dass im Polit-Betrieb tatsächlich etwas geschieht. Bei Risiko und Nebenwirkungen fragen Sie Ihren Anlage- oder Steuerberater. Dafür sind die Politiker nicht zuständig.

Im dritten Jahr einer Legislaturperiode verhindern erste Müdigkeitserscheinungen das politische Vorwärtskommen im Hamsterrad, werden wichtige Entscheidungen in die nächste Legislaturperiode verschoben – frei nach dem Motto „Nach mir die Sintflut, vor mir der Aufsichtsratsposten". Die Puste ist weg, die ersten Abgeordneten torkeln siegestrunken der Wirtschaft entgegen, um bis an ihr Lebensabend genüsslich am Geldhahn nuckeln zu können.

Im vierten Jahr einer Legislaturperiode machen sich die überarbeiteten Regierungsmitglieder und die überforderten Mitglieder der Opposition schon wieder für den neuen Wahlkampf startklar, gewinnt die ganze Angelegenheit, angetrieben durch blanke Existenzangst derjenigen, die noch keinen neuen Job in der Lobby hinter dem Bundestag gefunden haben, erneut an Schneckentempo.

Das einzige, was die ganze Zeit reibungslos und flott funktioniert, weil sich in dem Punkt parteiübergreifend alle einig sind, ist die Diätenerhöhung und die bundestagseigene Waschmaschine, in der im Schongang bei 30 Grad regelmäßig die Fraktionszwangsjacken aus Schlangenleder und die Weißen Westen aus reiner Schurwolle gereinigt werden, damit sich die Politiker, nachdem ihre kriminelle Energie aufgebraucht ist, wieder in Unschuldslämmer verwandeln können.

Das Ergebnis dieser politischen Arbeit ist also eher mau, die Kosten, die der Bürger blechen muss, dagegen sind enorm. Alleine die „Personalkosten" der auf Diät gesetzten Volksvertreter belaufen sich in den vier Jahren des Stillstands auf über 400 Millionen Euro, die offensichtlichen und versteckten Nebenkosten, sowie die Pensions-Kosten nicht dazugezählt.

Ein teurer Spaß auf Kosten der Allgemeinheit. Und weil die parlamentarische Demokratie niemals pleite gehen kann, wiederholt sich der Schlamassel alle vier Jahre, dreht sich der Brummkreisel aufs Neue und dreht sich und dreht sich, bis er schließlich völlig erschöpft umkippt und sich dabei keinen Zentimeter nach vorne bewegt hat.

Mit dem Alternativ-Los sechs Richtige gewinnen!

Es gibt einen Ausweg aus diesem Schlamassel. Die Politiker sollte man alle zum Spargelstechen nach Brandenburg schicken, damit sie wissen, wie es sich anfühlt, für andere den Buckel krumm zu machen. Für all diejenigen, die ohne Verein nicht leben können, gibt es in der Umgebung sicherlich genügend Kaninchenzüchter, mit denen sie um die Felder schunkeln können.

Eine für das Allgemeinwohl sinnvollere Beschäftigung als in einem Parlament finden sie dort allemal.

Die Republik könnte man so endlich den Profis überlassen. Kompetenzteams, die sich aus Spezialisten und Experten aus Wirtschaft, Finanzen, Umwelt, Forschung und Wissenschaft und anderen wichtigen Bereichen zusammensetzen, die, wenn sie sich zu einer schlagkräftigen Truppe zusammengefügt haben, ein Paket schnüren, das zur Wahl stellen und mit einfacher Mehrheit für fünf Jahre die Verantwortung übernehmen. Ohne den kostspieligen und zeitaufreibenden Umweg über diese bundestägliche Quasselbude, eben effizient und immer unter Volldampf.

Den Wahlkampf müssten die Lobbyisten finanzieren und allen Regierungsmitgliedern wird eine Haftpflichtversicherung nahegelegt, damit sie sich nicht wie die Politiker klammheimlich davonstehlen können, wenn sie mal wieder zum Unwohl des Volkes gehandelt haben. Die Rolle der Opposition übernimmt der Souverän, das Volk. Es wählt Delegierte, die in einem Kontrollgremium dem „Team Deutschland I" oder dem „Team Deutschland II" auf die Finger schaut.

Und wo wir schon dabei sind. Kein Arbeitnehmer braucht mehr Gewerkschaften. Sie haben ihr Kerngeschäft längst verlassen und verjubeln die Mitgliedsbeiträge lieber bei antidemokratischen Störaktionen. Die Lohnverhandlungen kann auch ein Computer mit entsprechender Tarif-Software übernehmen und die Gewerkschaftsbosse dürften beim Spargelschälen mithelfen. Der Mindestlohn ist ja mittlerweile garantiert.

Der Bundespräsident wird durch eine Handpuppe ersetzt, bei der alle fünf Jahre der Kopf ausgetauscht wird und sämtliche Gebäude, in denen die Überflüssigen residiert haben, könnten zu Flüchtlingsheimen und Asylunterkünften umfunktioniert und endlich sinnvoll genutzt werden.

Das wäre doch wirklich klasse, oder? Aber haben wir überhaupt eine Wahl?

Sind die Rollen in der Partei erst mal verteilt, die Rangordnung festgelegt und die Posten vergeben, kann die Schmierenkomödie, die einige immer noch als „demokratischen Prozess" bezeichnen, losgehen. Als Quittung für die ewig sprudelnden Einnahmen der Parteien wird dem Stimmvieh dann alle vier Jahre eine Bundestagswahl zum Fraß vorgeworfen. 2012 kassierten dafür allein die Parteien, die es in den Bundestag schafften, 130 Millionen Euro vom Steuerzahler.

Mit Demokratie hat ein Wahlkampf nicht viel am Hut, denn die Wählerentscheidungen werden von äußeren und nicht von inhaltlichen Faktoren bestimmt. Entscheidend ist das Auftreten der Spitzenkandidaten. Wie sitzt die Frisur, welches Kostüm umschmeichelt den wuchtigen Körper, hängen die falschen Zähne auch nicht durch? Wie tragend kommen die Sprüche rüber, welche „überzeugenden" Gesten hat der Heini oder die Heidi hinter dem gut ausgeleuchteten Rednerpult auf dem Zettel?

Ein Wahlkampf, der allen gerecht werden würde und der den Namen „demokratisch" verdient hätte, könnte nur in der Dampfsauna eines Schweigeklosters laufen, ohne optische Täuschung und verbale Ablenkungsmanöver.

Schmerzhaft für Geist und Sinne wird während des Wahlkampfes die gesamte Republik wochenlang mit grinsenden Gesichtern, leeren Versprechen und nichtssagenden Sätzen wie „Wir sind die Besten!" geflutet. Die Werbekampagnen sind austauschbar wie die schlechten Karten im Autoquartett.

Nicht umsonst schmücken bunte Fahnen und Farben die Parteien, wird zwischen rot, grün, gelb, schwarz, am rechten Rand auch braun und neuerdings auch blau unterschieden. Schließlich weiß man in den Machtzentralen, dass die Wahlbeteiligung rapide abnimmt. Da aber bekanntlich auch andere Wirbeltiere in der Lage sind, Farben zu unterscheiden, können wir uns ausmalen, auf welche Wählergruppen es die Politiker in absehbarer Zukunft abgesehen haben.

Wahrscheinlich kriecht der klägliche Rest der Bevölkerung nur noch zu Kreuze, damit dieses Elend ein Ende hat und auf den plakatierten Mittelstreifen wieder Gänseblümchen wachsen dürfen und aus den laminierten Wahlkampfsprüchen in der Recycling-Anlage endlich Klopapier gepresst werden kann.

Die Scheinheiligkeit dieser qualvollen Prozedur zeigt sich spätestens in den Wahlergebnissen, die alles widerspiegeln, nur nicht den Willen der kreuzbraven Bürger. Bei der letzten Bundestagswahl erhielten Frau Merkel und ihre Kasperlefiguren von der CDU etwas mehr als 16 Millionen Stimmen.

In Deutschland leben über 80 Millionen Menschen, also darf Frau Merkel mit nur 20 Prozent und der SPD im Nacken die Geschicke des Landes bestimmen. Kann man da wirklich von einer politischen Mehrheit sprechen?

Es ist doch etwas faul im Staate Deutschland, wenn eine Partei die meisten Stimmen errungen hat und trotzdem einen Koalitionspartner, der im Wahlkampf noch unter Beschuss genommen wurde, anfixen muss, um zu regieren. So ein parlamentarisches System verhöhnt doch die Wähler, wenn nach dem Kreuzgang die politischen Scheinfeinde gemeinsam ins Bett hüpfen – und dabei nicht mal verhüten.

Aber was macht man nicht alles, um ganz oben mitzumischen. Da passt dann auch plötzlich das Programm der Grünen mit dem Programm der CDU wie Faust aufs Auge, tanzen „Linkspopulisten" mit „Rechtspopulisten" Tango. Politische Gesinnung? Nie gehört. Bordsteinschwalben würden sich nicht so prostituieren und eine Runde Russisch Roulette im Darkroom ist gegen dieses Wischiwaschi eine seriöse Veranstaltung.

www.journalistenwatch.com

Die Rote Hilfe – Unterstützung für linke Straftäter

Von Christian Jung

Orangefarbene Rauchschwaden ziehen über die Hafenstraße in Hamburg. Der Hustenreflex lässt sich nicht unterdrücken. Reizgas. Die ersten Reporter haben bereits Atemschutzmasken übergezogen. Fast alle Journalisten tragen an diesem Abend Helme. Einem Berichterstatter bewahrt die hartschalige Kopfbedeckung seine Gesundheit, wenn nicht gar sein Leben als eine Flasche von dem höher gelegenen Fußgängerbereich aus dem Schwarzen Block heraus auf ihn geschleudert wird. Sie prallt vom Kopf ab und zersplittert auf der Fahrbahn. auf der sich Polizei und Linksextremisten eine wahre Schlacht liefern. „Welcome to Hell" ist das Motto des Protestes.

Es ist der 6. Juli 2017. Noch vor wenigen Minuten hatte der Schwarze Block gemäß den Anweisungen Andreas Blechschmidts ein Plakat entrollt. „G20 – Welcome to Hell" ist auf dem orangefarbenen Plakat zu lesen. Außer Blechschmidt, dem Sprecher der Roten Flora und einer der Organisatoren von „Welcome to Hell", marschiert auch Jutta Dittfurth neben dem Schwarzen Block auf die Polizei zu. Abgeordnete der Partei DIE LINKE fungieren als „Parlamentarische Beobachter". Einer liefert sich ein Handgemenge mit der Polizei.

Die hatte die Ansammlung von Vermummten erst weitermarschieren lassen wollen, wenn sie ihre schwarze Gesichtstarnung ablegen. Die werden jedoch auf ganz andere Art ihre Masken fallen lassen und die Hansestadt in den nächsten Stunden und darauffolgenden Tagen ins Chaos stürzen und teilweise in eine Bürgerkriegszone verwandeln.

In Sichtweite kommen nur einen Tag später in der Elbphilharmonie Donald Trump und Angela Merkel sowie weitere Staats- und Regierungschefs zusammen. Eine „Ode an die Freude" erschallt von der zentralen Bühne während in Hamburgs Innenstadt die Sirenen der Einsatzfahrzeuge und die Sprechchöre der Demonstration ebenso zu hören sind.

Zurück auf der Welcome to Hell „Demonstration". Auf der Willkommensparty in der Hölle linksextremer Provenienz ertönt inzwischen eine wichtigtuerische Stimme aus den Boxen des mitten in der Straßenschlacht befindlichen Lautsprecherwagens: „Erinnert Euch, das Legal Team vom Ermittlungsausschuss hilft Euch." Mehrfach wiederholt der Sprecher die Ermahnung, im Falle einer Festnahme die Hamburger Nummer 43278778 anzurufen.

Hinter diesen Kontaktdaten verbirgt sich die „Rote Hilfe" Hamburg. Eine der über 40 Ortsgruppen der Unterstützerorganisation für linke Straftäter. Der allzu offiziell klingende Name „Ermittlungsausschuss" (meist mit „EA" abgekürzt) ist darin die Anlaufstelle. Die Kontaktdaten des „EA" werden fast immer schon vor Beginn linker oder linksextremistisch beeinflusster Demonstrationen verlesen. Mitglieder des „Legal Teams" versuchen regelmäßig, schon während der Demonstrationen und Ausschreitungen auf die Polizeiführungen einzuwirken, um die Reaktion der Sicherheitsbehörden zu verschleppen und dem eigenen Klientel Gelegenheit zu Aktion und Flucht zu verschaffen.

Die sonstige Leistung des „EA" für Straftäter: So schnell als möglich nach einer Festnahme treten „Vertrauensanwälte" gegenüber der Polizei in Erscheinung. Die Wirkung beschränkt sich nicht nur auf den rechtlichen Beistand. Vielmehr soll gegenüber dem eigenen Unterstützerumfeld und sympathisierenden Medien und Öffentlichkeit aufgezeigt werden, wie sehr dieser Staat gegen Linke ankämpft. „Repression" ist eine der zentralen Kampffelder und eine der zentralen Momente bei der Nachwuchsgewinnung. Dabei wird insbesondere die Polizei als politisches Unterdrückungsorgan des Staates dargestellt und so der Eindruck vermittelt, Linke seien einem ganz besonders harten Vorgehen der Polizei ausgesetzt. Die seit Jahrzehnten praktizierte Strategie der „Deeskalation" hat daran nichts geändert. Im Gegenteil: Gerade, weil damit die Verantwortung für „Eskalation" seitens der Sicherheitsbehörden bei sich selbst, nicht jedoch beim gewaltbereiten Schwarzen Block verortet wird, erfährt diese Sicht- und Erzählweise Glaubwürdigkeit. Durchgreifen, so notwendig es auch ist, wird damit immer zu einem angeblichen Versagen der Polizei. Linke Straftäter werden so zu Opfern. Deren Unterstützung erscheint damit – zumindest in der linken Szene – als legitim.

Die „Rote Hilfe" trägt damit dazu bei, dem Staat in seiner vermeintlichen „Hässlichkeit" die bürgerliche Maske vom Gesicht zu reißen, so die Überzeugung der Linken. Denn schließlich begreift die linksextreme Szene den bürgerlichen Rechtsstaat als die Vorstufe zum Faschismus. Folglich ist der Konflikt mit dem Staat dem Widerstand des unmittelbar bevorstehenden Nazi-Staates geschuldet. So jedenfalls die krude Sichtweise.

Entsprechend unversöhnlich zeigt sich die „Rote Hilfe". Nur der Straftäter, der keinesfalls von seiner Handlung abrückt, darf auf Unterstützung hoffen. Wer etwa gegenüber Polizei, Staatsanwaltschaft oder Gericht einräumt, mit seiner Straftat einen Fehler begangen zu haben, dem wird jedwede Unterstützung seitens der „Roten Hilfe" versagt.

Dies geht aus der Rubrik „Geld her!" in der Zeitung der „Roten Hilfe" hervor. So heißt es im Heft 3/2017 auf Seite 6 (Hervorhebung durch den Autor):

> **Beratungsresistent**
> *Ein Genosse protestierte gegen eine AfD-Demonstration in Hamburg. Am Rande der Gegenveranstaltung kam es zu einer Auseinandersetzung mit Faschist*innen. Dem Antragsteller wurde vorgeworfen, er hätte einen Faschisten geschlagen und getreten. Im Zuge des Ermittlungsverfahrens wegen Widerstands gegen Vollstreckungsbeamte und Körperverletzung ließ er sich von der zuständigen Ortsgruppe beraten, wie am besten mit dem Verfahren umzugehen sei.* ***Entgegen der Empfehlungen distanzierte er sich von der Aktion und machte vor Gericht Aussagen zu Dritten.*** *In diesem Fall mussten wir ihm die Unterstützung vollständig versagen.*

Dabei hängt die Verweigerung von Unterstützung nicht etwa davon ab, dass man Genossen verraten hat. Auch ohne Aussagen über Dritte reicht Reue eines Täters aus, um der Solidarität der finanzstarken Organisation verlustig zu gehen.

> ***So bitte nicht!***
> *Während eines Polizeikessels zum 1. Mai soll der Genosse einem Polizisten ein Bein gestellt haben und wurde daraufhin wegen*

Widerstands gegen Vollstreckungsbeamte und Körperverletzung belangt. In der Verhandlung legte er ein umfassendes Geständnis ab und entschuldigte sich. Das ist klar als Distanzierung von seiner politischen Aktion zu werten. Wir sehen uns daher leider gezwungen, ihm die Unterstützung zu versagen.[1]

Gewalt gegen die Polizei als „politische Aktion"? Das klingt nicht nur absurd, sondern ist selbstverständlich zutiefst antidemokratisch.

Nicht nur ideologisch, sondern auch im Handeln lässt man in der „Roten Hilfe" und ihrem Umfeld die 1920er Jahre wiederaufleben, als die erste deutsche Demokratie zwischen den Extremisten der kommunistischen und der nationalsozialistischen Seite regelrecht zermahlen wurde.

Zu jener Zeit entstand auch die „Rote Hilfe" erstmals. Genauer: 1924. Damals vor allem zur Unterstützung der kommunistischen Genossen, die wegen ihres revolutionären Kampfes gegen die Weimarer Republik Haftstrafen antreten mussten. Da die Familie der inhaftierten Genossen in der Folge oft mittellos war, sollten auch diese unterstützt werden.

Die heutige „Rote Hilfe" entstand dann in Folge der neuen sozialistischen Kampfbewegung im Zuge der sogenannten 1968er Bewegung. Dabei kam es auch zur Gründung rivalisierender Gruppierungen, die jeweils eine Rote Hilfe Zeitung (RHZ) herausgaben. So ging eine „Rote Hilfe" aus dem „Rote Hilfe Komitee" hervor und war mit der Aufbauorganisation der KPD (KPD/AO) verbunden. Eine andere „Rote Hilfe" mit der KPD/Marxisten Leninisten (KPD/ML). Eine dritte „Rote Hilfe" verstand sich als parteiunabhängig und als undogmatisch.

In der Folgezeit war insbesondere die Nähe zu Parteien, aber auch zu bestimmten Strömungen immer wieder Anlass zu Streit und Trennungen bzw. Auflösungen. Die heutige „Rote Hilfe" versteht sich als „strömungsübergreifend", womit Streitigkeiten zwischen den diversen linksextremen Ausrichtungen innerhalb der „Roten Hilfe" verhindert werden sollen.

Einig ist man sich hingegen in einem: Jeder Straftäter, der von links den deutschen Staat attackiert, muss sich der Unterstützung sicher sein. Dabei kann man aus Sicht des Unterstützervereins nicht weit genug gehen. Weshalb auch die Rote Armee Fraktion (RAF) und ihre Protagonisten Hilfe erhalten.

Die Legitimierung und Verharmlosung des RAF-Terrorismus der 1970er Jahre ist heute noch Programm der „Roten Hilfe". So firmiert etwa die Entführung des später durch die RAF ermordeten Arbeitgeberpräsidenten in der RHZ Hans-Martin Schleyer unter „Gefangennahme".[2]

Doch Beistand sollte, zumindest in den Anfängen der Bader-Meinhof Zeit, auch in die Gegenrichtung gewährt werden. So wollte Ulrike Meinhof im Herbst 1970 aus dem Untergrund heraus dem „Spiegel" einen Text verkaufen. Das Honorar von 2.000 Dollar sollte Spiegel-Herausgeber Rudolf Augstein an die „Rote Hilfe" Berlin überweisen. Doch der „liebe Rudolf", wie Meinhof den Journalisten nannte, druckte diesen Titel nicht ab.[3]

In dem Beitrag zitiert die gewaltverliebte Meinhof („natürlich kann geschossen werden") zustimmend Massenmörder Mao, der gesagt hatte: „Die politische Macht kommt aus den Gewehrläufen." Und Macht wollten die Terroristen um Meinhof, Baader und Ensslin. Wenn diese aus Waffengewalt und nicht durch Wahlen generiert werden musste, war es ihnen auch recht.

Jeder Bezug zur Realität wurde – und wird – dabei ausgeschaltet. Eine Selbstreflexion findet nicht statt. Das macht unter anderem eine Episode während der Haftzeit der RAF deutlich, als sich Ulrike Meinhof gegenüber ihrem Anwalt Heinrich Hannover darüber erbost zeigt, dass dieser ohne Rücksprache mit der Gruppe der inhaftierten RAF-Kämpfer sich an einer Honorarvereinbarung für einen Text der Baader-Meinhof Bande versucht hatte. Meinhofs Vorwurf: Hannover habe Meinhof und den RAF-Kadern nicht die Gelegenheit gelassen, darüber abzustimmen. Ohne Mandat dürfe er nicht handeln. Dass weder Meinhof noch sonst jemand in der RAF über ein Mandat der „Arbeiter" verfügte, diese von Gewalt und Terror zu befreien, spielte hingegen keine Rolle.

Ein Phänomen, an dem die linke Szene bis heute krankt: Sich selbst sieht man zu allem legitimiert. Alle anderen, insbesondere der politische Gegner und die Repräsentanten des Staates, wie etwa die Polizei, sind und handeln illegitim. Straftäter im Sinne des Rechtsstaates verdienen daher in ihrem gerechten Kampf Unterstützung.

Meinhofs Text schließt denn auch mit der Aufforderung: „Schickt den Genossen im Knast Rot-Händle-Zigaretten, Milchschokolade mit Nuss, Obst, Vitamintabletten, Zeitungen, Bücher und Geld."

Hatte Augstein anfänglich noch Sympathie gezeigt, was sich insbesondere durch den Abdruck eines Beitrages der nach der Bader-Befreiung untergetauchten Ulrike Meinhof ablesen lässt, vollzog sein Heft 1977 mehr oder weniger endgültig den Bruch mit der linksterroristischen Szene. Unter der Überschrift „Mord beginnt beim bösen Wort" nahm sich das vermeintliche „Sturmgeschütz der Demokratie" der Unterstützerszene und dabei insbesondere der „Roten Hilfe" an. [4] Ausgerechnet das Meinhof zuvor zu Hilfe eilende Hamburger Nachrichtenmagazin stellte in jenem Artikel fest, das Wort „Sympathisant" hätte eine „inkrimierend-schillernde Bedeutungsfülle" angenommen. Und zwar deshalb, weil es aus dem Kreis der Sympathisanten immer wieder zu Unterstützung gekommen sei.

Die Verbindungen der RAF zur „Roten Hilfe" sind neben der – verhinderten – Spendierfreudigkeit und der Idee der Unterstützung von Straftätern vielfältig. So war die „Rote Hilfe" immer wieder ein Rekrutierungspool für die Rote Armee Fraktion. Nicht nur die RAF-Mitglieder Birgit Hogefeld und der 1993 bei einem Festnahmeversuch erschossene Wolfgang Grams waren Mitglied der „Roten Hilfe". Auch Rolf Pohle gehörte nicht nur der RAF an, sondern war zuvor Gründer einer Roten-Hilfe-Vorläufer-Organisation in München gewesen. Pohle war im März 1975 im Austausch gegen die Freilassung des Berliner CDU-Politikers zusammen mit weiteren RAF-Terroristen in den Jemen ausgeflogen worden.

Hans-Joachim Klein, der den Revolutionären Zellen angehörte, war in der „Roten Hilfe" Frankfurt aktiv gewesen bevor er mit anderen 1975 den Anschlag auf die OPEC-Konferenz verübte und sich der Beteiligung an drei Morden schuldig machte.

Volker Speitel gehörte der sogenannten zweiten Generation der RAF an und fand über die „Rote Hilfe" Stuttgart seinen Weg in den Terrorismus. Speitel war ebenfalls Mitstreiter in einem der zahlreichen „Komitees gegen die Folter an politischen Gefangenen in der BRD". Damit zielte man auf die Haftbedingungen der RAF-Terroristen. Diese waren tatsächlich zeitweise überhart. Für die Opfer des Terrors hingegen fand man hingegen keine Worte – bis auf übelste Beschimpfungen.

Speitel, der sich 1977 von der RAF lossagte, erklärte später: „Der Eintritt in die Gruppe, das Aufsaugen ihrer Norm und die Knarre am Gürtel entwickeln ihn dann schon, den ›neuen‹ Menschen. Er ist Herr über Leben und Tod geworden, bestimmt, was gut und böse ist, nimmt sich, was er braucht und von wem er es will; er ist Richter, Diktator und Gott in einer Person – wenn auch für den Preis, daß er es nur für kurze Zeit sein kann."

Gut und Böse sind in dieser Geisteshaltung immer stark an der politischen Haltung orientiert. Morde der RAF und der RZ werden als gerechtfertigt oder zumindest als verstehbar angesehen. Selbst kleinste Unannehmlichkeiten für linke Aktivisten werden hingegen als Repression des Staates empfunden, dargestellt und dienen zugleich als Begründung für das eigene Vorgehen gegen Polizei und Justiz. Diese Funktion hat auch die Aufrechterhaltung der Verschwörungstheorie des Mordes an Baader und Ensslin oder auch an Grams.

Damals wie heute ist die „Rote Hilfe" oftmals der erste Anlaufpunkt für Orientierungslose. So berichtete Speitel:

> *„So entstand der erste Kontakt zur politischen Szene. Ich nahm bei ein paar Sitzungen der Stuttgarter Roten Hilfe teil, und so chaotisch diese Gruppe auch war, so füllte sie zumindest mal das Vakuum meiner Orientierungslosigkeit. Sie entwickelte ein Ziel und eine Perspektive, in der ich meinen Individualtrip endlich als eine Sache erkennen konnte: Macht kaputt, was euch kaputtmacht."* [6]

Noch heute leben mutmaßliche RAF-Mitstreiter in der Illegalität. Daniela Klette, die derzeit Schlagzeilen wegen Überfällen auf Geldtransporter macht, war einst ebenfalls Mitglied der „Roten Hilfe".

Klette, die aufgrund von DNA-Spuren verdächtigt wird, durch bewaffnete Raubüberfälle ihren Lebensunterhalt in der Illegalität zu bestreiten, ist nicht alleine. Ernst-Volker Staub und Burkhard Garweg, auf die derselbe Verdacht fällt, gehörten ebenfalls der RAF an. Nach wie vor, so der Verdacht, agieren die Terrorrenter gemeinsam. Ob nun politischer Terrorist oder mittlerweile nur noch schnöde Kriminelle, die nach dem sonst so verachteten Kapital trachten: Das Trio kann sich der Solidarität der „Roten Hilfe" gewiss sein. Im Heft 3/2016 veröffentlichte die Rote Hilfe Zeitung im Editorial nach einem der ersten Raubüberfälle des Trios einen Glückwunsch der ganz besonderen

Art: *„Daniela, Burkhard und Volker: Wir wünschen Euch viel Kraft und Lebensfreude. Lasst es Euch gutgehen ... und lasst Euch nicht erwischen!"*

Sollten die drei Terroristen dennoch „erwischt" werden, können sie auf die gut gefüllten Kassen der „Roten Hilfe" hoffen. Diese gab alleine im Jahr 2017 nach eigenen Angaben 266.002,43 Euro für die Verteidigung von vermeintlichen oder tatsächlichen Straftätern aus.

Der „Roten Hilfe" wird keine Gemeinnützigkeit zuerkannt. Um dennoch Spenden absetzen zu können, raten die Linksextremisten vermeintlichen Unterstützern, das gemeinnützige Hans-Litten-Archiv zu unterstützen.[7]

Meist wird ein Teil der Kosten von Strafverfahren übernommen, in bestimmten Fällen aber auch alles. Wie etwa im Falle eines abgelehnten Asylbewerbers, der angeblich in Deutschland den Schutz des Rechtsstaates suchte, um dann gegen seine Beamten mit Gewalt vorzugehen:

> ***No border! No nation!***
> *Bei einem antirassistischen Protestmarsch für das Recht auf Asyl von Bayreuth (Bayern) nach München im August 2013 wurden die Demonstrant*innen mehrfach von der Polizei gestoppt und kontrolliert. Für den Antragsteller entstanden daraus zwei Strafverfahren. In beiden Fällen wurde ihm „Widerstand gegen Vollstreckungsbeamte" und in einem Fall zusätzlich eine Beleidigung vorgeworfen. Diese Strafverfahren lieferten die Begründung zur Ablehnung seines Asylantrags und zur Verweigerung der Prozesskostenhilfe für die asylrechtliche Klage dagegen. Deshalb unterstützt die Rote Hilfe e. V. den Genossen im strafrechtlichen und auch im asylrechtlichen Verfahren mit der Übernahme der gesamten Kosten beider Verfahren. (Heft 3/2017, Seite 4)*

Um die Kosten gering zu halten, sollten alle „Genossen" bestimmte Regeln beachten. Die Wichtigste: Schweigen! Neben der Omertà der Linksextremisten gibt es weitere Tipps:

> *Letztlich raten wir allen von Repression betroffenen Genoss_innen, bei evtl. Strafverfahren frühzeitig Kontakt zur örtlichen*

RH aufzunehmen, weil nur dann Wege zum Umgang mit Strafbefehlen, Gefahren von Zeugenbenennungen, Verhalten bei drohenden Erkennungsdienstlichen Behandlungen usw. besprochen werden können. (Rote Hilfe) 2/2017, Seite 8)

Die Spur der Gewalt der „Roten Hilfe" führt dabei in die etablierte Politik. 2007 wurde bekannt, dass die damalige Juso-Vorsitzende Franziska Drohsel Mitglied in der „Roten Hilfe" war. Sina Doughan war im Jahr 2013 sowohl Bundesvorsitzende der Grünen Jugend als auch Mitglied der „Roten Hilfe". Einen Austritt aus dem Verein lehnte Doughan ab. Die Grüne Jugend Niedersachsen rief laut „Junger Freiheit" im Jahr 2014 zum Eintritt in die „Rote Hilfe" auf.[8]

Laut der konservativen Zeitung erklärte die damalige Landesvorsitzende Leonie Köhler: Die „Rote Hilfe" sei eine „wichtige strömungsübergreifende Organisation für alle emanzipatorischen Kämpfe, sei es gegen Rassismus, Faschismus, Sexismus, Nationalismus, Kapitalismus oder Umweltzerstörung."

Die Verbindung der Grünen Jugend zur Roten Hilfe lässt sich auch später noch nachvollziehen. Etwa bei der Kampagne „Ende Gelände", bei der Grüne Jugend und die „Interventionistische Linke" gegen Unternehmen der konventionellen Energieindustrie vorgehen. Die Interventionistische Linke, die den „revolutionären Bruch" der Gesellschaft anstrebt und maßgeblich hinter den Ausschreitungen am Rande des G20-Gipfels in Hamburg beteiligt war, wird sowohl durch das Bundesamt für Verfassungsschutz beobachtet wie durch diverse Landesämter. Gleiches gilt für die Kampagne „Ende Gelände". Wer im Rahmen dieser Aktionen Straftaten begeht, kann sich der Unterstützung durch die „Rote Hilfe" sicher sein, wie ein Beitrag in Heft 3/2017 zeigt:

Ende Gelände

Im Rahmen der Aktion „Ende Gelände" beteiligte sich eine Genossin an einer Besetzung mit dem Ziel, den Tagebau Garzweiler in Nordrhein-Westfalen lahmzulegen und ein Zeichen gegen den Kohleabbau zu setzen. Sie wurde festgenommen und bekam eine Anklage wegen Hausfriedensbruchs. Es konnte die Einstellung des Verfahrens gegen Zahlung einer Geldstrafe erreicht werden. Die Rote Hilfe übernimmt die Hälfte aller anfallenden Kosten.

Geflissentlich werden die Verbindungen der Grünen Jugend zu Extremisten seit Jahren durch Verfassungsschutzbehörden ignoriert. Kein Wunder, ist doch ein großer Teil des Spitzenpersonals der Grünen Mutterpartei über die Kampagne „Aufstehen gegen Rassismus" mit der Interventionistischen Linken verbunden. Ebenso hochrangige Genossen von SPD und DIE LINKE.

Letztere geht gar so weit, die „Rote Hilfe" ganz direkt zu unterstützen. Und zwar aus dem Bundestag heraus. So etwa durch eine Anfrage zur Beobachtung der „Roten Hilfe" (Drucksache 19/3553) durch die Abgeordneten Ulla Jelpke, André Hahn, Gökay Ablut und andere. In ihrer Antwort zur Begründung der Auflistung im Verfassungsschutzbericht erklärt die Bundesregierung, der Bezug auf die kommunistische Tradition der „Roten Hilfe" sei unter anderem ein Grund. Eine sozialistisch-kommunistische Gesellschaftsordnung sei jedoch mit dem Grundgesetz nicht vereinbar. Unter anderem sei eine Gewalt- und Willkürherrschaft verfassungsfeindlich, so die Bundesregierung gegenüber den Genossen.

Insbesondere die Unterstützung von Straftätern dient der Bundesregierung und dem Verfassungsschutz als Grundlage für die Beobachtung als verfassungsfeindliche Organisation, da diese Form der Solidarität nur gewährt werde, wenn:

> *„[…] der Betroffene kein Unrechtsbewusstsein im Hinblick auf das von ihm begangene strafbare Handeln zeigt, sondern dieses vielmehr als politisch legitimes Mittel im Kampf gegen den Staat verteidigt. Eine Beschränkung der Unterstützung auf „gewaltbereite Linke" ist nicht ersichtlich. Die Unterstützungsleistungen der RH umfassen sodann neben finanzieller Hilfe auch die ideelle Unterstützung der Täter, um diese in die Lage zu versetzen und zu ermutigen, den „Kampf" gegen die bestehende Ordnung und deren angeblichen „Repressionsapparat" sowie „politische Gegner" auch weiterhin fortzusetzen."*

Für die Abgeordnete Jelpke, selbst Mitglied in der „Roten Hilfe" und Autorin in der Roten Hilfe Zeitung (Heft 3/2016), zog auf ihrer Internetseite aus der Antwort der Bundesregierung ihre ganz eigenen Schlüsse: „Jetzt erst recht: Hinein in die ‚Rote Hilfe'".[9]

G20: warum der Krawall staatlich bezahlt war

Von Heiko Schrang

Derzeit läuft ein Spektakel sondergleichen in den Mainstream-Medien ab. Die Bilder, die wir gesehen haben, waren unvorstellbar. Hätte jemand vorher gesagt, dass so etwas hier in Deutschland passieren wird, dass hier bürgerkriegsähnliche Zustände herrschen, es hätte keiner geglaubt. Leider ist es aber so, dass trotzdem die wenigsten anfangen, sich Fragen zu stellen.

Der amerikanische Präsident Roosevelt sagte seinerzeit: „In der Politik passiert nichts zufällig. Wenn etwas passiert, dann wurde es auf die eine oder andere Art so geplant."[1]

Und deshalb stellt sich die Frage, warum man denn gerade Hamburg als Austragungsort für den G20 Gipfel genommen hat, eine Stadt, die für ihre linke Szene bekannt ist.

Auf der einen Seite stand eine Gruppe, die vom Staat mit Steuergeldern finanziert wurde (und immer noch wird), das ist die Polizei. Und auf der anderen Seite stand eine Gruppe, die sich Antifa nennt und die ebenfalls mit Steuergeldern finanziert wird.[2]

Da mag man hellhörig werden und meinen, das kann doch nicht wahr sein. Aber tatsächlich, letztes Jahr gab es ein Budget von fünfzig Millionen für Förderungen unter dem Deckmantel „Kampf gegen Rechts". Dieses Budget wurde verdoppelt im Jahre 2017 auf Einhundert Millionen Euro. Und diese Einhundert Millionen Euro fließen in alle möglichen Kanäle, da gibt es Vereine, die nennen sich „Kampf gegen Rechts – Gänseblümchen e.V." oder so.

Fakt ist, diese Gelder werden nicht nur solchen Vereinen zur Verfügung gestellt, sondern auch für diese Antifa-Leute genommen.

In München wird fast die gesamte linksextreme Szene der Stadt München von der Politik finanziert. Die Häuser dieser Leute wurden dort mit über drei Millionen saniert und so weiter. Aber spannend ist im aktuellen Fall, dass das Wohnzimmer der linksextremen Szene in Hamburg, das Schanzenviertel, von ihnen selber nahezu zerstört wurde. Und noch interessanter finde ich, dass Frau Merkel sich nun hinstellt und sagt: „Klar, wir werden euch helfen, ihr bekommt großzügig Entschädigung für die kaputten Autos und den Wiederaufbau. Kindergärten wurden dort zerstört."

Auf der einen Seite zerstören sie die Infrastruktur und auf der anderen Seite erhalten sie für den Schaden Geld vom Staat. Also die Polizisten werden finanziert, die Antifa wird finanziert und die Instandsetzung wird finanziert vom Staat.

Die Aufregung ist groß und ich stelle die ketzerische Frage: Wie lief es Anfang dieses Jahres bei der Münchener Sicherheitskonferenz, zu der nicht „Irgendwer" da war, sondern wirklich das „Who is Who" der Elite, die wirklichen Strippenzieher (da war ein Rothschild persönlich anwesend, George Soros, Bill Gates, Goldman-Sachs, um nur einige zu nennen)?

Wir erinnern uns an die Bankenkrise von 2008. Wir wissen, dass Goldman Sachs für alle diese Exzesse verantwortlich war und wir kennen auch die Historie von Goldman Sachs. Ob es um den amerikanischen Finanzminister, Hank Paulson, geht, der ein Goldmann Sachs Chef war oder die Rolle, die dieses Riesen-Gebilde weltweit spielt, das zum Beispiel Griechenland in den Ruin gestürzt hat. Solche Leute waren Anfang des Jahres in München. Darum stelle ich die Frage: Warum ist München nicht zertrümmert worden? Wo war denn da die große Bewegung der Freiheitskämpfer, der Globalisierungsgegner?

Es gab eine kleine Veranstaltung, bei der die von mir sehr geschätzten Lisa Fitz anwesend war, aber keine Zerstörung, wie in Hamburg. Oder letztes Jahr in Dresden, als sich die Bilderberger getroffen haben, die wahren Strippenzieher im Hintergrund, die die Euroeinführung diktiert haben, die letztendlich entscheiden, wo auf dieser Welt ein Krieg geführt wird und wo nicht. Wo war denn da die Antifa, wo war denn da die ganze Bewegung? Es ist doch komisch, jetzt wird das gesamte Augenmerk auf Hamburg gelegt und alle diskutieren, wieso, weshalb, warum! Dabei ist das alles nur Augenwischerei.

Man muss sich doch fragen, wer hat ein Interesse daran? Und warum wurde in Hamburg getagt und nicht in München, in Stuttgart, in Rostock oder sonst wo? Oder wie vor wenigen Jahren noch in Heiligendamm, wo das

G8-Treffen im Kempinski direkt am Meer stattfand? Auch da gab's Demonstrationen, aber die waren irgendwo auf dem Feld, da kam keiner ran. Wir müssen doch überlegen: Was läuft hier eigentlich ab?

Deutschland ist in den letzten Wochen abgedriftet in Richtung Diktatur. Ich erwähne nur die Gesetzgebung von Heiko Maas, durch die die totale Kontrolle ausgerufen ist.[3] Jeder kann überall kontrolliert werden, aber die Masse der Bevölkerung merkt es anscheinend nicht. Bei einer Gruppierung wie den Hell's Angels wurden die Clubhäuser in null Komma nichts von Spezialeinheiten gestürmt, auch in Berlin bei den Bandidos, da wurden Exempel statuiert. Es sollte wohl heißen: Das geht nicht, das ist eine Gefahr für unsere Gesellschaft. Also wird massiv dagegen vorgegangen.

In Hamburg jenes durch die Antifa besetzte Theater, die „Rote Flora", zu stürmen ist man aber nicht in der Lage. Es wird argumentiert: „Na ja, unsere Leute, die Spezialeinheiten, die sind überall im Einsatz gewesen." Und was war in den Jahren davor? Was ist denn jetzt, zwei Tage danach? Warum passiert das alles nicht?

Wie kann es sein, dass bei Fußballspielen Hooligans Hausarrest erteilt wird, so dass die Rädelsführer gar nicht ihre Wohnungen verlassen können, und hier nicht? Mittlerweile wird jeder überall abgehört über WhatsApp und so weiter, die Gesetzeslage ist bekannt. Da kommt es gar nicht dazu, dass sich 10.000 Leute irgendwo treffen können. Im Vorfeld wird irgendwo ein Zug angehalten, mit Hundert, Zweihundert Leuten, die werden abgefangen, in den nächsten Zug in die andere Richtung gesteckt und können wieder nach Hause fahren. Man hört die Telefone ab, WhatsApp, Twitter, alle Nachrichtenkanäle. Die Leute kommunizieren, um sich zu verabreden. Aber in diesem Fall ist man nicht in der Lage gewesen zu verhindern, dass die deutschlandweiten Antifa-Gruppen die Stadt erreichen. Obwohl im Vorfeld alles klar war.

Letztendlich ist es nichts weiter als Augenwischerei. Frau Merkel und Konsorten machen nichts weiter, als wieder den Sandmann zu spielen, und im Nachgang läuft es wieder darauf hinaus, dass die totale Kontrolle weiterhin vollzogen werden kann. Diese Bilder waren wichtig, um den Menschen Angst einzujagen. Das ist ganz entscheidend, sie sollen sagen: „Auweia, wenn das bei uns passiert – ich trau mich gar nicht mehr aus dem Haus." Und dann kommt natürlich der große Helfer, in dem Fall der Staat, und sagt: „Wir sind da, ihr müsst euch zwar kontrollieren lassen, müsst eure Freiheiten aufgeben, aber dafür sind wir ja nun da!" Das alles ist nur machbar, weil wir uns nicht in der Mitte befinden.

Wenn man wie ein angstvolles Reh von A nach B rennt, ist man natürlich leicht zu manipulieren, und wenn wir uns momentan die Welt angucken; ich sehe da so eine Best-Off-Welt, aus „Fahrenheit 451", George Orwells „1984" und Huxleys „Schöne neue Welt" – irgendwo dazwischen befinden wir uns gerade. Im Endeffekt ist es im Leben so wie bei einem Haus. Wenn ein Haus nicht bewohnt ist, dann verfällt es irgendwann und wenn der Geist sich außerhalb unseres Körpers befindet und nicht in uns präsent ist, dann verfällt dieser Körper auch. Und das ist der Punkt, an dem es viel wichtiger ist, ein Beobachter zu sein, der Beobachter der Gedanken. Wir sind nicht unsere Gedanken. Wir müssen erkennen, dass wir mehr sind und wenn wir diesen Schritt getan haben, sind wir auch schwer manipulierbar.

Denkt immer daran, wer gegen den Strom schwimmt, gelangt zur Quelle und nur tote Fische schwimmen mit dem Strom.

www.HeikoSchrang.de

Dieser Beitrag wurde zuerst als Video auf YouTube veröffentlicht
https://www.youtube.com/watch?v=e2krHFDrxGI

Der Weg in ein EU-Imperium der globalen Großkonzerne

Von Niki Vogt

Ein bisschen Rechtsphilosophie … (so kurz wie möglich)

Die Zeit der Französischen Revolution brachte im Europa der Neuzeit eine neue Ära im Verhältnis Staat und Bürger. Die Vorläufer, das republikanische Rom und das antike, demokratische Athen waren nach diesen Glanzperioden zum Imperium expandiert bzw. zur alten Form der Monarchie zurückgekehrt.

In einem monarchisch geprägten Europa erhob Frankreich die Fackel der Bürgerlichen Freiheit und wollte einen Bürgerstaat erschaffen. Die hehren Ziele versanken alsbald im Blut. Dennoch ist die Freiheitslehre der Anfangszeit der Französischen Revolution eine rechtsphilosophische Grundlage aller folgenden europäischen Republiken geworden.

Von Jean Jacques Rousseau in seinem Werk *„Du contrat social ou Principes du droit politique"* (Vom Gesellschaftsvertrag oder Prinzipien des Staatsrechtes) vorausgedacht und 1762 erschienen, war es der Funke, der zwar unterdrückt wurde, denn sein Werk wurde verboten. Dennoch schwelte dieser Funke weiter und entzündete später, 1789, die Französische Revolution.

Rousseau sah als ausschließliche Basis legitimer Macht den „allgemeinen Willen" (Volonté Générale) des aufgeklärten Menschen, der aber immer im Lichte der Beachtung des Gemeinwohls ausgeübt werden muss. Nur dann ordnen sich alle freiwillig und überzeugt dem Gesellschaftsvertrag unter. Immanuel Kant, ein Schüler Rousseaus, brachte durch seine rechtsphilosophische Arbeit das Prinzip der Bürgerlichen Freiheit mit dem Prinzip des Allgemeinen Willens zusammen in die Grundlage der Bürgerlichen Gesetzgebung als Ausdruck dieser beiden, vereinten Prinzipien. Sein Kategorischer Imperativ „Handle nur nach derjenigen Maxime, durch die du zugleich wollen kannst, dass sie ein allgemeines Gesetz werde" war die Grundlage der Freiheitsdefinition der Französischen Revolution 1989 in der „Erklärung des Menschen und Bürgers", nämlich alles tun zu können, was einem anderen nicht schadet.

Gleichzeitig bildete sich ein Rechtssystem heraus, das die Frage der Rechte und Pflichten zwischen Bürger und Staat sowie der Bürger untereinander regelte. Die Einhaltung des Rechts hat der Staat zu garantieren. Staat, Freiheit, Recht sind die unverzichtbare Dreifaltigkeit des bürgerlichen Gemeinwesens. Ohne dies kein sozialer Friede.

„Freiheit ist, dem selbst gegebenen Gesetz zu gehorchen"
Jean-Jacques Rousseau

Die Idee der Freiheit macht die Würde des Menschen und Bürgers aus. Diese Freiheit und die für alle gleich geltenden Gesetze sind Voraussetzung für Gerechtigkeit und den Schutz des Einzelnen vor dem primitiven Recht des Stärkeren. Es ist das Merkmal einer Zivilisation, dass der Stärkere sich dem Allgemeinen Willen, der im Gesetz seinen Ausdruck und seine Form erhalten hat, freiwillig aus Vernunft und Einsicht unterordnet und der Schwache auf den Schutz durch das Recht vertrauen darf.

Deshalb steht auch dieser Freiheitsgedanke ganz vorne, in Artikel 2 Absatz 1 unseres Grundgesetzes:

**„Jeder hat das Recht auf die freie Entfaltung seiner Persönlichkeit,
soweit er nicht die Rechte anderer verletzt
und nicht gegen die verfassungsmäßige Ordnung
oder das Sittengesetz verstößt."**

Das ist eigentlich der Kern des Rousseauschen Gesellschaftsvertrags und der Freiheitsbegriff der Aufklärung.

Daher haben auch fast alle Völker dieser Welt der Allgemeinen Erklärung der Menschenrechte der Vereinten Nationen zugestimmt. Dort heißt es nämlich im ersten Artikel:

**„Alle Menschen sind frei und gleich
an Würde und Rechten geboren.
Sie sind mit Vernunft und Gewissen begabt
und sollen einander im Geiste der Brüderlichkeit begegnen."**

Menschenrechte und Bürgerliche Grundrechte

Die Menschenrechte sind Rechtsnormen, die jeder Mensch in dem Moment innehat, wo er in diese Welt kommt. Das Selbstverständnis des Menschenrechts bedingt, dass es nicht erworben und nicht verloren werden kann. Es ist nicht an die Gesetzgebungen einzelner Staaten gebunden und unterliegt ihnen nicht. Es ist ein Teil des Menschseins. Die Achtung der Menschenwürde kann jeder, jederzeit, überall einfordern und muss sie umgekehrt auch jedem Menschen gegenüber achten. Auch das ist Zivilisation.

Die Bürgerlichen Grundrechte stehen auf dem Fundament der Menschenrechte, werden aber als Ausdruck der Bürger eines Staates, die sich selbst eine Verfassung oder ein Grundgesetz geben, noch genauer spezifiziert und als Ausdruck des Rousseauschen Gesellschaftsvertrages als Basis für das spezielle Gemeinwesen des jeweiligen Staates niedergelegt.

So werden in einer Verfassung oder einem Grundgesetz die Menschenrechte konkretisiert, zum Beispiel kann das Menschenrecht auf Freiheit als Demonstrationsrecht, als Recht auf Meinungsfreiheit oder als Recht auf freien Informationszugang konkretisiert werden. Das Wahlrecht ist eine Konkretisierung des übergeordneten, abstrakten Rechtes auf Freiheit und Gleichheit und auf Selbstbestimmung.

Eine Konkretisierung der Menschenwürde ist zum Beispiel das Recht auf einen Mindeststandard der Lebensweise, eben eine menschenwürdige Behausung, Essen, Wärme. Oder auf eine menschenwürdige Umgebung und Behandlung am Arbeitsplatz, deren konkrete Umsetzung dann im Arbeitsrecht zu finden ist. Ebenfalls fußt eine Benachteiligung und Diskriminierung wegen Rasse, Geschlecht oder Religionszugehörigkeit auf der Verletzung der Menschenwürde und findet seinen Ausdruck zum Beispiel im Allgemeinen Gleichstellungsgesetz.

Das imperiale Prinzip

Das Gegenteil einer Gesellschaft von Freien und Gleichen, deren Menschenrechte und allgemeiner Wille zum Wohle aller den Staat als Garanten der Rechtlichkeit und Freiheitlichkeit einsetzt und trägt, ist das imperiale oder monarchische Prinzip.

Es ist ein Herrschaftsprinzip, was sich in erster Linie darin zeigt, dass Recht und Gesetz von oben den Untertanen aufgezwungen wird. Es gibt zwar die helle Seite des gerechten Patriarchen, der zum Wohle des Volkes regiert, die „gute Tyrannis", aber auch diese beglückt die Untertanen nach dem Willen und der Gnade des Herrschers.

Der Herrscher kann sogar eine Verfassung für das Volk mit Rechten für den Einzelnen „gewähren", aber auch nach Gutdünken und von Gottes Gnaden wieder entziehen. Die Freiheiten und der Rechtsschutz für den Untertanen sind eben nur geliehen.

Eine Republik freier Bürger kann aber auch schleichend in ein imperiales/monarchisches Prinzip übergehen. Wenn die Strukturen sich verselbständigen und die gewählten Repräsentanten des Volkswillens nicht mehr „Primus inter Pares" (ein Erster unter Gleichen) sind und nicht den Volkswillen umsetzen, sondern ihre eigene Kaste der Herrschenden bilden, ist die bürgerliche Republik nur noch eine äußere Schale. Einmal ursprünglich demokratisch legitimiert, entwickelt sich diese Kaste im Lauf der Jahre in eine postaufklärerische Pseudo-Adelsschicht, die ihre Pfründe zu erhalten und zu mehren sucht.

Das imperiale/monarchische Prinzip der Herrschaft zielt immer auf die Ausdehnung der Macht. Damit walzt es notgedrungen irgendwann über das ursprüngliche Staatsvolk und das ursprüngliche Territorium hinweg. Am Beispiel Roms können wir das in der Retrospektive gut betrachten.

Als Rom noch eine Republik war, in der zwar die Oberschicht den Senat stellte, aber dem Volk und dem Gemeinwohl an erster Stelle verpflichtet war, gab es das hochentwickelte, römische Recht und jeder Bürger konnte sich darauf berufen, musste aber auch seine Pflichten erfüllen und Steuern zahlen. Das römische Heer trug stolz die Standarte mit dem Schild SPQR vor sich her. SPQR bedeutet „Senatus Populusque Romanum" (Senat und Volk von Rom).

Die Überdehnung des Imperiums und der Zerfall

Später, als Rom sein Imperium (von „imperare", herrschen) immer weiter überdehnte, war das republikanische Prinzip nicht mehr aufrecht zu erhalten. Die Senatoren und Statthalter in den Provinzen schufen sich, dem Adel gleich, ihre Besitztümer und Pfründe, kauften sich Senatoren und benutzten sie zur Durchsetzung ihrer Interessen. Provinzstatthalter betrieben schlicht und einfach „Lobbyarbeit", indem sie Senatoren und Beamte hofierten, verwöhnten und korrumpierten, damit ihre Handelswaren, die sie als Tribut aus den unterworfenen Provinzen des Reiches zusammenrafften, bevorzugt in Rom auf den Markt kamen. Sehr viel anders, als die Industrielobbys heute funktionierte das damals auch nicht.

Im Volk geschah ähnliches. Der freie, selbstbestimmte römische Bürger, der seine Rechte und Pflichten kannte, forderte und erfüllte und für seinen Staat einstand, verschwand nach und nach. Die Mittelschicht, die jeden Staat erblühen lässt, dünnte aus. Die große Masse war politisch kaum interessiert, solange das System für sie lief und es Brot und Spiele gab. Daher baute Rom das große Kolosseum und kleinere Ausgaben davon in den Hauptstädten der Provinz. Brot, Spiele und Huren hielten das Volk ruhig und von der Straße.

Wie immer bildete das imperiale Prinzip auch den Imperator aus, den alleinigen Herrscher, der das Recht des Stärkeren ausübte. Er war, wie das ein Alleinherrscher sein muss, auch oberster Befehlshaber der Armee, brach und schuf Gesetze, wie es für ihn opportun war und sägte schnell jeden ab, der ihm gefährlich werden konnte. Gelang ihm das irgendwann nicht, kam der nächste Imperator und machte ihm den Garaus.

Caesar war der erste dieser Gattung. Aus diesem Namen entwickelte sich das althochdeutsche „keisar" zu „Kaiser" im Deutschen über „Zar" im Russischen hin zu Schah (Schahanschah) in Persien. Brutus war der erste Caesarenmörder, weitere Caesaren und ihre Mörder folgten.

Imperien ist eins gemeinsam. Überdehnen sie sich, fangen sie an, von innen heraus zu kollabieren. Sobald die Infrastruktur überlastet wird und bröckelt, gibt es Unruhen. Es gab ein römisches Sprichwort: „Die nächste Revolution ist nur zwei ausgefallene Mahlzeiten weit weg".

Zeigt das Machtzentrum des Imperiums Zerfallserscheinungen, wird die Schwäche des Caesaren sichtbar; oder bekommt er seine inneren Feinde nicht in den Griff, geht ihm das Geld aus, werden die Provinzen abtrünnig, ignorieren Befehle aus der Hauptstadt und suchen nach Verbündeten. Die reichen Händler, Statthalter und Provinzkönige erobern die Macht via Geld und Handel, zahlen kaum mehr Steuern und legen sich eigene, bewaffnete Handelsflotten und Milizen zu.

Gleichzeitig verludert die staatstragende Schicht, insbesondere die Kriegerkaste. Die Reihen der Besten aus dem Heimatland, dem Herzen des Imperiums, auf deren Tapferkeit und Loyalität das Imperium gründete, sind durch ständige Einsätze weit draußen an den Grenzen stark dezimiert. Man greift zu Söldnern aus den Provinzen, doch deren Loyalität liegt letztendlich nicht bei der Besatzungsmacht.

Die Imperien von heute – der Niedergang ist nicht zu übersehen

So ging Rom unter. Der aufmerksame Leser wird die Parallelen erkennen. In voller Schönheit sehen wir es an den USA. Sie intervenieren immer noch an allen Ecken und Enden der Welt, um ihre geopolitischen Interessen durchzusetzen. Überall sind US-Militärbasen, und Länder werden bombardiert und besetzt, während, wie wir kürzlich aus den Medien erfahren konnten, den USA die Soldaten ausgehen. Eine Rekrutierungskampagne ergab, dass etwa zwei Drittel derer, die sich zur Musterung meldeten, zu dick oder zu ungebildet oder kriminell oder alles gleichzeitig waren.

Der einst gepriesene *Melting Pot* der Rassen und Nationen ist zerstritten wie noch nie. Die USA stehen kurz vor einem Bürgerkrieg. Die Linke macht keinen Hehl daraus, den demokratisch gewählten Präsidenten stürzen zu wollen oder Schlimmeres. Die Anhänger des Präsidenten machen ebenfalls mobil. Die verschiedenen Ethnien leben keineswegs, auch nach 200 Jahren nicht, friedlich miteinander, und das US-Imperium ist hoffnungslos verschuldet, die Infrastruktur heruntergekommen. Frieden im eigenen Kernland ist in weite Ferne gerückt, aber im Rest der Welt führt sich das Imperium als moralischer Zuchtmeister, Demokratiebringer, Richter und Henker und zugleich Plünderer auf.

Aber auch in Europa beginnt bereits der Prozess des Zerfalls im Inneren, während gleichzeitig das EU-Imperium immer weiter aufgebläht werden soll.

In der Epoche des Verfalls Roms zündete Kaiser Nero angeblich Rom an und soll zu Lautenklängen dazu gesungen haben. Gaius Caesar Augustus Germanicus, genannt Caligula – das Stiefelchen – machte sein Lieblingspferd

Incitatus zum Konsul und platzierte es in den Senat. Kaiser Claudius verfiel nach und nach dem Schwachsinn und absolvierte verwunderliche Auftritte in der Öffentlichkeit.

An solchen Figuren mangelt es auch an der Spitze der EU nicht, und auch nicht an Hofschranzen, die – wie damals – mit durchsichtigen Begründungen die seltsamsten Verhaltensweisen zu bemänteln helfen. Da beobachtet man eine sehr seltene Ausprägung von Ischias, die sich in Form von durchweg ischiasuntypischen Bewegungsstörungen und grundlosen Heiterkeitsanfällen äußert. Die Hofberichterstattung spielt aber tapfer das Stück *Des Kaisers neue Kleider* und beschimpft das Fußvolk, das beim Namen nennt, was es sieht. Und jeder weiß Bescheid.

So bescheinigte der renommierte Historiker Rainer Zitelmann dieser Tage unserer geliebten Bundeskanzlerin, Frau Dr. Angela Merkel, dass sie übergeschnappt sei. Im ARD-Sommerinterview wurde sie gefragt, was kommende Generationen denn mit ihrem Namen verbinden sollten. Nach ein bisschen zur Schau gestellter, obligatorischer Bescheidenheit rückte sie damit heraus: Sie wolle, dass ihre Kanzlerschaft mit EUROPA verbunden werde.

Rainer Zitelmann ist geradezu verdattert über soviel Realitätsverlust und hält ihr die drei eklatantesten und geradezu epochalen Fehlleistungen ihrer Kanzlerschaft vor:

- Der Verlust Großbritanniens aufgrund der Einwanderungswelle von Migranten vom Festland über den Tunnel und die Daumenschrauben Merkels, was die aufzunehmenden Quoten von Flüchtlingen betrifft

- Merkel hat mit ebenjener Flüchtlingspolitik das Verhältnis mit den ost- und mitteleuropäischen Staaten ruiniert. Ihre Vorstellung, im Imperatricenstil den Staaten ihre Offenen-Grenzen-Politik aufzuzwingen, das geltende Asylrecht der Dubliner Verträge einfach außer Kraft zu setzen und (noch) souveränen Staaten ihren Willen kraft eigener Machtüberschätzung aufzudrücken, hat die Visegradstaaten gegen sie aufgebracht und Europa gespalten. Die Kaiserin wird schwach und die Provinzen fallen ab. Italien, Österreich, Dänemark und Schweden beginnen ebenfalls, sich gegen die Migrationspolitik zu wehren.

- Die Euro-Rettungspolitik hat Europa nicht tiefer geeint, im Gegenteil. Griechenland ist immer noch nicht gerettet und wird es auch nicht werden, nur die Kredit-Geberländer sind tiefer verschuldet.

Sein Fazit: Angela Merkel wird als die Bundeskanzlerin in der Geschichte Europas gesehen werden, die am meisten die Europäische Einigung gefährdet habe. Insofern mag ihr Wunsch tatsächlich in Erfüllung gehen, und ihr Name mit EUROPA verbunden werden, aber möglicherweise als die Zerstörerin Europas.

Die vollkommene Realitätsferne der Kanzlerin und anderer Politiker zeigte sich überdeutlich bei den Messermorden auf dem Chemnitzer Stadtfest. Mehrere Migranten haben dort mehrere junge, deutsche Männer mit Messern angegriffen. Ein Opfer verstarb an Ort und Stelle. Zwei weitere Männer wurden verletzt, einer schwer.

Am selben Abend versammelten sich etwa tausend aufgebrachte Bürger im Zentrum. Sie skandierten „Wir sind das Volk!", „Merkel muss weg!" und „Das ist unsere Stadt!". Sie protestierten gegen das Massaker, die Polizei konnte nach Augenzeugenberichten nicht viel gegen die Masse ausrichten und ließ sie gewähren. Es gab weder Ausschreitungen, es brannten keine Autos, es wurden keine Fensterscheiben zertrümmert, es gab keine Verletzten. Dennoch empörte sich die Hofberichterstattung über den Mob, der „marschiert" sei, dass so etwas in Deutschland nichts zu suchen habe. Die Kanzlerin verurteilte den so genannten „Aufmarsch" von Rechten und „Hooligans".

Kein Politiker empörte sich über die Messermorde

Wieder eine klassische Situation, in der die herrschende Parteienkaste und ihre Hofberichterstatter auf das Volk einprügeln, das gegen die herrschende Unsicherheit, das tägliche Messern und den Verlust der öffentlichen Sicherheit aufbegehrt. Es ist zum Reflex der Macht geworden, den Bürger überhaupt nicht mehr ernst zu nehmen, sondern nur noch die Machtpositionen zu wahren.

Es spielt keine Rolle mehr, dass die Bürger sehr wohl wissen, dass die Gewalttaten der Zuwanderer verharmlost und verschleiert werden (Männer in Streit geraten), dass ein Umkehren der Gefährderrolle (Rechtsradikale marschieren) erfolgt, blanke Lügen (Rechtsradikale jagen Ausländer) erzählt werden und die genau entgegengesetzte Wertung bei den systemkonformen Gewalttätern angewandt wird: Linke „demonstrieren", Rechte „marschieren", Linke „setzen Zeichen", Rechte „pöbeln".

Des Bürgers Recht der freien Rede

Dabei bleibt es aber nicht. Die Maulkörbe und Zensurpeitschen sind längst aus der Waffenkammer geholt worden. Ein falscher Zungenschlag, und der Bürger wird von seinem Platz fürs Internet-Nachbarspläuschchen vulgo Facebook ausgesperrt. Meistens, ohne dass er erfährt, warum. Youtube-Kanäle werden einfach geschlossen, Twitter-Accounts gelöscht, eifrige Blockwarte zeigen jeden und alles an, was man irgendwie als gegen so genannte Flüchtlinge gerichtet auffassen kann, flugs ist es *Hate Speech* und Volksverhetzung.

Ganze Stiftungen haben ein Geschäftsmodell aus dem Zensurieren und Anschwärzen gemacht. Es bringt Millionenbeträge ein: Geld, das aus den Staatstöpfen kommt und von Steuerbürgern bezahlt werden muss, die man anschließend damit drangsaliert und schikaniert. Der Bürger bezahlt eigentlich Steuern, damit der Staat Menschenrechte, Recht und Gesetz und öffentliche Sicherheit wahrt und die Infrastruktur zum Nutzen der Allgemeinheit ausbaut und schützt.

Offensichtlich tut er das heute nicht mehr.

Die freie Rede ist das herausragendste Freiheitsrecht des Bürgers. Immanuel Kant nannte die „Freiheit der Feder" das „einzige Palladium der Volksrechte" (*Über den Gemeinspruch*). Aber die Freie Rede ist auch das, was die nicht (mehr) legitimierte Herrscherkaste am meisten fürchtet.

Das liebste Kind dieser Kaste sind die hofberichterstattenden Medien. Sie sind allgegenwärtig und sollen meinungsbildend und volkserziehend wirken. Was die Bürger nicht wissen sollen, möglichst verheimlichen, was nicht mehr verheimlicht werden kann, verharmlosen, was nicht mehr verharmlost werden kann, umdeuten. Siehe Chemnitz.

Gleichzeitig werden kritische Stimmen mundtot gemacht, der Lächerlichkeit preisgegeben, nicht selten auf's Verabscheuungswürdigste beschimpft, beleidigt und diffamiert. Das Gebot der Wahrung der Menschenwürde gilt nach Befinden der linksgrünen Gutmenschen eben nicht für alle Menschen. Das ist vorsätzlicher Rufmord und *Hate Speech* vom Feinsten, wird aber nicht sanktioniert, weil man ja auf der Seite der sakrosankten „Guten" steht.

Damit wird der Grundsatz der Freiheit der Rede genauso verletzt, wie jener der Gleichheit. Es gibt schlechte Hassrede, das ist die der Bürger, die die Herrschaft kritisieren und es gibt gute Hassrede, das sind die Linken Medien und Agitatoren, die auf die Bürger eindreschen. Und genauso gibt es „gute" und „schlechte" Gewalt. Und als Drittes die verschwiegene Gewalt. Wer den Rechtsbruch und die Gewalt öffentlich benennt, wird fertig gemacht.

Solche Verhältnisse zerstören die Bürgerrechte, das Recht und die Gerechtigkeit als solche – und damit den inneren Frieden, die öffentliche Sicherheit und Stabilität eines Landes. Der Bürger wird Gewalt und Willkür ausgeliefert. Beschwert er sich, wird er vernichtet.

Das ist gegen das Grundgesetz. Unser Grundgesetz ist genau dafür da, solche Verhältnisse zu verhindern. Der Staat versagt.

Freiheit, Besitz, körperliche Unversehrtheit, Menschenwürde, ja sogar das Leben der Bürger ist ungeschützt. Der Staat versagt nicht nur, er lässt die Angreifer sehenden Auges gewähren.

Das Problem ist, dass der Staat durch seine politische Führung mit diesem Verhalten den Gesellschaftsvertrag aufkündigt.

Die Drei-Elemente-Lehre – kann ein Staat untergehen?

In der Staatslehre ist die „Drei-Elemente-Lehre" international anerkannt. Ihr zufolge ist der Staat definiert als ein soziales Gebilde, das drei Merkmale aufweisen muss:

- ein Staatsgebiet mit definierten Grenzen
- ein Staatsvolk
- eine Staatsgewalt/Verfassung (wird teilweise als 4. Element angesehen)

Bei nüchterner Betrachtung muss man feststellen, dass alle drei (vier) Elemente in desolatem Zustand sind und angegriffen werden. Die Erosion der drei Elemente ist so weit fortgeschritten, dass ein Untergang des Staates Bundesrepublik Deutschland drohen könnte.

Die Staatsgewalt/Verfassung

Wie wir bereits festgestellt haben, nimmt die Führung des Staates mitsamt der seiner Bundesstaaten die im obliegende Aufgabe des Schutzes und der Durchsetzung von Recht und Gesetz und öffentlicher Sicherheit teilweise nicht mehr oder äußerst ungenügend wahr:

- Die innere Sicherheit ist im beklagenswerten Zustand. Es gibt Regionen in den Städten, die als No-Go Areas bezeichnet werden, in die die staatliche Exekutive, die Polizei nur in größerer Gruppenstärke und bewaffnet gehen kann, wenn überhaupt. Diese Regionen sind sowohl durch linksextremistische Gewalttäter etabliert worden und werden mit Gewalt gegen die Polizei verteidigt, als auch durch Zuwanderer-Viertel, in denen Drogenhandel, Hehlerei, Schusswaffengebrauch, Mord und brutale Gewalt normale Verhaltensweisen sind. Beide Arten von Zonen sind Brutstätten für Bandenkriminalität jeder Art. Der Staat hat vor diesen Zonen bereits kapituliert.
- Tödliche Angriffe mit Messern oder Macheten sind wöchentliche Routine geworden. Überall kann auch nur ein falscher Blick als provozierend gewertet werden und zu einem tödlichen Angriff führen. Der waffenlose, friedliche Bürger hat dagegen keine Chance. Während ein unbescholtener, nicht gewaltaffiner Bürger schon Behördenstress fürchten muss, wenn er ein Döschen Pfefferspray zum Selbstschutz mit sich führt, werden die „Männergruppen", die tagtäglich mit Messern bewaffnet im öffentlichen Raum herumlaufen, weder kontrolliert noch entwaffnet noch von den Behörden verfolgt. Wehrt ein Bürger sich wirklich einmal erfolgreich oder leistet er Nothilfe, muss er mit strenger, strafrechtlicher Verfolgung rechnen. Die Angreifer hingegen werden im Allgemeinen auffallend schonend behandelt. Auch hier setzt der Staat Recht und Gesetz nicht pflichtgemäß durch.
- Mädchen und Frauen sind nicht mehr sicher vor massiven sexuellen Belästigungen, sexuellen Übergriffen und Vergewaltigung. Waren früher solche Straftaten aufsehenerregende Ausnahmeerscheinungen, vergeht heute fast kein Tag, an dem nicht irgendwo eine Frau oder

sogar minderjährige Mädchen zum Opfer brutalster sexueller Straftaten werden. Das Recht auf körperliche Unversehrtheit wird vom Staat nicht mehr geschützt, Straftaten werden nur noch teilweise ermittelt und verfolgt, weil die Polizei überlastet ist.

- Menschen mit anderer sexueller Orientierung als heterosexuell sind gefährdet. Mehrfach wurden schon Homosexuelle Ziel wütender Angriffe, ein transsexuelles Paar konnte sich gerade noch vor einer Steinigung retten.
- Religiöse Gruppen sind in Gefahr: Bürger jüdischen Glaubens werden immer wieder gewalttätig angegriffen. Messerattacken auf Rabbiner oder das Auspeitschen eines Kippaträgers sind Alarmsignale, dass ganze religiöse Gruppen nicht mehr ihre Religion ungehindert ausüben können. Christliche Kirchen, die früher unverschlossen waren, müssen jetzt abgeschlossen werden, nachdem wertvolles Kirchengerät entwendet, Kruzifixe demoliert und Altäre mit Kot beschmiert wurden. Die Freiheit der Religion ist in Gefahr.

Gleichzeitig beobachtet der Bürger, dass die Repräsentanten des Staates selber die Gesetze brechen. Insbesondere das selbstherrliche, rechtswidrige **Verhalten der Bundeskanzlerin bei der Massenmigration** seit 2015 ist zu betrachten:

- Die Grenzöffnung 2015 war widerrechtlich. Die Zuwanderung von großen Mengen an illegalen Einwandern geschah gegen geltendes Recht und stiftet großen Schaden. Bundeskanzlerin Frau Dr. Angela Merkel betreibt die Politik der offenen Grenzen aber einfach weiter. Zitat: „Jetzt sind sie nun mal da."
- Dabei wurde wahrscheinlich ganz bewusst geltendes Recht ausgesetzt, und zwar im Geheimen: Das Bundesministerium des Innern soll Ende August/Anfang September 2015 auf der Rechtsgrundlage des Paragraphen 18 Absatz 4 Nr. 2 Asylgesetz angeordnet haben, dass aus humanitären Gründen die in Absatz 2 dieser Vorschrift zwingend angeordnete Zurückweisung asylsuchender Ausländer, die aus einem sicheren Drittstaat einreisen, für ankommende syrische (und andere?) Staats-

angehörige auszusetzen ist. Für Rechtsvorschriften der demokratisch legitimierten Staatsgewalt gilt aber der Grundsatz der Publizität. Nur so kann die demokratische Kontrolle gewährleistet werden. Geheime Rechtssetzungsakte sind rechtswidrig.

- Selbst wenn es eine solche Ausnahmeregelung des Bundesministeriums des Innern gäbe, wäre damit ein Rechtsbruch der Regierung Merkel nicht ausgeschlossen, da eine *„generelle und unkontrollierte Einreise"* laut den obigen Ausführungen nicht von §18 Absatz 4 Nr. 2 Asylgesetz gedeckt wäre, denn im Gesetz steht ausdrücklich: *„Wie Nr. 1 ist auch Nr. 2 auf individuelle Einzelfälle zugeschnitten."*
- Besonders anzumerken ist, dass bis heute verschleiert und vertuscht wird. Es wird noch nicht einmal die Existenz dieser angeblichen Anordnung der Bundesregierung öffentlich gemacht.
- Der Verfassungsrechtler Udo di Fabio kommt nach juristischer Prüfung der aktuellen Migrationskrise in seinem juristischen Gutachten zu folgendem Befund: *„Die Bundesregierung bricht mit ihrer Weigerung, die Landesgrenzen umfassend zu kontrollieren, eindeutig Verfassungsrecht."* In dem Gutachten heißt es: „Der Bund ist aus verfassungsrechtlichen Gründen (…) verpflichtet, wirksame Kontrollen der Bundesgrenzen wieder aufzunehmen, wenn das gemeinsame europäische Grenzsicherungs- und Einwanderungssystem vorübergehend oder dauerhaft gestört ist." Er wertet die Grenzöffnung der Bundeskanzlerin als „Einen Akt der Selbstermächtigung."
- Verfassungsrechtler Prof. Dr. Rupert Scholz stellt fest:
  Kein Flüchtling hat Anspruch auf Asyl in Deutschland
  Deutschland hat das EU-Recht gebrochen
  Deutschland hat das Grundgesetz gebrochen
  Deutschland hat den Schengen-Vertrag gebrochen
- Das Bundesverfassungsgericht hat bei einer entsprechenden Klage den Euro-Rettungsschirm, genannt ESM (Europäischer Stabilitätsmechanismus) als verfassungswidrig eingestuft. Der ESM schafft ein System, über das mit absoluter Immunität geschützte ESM-Banker einfach über

enorm hohe Summen der Steuergelder der Mitgliedsnationen verfügen können. Damit werden die Kontrollrechte und -pflichten der nationalen Parlamente ausgehebelt. Damit – und durch die Schuldenvergemeinschaftung verstößt der ESM gegen das Deutsche Grundgesetz und die EU-Verträge.

- Ist der ESM einmal in Kraft, ist die Grundlage des National- und Rechtsstaats infrage gestellt: das Budgetrecht des Bundestages und seine Fähigkeit, durch Steuer- und Ausgabenpolitik die Lebensverhältnisse der Bevölkerung erheblich zu bestimmen.
- Dennoch wurde der ESM konstituiert und von der Bundesregierung gegen Recht und Gesetz durchgezogen, und Deutschland im Prinzip zur Ausplünderung freigegeben.
- Auch das „Dritte Hilfspaket" für Griechenland von 86 Milliarden Euro war rechtswidrig. Hilfsgelder hätten nur dann aus dem ESM-Topf genommen werden dürfen, wenn die ganze Finanzstabilität des gesamten Euro-Währungsgebietes in Gefahr ist. Das war aber im Falle Griechenland nicht gegeben.
- Das Zensurinstrument NetzDG ist nach Ansicht von Juristen ein schwerer Verstoß gegen das Grundrecht auf Meinungsfreiheit.
- Auch die Beteiligung der Bundesrepublik am Afghanistan-Krieg war ein massiver Verstoß gegen das Grundgesetz:
  Art. 26 Abs. 1 GG: *Handlungen, die geeignet sind und in der Absicht vorgenommen werden, das friedliche Zusammenleben der Völker zu stören, insbesondere die Führung eines Angriffskrieges vorzubereiten, sind verfassungswidrig. Sie sind unter Strafe zu stellen.*

Es gibt noch einiges mehr dazu zu bemerken, aber lassen wir es mit dieser beispielhaften Aufzählung bewenden.

Das Staatsvolk

Das Staatsvolk der Bundesrepublik Deutschland ist laut Grundgesetz das Deutsche Volk. Man braucht hier wohl keine weiteren Ausführungen zu diesem Punkt zu schreiben. Die Deutschen sehen gerade dabei zu, wie das Staatsvolk „umgevolkt" wird. Natürlich gab es im Laufe der Menschheitsgeschichte immer Migration. Hier soll auch keiner Rassenlehre das Wort geredet werden. Eine gewisse Migration ist durchaus bereichernd und vorteilhaft.

Eine Masseneinwanderung von Millionen – ein Ende ist aber noch nicht in Sicht – von größtenteils Menschen, die einer völlig anderen Kultur, Gesellschaftsform und mit anderen Verhaltensweisen angehören, ist aber keine normale Zuwanderung, bei der sich die Einwandernden in die aufnehmende Gesellschaft integrieren. Es ist offensichtlich, dass sich das Leben der Gesellschaften in Europa und hier in Deutschland sehr spürbar geändert hat, und nicht in Richtung Bereicherung.

Dass das alles geplant stattfindet, hat sich auch bereits herumgesprochen. Das berühmte Papier der UN mit dem Fachbegriff „Replacement Migration" zeigt die Absicht, mit Einwanderern nach und nach die autochthone Bevölkerung durch die Einwanderer zu ersetzen.

Das Staatsvolk der Bundesrepublik Deutschland wird also möglicherweise geplant ausgetauscht und existiert vielleicht in nicht allzu ferner Zukunft nur noch als schwindende Minderheit. Auf diesem Hintergrund ist auch die Ansprache des Herrn Bundespräsidenten Hans-Walter Steinmeier interessant, der bei einem deutsch-türkischen Kaffeekränzchen auf Schloss Bellevue die Deutsche Staatsbürgerschaft quasi als Willkommensgeschenk für jeden Neuankömmling auslobte.

Auf den Punkt der Massenmigrationen kommen wir später zurück.

Das Staatsgebiet mit festen Grenzen

Kommen wir zum dritten Element, dem Staatsgebiet mit festen Grenzen. Auch hier sehen wir, dass der Weg von offenen Grenzen innerhalb der EU durch das Schengener Abkommen offenbar nur der erste Schritt war, dem weitere folgten, um die Grenzen der Nationalstaaten innerhalb der EU im Prinzip zu schleifen und Grenzübergänge zu reinen „Überbleibseln" aus einer merkwürdigen Zeit zu degradieren.

Spätestens seit 2015 und der mit Donnerhall einsetzenden Migrationskrise wurde klar, dass man von Seiten der EU-Kommission und der Bundeskanzlerin

Angela Merkel den Menschenmassen auch nichts entgegensetzen *wollte*. Warum tat sie das? Reine Warmherzigkeit?

Wir können also feststellen, dass die drei Elemente, die den Staat „Bundesrepublik Deutschland" als einen Staat ausmachen, unter schwerem Beschuss stehen.

Dies ist aber keine zufällige Entwicklung. Es ist ein Phänomen, das wir in ganz Europa beobachten. All die Geschehnisse sind geplant und gesteuert und führen zu einer vollkommen anderen Art der „Gouvernance", wie Ex-Finanzminister Wolfgang Schäuble im Zusammenhang mit der nicht vorhandenen Souveränität Deutschlands auf dem European Banking Congress in Frankfurt am Main am 18. 11. 2011 sagte. Deutschland sei seit dem 8. Mai 1945 zu keinem Zeitpunkt mehr wirklich souverän gewesen. Er bezeichnet das Regelungsmonopol des Nationalstaates als *„die alte Rechtsordnung, die dem Völkerrecht noch zugrunde liegt, mit dem Begriff der Souveränität, die in Europa längst ad absurdum geführt worden ist. Und deswegen ist der Versuch der europäischen Einigung, eine neue Form von Gouvernance zu schaffen (…) nach meiner Überzeugung ein sehr viel zukunftsweisender Ansatz, als der Rückfall in das Regelungsmonopol des klassischen Nationalstaates vergangener Jahrhunderte. Ich möchte Ihnen ganz klar sagen, dass ich ziemlich überzeugt bin, dass wir in einer Zeit von weniger als 24 Monaten in der Lage sind und in der Lage sein werden, das europäische Regelwerk so zu verändern. Wir brauchen nur das Protokoll Numero 14 (...) im Lissabon Vertrag so aufzubauen, dass wir daraus die Grundzüge einer Fiskalunion für die Eurozone schaffen."*

Man findet den kurzen Clip leicht, wenn man die Suchwörter „Schäuble, Deutschland, Souverän" in die Suchmaske eingibt.

Wenn Herr Schäuble von einer „neuen Art von Gouvernance" spricht, dann lüftet er hier nur ein Zipfelchen von der Decke, unter der ein lang entwickelter Plan liegt, Europa zu einem Imperium mit Untertanen umzugestalten. Diesen Plan legte mit wohlgesetzten Worten der französische Präsident Emanuel Macron dar.

Die Pläne für einen Machtblock Europäische Union

Bei der traditionellen „Woche der Botschafter" im Elysee-Palast hielt der neu gewählte französische Präsident Macron vor den ranghöchsten französischen Diplomaten, Ministern und Parlamentariern eine lange, programmatische Rede. Er breitete vor der erlauchten Zuhörerschaft ein Panorama dessen aus, wie der jüngste, französische Staatschef die Rolle Frankreichs und der EU in der Welt und die Struktur Europas in Zukunft gestalten wird. Im Prinzip folgt der Franzose mit seiner genau durchkonstruierten Rede der großen Linie hin zu weiterer Globalisierung, Umverteilung, Integration, Verlust nationaler Souveränität und Identität, gemeinsamen Kassen und der Abschaffung von Bürgerrechten. Präsident Macron zeigte hier eine Blaupause für einen klar vorgezeichneten Weg in einen verschmolzenen Machtblock EU, in dem es keine nationalen Strukturen mehr gibt.

Er ist angetreten, um die alte Agenda aus den 1920er Jahren, die mit Coudenhove-Kalergi begann und über Jean Monet und andere fortgesetzt wurde, nun unverzüglich über die Ziellinie zu tragen: aus Europa ein riesiges, auf Wirtschafts- und Militärmacht basierendes, zentralistisch organisiertes Monster zu erschaffen.

Präsident Emanuel Macron stellte vier Hauptgebiete vor:

- Die Entwicklung einer Unionsarmee zur Verteidigung
- Die Linie einer EU-Handelspolitik und die Schaffung der nötigen Instrumente, strategische Investitionen im Ausland zu schützen und zu kontrollieren
- Eine Reform des Asylrechts und eine europäische Linie in Bezug auf Migration
- Schutz der Arbeitnehmer und Gemeinwohl

Die EU als Militärmacht mit Unionsarmee

Ein wichtiger Punkt, den jedes Imperium braucht, ist eine große, schlagkräftige Armee. Sie dient nämlich, wie wir aus den Imperien vergangener Zeiten wie Rom oder das Unvollendete von Alexander dem Großen, der untergegangenen Sowjetunion und der heutigen USA sehen, nicht nur für den

Fall der Verteidigung gegen Angreifer, sondern hauptsächlich und permanent dazu, den Machtbereich auszudehnen, freie Länder unter den eigenen Machteinfluss zu bringen, um sich deren Ressourcen anzueignen und die so unterworfenen Länder zu disziplinieren. Längst ist die EU schon auf diesem Weg, wie wir in der Ukraine beobachten können.

Folgerichtig fordert Präsident Macron die Erschaffung und Aufrüstung einer Europäischen Armee, die aus einer Vereinigung der Armeen der Union hervorgehen soll. Diese EU-Armee wird, Macron zufolge, wiederum in die NATO integriert werden. Es betrachtet diese Unionsarmee als ein Werkzeug des EU-Leviathans (wie er das Gebilde selber nennt), mit dem man politische, strategische und wirtschaftliche Interessen, ähnlich der US-Außenpolitik, überall auf der Welt durchsetzen wird, wie er in seiner Rede klar zum Ausdruck bringt.

Da durch den Wegfall der Nationalitäten kein Bedarf mehr für Armeen der Völker gegeneinander besteht, liegt die Aufgabe der Unionsarmee, laut den Plänen Macrons, nun zum ersten, wie beschrieben, in der Durchsetzung von EU-Interessen auf dem globalen Spielfeld, aber auch im Kampf gegen den islamischen Terrorismus, sowohl in der EU, als auch außerhalb.

Innerhalb der EU soll die Unionsarmee Polizeiaufgaben unterstützen und außerhalb der EU als „Projektionsstreitkraft" dienen, die weltweit bei den „Brandherden des Terrorismus" eingreift. Ob Syrien oder Irak, Libyen oder im tiefsten Afrika: Die Unionsarmee soll zukünftig wie die US-Army überall auf der Welt den Knüppel herausziehen, wo europäische Interessen tangiert sind oder Terroristen ausgemacht werden.

Präsident Macron äußerte sich in seiner Rede nicht darüber, dass es in Libyen bis zum Sturz und Mord Gaddafis keine Terroristen gegeben hatte und auch keine Flüchtlingsströme von dort nach Europa. Die Allianz der USA, Großbritanniens und Frankreichs zum Sturz Gaddafis und die Ausplünderung Libyens schufen das Problem erst. Die Rolle der EU und der USA bei der Schaffung und Finanzierung von Terrororganisationen wie Al Qaeda, Al Nusra und IS und deren Ausbildung und Bewaffnung ist bekannt.

Zufälligerweise dient nun die Existenz dieser, vom Westen selbst erschaffenen Terrororganisationen, als Grund für die Notwendigkeit der angestrebten Unionsarmee.

Auf diesem Hintergrund könnte man sich die Frage stellen, ob das Einsickern von Terroristen und islamischen Extremisten, gut versteckt zwischen den Strömen von Migranten nach Europa, nicht diesen Plänen sehr entgegenkommt. Die Terroranschläge in Europa und der tägliche Kleinterror unterstreichen ja die Notwendigkeit einer effizienten, militärischen Behandlung dieses Problems. Wut, Angst und Schrecken unter den europäischen Völkern über solche Anschläge und den Zusammenbruch der öffentlichen Sicherheit sind ein hervorragender Nährboden, um die Idee einer mit der Polizei zusammenarbeitende EU-Armee ohne großen Widerstand zu errichten.

Natürlich würde diese dann auch gegen Aufstände und Unruhen eingesetzt.

Afrika, Asylrecht und der Umgang mit der Migration

Macron brachte in seiner Ansprache wieder die schon in den Medien diskutierte Variante auf, statt Massen von Migranten an die europäischen Gestade anbranden zu lassen, in Afrika europäische Immigrationsbüros zu gründen. Hier sollen die geeigneten Kandidaten für eine Immigration ausgesucht und sortiert werden, die, wie Frau Claudia Roth (Die Grünen) in so dankenswerter Offenheit formulierte, für die Wirtschaft „unmittelbar verwertbar" sind.

Macron stellte die drei „D" vor, mit denen Europa Afrika wieder „die Sicherheit" herzustellen gedenkt:

- Defense – Verteidigung (siehe Unionsarmee)
- Dévelopement – Entwicklung (Entwicklungshilfe, wie z.B. Rohstoffe gegen Investitionen)
- Diplomatie – Einflussnahme, Verträge, günstige Abkommen, Unterstützung von EU-freundlichen Regierungen.

Kurzgefasst: Wirtschaftskolonialismus und das Ausbeuten brauchbarer Humanressourcen.

Hier ist Präsident Macron kein Vorreiter. Seine Pläne, die Migration weiter zu fördern und die nötigen Billigarbeitskräfte in großer Zahl der Wirtschaft zur Verfügung zu stellen sind, schon lange ausgearbeitet.

Schon 2013 lag ein Papier des „World Economic Forum" vor, das unter dem Titel *„The Network of Global Agenda Councils – The Business Case for Migration"* (Das Netzwerk der Räte für die globale Agenda – Der Bedarf der Wirtschaft für Migration) genau diese Humanressourcen fordert.

In dem Papier wird mit feingeschliffenen Phrasen dargelegt, wie die neuen Arbeitskräfte eingesetzt und genutzt werden sollen. Da man sich schon darüber im Klaren ist, dass die autochthonen, europäischen Völker sich gegen eine Masseneinwanderung von kulturell völlig fremden, meist jungen Männern wehren würden, enthält das Papier auch dafür eine Strategie. Je kritischer die Inhalte sind, umso fein ziselierter die Sprache. Es wird in sorgfältig gewählten Worten umschrieben, wie man die Nationen dieser Welt durch hypermoralisches Agitieren durch eine pseudo-menschenrechtliche Agenda für Aktivistengruppen, von NGOs geführt und ideologisiert, wehrlos und geduldig macht, so dass sie die Auflösung ihrer Grenzen, Kulturen und Völker widerstandslos dulden. Gleichzeitig wird – nur dürftig verschleiert – festgestellt, dass Widerstand gegen diese Agenda beseitigt werden muss:

Politische Parteien, die Zuwanderung zu begrenzen und zu kontrollieren versprechen, sind „ein Problem". Sie schaden der Wirtschaft. Politiker, Behörden, Leute wie die Antifa und die Konferenzveranstalter gehören zum Heer der willfährigen Vollstrecker.

Das Papier wurde in zwei Jahren intensiver Beratung des *World Economic Forum*, des *Global Agenda Council on Migration* mit Regierungen und mit der so genannten Zivilgesellschaft, die aus NGOs, vornehmlich denen des Herrn Soros bestehen, seit 2011 erarbeitet und 2013 veröffentlicht.

Der renommierte Wirtschaftsexperte und Blogger Norbert Häring fasste die wichtigsten Aussagen des Papiers so zusammen:

- Migration ist gut fürs Geschäft-
- Politische Parteien, die Zuwanderung zu begrenzen und zu kontrollieren versprechen, sind ein Problem. Sie schaden der Wirtschaft.
- Entwicklungsagenturen fördern Migration.
- Unternehmen halten sich bei dem Thema zurück, weil sie Angst haben, mit Werbung für Zuwanderung den Groll der Öffentlichkeit auf sich zu ziehen.

- Migration sollte man heute nicht mehr als eine Beziehung zwischen Individuum und Staat verstehen, sondern als Beziehung zwischen Individuum und Arbeitgeber, vermittelt über den Staat.
- Das Weltwirtschaftsforum hat eine öffentlich-private Koalition zur Förderung der Migration gebildet.
- Staat und Zivilgesellschaft sollen in Partnerschaft mit der Privatwirtschaft (sinngemäß) eine Willkommenskultur etablieren.

Wenn also die Politik heute davon spricht, dass man die Ursachen der Flüchtlingsströme bekämpfen müsse, ist das ein reines Ablenkungsmanöver. In Wahrheit ist es eine Migration, die gewollt und absichtlich verursacht wurde, um wirtschaftlichen Interessen zu dienen, die Löhne durch ein Überangebot von Arbeitskräften zu drücken, um die Gewinne der großen Konzerne zu maximieren.

Im Zuge dieser Völkerwanderungen – bis hin zur Sklaverei – werden die Grenzen der europäischen Nationalstaaten geschleift und die Staatsvölker aufgelöst. Das wiederum beschleunigt die Umsetzung des Planes, die Nationalstaaten aufzulösen und die Europäische Union unter einer „Neuen Art von Gouvernance" als einen globalen Wirtschafts-Machtblock mit eigener Armee unter der Egide der Großkonzerne zu etablieren. Die Völker dienen als Arbeitnehmer und Konsumenten und bilden auch den Rekrutierungspool für die Armee.

Frankreich, das mit dem Staatsphilosophen Rousseau die Bürgerrechte und den Gesellschaftsvertrag erdachte und Europa die Aufklärung und Menschenrechte, die Republik und Demokratie brachte, leitet nun mit seinem Präsidenten Macron den Rückfall in das imperiale Prinzip ein.

Dass dies den europäischen Völkern nicht gefallen wird, ist den Strategen dieses Unterfangens bewusst. Daher finden wir auch in Präsident Macrons Rede auch hierfür eine Lösung.

Das Volk ist nicht mehr der Souverän, Wahlen werden abgeschafft

Denn die „Wahldemokratie" und „repräsentative Demokratie" in der bisherigen Form soll es im neuen Europa nicht mehr geben, nur noch auf lokaler Ebene in Gemeinden, Verbandsgemeinden und Verwaltungsregionen.

Nationale Selbstbestimmung und eine kollektive Politik eines Mitgliedslandes, inklusive seiner Bundesländer oder Departements wird abgeschafft. Stattdessen präsentiert er einen bunten Katalog von Interessen, Dingen, Projekten, Ideen, die eine Art „Gemeingut" der Europäer darstellen sollen. Der Begriff einer nationalen Kultur ist damit – Macron zufolge – hinfällig. Kultur ist allenfalls etwas Regionales, Folkloristisches – vielleicht auch touristisch vermarktbar.

Völker als kulturell und politisch handelnde, souveräne Subjekte sollen der Vergangenheit angehören. Diese Neue-Weltordnungs-Eurozone, die er selbst sogar als „Leviathan" beschreibt, wird mit großer Macht ausgestattet werden.

Schutz der Arbeitnehmer und Gemeinwohl – ein unverbindlicher Wertekatalog?

Da es ja den Plänen der EU-Strategen nach keine Nationalstaaten mehr geben wird und verfassungsrechtlich garantierte Bürgerrechte und -freiheiten auch nicht, gibt es auch keine freien Bürger mehr, sondern, polemisch ausgedrückt, eine EU, die von einer Masse von Arbeitnehmern und Konsumenten bevölkert ist. Die in Verfassung und Grundgesetz der europäischen Nationen garantierten Rechte, Pflichten und Freiheiten des Bürgers werden durch einen weiteren Katalog von „Werten" und „Gütern" ersetzt, deren Rechtsverbindlichkeit zumindest in der Rede Präsident Macrons im Unklaren bleibt.

Natürlich verzichtet Präsident Macron in der Erläuterung dieser Werte und Güter nicht auf die philanthropisch-grün-ökologischen Verzierungen, die wir aus den Texten der NGOs kennen:

Die Erde sei das höchste Gut des Gemeinwohls und es gilt sie zu schützen. Das bedeutet in der Praxis, dass so ziemlich alles, was irgendwie als der Erde schädlich anzusehen sein könnte, unter schwere Strafe gestellt werden kann. Vom Loch im Garten bis zu CO2 ist hier alles denkbar und kann willkürlich angewandt werden, weil es interpretierbar ist. Die andere Möglichkeit wäre ein eventuell riesiger Codex an Regelungen, Strafvorschriften, Bußgeldern und Ausnahmen, der die Verstöße gegen das höchste Gut des Gemeinwohls ahndet.

Unter dem Primat der Wirtschaftsinteressen eines EU-Imperiums der globalen Großkonzerne könnte es möglicherweise unter dem Vorrang des erfolgreichen Welthandels und wirtschaftlicher Effizienz zu Konflikten zwischen den Prioritäten des höchsten Gemeinwohl Erde und den Profitinteressen führen. Das lässt sich sicher über Ausnahmevorschriften lösen.

Ein weiteres Gemeinwohl ist der Frieden. Hier erwähnt Macron dezidiert das „Europa der Verteidigung", das der NATO neue Impulse verleihen könne. Die tiefe Friedfertigkeit der NATO konnte man in den letzten Jahren in Afghanistan, Irak, Libyen, Syrien und der Ukraine beobachten. Kritiker würden möglicherweise einwenden, es sei nicht unbedingt notwendig und wünschenswert, dieser Art Friedfertigkeit neue Impulse hinzuzufügen.

Das dritte Gemeinwohl heißt Gerechtigkeit und Freiheit. Hierunter versteht Macron, laut seiner Rede, die „Achtung der menschlichen Person, religiöse Toleranz und Meinungsfreiheit". Weiters kommen „die Stellung der Frau, die Pressefreiheit, der Respekt für bürgerliche und politische Rechte" dazu, die er als „Universelle Werte" bezeichnet.

Was wir hier von Präsident Macron zu hören bekommen, ist natürlich nur eine Proklamation, deren Ausgestaltung erst eine Beurteilung zulassen wird. Von einer unverbindlichen Absichtserklärung bis zu ausgearbeiteten Grundrechten, die auf diesen „Universellen Werten" fußen, ist noch alles möglich.

Man darf aber aus der historischen Sicht und aus den Erfahrungen der jüngsten Zeit mit ziemlicher Sicherheit erwarten, dass es mit der Freiheit nicht so weit her sein wird.

Ein EU-Imperium – oder eine EUdSSR wie viele es sehen – schafft nicht das Wahlrecht ab, sondern installiert eine von niemandem gewählte und kontrollierte EU-Gouvernance der Kommissionen und Räte (tatsächlich nahe am Vorbild UdSSR), um sich von freien Bürgern dann doch wieder ausbremsen und hineinreden zu lassen. Bereits jetzt herrscht die EU-Kommission autokratisch und gegen den erklärten Willen der Völker, zwingt die Mitgliedsstaaten zu Gehorsam – oder versucht es wenigstens – und reißt immer mehr Kompetenzen und Geldmittel an sich, um damit eine Binnen- und Außenpolitik zu machen, die über die Köpfe des Bürgerwillens und der Parlamente hinwegrasiert. Man denke nur an die massiven Einmischungen in der Ukraine, das Aufzwingen der Flüchtlingsquoten, das Durchpeitschen der Lissabonner Verträge und den ESM.

Die Freiheiten und Rechte, die unser Grundgesetz uns garantiert, sind dann obsolet geworden. Grundrechte, die jedem zustehen, gibt es nicht mehr.

„Freiheit ist, dem selbst gegebenen Gesetz zu gehorchen"
Jean-Jacques Rousseau

Die Menschenmasse im kommenden EU-Imperium wird sich keine Gesetze mehr selbst geben, sondern sie von den Herrschern aufgezwungen bekommen.

Aber sicherlich wird man uns einen schön klingenden, pathetischen Katalog mit Scheinfreiheiten präsentieren, linksgrün, bunt, weltoffen-global, vielfältig-korrekt, in Wahrheit eine blumige Fassade für Entrechtung und Knebelung durch Überregulierung.

Zu den Arbeitnehmerrechten bleibt anzumerken, dass Macron in dem Teil der EU (aka Frankreich), in dem er vorerst per noch ausgeübter Präsidentenwahl handlungsbefugt ist, einen schmerzhaften Einschnitt an den umfangreichen Arbeitnehmerrechten der Franzosen vornehmen wird. So stellt er fest, dass Frankreich nach dem Fall der Berliner Mauer den Anschluss an die neue Zeit der Globalisierung verpasst habe, was umgehend zu ändern sei.

Die Franzosen haben bisher ihre sicheren Arbeitsplätze, guten Löhne und Sozialleistungen erbittert gegen Dumpinglohndruck, Sozialabbau, Leiharbeit und gelockertes Kündigungsrecht des globalen Raubtierkapitalismus verteidigt. Diese Erfahrung mit den aufständischen Franzosen und den Gewerkschaften im Allgemeinen wird sicher in die neuen Regelungen der Arbeitnehmerrechte Eingang finden, die die Eliten der EU verfassen und erlassen werden.

Die Arbeitnehmer werden mit an Sicherheit grenzender Wahrscheinlichkeit in den geplanten, neuen EU-Regelungen zum Schutz der Arbeitnehmer viele schöne Worte und Phrasen, aber wenig verbindliche Rechte finden. Es heißt ja schon in der Rede Präsident Macrons „Schutz der Arbeitnehmer" und eben nicht „Rechte der Arbeitnehmer". Schutz wird gewährt und wird von oben ausgeübt. Gesetzlich garantierte Rechte sind eine mächtige Waffe in der Hand der Arbeitnehmer, damit sie sich selber schützen können. Es sieht nicht danach aus, dass das gewünscht ist. Und wenn es nicht gewünscht ist, wird es sie nicht geben, da es auch keine Wahlen, folglich keine Abgeordneten, folglich keine Parlamente und daher auch keine von den Volksvertretern geschaffenen Gesetze mehr gibt, bei denen freie Bürger mit Wahlrecht mitreden könnten.

Die energische Inanspruchnahme der Arbeitnehmerrechte durch die Franzosen brachte der Wirtschaft Frankreichs in der Tat Nachteile im globalen Wettbewerb, weil der Globalismus nun einmal nicht menschenfreundlich, sondern konzernfreundlich ist.

Macron bügelte über diese Tatsache elegant hinweg, indem er unter souveräner Missachtung dieser Tatsache postulierte, um das Land wieder aufzubauen sei es *„absurd, zum überholten Konzept der nationalen Souveränität zurückzukehren"*. *Au contraire*, man müsse nach vorn und dem Fortschritt folgend, sich der Globalisierung öffnen unter dem Motto „Unsere Souveränität ist Europa!"

Das sind fast genau die Worte, die Ex-Finanzminister Wolfgang Schäuble schon Jahre vorher auf einer Bankertagung gesagt hatte.

Das EU-Imperium und die Verbindung mit den Großkonzernen

Die enge Verkettung der Pan-Europa-Idee mit der Finanz- und Konzernwelt ist schon ein Jahrhundert alt. Jetzt ist den EU-Eliten zufolge die Zeit gekommen, um all die Pläne Wirklichkeit werden zu lassen. Lange hat man vorbereitet und geplant. Sie haben es sogar fertiggebracht, die Linken – in ihrem eigenen Selbstverständnis ja die Anwälte der Unterdrückten, Ausgebeuteten und Rechtlosen – zu ihrer ahnungslosen, fünften Kolonne umzufunktionieren.

Durch das Aufgreifen ihrer Sprech- und Argumentationsweisen lenkten sie die Linken auf ein ganz anderes Gleis. Man installierte sanft, aber sicher die hypermoralische *Political Correctness*, in der echte Moral, Gewissen, Anstand, Sittlichkeit und Aufrichtigkeit durch Tabus und Vorurteile ersetzt wurden. Sagen wir es so: Die menschheitsalten Gebote des Zusammenlebens, wie „Du sollst nicht töten!", „Du sollst nicht begehren Deines Nächsten Hab und Gut!", usw. sowie die sieben biblischen Todsünden und Kardinaltugenden wurden ersetzt durch die Todsünden der PC: Rassismus, Islamophobie, Intoleranz gegen LGTB und Diversity, CO2/Klimawandel und „Rechts". Darunter Ableitungen des Rassismus wie Vaterlandsliebe, Liebe zur eigenen Familie und Kinder, zum eigenen Volk und seiner Kultur etc. Alles *politically incorrect* und für den Sünder ein gesellschaftliches Todesurteil.

Die ideologische Vorbereitung

Nach jahrelanger, erfolgreicher Indoktrination der Linken wurde ihr das neue Objekt ihrer Fürsorge – die „Flüchtlinge" – als Kuckucksei ins Nest gelegt. Der Coup gelang, die Linke kappte ihre Wurzeln in die Arbeiterschaft, wandte sich vom unteren Drittel der eigenen Gesellschaft ab und den Einwanderern zu, die als arm und unterprivilegiert alle Solidarität einzufordern berechtigt seien. Die perfekt konditionierte Linke samt ihrer sie umgebenden Cloud und Echokammer „Gutmenschen" und Medien, arbeitet sich seitdem bis zur Erschöpfung an diesem Komplex ab, allerdings tatkräftig unterstützt von NGOs, die ja auch an der Erstellung des Strategiepapiers *„The Business Case for Migration"* mitgewirkt hatten.

Das sind Synergien und eine bewundernswerte Planung.

Die Probleme, die mit der Massenimmigration kamen, erweisen sich jedoch in zunehmendem Maße als nicht zu bewältigen, und so steht die linksgrünbunte Fraktion vor den Trümmern ihrer Ideologie und hat sich in eine Position der offenen Feindschaft zum Volk manövriert, insbesondere des unteren Drittels, das am meisten unter den Problemen der Massenimmigration leidet, und für das sie früher gekämpft hatten. Irgendwann wird den Intelligenteren unter ihnen auffallen, dass sie, die gegen den US-Imperialismus auf die Straße gegangen sind, die willigen Wegbereiter für einen EU-Imperialismus der Großkapitalinteressen geworden sind.

Da die Medienlandschaft ebenso planmäßig in eine politisch korrekte PC-Linksgrün-EU-imperiale Ideologie umstrukturiert und geformt wurde, um auch bis tief in die Gesellschaft einzudringen, ja, sogar die große, konservative Volkspartei CDU unter der EU-imperialistischen Bundeskanzlerin Dr. Angela Merkel auf den neuen Kurs gebracht wurde, ging es in den letzten zehn Jahren ihrer Kanzlerschaft in atemberaubendem Tempo mit dem Aufbau des

EU-Imperiums und dem Abbau der Nationalstaaten voran. Die Völker wurden durch die allgegenwärtige Gutmensch-Propaganda wehrlos gemacht und manipuliert.

Agenten dieses kommenden EU-Imperiums, wie Frau Bundeskanzlerin Merkel, Präsident Macron und EU-Kommissionschef Jean-Claude Juncker stehen im Lichte der Öffentlichkeit. Die wahren Konstrukteure und *Masterminds* des Leviathans EU jedoch nicht.

Vom Nationalsozialismus in die Brüsseler EU

Die Nähe zwischen den imperialistischen Plänen der Nationalsozialisten und den Plänen der Brüsseler EU für ein globalistisches Großkonzern-EU-Imperium läßt sich sehr schön an einem Namen verdeutlichen, den kaum jemand kennt: Walter Hallstein.

Schon die Nationalsozialisten planten ein Großreich Europa, ein Imperium von Lissabon bis weit in den Osten Europas und vom Nordkap bis hinunter bis nach Sizilien. Die Planungen liefen natürlich schon lange im Vorhinein an und man setzte sich mit den großen Unternehmen der Wirtschaft zusammen. Federführend war hier das Öl- und Pharmakartell „IG-Farben". Einer der wichtigsten Leute war der prominente Anwalt Walter Hallstein (1901 -1982). Er war einer der Chefplaner der wirtschaftlichen, rechtlichen und administrativen Strukturen eines Nachkriegs-Europas, wie es sich die Nationalsozialisten vorstellten.

Walter Hallstein hatte an der von der IG-Farben finanzierten Privatuniversität „Kaiser-Wilhelm-Institut" studiert. Hier wurden die Juristen und Wirtschaftsexperten ausgebildet, die man für die Konstituierung des neuen Großreiches brauchte.

Nun, bekanntermaßen wurde zwar aus dem Plan des deutsch-europäischen Großreiches nicht, doch auch nach 1945 waren das Kartell IG-Farben und seine Nachfolger BASF, Bayer und Hoechst sehr mächtig und agierten schon damals global. Mir den Nazis als militärischem Arm des Europäischen Imperiums hatte es nicht geklappt, aber noch war nichts verloren.

Der Governance- und Militärpartner wechselte, die Strategie blieb: Der nächste Versuch startete in einem Büro in Brüssel. Nicht ganz zehn Jahre nach Kriegsende, saß als Vertreter der Großkonzerne der erprobte und versierte Walter Hallstein im Brüsseler Lobby-Büro.

Dabei blieb es nicht. Walter Hallstein, der Anwalt von IG-Farben bis 1945, einer der Chefstrategen für das europäische-deutsche Großreich, wurde wenig später von den Interessensgruppen der Großkonzerne als Kandidat für das Amt des ersten Präsidenten der EU-Kommission ausgewählt und tatsächlich auch gewählt.

Wahrscheinlich hatte kein anderer, einzelner Mensch die Ausgestaltung und Ausrichtung der EU von einem freiwilligen Staatenverbund hin zu einem Imperium der Großkonzerne so sehr beeinflusst, wie Walter Hallstein.

Sein Auftrag: Von Anfang an sollte er die Entwicklung der Brüsseler EU bis hin zu einem EU-Imperium nach den alten Plänen, die man schon mit den Nationalsozialisten durchziehen hatte wollen, umsetzen. Europa sollte hinter den Kulissen für's Volk von den Großkonzernen regiert und geformt werden. Nationalstaaten und Grenzen, Verfassungen, Grundgesetze und Bürgerrechte – insbesondere Arbeitnehmerrechte – sind da nur im Weg. Das verkompliziert die ganze Sache, kostet Geld, Nerven und Zeit. Und erschwert die Lohn- und Gehaltsverhandlungen ungemein.

Die Völker sollen arbeiten und konsumieren. Beinharte Konkurrenz um Arbeitsplätze zwingt die Menschen dazu, den Arbeitsmöglichkeiten hinterherzuziehen, zerstört Familien- und Freundschaftsbande, macht Menschen verwundbar, einsam und vom kargen Verdienst abhängig und damit ohnmächtig.

Doch erstens kommt es anders …

Die ganze Sache hätte wahrscheinlich sogar funktioniert. Jedoch passierte das, was schon vorher erwähnt wurde: Werden Imperien überdehnt, durch schlechtes Wirtschaften und spürbar ausgehöhlt, nehmen die Zumutungen überhand und die Qualität und Kompetenz der Repräsentanten der Macht sichtbar ab, verrottet das Imperium von innen heraus und zerfällt.

Hätten kluge und geschickte Taktierer die Spitzenpositionen inne, wie eben ein Intelligenzler und hoch ausgebildeter Stratege wie Hallstein, die genau beobachten, wie die Reaktionen der Bürger auf die verschiedenen

Maßnahmen sind und behutsam und umsichtig vorgehen, hätten sie ziemlich sicher das Imperium errichten können.

Doch jemand wie Jean-Claude (Ischias) Juncker, der sich durch wahlweise Bussi-Bussi- oder Watschen-Arien bei gewählten Staatsoberhäuptern gleichermaßen lächerlich wie unbeliebt macht oder ein Martin Schulz, ein ehemals alkoholabhängiger Buchhändler, der über die SPD-Parteileiter den Posten des Präsidenten des EU-Parlamentes erklimmen konnte, haben einfach nicht das Format, kühl zu taktieren, geduldig abzuwarten, klug zu reagieren und immer den Finger auf dem Puls zu halten.

Frau Bundeskanzlerin Dr. Angela Merkel hätte nur die Einwanderung besser dosieren müssen. Um das berühmte Gleichnis vom Frosch im Topf zu bemühen: Der Prozentsatz an kulturfremden Einwanderern war bereits sehr hoch, Politiker wie Altkanzler Helmut hatten schon Jahre vorher Bedenken deswegen geäußert, doch es tat noch nicht weh. Man arrangierte sich und die meisten Zuwanderer gründeten ihre bürgerlichen Existenzen, waren gute Nachbarn und Kollegen.

Erst, als Frau Bundeskanzlerin dem Frosch im Topf, der gerade überlegte, ob er's nicht gern doch ein bisschen kühler hätte, einen Schwall heißen Wassers über den Kopf goss, indem sie 2015 widerrechtlich die Grenzen aufriss, fing der Frosch an, erschrocken zu quaken. Nach der dritten brüllend heißen Dusche, die ihn zum Schweigen hätte bringen sollte, begriff der Frosch eben doch, dass es ihm jetzt ans Leder gehen würde, und wollte sofort raus, bevor der Deckel zugemacht und er gekocht wird.

Frau Bundeskanzlerin hat erkennbar abgewirtschaftet und ist im Volk größtenteils höchst unbeliebt. Es wird offensichtlich, dass ihre Zeit abgelaufen ist. Sie wird einen Scherbenhaufen hinterlassen.

Bei dem ehemals als Lichtgestalt aus dem Nichts hochgepuschten Emanuel Macron schwächeln auch schon die Batterien und das Licht verlöscht leise flackernd.

Nach den Präsidenten Sarkozy und Hollande konnte sich Präsident Macron einen neuen Rekord im Verfall der Beliebtheitswerte sichern. Noch nie sanken die Zustimmungswerte eines französischen Präsidenten nach seiner Wahl so schnell, wie bei ihm.

Vor dem Problem der *Banlieues* (Vorstädte) aller großen Städte, die heute No-Go-Areas für die französische Polizei sind, hat er kapituliert, wie auch vor dem Dschungel von Calais. Er hat den Franzosen offen gesagt, dass der Staat außerstande sei, die öffentliche Sicherheit und die Staatsmacht in diesen Gebieten wiederherzustellen. Ja, er bat die Bürger sogar, mitzuhelfen, das Problem zumindest außerhalb dieser No-Go-Areas einzudämmen. Das ist die Kapitulationserklärung des Staates und das Eingeständnis, dass die Migrationsagenda samt Integration krachend gescheitert ist. So wie es Ende August auch in Chemnitz schmerzhaft sichtbar wurde.

Auch der Skandal um den persönlichen Leibwächter Emanuel Macrons demontiert die einst leuchtende Führungsgestalt. Der 25-jährige Chef der persönlichen Leibgarde Macrons, Alexandre Benalla, sitzt in U-Haft. Er hatte sich bei einer der üblichen 1. Mai Krawall-Demos eingemischt und mit einem Polizeihelm auf dem Kopf einen Demonstranten rüde angegriffen. Benalla ist kein Polizist und hätte das nicht tun dürfen. Dummerweise war dieser Übergriff mitgefilmt worden. Da Präsident Macron mit seinem Leibwächter persönlich eng befreundet ist und ihn auch in seine privaten Ferien mitnahm, schwirren jetzt Gerüchte durchs Land, dass diese Freundschaft mit dem Nordafrikaner Benalla eine ganz besondere Art von Männerfreundschaft sei. Nun hagelte es Misstrauensanträge gegen Präsident Macron, der dies aber schweigend aussitzt. Er scheint den Skandal überstanden zu haben, aber als EU-Führungsfigur ist er schwer angeschlagen.

… und zweitens, als man denkt.

Das EU-Imperium ist angeschlagen. Die Menschen wachen überall auf. Ganze Gruppen von Ländern machen ihre eigene, gegen die EU-Vorgaben gerichtete Politik, Großbritannien hat bereits den Austritt erklärt. In Skandinavien wie in Italien, in Österreich und den Visegradstaaten leisten mit großer Mehrheit gewählte, national ausgerichtete Regierungen Widerstand gegen die Zwangszuweisungen von Migranten und können sich dabei auf den Volkswillen stützen.

Spanien hat das Ausscheren Kataloniens nur durch Brachialgewalt verhindert, aber das Problem nicht gelöst. Das nächste Problem steht buchstäblich vor der Tür: Die Migrantenströme kommen jetzt über Ceuta, und nachdem Malta und Italien die Aufnahme verweigern, treffen an den Grenzzäunen von Ceuta die entschlossenen Migranten auf die spanischen Grenzschützer und attackieren diese mit Brandkalk und Flammenwerfen. Die Wut unter den spanischen Grenzern wächst, und es riecht nach Revolte in den Kasernen.

In Deutschland ist mit den Protestmärschen, insbesondere den spontanen Riesendemonstrationen in Chemnitz ein neues Kapitel aufgeschlagen worden. Die Eliten werden nervös.

Der Weg des Rechts

Der Weg, den es jetzt einzuschlagen gilt, ist der des Rechts.

Noch haben wir unsere Nationalstaaten. Noch haben wir in Europa Verfassungen und die Deutschen ein sehr gutes Grundgesetz mit umfänglichen, garantierten Rechten und Freiheiten. Stellen Sie sich vor, 80 Millionen Deutsche (nicht nur Biodeutsche!) kennen ihre Rechte und fordern sie absolut friedlich, aber ebenso entschlossen ein.

Die Mittel sind vielfältig. Von friedlichen Massendemonstrationen über Klagen, von NGOs, die wirklich aus dem Volk kommen und nicht von Multimilliardären gesponsert bis hin zu Proklamationen, Artikeln, Briefen und Anrufen an die Abgeordneten und Politiker, Anzeigen gegen Politiker, die das Grundgesetz mit Füßen treten. Beschweren wir uns! Demonstrieren wir! Rufen wir unsere Abgeordneten an! Zeigen wir ECHTE Zivilcourage!

Ja, im Grundgesetz Artikel 20 (4) haben alle Deutschen das Recht zum Widerstand, *wenn andere Abhilfe nicht möglich ist.*

Noch ist Abhilfe möglich. Die Deutschen müssen nur wollen und Mut zeigen.

Nutzen wir alle rechtmäßigen und friedlichen Mittel. Unser Grundgesetz gibt uns das Recht, ja sogar die Pflicht. Wir sind Bürger. Wir wollen unsere Grundrechte und bürgerlichen Freiheiten.

Und wir lassen sie uns nicht widerstandslos nehmen.

www.dieUnbestechlichen.com

Der Anwendungsvorrang des EU-Rechts und die Aushöhlung der repräsentativen Demokratie

Von John James

Die Europäische Union ist auf dem Grundsatz des Anwendungsvorranges von EU-Recht gegenüber Nationalrecht aufgebaut. Dieser Grundsatz ist allerdings niemals in den europäischen Verträgen explizit festgehalten worden, sondern leitet sich von einem Präzedenzurteil des Europäischen Gerichtshofs vom 15. Juli 1964 in der Sache Costa gegen Enel ab. Die EU geht davon aus, dass EU-Recht ausnahmslos Vorrang vor Nationalrecht habe, wie auf der Website des Amtes für Veröffentlichungen der Europäischen Union nachzulesen ist:

Der Vorrang des EU-Rechts über das nationale Recht ist absolut / unumschränkt. Er gilt für alle EU-Rechtsakte, unabhängig davon, ob sie aus dem Primärrecht[1] oder dem abgeleiteten (Sekundär-)Recht[2] hervorgegangen sind. Die Mitgliedsstaaten dürfen also keine nationale Rechtsvorschrift anwenden, die im Widerspruch zum EU-Recht steht. Der Gerichtshof befand, dass die Verfassungen der einzelnen Mitgliedstaaten ebenfalls dem Grundsatz des Vorrangs unterliegen. Somit hat das nationale Gericht dafür zu sorgen, dass Bestimmungen einer Verfassung, die im Widerspruch zum EU-Recht stehen, nicht zur Anwendung kommen.[3]

Der Versuch, diesen Grundsatz in den europäischen Verträgen zu verankern, scheiterte, als der geplante Vertrag über eine Verfassung für Europa 2004 in Volksabstimmungen in Frankreich und den Niederlanden abgelehnt wurde. Artikel 6 dieses Vertrages sah vor, dass ...

... die Verfassung und das von den Organen der Union gesetzte Recht Vorrang vor dem Recht der Mitgliedsstaaten habe.

Zweifellos war dieser Passus, der unwiderruflich die Souveränität der Mitgliedsstaaten auf die Institutionen der EU übertragen hätte, einer der Gründe für die ablehnende Haltung der französischen und niederländischen Bürger. Als der Lissabonner Vertrag aufgesetzt wurde, wurde jedenfalls davon abgesehen, diesen Artikel und diesen Grundsatz in den Vertrag aufzunehmen.

Nun ist es zwar richtig, dass im Artikel 291 des AEUV folgende Vereinbarung getroffen wurde:

(1) Die Mitgliedstaaten ergreifen alle zur Durchführung der verbindlichen Rechtsakte der Union erforderlichen Maßnahmen nach innerstaatlichem Recht.

Somit sind die Nationalstaaten verpflichtet, EU-Richtlinien und Beschlüsse in nationalrechtliche Bestimmungen umzusetzen. Dies ist aber vom Wesen her etwas anderes als eine Behauptung, dass EU-Recht unmittelbar in den Nationalstaaten wirkt und dass Nationalrecht aufgrund der Existenz von EU-Recht für das Funktionieren des europäischen Rechtsstaates überflüssig und obsolet geworden ist. Artikel 288 macht klar, dass lediglich EU-Verordnungen unmittelbar und ohne Umsetzung in nationales Recht rechtsverbindlich wirken, für andere EU-Rechtsakte gilt dies nicht:

Für die Ausübung der Zuständigkeiten der Union nehmen die Organe Verordnungen, Richtlinien, Beschlüsse, Empfehlungen und Stellungnahmen an.

Die Verordnung hat allgemeine Geltung. Sie ist in allen ihren Teilen verbindlich und gilt unmittelbar in jedem Mitgliedstaat (DE 30.3.2010 Amtsblatt der Europäischen Union C 83/171).

Die Richtlinie ist für jeden Mitgliedstaat, an den sie gerichtet wird, hinsichtlich des zu erreichenden Ziels verbindlich, überlässt jedoch den innerstaatlichen Stellen die Wahl der Form und der Mittel.

Beschlüsse sind in allen ihren Teilen verbindlich. Sind sie an bestimmte Adressaten gerichtet, so sind sie nur für diese verbindlich.

Die Empfehlungen und Stellungnahmen sind nicht verbindlich.

Verbindliche EU-Rechtsakte ersetzen demnach nicht in jedem Fall Nationalrecht, sondern bedürfen je nach Typus einer Umsetzung in innerstaatliches Recht durch die Parlamente der Nationalstaaten. EU-Recht und Nationalrecht koexistieren nebeneinander als gültige Rechtsordnungen, sie können sich sogar widersprechen. Der Grundsatz des Anwendungsvorranges von EU-Recht dient in erster Linie dazu, daraus entstehende Konflikte aus dem Weg zu räumen:

Steht eine nationale Rechtsvorschrift im Widerspruch zu einer EU-Rechtsvorschrift, so müssen die Behörden der Mitgliedstaaten die EU-Rechtsvorschrift anwenden. Das nationale Recht wird weder für ungültig erklärt noch außer Kraft gesetzt, es wird lediglich seine verbindliche Wirkung ausgesetzt. (ebenda Amt für Veröffentlichungen der Europäischen Union[4]).

Der Anwendungsvorrang von EU-Recht ist nicht Ausdruck politischer Souveränität

Wenn ein Transfer der politischen Souveränität von der nationalstaatlichen Ebene auf die europäische Ebene stattgefunden hätte, dann müsste das Nationalrecht seine Rechtswirksamkeit und seine Existenzberechtigung aus den Bestimmungen des EU-Rechts ableiten.

Wie Artikel 13(2) VEU klar macht, ist das Gegenteil der Fall:

2) Jedes Organ handelt nach Maßgabe der ihm in den Verträgen zugewiesenen Befugnisse nach den Verfahren, Bedingungen und Zielen, die in den Verträgen festgelegt sind.

EU-Recht ist nicht auf der primärrechtlichen Ebene angesiedelt, sondern auf der sekundärrechtlichen abgeleiteten Rechtsebene. Die EU-Organe haben ihre rechtssetzenden Kompetenzen von den Nationalstaaten erhalten.

Der Lissabonner Vertrag hat demnach keinen unwiderruflichen Transfer von Souveränität von den Nationalstaaten auf die Organe der Europäischen Union bewirkt. Ganz im Gegenteil, er hält lediglich den Wunsch der EU-Nationalstaaten fest, die Organe der EU in bestimmten Bereichen mit rechtssetzenden Kompetenzen auszustatten. Bei näherer Betrachtung entpuppt sich die EU als eine supranationale Verwaltung, deren Organe, genau wie die Verwaltungsbehörden auf nationaler Ebene, vom Souverän mit Aufgaben und rechtsetzenden Befugnissen ausgestattet worden sind. Politische Souveränität ist im 21. Jahrhundert daher immer noch auf der nationalstaatlicher Ebene angesiedelt, und zwar beim Volk, so ungern manche Politiker dies hören mögen.

Der letztgültige Souveränitätstransfer erfolgte als Konsequenz des Ersten Weltkrieges in den Jahren 1917/1918. Damals wurde die Souveränität vom Monarchen auf das Volk übertragen. Der Zweite Weltkrieg änderte nichts an dieser Verfassungsgrundlage. Sowohl in der Präambel des deutschen Grundgesetzes und in Artikel 1 der österreichischen Bundesverfassung – beides Verfassungsdokumente – die eine neue staatliche Ordnung nach dem Zweiten Weltkrieg begründeten, wird das Volk als Souverän und als die einzig legitime verfassungsgebende und letztgültige, gesetzgebende Instanz festgehalten. Die europäischen Verträge haben keinen neuen Souverän anstelle des Volkes benannt und installiert. Nicht wenige einflussreiche europäische Politiker des 21. Jahrhunderts betrachten den Begriff der Volkssouveränität mit Skepsis, manche tun sogar so, als ob diese schon überwunden sei. Die Volkssouveränität bildet aber weiterhin die verfassungsrechtliche Grundlage unserer staatlichen Ordnung und unseres Zusammenlebens als Bürger.

Die politische Immunität der Verwaltung

Das Volk übt seine Souveränität entweder direkt (mittels Volksabstimmungen) oder indirekt (durch ihre gewählten Volksvertreter in den nationalen Parlamenten) aus. Auf nationalstaatlicher Ebene hat das souveräne Parlament immer das Recht und die Möglichkeit bei nicht zufriedenstellender Leistung der Verwaltung, die Befugnisse und schon gesetzte Rechtsakte der Verwaltung durch Veränderung des primärrechtlichen Gesetzestexts, aus dem diese Befugnisse abgeleitet werden, abzuändern.

Die besondere Tragödie (oder besser Perfidie?) der EU ist der paradoxe Umstand, dass die achtundzwanzig europäischen Souveräne zwar das Recht und die Macht hatten, mittels Lissabonner Vertrag die EU zu erfinden und die Organe der EU mit rechtssetzenden Befugnisse auszustatten, aber aufgrund des Anwendungsvorranges von EU-Recht sich des Rechtes beraubt haben, diese Verwaltungsakten abzuändern oder zu korrigieren, und das Recht abgegeben haben, die Befugnisse dieser Verwaltung im nach hinein neu definieren zu dürfen.

Man mag einwenden: Die Befugnisse der Organe der EU können durch eine Neuverhandlung des Lissabonner Vertrages abgeändert werden. Theoretisch ja. Allerdings bedarf eine solche Abänderung der Einstimmigkeit aller EU Mitgliedsstaaten. Eine solche Einstimmigkeit zu erreichen, wäre in der Praxis sehr schwer. Die politischen Eliten Europas möchten momentan zumindest eine Neuverhandlung der EU-Verträge vermeiden.

Die Nationalstaaten haben de facto keine Möglichkeit, schon erlassene EU-Vorschriften zu verändern oder rückgängig zu machen. Die Schritte, die die EU auf ihrem Weg zu einer immer engeren politischen Union setzt, sind in der Praxis unumkehrbar. Somit dehnt sich der Wirkungsbereich des EU-Rechts langsam, aber stetig aus, und der Bereich, der noch in der subsidiären Kompetenz der Nationalstaaten fällt, schrumpft permanent. Denn die nationalen Parlamente, die einzigen unmittelbar beauftragten Vertreter der europäischen Souveräne, können weder EU-Rechtsakte initiieren, noch können sie Änderungsvorschläge für EU-Gesetzesentwürfe einbringen, noch EU-Recht in ihrem Hoheitsgebiet für ungültig erklären.

Die Ohnmacht der demokratischen Volksvertretungen in der EU

Aus Artikel 288 VAEU wird ersichtlich, dass die nationalen Parlamente für die Rechtswirksamkeit von EU-Verordnungen gänzlich irrelevant sind und dass die nationalen Parlamente einer vertraglichen Pflicht unterliegen, EU-Richtlinien zielkonform in nationales Recht zu verwandeln.

Artikel 288

Für die Ausübung der Zuständigkeiten der Union nehmen die Organe Verordnungen, Richtlinien, Beschlüsse, Empfehlungen und Stellungnahmen an. Die Verordnung hat allgemeine Geltung. Sie ist in allen ihren Teilen verbindlich und gilt unmittelbar in jedem Mitgliedstaat (DE 30.3.2010 Amtsblatt der Europäischen Union C 83/171). Die Richtlinie ist für jeden Mitgliedstaat, an den sie gerichtet wird, hinsichtlich des zu erreichenden Ziels verbindlich, überlässt jedoch den innerstaatlichen Stellen die Wahl der Form und der Mittel.

Darüber hinaus besteht die Beteiligung nationaler Parlamente am legislativen Verfahren lediglich aus einem Recht, über bevorstehende Gesetzesvorhaben der EU informiert zu werden, und in der Möglichkeit, falls die Ablehnung eines bestimmten EU Vorhabens durch mehrere nationale Parlamente koordiniert werden kann, die EU-Kommission um eine Überprüfung eines Gesetzesentwurfes zu bitten.

Die Befugnisse nationaler Parlamente sind in Artikel 12 VEU und in den Protokollen 1 und 2 des AEUV (also im Anhang!) des Lissabonner Vertrages geregelt:

Artikel 12 VEU

Die nationalen Parlamente tragen aktiv zur guten Arbeitsweise der Union bei, indem sie

a) von den Organen der Union unterrichtet werden und ihnen die Entwürfe von Gesetzgebungsakten der Union gemäß dem Protokoll über die Rolle der nationalen Parlamente in der Europäischen Union zugeleitet werden;

b) dafür sorgen, dass der Grundsatz der Subsidiarität gemäß den in dem Protokoll über die Anwendung der Grundsätze der Subsidiarität und der Verhältnismäßigkeit vorgesehenen Verfahren beachtet wird;

PROTOKOLL (Nr. 2)

ÜBER DIE ANWENDUNG DER GRUNDSÄTZE DER SUBSIDIARITÄT UND DER VERHÄLTNISMÄSSIGKEIT

Artikel 7(3)

(3) Außerdem gilt im Rahmen des ordentlichen Gesetzgebungsverfahrens Folgendes: Erreicht die Anzahl begründeter Stellungnahmen, wonach der Vorschlag für einen Gesetzgebungsakt nicht mit dem Subsidiaritätsprinzip im Einklang steht, mindestens die einfache Mehrheit der Gesamtzahl der den nationalen Parlamenten nach Absatz 1 Unterabsatz 2 zugewiesenen Stimmen, so muss der Vorschlag überprüft werden. Nach Abschluss dieser Überprüfung kann die Kommission beschließen, an dem Vorschlag festzuhalten, ihn zu ändern oder ihn zurückzuziehen.

Beschließt die Kommission, an dem Vorschlag festzuhalten, so hat sie in einer begründeten Stellungnahme darzulegen, weshalb der Vorschlag ihres Erachtens mit dem Subsidiaritätsprinzip im Einklang steht. Die begründete Stellungnahme der Kommission wird zusammen mit den begründeten Stellungnahmen der nationalen Parlamente dem Unionsgesetzgeber vorgelegt, damit dieser sie im Rahmen des Verfahrens berücksichtigt:

a) Vor Abschluss der ersten Lesung prüft der Gesetzgeber (das Europäische Parlament und der Rat), ob der Gesetzgebungsvorschlag mit dem Subsidiaritätsprinzip im Einklang steht;

b) Ist der Gesetzgeber mit der Mehrheit von 55 % der Mitglieder des Rates oder einer Mehrheit der abgegebenen Stimmen im Europäischen Parlament der Ansicht, dass der Vorschlag nicht mit dem Subsidiaritätsprinzip im Einklang steht, wird der Gesetzgebungsvorschlag nicht weiter geprüft.

Diese Texte offenbaren ein Grundprinzip der EU: Die Parlamente dürfen keine Gesetzesvorschläge einbringen, sie können lediglich verhindern, dass Gesetzesentwürfe zu gültigen Rechtsakten werden. Allerdings kann nicht einmal eine Mehrheit aller nationalen Parlamente dies bewirken, ein einzelner Nationalrat braucht nicht einmal daran zu denken. Die nationalen Parlamente können lediglich das EU-Parlament oder die im Ministerrat gesammelten Vertreter der nationalen Regierungen zwingen, sich mit einem Gesetzesentwurf auseinandersetzen, und auch dann nur dahin gehend, ob der Vorschlag für einen Gesetzgebungsakt mit dem Subsidiaritätsprinzip im Einklang steht oder nicht.

Nun, mancher Leser mag einwenden, dass eine Beteiligung von nationalen Parlamenten an der Formulierung und Verabschiedung von EU-Rechtsvorschriften nicht sinnvoll wäre, da es ein demokratisch gewähltes EU-Parlament gibt, das diese Aufgabe vermutlich auf europäischer Ebene übernimmt.

Wenn dies so wäre, wäre das ein berechtigter Einwand. Allerdings hat auch das EU-Parlament nur sehr beschränkte gesetzgebende Befugnisse. Im Wesentlichen bedeutet dies, dass auch auf EU-Ebene die Verwaltung Vorrang vor dem Gesetzgeber hat. In den oben zitierten Stellen wurde der Gesetzgeber auf europäischer Ebene als die Kombination von Parlament und Ministerrat definiert. Letzterer vertritt aber nicht die EU-Bürger, also keinen „europäischen" Souverän, sondern die Ministerien der einzelnen nationalen Regierungen. Es handelt sich bei diesem Gesetzgeber also um ein Zusammenwirken einer Volksvertretung auf EU-Ebene und einer Vertretung nationaler Exekutiven. Von einem Parlament, das das exklusive Recht hätte, Gesetzesentwürfe einzubringen, zu besprechen, zu verändern, zu bewilligen, oder abzulehnen, ist dieses System meilenweit entfernt.

Das EU-Parlament ist gegenüber den nationalen Parlamenten nur geringfügig besser gestellt, was ihr Recht, Gesetzesentwürfe einzubringen, betrifft. Artikel 17 VEU erläutert, dass im Normalfall das Recht, Gesetzgebungsakte vorzuschlagen, ausschließlich bei der Kommission, in andern Worten beim obersten Vertreter der EU Verwaltung, liegt. Nur in wenigen, in den Verträgen explizit genannten Fällen, kann das EU-Parlament ein Gesetzgebungsverfahren initiieren, ein „Privileg", das es mit anderen EU Organen teilen muss.

Artikel 17

(2) Soweit in den Verträgen nichts anderes festgelegt ist, darf ein Gesetzgebungsakt der Union nur auf Vorschlag der Kommission erlassen werden.

Letzten Endes hat das EU-Parlament bei der Gesetzgebung nur zwei Möglichkeiten auf einen Gesetzgebungsakt Einfluss zu nehmen:

1) es kann im Trilog mit der Kommission und dem Ministerrat Vorschläge zur Änderung des geplanten Gesetzestextes einbringen und diskutieren,

2) wenn mit Kommission und Rat keine Einigung über den Gesetzestext erzielt werden kann, hat das Parlament das Recht, ein Veto einzulegen.

Letzteres erfolgt in den wenigsten Fällen. Zwischen dem 1. Mai 1999 und dem 1. Januar 2013 hat das Parlament bei 1,166 Gesetzgebungsverfahren das Veto lediglich fünf (5) Mal verwendet, also in nur 0,4 % der Fälle.

Dafür gibt es mehrere Gründe. Im EU-Parlament hat es bis dato keine Mehrheit gegeben, die den Führungsanspruch der EU-Kommission, das Streben der EU-Institutionen nach engerer politischer Union oder die Kompetenzaufteilung der Lissabonner Verträge in Frage gestellt hätte. Man hat außerdem nicht den Eindruck, dass das EU-Parlament sich als die Vertretung eines souveränen, europäischen Volkes begreift. Drittens ist das EU-Parlament durch den Lissabonner Vertrag verpflichtet, mit den anderen EU-Organen loyal zusammenzuarbeiten.

Das EU-Parlament hat nie eine Führungsrolle im Gesetzgebungsverfahren für sich reklamiert, sondern war in all den Jahren seines Bestehens mit der ihm zugewiesenen Rolle einer beratenden Kammer an der Seite von Kommission und Ministerrat zufrieden.

Der Verlust unserer Bürgersouveränität

Die EU als gesetzgebende Instanz stellt Grundprinzipien der Rechtsstaatlichkeit auf den Kopf. Den historischen Streit zwischen den politischen Gewalten hatte die demokratisch legitimierte Volksvertretung für sich entschieden und sich den Vorrang gegenüber den anderen Gewalten -Judikative und Exekutive – gesichert. Die Verwaltung fungierte lediglich als ausführendes Organ der Exekutive. Die Exekutive konnte nur agieren, wenn sie die Unterstützung einer Mehrheit der Volksvertretung hinter sich hatte. Diese Abhängigkeit der

Exekutive von der Volksvertretung sicherte der Volksvertretung ihre letztinstanzliche Autorität als Gesetzgeber zu, da sie die Exekutive durch die Verweigerung ihrer Unterstützung absetzen hätte können und die Verwaltung mittels Gesetzesänderungen kontrollieren konnte. Die Judikative hatte die Pflicht, dafür zu sorgen, dass die von der Volksvertretung erlassenen Gesetze in der Gesellschaft tatsächlich angewendet wurden.

In der Europäischen Union werden diese Prinzipien umgedreht. Es ist den Volksvertretungen in der EU untersagt, eigene Gesetzesentwürfe einzubringen oder bestehende Rechtsvorschriften oder Befugnisse der EU-Verwaltungsorgane zu verändern. Die nationalen Parlamente sind am Gesetzgebungsverfahren nicht beteiligt. Das EU-Parlament darf lediglich über zukünftige Gesetzesentwürfe diskutieren. Das Verhandlungsergebnis darf es entweder annehmen oder als letztes Mittel durch ein Veto blockieren.

In diesen Bestimmungen drängt sich eine kuriose Parallele zum Übergang von Absolutismus zu Demokratie auf. Damals, nach den demokratischen Revolutionen im 17. und 18. Jahrhundert, verloren die neuen „konstitutionellen" Monarchen Europas ihr Recht, Gesetze zu erlassen und Minister zu ernennen. Ihnen blieb, als letztes Mittel, um ihre Interessen zu schützen, lediglich das Recht durch Einlegen eines Vetos ein Vorhaben der Volksversammlung zu blockieren. Ein Recht, das ihnen im Laufe der Zeit dann auch genommen wurde. Unsere Volksvertretungen befinden sich in einer ähnlichen Situation. Die Parallele ist verblüffend. Fast hat man den Eindruck, sie wäre gewollt. Die Mechanismen der EU bewirken jedenfalls zu unserem Erstaunen ein Zurückdrängen demokratischer und eine Wiederbelebung absolutistischer Prinzipien.

Die nationalen Judikativen sind durch den Anwendungsvorrang von EU-Recht entmachtet worden. Die neu geschaffene europäische Judikative hat eine neue Aufgabe erhalten: Die Durchsetzung der Interessen der Europäischen Union.

Artikel 13 VEU stellt klar:

(1) Die Union verfügt über einen institutionellen Rahmen, der zum Zweck hat, ihren Werten Geltung zu verschaffen, ihre Ziele zu verfolgen, ihren Interessen, denen ihrer Bürgerinnen und Bürger und denen der Mitgliedstaaten zu dienen,

sowie die Kohärenz, Effizienz und Kontinuität ihrer Politik und ihrer Maßnahmen sicherzustellen. Die Organe der Union sind

– das Europäische Parlament,

– der Europäische Rat,

– der Rat,

– die Europäische Kommission (im Folgenden „Kommission"),

– der Gerichtshof der Europäischen Union,

– die Europäische Zentralbank,

– der Rechnungshof.

(2) Die Organe arbeiten loyal zusammen.

Die europäische Judikative ist keine politisch neutrale Instanz, sondern eine Gewalt, die eine klar definierte politische Zielsetzung zu erfüllen hat. Es ist nicht zu erwarten, dass der EuGH ein Urteil fällen würde, das den Prozess der europäischen Integration erschweren würde oder die Organe der EU in ihren gesetzgebenden Kompetenzen beschränken würde. Ganz im Gegenteil, wie der Fall *Pringle v Republik Irland* bewies. In diesem Rechtsstreit ging es um die Frage, ob die Organe der EU bei der Einrichtung des ESM ihre Kompetenzen überschritten hatten.

Der EuGH urteilte, dass gemäß Artikel 13(1) VEU die Organe der EU verpflichtet sind, loyal zusammen zu arbeiten, die Ziele der EU zu verfolgen und ihre Interessen sowie die Kohärenz und Kontinuität ihrer Politik sicherzustellen. Er befand, dass der ESM ein geeignetes Instrument zur Realisierung dieser Ziele wäre und dass das Inkrafttreten des ESM daher keine vertragswidrige Überschreitung der Kompetenzen der EU-Organe darstellte.

„Wir beschließen etwas, stellen das dann in den Raum und warten einige Zeit ab, was passiert. Wenn es dann kein großes Geschrei gibt und keine Aufstände, weil die meisten gar nicht begreifen, was da beschlossen wurde, dann machen wir weiter – Schritt für Schritt, bis es kein Zurück mehr gibt."

Jean-Claude Juncker in „Die Brüsseler Republik, Der Spiegel, 27. Dezember 1995[5]."

Es gibt keine bessere Beschreibung des Mechanismus, der den Prozess der europäischen Einigung vorantreibt, als dieses berühmte Zitat von Kommissions-Präsident Jean-Claude Juncker. Dieser Mechanismus bewirkte eine langsame, aber stete Erweiterung des Wirkungsbereichs der EU-Rechts. Auf der anderen Seite entsteht eine von der Bevölkerung sehr wohl festgestellte, aber nicht verhinderbare Aushöhlung der Souveränität.

Unsere Souveränität, individuell wie auch kollektiv, droht nach und nach zu einer leeren Hülse zu verkommen, begleitet von einem entsprechenden Verlust an freien, politisch aktiven und verantwortungsbewussten Bürgern. Ein politisches System, das Passivität fördert, wird schwerwiegende und negative Konsequenzen für unsere Gesellschaft haben.

www.bachheimer.com

Die neue „Gleichheit" gehört abgeschafft

Von Marcus Franz

Mit kaum einem anderen Wort wird in der Politik soviel Schindluder getrieben wie mit der *Gleichheit*. Der Begriff sollte daher ersatzlos aus der politischen Debatte gestrichen werden. Die Gleichheit ist ein sogenanntes *Weasel Word:* So ein Wort klingt im politischen Kontext stets gut und ist überall einsetzbar, aber letztlich ist der Begriff nicht exakt definiert und daher nicht konsistent. Diese Unschärfe erzeugt regelmäßig falsche Vorstellungen und Täuschungs-, ja sogar Missbrauchspotenziale. Denn was genau soll sie eigentlich sein, diese vielzitierte Gleichheit der Menschen, die vor allem die linksorientierten Politiker wie einen Heiligen Gral vor sich hertragen?

Gleichheit gibt es nirgends im Leben

In der Natur gibt es keine Gleichheit. Nicht einmal eineiige Zwillinge sind gleich. Und in den vielen Kulturen dieser Welt herrscht ebenfalls alles andere als Gleichheit. Eine annähernd perfekte Gleichheit gibt es nur in der Industrie, wenn Produkte per Computerprogramm identisch gefertigt werden. Trotzdem oder gerade deswegen hat der Begriff seit der Amerikanischen bzw. Französischen Revolution eine ungeheure politische Attraktivität erlangt. Gleichheit ist eine Polit-Romanze, von der man ständig träumt, die einen aber immer wieder enttäuscht.

Was meinen wir überhaupt mit Gleichheit?

Das Problem mit der Gleichheit ist, dass der wolkige Begriff für alle möglichen politischen Prämissen herhalten muss. Von der in den demokratischen Verfassungen verankerten Gleichheit vor dem Gesetz bis hin zur menschenrechtlich garantierten Gleichheit der Herkunft und der Abstammung deckt das Wort eine Fülle von Bedeutungen ab, die sich manchmal sogar widersprechen können.

Die Seriosität intellektueller und politischer Debatten kann aber nur aufrecht erhalten werden, wenn die Begriffe klar definiert sind. Das gilt für die Gleichheit am allermeisten. Man muss sie daher in ihre Einzelbedeutungen zerlegen, ansonsten wird jeder politische Impetus an und mit ihr zerschellen.

Jede Umsetzung der linken Ideen von „Gleichheit" endet unweigerlich auf Orwells *Animal Farm*!

Eine zentrale Botschaft der linken Ideologie ist die von der Gleichheit der Menschen. Dass die Umsetzung dieses theoretischen Konzepts nie funktioniert hat und niemals funktionieren kann, wurde in groß angelegten und so katastrophal wie opferreich verlaufenen Feldversuchen seit der Oktoberrevolution 1917 bewiesen. Jede Umsetzung der linken Ideen endet unweigerlich auf Orwells *Animal Farm*, auf der die Schweine schließlich gleicher sind als alle anderen und die Herrschaft übernehmen.

Und Prokrustes lauert

Schlimmer noch: Am Ende des Gleichheitsdenkens wartet der antike Bösewicht und Wegelagerer Prokrustes, der den Menschen auflauert und alle gleich machen will. Der Mythos besagt, dass der Riese Prokrustes allen Wanderern ein Bett anbietet. Wer aber zu klein ist dafür, wird solange gestreckt und zurecht gehämmert, bis er passt. Wer ihm zu groß für seine Liegestatt erscheint, dem werden die Gliedmaßen abgeschnitten. Der böse Riese steht sinnbildlich für die blutigen Konsequenzen des Gleichheitsdenkens. Jeder muss unter Prokrustes' Gleichheitswahn leiden, keiner kommt ungeschoren davon.

Trotzdem versuchen auch heute noch weltanschaulich verirrte Menschen, andere mit der Idee von der Gleichheit einzulullen und zu verführen. Die Gleichheitsphilosophie hat es in kodifizierter Form nach den großen Revolutionen der Neuzeit in viele Verfassungen dieser Welt geschafft. Im Laufe der Zeit zeigte die scheinbar humanistische Ideologie aber ihr wahres Gesicht. Sie springt uns heute täglich als Diskriminierungsverbot, als Xenophilie, als politische Korrektheit und als Gleichstellungsmanie von allem und jedem an und erschwert uns das Leben.

Der Denkfehler der Linken

Der gefährliche Irrtum der linken Gleichheits-Proponenten liegt in ihrer Übersprunghandlung von der prinzipiellen Gleich-Wertigkeit der Menschen zur vermeintlichen Gleichheit derselben. Was gleichwertig ist, muss nicht gleich sein. Die Gleichheit in modernen Demokratien kann nur ein Rahmen sein, der die Gleichbehandlung der Staatsbürger vor dem Gesetz meint, aber niemals eine bis in die letzten Lebensrealitäten hineingetriebene Philosophie des Prokrustes. Es kann nicht gutgehen, wenn kulturelle und biologische Unterschiede negiert und durch Gesetze und Regulative ausgebügelt werden sollen. Und es kann nicht funktionieren, wenn in jedem Bereich Nivellierungen stattfinden, weil diese immer nach unten weisen müssen. Die Gleichheitspolitik muss zwangsläufig die Schlechtesten bevorzugen und die Besten benachteiligen – und am Ende landen trotzdem beide im Prokrustes-Bett.

Defizite in der Entwicklung?

Warum können und wollen die linken Ideologen in Politik und Medien das nicht begreifen? Warum gibt es noch immer so viele Linke, die ihre Philosophie in fanatischem und pseudoreligiösem Eifer umsetzen wollen? Es gibt nur zwei Möglichkeiten der Erklärung: Entweder, diese Menschen leiden unter naivitätsbedingten Verkennungen dessen, was Realität ist – oder sie bezwecken wie Orwells Schweine mit ihrem Tun etwas letztlich Böses.

Beiden kann geholfen werden. Da beiden Erklärungen psychopathologische Ursachen zugrunde liegen, würde allen weltanschaulich linksaußen angesiedelten Menschen ein Ausflug auf Freuds Couch guttun. Die Reflexionen über das eigene Handeln und Tun und das Nachdenken über die Gründe und Konsequenzen desselben kann Erkenntnis schaffen und damit Besserung erbringen.

Das Gleichheitsprinzip als Kulturzerstörer

Das Einebnen aller Unterschiede war und ist eines der großen Ziele des nach wie vor existierenden europäischen Marxismus. In seiner heutigen Form kommt das marxistische Gedankengut stets gut verkleidet daher, denn kaum jemand bekennt sich öffentlich dazu, ein Marxist zu sein. Man ist heute einfach nur „linksliberal", man steht für ein gemeinsames Europa ohne Grenzen, für soziale Gerechtigkeit und „Menschlichkeit" auf allen Ebenen, für eine großzügige Migrationspolitik, für Toleranz und alle anderen in den Mainstream-Medien verbreiteten Begriffe und man fühlt sich berufen, den Humanismus stets auf neue erfinden zu müssen. Man demonstriert seinen aus diesem Potpourri entstandenen und mit der linken Weltanschauung verquickten Tugendstolz natürlich auch gerne in der Öffentlichkeit. Besonders gut gelingt das, wenn man linker Politiker, Künstler oder sonst ein Promi ist.

Eine Ironie der Geschichte

Die Ironie der Geschichte will es, dass der gleichheitsorientierte Marxismus, der heute vor allem als Kultursozialismus in Erscheinung tritt, in den letzten Jahrzehnten unerwartet und immer stärker regelrechte Schützenhilfe vom Liberalismus bekommen hat. Der Liberalismus hat sich von seiner ursprünglichen Form – die am selbstbestimmten Handeln des Individuums orientiert und eine zutiefst bürgerliche (also rechte) Erscheinung war – immer weiter entfernt und ist zunehmend vom Gleichheitsgedanken dominiert worden. Wo früher persönliche Identität, Individualismus und Mündigkeit waren, da soll heute umfassende Gleichheit herrschen.

Die Degeneration der Liberalen

Der Liberalismus ist durch die Dominanz des Gleichheitsgedankens zur Beliebigkeitsphilosophie verkommen, die jeder Haltung, jeder Weltanschauung, jeder Religion und jeder Kultur letztlich dieselbe Wertigkeit zumessen will: Es ist völlig egal, was du bist, die Hauptsache ist, du darfst es sein und du wirst wegen deiner jeweiligen Einstellung keinesfalls irgendwo kritisiert, zurückgewiesen oder gar benachteiligt. Man hat dafür so schöne Slogans wie „Diversity" oder „Einheit durch Vielfalt" entwickelt und vermeinte, mit der Beliebigkeit die Erfüllung jedes humanistischen Gedankenguts gefunden zu haben. Die ehemals auf den bürgerlichen Werten aufbauenden Liberalen sind den Kultursozialisten freudig auf den Leim gegangen, weil sie damit dem schlechten Gewissen, das die linken Gleichheitsprediger ständig bei Andersdenkenden verankern wollen, elegant ausweichen konnten.

Bei den Marxisten haben sich die heute nur nach Beliebigkeit agierenden Liberalen mit ihrer Metamorphose daher schnell die besten Freunde gemacht. Die wendigen Linken haben sofort begriffen, dass sie hier massive „kulturelle" Unterstützung bekommen. Umgehend wurde der Ausdruck „linksliberal" als neue Kennung erfunden, der Begriff kryptomarxistisch besetzt und mit einem zeitgeistigen Anstrich versehen. Wer etwas auf sich hielt und modernistisch agieren wollte, der nannte sich alsbald linksliberal und tut dies noch heute.

Aus Kontrahenten wurden Partner

Liberalismus und Marxismus sind an sich fundamentale Gegensätze. Man konnte die Legierung aus diesen beiden Weltanschauungen nur schaffen, indem eine sich grundlegend veränderte – und das war der Liberalismus, er degenerierte. Erst die Union des Kulturmarxismus mit der degenerierten Form des Liberalismus hat die neuen Ausprägungen und Spielarten des Gleichheitsprinzips ermöglicht: Der gesamte Feminismus, die Gender-Philosophie und die #EheFuerAlle-Bewegung wären heute ohne Unterstützung der seit Jahrzehnten auf einem intellektuellen Irrweg herumtaumelnden neuen Liberalen so nicht möglich gewesen.

Man muss die Konsequenzen dieser unseligen und widersprüchlichen Allianz zu Ende denken: Die einen wollen erklärtermaßen die kulturellen, ökonomischen und sozialen Unterschiede global verwischen und am liebsten würden sie einen Einheits-Weltstaat errichten, der unter dem Signum der Gleichheit allen Menschen die gleichen Möglichkeiten bietet. Sie sind der Ansicht, dass man nur so die Rettung der Menschheit im Diesseits einleiten kann. Die anderen wollen unter ständigem Verweis auf die individuellen Rechte des Einzeln jedem sein Glück auf Erden verschaffen und vergessen dabei, dass gleiche Rechte auch gleich Pflichten bedeuten und dass die kulturellen Unterschiede die Umsetzung der beliebigkeitsliberalen Denke a priori verhindern.

So geht Kultur nicht

Alles, was Kultur ist, hat Gestalt. Das Gleichheitsprinzip nimmt dieser Gestalt jedoch immer und überall ihr Wesen. Dabei ist es völlig egal, ob die

Gleichheit von links gedacht wird oder ob sie aus dem liberalen Weltbild kommt. Die von den Linksliberalen so lange und so gern herbeifantasierte neue Kultur einer rein säkularen und strikt auf Gleichheit basierenden Orientierung des Menschen kann auch nicht in Form eines Multi-Kulti-Denkens umgesetzt werden, in dem man jedem Menschen und jeder Community die jeweiligen Lebensentwürfe und die jeweils eigene Kultur zubilligt und es keinen ordnenden Überbau gibt. Das kann in der Realität nicht funktionieren.

Was dabei herauskommt, haben wir in den letzten Jahren in Europa schmerzhaft erkennen müssen. Die europäische Kultur sucht nun verzweifelt nach ihrer Identität und alle, die erkannt haben, was es geschlagen hat, rufen nach der Leitkultur und nach der Identität. Durch das zu lange angewandte, falsche linke Konzept der kulturellen Dekonstruktion im Namen der Gleichheit ist diese Leitkultur aber nur noch vage zu erkennen und es bestehen nicht zuletzt aufgrund der demografischen Situation berechtigte Zweifel, ob eine Reanimation überhaupt noch gelingen kann.

Bisher haben nur jene Nationen und Kulturräume zu einer verstärkten Präsenz gefunden, die ihre eigene Identität betonen und sich klar dazu bekennen. Die Rede ist natürlich von den osteuropäischen Ländern, die wohl aufgrund ihrer mühevollen kommunistisch-marxistischen Vergangenheit einen besseren Blick auf das haben, was Europa bedeuten kann und soll.

www.thedailyfranz.at

Verlieren Genderkritiker den Kampf gegen die Genderideologie?

Von David Berger und Team

Auch Genderkritiker müssen zugeben: Die Erfolge der Genderideologie sind überwältigend. Wer hätte noch vor 20 Jahren gedacht, dass es eine Ideologie mit einer wissenschaftlich unhaltbaren Kernaussage zu mehr als 200 Lehrstühlen und Universitätsinstituten bringen könnte?

Eine Ideologie, die jeder Alltagserfahrung widerspricht, würde Medien und Politik erobern? Ein Glaubensgebilde, das Geschlechtsidentität als losgelöst von der biologischen Grundlage begreift und in der Folge als gesellschaftlich definiert und beliebig wechselbar ansieht, hat einen beispiellosen Siegeszug durch westliche Gesellschaften hinter sich.

Und die Pläne dieser Ideologie reichen noch weiter. **Die komplette Dekonstruktion der Geschlechterrollen steht auf dem Programm.** Quasi als eine Art Pendant zur Aufhebung der Klassen im längst auf dem Müllhaufen der Geschichte entsorgten **Marxismus.**

Warum scheinen die Genderkritiker zu unterliegen?

Keine der Kernaussagen der Genderideologie wurde wissenschaftlich erfolgreich belegt[1]. Und mit Ersatzreligionen haben westliche Kulturen doch mehr als genug Erfahrungen, um sie in die Schranken zu verweisen.

Und doch:

Genderkritik steht im öffentlichen Bild im Geruch einer **skandalösen, ewig gestrigen Denkweise.** Wer eine biologische Grundlage der Geschlechtsidentität als gegeben ansieht, sieht sich Kampagnen gegenüber. Wer gar Schlussfolgerungen aus dieser wissenschaftlich gut beweisbaren Tatsache zieht, lernt die brutal ausgeübte Macht derer kennen, die kein Interesse daran haben, dass ihr **Glaube** durch **Fakten** Schaden erleidet.

Dass **Genderkritiker** häufig wissenschaftlich noch im letzten Jahrhundert feststecken, mag dazu auch beitragen. Wer, wie **Prof. Kutschera**, die Erkenntnisse der Neurobiologie der letzten zwei Jahrzehnte ignoriert, weil sie nicht zu seiner monokausalen, ausschließlich genetisch bestimmten Definition von Geschlechtsidentität passen, **bietet natürlich Angriffspunkte für pseudowissenschaftliche Genderideologen.**

Noch schlimmer hat sich **Birgit Kelle** in eine **selbst gestellte Falle** manövriert.

Anlässlich des Urteils des BVerfG zum „Dritten Geschlecht" ließ sie den Deutschlandfunk wissen, **dass Intersexuelle ein drittes Geschlecht seien.**

Wenn man es der in unseren Kreisen weitgehend als transphob eingestuften Birgit Kelle nicht so von Herzen gönnen würde, mit Ihrem Halbwissen mal so richtig einzubrechen – man hätte eher Grund zum Weinen als zum Lachen.

Ein drittes Geschlecht? Welche, nicht in den beiden Geschlechtern vorhandenen „Bauteile" oder sonstigen Merkmale geschlechtlicher Identität kann Frau Kelle denn anführen?

Immerhin war sie konsequent. Wer Geschlechtsidentität als ausschließlich genetisch begründet ansieht, muss konsequenterweise bei Intersexualität unterschiedliche Geschlechter diagnostizieren. **Selbst Schuld, wenn man die Gehirnforschung beim Thema Geschlechtsidentität ignoriert.**

Nur: Solche Genderkritiker sind ein Geschenk an Genderideologen. Genderideologie kann nur mit Wissenschaft begegnet werden. Und zwar mit Wissenschaft ohne Scheuklappen und ohne Befindlichkeit. Bei vielen Genderkritikern liest man das Unwohlsein heraus, das Thema überhaupt zu denken. Angst, Unsicherheit in der eigenen Identität? Oder nur Angst davor, Dinge durchdenken zu müssen, die man selbst, genau wie die Genderideologen, lieber durch Glaubenssätze, als durch Wissenschaft beantworten lässt?

Die AfD steht in der vordersten Reihe der Genderkritiker. Weidel, Höchst – mutig und oft die richtigen Fragen stellend. Gerade **Nicole Höchst** hält Reden und Vorträge, die wir in weiten Teilen in Bezug auf Gendertheorie sofort unterschreiben würden.

Die **AfD** fordert die **Einstellung der Genderforschung.** Und hat damit unsere Sympathie. Aber warum gibt es, was folgerichtig wäre, keine Anträge, die wissenschaftliche Erforschung der Geschlechtsidentität auszuweiten?

Prof. Kutschera ist Genderkritiker, Evolutionsbiologe, Genetiker. Er forderte bereits vor Jahren den Ausbau der Bioforschung in diesem Bereich und auch die Tatsache, dass er selbst vorhandene Forschung beharrlich ignoriert, macht diese Forderung nicht weniger richtig.

Stattdessen spielen zu viele Genderkritiker das Wunschprogramm der Genderideologen. Argumente aus der Mottenkiste, das Bedienen von abgründigen Vorurteilen anstatt knallharter, sachlicher Konfrontation machen es den Genderistas leicht, Angriffe bzw. die dahinterstehenden Personen zu diskreditieren.

Werden die Kritiker also den Kampf gegen die Genderideologie verlieren? Mit uns allen als Leidtragenden? Gender künftig in allen Lebenslagen?

www.philosophia-perennis.com

„Arschficker_Innen" und weibliche Ejakulationen an deutschen Hochschulen – was ist da los?

Von David Berger

Die Geschlechtsforscher*_Innen an den Hochschulen der westlichen Welt stehen im Ruf, häufig seltsam-verschrobene Thesen zu vertreten. Dagegen wird gerne mit akademischem Jargon argumentiert, inhaltlich jedoch tun die Genderologen alles, um die Kritik zu rechtfertigen.

So geriet im Jahre 2016 an der **Universität zu Köln** ein von den örtlichen Studentenvertretern mitorganisierter Vortrag mit der sprechenden Bezeichnung **„Anal verkehren – ein Workshop für Arschficker_Innen und die, die es vielleicht werden wollen"** zu einem akademischen Schildbürger_Innenstreich, der im ganzen Land Furore machte[1].

Danach sollten sich eigentlich „Seminare", die eher in den Swingerclub oder ins Bordell gehören als an eine Hochschule, erledigt haben.

Nix da: Nun hat der **akademische Swingerclub** auch die ostdeutsche Provinz erreicht. Wie gleich mehrere örtliche Studenten via soziale Medien und persönliche Email vermeldeten, soll an der **Abbe-Hochschule (FH) im beschaulichen Jena** ein Vortrag zum Thema **„Weibliche Ejakulation"** stattfinden.

An die für alle Geschlechter* offene Veranstaltung schließt sich ein nur für Frauen und Trans-Inter-Personen* gedachter „Workshop" an, in dessen Rahmen allen Ernstes „Stimulationstechniken" erklärt (oder gar vorgeführt?) werden sollen.

Ist DAS nicht, lieber geneigter Leser*, mal ein Grund, für einen Wochenendtrip ins grüne Herz Deutschlands nach Thüringen zu fahren? Da kann man als Naturfreund Wald und Wiesen, und anschließend die menschliche Natur untenrum erforschen.

*alle Geschlechter gemeint

www.philosophia-perennis.com

Schweden: Vom Taka-Tuka-Land zum Gender-Gaga-Land

Von Friedemann Wehr

Man möge diese Zeilen als ersten Ansatz zu einer neuen Art von Reiseberichten sehen. Jedenfalls bin ich mir ziemlich sicher, dass dieser Blick auf Stockholm für Sie neu sein wird. Man sieht vieles mehr, wenn man anders sieht als viele und selbst bestimmt, was für einen persönlich sehenswürdig ist.

Schweden gilt ja als der Vorzeigestaat aller Gutmenschen. Was liegt also näher, als das Paradies der empathischsten Menschen der Welt mal wieder zu besuchen. Immerhin liegt mein erster Besuch fast vierzig Jahre zurück. Damals, so ist es in meiner Erinnerung verhaftet, war mir aufgefallen, wie „alt" Malmö war. Keine Kriegszerstörungen und keine Bausünden, wie sie bei uns auffällig und eher die Regel als die Ausnahme waren. Malmö war so sauber, dass man ein schlechtes Gewissen bekam, wenn man ohne Pantoffeln durch die Stadt lief. Die Menschen blond, luftig gekleidet, adrett und das „Hej" (der typische Schwedengruß) kam locker und glaubhaft rüber. Alles gut – bis auf die Preise. Wir legten als frische Eltern dann mal einen alkoholfreien Tag ein, um die knappe Reisekasse nicht gleich auf Grund zu fahren.

Zeitsprung. Jetzt Landung in Stockholm und gleich die Konfrontation mit der neuen Welt: Ohne Kreditkarte gibt es keine Fahrkarte. Bargeld ist in Schweden faktisch bereits abgeschafft. Das Drei-Tage-Ticket gilt nicht ab Flughafen, sondern erst ab einer Haltestelle später. Für dieses kurze Stück darf man 120 Kronen (11,55€) zusätzlich zahlen! Zwei Personen, einmal hin und zurück und schon sind 46,20€ weg. Diese Preisgestaltung ist aus dem Arsenal frühkapitalistischer Geldschneiderei! Schwarzfahren gelingt in Stockholm nicht. Überhaupt ist die Präsenz von „Auskunftspersonal" auffallend. Während im Berliner Nahverkehr eher niemand zu finden ist, der Fremden Auskünfte erteilen kann, steht in Stockholm reichlich Personal – aller Farben und Rassen – mehr oder weniger gelangweilt rum. Der schwedische ÖPNV als Jobgarant für die Migranten, das hat was Zukunftweisendes. Wäre auch ein Modell für das Homeland Berlin. Alle U- und S-Bahnhöfe verrammeln und einen der zahlreichen – fast hätte ich Goldstücke geschrieben – Kooperationswilligen hinter Sicherheitsglas als Cerberus eingestellt wäre ein Integrationsprojekt, das sich allein durch die Unmöglichkeit des Schwarzfahrens gegenrechnet. Notfalls werden die Ticketpreise eben verdoppelt. So einfach könnte Berlin mal mit einem guten Beispiel vorangehen.

Stockholm ist in der Tat bunt und im Vergleich zur deutschen Hauptstadt sogar sauber. Gewundert haben uns die kitschigen Betonlöwen, die massenweise in der Innenstadt stehen. Nach der Befragung von Dr. Google wurden wir schlauer: Im April 2017 fuhr der Usbeke Rakhmat Akilow in die Fußgängerzone und dabei starben fünf Menschen und fünfzehn wurden verletzt, zum Teil schwer. Akilow hatte im Prozess gesagt, Ziel seiner Attacke seien „Ungläubige" gewesen, für sich selbst habe er den Status eines „Märtyrers" erhofft. Der inzwischen 40-jährige Akilow äußerte in seiner Schilderung weder Bedauern noch Reue. „Ich habe das getan, weil mein Herz und meine Seele Leid empfunden haben für die Opfer der Nato-Bombardierungen", sagte er. Mit seiner Tat habe er einen Beitrag leisten wollen „zum Aufbau eines Kalifats gemäß den Prophezeiungen des Propheten Mohammed".

Wer also durch die Fußgängerzone Stockholms flaniert, fühlt sich (fast) wie in der Straße der Sphinx im Karnak-Tempel zu Luxor. Jedenfalls sind die Beton-Leus etwas schmucker als die Merkel-Legosteine rund um unsere Weihnachtsmärkte und weil wir gerade bei der architektonischen Gestaltung der Innenstädte in Zeiten dschihadistischer Fahrkünste sind: Im nahegelegenen *Moderna Museet* kann man in der Ausstellung „Public Luxury" Skulpturen aus Beton bewundern, die als „Life-Saving Design" ausgestellt sind: Eine Betontreppe von Clara von Zweigbergk, die Kommunikation (sic!) fördern soll oder eine Betonblumenknospe von Björn Dahlström. Ja, in Sachen Design sind uns die Schweden nasenlängenweit voraus. Wie sagte schon Thomas, die Misere, nach dem Attentat auf dem Breitscheidplatz in Berlin zu BILD? „Wir werden mit dem Terror leben müssen" und der Schwede setzt nach: „Aber dann mit ordentlichem Design!"

Ich weiß nicht mehr, was die Ursache war – das teure Öl (schwedisch für Bier) war es bestimmt nicht und das gesehene Life-Saving-Design schlug mir auch nicht auf die Blase, jedenfalls – kurzer Rede langer Sinn – ich musste mal für kleine Königslöwen – nee Königstiger.

Jedenfalls fand ich einen Raum, der mit fünf Piktogrammen geschmückt war. Die beiden Ersten ergaben einen Sinn. Bei der breitbeinigen Frau dachte ich an die alten Bauernfrauen, die so ihr Geschäft verrichteten – jedenfalls hat mir das mein Opa so erzählt. Früher standen die Frauen so auf dem Misthaufen, heute vielleicht breitbeinig über der Kloschüssel? Das vierte Bild stellt keine Person mit Umhängetasche dar, wie meine Frau irrtümlich meinte, sondern jemand der nicht weiß, ob er Männlein oder Weiblein ist. Was der/die Fünfte sein soll, der auch diese „Halle der Inneren Harmonie" (so sagt man in China) aufsuchen darf, erschließt sich mir bis zur Stunde noch nicht. Jedenfalls habe ich niemanden mit ausgestreckten Armen und angewinkeltem Bein in diesem Etablissement entdeckt. Was ich entdeckt habe, war ein Vorhang, der von einem geheimnisvollen Licht angestrahlt wurde. Als neugieriger Germane wollte ich natürlich wissen, was die Wikinger hinter dieser Kulisse versteckt haben. Was sich mir im ersten Moment als Portraits von Außerirdischen mit kleiner Gasmaske darstellte – wir waren ja schließlich in einem Kunstmuseum – entpuppte sich als traurige Überbleibsel von abmontierten Pissbecken, die ich mir jetzt so sehnlich gewünscht hätte. Hätte, hätte Fahrradkette. So musste ich artig warten, bis eine herkömmliche Kabine für mich frei wurde. Daheim bin ich schon so domestiziert, dass man mich als „Sitzpinkler" bezeichnen kann. „Dass mein Mann nicht mehr da ist, merke ich beim Reinigen der Toilette: Es fehlen die Spritzer", soll eine Witwe mal gesagt haben. Die Brille war runtergeklappt, machte aber nicht den Eindruck, dass Mann darauf sitzen wollte. Mit gekonntem Fußschwung – ich gehe ja deshalb ins Fitnessstudio – beförderte ich die Brille in die Vertikale und presste meinen Harn – so fest und schnell es die ins Alter gekommene Prostata zuließ – zielgerichtet in die Porzellanschüssel. Jetzt kommt die Physik ins Spiel. Der Fachbegriff heißt „Foggen". Beim Foggen, abgeleitet vom englischen „fog" für Nebel, werden Substanzen (hier Urin) zerstäubt und in Form eines sehr feinen Nebels in die Umgebungsluft geflutet. Die jeweilige Flüssigkeit wird dabei so fein verteilt, dass sie in jede noch so kleine Ritze vordringen kann. Doch ist ebenso eine sehr großflächige Anwendung möglich. Dieses Aerosol steht mehr oder weniger lange im Raum und lässt sich dann gravitationsbedingt in der Umgebung nieder. Dem Mann müsste jetzt die sich für Genderklos (gesprochen: Tschänder) einsetzende Frau erklären, was sie an dem Einatmen des männlichen Piss-Aerosols so attraktiv findet, um dieses Geruchsfeeling demnächst flächendeckend in allen Klos unserer Republik vorfinden zu wollen. Aber damit nicht genug. Nach dem alten Spruch „Da hilft kein Schütteln und kein Klopfen, in die Hose geht der letzte Tropfen“, ist geklärt, was mit dem letzten Tropfen passiert, aber ich überlasse es der Phantasie, wo die vorletzten Tropfen, sei es geschüttelt oder geklopft, hingelangen.

Bildquelle: privat

Jeder Mann sehnt sich nach einem ordentlichen Pissbecken, während jede Frau froh ist, wenn möglichst wenige vorher die Toilettenschüssel „besessen“ haben. Wem nützt denn dann ein Genderklo? Fragen wir Dirk Behrendt, den Grünen Senator für Justiz und Antidiskriminierung in Berlin. Seine Antwort: „Es gibt Menschen, die sich nicht eindeutig einem Geschlecht zuordnen wollen oder können und die wissen schlichtweg nicht, auf welche Toilette sie gehen sollen, ohne für Irritationen zu sorgen.“

Wer erinnert sich noch an die vielen sich vor den Toiletten krümmenden Menschen, die wollten, aber nicht konnten, weil die eindeutige Beschriftung gefehlt hat? Das waren ja ganz schlimme Zeiten! Viele haben sich verpisst. Die Dunkelziffer ist riesig.

Das mit den Genderklos ist eine klassische Lose-Lose-Situation: Keiner hat etwas davon. Die Schwedenmänner lassen sich das gefallen und ich befürchte, hier sieht es demnächst auch so aus.

Gebt uns unsere Pissbecken zurück! Macht die Klobeschreibung nicht vom Geschlecht, sondern von der Porzellanart abhängig. Trennt in Räume mit Pissbecken und welche mit Kloschüsseln und jeder geht dort hin, wo er will. Wo ist denn da das Problem?

In der Nacht nach unserem Abflug (meine Exkulpation) brannten in Schweden hundert Autos. *„Einige der teils noch minderjährigen Brandstifter wurden bereits am Folgetag identifiziert. Inzwischen wurden bereits knapp volljährige Personen verhaftet, unter anderem, als sie sich auf der Flucht in die Türkei befanden. Mehr Details oder zumindest irgendein stichfestes Motiv für die koordinierte Brandstiftungsaktion hat die Polizei jedoch bislang nicht offiziell preisgegeben"*, schreibt die Sächsische Zeitung eine Woche später. Da brennen hundert Autos und die Polizei „vermutet". Mit der Qualität dieser Aufklärungsarbeit kann die Berliner Polizei mühelos mithalten. Am 23. August hat die Polizeisprecherin Lisa Sannervik in Uppsala bekanntgegeben, dass sie den Kampf gegen die Migrantengangs verloren und die Polizei nicht mehr die Kontrolle (besonders in den Stadtteilen Gottsunda und Valsätra) hätte.

Fazit der Reise: Man fragt sich ernsthaft, weshalb eine funktionierende Gesellschaft, die gerne ihre Traditionen feiert, z.B. Valborgsmässafton und Midsommar, ihrem eigenem Ruin Vorschub leistet. Aus dem Taka-Tuka-Land wird ein Gender-Gaga-Land.

Schade, dass ich in vierzig Jahren den Wahrheitsgehalt meiner Prognose nicht mehr selbst überprüfen kann, aber vielleicht liegt dieser Bericht ausgedruckt in einem alten Reiseführer, der 2058 beim Entrümpeln jemanden in die Hände fällt. Dann macht bitte einen Daumen hoch oder runter – vielleicht sehe ich das vom Himmel aus – wenn ich gerade auf einem Engelchengenderklöchen sitze.

Massenmigration, Armutskrieger & Migrantenkriminalität

Von Horst Seehofer hört man viel. Mal dies, mal das. Taten lässt er seinen Worten jedoch nur selten bis gar nicht folgen. Aus Seehofer wird deshalb nicht selten der Drehhofer. Warum auch etwas unternehmen, wenn es sich als Muttis Bettvorleger doch so bequem leben lässt. Und strategisch sorgt gelegentlich ein kleiner Sturm im Wasserglas zumindest dafür, dass Wähler, die ihre Nachrichten ausschließlich aus der Mainstreampresse holen, weiterhin glauben, dass in Berlin nicht alle den merkelschen Gleichschritt marschieren.

Einer dieser „Aufreger" des bayerischen Rekordumfallers ist die Aussage: „Die Mutter aller Probleme ist die Migration". Was im ersten Moment nicht falsch klingt, ist dennoch nicht ganz richtig. Die Massenmigration, bzw. die Flutung Deutschlands durch sog. Flüchtlinge ist sicherlich eines der größten, wenn nicht langfristig das größte Problem Deutschlands. Jedoch sind es nicht die Migranten, die die eigentliche Schuld an diesem Problem tragen, sondern – betrachtet man Ursache und Wirkung einmal genau – die Politiker, ganz vorne Angela Merkel, die Deutschlands Grenzen ohne Bundestagsbeschluss und vor allem ohne Rücksicht auf das eigene Volk und ohne Weitsicht für die Konsequenzen einer solchen Handlung für die Millionen von Glücksrittern geöffnet haben.

Dass die Auswirkungen dieser Völkerwanderung in Richtung Deutschlands für die, die wie Merkel so gerne sagt „schon länger hier leben" und dabei das Wort „Deutsche" bewusst vermeidet, in vielerlei Hinsicht fatale Ausmaße annimmt, ist eines der Kernthemen der Freien Medien, wie die nachfolgenden Beiträge zeigen werden. Das heiß diskutierte Thema „Migrantenkriminalität" ist leider mittlerweile täglich ein Thema auf unseren Seiten. Oft wird uns deshalb von der Mainstreampresse eine ausländerfeindliche resp. rassistische Stimmungsmache vorgeworfen. Ganz besonders war dies der Fall, als in den Freien Medien die aktuelle Kriminalitätsstatistik des Bundeskriminalamtes analysiert wurde. Hier konnten einige Kollegen anhand der offiziellen Zahlen die Berichterstattung der selbsternannten „Qualitätsmedien" demaskieren; diese hatten die Situation oftmals stark verharmlost oder teilweise sogar wohl absichtlich total verfälschend dargestellt. Wobei an dieser Stelle die Frage gestellt werden muss: Können Statistiken, bzw. kann die Realität rassistisch sein?

Ergänzend vielleicht noch ganz aktuell ein paar Worte zum Thema Flüchtlinge und Haushaltsüberschuss: Laut Haushaltsgesetz der GroKo gehen Überschüsse im Haushalt (sprich durch sprudelnde Steuereinnahmen generierter Überfluss in der Staatskasse) direkt in die, mit rund 20 Mrd. reich gefüllte „Asylrücklage" anstatt in benötigte zukunftsorientierte Investitionen wie Bildung, Kinderbetreuung, Gesundheitswesen, Infrastruktur etc. – Aber warum auch in die schon länger hier Lebenden investieren, wenn der Austausch staatlich beschlossen zu sein scheint?

Um an dieser Stelle keine Missverständnisse aufkommen zu lassen:

Selbstverständlich ist jeder unserer Autoren dafür, echten Flüchtlingen, also Menschen in Not zu helfen. *Der Artikel 1 der Genfer Flüchtlingskonvention definiert einen Flüchtling als Person, die sich außerhalb des Landes befindet, dessen Staatsangehörigkeit sie besitzt oder in dem sie ihren ständigen Wohnsitz hat, und die wegen ihrer Rasse, Religion, Nationalität, Zugehörigkeit zu einer bestimmten sozialen Gruppe oder wegen ihrer politischen Überzeugung eine wohlbegründete Furcht vor Verfolgung hat und den Schutz dieses Landes nicht in Anspruch nehmen kann oder wegen dieser Furcht vor Verfolgung nicht dorthin zurückkehren kann.*

Man ist also z.B. kein Flüchtling, weil es einem in seinem Heimatland wirtschaftlich nicht so gut ergeht, wie es einem in Deutschland ergehen könnte – auch nicht, wenn man sich auf seiner Reise in eine bessere Welt selbstverschuldet in Lebensgefahr begibt!

Auch wenn die Genfer Flüchtlingskonvention Menschen, die vor Konflikten fliehen, explizit nicht als Flüchtlinge benennt, sollte diesen Menschen geholfen werden!

Es ist jedoch sicherlich der falsche Weg, Menschen aus den entferntesten Winkeln der Erde nach Europa resp. nach Deutschland einzuladen und ihnen hier ein besseres Leben und Bleibeperspektiven für immer und ewig zu versprechen! Das ist nicht der Grundgedanke von Asyl und ganz bestimmt auch nicht der Grundgedanke einer ordentlichen Migrationspolitik. Dabei gäbe es ganz andere Möglichkeiten. Deutschland und die EU müssen Flüchtlingen effizienter helfen. Das geht nur vor Ort in der jeweiligen Konfliktregion. Dadurch kann mit der Aufwendung wesentlich weniger Mitteln viel mehr wirklich notleidenden Menschen geholfen werden. Dies jedoch setzt verantwortungsethisches und eben nicht gesinnungsethisches Handeln voraus.

Zum Abschluss des Kapitels finden Sie eine bitterböse Satire von Friedemann Wehr, der früher als altermannblog.de bloggte und den man heute als Gastautor auf qpress.de sowie anderen Blogs lesen kann.

Migration als Problemlöser? Ihr Heuchler!

Von Roger Letsch

In ihrer Ausbildung lernen Sanitäter einzuschätzen, welchen Verletzten sie in welcher Reihenfolge helfen sollen, falls sie an einem Unfallort mit mehreren Opfern eintreffen. Wichtige Regel dabei: Schau zuerst nach jenen, die reglos sind, nicht jammern, nicht stöhnen und nicht um Hilfe bitten, denn denen geht es am dreckigsten. Es gäbe diese Regel nicht, wenn sie selbstverständlich wäre. Es ist nämlich gar nicht so leicht, eine direkte Bitte oder einen Hilferuf zu ignorieren, um sich zunächst um die wirklich schwer verletzten zu kümmern. Außerdem winkt dem Belohnungssystem im Kopf des Helfers ein durchaus ehrlich gemeintes „Danke", was für Ersthelfer (aber nicht nur die) ein innerer Antrieb sein kann. Der Mensch ist nämlich im Großen und Ganzen ein solidarisches Wesen, das gern und selbstlos hilft, nur muss er sich für die Prioritäten dieser Hilfe Regeln geben, die er sonst vielleicht unwissentlich verletzten würde, weil er die Übersicht über die Lage und die Ursachen einer Katastrophe aus dem Blick verliert. Den Überblick auf Ursachen und Symptome für die weltweiten Bewegungen der Migration hat Europa zur Zeit gänzlich aus dem Blick verloren und die selbstlosen Helfer stürzen sich auf jene Opfer, die am lautesten schreien.

„Big Raushole" aus Afrika – Migration als Aufgabe ohne Verantwortlichkeiten

Seit Jahren tobt auf dem Mittelmeer ein Krieg. Nicht zwischen Ländern, sondern zwischen Realität, Selbstermächtigung und Utilitarismus. Schiffe wie die „Aquarius" fahren dicht an die nordafrikanische Küste, um dort diejenigen zu „retten", die sich auf den Seelenverkäufern der Menschenhändler auf hohe See begeben und dort – wer würde dies bezweifeln – in Seenot geraten. Das ist ja Sinn des Spiels und die Garantie der Rettung nach den vielen Ertrunkenen der letzten Jahre und somit die einzige Möglichkeit für die Schlepper, ihre „Kunden" auf die Schlauchboote zu bekommen. Niemand, nicht ein einziger der Betrogenen geht davon aus, es mit 600 Menschen, ohne Navigation und nur ein paar Litern Benzin auf einem solchen Stück Gummi nach Lampedusa oder Malta zu schaffen. Die „Aquarius" und ihre Schwesterschiffe sind kalkulierter Bestandteil dieses perversen Spiels und diese wissen, dass das, was sie da tun, nicht Seenotrettung, sondern Notrettung ist. Denn Seenotrettung würde bedeuten, die geretteten nach internationalem Seerecht in den nächstgelegenen sicheren Hafen (Sicherheit vor dem Ertrinken, nicht die Sicherheit, ein besseres Leben oder Versorgung zu finden) zu befördern. Ein Taxidienst ist im Seerecht nicht vorgesehen.

Der Notrettung wird durch die Schlepper somit eine Nötigung beigefügt, indem man die Leute wissentlich ins Meer treibt und ihren Tod in Kauf nimmt. Das ist etwa so, als würden sie sich, liebe Leser, im Wartezimmer ihres Arztes die Pulsadern aufschlitzen, um die volle und prioritäre Aufmerksamkeit des Doktors zu erlangen. Ob sie diese verdient haben oder jemand anderes, der weder die Kraft dazu noch das nötige Werkzeug besitzt, sich derart in Szene zu setzten, die Hilfe aber viel dringender benötigt, wäre ihnen egal. Sie schreien laut, das Blut sprudelt und wenn eine Kamera vor Ort ist, haben sie die volle mediale Aufmerksamkeit. Der Arzt, egal wie empört er auch wäre, würde jeden Vorwurf der Sonderbehandlung mit dem Ausruf „hätte ich ihn verbluten lassen sollen?", zurückweisen. Leidtragende sind die Patienten im Wartezimmer, die sich still verhalten.

Zurück zur „Aquarius", die nach einer wirklich dramatischen Rettungsaktion ihre Fracht nicht wie gewöhnlich in Italien abladen konnte. Dies funktionierte über Jahre hinweg automatisch und sorgte dafür, dass die Crews der verschiedenen „Rettungsfähren" das Ergebnis ihrer Kollaboration mit den Menschenhändlern einfach irgendwo anderen Leuten vor die Füße kippen konnten. Das gute Gefühl, geholfen zu haben, bleibt. Doch Italien spielte nicht mehr mit und die Retter hatten plötzlich ein Problem, an das sie nie gedacht hatten: Ihnen gingen die Vorräte aus. Eigentlich logisch für einen Fährdienst im Linienbetrieb, wenn sein Zielhafen plötzlich Quarantäne verhängt. Spanien sprang ein. Dort hatte erst vor kurzer Zeit die Regierung gewechselt und die neu am Ruder stehenden Sozialisten sahen die Gelegenheit, ihr Image aufzupolieren.

Also fuhr die „Aquarius" nach Alicante[1] und löschte dort ihre Fracht, während dutzende Kameras begeistert den Landfall hunderter Kriegsflüchtlinge ablichteten. Kriegsflüchtlinge? Schauen wir doch mal in die Passagierliste[2]:

Algerien: 43, Afghanistan: 1, Bangladesch: 3, Kamerun: 6, Komoren: 2, Kongo: 1, Elfenbeinküste: 11, Eritrea: 60, Äthiopien: 5, Gambia: 11, Ghana: 3, Guinea Bissau: 4, Guinea: 22. Liberia: 1, Mali: 11, Marokko: 11, Niger: 1, Nigeria: 148, Pakistan: 11, Senegal: 13, Sierra Leone: 20, Somalia: 5, Sudan: 152, Süd Sudan: 49, Togo: 9.

Verglichen mit einem Loft im Prenzlauer Berg oder dem Ferienhaus eines linken Politikers in der Toscana sind dies natürlich alles Orte des Jammers. Und doch gibt es Abstufungen. Guinea, Marokko, Togo, Gambia, Ghana, Komoren, Algerien … Wie kann es sein, dass von dort, wo kein Krieg herrscht, Menschen ausgerechnet nach Libyen fliehen? In ein Land also, in dem es im Gegensatz zu ihren Heimatländern tatsächlich Krieg gibt. Flieht man also jetzt schon vor Elend und Perspektivlosigkeit in Kriegsgebiete? Es sind die Anreize und Versprechen der Schlepper und die Tatsache, dass ein wesentlicher Teil dieser perversen Reiseplanung eben jene „Rettungsschiffe" sind, die vor der afrikanischen Küste patrouillieren. Doch zurück zur „Aquarius" und der medialen Schlussblende mit „Happy End". Denn die Geschichte endete in unseren Medien beim Zeitpunkt der Anlandung. Die schönen Bilder waren im Kasten und die Retter und deren Unterstützer sicher, Gutes geleistet zu haben. Die Stadt Alicante hatte nun das Problem, 600 Neuankömmlinge irgendwo unterzubringen.

Studenten raus, Migranten rein

Man entschied sich für ein Wohnheim der Uni in Alicante, dessen Bewohner man kurzerhand vor die Tür setzte[3 und 4]. 24 Stunden gab man ihnen Zeit, ihre Zimmer zu verlassen, für die sie im Übrigen bis zu 750 Euro Miete zahlen. Ab dem 1.7. wäre das Gebäude zwar leer gewesen, weil die Uni es im Sommer als Jugendherberge nutzt, aber zum Zeitpunkt der Räumung waren es noch gut zwei Wochen bis zum Semesterschluss. Ein Treppenwitz der Extraklasse ist es, wenn einer der geräumten Studenten berichtet[5], dass er sich in einem Deutschkurs auf einen Job in Deutschland vorbereiten wollte, da er in Spanien keine Arbeit fände. Und so haben dieser Student und die Neuankömmlinge von der „Aquarius" letztlich dasselbe Ziel, nämlich Deutschland. Doch während der eine Qualifikationen erwerben will, die er auf unserem Arbeitsmarkt benötigt, werden die anderen nichts dergleichen mitbringen, sondern sich von der nächsten Rettungsmannschaft in der Rettungskette vor die Füße der übernächsten Retter legen lassen und die Wasserträger in dieser Kette werden mit dem guten Gefühl, geholfen zu haben, nach Hause gehen.

Niemand der Retter stellt sich die Frage, welche Probleme er eigentlich wo löst oder ob er durch sein Handeln womöglich mehr davon schafft. Der Modus Operandi wird nie in Frage gestellt und wenn doch mal jemand Zweifel anmeldet, wird er mit dem Argument „Willst du diese Menschen ersaufen lassen?", zum Schweigen gebracht. Dieser Vorwurf der Unmenschlichkeit erstickt jedes Argument, auch jenes, dass es die Schlepper sind, die den Geretteten durch die „Überfahrt" in untauglichen Booten gewissermaßen vor den Augen der Weltöffentlichkeit die Pulsadern aufgeschlitzt haben. Ich glaube, wenn jedes der Rettungsschiffe einmal mit seiner Fracht Tunis oder Algier anliefe, hörten die Schlauchbootrennen schlagartig auf. Wäre das nicht eigentlich das höchste Ziel der „Seenotretter"? Wenn niemand mehr ersöffe? Oder vermisste man das erhebende Gefühl, ganz toll geholfen zu haben, ohne sich darum zu scheren, was später aus den Menschen wird und ob der Verfrachtung nach Europa unweigerlich eine ganze Kette von kleineren und größeren Ungerechtigkeiten und Rechtsbrüchen folgen wird, für die dann andere verantwortlich sein sollen? Die Vorwürfe an die Schiffsbetreiber, mit den Schleppern zusammenzuarbeiten, sind ja nicht neu. Ich gehe aber noch einen Schritt weiter und behaupte, dass sie durch die Art ihres Einsatzes im Grundes selbst zu Schleppern werden. Nur dass als Bezahlung für diesen Dienst nicht schnödes Geld fließt, sondern schöne Bilder und ein gutes Gefühl winken[6].

Niemandem ist vorzuwerfen, für sich und seine Familie ein besseres Leben zu suchen. Das ist in allen Zeiten so gewesen und wenn der Entschluss nicht auf falschen Versprechen vom Paradies oder auf Zwang beruht, entspricht er genau genommen dem, was die europäische Aufklärung zum höchsten Ziel erklärt hat: der willentlichen und individuellen Entscheidung, sein Leben selbst in die Hand zu nehmen und Verantwortung für seine Zukunft zu übernehmen. Gerät man aber in die Fänge der europäischen Menschenhändler, wird man zum Objekt der Fürsorge und eines selbstsüchtigen Mitleids, aus dem es kein Entrinnen mehr gibt. Die Tatsache nämlich, dass die allermeisten der auf diesen perversen Treck geschubsten Menschen in Europa nie wirklich reüssieren werden, ist den Helfern nicht nur egal, sondern ist die unterbewusste Basis für deren Engagement. Wer in der Rettungskette am Anfang steht und auf den Schiffen das Mittelmeer durchkämmt, bekommt von der Verzweiflung der Helfer am Zielort und der Resignation der meisten Migranten natürlich nichts mit. Immer neue Schiffsladungen kippt man den rückwärtigen Helfern vor die Füße. Erst dort entsteht das Bewusstsein der Vergeblichkeit, weil man feststellt, dass für viele der hier gestrandeten keine tragfähigen Perspektiven in Europa zu finden sind. Man wird es den Menschen deshalb früher oder später überlassen, sich hier bei uns eben jene Strukturen zu schaffen, die sie aus ihren Heimatländern kennen, nur, um „Ruhe" zu haben. Zweifellos wird man uns dies später als großen Erfolg verkaufen.

Utilitarismus der Ratlosigkeit

Mir scheint, dass der „Westen", also Europa und Nordamerika, Afrika in Gänze längst verloren gegeben haben. Der Phase des Kolonialismus folgte eine bis heute anhaltende Phase aus Korruption, Diktatur und Tribalisierung, der wir weitestgehend ohnmächtig zugeschaut haben. Die Entwicklungshilfe diente im Großen und Ganzen als Schmiergeld, denn wirkliche Entwicklungen hat es – mit einigen wirklich löblichen Ausnahmen – nicht geschaffen. Noch vor zwanzig Jahren wurde die drohende Bevölkerungsexplosion in Afrika als das größte Problem für die Entwicklung des Kontinents gesehen, heute spricht niemand mehr darüber. Der fatalistischen Feststellung, in welchem Maße sich die Bevölkerung gerade in den Staaten Zentral- und Westafrikas entwickeln werde, der die dortigen Volkswirtschaften unmöglich standhalten können, folgten keine Programme für Bildung und Aufklärung, sondern sehr merkwürdige UN-Pläne zu „Resettlement and Relocation"[7] (*Global Compact on Refugees)*, denen ein inhumaner Utilitarismus geradezu aus jeder Zeile tropft[8].

Man will den „Bevölkerungsüberschuss", den sogenannten Youth Bulge[9] der afrikanischen Länder dazu nutzen, um die schrumpfende Bevölkerung

Japans, Russlands oder Europas „aufzufüllen". Das Ganze hört auf den Namen „Bestandserhaltungsmigration" und klingt wie der Wortschatz eines Hundezüchtervereins. Man hat Afrika offenbar aufgegeben und glaubt nicht mehr daran, dass sich die Staaten dort je in eine bessere Richtung entwickeln werden und, auf eigenen Füßen stehend, selbstbewusste und tragfähige Gesellschaften entwickeln können. Die Bevölkerungsexplosion wird vom Problem zur Ressource erklärt, derer man sich zur „Bestandserhaltung" bedienen kann. Der Zweck heiligt die Mittel, sagt der Utilitarist und die Fährdienste im Mittelmeer werden unter diesem Blickwinkel zur vorauseilenden Erfüllung künftiger UN-Pläne. Spinnt man den Faden etwas weiter, was ich mit Abscheu und unter Protest tue, kann das „Abschöpfen" des Youth Bulge afrikanischer Länder jedoch nur der Anfang sein. Die „importierten Menschen" sind schließlich nicht optimal kompatibel mit dem, was in Europa oder Japan auf sie zukommt, weil sie durch Kindheit und Jugend in ihren Herkunftsländern bereits geprägt sind.

Deshalb wird man die Ressource früher „abschöpfen" müssen und bereits Kinder importieren – dies ist die Letztkonsequenz der Pläne, die von Spatzenhirnen bei der UN und ihren willigen Helfern bei europäischen NGOs erdacht und umgesetzt werden. Es liefe also auf nichts weniger als legitimierte Sklaverei hinaus. Ich habe keine Worte, um meinem Ekel vor solchen Plänen Ausdruck zu geben! Das Kalkül der UN ist, dass die Migranten schon heute mehr Geld in ihre Herkunftsländer schicken, als an Entwicklungshilfe dorthin fließt. Jedoch haben beide Geldströme eines gemeinsam: Sie verhindern die Entwicklung dort, wo sie landen und zementieren die Abhängigkeit von Almosen. Die Pflicht, Geld in die alte Heimat zu schicken, verhindert zudem langfristig und gründlich die Perspektiven auf ein selbstbestimmtes Leben in der neuen Heimat. Die Kette der Abhängigkeit bliebe für die Migranten auf beiden Seiten fest geschmiedet.

Ultra posse nemo obligatur

Wann genau haben wir eigentlich den Überblick über die Konsequenzen unseres Handelns verloren? Ich vermute, als wir damit begannen, Entscheidungen an Instanzen zu delegieren, denen wir eine höher stehende Moral und größere Kompetenz attestierten. Je weiter weg vom Problem jedoch darüber entschieden wird, umso schwerer ist es, die entstehenden Belastungen richtig einzuschätzen. Der römische Rechtsgrundsatz, dass niemand über seine Fähigkeiten hinaus verpflichtet werden kann, wird nur zu oft durch eine unzulässige Abwägung ersetzt. Von Madrid aus ist es leicht, ein paar Studenten auf die Straße zu setzen, um in deren Wohnungen Migranten einzuquartieren, weil man die Not letzterer als größer einschätzt. Aus Sicht des Studenten, dessen Solidarität man einfach requiriert hat und der dadurch vielleicht einen Abschluss nicht schafft, der ihm einen guten Job ermöglicht hätte, ist „ultra posse" aber vielleicht längst überschritten. Er wurde jedoch nicht gefragt, man entscheidet über dessen Kopf hinweg genauso, wie über die Köpfe derer, die man zu hunderttausenden nach Europa lockt. Man tritt die Interessen der einen mit Füßen, ohne damit den Interessen anderer wirklich zu dienen und sorgt dadurch für Ärger und Verbitterung auf allen Seiten. Es gibt keine Gewinner in diesem perversen Spiel.

Der Staat löst ein Problem, schafft dadurch aber unmittelbar neue. Selbiges gilt für alle Glieder in der Kette aus Kausalitäten der Migration. Die afrikanische Familie wird in Zukunft den Verlust von Söhnen durch Auswanderung und strapaziöse Wege dorthin durch noch mehr Kinder „ausgleichen" oder den „Marktwert" dieses perversen Jugendexports stärker gewichten. Die erfolgreiche Rettung von 600 Menschen durch die „Aquarius" produziert genau jene Bilder, die die Schlepper ihren nächsten Opfern zeigen. Schließlich wird der ausbleibende Widerstand durch die Studenten die spanische Regierung künftig bei ähnlich spontanen „Problemlösungen" noch kreativer werden lassen und die Studenten das Vertrauen in den Rechtsstaat verlieren lassen. Ein Teufelskreis aus kleinen, scheinbar richtigen Entscheidungen, die in der Summe jedoch eine verheerende Entwicklungsrichtung ergeben. Solange nicht alle Beteiligten „Stop" sagen, wird diese Kausalkette aus gefühlter Menschlichkeit und Hilfsbereitschaft das bleiben, was ich in der Headline ausgerufen habe: Heuchelei! Und die wird auf dem Rücken der Völker Afrikas und Europas ausgetragen.

Kommen wir auf unser Eingangsbild mit den Sanitätern zurück und schauen nicht nach den schreienden, sondern den stillen, tiefen Problemen, also den Ursachen der Erkrankungen der Gesellschaften in Europa und Afrika, die sich momentan in so fataler Weise gegenseitig die Hände um den Hals pressen. Statt einen Freihandelsvertrag mit der EU, der nur der produktiveren und durch Subventionen bevorteilten europäischen Seite nützt, sollten insbesondere die landwirtschaftliche Produktivität Afrikas durch Exporthilfen verbessert werden. Es ist absurd, dass Afrika, dessen riesige Flächen die Welt ernähren könnten, auf Lebensmittelspenden oder -importe aus Europa angewiesen ist. Es gälte außerdem, Know-how nach Afrika zu bringen und die Unterstützung korrupter Regime umgehend einzustellen. Entwicklungshilfe muss an Entwicklung gekoppelt werden und darf nicht endlos fließen. Europa sollte auch endlich damit beginnen, sich von der Idee der ewigen Schuld zu lösen, die man während der Kolonialzeit angehäuft habe, ohne zu vergessen, was damals geschehen ist. Kein afrikanisches Land strebt ernsthaft danach, zurück in die Zustände vor der Kolonialisierung zu gelangen. Straßen, Schienen, Fabriken, Schulen und Städte will man haben, am besten solche, wie in Europa. Wer hier bei uns etwas anderes predigt und das Streben nach Entwicklung und Wohlstand verteufelt, möchte Afrika in Wirklichkeit klein halten und auf ewig alimentieren, um Macht über seine Menschen zu behalten.

Und Europa? Unsere Probleme im Zusammenleben sind immanent – und das, obwohl wir uns für so unglaublich fortschrittlich halten, obwohl wir jede Menge supra-staatlicher Organisationen haben und Weltmeister im Pläneschmieden sind. Unser Hang zum Etatismus und der sich daraus ergebenden immer stärker werdenden Übergriffigkeit von Bürokratie und Politik in unsere Leben sind es, die uns schrumpfen lassen. Aber das ist Stoff für einen eigenen Artikel, ja, eine Artikelserie! Migration zuzulassen, ist eigentlich eine logische Konsequenz des Strebens nach Freiheit, unsere Probleme jedoch kann sie nicht lösen. Im Gegenteil.

Es wird Zeit, dass wir Afrika loslassen, damit es auch uns loslassen kann. Machen wir so weiter wie bisher, erwürgen wir uns gegenseitig.

www.unbesorgt.de

Das geheime Experiment an den Deutschen

Von Heiko Schrang

In der letzten Woche gab es wieder unzählige Ereignisse und über zwei, drei möchte ich heute mit euch reden.

Zum einen trat ja in den Tagesthemen zur allerbesten Sendezeit ein Politologe der Harvard Universität auf und man debattierte. Hatte man sich dort versprochen oder war die ganze Sache geplant?

Ein Riesen-Aufschrei ging durch die Medien und viral durch das Internet, weil der Mann quasi so offen und ehrlich war und von einem einzigartigen Experiment sprach, dass die monokulturelle Gesellschaft aufgebrochen und in eine multikulturelle Gesellschaft umgewandelt werden soll.[1] Auf Facebook und Twitter und überall ging die Sache rum und alle haben sich aufgeregt und sagten: „Das kann nicht wahr sein!" Andere waren der Meinung: „Endlich sagt das jemand."

Aber mal ganz ehrlich, wir können die Aufregung nicht verstehen. Wir haben heute im Team darüber gesprochen. Es ist doch ein alter Hut. Meine Mitarbeiter haben nur gegähnt und gesagt: „Erzähl uns mal was Neues." 2015 hat Franz Timmermanns, der EU Kommissar, ganz eindeutig gesagt, ich zitiere: „Die Zukunft der Menschheit beruht nicht länger auf einzelnen Nationen und Kulturen, sondern auf einer vermischten Superkultur."[2]

Er hat letztendlich dazu aufgerufen, den Nationalstaat indirekt sogar zu zerstören. Keiner hat von diesem Experiment, was schon lange läuft, gesprochen.

Viel spannender ist (und das ist jetzt wirklich ein Geheimnis, das ich hier mal verkünden will, denn die Masse wird das nicht kennen), es gibt eine Liste von einem Nachhaltigkeitsrat der Bundesregierung. Der hat eine Studie rausgegeben, die heißt „Dialog Zukunft Vision 2050". Da steht drin: „Wir leben im Jahre 2050 einer Welt, die keine (Staats)Grenzen mehr kennt. Das traditionelle Bild der Familie gibt es nicht mehr. Die Menschen werden in großen Familiengemeinschaften zusammenleben, ohne unbedingt verwandt zu sein. Kinder werden von mehreren Eltern mit unterschiedlichen sexuellen Hintergründen behütet. Die Gleichheit des Liebens, egal von welchem Geschlecht, ist auf allen Ebenen festgeschrieben. Daher wurde die Ehe abgeschafft."[3]

Merkt euch das! „Dialog Zukunft Vision 2050". Nun wisst ihr, was wir damit meinen, wenn wir sagen, dass es einfach nur geheuchelt ist. Nach und nach werden immer Stückchen reingeschmissen, so wie aktuell dieser Yascha Mounk von der Harvard-Universität in den Tagesthemen. Und ein Teil der Bevölkerung sagt: „Auweia!"

Es ist ein alter Hut und ein seit langem gefasster Plan. Diese Studie, um die es hier geht, ist aus dem Jahre 2011. Das heißt, was die uns im Bundestag erzählen, ist nichts weiter als die Augsburger Puppenkiste, da wird *guter Polizist, böser Polizist* gespielt. Nichts anderes läuft dort momentan ab.

Im Endeffekt sehe ich es trotzdem positiv. Weil diese Propaganda so unerträglich geworden ist, dass immer mehr Menschen es nicht mehr hören können und nicht mehr glauben. Sie wird sogar kontraproduktiv.

Ein aktuelles Beispiel ist die Bestsellerautorin Petra Paulsen. „Deutschland außer Rand und Band", ihr Buch hat die Charts erklommen. Platz 17 der Spiegel Bestsellerliste und interessant ist dabei, dass der Tagesspiegel letzte Woche auf schlimmste Art und Weise über dieses Buch und auch über Thorsten Schultes Buch „Kontrollverlust" hergezogen ist und fragt: „Petra Paulsen und Thorsten Schulte – Was macht diese Bücher rechts?"

Spannend ist, dass nirgendwo erklärt wird warum, wieso, weshalb? Es fallen nur immer wieder diese Phrasen, wie im Bundestag, wo gesagt wird, die AfD sei rechtsextrem, rassistisch und so weiter, aber keiner redet über Fakten. Das ist wirklich Kindergartenniveau.

Ich kann nur raten, der Sache gar keine Aufmerksamkeit zu geben, denn ihr seid diejenigen, die wichtig sind, da ihr mittlerweile dabei seid, selbst zu entscheiden, nicht nur aus eurem Herzen, sondern auch mit euren Geldbeutel. Ihr stimmt mit eurem Geldbeutel ab, egal, was der Mainstream euch für Lügen erzählt.

Warum sind solche Bücher denn so erfolgreich? Weil die Leute sie kaufen und recherchieren und im Internet nachgucken.

Bei Petra Paulsen gibt es nicht eine negative Rezension, nur positive. Insofern sind die Anstrengungen des „Tagespiegel" eben kontraproduktiv. Petra

Paulsen und Thorsten Schulte müssen denen eigentlich einen Dankesbrief schicken, denn durch den Verriss ist die Platzierung sogar noch gestiegen. Ich habe mal geguckt, sie war gestern auf Platz 26 von allen Büchern bei Amazon und da gibt es zweieinhalb Millionen. Bevor die Tagesspiegelkampagne kam, diese Hetze, Ende letzter Woche war sie auf Platz 700! Also das komplette Gegenteil des Gewollten ist passiert.

Der Mainstream kommt mir wie ein angeschossenes Reh vor, rennt von A nach B. Sie wissen überhaupt nicht mehr, was sie machen sollen.

Hier ist eine Flut und wir sind Teil dieser Flut. Jeder von euch ist ein kleiner Tropfen in einem Meer. Und die Welle wird immer größer und die Politiker, diese Laiendarsteller, kommen mir vor wie Parlaments-Füllmasse mit ihren Freunden in den Mainstream-Medien; wie jemand, wo die Flut schon die Tür einreißt, der dasteht und sich mit Händen und Füßen wehrt und denkt, er könne damit diese Flut aufhalten. Das wird nicht mehr funktionieren. Geht nicht mehr. Der Zug ist abgefahren.

Natürlich gibt es immer wieder Leute, die sagen: „Jaaa, aber in meinem Umfeld ... und der ... und die schlafen ja noch ... und die wissen von alldem gar nichts." Das ist nicht ganz korrekt. Wir haben bei uns mittlerweile ein interessantes Experiment gemacht, wir haben mit unzähligen Leuten gesprochen, fast schon wie Journalisten es tun sollten, nach dem Stand der Dinge gefragt und haben eine Metapher dafür gefunden.

Der Mensch ist vergleichbar mit einem Küken, das sich in einem Ei befindet. Wie in einem Kokon, schön warm und kuschelig, alles toll. Das ist quasi das Leben im Außen, wo sie sagen: „Ach, alles super, Geld kommt jeden Monat rein, Bierchen steht auf dem Tisch, Fußball am Wochenende, alles passt." Und dann kommen Leute wie wir, die mit ihnen diskutieren und gewisse Argumente bringen, so als wenn bei dem Ei von der Seite ein kleines Loch reingehämmert wird und auf einmal kommt dort ein Lichtstrahl rein und das Küken sieht: „Oh, da ist ja anscheinend noch etwas anderes. Vielleicht ist das doch etwas anderes als die Mainstream-Medien mir jeden Tag suggerieren."

Aber da bei den Leuten permanent der Fernseher läuft, ist das wie so ein Kitt, der immer wieder das Loch verschließt. Und deswegen ist ganz entscheidend, dass ihr endlich mal aufhört und endlich mal diesen Fernseher ausschaltet; aufhört, über euer Smartphone euch die ganzen Vorschläge der Mainstream-Medien anzuschauen. Fangt an, selbst zu recherchieren! Denn im Endeffekt, um zurück zur Metapher des Kükens zukommen, wir müssen alle genau wie jedes Küken aus dem Ei schlüpfen. Um fliegen zu können müssen wir aus diesem Ei herauswachsen. Und wisst ihr, was mit Küken passiert, die im Ei bleiben und nicht rauskommen?

Die sterben.

In diesem Sinne wünsche ich euch viel Erfolg beim Recherchieren. Fangt an zu recherchieren, was wir heute besprochen haben und tut mir einen Gefallen, achtet in Zukunft auch auf die Begrifflichkeiten! Immer wieder wird (auch von Berufskollegen) von alternativen Medien gesprochen. Wir müssen endlich die Dimensionen wechseln, die Betrachtungsweise wechseln. Hier geht es nicht um alternative Medien und auf der anderen Seite um offizielle Medien. Es sind auf der anderen Seite System- und Einheitsmedien. Wie sollen wir denn eine Alternative dazu sein? Das geht gar nicht.

Wir sind freie Medien. Redet in Zukunft von freien Medien! Lasst den Begriff „alternative Medien" einfach sein. Und denkt immer daran, nur wer gegen den Strom schwimmt, gelangt zur Quelle. Nur tote Fische schwimmen mit dem Strom.

www.HeikoSchrang.de

Dieser Beitrag wurde zuerst als Video auf YouTube veröffentlicht
https://www.youtube.com/watch?v=q23K22sMAN4

Schwindelerregende Staatspropaganda: Der Spiegel im Stil des SED-Politbüros

Von Ramin Peymani

Lange vorbei ist die Zeit, als der *Spiegel* ein Nachrichtenmagazin war, das seine Aufgabe darin verstand, den Mächtigen auf die Finger zu klopfen. Heute versteht man sich eher als Gehilfe der Mächtigen, um dem Volk heimzuleuchten, wenn es wieder einmal vom linken Weg abzukommen droht. Längst passiert dies nicht mehr nur in gedruckter Form, sondern vor allem im Netz. Mit mehr als 20 Millionen Nutzern pro Monat gehört der Online-Auftritt des Magazins zu den reichweitenstärksten Nachrichtenportalen in Deutschland. Diese Marktmacht will wohl genutzt sein. Und so gründete das Hamburger Unternehmen im Herbst 2015 den Ableger *Bento*. Noch ideologischer und einseitiger ausgerichtet, soll damit die junge Zielgruppe eingefangen werden, die für linkspopulistische Halbwahrheiten besonders empfänglich ist. Zwar unterscheidet *Bento* auf seiner Internetplattform offiziell zwischen den Kategorien „Meinung" und „News", dem Leser erschließt sich aber nicht, nach welchen Kriterien die Redaktion ihre Beiträge diesen Menüpunkten unterordnet. Ein Phänomen, das man auch vom Spiegel kennt. Doch während es bei der gedruckten Ausgabe völlig in Ordnung ist, dass Meinung und Meldung verschmelzen, weil der Käufer schon an Format und Erscheinungsweise eines Wochenmagazins erkennt, dass er keine Tageszeitung erwirbt, konkurriert der Spiegel in seiner Online-Ausgabe direkt mit den täglichen Gazetten, bei denen der Leser voraussetzt, dass Nachrichten unkommentiert übermittelt werden. Das schert die Redaktion aber keinen Deut.

Die Erfolgsmeldung zum Job-Boom bei den Asylzuwanderern entpuppt sich bei genauerem Hinsehen als ziemliche Mogelpackung

Einmal mehr wartet Spiegel Online in diesen Tagen mit einer Meldung auf, in der dem Leser bereits in der Überschrift eingetrichtert wird, wie er das Ganze zu bewerten hat. „Erfolgreiche Integration"[1] jubelt das Hamburger Magazin mit Blick darauf, dass 300.000 der mehr als 1,5 Millionen Asylzuwanderer, die seit drei Jahren nach Deutschland strömen, inzwischen einer Beschäftigung nachgehen. Und nicht nur das: „Immer mehr Flüchtlinge finden Arbeit", steigert sich die Redaktion in einen Rausch. Sie begründet ihre Begeisterung damit, dass sich die Zahl der erwerbstätigen Zuwanderer innerhalb eines Jahres um mehr als 100.000 erhöht habe, was zwar ganz hübsch klingt, aber nichts daran ändert, dass die Zahl der nicht erwerbstätigen Migranten angesichts der Zuwanderungszahlen stärker gewachsen ist. Tatsächlich entpuppt sich die Erfolgsmeldung bei genauerem Hinsehen als ziemliche Mogelpackung. Denn gerade einmal 15% (gut 237.500) der seit drei Jahren eingewanderten Migranten im besten Erwerbstätigenalter hatten im Mai 2018 einen sozialversicherungspflichtigen Job. Darunter sind viele, deren Beschäftigung nur mit staatlicher Hilfe – also auf Steuerzahlerkosten – möglich ist. Auf die vom Spiegel vermeldeten mehr als 300.000 Personen kommt man überhaupt nur, wenn man alle mitzählt, die sich irgendwie mit irgendetwas beschäftigen, statt bloß herumzusitzen. Die Entwicklung kann daher nur als enttäuschend bezeichnet werden. Und auch der Blick auf die Abbruchquote bei den Auszubildenden verheißt nichts Gutes. Viele der jungen Zuwanderer halten nur wenige Wochen durch.

Eine nicht funktionierende Integration, deren Scheitern jeder mit eigenen Augen sehen kann, wird zum Erfolgsmodell umgedichtet

Neben sprachlichen Barrieren scheinen hierbei auch mangelnde Motivation und fehlende Belastbarkeit eine Rolle zu spielen. Beim Spiegel zeigt man sich dennoch begeistert darüber, dass inzwischen sage und schreibe 28.000 Asylzuwanderer eine Lehre begonnen haben. Hält man sich die siebenstellige Zahl junger Männer vor Augen, die seit 2015 eingewandert sind, kann man kaum glauben, dass sich die Redaktion traut, das mickrige Häufchen überhaupt zu beziffern. Es ist bezeichnend für den Spiegel, aber auch sinnbildlich für die deutsche Medienberichterstattung, dass völlig unkritisch berichtet wird, wenn es um Zuwanderung geht. An derlei hat man sich in den letzten Jahren gewöhnen müssen. Dass aber nunmehr Erfolgsmeldungen in Politbüro-Manier verbreitet werden, stößt nicht nur jenen Bürgern sauer auf, die dies jahrzehntelang in der DDR über sich ergehen lassen mussten. Vor allem deshalb regt sich im Osten Deutschlands der Widerspruch am lautesten. Niemand will die Honeckers, von Schnitzlers und Mielkes zurückhaben. Auch die „Aktuelle Kamera" nicht, mag sie inzwischen auch noch so unverdächtig als „Heute journal" daherkommen. Wer eine nicht funktionierende Integration, deren Scheitern jeder mit eigenen Augen sehen kann, nicht nur ignoriert, sondern zum Erfolgsmodell umdichtet, muss sich nicht wundern, wenn die Bürger den Respekt vor Medien und Politik verlieren. Der Spiegel mag auf 20 Millionen Nutzer verweisen. Herauszufinden, wie viele die Internetseite nur aufrufen, um immer wieder Negativbeispiele zu dokumentieren, wäre doch mal eine interessante Aufgabe für eine Masterarbeit.

www.peymani.de

Finis Germaniae – Wie die Immigranten Deutschland ruinieren werden

Von Jürgen Fritz

„Wer könnte in Abrede stellen, daß die Alarmisten, wie üblich, nahezu völlig recht haben? Die Bewohner der wohlhabenden Nationen schlafwandeln zumeist im unpolitischen Pazifismus. Sie verbringen ihre Tage in einer vergoldeten Unzufriedenheit. Unterdessen vertiefen sich an den Rändern der Glückszonen ihre Belästiger, ja ihre virtuellen Henker in Lehrbücher der Sprengstoffchemie, entliehen aus den öffentlichen Bibliotheken des Gastlandes." – Peter Sloterdijk

Eine Win-win-Situation?

Deutschland brauche dringend Zuwanderung, heißt es. Weil wir seit Jahrzehnten zu wenig Kinder bekommen und sonst bald niemand da wäre, der unsere Renten erwirtschaften könnte, heißt es. Wir müssten dankbar sein für die Immigranten, dass sie zu uns kommen wollen, denn sie wären unsere Rettung, heißt es. Zuerst erretten wir sie und dann sie uns.

Ach, ist das nicht schön? Eine Win-win-Situation! Und auch so moralisch. Nein, humanitär heißt es jetzt. Das klingt so schön. Wir sind jetzt alle humanitär. Irgendeine hat sogar von einem „humanitären Imperativ" gesprochen. Irgendwas von Kant hatte sie wohl gehört, vielleicht aber nicht so ganz verstanden. Vielleicht fand sie auch einfach nur den Ausdruck so schön. Dass Dinge schön klingen, ist wichtig. Sehr wichtig! Im Grunde das Wichtigste überhaupt.

Befehle sind auszuführen, sonst gibt es was mit dem humanitären Knüppel

Und wo ein Imperativ herrscht – „herrschen" auch so ein schönes Wort und eine schöne Sache; das mag die, von der das Diktum mit dem „humanitären Imperativ" stammt, ganz besonders -, da verbietet sich jedes Nachfragen.

Befehle sind auszuführen. Da gibt es keine Diskussion. Wo kämen wir denn da hin, wenn Befehle in Frage gestellt würden? Zum Befehl gibt es keine Alternative. Er muss ausgeführt werden. Zumal wenn es sich um einen Humanitären handelt. Denn Humanität – bitte nicht mit Humanismus verwechseln! – ist ja etwas Gutes. Das weiß doch jedes Kind. Also haben wir es mit einem guten Befehl zu tun. Punkt. Da gibt es nichts zu überlegen. Das wurde von ganz oben so festgelegt und das ist gut so, weil ja der Befehl gut ist.

Aber ist er das wirklich? Stimmt das alles? Gibt es da nichts zu diskutieren, nichts zu erörtern, nichts zu überlegen? Genau das macht Demokratie, Humanismus und Aufklärung doch aus: eigenes Nachdenken, eigenes Überlegen und gemeinsames Erörtern und Diskutieren. Überlegen wir also: Ist das tatsächlich eine Win-win-Situation? Gibt es wirklich keine Alternative? Könnte es nicht vielleicht doch eine Win-lose- oder sogar eine Lose-lose-Situation sein? **Will uns da etwa nur jemand die Souveränität rauben, dagegen zu sein?** Schauen wir etwas genauer hin.

Was macht denn Japan?

Zunächst fällt auf, dass es andere Länder gibt, wie Japan oder Südkorea, die ganz ähnliche Probleme mit der völligen Überalterung der Gesellschaft haben wie wir, im Falle Japans sogar noch drastischer. Nehmen die denn auch hunderttausende oder Millionen von Immigranten innerhalb weniger Jahre auf? Das müssen sie doch, wenn das die einzige Rettung darstellt. Sie können doch gar nicht anders! Ansonsten würden sie ja geradewegs in ihren Untergang steuern. So dumm können die doch gar nicht sein. Das wäre ja der reine Selbstmord eines ganzen Volkes und einer ganzen Kultur. Also werden doch Japan und Südkorea bestimmt auch jedes Jahr viele, viele hunderttausend Immigranten aufnehmen. Schauen wir uns die Zahlen doch mal an.

2014 nahm Japan exakt elf Flüchtlinge auf. Nicht elftausend, sondern elf von 5.000, die Asyl beantragt hatten. 99,8 Prozent wurden abgelehnt. Im Jahr zuvor wurden sogar nur sechs Asylbewerber aufgenommen.

Hmm. Komisch. Dann sind die Japaner ja dumm, wenn sie all die Tausende Flüchtlinge nicht einreisen lassen, die doch so eine große Hilfe für die völlig überalterte japanische Gesellschaft wären. Dumm und böse. Weil man doch dem humanitären Imperativ gehorchen muss. Haben die in Japan denn keine Imperative? Oder ganz andere? Kennen die überhaupt keine Humanität?

Die vielen „guten" und die paar „schlechten" Deutschen

Ach, wir Deutschen sind einfach bessere Menschen. Und deshalb wollen bestimmt auch mehrere hundert Millionen Menschen aus der ganzen Welt ausgerechnet nach Deutschland kommen, weil wir hier so gute Menschen sind. Nur deshalb! Das hat nichts mit unserem Sozialsystem zu tun, das jeden, sobald er nur die deutschen Grenzen überschreitet – egal wie, auch illegal – auf einem Niveau versorgt, wie es das nur in wenigen Ländern dieser Erde gibt, wie böse Zungen behaupten.

Ein paar schlechte Menschen gibt es halt auch bei uns. AfD-Wähler und Pegida-Marschierer und Nazis. Iiiihhh! Die CSU hat wohl auch etliche solche bösen Menschen. Die tun aber nix, keine Angst. Und die CDU hat auch noch ein paar. Aber Merkel macht aus denen schon noch „gute Menschen". Also solche, die artig parieren, die brav und ohne Fragen zu stellen, ohne selbst zu überlegen und Dinge dialektisch zu erörtern über jedes Stöckchen springen, das die Parteiführerin hinhält. Sonst gibt es was mit dem humanitären Knüppel.

Was machen Südkorea und andere Länder?

Und wie sieht es in Südkorea aus? Das sind doch bestimmt bessere Menschen dort als die „bösen Japaner". Besser und klüger. Haben die Japaner im Zweiten Weltkrieg nicht an Hitlers Seite mitgekämpft und China überfallen, ähnlich wie die Nazis Konzentrationslager errichtet? Was will man von denen schon erwarten? Die Südkoreaner sind bestimmt ganz anders. Schauen wir uns doch mal die Zahlen an.

Südkorea nahm 2015 exakt 24 Asylanten auf. Nicht 24 tausend, sondern 24. Hmm. Sind die denn auch dumm und böse?

Und was machen andere europäische bzw. westliche Länder? Forscht man weiter nach, so stellt man fest: Auch Ungarn, Polen, die Tschechei und die Slowakei wollen kaum „Flüchtlinge" oder Asylanten bei sich aufnehmen, vor allem keine aus dem islamischen Kulturkreis. Auch Australien, Kanada,

Frankreich, Großbritannien und viele, viele andere Länder sind nur noch bereit, sehr begrenzte Kontingente zu übernehmen und teilweise genau auszuwählen, wen sie einreisen lassen. Sind die alle dumm und böse? Womit kann das denn zusammenhängen, dass all diese Länder keine Masseneinwanderung aus der afrikanischen respektive der islamischen Welt haben wollen? Könnte es zum Beispiel mit der Integrationsfähigkeit dieser Leute zusammenhängen?

Integrationsfähigkeit afrikanischer und muslimischer Immigranten

Zur Einsetzbarkeit von „Flüchtlingen" (gemeint sind Immigranten) am deutschen Arbeitsmarkt, hier die offiziellen Zahlen des Bundesarbeitsministeriums:

Zunächst einmal sind mindestens 90 Prozent der Immigranten am deutschen Arbeitsmarkt überhaupt nicht einsetzbar. Für nichts.

Wenn dann noch unbeschränkter Familiennachzug nach Deutschland ermöglicht wird, Linkspartei, Grüne und SPD fänden das nicht schlecht, werden aus einer Million Immigranten schnell drei, vier, fünf Millionen, von denen dann in den ersten Jahren maximal 0,1 Millionen arbeiten. Man hofft, über entsprechende Nachqualifikationsmaßnahmen die 90 Prozent der zu nichts Einsetzbaren im Laufe von drei Jahren auf ca. 70 Prozent reduzieren zu können und im Laufe von sieben Jahren auf ca. 50 Prozent.

Ob dies tatsächlich so eintreffen wird, weiß kein Mensch. Aber selbst wenn, würde das bedeuten, dass die anderen 50 Prozent auf Dauer vollkommen, zu 100 Prozent alimentiert werden müssten. Und das lebenslang! Sie werden niemals am deutschen Arbeitsmarkt einsetzbar sein. Sie müssen also inklusiver ihrer ganzen Familie vom Rest der Bevölkerung, also hauptsächlich von den Deutschen, ihr ganzes Leben mitversorgt werden, vom Tag der Einreise bis zu ihrem Tod, also meist viele, viele Jahrzehnte. Sie und alle ihre Familienmitglieder. In Extremfällen kann dann schon mal ein Mann mit vier Ehefrauen und 22 oder 23 Kindern[1] immigrieren, die dann alle von Sozialhilfe (insgesamt über 30.000 EUR im Monat) leben.

Folgen der unkontrollierten Massenimmigration

Daher kommen der Finanzexperte Professor Bernd Raffelhüschen und der ehemalige Chef des IFO-Instituts Professor Hans-Werner Sinn zu Schätzungen, dass ein Immigrant aus der afrikanischen/islamischen Welt vom Tag seiner Einreise bis zu seinem Tod uns im Schnitt – nicht die Extremfälle, sondern im Schnitt! – ca. 450.000 Euro kosten wird, wenn nicht noch mehr. 450.000 Euro pro Immigrant heißt pro Million Immigranten: 450 Milliarden Euro. Bei zehn Millionen Immigranten (20 Jahre lang jedes Jahr 500.000, Merkel, die SPD, die Grünen und die Linkspartei lehnen jede Obergrenze kategorisch ab!) sind das 4,5 Billionen Euro. Zum Vergleich: Die Gesamtverschuldung Deutschlands, die in den letzten 70 Jahren aufgebaut wurde, beläuft sich auf circa 2 Billionen Euro.

Zusätzliche 4,5 Billionen Euro allein nur für die Immigranten(!). Dass dies unser Land weitgehend ruinieren wird, dürfte auch denen klar sein, die es mit Mathematik und Ökonomie nicht so haben. Und selbst wenn es keine 4,5 Billionen, sondern „nur" 4 oder „nur" 3 oder 2 Billionen Euro wären, wer soll das zusätzlich erwirtschaften? Wenn man dann noch bedenkt, dass die Geburtenraten der Deutschen seit fast 50 Jahren zu niedrig sind und wir es seit fast 50 Jahren nicht geschafft haben, unsere Staatsausgaben mit den Staatseinnahmen zu decken und fast jedes Jahr neue Schulden gemacht haben, selbst dann, als die Bevölkerungspyramide noch nicht so katastrophal aussah wie jetzt, dann wird einem bewusst, welcher Tsunami hier auf die deutsche Bevölkerung zurollt.

Professor Gunnar Heinsohn geht daher davon aus, dass der Lebensstandard der Deutschen auf brasilianische Verhältnisse zurückfallen wird, wenn wir den grün-linken bzw. sozialdemokratischen Merkel-Kurs weiterführen werden.

Nein, massenweise Immigration aus Afrika und dem islamischen Kulturkreis wird die Probleme nicht lindern und schon gar nicht lösen, sondern sie noch drastisch verstärken. Das steht fest.

Weitere katastrophale Folgen der Massenimmigration

Und dabei haben wir von **steigenden Kriminalitätsraten**, von einer **Veränderung des Frauenbildes** in unserer Gesellschaft, von einer **schleichenden Islamisierung** des Landes, die ab einem bestimmten Punkt unumkehrbar sein wird, von einer **steigenden Terrorgefahr** in einem Ausmaß, wie es sie in Deutschland noch niemals gab, von einem **Zerreißen des inneren Bandes der Gesellschaft** und vielen anderen Problemen noch gar nicht gesprochen.

Hinzu kommen die exorbitant höheren Geburtenraten von Afrikanern beziehungsweise Muslimen gegenüber Deutschen. So hat sich die türkische Bevölkerung dank der hohen Geburtenrate in den vergangenen 50 Jahren mehr als verdreifacht, während die deutsche kontinuierlich schrumpft. Doch bleiben wir beim Thema, ob uns die Immigranten wirtschaftlich retten oder ruinieren werden und schauen wir uns an, wie die Immigranten sich bisher in den Arbeitsmarkt integriert haben.

Jeder zweite nichteuropäische Asylant in Hartz IV

Hier die tatsächlichen Zahlen der letzten Jahre, nicht Schätzungen des Bundesarbeitsministeriums für die Zukunft, sondern die Fakten, wie es in der Vergangenheit tatsächlich gewesen ist: Von 100 Deutschen waren laut Angaben der Bundesagentur für Arbeit im April 2015 acht in Hartz IV (SGB II). Wie sah dies bei Immigranten ohne deutsche Staatsbürgerschaft aus? (Würde man alle Immigranten, auch die mit deutscher Staatsbürgerschaft heranziehen, dürften die Zahlen sogar noch höher sein und die der indigenen deutschen Bevölkerung noch geringer.)

- **Von 100 Deutschen waren in Hartz IV: 8**
- **von 100 Ausländern waren in Hartz IV: 18 – 19**

Doch Immigrant ist nicht gleich Immigrant und Ausländer ist nicht gleich Ausländer. Bei Ungarn zum Beispiel ist die Hartz-IV-Quote mit 5 – 6 Prozent sogar geringer als bei Deutschen. Ebenso bei Kroaten mit 6 -7 von 100. Ganz anders sieht es jedoch bei **Ausländern aus nichteuropäischen Staaten** aus:

- von 100 Türken waren in Hartz IV: 26
- von 100 Pakistani waren in Hartz IV: 34 – 35
- von 100 Iranern waren in Hartz IV: 40
- von 100 Afghanen waren in Hartz IV: 48
- von 100 Syrern waren in Hartz IV: 60
- von 100 Irakern waren in Hartz IV: 61

Insgesamt waren bei **nichteuropäischen Asylherkunftsländern** von 100 Personen **48 in Hartz IV**, also rund die Hälfte. Das sind sechsmal so viele wie bei Deutschen!

Hat das wirklich alles nichts mit dem Islam zu tun?

Die sechs zuletzt genannten Länder sind übrigens alle solche, in denen der Islam dominiert. Aber natürlich hat dies alles nichts mit dieser religiös-politisch-totalitären, entwicklungs- und bildungsfeindlichen Weltanschauung zu tun.

Die Vorstellung nun, dass Menschen die solch ein wissens- und denkfeindliches Weltbild in sich tragen, Leute mit einem Grundschulabschluss oder gar Analphabeten (56 Prozent der Afghanen, 58 Prozent der Iraker, 65 Prozent der pakistanischen Frauen) eine hochmoderne Gesellschaft des 21. Jahrhunderts retten könnten, Einwanderer, die oftmals ein frühmittelalterliches Weltbild tief in ihren Seelen tragen, von welchem sich zu trennen, den meisten völlig unmöglich sein wird, kann nur als eines bezeichnet werden: als **absurd**, **naiv**, wenn nicht **infantil,** respektive **ideologisch vollkommen verblendet**.

Diese Immigranten werden Deutschland nicht retten, sondern ruinieren

Diese Immigranten werden Deutschland und Europa nicht retten, sondern ruinieren. Daran kann es keinen Zweifel geben. Und es wird auch keine Win-lose-, als vielmehr eine Lose-lose-Situation sein. Verlieren werden nicht nur wir, die Aufnehmenden, sondern auch die Immigranten selbst, weil viele bei uns zwar materiell aus ihrer Sicht in Wohlstand leben, innerlich aber entwurzelt und heimatlos sein werden. Dies gilt für die Kinder der Immigranten übrigens oftmals noch stärker als für die Einwanderer selbst, da jene überhaupt nicht wissen, wo sie hingehören. Viele werden sich von uns Deutschen in eigenen Vierteln separieren. Dort werden dann die Terroristen von morgen heranwachsen. Oder wie der Philosoph **Peter Sloterdijk** es schon vor über zehn Jahren formulierte:

„Wer könnte in Abrede stellen, daß die Alarmisten, wie üblich, nahezu völlig recht haben? Die Bewohner der wohlhabenden Nationen schlafwandeln zumeist

im unpolitischen Pazifismus. Sie verbringen ihre Tage in einer vergoldeten Unzufriedenheit. Unterdessen vertiefen sich an den Rändern der Glückszonen ihre Belästiger, ja ihre virtuellen Henker in Lehrbücher der Sprengstoffchemie, entliehen aus den öffentlichen Bibliotheken des Gastlandes."

Es gibt nur eine Alternative zu dieser Alternativlosigkeit

Die Immigranten werden Europa nicht retten. Sie werden alles, was hier in dreitausend Jahren mit etlichen Rückschlägen aufgebaut und entwickelt wurde, auf lange Sicht zerstören, weil sie mehrheitlich innerlich überhaupt keinen Bezug dazu haben. Und machen wir uns nichts vor, es gibt nur eine einzige politische Kraft, die bei allen sicherlich vorhandenen Mängeln, auch nur ansatzweise dazu imstande ist, sich dem entgegenzustellen. Mit der CDU kann seit Merkel nicht mehr gerechnet werden. Und die CSU kommt über lautes Gebrüll letztlich nicht hinaus. Sie wird auf Dauer in ihrer babylonischen Gefangenschaft an die CDU gekettet bleiben.

Somit gibt es für alle, die sich diesem Kurs der Selbstzerstörung Deutschlands und der europäischen, abendländischen Kultur entgegenstellen wollen, unterm Strich **nur eine einzige Alternative zu dieser Alternativlosigkeit**. Noch geben wir die Hoffnung auf Einsicht in diese Notwendigkeit nicht auf.

www.juergenfritz.com

Die Wahrheit über kulturfremde Ausländer und Immigranten – erschreckende Fakten

Von Jürgen Fritz

Es gibt keine *„Flüchtlinge"* in Deutschland. Dies ist ein gezielt falsch eingesetzter, politisch perfide instrumentalisierter Begriff. Es gibt nur Ausländer und Immigranten. Sind diese, so sie aus Afrika und dem islamischen Kulturkreis kommen, insgesamt tatsächlich eine Bereicherung oder sind sie *in toto* eine riesige Belastung und Gefährdung unserer inneren Sicherheit?

Es gibt keine *„Flüchtlinge"* oder *„Geflüchtete"* in Deutschland

Zunächst eine wichtige Fest- und Klarstellung: Es gibt keine *„Flüchtlinge"* in Deutschland. Dieser Ausdruck ist Teil einer **gigantischen Manipulations- und Täuschungskampagne** (Orwellscher Neusprech), hinter der bestimmte Ziele stecken, und zwar andere als die, die von den Akteuren vorgegeben werden, die die Massenimmigration befürworten und sogar noch antreiben.

Mit diesem Ausdruck sollen auf perfide Weise **gezielt falsche, aber gewünschte Assoziationen evoziert** werden, die an unser Mitgefühl, unsere Menschlichkeit und unsere Güte andocken und diese für ihre Zwecke instrumentalisieren, sprich ausnutzen. Welcher anständige Mensch würde einen Verfolgten, der auf der Flucht und in akuter Lebensgefahr ist, nicht bei sich aufnehmen und ihm Schutz bieten wollen?

Flüchtlinge gibt es in Syrien oder in der Türkei, nicht aber bei uns. Wenn jemand aus einem brennenden Haus herausrennt, dann flüchtet er vor dem Feuer. Sobald er vor diesem in Sicherheit ist, dann aber tausend Kilometer woanders hinwandert, weil er gehört hat, dort soll es sehr schön sein, ist er kein Flüchtender mehr, sondern **ein Wandernder**.

Die Anzahl der Ausländer und Immigranten

In Deutschland gibt es also keine *Flüchtlinge*, weil niemand aus Österreich oder aus Dänemark flüchten muss. Was es bei uns gibt, sind:

- **Ausländer** (keine deutsche Staatsangehörigkeit): die Anzahl der Ausländer betrug 2016 ca. 10,04 Millionen. Bezogen auf ca. 82,8 Millionen Gesamtbevölkerung entspricht dies **über 12 Prozent** – Tendenz immer weiter steigend.
- Direkte und indirekte **Immigranten** („Personen mit Migrationshintergrund"): 2016 gab es in Deutschland bereits 18,6 Millionen[1] (direkte/ indirekte) Immigranten auf ca. 64,2 Millionen Ursprungsdeutsche. Bezogen auf die Gesamtbevölkerung von ca. 82,8 Millionen entspricht dies ca. 22,5 Prozent[2] - Tendenz immer weiter steigend.
- Das Verhältnis (direkte/indirekte) Immigranten zu Ursprungsdeutschen betrug 2016 nur noch 1 zu 3,5. Auf knapp 3,5 Ursprungsdeutsche kam also bereits ein (direkter/indirekter) Immigrant.

Helfen oder aufnehmen?

Eine weitere wichtige Unterscheidung, die die Migrationsanheizer bewußt und gezielt zu verwischen suchen, ist die zwischen a) **helfen** und b) **jemanden bei sich aufnehmen.** Ersteres kann in fast allen Fällen zigmal effektiver vor Ort oder in unmittelbarer Nähe erfolgen als viele tausende Kilometer entfernt, wo die Kosten um ein Vielfaches höher sind. **Entwicklungshilfeminister Gerd Müller** im Juli 2016:

„Ein Dollar in Dohuk im Irak eingesetzt, hat die dreißigfache Wirkung wie ein in München eingesetzter Dollar."

Das aber heißt, den Menschen kann mit einem Zehntel, Zwanzigstel, Dreißigstel oder noch weniger Aufwand vor Ort viel besser geholfen werden, respektive mit dem gleichen Aufwand kann statt einem Menschen zehn, zwanzig, dreißig oder noch mehr Menschen geholfen werden. Dies **zeigt** bereits, **dass es den Migrationsbefürwortern in Wahrheit um ganz anderes geht** als Menschen, die in Not sind, effektiv zu helfen. Ihnen geht es darum, Deutschland respektive ganz Europa auf lange Sicht mit Millionen über Millionen Migranten regelrecht zu fluten.

Um dieses Ziel zu erreichen, setzen sie aufnehmen mit helfen gleich, um den Menschen zu suggerieren: Wer andere nicht bei sich aufnehmen möchte, der wolle diesen Personen nicht helfen, was natürlich nicht nur völlig falsch, sondern absurd ist. Offensichtlich wird hier **darauf abgezielt, in seinen Mitbürgern ein schlechtes Gewissen zu evozieren**, um sie so zur Zustimmung zu den eigenen Zielen zu nötigen (stark manipulativer Zug).

In der Sache wird natürlich umgekehrt ein Schuh daraus: **Wer mit seinen begrenzten Ressourcen so vielen Menschen wie nur irgend möglich helfen will, der nimmt sie nicht bei sich auf, sondern hilft ihnen dort, wo die Kosten am geringsten sind**, um so einer maximalen Zahl von Personen Hilfe zukommen zu lassen, zumal wenn man weiß, dass die Ärmsten der Armen den Weg nach Europa niemals schaffen, sie ihn sich gar nicht leisten können. Was in Wahrheit hinter diesem Vorhaben steckt, Deutschland und Europa mit Migranten fluten zu wollen, darüber wird an anderer Stelle noch zu sprechen sein.

Inwiefern Immigranten aus Afrika und dem arabisch-islamischen Kulturkreis uns massiv schaden

Wenn wir uns nun die **Verbrechens- und Kriminalitätsraten** a) der Ausländer, b) der direkten und indirekten Immigranten im Vergleich zu denen der Ursprungsdeutschen anschauen, die keinerlei *„Migrationshintergrund"* haben, so ist das Ergebnis ganz eindeutig und absolut erschreckend. Siehe dazu bspw. die sehr dezidierten Ausarbeitungen von Ines Laufer[3].

Fassen wir die Ergebnisse aller Untersuchungen kurz zusammen, so ergibt sich folgendes Bild: **Mit jeden tausend Immigranten aus** Kulturräumen außerhalb Europas, genauer: aus **Afrika und der arabisch-islamischen Welt** (dies gilt kaum oder gar nicht für ostasiatische Immigranten aus Südkorea oder Japan oder Immigranten aus Australien, Nordamerika etc.), **verschlechtert sich die Zusammensetzung der Bevölkerung** in vielfacher Hinsicht:

1. was die **ökonomische Leistungsfähigkeit**[4] anbelangt,
2. damit zusammenhängend die **Bedürftigkeit von Sozialtransfers**[5],
3. in Bezug auf **Intellekt und Bildung**[6], auch Zivilisiertheit (dies korreliert wiederum mit 1 und 2 und auch mit 4),

4. was die Kriminalität und die Verbrechen anbelangt, vor allem Gewaltverbrechen und ganz besonders **sehr grausame Gewaltverbrechen**[7].

Fazit

Mit jeden tausend Immigranten aus Afrika bzw. aus der islamischen Welt, die ungefiltert in unser Hoheitsgebiet eindringen, wird die Zusammensetzung der Bevölkerung schlechter und schlechter und schlechter in all diesen Aspekten. Hinzu kommt, dass hierdurch das **Sicherheitsgefühl in der Bevölkerung leidet**, was ein Verlust des Vertrauens in die Mitmenschen nach sich zieht, dem Schlüsselelement des kulturellen Kapitals, was dann wiederum eine **schwere Beeinträchtigung des gesamten Lebensgefühls** bewirkt.

Dies alles ist keine Meinung (Immanuel Kant: ein mit Bewußtsein sowohl subjektiv als objektiv unzureichendes Fürwahrhalten), dies alles sind **nachweisbare Fakten**.

www.juergenfritz.com

Mainstream-Schlachtschiff correctiv.org geht auf Beatrix von Storch los und verteidigt staatliche Kriminalstatistik-Fake-News

Von Niki Vogt

Mit zehn Metern Bugwelle rauscht das Schlachtschiff „correctiv“ gegen Frau Beatrix von Storch heran: *„Nein, Frau von Storch, Deutschland ist nicht unsicherer geworden!“*[1] kracht ihr der Schuss vor den Bug. Doch betrachten wir als Beobachter des Scharmützels die imposante IMMS „correctiv“ (Ihrer Majestät Merkel Schiff) von der Seite, sind wir enttäuscht. Hinter der Gischt sprühenden, haushohen Bugwelle dümpelt ein durchweichtes Papierschiffchen heran. Und der Schuss? Platzpatrone.

correctiv, nach eigener Zielsetzung das „erste gemeinnützige Rechenzentrum im deutschsprachigen Raum“[2] ist angetreten, um „jeder Bürgerin und jedem Bürger Informationen zu geben, damit sie die Welt verstehen“. Dazu recherchieren sie „langfristig zu Themen, die für die Gesellschaft wichtig sind“.

Aha. Dann schau'n wir doch mal. Das Thema lautet: Ist Deutschland, wie Frau von Storch behauptet, unsicherer oder, wie correctiv behauptet, sicherer geworden? Das Thema ist für die Gesellschaft wichtig. Sehr wichtig sogar.

Also, Haken dran: correctiv, übernehmen Sie!

Jetzt sind wir gespannt auf die nächste Stufe: Die gründliche, langfristige Recherche zu diesem äußerst gesellschaftsrelevanten Thema. Was bietet correctiv? Repräsentative Recherchen innerhalb der Polizei? Aussagen von Beamten vor Ort? Hat correctiv Kontakte ins Innenministerium, was da so unter der Hand zu hören ist? Gibt es Fachleute, die die offiziellen Statistiken durchleuchtet haben? Hat correctiv die letzte Kriminalstatistik in Bezug auf die Gewichtung, Struktur und erfassten Daten mit älteren Statistiken auf 1:1 Kontinuität verglichen? Oder mal in Wiesbaden angerufen? Das Bundeskriminalamt macht eine wissenschaftliche Studie zur „Lebenssituation und Sicherheit in Deutschland“. Den Herrn Christoph Birkel dort kann man sogar anrufen: 0611-55 13 424.

Nö. Frau Christina Helberg, offenbar die fähigste Spurenschnüfflerin unter den Fake-News-Jagdhunden bei correctiv, hat sich einfach die letzte Kriminalstatistik aus dem Netz runtergeladen. Ganz, ganz großes Kino: Ja, das ist genau die Statistik, von der Frau von Storch ja gerade sagte, dass man deren Zahlen nicht trauen könne. Gegenbeweis von Frau Helberg: Sie zieht exakt dieselbe Kriminalstatistik als Gegenbeweis heran. Das ist also die hochbezahlte, staatlich opulent finanzierte, langfristige, gründliche Recherche?

Sehr verehrte Frau Helberg, das ist ja gerade das, was uns Bürger umtreibt, beunruhigt und viele auch zornig macht, dass wir Bürger überhaupt kein Vertrauen in diese Statistik haben. Und da fällt Ihnen nichts Besseres ein, als mit Aplomb uns genau dieses – für viele offensichtlich unglaubwürdige – Zahlenwerk noch einmal zu servieren?

Das Misstrauen in diese Statistik ist sehr berechtigt. Gerade wir hier von den „Unbestechlichen" suchen und sammeln und finden – leider – genug Anhaltspunkte, die gegen die Kriminalstatistik sprechen. Man kennt Polizisten, man hört im privaten Rahmen, was da alles unter den Tisch fällt, von Dienstanweisungen, die höchst fragwürdig, aber bestens geeignet sind, die Statistiken schön aussehen zu lassen.

Ein Polizeibeamter aus Berlin sprach unter Freunden (mit einem unserer Autoren bei den Unbestechlichen) ganz offen darüber, was wirklich vor sich geht.[3] Er nannte mehrere Fälle, von denen er persönlich weiß, dass sie zwar bearbeitet wurden, aber *nachträglich* aus der Statistik gelöscht wurden. Viele andere Straftaten wurden gar nicht erst aufgenommen, polizeiliche Sofortmaßnahmen, wie Spurensuche, Vernehmungen usw. werden gar nicht erst unternommen. Versuchte Tötungen werden zu Körperverletzungen heruntergespielt.

Ein Bremer Polizist packte sogar öffentlich auf Facebook aus, dass allein im kleinen Bundesland Bremen ca. 10.000 gemeldete[4], aber nicht bearbeitete Fälle liegen, die natürlich in keine Kriminalstatistik eingehen. Auch nicht fertig bearbeitete oder nicht einmal eröffnete Fälle erscheinen nicht in der Statistik, und diese Stapel türmen sich wegen Überlastung aufgrund zu vieler Straftaten immer höher.

Dazu kommen noch die Erkenntnisse der „Dunkelfeldforschung"[5]. Das BKA schreibt hierzu:

„Das Ziel von Dunkelfelduntersuchungen ist es, Erkenntnisse über das Gesamtaufkommen bestimmter Straftaten einschließlich des sog. (relativen) Dunkelfeldes, also den bei der Polizei nicht bekannten Straftaten, zu gewinnen. Denn während sich amtliche Kriminalstatistik lediglich auf das „Hellfeld" amtlich registrierter Vorgänge – und somit nur auf einen kleinen Ausschnitt von Kriminalität – bezieht, versuchen Dunkelfelduntersuchungen ein etwas umfassenderes Bild von Umfang und Struktur von Kriminalität zu liefern."

Sehr interessant ist hier eine Dunkelfeldbefragung des Landeskriminalamtes Mecklenburg-Vorpommern aus dem Jahr 2017[6], die als PDF im Netz steht. In einer Studie des LKA Niedersachsens (Kernfundebericht 2017)[7] steht zu lesen: *„Die Menschen in Niedersachsen fühlen sich also im Jahr 2017 insgesamt etwas unsicherer in Bezug auf ihre nähere Umgebung als noch 2015. Wie schon in den Vorjahren fallen besonders jüngere Frauen durch hohe Unsicherheitswerte auf, die sich von 2015 auf 2017 noch einmal signifikant erhöht haben."*

Laut dieser Dunkelfeldforschung des BKA werden in Deutschland jährlich ungefähr 20 bis sogar 25 Millionen Straftaten[8] vollzogen. Die offizielle Kriminalstatistik geht von etwa 5 bis 6 Millionen Straftaten aus.

Doch selbst die von Frau Helberg angeführte Kriminalstatistik kommt nicht umhin, festzustellen, dass Delikte, wie Mord und Totschlag um 17,7% (!) nur innerhalb eines Jahres, von 2016 bis 2017 gestiegen sind, Rohheitsdelikte im selben Zeitraum um 30,7% (!!) und Sexualdelikte um 54,5 Prozent (!!!).[9] Und das sind die typisch „zuwandererspezifischen Straftaten". Die Kriminalitätsquote unter den Zuwanderern beträgt, laut BKA-Statistik, satte 10%, und diese Täter sind fast immer Mehrfachtäter. Und: Das sind nur die statistisch erfassten Delikte.

Der Vorsitzende des Bundes deutscher Kriminalbeamter (BDK), André Schulz, musste von seinem Posten zurücktreten. Er als Fachmann hatte Zweifel an der von Frau Helberg als Beweis angeführten Kriminalstatistik geäußert.[10]

Die Liste der Whistleblower aus der Polizei und die schiere Masse an Belegen, dass die offizielle Kriminalstatistik nicht die Realität abbildet, ist lang und man braucht nur zu googeln. In zwei Tagen hat man genügend Stoff beisammen. Der Verdacht, dass die Kriminalstatistik so zustande kam, wie sie zur Beruhigung der Bürger zustandekommen sollte, ist begründet.

Frau von Storch hat mit ihrer Behauptung recht.

Schiff versenkt, Frau Helberg.

correctiv legt hier eine blamable Leistung hin, die dem eigenen Anspruch bei weitem nicht gerecht wird. Wenn schon ein solches, gut bezahltes Rechercheteam von der Allgemeinheit finanziert wird, dann muss es auch wirklich recherchieren. Frau Helbergs Beitrag ist nichts anderes, als ein schlampig zusammengezimmertes Reposting der Tabellen, um einer missliebigen Kritikerin über den Mund zu fahren und die linksgrüne Agenda der offenen Grenzen für grenzenlose „Kulturbereicherung" zu verteidigen und damit staatlich bezahlte Propaganda.

Als kurze Ergänzung dazu eine kleine Übersicht aus der Kriminalstatistik des BKA:

Die Kriminalität unter den Deutschen liegt gerechnet an der Statistik bei 1,69%. Alle großen Flüchtlingsgruppen sind genau betrachtet um ein vielfaches krimineller als Bürger mit deutschen Pass, dies gilt sogar für die „echten" Kriegsflüchtlinge aus Syrien (2,2-mal), Irak (4-mal krimineller) und Afghanistan (5,1-mal krimineller). Tunesische „Flüchtlinge" sind 48,5-mal krimineller als Deutsche, marokkanische 24,4-mal und algerische „Flüchtlinge" noch 18,8-mal krimineller.

Die BKA-Zahlen verstehen sich ohne „ausländerrechtliche Vergehen" wie illegale Einreise und Passfälschung. EU-Ausländer und Passdeutsche werden ebenfalls zu den Deutschen gerechnet.

Land	Registrierte Flüchtlinge 2015-2017	Tatverdächtige 2017	Kriminalitäts-rate
Tunesien	ca. 2.600	2.131	81,96%
Marokko	15.938	6.580	41,29%
Guinea	ca. 6.500	2.314	35,60%
Algerien	19.241	6.108	31,74%
Georgien	11.452	3.588	31,33%
Gambia	13.085	3.398	25,96%
Serbien	26.109	5.158	19,75%
Somalia	26.440	4.844	18,32%
Nigeria	27.136	4.755	17,52%
Türkei	15.576	2.719	17,45%
Russische Föderation	22.640	2.930	12,94%
Mazedonien	19.325	2.269	11,74%
Iran	50.674	5.915	11,67%
Eritrea	47.320	4.989	10,54%
Pakistan	36.941	3.806	10,30%
Afghanistan	215.041	18.632	8,66%
Albanien	78.475	5.692	7,25%
Irak	188.606	12.921	6,85%
Syrien	565.063	33.387	5,90%

Quelle: Kriminalität im Kontext von Zuwanderung 2017, BKA

www.dieUnbestechlichen.com

Die Armutskrieger: Afrikas Desperados stürmen Europas Grenzanlagen

Von Ramin Peymani

Seit fünfundzwanzig Jahren versucht die Europäische Union mit zwei Grenzzäunen zu verhindern, dass illegale afrikanische Einwanderer über die Südspitze Spaniens nach Europa gelangen. Einer der Zäune steht nahe der Exklave Ceuta an der spanischen Landgrenze zu Marokko, von wo aus es noch ungefähr zwanzig Kilometer übers Wasser bis zum europäischen Festland sind. Anfangs scheiterte der Versuch der Grenzsicherung an einem viel zu kurz geratenen und bei weitem nicht ausreichend hohen Zaun. Immer wieder machten sich Glücksritter aus Afrika mit Erfolg auf den Weg nach Europa. Erst 2005 gelang es Spanien, die illegale Masseneinwanderung mithilfe eines auf sechs Meter Höhe verdoppelten und auf eine Länge von über vierundzwanzig Kilometern ausgedehnten Mehrfachzauns effektiver zu unterbinden. Mit Stacheldraht gesichert und strengstens bewacht, hielt er seither Afrikas Desperados davon ab, in Scharen illegal nach Europa einzuwandern. Im Sommer 2018 ist die am besten gesicherte Grenzanlage Europas gefallen. 600 afrikanische junge Männer stürmten im Juli den Zaun bei Ceuta und verschafften sich damit Zugang zur Europäischen Union. Mit selbstgebauten Flammenwerfern und ätzendem Brandkalk griffen sie die völlig überforderten Grenzpolizisten an, die – europäisch zivilisiert – keine Waffen einsetzen durften und den zu allem entschlossenen Mob passieren lassen mussten, der sich den Kameras mit martialischen Gesten als Eroberer des europäischen Kontinents präsentierte.

Seit Mai 2018 wird Spanien nach rund sechseinhalb Jahren unter konservativer Führung wieder sozialistisch regiert. Und das bleibt nicht ohne Folgen: In atemberaubender Geschwindigkeit wurde die Einwanderungspolitik der Vorgängerregierung revidiert. Während, von der deutschen Öffentlichkeit nur wenig wahrgenommen, spanische Patrouillen jahrelang rund um die Uhr Schlepperboote abfingen und zurück nach Afrika eskortierten, erreichen inzwischen mehr Migranten die EU auf der Mittelmeerroute über Spanien als über Italien. Die Vorzeichen haben sich umgekehrt, denn nun sind es die Italiener, die ihre südlichen Häfen konsequent vor illegaler Einwanderung schützen. Währenddessen kündigte Spaniens Regierungschef Pedro Sánchez unmittelbar nach Amtsantritt an, den Stacheldraht an den Grenzzäunen entfernen zu lassen. Dies wird Zehntausende junger Männer motivieren, den Grenzübertritt ebenfalls in Angriff zu nehmen. Im Grunde könnte Spanien die Zaunanlage damit auch gleich ganz abreißen. Denn während der durchschnittliche Mitteleuropäer Sport nur aus dem Fernsehen kennt, ist ein sechs Meter hoher Kletterzaun ohne jede Abwehrvorrichtung für junge Afrikaner ein lächerliches Hindernis. Doch nicht nur darin zeigen sich die Unterschiede, die viel grundsätzlicher sind: Hier die satten Europäer, weichgespült und weinerlich, dort die kämpferischen Afrikaner, abgebrüht und abgehärtet. Im Kampf um die üppig gefüllten Fleischtöpfe Europas stehen sich zwei Kulturen völlig unterschiedlicher Prägung gegenüber – mit vorgezeichnetem Ausgang.

Kein Mensch kann etwas dafür, in welches wirtschaftliche oder soziale Umfeld er hineingeboren wird. Und natürlich ist es eine humanitäre Pflicht, dort zu helfen, wo die Not groß ist. Dies muss allerdings vor Ort geschehen, nicht im eigenen Land, weil jeder noch so solide unterfütterte Sozialstaat irgendwann an seine Grenzen gerät. Es ist in diesem Zusammenhang weder rassistisch, noch fremdenfeindlich, den seligen Peter Scholl-Latour zu zitieren, der einmal treffend feststellte, dass selbst zu Kalkutta werde, wer halb Kalkutta bei sich aufnehme. Damals ging es um die Armut im mittlerweile aufstrebenden Indien. Heute sind es vor allem die Regionen des Mittleren Ostens und Afrikas, aus denen die Armut Millionen von Menschen zu uns treibt. Doch es muss jedem klar sein, dass Europa nicht in der Lage ist, Afrika auszuhalten – und das im doppelten Wortsinn. Deutschland kann dies schon gar nicht. Dazu reicht ein einfacher Blick auf die demografischen Daten. Wir Europäer, vor allem aber wir Deutsche, müssen uns eingestehen, dass der sogenannte UN-Migrationspakt[1] für uns unerfüllbar ist. Egal, wie viele NGOs ihre Mitarbeiter demonstrieren lassen. Egal, wie viele links-grüne Journalisten feuchte Augen bekommen. Egal, wie viele Politiker uns das Gegenteil einreden. Unser Gesellschaftssystem, unsere demokratischen Institutionen und unsere Rechtsordnung fußen auf Überzeugungen und Werten, die ein leichtes Opfer für Menschen sind, die aus Regionen stammen, in denen das Recht des Stärkeren gilt. Wir werden dem, was da kommt, nicht gewachsen sein, wenn wir so weitermachen wie bisher.

www.peymani.de

Waldemar, die Schokoladenmächte, Schlepper und der Wert von 100 Euro

Von Roger Letsch

Die moralischen Rechtfertigungen für das Geschäft der NGOs, die vor der afrikanischen Küste das Mittelmeer auf der Suche nach Schlauchbooten durchkämmen, sah bisher verkürzt gesprochen folgendermaßen aus: Die Menschen fliehen vor Krieg und Verfolgung aus ihren Ländern, landen dann auf den Sklavenmärkten krimineller libyscher Warlords, um von dort auf Gummiboote verfrachtet zu werden, auf das sie im Mittelmeer ersöffen. Wären da nicht gutherzige deutsche NGOs mit deutschen Pop-Opas im Londoner Edel-Exil als Gallionsfiguren[1], die den Schleppern das Leben schwer machen, indem sie die Menschen aus eben der Seenot retten, in die die Schlepper sie auf ihren $700-Ali-Baba-Gummibooten[2] gebracht haben. Die schifflos Brüchigen zurück nach Tripolis zu bringen, sei ein Ding der Unmöglichkeit, schließlich drohen dort erneut Sklaverei und Ausbeutung. Also ab nach Norden ins beste Europa, das wir je hatten. Soweit, so schlüssig. Allerdings nur, wenn man die klitzekleine Wahrscheinlichkeit strikt ablehnt, das Schleppergeschäft könne womöglich doch aufgrund der Gesetze des Marktes ganz anders laufen und vielmehr von Angebot, Nachfrage und Chance getrieben sein – wenn auch in diesem Fall auf eine perverse und menschenverachtende Weise.

Keinen Augenblick jedoch bin ich bereit, das zu glauben, was die Retter-NGOs als gegeben annehmen. Nämlich, dass die Menschen, die sie da regelmäßig in Küstennähe aus den seeuntüchtigen Gummibooten ziehen, nicht wissen, auf welches Risiko sie sich da eingelassen haben. Informationen zu Chancen, Reiserouten, Entfernungen, offenen Grenzen und Telefonnummern von willigen Helfern verbreiten sich via Smartphone in Afrika ebenso schnell, wie überall in der Welt. Doch nun hat sich die Route von Libyen nach Marokko verlagert, was die NGOs in ein argumentatives Dilemma bringt. Zum Glück haben unsere Medien, die Öffentlich-Rechtlichen vorneweg, noch nichts davon bemerkt. Anderenfalls wäre folgende Reportage am 9.8.2018 beim DLF[3] wohl kaum über den Sender gegangen.

Spanien-Marokko vs. Marokko-Spanien

„Grenzsicherung in Spanien" heißt der Beitrag, der leider nicht in Textform, sondern nur als Audio[4] vorliegt (warum eigentlich?). Er befasst sich auch mit der Tatsache, dass sich das planmäßige „in Seenot geraten" von Libyen nach Marokko verlagert hat. Statt also mit Flammenwerfern und Brandkalk[5] auf die Sicherheitskräfte einer kleinen spanischen Exklave losgehen zu müssen, sticht man heute mit „Booten" von der marokkanischen Küste aus in See, um teils sogar aus eigener Kraft die Küste Andalusiens zu erreichen. Wir alle kennen die verstörenden Videos, in denen 50 oder mehr Migranten an einem kleinen Badestrand aus Booten springen, um sich an den mit offenen Mündern auf ihren Handtüchern liegenden Urlaubern vorbei in die Büsche zu schlagen. Doch weiter beim DLF.

„Immer mehr Menschen kommen in Spanien an, seit Italien dicht gemacht hat!

Ja, Italien ist in der Tat „dicht", nachdem es jahrelang sehr „undicht" war. Das könnte daran liegen, dass man dort aktuell versucht, zunächst mal mit der Bereicherung fertig zu werden, die dem Land bereits geschenkt wurde. Geschenke mit Nebenwirkungen übrigens. Wenn auch der Name „Schwarze Axt"[6] den deutschen ZDF-Guckern unbekannt sein dürfte, wissen die Italiener mittlerweile ganz gut, was sie an ihrer „Fünften Mafia" haben. Denn seit es dieses nigerianische Kulturinstitut geschafft hat, sich neben „Cosa Nostra", „Ndrangheta", „Camorra" und „Sacra Corona Unita" in Süditalien zu behaupten, ist es endlich nicht mehr so monochrom in der Welt der Kriminalität Italiens. Doch zurück zum DLF und an die Mole von Tarifa, dem südlichsten Zipfel Spaniens.

„Das Bild an der Hafenmole von Tarifa hat etwas Surreales. Rechts liegt ein großes Fährschiff, … das Touristen dorthin bringt, wo die Flüchtlinge herkommen. Links lungern mindestens 150 Flüchtlinge an der Hafenmole herum, reihen sich jetzt ein, um ein kleines Lunchpaket von der Guardia Civil in Empfang zu nehmen. Auch Waldemar aus der Elfenbeinküste steht in der Reihe ..."

Da staunt der Fachmann und der Laie wundert sich. Aus der Elfenbeinküste kommt Waldemar? Ging es dort nicht seit 2007 wieder aufwärts?[7] Ich werde hier sicher keine Hymnen auf dieses Land anstimmen. Es gab einen blutigen Bürgerkrieg, das Land war geteilt, es ist stark abhängig von seiner Landwirtschaft, es gibt Kinderarbeit in geradezu ekelhaftem Ausmaß – besonders bei der Produktion des Hauptexportgutes Kakao. Verglichen mit dem Rest Westafrikas hat die Elfenbeinküste aber auch mit Sicherheit die größten Entwicklungschancen. Was macht der Ivorer Waldemar also in Spanien? Was war es, das ihn zunächst nach Marokko trieb? Hören wir ihm genau zu.

„Wir hatten Freunde, wir haben es mehrfach versucht. Um das Geld für die Überfahrt zu bekommen, haben wir in der Heimat angerufen. Dann haben die Geld geschickt und wir haben immer mal wieder 100 Euro gezahlt. Dann haben wir das Material gekauft und sind gestern rüber gekommen."

Das Geschäft der Schlepper – eine Frage der Mathematik

Zuhause anrufen, um Geld anzufordern? Immer mal wieder 100 Euro? Keine Auskunft, wie oft „immer mal wieder" ist und wieviel insgesamt gezahlt wurde. Kein Wort auch zu der drängenden Frage, wie leicht oder schwer man in einem Land wie der Elfenbeinküste, wo das BIP pro Kopf und Jahr $1.500 beträgt, „immer mal wieder" 100 Euro nach Norden schicken kann. Der Anteil der Ivorer, die von nicht mehr als $2 am Tag ($730 pro Jahr) und somit unter der Armutsgrenze leben müssen, liegt bei 42%! Es gehört nicht viel Mathematik dazu, sich auszurechnen, welcher gesellschaftlichen Schicht Waldemar und seine Familie in der Heimat zugehörig sind und wie sehr Waldemar zur „Flucht" gezwungen war, wenn seine Familie ihm „immer mal wieder" 100 Euro hinterherschicken konnte. Machen wir einen kleinen Vergleich mit Deutschland unter Berücksichtigung der Kaufkraftparität. Denn $1.500 sind nicht überall soviel wert, wie in den USA.

Die Bürger der Elfenbeinküste haben eine durchschnittliche paritätische Kaufkraft von $3.600. Beim aktuellen Dollarkurs entsprechen 100 Euro demnach 3,2% des Jahreseinkommens eines Ivorers – im Mittel natürlich, allein 42% haben kaum ein Fünftel davon. Das deutsche BIP nach Kaufkraftparität beträgt $50.500[8] im Durchschnitt. Nur, um sich vorstellen zu können, welche Summen der Ivorer Waldemar „immer mal wieder" von zu Hause erhalten hat: Die Familie eines Waldemar aus „Pusemuckel bei Kartoffelacker" müsste dafür jedes Mal $1.600 oder 1.400 Euro überweisen. Überlegen sie kurz, liebe Leser, ob sie das „immer mal wieder“ für ihren Waldemar tun könnten und auf welcher Seite des Schlauchbootes sie demzufolge stehen würden. Wohin würden sie fliehen, wenn sie „immer mal wieder“ 1.400 Euro entbehren können? Könnten sie es sich leisten, ihrem Waldemar ein besseres Leben zu ermöglichen oder müssten sie ihm stattdessen solange an den Ohren ziehen, bis er den Schichtdienst in der heimischen Schokoladenfabrik aufnimmt? Wie groß mag die moralische Verpflichtung von Ländern wie Spanien, Frankreich oder Deutschlands sein, diesem Waldemar zu helfen, wenn dort viele Menschen kaum mehr pro Monat zur Verfügung haben, als eben jene „hinterhergeschickten“ 1.400 Euro – oft sogar deutlich weniger?

Schokoladenmächte

Man darf sich also fragen, zu welcher Kategorie Flüchtling unser Waldemar wohl gehören wird. Vielleicht floh er vor Krieg und Einberufung? Nein! Die Elfenbeinküste mag für uns kein wonnevoller Ort sein – außer für das BMZ, dass überschwängliche Noten verteilt und vom schicksalhaften Zusammenwirken der „Schokoladenmächte“[9] faselt: Deutschland als Weltmeister im Verbrauch von Kakao und der Elfenbeinküste als Weltmeister bei dessen Erzeugung. Krieg herrscht dort aber nicht. Gehört Waldemar womöglich zu der von Katrin Göring-Eckardt neu entdeckten Spezies der Klimaflüchtlinge, denen wir in Europa aus Schuldgründen und überhaupt und sowieso vor Dürre und Erderwärmung Zuflucht und Vollpension bieten müssen? Leider auch nicht, denn die Tropen sind dort so tropisch wie eh und je, die Kakaobäume wachsen, umschmeichelt vom Passatwind in den Himmel, der Kaffee reift in morgenkühler Bergluft und Wüsten gibt's auch keine. Nicht mal Windräder haben die, denen der Wald geopfert werden müsste – noch nicht, jedenfalls. Denn das Entwicklungsministerium gibt Millionen für die Förderung erneuerbarer Energien in der Elfenbeinküste[10] aus. Wurde Waldemar womöglich religiös verfolgt, unterdrückt oder sonst irgendwie unfair behandelt? Keine Rede davon, denn weiter im DLF-Text heißt es:

„Waldemar ist Automechaniker, ohne Ausbildung […] seine Motivation ist klar, er sucht ein besseres Leben um seine Leute zu Hause zu unterstützen.“

Damit das klar ist: Daran ist nichts Ehrenrühriges! Jeder Mensch auf diesem Planeten sollte das Recht haben, sein Glück zu machen. Kann er das nicht in seinem Heimatland, dann darf er es gern woanders versuchen. Waldemar möchte nach Frankreich und wenn Frankreich händeringend nach ungelernten Automechanikern sucht, warum sollte es dann nicht Waldemar zu sich holen? Die Frage ist nur: Was hat Spanien damit zu tun? Was berechtigt Waldemar dazu, ganze Heerscharen von freiwilligen „Helfern" in den Dienst der Verwirklichung seines Traums vom „besseren Leben in Europa" zu stellen, und wem helfen diese Helfer eigentlich? Waldemar, der kein Arbeitsangebot in Frankreich hat oder Frankreich, dass keine ungelernten Automechaniker sucht? Oder, noch etwas provokanter formuliert:

Die europäische Entwicklungshilfe meldet seit Jahren große Erfolge. Überall gehe es immer nur aufwärts, die Wirtschaft komme voran, eine Mittelschicht bilde sich, die Bildungschancen nähmen zu. Gerade die Elfenbeinküste wird immer wieder genannt, wenn es um die positive Entwicklung in Afrika geht. Und dennoch sind das erste, was sich der Mittelstand dort vom erworbenen Geld kauft, ein Koffer und die Dienste eines Schleppers, der sie nach Europa bringt! Wie wirksam oder sinnvoll ist diese Entwicklungshilfe eigentlich?

Am Ende bekommt der DLF natürlich die Kurve zur Willkommenskultur und vermeldet, vergessend, dass er uns gerade sehr erhellende Informationen gegeben hat: *„Schließlich galt und gilt es, Menschen vor dem Ertrinken zu retten."* Das ist mal sicher. Ebenso sicher übrigens wie die Tatsache, dass die „Fähren voller europäischer Touristen", von denen im Beitrag die Rede war, stets sichere Häfen im Sinne des Seerechts anlaufen werden, wenn sie nach Marokko auslaufen. Das wäre dann schon der zweite Mythos der Retter-NGOs, der dem Tageslicht nicht standhält. Weder handelt es sich um Flüchtlinge, egal nach welcher nur erdenklichen internationalen Definition, noch brächte sie deren Ausweisung in Lebensgefahr. Ein Anruf in der Heimat bringt schließlich „immer mal wieder" 100 Euro und die freundlichen Europäer übernähmen sogar die Kosten für die Heimreise.

Das mag zynisch klingen, aber ich will gern nochmal auf meinen Satz von weiter oben verweisen. Jeder soll das Recht haben, für sich und die seinen ein besseres Leben zu finden, sein Glück zu machen. Versucht er dafür jedoch, Vermögen und Leistungen anderer zu requirieren, ist er nichts als ein Glücksritter. Lässt man ihn gewähren, etabliert man ein Geschäftsmodell, in dem die Glücksritter immer wagemutiger werden. Setzt man dem Treiben klare Grenzen, ist man auf dem Weg, ein echtes Einwanderungsland zu werden. Ein solches Land hätte im Zeitalter von Internet, Google und Smartphone die Möglichkeit, den Waldemars überall auf der Welt bereits in ihrer Heimat zu zeigen, welche Chancen sie haben, in Europa als ungelernter Automechaniker Arbeit zu finden.

www.unbesorgt.de

Das Märchen von der Rente – Altersarmut für alle dank Massenmigration!

Von Hanno Vollenweider

Fangen wir zuerst mit den weniger schlechten Nachrichten an, denn es wird die wenigsten Leser betreffen: Sie kamen dieses Jahr ins Rentenalter? Na dann tun Sie mir leid, denn 2018 stieg der steuerpflichtige Anteil für Menschen, die erstmals Rente beantragen. Super, oder? Ein Leben lang gebuckelt und an den Staat gelöhnt und dann wird das Wenige, was aus den eingezahlten Beiträgen noch als Rente ausgeschüttet wird, gleich noch mal versteuert. Tja, so ist das halt in Deutschland – steuerfrei gibt's hier nur für andere.

Das Ganze liegt daran: Seit dem 01.01.2005 wird die so genannte „nachgelagerte Besteuerung" umgesetzt. Heißt im Klartext: Das, was Sie für ihre Altersvorsorge einzahlen wird, schrittweise steuerfrei. Im Gegenzug müssen Sie auf Ihre Rentenpfennige Steuern zahlen. Klingt bescheuert, ist es auch. Aber was bringt es uns, am System zu mäkeln, es ist ja doch zu spät … und das ist es in der Tat.

Vor fast genau drei Jahren sagte Merkel in ihrer Ansprache zum 125. Geburtstag der gesetzlichen Rentenversicherung, dass die Rente vielen nicht mehr reichen werde und sie sagte weiter: „Daher bin ich überzeugt, dass sich künftig nur durch eine Mischung gesetzlicher, betrieblicher und privater Altersvorsorge eine angemessene Absicherung im Alter aufbauen lässt."

Tja, lustig. Heißt also soviel wie: „Wer als Arbeitnehmer wenig in die Rentenkasse einzahlt, weil er wenig verdient, sollte möglichst viel Geld in die private Altersversicherung stecken, damit er später nicht ins Loch der Altersarmut fällt."

Und von mehr Betriebsrenten in Zeiten von vermehrt befristeten Verträgen und Zeitarbeitsfirmen zu reden, ist ja wohl doppelte Häme.

Und es geht noch weiter: „Wir sind gefordert, Altersarmut vorzubeugen und dafür geeignete Lösungen zu entwickeln", so Merkel. Eine dieser Lösungen ist das Hochsetzen des Rentenalters. Der Deutsche ist nämlich im Durchschnitt 20 Jahre in Rente und das lohnt sich für den Staat nicht. Wer bis 67 oder 70 buckelt, der wird meist auch keine 90 und bezieht deshalb schon mal weniger Rente. Und der, der aus gesundheitlichen Gründen nicht bis 70 buckeln kann, dem wird halt ordentlich gekürzt.

Aber mal unter uns! Über das Meiste, was ich bis hierhin geschrieben habe, brauchen Sie sich keine Gedanken machen, wenn Sie nicht in den nächsten 15-20 Jahren in Rente gehen. Denn wenn Sie so wie ich, Mitte-Ende der Dreißiger sind, bekommen Sie so oder so nichts mehr aus dem Rententopf. Der ist nämlich spätestens dann, wenn Sie Ihren Rentenschein einreichen, komplett leer! Das sieht übrigens auch unsere allseits beliebte Kanzlerin indirekt so, vor der Wahl dieses Jahr meinte sie dazu nämlich, die Rente sei bis 2030 sicher, was danach kommt, ist ihr anscheinend egal – ist ja auch noch 12 Jahre hin, da ist sie selber wahrscheinlich schon lang in Rente oder fällt dem Steuerzahler aus anderen Gründen nicht mehr zur Last, die Hoffnung stirbt ja bekanntlich zuletzt.

Ich mache Ihnen dafür mal eine Rechnung auf, die die Ergebnisse der Massenmigration der letzten Jahre im Bezug auf die Rentenkassen zeigen:

Wenn man bedenkt, dass die in 2015/16 eingereisten rund 2 Mio. Migranten im Schnitt 30 Jahre alt sind, im Minimum 5 Jahre brauchen, um überhaupt einigermaßen fit für den hiesigen Arbeitsmarkt zu sein (dann also 35 Jahre alt sind), bleiben bis zum Renteneintrittsalter jener Personen also gerade mal 32 Jahre. 32 Jahre in denen sie höchstwahrscheinlich als Beschäftigte im Niedriglohnsektor eben auch nur Rentenmindestbeiträge einzahlen. Wenn wir also derzeit mindestens 45 Jahre an Einzahlungen durch einen Arbeitnehmer benötigen, um das System überhaupt halbwegs am Laufen zu halten, wer finanziert dann die die riesige Lücke von 13 Jahren Einzahlungen, die für jeden dieser Migranten entsteht?

Und es sei noch mal dazu gesagt: Diese Rechnung geht davon aus, dass jeder der Migranten mindestens eine Stelle im Niedriglohnsektor findet.

… und was die weiteren Lücken, wie bei den Krankenkassenbeiträgen oder Pflegeversicherungsbeiträgen betrifft, da fange ich erst gar nicht an …

Die Rente wie wir sie heute kennen, wird es in ein paar Jahren schlichtweg nicht mehr geben können. Das Geld dafür ist nicht mehr da, und die Damen und Herren in Berlin wissen das auch. Dort betreibt man nur eine dürftige Schadensbegrenzung.

Wenn ich spekulieren sollte, dann würde ich davon ausgehen, dass man auf kurz oder lang alle Rentensystem der EU zusammenlegt und eine Art EU-Rente kreiert. Für alle mehr oder weniger gleich. Wahrscheinlich ungefähr auf Hartz IV-Niveau wenn nicht sogar eher mit Wohn- und Essensmarken für bestimmte Sozialwohnungen und Supermärkte. Das würde zumindest ins sozialistische System der EUdSSR passen.

Und wer vor Renteneintritt nicht sparen konnte, der wird entweder damit leben müssen, oder bis zum bitteren Ende – und es wird ein bitteres Ende sein – weiter arbeiten müssen.

Wer jetzt schlau ist, der versucht, so gut es geht, aus dem staatlichen Rentensystem auszusteigen und die dadurch nicht abgegebenen Beiträge anderweitig zu investieren.

www.dieUnbestechlichen.com

Erfundene Massenzustimmung: Wie die Journaille eine Staatsstudie missbraucht

Von Ramin Peymani

Die Deutsche Gesellschaft für Internationale Zusammenarbeit (GIZ) ist eine staatliche Organisation, die 2011 durch die Verschmelzung dreier Entwicklungshilfeunternehmen entstanden ist und im Wesentlichen von vier Bundesministerien finanziert wird. Sie beschäftigt nahezu 20.000 Mitarbeiter in 120 Ländern, 70 Prozent von ihnen außerhalb Deutschlands. In regelmäßigen Abständen befragt die GIZ einen eigenhändig ausgewählten Personenkreis im Ausland danach, wie er die Rolle Deutschlands in der Welt sieht. Unter dem Titel *„Führungsrolle deutlich gefordert"*[1] hat sie Anfang 2018 die Ergebnisse einer Studie veröffentlicht, für die exakt 154 Personen in 24 Ländern interviewt wurden. Gegliedert in sechs Themenfelder, wird dargelegt, dass sich die Befragten ein größeres deutsches Engagement in der Welt wünschen. Trotz einiger offener Fragen bietet das umfangreiche Dossier allerlei Ansatzpunkte für die journalistische Berichterstattung. Man könnte so manche Rückmeldung thematisieren, etwa die Fremdwahrnehmung einer fehlenden Risikofreude, eines mangelnden kulturellen Selbstbewusstseins oder eines schleppenden Digitalisierungsprozesses. Doch Deutschlands Journalisten interessieren sich vor allem für einen Teilaspekt der 130-seitigen Studie und versehen diese dabei mit einer ganz eigenen Kernaussage. „Ausland lobt deutsche Flüchtlingspolitik", frohlocken sie – und missbrauchen damit eine ohnehin in ihrer Aussagekraft fragwürdige Erhebung für ihre monothematischen Propagandazwecke.

Zwar offenbart das sechszehnseitige Kapitel „Flucht und Migration" tatsächlich eine insgesamt positive Wahrnehmung Deutschlands durch die im Ausland Befragten, doch dürfte dies vor allem daran liegen, dass rund die Hälfte der Interviewteilnehmer im afrikanischen und orientalischen Raum beheimatet ist, von wo sich Zuwanderer seit 2015 nach Lust und Laune auf den Weg nach Deutschland machen dürfen, ohne Sorge haben zu müssen, an der Grenze abgewiesen zu werden. Bemängelt wird demgegenüber vielfach die Planlosigkeit in der Migrationspolitik, aber auch das Ignorieren kritischer Stimmen aus den Nachbarländern und das Verkennen innenpolitischer Risiken. Dabei fällt eine Zweiteilung auf, bei der insbesondere die Befragten in den Ländern Afrikas sowie im Nahen und Mittleren Osten regelrechte Loblieder singen, während sich die europäischen Studienteilnehmer weitaus kritischer zeigen. Ganz Staatsorgan, konstatiert die GIZ gleichwohl, es habe eine „Fülle von Aussagen" gegeben, in denen Deutschland bescheinigt wird, durch die Flüchtlingspolitik ein „menschlicheres Antlitz" bekommen zu haben. Doch selbst die Nutznießer offener deutscher Grenzen monieren, dass es für ihre Landsleute viel zu einfach sei, ohne Qualifikationen nach Deutschland zu gelangen, während Qualifizierte das Nachsehen haben, weil sie es auf legalem Weg versuchen. Sie implizieren damit, dass es gar nicht um Flucht geht. Man versteht vielerorts nicht, wieso sich ein Land nicht aussucht, wen es gebrauchen kann.

Das alles kümmerte Deutschlands Journalisten nicht. Statt das differenzierte Bild der verschiedenartigen und mit unterschiedlicher Motivation verfassten Rückmeldungen zu zeichnen, erweckten sie unisono den Eindruck, das Ausland stehe einmütig hinter Merkels Politik der unkontrollierten Zuwanderung. Vor allem suggerierten sie, es habe sich bei der GIZ-Studie um eine repräsentative Befragung der Bürger ausländischer Staaten zu Deutschlands Migrationspolitik gehandelt. Keine kritische Auseinandersetzung mit der Tatsache, dass gerade einmal gut 150 zufällig ausgewählte Interviewpartner ein sehr subjektives Bild erzeugen, was bei aller Anstrengung der GIZ, ihr methodisches Vorgehen darzulegen, eben keinerlei wissenschaftlichen Ansprüchen genügt. In der Berichterstattung fehlte auch jeglicher Hinweis darauf, dass die GIZ dem Grunde nach ein Organ der Bundesregierung ist und es sich damit quasi um eine Selbstbestätigung handelt. Ebenso scheint sich bis heute kein Journalist dafür zu interessieren, wer denn die Befragten genau sind und was deren Aufgaben, Rollen und Motive sein könnten. Die Beschäftigung mit der GIZ-Studie ist in ihrer absichtlichen Oberflächlichkeit eines seriösen Journalismus ebenso unwürdig wie in ihrer irreführenden Verengung auf die positiven Antworten zur deutschen Zuwanderungspolitik.

Wieder einmal war es offensichtlich gewollt, die Meinung an die Stelle der Meldung treten zu lassen, wissend, dass es Headlines sind, mit denen Nachrichten gemacht werden. Wer so berichtet, manipuliert – und muss sich nicht wundern, wenn ihm Leser und Zuschauer davonlaufen.

www.peymani.de

Die Opfer der Gewalt radikaler Migranten dürfen nicht in Vergessenheit geraten

Von Peter Helmes und Maria Schneider

Einführung von Peter Helmes:

Testfall für ein echtes Demokratieverständnis und gegen Meinungsmanipulation

Es ist wohl so und verdichtet sich zu einer nicht mehr zu bezweifelnden Gewißheit:

Mainstreammedien, Gutmensch-Politiker und „politisch korrekt denkende und handelnde Zeitgenossen können offensichtlich nur noch reflexartig denken. Der Pawlowsche Reflex heißt:

„Kritik an den herrschenden Zuständen ist immer rechts!"

Sie entlarven sich selbst: Wer stets die große Moral-Keule schwingt und in stumpf-eindimensionaler Denke die Einwohner z. B. des Freistaates Sachsen unisono in die braune Ecke stellt, überzieht maßlos. Nicht jeder besorgte Bürger, der die Folgen der Flüchtlingspolitik für seine sächsische Heimat nicht länger hinzunehmen bereit ist und der Politik kritische Fragen stellt, steht am rechten Rand.

Schauen wir einmal zurück:

2015: Die Flüchtlingswelle aus dem Vorderen Orient und (zunächst) Nordafrika erreicht das Zentrum Europas und ruft die Gutmenschen aller Nationen auf den Plan. Eine in die Enge getriebene deutsche Bundeskanzlerin verliert den Überblick – oder wollte sie das so? – und läßt die Tore für jedermann öffnen. Österreich, Deutschland, Italien usw. werden von hunderttausenden „Asylsuchenden" überrannt, und schon fließen Milch und Honig, werden eilfertig Häuser und Wohnungen für die „Ärmsten" geräumt – oder wo nicht genügend zur Verfügung stehen, neue gebaut. Der „Sesam-öffne-Dich!" ins gelobte Land war die Behauptung, Flüchtling zu sein. Es reichte ein Zettel mit dem Zauberwort „Asyl".

Kontrolle fand kaum statt, Zurückweisung schon gar nicht. Jetzt – am 1. September 2018, drei Jahre nach der Flut – gesteht die BAMF, daß rund 90 Prozent (oder mehr) der vermeintlichen Flüchtlinge keinen Asylanspruch hätten, wären sie ordentlich geprüft worden. Aber „sie sind jetzt nun mal hier", sagte die Merkel treuherzig. Inzwischen ist Deutschland ein anderes Land geworden und entfremdet sich immer mehr von den Einheimischen. Die deutschen Opfer bleiben jedoch auf der Strecke. Die politisch Korrekten solidarisieren sich mit den Tätern und kaum mit den (deutschen) Opfern.

Ahnungslos, aber politisch korrekt und voller Nächstenliebe

Die Flüchtlingswelle traf Europa unvorbereitet. Politiker, Kirchen, Gewerkschaften, Medien und die ganze Gutmenschgemeinschaft übertrafen sich in guten Worten und Werken, warfen Teddybären, Bonbons und Handküßchen auf Bahnhöfen und Flugplätzen. „Kommt alle zu uns, die Ihr mühselig und beladen seid, wir haben genug für alle!" Oder deutlicher, um mit der Kanzlerin Worte zu reden: **„Wir schaffen das!"**

Längst ist klar, daß wir „es" eben nicht schaffen. „Es" – das sind Millionen neuer, fremder Menschen mit fremden Kulturen, die oft nicht integrationswillig oder -fähig sind; „es" das sind u.a. hunderttausende Moslems, die ein christlich geprägtes Land „umkrempeln".

Und überall kursieren seitdem ähnliche Ängste: Können die Regierungen die nationalen Grenzen kontrollieren? Belasten Flüchtlinge die Sozialsysteme zu stark? Steigen durch sie Arbeitslosigkeit und Kriminalitätsraten? Ist die abendländische Kultur mit dem Islam vereinbar? Über all das muß geredet, auch gestritten werden können.

Neues öffentliches Bewußtsein durch „Kandel" – ein Herz für die Opfer

Seit „Kandel" hat sich das öffentliche Bewußtsein gewandelt: Die „Migranten-Diskussion" wird nicht mehr nur von den (semiprofessionellen)

Gutmenschen beherrscht; denn glaubwürdige Bürger zeigen zunehmend auch ein Herz für die Opfer.

Es ist schon absonderlich in unserer politisch korrekten Gesellschaft: Da beherbergen wir (nicht nur!!) Mörder und Vergewaltiger, und wenn diese kriminelle Taten begehen, solidarisiert sich unsere Gesellschaft eher mit ihnen als mit den (meist deutschen) Opfern.

„Verkehrte Welt" – könnte man dazu sagen, aber das wäre eine zu platte Reaktion. Nein, hier stimmt etwas nicht mit dem Wertesystem der Deutschen, denen die Linksgrünen seit vierzig Jahren einreden, sie seien nichts wert und trügen die Schuld an allem Elend dieser Welt.

Die Initiative „Das Frauenbündnis" arbeitet nicht politisch, sondern auf der humanitären Ebene: **Wo der Staat versagt, sind die Bürger gefordert.** Dieses Frauenbündnis gibt damit ein hochachtungswertes Beispiel einer wahren Solidarität, das mehr und mehr um sich greift.

Zudem: Alle Aktivisten des Frauenbündnisses arbeiten ehrenamtlich und verdienen deshalb besondere Unterstützung; denn den grün-rot-kirchlichen Berufsdemonstranten greift oftmals „der große Bruder" unter die Arme.

Wir unterstützen das Frauenbündnis und bitten alle Leser:

Bitte helfen Sie mit! Unser Staat tut es nicht, er unterstützt eher jene, die für die Untaten verantwortlich sind.

Deutschland – das sind nicht (nur) die Antifa oder Merkel und Gefolge. Deutschland – das sind wir deutschen Bürger, mit unserer deutschen Sprache, mit unserer deutschen Kultur, mit unserem deutschen Herzen!

Wer hilft und die Arbeit des Frauenbündnisses unterstützt, hilft den Opfern fremder Eindringlinge. Deshalb: Bitte helfen Sie!

Mit herzlichem Dank
Peter Helmes

Bitte lesen Sie den folgenden Beitrag von Maria Schneider vom Frauenbündnis:

(Eigener Bericht von Maria Schneider)

Geschichte des Frauenbündnisses

„Das Frauenbündnis" („Das Frauenbündnis" – ohne jeden Zusatz) ist ein Zusammenschluss aus Männern und Frauen, den wir derzeit in einen Verein überführen. Wir haben uns nach dem Mord an Mia in Kandel während des Trauermarsches im Januar 2018 zusammengefunden und an den ersten Demos in Kandel teilgenommen.

Ein Meilenstein war die Demo für Meinungsfreiheit am 24.03.2018 in Kandel, die wir mit „Kandel ist überall" organisiert hatten und zu der 4.500 Menschen kamen. Dort hielt Maria vom Frauenbündnis eine ihrer Reden. Damals beschlossen wir, unsere begrenzten Kräfte auf eine Sache zu konzentrieren: Die Opfer der Migrantengewalt.

Ziele des Frauenbündnisses

Wir möchten das Bewußtsein für all jene Einheimischen wecken, die durch Merkels herzlose Siedlungspolitk Opfer der UN-Siedler werden. Unsere Politiker schütteln diese Opfer ab wie lästige Fliegen und versuchen alles, sie dem Vergessen anheimfallen zu lassen. Diese Mißachtung wollen wir nicht zulassen. Wir möchten den Opfern ein Gesicht geben und ihre Würde wiederherstellen.

Wir ermutigen daher die Angehörigen und Opfer, ihre Geschichte anonym oder mit Namen auf unserer Webseite zu erzählen.

Außerdem sammeln wir Spenden für die Opfer und ihre Angehörigen, da sie finanziell oft völlig alleingelassen werden.

Soweit möglich, verweisen wir sie an kompetente Therapeuten, die ihnen bei der Verarbeitung des Verlusts und der Mißachtung ihres Leids helfen.

Schließlich schreiben wir Artikel, veranstalten Netzwerkabende und halten Reden, um auf die Missstände in diesem Land aufmerksam zu machen, die seit dem Grenzputsch 2015 immer unerträglicher werden.

Hauptziele bleiben jedoch:

- Den Opfern ein Gesicht geben, und
- Spenden sammeln für die Opfer

„Das Frauenbündnis" ist eigenständig, parteiunabhängig und initiativübergreifend tätig. Wir sind offen für die Zusammenarbeit mit jedem Bündnis, das uns dabei hilft, das Bewusstsein für die zahlreichen Opfer von Migrantengewalt zu wecken.

* * *

In der folgenden Rede thematisiert Maria das UN-Siedlungsprogramm und seine Folgen für die Einheimischen und Christen. Sie spricht über die Rolle der verantwortlichen Politiker und zeigt auf, dass ein Weg zur Befreiung die Wiederentdeckung unserer Wurzeln, unserer Selbstachtung und unserer innewohnenden Freiheit ist.

Rede von Maria vom Frauenbündnis am 30.06.2018 in Schwarzenberg (Erzg.) beim Sommerfest von Freigeist e.V.

Unser Frauenbündnis ist überparteilich. Wir schreiben Artikel. Wir unterstützen Demos – egal von wem – wenn die Leute in Ordnung sind. Wir halten Reden, so wie hier meine vierte Rede, aber die erste Rede ohne Lärm durch die Antifa.

Wir waren vor zwei Wochen bei der Demo von „Beweg was Mainz" anläßlich der Ermordung von Suzanna Feldmann, die auch, wie so viele, von ihrem Ex-Freund aus gekränkter Ehre getötet wurde oder einfach, weil er seinen Spaß haben wollte – wer weiß das schon so genau.

Unterstützung für die Opfer

Für uns als Frauenbündnis ist es am wichtigsten, dass wir die Opfer unterstützen. Und so bin ich auch zu Euch gekommen. Ich habe das Video von Wenke gesehen, die über den Angriff auf ihre Tochter sprach. Ich habe sie dann angeschrieben, auch Euch auf Eurer Seite. Und daraufhin hat Jens mich hierher eingeladen.

Wir möchten die Opfer unterstützen. **Einmal, indem wir Geld für sie sammeln**, weil für die Opfer sehr viele Kosten entstehen durch Überfälle, Vergewaltigungen und Morde. Und zweitens möchten wir den **Opfern auch ein Gesicht geben, indem wir ihre Geschichten auf unserer Webseite veröffentlichen** – mit Namen oder anonym.

„Den Opfern ein Gesicht geben"

Nehmen wir eine Frau aus Offenbach am Main mit 60 % Migrantenanteil – ihr Sohn hatte in der Schule einen Albaner versehentlich gestreift und wurde daraufhin am nächsten Tag **von der Albanerbande zusammengeschlagen**. Bis heute kann er nicht mehr in die Schule gehen. Er geht auf eine spezielle Schule für solche Opferkinder. Und die Familie – sie wurde interviewt von Jürgen Elsässer, und auch wir stehen mit ihr in Kontakt – hat bislang insgesamt 30.000 € für die Bewältigung dieses Schicksals ausgegeben.

Wir arbeiten mit „Kandel ist überall" zusammen und – wie erwähnt – mit jeder Gruppe, die sich dafür einsetzt, die Zustände in diesem Land zu ändern.

* * *

Migrationsprogramme der UN und der EU

Wir fragen uns: „Wer ist eigentlich schuld an diesen Zuständen? Wer hat uns das angetan?" Es ist für mich kein Zufall, sondern ein klares System dahinter. Wer sich etwas kundig macht, weiß dass es den „Relocation and Resettlement Plan" der Vereinten Nationen und der EU gibt – auf Deutsch „Umsiedlung" und „Ansiedlung".

Neuerdings gibt es auch den „Global Compact for Migration[1]" – den „Globalen Migrationspakt". Dieser Migrationspakt soll es ermöglichen, dass noch mehr Afrikaner und Araber – die neuesten Nachrichten sprechen von rd. 300 Millionen – hier angesiedelt werden sollen – offiziell.

Donald Trump[2] ist aus diesem Pakt ausgestiegen und sagte, er ließe sich nicht von fremden Behörden vorschreiben, wie er seine Politik gestalten solle. Das gleiche gilt für Dänemark. Es ist also durchaus möglich, zu handeln, wenn die Politiker bereit sind, Willen zu zeigen[3].

Schauen wir uns unsere Politiker, die uns all das antun, genauer an:

Qualifikationsfreie Politikerinnen in Deutschland

Meistens haben wir linke und grüne qualifikationsfreie Politikerinnen, denen auf dem freien Markt eigentlich nur die drei Ps bleiben:

Putzen, Pflege oder Puff. Da ist natürlich schöner, in der Politik zu sitzen.

Da hätten wir ...

... unseren **Harlekin Claudia Roth** mit 2 Semestern Theaterwissenschaft, die sichtbar gut und gerne von unseren Steuern lebt. Und die es nicht einmal schafft, 1 Minute lang ihren Mund im Bundestag zu halten, wenn eine Schweigeminute für ein totes Mädchen eingelegt wird.

Dann unser Migrationskind – die türkischstämmige, ehemalige Integrationsbeauftragte, **Aydan Özoguz,** die uns beim Grenzputsch erklärte, dass ab jetzt das Zusammenleben täglich neu ausgehandelt werden müsse.

Oder die türkischstämmige **Ferda Ataman**, die Seehofer kürzlich erklären wollte, wie unsere Heimat auszusehen hätte; oder die Palästinenserin **Sawsan Chebli**, die als SPD-Politikerin offen das Kopftuch befürwortet.

Einwanderinnen erklären uns unsere Heimat

Eines haben sie alle gemeinsam. Sie sind Einwanderinnen und wollen uns erklären, wie **unsere Heimat zu sein hätte, statt Dankbarkeit, Demut und Zurückhaltung gegenüber dem Land zu zeigen, in dem sie als Frauen frei und selbstbestimmt aufwachsen durften, statt im Orient verschleiert mit einer Kinderschar als Haussklavin zu dienen.**

Umso verwunderlicher ist es daher, dass ausgerechnet diese Migrantenkinder die Migration und das Ansiedeln von Männern aus archaischen Kulturen fördern, obwohl sie doch ganz genau wissen, was sie uns damit aufladen.

Anleitung des IS zum Umgang mit Sklavinnen

Viele dieser Wüstensöhne befürworten den „reinen Islam" und handeln nach einer Anleitung, die erläutert, wer als Ungläubiger und Sklave anzusehen ist und wie man mit solchen Menschen umzugehen hat. Diese Anleitung wurde vom „Amt für Forschungen und Fatwas des Islamischen Staats" (IS) im Eigenverlag herausgegeben und erfreut sich im Internet großer Beliebtheit.

Sie erläutert detailliert, wie und wann man Ungläubige und Christinnen als Sklavinnen halten darf. Beispielsweise kann man – wie bei Aktien – Anteile an einer Frau halten sowie kaufen und verkaufen. Wir erinnern uns – die Umsetzung dieser Anleitung haben uns bereits die pakistanischen Moslems in Rotherham sehr schön demonstriert, indem sie über die Jahre hinweg Tausende von englischen Mädchen als Prostituierte – sprich, als Sklavinnen – hielten.

Wie erkennt man die Sklavinnen? Ganz einfach: Die Frau, die als sittsam gilt, trägt ein Kopftuch und alle anderen Frauen – jene mit freiem Haar – sind unsittlich und stehen dem IS als Sklavinnen zur Verfügung.

Die Politikerinnen oben – unsere Migrantenkinder, unsere grünen Politikerinnen, unsere Feministinnen – befürworten die Migration der orientalischen und arabischen Wüstensöhne und lassen es ohne mit der Wimper zu zucken zu, dass unsere Mädchen von diesen Männern als Beute be- und gehandelt werden.

Deutschland – ein riesiges Freiluftbordell

Man kann durchaus sagen, dass Deutschland inzwischen ein riesiges Freiluftbordell geworden ist – und zwar für die Männer, die hier systematisch angesiedelt werden.

Und man kann daraus folgern, **dass oben in der Regierung unsere Puffmütter sitzen, die das Ganze unterstützen**.

Aber eine Puffmutter kommt selten allein. Es gehört immer auch ein Zuhälter dazu. Die **Zuhälter wiederum sitzen auf der „Lifeline", sie sitzen in „Pro Asyl", sie sitzen bei den Flüchtlingshelfern**, die keinen Sinn in ihrem öden Leben finden, weil es ihnen hier zu gut geht. Deswegen meinen sie, anderen Menschen helfen zu müssen, die gar keine Hilfe brauchen, auch keine Hilfe wollen und sowieso im Gegensatz zu den Flüchtlingshelfern schon immer genau wussten, was Familie eigentlich bedeutet.

Unsere Wohlfühlfeministinnen und Politikerinnen sind vor deren Übergriffen sicher. Denn auch der arabische Mann hat seine Ehre. Und wie bei den meisten normalen Männern überkommt ihm beim Anblick dieser Damen sogleich die Angst vor permanenten Lustverlust. Nun ist zu guter Letzt das Aussehen der Damen da oben doch noch zu etwas gut – wenn auch nur für sie selbst.

Hat man je irgendeinen Kommentar unserer „kämpferischen" Feministinnen zu diesem neuen Selbstbedienungsbordell gehört? Nein. Statt dessen dröhnendes Schweigen. Sie machen sich lieber Sorgen um den Sack Reis, der in China umfällt und schlürfen ihren fair gehandelten Dritte-Welt-Kaffee, während der aufgeklärte Afrikaner vor Lachen fast vom Stuhl fällt, weil er kaum fassen kann, wie eine Frau im Westen so dumm sein kann, zu glauben, dass sie mit fair gehandeltem Kaffee Afrika retten kann.

Politikerinnen ab nach Afrika

Es ist klar. Mit solchen Politpersonal ist kein Staat mehr zu machen. Daher sollte unsere erste Maßnahme darin bestehen, unsere Puffmütter, unsere Flüchtlingsköniginnen in Berlin, unsere mörderischen Feministinnen und ihre enteierten Männer nach Afrika zu schicken. Dort können wir sie vor Ort einsetzen. Und dort können sie dann auch tagtäglich das Zusammenleben im afrikanischen Gral neu aushandeln.

Es zeigt sich immer deutlicher: Wir sind im Krieg. Und in diesem Krieg – siehe den ehemals christlichen Libanon – werden die Linken, die Multikulti-Jünger und unsere Feministinnen die ersten Opfer sein, wenn der politische Islam anfängt, mit Gewalt unser Land zu übernehmen.

Wenn einer nun sagt, er sei kein Christ mehr, er sei auch nicht mehr gläubig, dann macht das keinen Unterschied. Denn jetzt ist die Zeit gekommen, in der man Stellung beziehen muss. Dem reinen Islam ist es ganz egal, ob man Christ ist oder nicht. Ob man gläubig ist oder nicht.

Kontrolle wieder übernehmen

Deswegen ist es so wichtig, zu überlegen, was wir tun können. Wie können wir wieder die Kontrolle übernehmen?

Es ist höchste Zeit. Im **Frankfurter Hauptbahnhof** bin ich häufig die einzige Weiße. **Ich sehe Horden und Rotten an afrikanischen und arabischen Männern. Ich sehe Bettelbanden. In den Geschäften und Buden bedienen mich nur noch Araber oder Afrikaner.** Einzige Ausnahme: Die Buchläden (jeder mag selbst überlegen, was das zu bedeuten hat). Ich sehe alles Mögliche, ich sehe nur keine deutschen und weißen Menschen mehr. Die einzige Ausnahme, die ich an Weißen noch sehe, sind manchmal Leute wie ich, die unterwegs sind und möglichst schnell versuchen, in den ICE zu kommen. Denn den ICE können sie sich noch nicht leisten.

Kaum mehr Deutsche im ÖPNV im Südwesten

Oder man nehme die Regionalbahn, S-Bahn oder Straßenbahn in Mannheim, Heidelberg und Darmstadt – fast nur Migranten. Es sind dort mehr Kopftücher als Frauen mit freiem Haar. Ich selbst sitze immer drin und mache meine persönliche Statistik. Ich schaue mich um und zähle meistens zehn Ausländer und dann mich, als weiße Frau. Dann vielleicht noch ein paar alte Deutsche. Meistens alt, wenig Junge. **Und die Jungen mit Kindern, die es sich leisten können, nehmen sowieso nicht die Straßenbahn, weil es viel zu gefährlich ist.**

Also was können wir machen? Ich würde sagen, wir müssen wieder wissen, wer wir sind.

Die deutsche Identität wieder finden und schätzen lernen

Wir müssen unsere Identität wiederfinden. Wir müssen erkennen, was uns ausmacht:

Wir haben unseren Fleiß, unsere Disziplin, unser Ingenieurwesen und unseren Bergbau, der gerade hier sehr aktiv war.

Wir haben unsere Burgen und Schlösser und herrliche Landschaften. Gestern war ich in Leipzig – dort lebt unsere klassische Musik mit Bach weiter, dort singt der Thomanerchor.

Wir haben unsere Dichter – Schiller und Goethe.

Und wir haben unsere Märchen und Sagen, gerade hier im Erzgebirge.

All das ist Teil unserer Identität.

Wenn wir uns retten wollen, dann reicht es meiner Meinung nach nicht aus, nur zu kämpfen. Man muss auch wissen, wofür. Und genau darum muss man seine eigene Identität kennen.

Es ist unser Geburtsrecht, glücklich zu sein,

Es ist unser Recht, zuerst an die eigene Familie zu denken und nicht an fremde Söhne.

Es ist unser Recht, um unsere Toten zu trauern, und

Es ist unser Recht, die eigene Heimat zu lieben.

Und es ist unsere Pflicht, für die Freiheit zu kämpfen.

Denn wenn wir das nicht tun, geht die Freiheit schrittweise weg, so wie wir es jetzt jeden Tag erleben.

Das hier ist unser Land. Unsere Eltern und unsere Großeltern haben es aufgebaut.

Es gehört uns. Und es gehört unseren Kindern. Und dafür lohnt es sich zu kämpfen.

Danke.

DAS FRAUEN BÜNDNIS

Unterstützungskonto:

Betreff: „Für die Opfer" oder „Für Aktivitäten" (Werbematerial etc.)

Sparkasse Bruchsal: Das Frauenbündnis

IBAN DE09 6635 0036 0018 3451 75

BIC BRUSDE66XXX

www.facebook.com/DasFrauenbuendnis/

www.dasfrauenbuendnis.de

twitter.com/frauenbuendnis

dasFrauenbuendnis@mailbox.org

www.conservo.wordpress.com

Bomben auf Berlin oder doch Damaskus?

Von Friedemann Wehr

Gedankenexperiment: In Potsdam haben sich islamistische Terroristen eingenistet, die dem christlichen Regime der Machthaberin A.M. endgültig den Todesstoß versetzen wollen. Die Machthaberin gehört der evangelischen Kirche an, während die Bevölkerungsmehrheit sunnitisch ist und sich durch eine christliche Frau nicht vertreten fühlt. Täglich beschießen die Rebellen wahllos mit Mörsern die Hauptstadt. Die Polizei hat Potsdam zwar eingekesselt und angeblich gehen Lebensmittel aus, aber nicht die Waffen. Die Abschussbasen werden durch menschliche Schutzschilde geschützt. Dazu werden Christen wahllos gefangen genommen und in Käfigen auf LKWs neben den Rebellennestern aufgestellt, die sich vorzugsweise in der Nähe von Krankenhäusern und Schulen befinden. Jeden Tag das gleiche Spiel. Vierzig bis fünfzig Tote und zig Verwundete sind in Berlin zu beklagen. Die Rebellen haben ihr Hauptquartier im Schloss Sanssouci aufgeschlagen. Aus historischen Gründen scheidet jetzt ein Bombardement aus. Der BUND hat darauf hingewiesen, dass im Schlosspark die äußerst seltene und vom Aussterben bedrohte Pinselohrlaus angesiedelt ist.

Aus humanitären Gründen hat die Machthaberin es bis jetzt abgelehnt, gegen diese Angriffe vorzugehen, nachdem ein zaghafter Versuch kläglich gescheitert ist. Man warf ihr vor, ihr eigenes Volk zu morden. Seit dieser Zeit passiert nichts mehr. Alle Parteien haben mittlerweile ihre Parteizentralen verlegt. Die GRÜNEN und die LINKE begrüßen die Entscheidung der Machthaberin, nichts zu unternehmen. Es seien größtenteils doch nur Nazis, die dem Bombenterror zum Opfer fielen. Der international sehr unbeachtete Schriftsteller Dennis Juxel beschrieb das als „Völkersterben der schönsten Sorte". Die rechtspopulistische AfD warf der Machthaberin Untätigkeit vor, aber was diese Nazis sagen, interessiert einen Toten. Die Femen haben zu einer Demo auf dem Altar der Gedächtniskirche aufgerufen und die Aktivistinnen verlautbaren barbusig: „Was Bomber Harris in Dresden begonnen hat, findet in Berlin jetzt die Vollendung." Eine Mail mit einem Gruppenbild der Damen geht als ~~Wichsvorlage~~ Fotogruß an die Kämpfer der Hai⌧at Tahrir asch-Scham.

Kardinal Völki und der evangelische Landesbischof Bettwurst-Strom loben die Machthaberin für ihre Untätigkeit und verweisen auf Matthäus 5,39: „Wenn dich einer auf die linke Wange schlägt, dann halt ihm auch die andere hin." Die Potsdamer Rebellen seien Menschen wie wir und die ehem. Ratsvorsitzende Käsfrau ergänzt: „Jesus hat eine Herausforderung hinterlassen: Liebet eure Feinde! Betet für die, die euch verfolgen!"

Die Deutsche Umwelthilfe hat auf das massive Problem der hohen Feinstaubbelastung durch die selbstgebastelten Raketen hingewiesen. Daraufhin hat die Ant*fa angeboten, die Sprengkörper direkt an die Detonationsorte zu bringen. Dabei könne auch das zufällige Explodieren verhindert werden. Bevorzugen will man die Stadtteile mit einem hohen AfD-Wähleranteil. Neukölln wird als international anerkanntes Schutzgebiet ausgewiesen.

Zaghaft antichambriert schon die deutsche Waffenlobby beim Wirtschaftsminister: „Wenn schon in Deutschland geschossen wird, sollten die deutschen Waffenproduzenten auch vorrangig berücksichtigt werden." Man verlange, das Waffenembargo unverzüglich aufzuheben. Der sozialdemokratische Wirtschaftsminister Sichmar Flopp versprach wohlwollende Prüfung.

Da eine brutale Bombardierung von Potsdam ausscheidet, erwägt man, die Hauptstadt jetzt außerhalb der Reichweite der Waffen neu aufzubauen. Als Standort ist die strukturschwache Uckermark im Gespräch. Das Projekt „BER" (Flughafen Berlin) wird aus Sicherheitsgründen eingestellt und die dadurch freiwerdenden Kapazitäten können zum Aufbau von *Merkelstadt*, wie die neue Hauptstadt dann heißen wird, voll genutzt werden. Das Know-how, das sich in Jahrzehnten aufgebaut hat, garantiert eine zügige Bauabwicklung. Die notwendigen Beschlüsse sollen umgehend in der nächsten Legislaturperiode gefasst werden.

Um die Einwohner Potsdams mit Lebensmittel versorgen zu können, wurde vom UN-Sicherheitsrat eine 30-tägige Feuerpause verabschiedet. Der Wunsch, die Konvois nach Waffen zu untersuchen, wurde allerdings – nach der Intervention von Sichmar Flopp – abgelehnt. Die deutsche Beobachtungsstelle für Menschenrechte, die sich in Ankara befindet und nur aus dem

Yusuf Yilmaz besteht, berichtet täglich von der verzweifelten wirtschaftlichen Situation in Potsdam. Der Vorsitzende des Zentralrates der gemäßigten Rebellen, Eiman Maizena, fordert täglich die Ablösung der Machthaberin. Seiner Meinung nach löst das Verlegen der Hauptstadt nicht das Problem. Eine Zukunft des Kalifats al-Schland ist a) weder mit einer Frau, noch b) mit dieser Frau möglich.

EILMELDUNG: Soeben erklären die in Potsdam agierenden Weißen Fese, dass die Machthaberin einen Giftgasangriff auf die Mesut-Özil-Schule verübt haben soll. In der ARD (Arabischer Rundfunk Deutschlands) zeigt man Videos, wo die geretteten Kleinkinder hastig durch die Gegend getragen und dann mit Wasser abgewaschen werden. Die Clips erzielen bei UTube Höchstwerte. Der UN-Sicherheitsrat tagt. Die Altstaaten blockieren per Veto einen Luftschlag gegen die Machthaberin. Aus deren Reihen ist zu hören, dass UN für United Nonsense steht.

So oder ähnlich könnte es hier mal kommen. Parallelen kann man in Syrien verfolgen. Eine humanitäre Lösung, damit das Land einmal zu Ruhe kommt, scheitert an den Eigeninteressen aller Beteiligten. Die USA hätten gerne das Öl, die Israelis das Land, Katar das Recht zur Verlegung einer Pipeline, die Türken wollen die Ausrottung aller Kurden, die Russen ihren einzigen Flottenstützpunkt im Mittelmeer behalten und die marodierenden islamischen Horden dienen sich jedem an, der mit Dollars winkt. Am Anfang des Syrienkrieges hat man den Söldnern 1.800 US-Dollars pro Monat geboten und der Familie 50.000 US-Dollars im Todesfall. Katar soll über 100 Mrd. US-Dollars bis jetzt in Syrien verbrannt haben.

Die Berichterstattung in den westlichen Medien ist vollkommen verlogen. Die wenigen, die sauber berichten, werden kaltgestellt. Oder wer hat den Michael Lüders seit April 2017 bei Lanz noch mal gesehen? Wer hat Prof. Günter Meyer gehört? Wer nicht NATO-Sprech redet, der kriegt das Etikett „Umstritten" angeklebt und fliegt aus dem ÖR. Als Quelle dienen die Einmannkapelle „Syrische Beobachtungsstelle" und die „Weißhelme", die zwar in Syrien keiner kennt, aber herrliche Horrorfilmchen nach dem immer gleichen Strickmuster drehen: Die Bösen sind immer Assad und die Russen. Der Minderperformer im Auswärtigen Amt empfängt sogar diese Brüder und ich könnte wetten, dass sie wieder einiges an Kleingeld mitbekommen haben zu den sieben Millionen, die bis jetzt vom deutschen Steuergeld an diese üble Terroristentruppe geflossen sind. Sogar dem Unbedarften müsste mittlerweile auffallen, dass immer ein Kameramann und Regisseur zufällig da ist, wo etwas passiert. Die Filme erkennt man sofort: Schräge Kamera, Hintergrund mit Nebelmaschinen eingegraut, irgendwelche Leute rennen wie Hühner ohne Sinn und Verstand durch die Gegend. Mindestens einer hält immer ein Kind, das mit Mehl weiß geschminkt und mit Blut besprenkelt ist. Man muss sich mal vorstellen, diese Verbrecherbande wird uns als Kronzeuge für Vorgänge in Syrien vom ÖR vorgeführt. ÖR als Quelle für Fake News über Syrien! Würde Facebook konsequent Fake News ahnden, wären ZDF und ARD schon längst lebenslang gesperrt. Zeigen Sie mal diese Filmchen ihrem Nachbarn, wenn er beim Roten Kreuz, bei der Feuerwehr oder dem THW ist, ob so Rettung geht! Ich habe jedenfalls bei meinem Besuch in Syrien an Ostern 2018 niemanden getroffen, der in Syrien jemals von den Weißhelmen gehört hat. Eine neunzigjährige Schweizerin, die seit 60 Jahren in Damaskus wohnt und früher auch bei der Deutschen Botschaft beschäftigt war, konnte mit „Weißhelme" nichts anfangen.

In Syrien tobt auch kein Bürgerkrieg. Kriege verschlingen Unsummen und wenn „die Bürger" das Geld dafür aufbringen müssten, dann wäre spätestens nach einer Woche Schluss. Nebenbei, eine Luftabwehrrakete ist unter 100.000 USD nicht zu haben.

Guido Westerwelle hat – weil er sich beim Libyenüberfall enthalten hat – in Berlin Wilmersdorf jahrelang eine sich selbst ernannte Schattenregierung durchgefüttert. Im Tagesspiegel vom 25.7.2012 (Überschrift: „Das neue Syrien kommt aus Wilmersdorf") heißt das so:

> Doch wenn eines Tages ein neues Syrien aus den Trümmern der Assad-Diktatur entsteht, könnten wesentliche Impulse aus dem alten preußischen Amtsgebäude mit der Hausnummer 3-4 stammen, in dem ein der Bundesregierung naher deutscher Thinktank residiert.
>
> Bei der Stiftung Wissenschaft und Politik (SWP) hat sich seit Januar eine Gruppe von bis zu 50 syrischen Oppositionellen

aller Couleur geheim getroffen, um Pläne für die Zeit nach Assad zu schmieden. Das geheime Projekt mit dem Namen „Day After" wird von der SWP in Partnerschaft mit dem United States Institute of Peace (USIP) organisiert, wie die „Zeit" von Beteiligten erfuhr. Das deutsche Außenministerium und das State Department helfen mit Geld, Visa und Logistik. Direkte Regierungsbeteiligung gibt es wohlweislich nicht, damit die Teilnehmer nicht als Marionetten des Westens denunziert werden können.

Dumm gelaufen, aber die Hybris der Berliner Regierung ist nach wie vor vorhanden. Unsere kleine Respektsperson im Maasanzug hat ja großmäulig verkündet: Frieden in Syrien geht nur ohne Assad. Mangelndes Selbstbewusstsein kann man ihm nicht vorwerfen, aber mangelnde demokratische Einstellung schon. Entscheidet jetzt er, wen die Syrer als Präsident haben wollen? Mein Eindruck ist, dass die Syrer dem Assad sehr dankbar sind dafür, dass er durchgehalten und sie mit Hilfe der Russen vor den islamischen Halsabschneidern gerettet hat. Ohne Assad gäbe es keine katholischen oder orthodoxen Kirchen mehr.

Was sich in Syrien entwickeln wird, weiß im Prinzip nur Trump oder Putin. Die ersten Meldungen stimmten mit dem Handeln nicht überein. Ob Trump die Truppen abzieht, oder doch noch nahe den kurdischen Ölquellen seine Söldner stationiert, weiß nur er. Gänzlich ungeklärt ist die Rolle von Erdogan. Er steht bei den Amis auf der Shitliste, weil er sich als Kalif des neuen osmanischen Großreiches sieht, das über kurz oder lang bis an den Atlantik reicht. Die Oder-Neiße-Grenze wird spätestens in hundert Jahren ihr Revival als Grenze zwischen Eurabien und Polen haben. Wenn es nicht so kommt, gebe ich einen aus!

Egal wie, ich nehme noch Wetten an, dass Assad und dessen gebildete Frau Asma („die mörderische Mutter", so das 5-Sterne-Blatt BILD) demnächst umgebracht werden, wie alle Zeugen umgebracht werden, die erzählen könnten, wie es wirklich war. Als Beispiele seien Saddam Hussein, Gaddafi und Bin Laden genannt. Das Imperium macht keine Gefangenen!

Leitkultur und Nationalismus

Der frühere Justiz- resp. Zensurminister und heutige Außenminister Heiko Maas antwortete Seehofer auf seine Aussage, dass die Migration die Mutter aller Probleme sei, mit dem Satz „Nationalismus ist die Mutter aller politischen Probleme". Dass die Beziehung des demokratischen Gernegroß Maas zu Deutschland, dem deutschen Volk oder der deutschen Nation sehr schwierig ist, ist nicht erst seit gestern bekannt. So gibt Maas als Grund für seinen Weg in die Politik auch nicht an, dass er diesem Land und seinen Bürgern dienen wolle, nein, nach seiner Aussage ist er wegen Auschwitz Politiker geworden. Im Klartext heißt das, dass Maas dieses Land, seine Bevölkerung, seine Errungenschaften und seine Kultur auf die 12 schrecklichsten Jahre der deutschen Geschichte begrenzt. Wer das tut, der kann Deutschland, sein Volk und die Kulturnation nur hassen. Es gibt, so muss man dankend sagen, jedoch noch genügend Menschen, die das nicht tun.

Eine kleine Erläuterung zu den folgenden Texten: Der erste Beitrag von Marcus Franz ist eigentlich nicht ein Text, sondern mehrere, die ich zu einem längeren Stück zusammengefasst habe, auf ihn folgt ein Beitrag von David Berger zum Thema Stolz auf die Heimat und instrumentalisierter Schuld. Abschließend zwei Texte von Naomi Seibt mit dem Titel „Nationalismus und moderne Rechte – tatsächlich Vorboten eines neuen Nationalsozialismus" und „Wertehierarchien und Toleranz", in denen sich die junge Autorin hervorragend mit Wertunterscheidung zwischen Ideologien, Moralvorstellungen oder Kultureigenschaften und dem unhaltbaren Vorwurf auseinandersetzt, dass Nationalismus ein Rückschritt bzw. der Vorbote von Faschismus und Nationalsozialismus sei.

Kultur und Hegemonie - Oder: Kultur muss herrschen!

Von Marcus Franz

Europa ist überzeugt, im Laufe der Jahrhunderte ein Bukett der bestmöglichen Werte und damit auch der bestmöglichen Kultur entwickelt zu haben: Demokratie, Wirtschaftsliberalismus und Sozialstaat, Wissenschaft und Medizin, Rechtsstaat und Justizwesen, Toleranz, Freiheit der Kunst und Religionsfreiheit prägen den Duktus des europäischen Denkens.

Europa zur Disposition

Dieses gesamte Gedankengebäude steht aber nun zur Disposition, weil die Überzeugung, dass wir auf unserem Kontinent die besten Voraussetzungen für ein gutes Leben der Bürger geschaffen haben, nicht mit der nötigen Verve betont und schon gar nicht verteidigt wird. Über Sonntagsansprachen geht das Bekenntnis zu den Fundamenten Europas nicht hinaus. Unsere Stärke, die der europäische Liberalismus vermeintlich darstellt, wird nun unsere größte Schwäche, weil dieser Liberalismus längst in ein Beliebigkeitsdenken transformiert wurde, das jeder auch noch so kulturfeindlichen Bewegung unter dem Deckmäntelchen der Freiheit und Toleranz hier ihren Raum gibt.

Kultur muss herrschen

Jede Kultur muss danach trachten, die Hegemonie zu gewinnen und zu behalten, sonst wird sie irgendwann von einer anderen Kultur assimiliert oder überrannt. Die Massenmigration der letzten Jahrzehnte, die vor allem aus dem Orient und aus Afrika Millionen von Menschen nach Europa brachte, stellt den Kontinent nun vor die finale Bewährungsprobe. Mit der Massenmigration ist nicht nur die jeglicher Kontrolle entglittene Situation seit 2015 gemeint, sondern man muss in diesen Begriff auch die riesigen afrikanischen und asiatischen Einwanderungsbewegungen und die daraus folgenden Bevölkerungsentwicklungen in England und Frankreich miteinschließen, die dort nach der Aufgabe der Kolonien seit den 50er und 60er

Jahren des letzten Jahrhunderts stattgefunden haben. Ebenso gehört die langjährige Gastarbeiter-Immigration aus Kleinasien dazu, die mittlerweile die Demografie und Kulturlandschaft Deutschlands und Österreichs nachhaltig verändert hat.

Der Druck steigt

Die europäische Kultur mit ihren regionalen Spielarten, die in Form der jeweiligen Nationen repräsentiert werden, steht unter Druck: Weil die Nationen ihrerseits wieder unter dem bürokratischen und politischen Druck eines kranken Riesen namens EU stehen, der noch immer mächtig genug ist, seine Vasallen in ihrer Handlungsfähigkeit einzuschränken, erodiert die aus vielen Strömungen zusammengesetzte kulturelle Identität Europas zusehends. Längst haben eine ganze Reihe von verantwortlichen Politikern erkannt, dass mit der gegenseitigen und dauerhaften Lähmung in Brüssel im wahrsten Sinne des Wortes kein Staat zu machen ist und scheren im Sinne ihres Volkes und zum Nutzen ihrer eigenen Nationen aus.

Vorbild Visegrad-Nationen

Die Nationen als oberste Rechtsträger und Erhalter der europäischen Kultur müssen handeln, es ist höchste Zeit dafür geworden. Am klarsten kommunizieren diese Notwendigkeit die ehemaligen Länder des Warschauer Paktes, die noch immer das Schreckgespenst des kulturzerstörenden Kommunismus in Erinnerung haben: Genau deswegen spüren sie die Gefährdung ihrer wiederentwickelten Identität viel stärker als der Westen. Die Visegrad-Gruppe ist ihre politische Ausdrucksform geworden. Die Visegrad-Staaten sind keine kleine und irgendwie skurrile politische Verbindung, als die sie oft dargestellt werden, sondern ein ernst zu nehmender „Player“: 65 Millionen Europäer wohnen in den Mitgliedsstaaten Tschechei, Slowakei, Polen und Ungarn. (Die Tschechei gehört übrigens derzeit zu den am meisten prosperierenden EU-Staaten.) Die Visegrad-Nationen bekennen sich zu ihrer kulturellen Identität, sie wollen die Hegemonie im eigenen Land und sie tun alles dafür, dieselbe zu behalten – auch gegenüber Brüssel.

Hegemonie – wie geht das?

Was muss man aber als Nation überhaupt tun, um die kulturelle Vorherrschaft der Mehrheit im Lande zu behalten? Im Grunde sind es banale und logische Aktivitäten: Zunächst muss man seine Grenze schützen und genau schauen, wer ins Land will. Im Weiteren kann es nur für zeitlich begrenzte Gäste, die nicht Bürger des besuchten Landes sind und dies auch nicht werden wollen, die Möglichkeit geben, ihre eigenen kulturellen und religiösen Anschauungen zu leben. Jeder, der sich, aus welchen Gründen auch immer, längerfristig auf dem kulturellen Territorium eines europäischen Staates befindet, muss sich bedingungslos den rechtlichen, kulturellen und sozialen Gegebenheiten anpassen. Dafür ist nicht die sogenannte *Integration,* sondern nur die *Assimilation* der geeignete Weg.

Ein gelungenes Beispiel für eine erfolgreiche und problemlos verlaufene kulturelle Assimilation bieten eine Vielzahl arabischer und persischer Ärzte, die in den 60er und 70er Jahren aufgrund eines hier herrschenden Ärztemangels nach Österreich gekommen sind. Sie sind angesehene Mitglieder der Gesellschaft geworden, die sich im Laufe ihres Lebens weder verleugnen noch „unterwerfen" mussten. Die Ärzte haben einfach die hiesigen Gepflogenheiten angenommen, ohne ihre Identitäten zu verlieren.

Die politisch immer so betulich verkündete Integration der Massen geht andererseits fast immer schief, denn es kommt dabei regelhaft zur Ausbildung von Parallelgesellschaften. Wir beobachten diese brodelnde Symptomatik der gescheiterten Integration nun schon überall in Europa. Hier ist ein nationales und internationales Umdenken in Richtung Assimilation, aber auch und vor allem in Richtung Remigration der Unwilligen absolut nötig.

Wer sich nicht anpasst, muss gehen

Wer seine importierte Weltanschauung, die nicht nach Europa und nicht in unsere Nationen passt, trotzdem hier leben will, der kann und darf keinen dauerhaften Platz bekommen. Jede Kultur, die nicht europäisch ist, gehört eben nicht zu Europa. Sie ist daher nicht geeignet, die Idee „Europa" zu stärken. Deswegen ist es so wichtig, all die zigtausend Migranten auf österreichischem Boden, die kein Bleiberecht haben, so rasch wie möglich in ihre

Herkunftsländer zurück zu bringen. Und ebenso wichtig ist es, diese Leute in Zukunft erst gar nicht mehr hierher kommen zu lassen. Das Ziel muss heißen: *Zero Migration* aus den afrikanischen und orientalischen Ländern. Beide Aufgaben wurden von der EU und den Mitgliedsstaaten (bis auf die Ausnahme der Visegrad-Länder) weitestgehend missachtet. Auch die vielgerühmte Schließung der Balkanroute hat keine langfristige Sicherung der Situation erbracht und war nur eine Zwischenlösung.

Wer seine Kultur behalten will, braucht Grenzen

Kulturen können nur durch Abgrenzung überleben – sowohl im geografischen, politischen wie auch übertragenen Sinne. Abgrenzung heißt aber nicht Abschottung, denn natürlich muss es Austausch geben – aber nur kontrolliert und dosiert. Was es nicht geben darf, ist ein mit euphemistischen Floskeln behübschtes dauerhaftes Versagen des Rechtsstaates und ein feiges, vorauseilendes Zuwillensein jeglichem Eindringling gegenüber, der sich auf Menschenrechte oder Humanität beruft und oft doch nur sinistre Absichten hat.

Jede Kultur darf und muss sich verteidigen, sonst ist es bald vorbei mit ihr. Das kann man gar nicht oft genug betonen. Und jeder, der Kinder hat und jeder, der ein Verantwortungsgefühl für die Zukunft besitzt, ist verpflichtet, nach diesen Prämissen zu handeln: Wer ein kulturstarkes, würdiges und lebenswertes Europa will, das diesen Namen noch verdient, darf nicht von Vereinigungsfantasien und einem gemeinsamen Staat Europa schwadronieren, sondern muss alles tun, um seine Grenzen, seine je eigene Nation und seine eigene Kultur zu stärken. Weil die kulturelle Kraft Europas nur aus seinen Nationen kommen kann und nicht aus Brüssel.

Leitkultur: Die Geburt des Abendlandes aus dem Geiste der Kultur

Der bekannte Politologe und Exil-Syrer Bassam Tibi hat den Begriff vor 20 Jahren geprägt und der ehemalige deutsche CDU-Vorsitzende Friedrich Merz hat ihn danach politisch publik gemacht. Jetzt erhält das Wort durch die ausufernde Migrationsproblematik und dem deswegen anlaufenden „Clash of Cultures" wieder eine neue Aufladung: Die Rede ist von der Leitkultur.

Noch keine klare Definition

Was genau mit dieser Leitkultur gemeint ist, darüber gehen die Meinungen allerdings noch stark auseinander. Die einen, die sich selbst als moderne, liberale und tolerante Europäer betrachten, sehen die Leitkultur (sofern sie den Begriff überhaupt akzeptieren) lediglich als Überbegriff für die Rechtsnormen eines laizistischen und liberalen Europas samt offener Grenzen und einer multiethnischen, multikulturellen Gesellschaft.

Die anderen, eher konservativ denkenden Bürger verstehen darunter exklusiv die abendländischen Kulturinhalte, die im Wesentlichen auf der antiken Philosophie, dem Römischen Recht, dem Christentum und der Aufklärung samt ihrer Proponenten und Epigonen beruhen und die ihre Realisierung in den Nationen und Völkern Kontinentaleuropas fanden. Die Konservativen und die Bürgerlichen sehen auch die jeweils nationalen Historien als Teil der Leitkultur an. Sie sind davon überzeugt, dass jede Kultur immer auch von ethnischen Bedingungen mitgetragen wird.

Das Wesentliche dabei ist: Sie bekennen sich dazu und halten diese ihre Kultur für die Beste.

Die westliche Zivilisation ist eine europäische Erfindung

Tatsache ist jedenfalls, dass uns die abendländische Kultur jene Freiheit ermöglicht(e), die der Entwicklung der okzidentalen Intellektualität jenen geistigen Raum gab, aus dem der Rechtsstaat, das westliche Wertegebäude, der Fortschritt und die Kunst erwachsen konnten. Tatsache ist auch, dass das oben genannte konservative Kulturverständnis das besser definierte und in sich schlüssigere Begründungsmodell für die Leitkultur ist. Modernistische Auffassungen von „Leitkultur" hingegen wagen keine Bekenntnisse, sie sind diffus und nicht konkret definiert.

Die Kultur als multifaktorielles Regelwerk

Unsere westliche „Leitkultur" ist demzufolge die Summe aller klassisch-philosophischen, christlich-jüdischen, aufklärerischen, traditionellen, legislativen, nationalen und ökonomischen Wertehaltungen. Sie umfasst die maßgeblichen sozialen, gesellschaftlichen, politischen, juristischen und künstlerischen Inhalte des Abendlandes und sie ist ein großes Ganzes, von dem jeder halbwegs ernstzunehmende Zeitgenosse genau weiß, wie wichtig es für das Überleben des europäischen Kulturraumes ist.

Der innere Feind

Der größte Feind dieses so wertvollen und für unsere Zivilisation lebenswichtigen abendländischen Denkmusters ist heute nicht nur die Massenmigration, mit der anti-abendländische Wertebegriffe nach Europa gespült werden und sich unter der stupide lächelnden Duldung der verantwortlichen europäischen Politiker ausbreiten. Noch gefährlicher als die äußere Bedrohung ist der innere Feind.

Falsche Denkmuster

Dieser innere Feind der Leitkultur ist keine Person oder Gruppe, sondern er besteht aus der weitverbreiteten Beliebigkeit des Denkens, die als Liberalismus, Humanismus und Toleranzhaltung daherkommt und die so vielen Bürgern die Sinne und die klare Sicht vernebelt hat. Das Missverstehen des Liberalismus als Beliebigkeit ist ein haarsträubender intellektueller Kardinalfehler. Er führt unser Denken in ständig neue Kurzschlüsse, die letztlich nur das Ressentiment bedienen und die tradierten kulturellen Werte in Frage stellen. Und diese Denkfehler erzeugen genau jene gesellschaftlichen Spaltungen, von denen unsere Vordenker behaupten, sie beheben zu wollen.

„Kultur" der Schuldkomplexe

Auch die noch immer nachwirkenden und künstlich aufrecht erhaltenen europäischen Schuldkomplexe, die bei den einen aus der Kolonialzeit gespeist werden und bei den anderen aus den NS-Gräueln, verhindern einen natürlichen und offenen Zugang zum kulturellen Erbe des europäischen Abendlandes. Modernistische und aus der Frankfurter Schule kommende kulturmarxistische Inhalte erschweren im deutschen Sprachraum die ganzheitliche Sicht auf die Leitkultur und ihre Überlebenswichtigkeit.

Die Kinder der Freiheit

Gerade jene, die heute am meisten von den Freiheiten und den Sicherheiten des abendländischen Kulturraums profitieren, nämlich Intellektuelle, Künstler und Medienleute, leugnen das. Und schlimmer noch, sie wissen oft gar nicht, auf welchem Grund sie stehen und verzichten deswegen auf ein Bekenntnis zur Leitkultur. Vor allem, weil sie irrigerweise meinen, so ein Bekenntnis wäre gegen den Liberalismus, gegen die Toleranz und gegen die Moderne selbst gerichtet.

Jede Kultur muss man pflegen

Dabei muss man die Leitkultur hegen und pflegen, damit in ihr jene Voraussetzungen weiterentwickelt werden können, die unser abendländisches Leben erst ermöglicht haben. Das geht nämlich nicht mit der schon redundanten ständigen Betonung von Leerformeln wie „Toleranz" und dergleichen. Man muss sie klar definieren und sich klar zu dieser Kultur bekennen – und man muss auch bereit sein, für sie zu kämpfen.

In der Zusammenschau ist alles klar

Diejenigen, die kein Zeugnis für die traditionelle und an Regionen, Nationen und Völker gebundene europäische Leitkultur ablegen, sind entweder naiv, dumm, feige oder einfach böse und zerstörerisch – denn wer sich nicht dazu bekennt und nicht um die Leitkultur kämpfen will, der verrät letztlich das Abendland.

Ohne festen Grund geht es nicht

Das mag alles pathetisch klingen, aber wenn man die Dinge zu Ende denkt, dann folgt auf die Verweigerung des Bekenntnisses zu dem, was man ist und woraus man kommt, stets die Auflösung dieser *Conditio sine qua non*. Wer kein klares kulturelles Commitment kennt, der hat auch keine Heimat. Und wer keine Heimat hat, der hat auch keinen Grund, auf dem er stehen und vor allem den anderen widerstehen kann.

Und ergänzend dazu:

Die offizielle europäische Politik und deren moralische Leitlinien bergen einige fragwürdige Prämissen. Etliche der oft zitierten europäischen Werte und einige der daraus hervorgehenden Bewertungen sind bei näherer Betrachtung völlig inkonsistent. Diese Fragwürdigkeiten sollen hier zur Sprache kommen.

Meine 7 heiklen Fragen an Europa

1. Wenn alle Kulturen als gleichwertig und gleichermaßen legitimiert anzusehen sind, warum gibt es dann welche, in denen etwa Kinderehen, öffentliche Hinrichtungen oder Ehrenmorde legitim sind, währenddessen diese Handlungen in unseren Kulturräumen unvorstellbar und verboten sind?
2. Welchen heuchlerischen Relativismus betreiben westliche Offizielle, wenn sie ihre Treue zu den universal gültigen Menschenrechten beschwören und im selben Atemzug ihrer pathetischen Beschwörungen solche intellektuellen Trugbilder wie die angebliche weltweite „kulturelle Gleichwertigkeit" betonen?
3. Wenn die Gleichwertigkeit der Kulturen offiziell nicht in Frage gestellt wird, aber in der Realität für die Menschenrechte gravierende nachteilige Effekte in außereuropäischen Kulturen existieren und diese Anschauungen in zunehmendem Maße nach Europa gelangen, wie valide ist dann unser westliches, rechtsstaatliches Selbstverständnis überhaupt noch – und wie groß ist der Wahrheitsgehalt und die Standfestigkeit der europäischen Politik?
4. Wenn sich europäische Regierungsverantwortliche nicht vorbehaltlos zu ihrer nationalen und autochthonen Kultur bekennen und diese nicht explizit für die beste von allen halten, wie glaubwürdig und authentisch sind sie dann noch?
5. Wenn Politiker nicht bereit sind, mit allen Mitteln für ihre eigene Kultur und ihre eigene Nation einzustehen – wie vertrauenswürdig sind sie dann noch?

6. Wenn die Mehrheit der politischen Verantwortlichen so handelt, wie sie handelt, was haben die Bürger von solchen bekenntnisfreien, opportunistischen und mutlosen Politikern noch zu erwarten?
7. Die heikelste Frage kommt am Schluss: Sind Kulturen, die von sich sagen, sie müssten und werden einem göttlichen Auftrag gemäß die Welt erobern, im Grunde nicht stärker und mächtiger als solche, die ständig nur Toleranz, Nachgiebigkeit, Selbstverleugnung und säkularisierte Gleichheit predigen?

Wer diese Fragen mit einem Minimum an intellektueller Redlichkeit beantwortet, wird leider zu einem geradezu fürchterlichen Ergebnis kommen. Diese erschreckenden Antworten sollten aber jedenfalls unser zukünftiges Handeln bestimmen.

Der Irrweg „Multi-Kulti" – Bekennt euch wieder zu eurer Kultur!

Sicher ist: Jede Kultur hat spezifische Merkmale, die ihre Stärken und Schwächen charakterisieren. Jeder von uns ist in einer bestimmten Kultur sozialisiert worden und jeder von uns trägt daher eine kulturelle Prägung in sich. Als Erwachsener wird man nicht umhin können, sich in irgendeiner Weise zu einer Kultur zu bekennen. Es geht gar nicht anders: Erst die Kultur vervollständigt die jeweilige persönliche Identität und nur durch die jeweiligen kulturellen Eigenschaften seines persönlichen „Habitats" kann sich der Mensch entsprechend entfalten.

Die Gefahr der Erosion

In der westlichen Welt hat sich nach dem Zweiten Weltkrieg und ganz besonders nach 1968 eine tiefgreifende Erosion der Kultur und des Kulturbegriffs breitgemacht, die letztlich auch eine substanzielle Gefährdung der Identitäten mit sich bringt. Die Rede ist vom *Kulturrelativismus*, der aus dem Gleichheitsideal entsprungen ist und in Europa und den USA lange Zeit fröhliche Urständ' feierte. Der Zeitgeist wollte es so: Alle Kulturen dieser Welt waren plötzlich gleich wertvoll und jede Kultur galt für sich genommen als sakrosankt. Keinesfalls durfte man als Bürger des Westens Kritik an anderen

Kulturen üben oder diese gar als weniger hochstehend oder unterentwickelt bezeichnen. Und absolut verpönt war es, die Kultur des Westens als den Goldstandard der menschlichen Entwicklung zu betrachten. Für so eine Einstellung wurde flugs ein neues und pejoratives Wort erfunden: *Kulturimperialismus*.

Aus Toleranz wurde Feigheit

Man war zwar hinter vorgehaltener Hand oder in abstrakten Sonntagsreden stets der Meinung, dass die westliche Demokratie und die Errungenschaften des Westens das Ideal für den freien Menschen darstellen, aber selbstverständlich muss der tolerante und ach so großzügige Westmensch den anderen Völkern ihre Kulturen lassen und diese respektieren, auch wenn dort Intoleranz und Unterdrückung herrschen. Diese hehre und angeblich humanistische Denke, die in Wirklichkeit leider nur falsch und feig ist, galt demzufolge auch für jene, die bei uns im Westen in importierten Parallelgesellschaften leben.

Multi-Kulti als Irrweg

Der Salat, der daraus entstand, hieß Multi-Kulti und lange Zeit war jeder Zweifel an dieser Mixtur aus zeitgeistigen Gründen offiziell verpönt. Heute wissen wir, dass die bedingungs- und kritiklose Akklamation und die unbegrenzte Aufnahme anderer Kulturen erst genau jene Probleme schuf, die man durch die ausgebreiteten Arme zu verhindern suchte. Multi-Kulti gefällt daher nur mehr den fanatischen Gleichheitsaposteln im linken Spektrum.

Dort gibt es nämlich leider noch immer genug Leute, die ein Ineinanderfließen von grundsätzlich inkompatiblen Kulturen für möglich und sogar für erstrebenswert halten. Diese Internationalisten träumen nach wie vor von einer Welt ohne Grenzen, von einem Vereinten Europa ohne Nationen und letztlich vom Weltstaat, in dem die immer schon widersprüchlichen Slogans der Französischen Revolution endlich umgesetzt werden können: Freiheit, Gleichheit, Brüderlichkeit.

Dabei muss jedem rational denkenden Menschen längst klar sein, dass Freiheit und Gleichheit sich diametral widersprechen, ja einander sogar ausschließen. Wer frei sein will, kann nicht gleich sein und wer die Gleichheit will, muss den Menschen die Freiheit nehmen. Und übrigens – warum heißt es überhaupt noch *Brüderlichkeit*, wo doch heute die Schwestern so gern den Ton angeben möchten? Man sieht: Da drüben auf der linken Seite herrschen Inkonsistenzen und falsche Logik, wohin man auch schaut.

Es geht ums Ganze

Zurück zur Kultur. Die Forderung lautet, dass sich gerade jetzt jeder zu seiner Kultur und zu seinem Kulturkreis bekennen muss. Nicht nur innerlich, sondern auch in seinem Verhalten und Auftreten. Die westliche Kultur kann nur überleben, wenn man ihre Inhalte und Grenzen unablässig ganz klar und vernehmbar aufzeigt. Dazu muss man sich immer wieder auf die beiden Grundpfeiler des Westens namens Aufklärung und Christentum besinnen und alle, die bei uns leben wollen, daran messen.

Endlose Toleranz und grenzenlose Offenheit, die in Wirklichkeit nur Feigheit und Schwäche sind, dürfen in einer vitalen Kultur keinen Platz haben, denn das ist ihr Untergang. Zivilisation braucht Kultur und jede Kultur braucht ein klares Bekenntnis. Ebenso braucht eine überlebensfähige Kultur feste Regelwerke, die sich nicht den oben genannten falschen Idealen beugen. Daran führt kein Weg vorbei. Einige Regierungen in Europa haben das schon begriffen, andere glauben noch immer, mit pseudohumanistischen Verdrehungen ihre Nationen in eine bessere Zukunft führen zu können. Sie sollten ihren Geist schleunigst umprogrammieren, sonst ist es zu spät.

Heimat ist nicht bloß ein Begriff, sondern vielmehr ein Auftrag!

Der Begriff *Heimat* ist wieder in den Mittelpunkt gerückt. Träumte man noch vor wenigen Jahren von grenzenloser Globalisierung, vom *Global Village* und der Internationalisierung von allem und jedem, ist man nun draufgekommen, dass die Heimat bei weitem nicht so schlecht ist wie es ihr Ruf lange Zeit war.

Der üble Ruf

Vor bald 100 Jahren entstand im nach dem Zerfall der Monarchie sehr klein und in seinem Selbstverständnis unsicher gewordenen Österreich ein großes Bedürfnis nach Heimat und Sicherheit, das sich unter anderem auch in der Gründung der Heimwehr niederschlug. In den 30er Jahren bemächtigten sich die braunen Horden des Begriffes *Heimat* und verpassten ihm ein rassistisches Image. Nach der Katastrophe des Dritten Reichs erfuhr die *Heimat* in zahllosen Heimat-Filmen und im Wiederaufbau eine positive Neuaufladung – aber nur, um von den 68ern und den danach in großer Zahl auftretenden Vergangenheitsbewältigern und allen anderen linken Progressiven in einem selbstgestrickten und medial bis heute gerne verbreiteten Moralismus wieder verdammt zu werden.

Man traute sich lange Zeit, nur in Trachten- und Schützenvereinen von der Heimat zu reden. Dieselbe gar zu loben, war über Jahrzehnte höchstens im Sport oder bei großen offiziellen Anlässen erlaubt – etwa, wenn man die naturgemäß heimatbezogene Bundeshymne mitsang. Ansonsten klang „Heimat" irgendwie verdächtig und die Modernisten schauten einen gleich misstrauisch an, wenn man von der Heimat sprach.

Unbeirrt von diesem konstruierten Verdacht, der ausschließlich den Zweck hatte, die bürgerlich-rechte Weltanschauung politisch zu diffamieren, blieben nur mutige, beständige und bodenständige Charaktere. Auch in konservativen Kreisen bemühte man sich aus lauter Angst, als „ewiggestrig" zu gelten, sehr oft, die Heimat nur noch als Folklore erscheinen zu lassen. Klare Bekenntnisse zur deutschsprachigen Kultur, zur jahrtausendealten und prägenden eigenen Geschichte und zur Wichtigkeit des Heimatbegriffs wurden gern vermieden. Rechts-Intellektuelle, die den Mut hatten, sich positiv zu einem autochthonen Kulturbegriff und zur Heimat zu äußern, wurden stets von der linken Medien-Schickeria niedergemacht oder gleich mit der Nazi-Keule traktiert.

Heimat, reloaded

Das alles ist nun anders. Das Volk hat genug vom endlos oktroyierten anti-heimatlichen Getue und es wendet sich vom öffentlichen Lechzen nach grenzenloser Internationalität immer mehr ab. Die Massenmigration hat jene natürlichen und gesunden Selbstschutz-Reflexe aktiviert, die zum Heimatbegriff dazugehören und die für ein Bestehen der eigenen Kultur und der eigenen Nation notwendig sind.

Aber was hat es nun mit dieser „Heimat" auf sich? Warum ist der Begriff so emotional besetzt und warum wollen ihn die Linken unbedingt für obsolet erklären? Die Erklärung, warum die „Heimat" so eine essenzielle Wichtigkeit besitzt, findet man in einer medizinischen Analogie: Die Heimat und ihre rechtlichen Erscheinungsformen namens Nationen und Länder bilden eine Art Immunsystem. Die Grenzen der Nationen sind die sichtbaren Erkennungszonen, an denen Freund und Feind unterschieden werden.

Das Fremde und das Eigene

Die jeweiligen Kulturräume bieten den dort lebenden Menschen den Platz, um ihre Identität und Charakteristik zu entwickeln und zu entfalten. Ein Kulturraum kann aus historischen Gründen durchaus über Staatsgrenzen hinausgehen (wie etwa zwischen Österreich und Deutschland oder Südtirol), aber er wird immer eine sehr ausgeprägte Homogenität besitzen. Ein Angehöriger einer fremden Kultur, der in Bayern oder in der Schweiz erkennbar fremd ist, wird aus ähnlichen Gründen auch in Wien oder in Bozen als fremd betrachtet werden. Es ist daher absolut gerechtfertigt, von einer deutschen oder zumindest deutschsprachigen Kultur zu reden.

Die Natur, die Nation und den Kulturraum verbindet das immunologische Kriterium, dass alles Fremde als fremd erkannt wird. Das ist sowohl für einen Organismus wie auch für einen Staat respektive eine Kultur überlebenswichtig. Ohne diese Fähigkeit stirbt der Organismus und genauso geht es der Kultur. Das heißt nicht, dass alles Fremde immer auch ein Feind ist, sondern es geht genau um die Unterscheidungskompetenz, beides zu erkennen. Immunsysteme, Nationen und Kulturen müssen fähig sein, möglichst rasch und eindeutig herauszufinden, was ihnen nützt, was ihnen egal sein kann und was ihnen schadet oder sie sogar vital bedroht.

Die hochkomplexen Immunsysteme haben für diese Zwecke die Abwehrzellen und die Antikörper entwickelt. Die Nationen und Kulturen stellen aus denselben Gründen Legislative, Judikatur und Exekutive bereit. Der innere und äußere Schutz der Heimat ist letztlich genauso wichtig wie der immunologische Schutz des Individuums. Es gibt daher keine Kultur und keinen Staat auf der Welt, die nicht irgendeine Form von Abwehrkraft ihr eigen nennen.

Ähnlich entwickelte Kulturen und Staaten können in diesen Fragen auch durchaus kooperieren. Die EU versucht dies, hat aber bis jetzt keine geeignete Immunantwort entwickeln können. Die Organismen (Staaten) müssen also auf eigene Faust ihr Schicksal meistern.

Heimat ist ein Auftrag

Der Begriff „Heimat" vermittelt nicht nur ein gewissermaßen archaisch bedingtes, angenehmes und vertrautes Gefühl, sondern die Heimat beinhaltet immer auch einen Auftrag zur geradezu essenziell notwendigen Existenzsicherung ihrer selbst. Das führt uns zur zweiten, oben gestellten Frage: Warum wollen Linke die Heimat demontieren? Was ist der Beweggrund, einer „No Border"-Philosophie anzuhängen und die Verschmelzung der Nationen und Kulturen anzustreben, wenn eigene Heimat und Kultur doch die Seins-Bedingungen des Individuums und des Volkes sind?

Die Antwort ist simpel: Das entwurzelte und in einer marxistisch inspirierten Einheitskultur frei flottierende Individuum ist für die staatlichen Apparate und Machthaber am besten steuerbar. Der zynisch „frei" genannte, aber einfach nur völlig bindungslose Mensch im anonymen Großkollektiv ist das Endprodukt eines linken Alptraums, der manchen Menschen noch immer als das Paradies auf Erden erscheint.

www.thedailyfranz.at

Glaubwürdigen Stolz auf die Heimat gibt es nicht ohne Erinnerung an die Schuld!

Von David Berger

Es sind immer seltener die „Linken" und immer öfter die Konservativen und „Rechten", die die Themen der gesellschaftlichen Debatte in Europa setzen. Das ist nicht verwunderlich, verbindet man „links" doch seit geraumer Zeit vor allem mit Denkverboten und den angeschlossenen Institutionen der Gesinnungspolizei, auf keinen Fall jedoch mit einem herrschaftsfreien, fairen gesellschaftlichen Diskurs. Hinzukommt, dass die Rechte immer näher an den „normalen" Menschen war als die letztlich weltfremde und nicht von gesundem Menschenverstand und Empirie, sondern von Dogmen getriebene Linke.

Dass Geist und Freiheit eher „rechts" stehen, bemerkte bereits in den 80ern ein Denker wie Claus Leggewie und neuerdings hat angesichts der Meinungsfreiheit Nicolaus Fest ebenfalls in einem luziden, unbedingt lesenswerten Essay erneut darauf hingewiesen. Ob die politische Klugheit dann gebietet, den Weg der Mitte zu gehen, ist eine ganz andere Frage.

Aufgrund dieses provokativen Potentials konservativen Denkens in einer Welt der verordneten Mediokrität war es absehbar, dass der Streit um die Gedenkkultur der Deutschen aufkommen musste.

Mir geht es in den folgenden Zeilen gar nicht um Höcke und seine Holocaustrede, nicht darum, wie viel Dissens es in einer Partei geben darf und was er nun wirklich gesagt hat.

Vielmehr kreisen meine Überlegungen um die im Anschluss an die Rede in politisch interessierten Kreise aufgekommene, derzeit heftig diskutierte und nach wie vor heikle Frage, ob wir in unserer Erinnerungskultur eine Wende brauchen.

Ob es Zeit ist, endlich den Jahren des Nationalsozialismus, dieses hyper-perversen Sozialismus, und den damit verbundenen Verbrechen der Schoah weniger Aufmerksamkeit zu widmen als bisher geschehen.

Dabei begegnen wir häufig folgenden Argumenten:

„Was gehen mich die Verbrechen meiner Urgroßväter und Mütter an? Wieso werde ich dafür heute noch haftbar gemacht? Ich habe doch keine Schuld an dem, was passiert ist!"

Und in der Folge dann: „Dieses Schuldgefühl wird doch nur instrumentalisiert, damit wir Deutschen zu allem, von offenen Grenzen bis zu massenhaften Vergewaltigungen deutscher Frauen und Kinder durch Migranten, verschämt schweigen."

(Achtung an die Qualitätsmedien und die damit verbundenen Zensurstellen: Das sind Zitate aus sozialen Netzwerken! Nicht meine Aussagen!)

Zunächst ist es völlig korrekt: Eine persönliche Schuld gibt es bei jenen, denen die „Gnade der späten Geburt" (Helmut Kohl) vergönnt war, tatsächlich nicht. Auch gegen eine Kollektivschuld im Sinne einer „Solidarschuld" haben sich schon 1945 kluge Köpfe, wie etwa der britisch-jüdische Verleger Victor Gollancz, ausgesprochen. Und das zu einem Zeitpunkt und unter Bedingungen, die alles andere hätten verständlich erscheinen lassen.

Das heißt, es ist geradezu „unsinnig, jeden einzelnen Deutschen der Naziverbrechen für schuldig zu halten – aus dem einfachen Grund seiner Zugehörigkeit zur deutschen Nation" (Benjamin Sagalowitz, 1950).

Etwas anderes freilich ist es, von „Versagen" und damit auch „Schuld" in historischen Zusammenhängen zu sprechen.

Ich bin in der Bundesrepublik Deutschland 1968 geboren. Ich habe dieses Land in meiner Kindheit und Jugend als meine Heimat, die mir alle Entfaltungschancen gab, schätzen gelernt. Je mehr ich mich mit der Geschichte und Gegenwart des Abendlandes beschäftigt habe, ist auch in mir die Freude daran gewachsen, von dieser Kultur und Geschichte geprägt zu sein. Von jenem in den letzten Jahren auf einmal zum „Nazibegriff" herabgewürdigten Abendland, in dem Menschen deutscher Sprache eine wichtige Rolle gespielt haben.

Und es erfüllt mich nach wie vor mit Stolz, Kind des Abendlandes zu sein. Jenes Abendlandes, das im Mittelmeerraum in der Antike geboren, aus dem Denken großer Geister wie Sokrates, Platon und Aristoteles hervorwuchs, vom Rechtsdenken und den strategischen Leistungen der Römer geprägt wurde. Ein Erbe, das nach dem Untergang der Antike von der katholischen

Kirche und ihren Geistesgrößen – wie einem Thomas von Aquin – bereichert wurde. Und das ganz entscheidend auch durch den Einfluss der immerhin fast ein Jahrtausend prägenden Tradition des „Heiligen Römischen Reiches deutscher Nation" (962-1806) – weiter getragen wurde.

Ein stets in einem lebendigen Traditionsprozess modifiziertes Erbe, das zunächst die Geburt der Universität und eines echten Wissenschaftsverständnisses, dann durch heftige Kämpfe (von dem Investiturstreit angefangen bis hin zum immer noch nicht ganz abgeschlossenen Kampf für die Trennung von Thron und Altar) schließlich Aufklärung und Säkularisierung ermöglichte.

Dieser Stolz und diese Freude sind jedoch immer verbunden mit dem Wissen um die tiefen Schatten, die neben diesen Lichtsäulen der Geschichte stehen:

Aristoteles war auch der Lehrer eines Alexander, dem die Geschichte den Beinamen „der Große" gegeben hat. Und das, obwohl er Tausende seiner Soldaten, seinen Geliebten und schließlich sich selbst für seine Machtgelüste und ein Denken, in dem sich (soweit wir das wissen) Idee und Ideologie vermischen, in den Untergang trieb.

Das Wissen auch darum, dass der Untergang der Monarchien im Zusammenhang des Ersten Weltkrieges eigentlich mehr Demokratie hätte ermöglichen sollen, aber stattdessen Diktaturen in ganz Europa und damit dem Zweiten Weltkrieg den Weg bereitet hat. Das traurige Wissen darum, dass die Kirchen in Europa mehr oder weniger wissend und willig dessen Entwicklung hin zu den Menschenrechten vorbereiteten, gleichzeitig aber auch den Antisemitismus ideologisch unterfütterten.

Und das Wissen darum, wie sehr das Volk der Dichter und Denker sich zum willfährigen Vollstrecker von verbrecherischen Barbaren hat machen lassen.

So steht neben all dem Stolz auch immer die tiefe Scham über die Unheilsjahre in Deutschland und die damit verbundenen Verbrechen der Nationalsozialisten, zumal an den Juden, aber unter anderem auch an Homosexuellen, Katholiken, dem Adel und den Zeugen Jehovas – und an den angegriffenen Völkern der eigenen deutschen Bevölkerung. Wer diese Geschichte näher betrachtet, sieht, wie das Böse und die damit verbundene Schuld in seiner enormen Macht ungeheuer starke Verflechtungen und Netzwerke bildet, die eine Dimension erreichen, in der kaum jemand mehr komplett unschuldig bleiben kann.

Die Scham eines Abendländers auch darüber, dass man Osteuropa die Schande des Kommunismus angetan hat – mit all seinen Verbrechen, seinen Gulags und vielen anderen Widerwärtigkeiten, die (wie man am langen Arm der Stasi sieht) bis in unsere heutige Zeit fortwirken. Ich werde jetzt nicht die Zahl der Opfer des Nationalsozialismus neben jene der Opfer des Kommunismus stellen, wie das oft auch durch Personen geschieht, die die Schandtaten der Nationalsozialisten relativieren wollen. Denn ich weiß natürlich, dass so wie kein Mensch letztlich mit dem anderen vergleichbar ist, auch keine Schuld mit der anderen abwägbar ist. Deshalb taugen auch die nervenden, in ihrer letzten Konsequenz perversen Diskussionen über die exakte Opferzahl der jeweiligen Unrechtsregime, zu nichts. Aber darum geht es auch nicht.

Es geht vielmehr darum, dass es zu unserem eigenen Schaden geschieht, wenn wir – zumal auf programmatische Ansage – vergessen.

Denn – und ich sage das auch im Blick auf den Umbruch, den wir derzeit in Deutschland erleben – es sind immer ähnliche Mechanismen, mit denen Menschen zum Bösen oder zumindest zum Schweigen angesichts des Bösen getrieben werden. Der Sozialismus in seinen roten und braunen Ausprägungen hat noch immer eine ungeheure Macht.

Der Mensch – so eine der tiefen Weisheiten der philosophia perennis – verändert sich in seiner Natur nicht. Die conditio humana bleibt immer dieselbe. In den Menschen, die im Dritten Reich lebten, quälten und mordeten, gequält und ermordet wurden, floss das gleiche Blut wie in jenen, die heute leben oder vor Jahrhunderten lebten. Wir sind nicht weniger anfällig als sie für das Böse.

Und immer wieder ist es das mysterium iniquitatis, das undurchdringliche Geheimnis des Bösen, dem der Mensch sich zuneigt in einer fast nihilistischen Ponderation, die ihm neben dem Streben nach dem Glück und damit dem Guten und der Tugend innewohnt. Der Psychologe Carl G. Jung hat dieses Zusammen von dunklen und hellen Archetypen gar als konstitutionell für den ganzen Menschen und daher auch seine psychische Gesundheit gedeutet.

In diesen Einsichten aus Philosophie und Psychologie finden wir die Basis, warum und unter welchem Vorbehalt wir von einer Wiederholung der Geschichte sprechen können, was nichts anderes heißt, als dass wir den Menschen in seiner Größe, aber auch seiner Niedertracht und Schuld wieder erkennen.

Mir geht es in diesem Sinne darum, dass ich ebenso selbstbewusst wie ich mich als Abendländer fühle und die Deutschlandhymne singe, die Deutschlandfahne mit Freude sehe und sage, dass ich Deutscher bin, mich schäme für das, was da Menschen Menschen, Europäer Europäern, Deutsche Deutschen angetan haben.

Nur beides, Größe und Niederung, Stolz und Scham zusammen ist für mich – als Menschen, der immer wieder zum Bösen neigt und doch von Verzeihung und Gnade lebt – glaubwürdig. Nur ein Körper mit Narben ist wirklich echt und daher schön. Für mich ist diese Selbsterkenntnis des Einzelnen, der nach Aristoteles zoon politicon (gesellschaftliches Lebewesen) ist, auch die Basis für ein umfassenderes Denken. Das einen falschen Nationalismus von einem erfreulichen Stolz auf das eigene Vaterland, die Heimat unterscheiden kann.

Wer echten Nationalstolz bei den Deutschen wiedergewinnen will, auch um der von Antifa & Co tatsächlich schamlos instrumentalisierten Nazikeule etwas entgegen zu setzen, aber gleichzeitig die dunklen Stellen unserer Geschichte ausblenden und verstecken möchte, wird erbärmlich scheitern.

Statt die Feinde unserer offenen Gesellschaft und Demokratie zu bekämpfen, füttert er sie wider Willen. Und nimmt die Gefahr in Kauf, dass der neue Faschismus, getarnt als Antifaschismus – erneut mit ähnlichen Opfergruppen – wieder Oberwasser gewinnen könnte. Nie wieder!

www.philosophia-perennis.com

Nationalismus und moderne Rechte – tatsächlich Vorboten eines neuen Nationalsozialismus?

Von Naomi Seibt

War die entscheidende Ursache des Nationalsozialismus wirklich der Nationalismus?

Angesichts der zunehmenden Bereitschaft westlicher Länder, auf kultureller, wirtschaftlicher und politischer Ebene zu ihrer nationalen Identität zurückzukehren, ist in den vergangenen Monaten die Sorge aufgekommen, dass diese Form des Nationalismus gefährlich und rückläufig ist. Die massiven Fortschritte in der Globalisierung, welche vom westlichen, regierenden Establishment durchgesetzt wurden, scheinen keine Akzeptanz mehr bei den Bürgern zu finden. Grenzt dieser Widerstand an Faschismus?

Die verbreitete Auffassung, dass Faschismus eine direkte Konsequenz aus Nationalismus ist, stammt aus der Überzeugung, dass Nationalismus die treibende Kraft des Nationalsozialismus im Dritten Reich war. Dieser These muss auf den Grund gegangen werden. Lässt sich der Nationalsozialismus monokausal mit dem Aufstieg des Nationalismus nach dem Ersten Weltkrieg erklären? Sollte dies der Fall sein, so liegt die Vermutung nahe, dass eine Erfolgswelle der modernen politischen Rechten in Kombination mit der Ablehnung des durch die Globalisierung herangetriebenen Internationalismus eine böse Vorahnung in uns auslösen sollte. Es stellt sich die Frage, wie berechtigt diese Sorge ist.

Der wesentliche Unterschied zwischen Faschismus und Nationalismus

Faschismus ist grundsätzlich radikal autoritär, was keine Voraussetzung für Nationalismus ist (siehe[1]). Faschismus verleiht dem Staat die höchste Macht, in dem Glauben, dass dessen Interessen im Sinne der Bürger ausgetragen werden, welche den Staat im Gegenzug bevollmächtigen müssen.

Der Staat und sein Volk sind voneinander abhängig, doch mit dem Staat in der überlegenen Position kann dieser seine Macht missbrauchen und er hat eine unvermeidliche starke Tendenz, zu korrumpieren.

Die Ideologie des Faschismus erfordert bedingungslose Loyalität zum Staat – Ultranationalismus – und zwar unabhängig von den möglicherweise moralisch verwerflichen Taktiken und Handlungen des Staates. Der Staat bezieht seine Macht aus der Unfähigkeit des Volkes, ihn zu hinterfragen. Diese absolute Loyalität kann, falls sie nicht selbstverständlich in den Bürgern präsent ist, staatlich erzwungen werden.

Zu seiner Position im politischen Spektrum heißt es im englischen Wikipedia-Artikel zum Thema „Faschismus“: *„Faschismus wurde beeinflusst sowohl von links als auch rechts, konservativ und anti-konservativ, national und supranational, rational und anti-rational. Zahlreiche Historiker betrachten Faschismus entweder als eine revolutionäre, zentrische Konzeption, als eine Konzeption, die sich sowohl der rechten als auch linken Philosophie bedient, oder beides.“*[2]

Nationalismus ist ein viel umfassenderer Begriff mit variierenden Definitionen in einem Spektrum, das von Patriotismus bis hin zum Chauvinismus reicht. Der entscheidende Unterschied zwischen den beiden Formen ist, dass Patriotismus die Koexistenz anderer Nationen respektiert und schätzt und gleichzeitig einen besonderen Stolz auf die eigene Nation und deren Kultur pflegt, wohingegen Chauvinismus der Glaube ist, dass die eigene Nation und ihre Geschichte anderen weitaus überlegen sind. Patriotismus ist eine Frage von nationaler Identität, Chauvinisten verweigern sich der Anerkennung anderer Nationen neben ihrer eigenen.

Faschismus benötigt Chauvinismus, um zu existieren und seine „Mission“ zu vollziehen, welche ultimativ eine imperialistische anstatt einer nationalistischen ist. Er billigt die Ausbeutung anderer, um den Erfolg der eigenen Nation zu erzielen, und strebt eine geographische und kulturelle Expansion an; eine autoritäre Invasion, die über das eigene Volk hinausgeht. Nationalismus allein hat diesen Anspruch nicht.

Die moderne politische Rechte unterstützt Nationalismus, nicht Faschismus.

Politisch rechts und links

Nationalismus wird hauptsächlich mit der **politischen Rechten** assoziiert. Aus der Betrachtung essentieller Unterschiede zwischen den Arten des Nationalismus ergeben sich nun die Fragen, welches Ausmaß von Nationalismus Mitglieder der modernen politischen Rechten befürworten, auf welche Weise sie diesen Nationalismus vorantreiben und ob dies überhaupt vergleichbar ist mit der nationalsozialistischen Agenda.

Die Unterscheidung zwischen politisch links und politisch rechts tauchte erstmals in der Französischen Revolution auf, als das Volk sich teilte, in konservative Unterstützer der Monarchie (**rechts**) und Unterstützer der Revolution, welche die Opposition des autoritären Regimes darstellten, um Gleichheit zwischen Volk und Staatswesen sowie Freiheit für die unterdrückten Bürger zu erkämpfen (**links**).[3 und 4]

Da die Form und Rolle des Staates sich signifikant verändert hat im Laufe des letzten Jahrhunderts, hat sich auch die Einstellung der Menschen zu ihm gewandelt. Heute sprechen Vertreter der politischen Linken sich für eine **staatlich kontrollierte Wirtschaft** und Gesellschaft aus, in dem Glauben, dass diese Voraussetzungen soziale Gleichheit und soziale Sicherheit garantieren. Dahingegen setzen sich Vertreter der politischen Rechten typischerweise für die **wirtschaftliche Liberalisierung** ein, und eine Sozialstruktur, die sich natürlicherweise in einer kapitalistischen freien Marktwirtschaft entwickelt und automatisch die Fleißigen respektive Tüchtigen belohnt.

Das politisch linke Konzept basiert auf der Idee, dass **Kollektivismus** erforderlich ist, um das höchste Gemeinwohl zu erzielen. Das politisch rechte Konzept hat einen individualistischen Ansatz, der jedem die **Freiheit** gewährt, seine eigenen, individuellen Entscheidungen zu treffen, die sowohl zum Scheitern als auch zum Erfolg führen können.[5,6 und 7]

Gleichheit und Gleichberechtigung

Beide Seiten verfolgen im Grunde genommen ein gemeinsames **Endziel**: Eine faire, gleichberechtigte Gesellschaft. Konflikt herausfordernde Unterschiede finden sich in der verschiedenen Auslegung dieses Ziels und in der Weise, wie dieses Ziel laut der beiden politischen „Gegner" bestmöglich erreicht werden kann.

Die politische Linke betont dabei typischerweise die Untrennbarkeit der Begriffe „Gleichheit" und „Gleichberechtigung". **Gleichheit** setzt die Auslöschung und Kompensierung von Unterschieden voraus. Die Idee dabei ist, dass absolute Gleichheit gleiche Chancen ermöglicht.

Die alternative, eher rechte Auffassung ist die, dass durch den Erhalt von Unterschieden individuelle Menschen ihre persönlichen Stärken hervorheben können. Wesentliche Unterschiede und die Anerkennung dieser stärken die Diversität, sie diskriminieren nicht dagegen.

Auch Globalisierungsbefürworter, welche sich in der Regel im linken Raum des politischen Spektrums befinden, greifen häufig auf den Begriff **Diversität** zurück, jedoch wiederum mit einem anderen Verständnis: Die Vermischung von Menschen diverser Hautfarben, Religionen und Kulturen sorge für ein friedliches Zusammenleben aller Menschen, da es darauf aufmerksam mache, wie gleich wir im Grunde alle seien.

Ein **Problem mit dieser Vorstellung** ist es, dass sie die geistige Diversität und Individualität von Menschen leugnet und dadurch menschliche Diversität auf genetische Gegebenheiten wie die Hautfarbe reduziert. Geistig unterschiedliche Menschen suchen sich in der Regel Gleichgesonnene mit einer ähnlichen Weltanschauung (Kultur). Die Vermischung aller Kulturen, ohne ausreichende Anpassung aneinander, provoziert den Konflikt.

Die Stärkung individueller Kulturen ist nicht möglich ohne patriotische Anhänger dieser, die sich zusammentun und ihre Kultur gemeinsam erhalten. Die Anhänger verschiedener Kulturen müssen sich dabei selbstverständlich nicht voneinander isolieren, bloß um die kulturelle Diversität zu schützen.

Entscheidend ist eine positive und stolze persönliche Einstellung zu der Kultur, mit der eine Person sich identifiziert; eine Einstellung, welche außerhalb des Chauvinismus existieren kann. Ein kulturell verzweigter Freundeskreis wird dadurch keineswegs ausgeschlossen.

Es geht nicht um Rasse, Glauben, Hautfarbe, Geschlecht oder Sexualität

Aktuell spiegelt sich der Nationalismus vornehmlich in einer gesellschaftlichen Abneigung zu ungeregelter Einwanderung wieder, insbesondere die Migration aus nach westlichen Standards kulturell unterentwickelten Ländern wie im Nahen Osten. Diese Antipathie ist jedoch nicht als eine rassistische Motivation zu deuten. Es geht nicht um den Ausschluss von Menschen aufgrund von Rassen-, Glaubens-, Hautfarbe-, Geschlechts- oder Sexualitätsunterschieden, sondern schlichtweg um die **Abweisung von kultureller Intoleranz**.

Der britische Guardian[8] publizierte 2014 in einem Artikel die Ergebnisse einer Studie der Organisation ILGA, welche zeigten, dass mehr als 2,7 Milliarden Menschen in Ländern leben, in denen Homosexualität gesetzlich verboten ist. Eine überwältigende Mehrheit davon sind Länder, in welchen der **Islam** die dominante Religion (Weltanschauung) ist. Im Iran, Saudi-Arabien, Sudan, Mauretanien und Jemen wird Homosexualität unter der Scharia mit der Todesstrafe bestraft.[8]

Auch die noch immer in vorwiegend denselben Ländern herrschende gesetzlich gestützte **Diskriminierung des weiblichen Geschlechts** widerspricht den westlichen Moralvorstellungen. In Saudi-Arabien sind Frauen zur Verschleierung verpflichtet – Grundordnung des Königreichs Saudi-Arabien[1, 3, 5 und 9] – und es ist ihnen bis heute nicht gestattet, mit dem Auto zu fahren, da sie sonst als Terroristinnen gelten[10].

Steinigungen sind eine legale Form der Bestrafung im Iran, Mauretanien, Nigeria, Katar, Saudi-Arabien, Somalia, Sudan, den Vereinigten Arabischen Emiraten und Jemen. In einem Artikel im Guardian von 2016 heißt es mit Hinblick auf die soziale Ungleichheit im Nahen Osten: *„Die muslimische Gesellschaft ist insgesamt immer noch stark patriarchal."*[11]

In der Tat, diese Werte sind unvereinbar mit denen des Westens und machen die Einwanderungsfrage darum so kompliziert. Einwanderung aus diesen Ländern bedeutet Import von eben der Kultur, deren Werte der Westen mit aller Macht entgegengewirkt. Die Gleichberechtigung des weiblichen und männlichen Geschlechts vor dem Gesetz, der Schutz von Minderheiten wie Homo- und Transsexuellen, Säkularismus und Nichtdiskriminierung von Menschen anderer Rassen und Glaubensrichtungen gehören zu den stolzesten Errungenschaften des Westens.

‚Islamophobie'?

Die vorwiegend im Nahen Osten herrschende unzumutbare Intoleranz gegenüber Minderheiten und Nichtgläubigen wird im Namen des Islam ausgetragen, welcher dort in nicht-säkularer, konservativer Form praktiziert wird. Die Erwähnung dieser Tatsache wird von Befürwortern der ‚offenen Grenzen' oft als provokativ empfunden. Die implizite ‚Beschuldigung' des Islams diffamiere die Religion und verstoße gegen die Religionsfreiheit; Kritiker werden als ‚islamophob' stigmatisiert.

Ein Artikel in der *WELT* von 2014 wirft berechtigterweise die Frage auf: *„Ist es wirklich islamophob, diese Zustände zu kritisieren, ohne jedes Mal auf die friedliche Mehrheit der Muslime zu verweisen? Man muss Fluggesellschaften nicht dafür loben, dass sie ihre Jumbojets oben halten können. Genauso wenig muss man Muslimen applaudieren, wenn sie sich an das Grundgesetz halten. Es ist schlichtweg eine Selbstverständlichkeit. Es muss in einer modernen Gesellschaft ohne Einschränkung erlaubt sein, Ideen und Ideologien schlecht zu finden und zu kritisieren."* [12]

Dahingegen scheint das Kritisieren, Hinterfragen und sogar Beleidigen des christlichen Glaubens noch immer unter der Redefreiheit vertretbar zu sein. Das Christentum kann es schließlich abhaben. Kein Mensch würde Kritik an der Voreingenommenheit einer christlichen Institution gegenüber Homosexualität als ‚christophob' bezeichnen. Und das ist richtig so! Religionen dürfen Kritik und Hinterfragung nicht scheuen und sich damit dem Recht der Meinungs- und Redefreiheit in den Weg stellen. Das Grundgesetz hat unbedingte Priorität vor jeder Religion.

Doch die Kernfrage ist letztendlich nicht, wie friedlich die Prinzipien des Islams nach dem Koran sind. Keine TV-Debatte über die Friedlichkeit des Islams kann die furchtbaren Zustände in den Problemländern negieren. Keine Demonstration und auch kein Twitter-Post gegen ‚Islamophobie' bewahrt schutzlose Minderheiten vor Verbrechen, die im Namen des Islams getätigt werden. Es sollte unbestreitbar sein, dass die Einwanderung aus Ländern, in denen Todesstrafe, Vergewaltigungen und systematische Diskriminierung die Norm sind, bestimmten Kontrollen und Restriktionen unterliegen muss, um eben die wirklichen Opfer aus diesen Ländern nicht gemeinsam mit ihren Unterdrückern in den liberalen Westen zu holen.

Integration und Assimilation

Auch die erfolgreiche Integration von Menschen, die mit einer vollkommen anderen Kultur aufgewachsen sind, ist nicht selbstverständlich. In einem Beitrag in der FAZ betont **Dr. Stefan Luft** die Unverzichtbarkeit eines gewissen Maßes an Assimilation:

„Zu Unrecht wird sie in der politischen Integrationsdebatte nahezu automatisch mit negativem Vorzeichen versehen oder mit Zwang oder ‚Zwangsgermanisierung' gleichgesetzt. Dabei bleibt außer Acht, dass eine Angleichung von Einwanderern unumgänglich ist für eine erfolgreiche Integration." [13]

Die unfreiwillige Anpassung an die Werte und den Lebensstil eines kulturell vollkommen anders eingestellten Kontinents kann – wenn überhaupt – nur durch ein intensives und individualisiertes Integrationsprogramm gelingen. Zwar ist bei der Integration der beidseitige Einsatz erforderlich, doch die Anerkennung des Integrationswillens seitens der Inländer setzt die Integrationsbereitschaft des Immigranten voraus. Ohne Integrationswillen und eigenständigen Einsatz droht Integration zu scheitern. Wie Dr. Luft schreibt:

„Die Zugehörigkeit zu ethnischen Gruppen soll allerdings auf mittlere Sicht ihre Bedeutung verlieren, da ein dauerhaftes Bestehen ethnischer Gruppen erfahrungsgemäß mit sozialen Schichtungen in der Aufnahmegesellschaft einhergeht." [13]

Eine solche Aufgabe ist im großen Rahmen nicht zu bewältigen. Kontrollierte Immigration hat das Potential, eine Nation kulturell und wirtschaftlich zu bereichern und ihr gleichzeitig dabei zu helfen, die eigene Kultur zu bewahren und darüber hinaus anzureichern. Massenimmigration hingegen ist ab einem bestimmten Punkt nicht mehr zu bewältigen.

1973 erklärte selbst der politisch linke SPD-Kanzler **Willy Brandt** in seiner Regierungserklärung zu diesem Thema: *„In unserer Mitte arbeiten fast 2,5*

Millionen Menschen anderer Nationen. Es ist aber notwendig geworden, dass wir sehr sorgsam überlegen, wo die Aufnahmefähigkeit unserer Gesellschaft erschöpft ist und wo soziale Vernunft und Verantwortung Halt gebieten!" [14 und 15]

„Links" und „rechts" sind keine aussagekräftigen Bezeichnungen für politische Eigenschaften

Es funktioniert nicht, intuitiv einen Vergleich zwischen einer Staatsmacht propagierenden Ideologie wie dem Nationalsozialismus und der modernen Rechten zu ziehen, welche sich sozialen und wirtschaftlichen Restriktionen vom Staat entgegenstellt, bloß weil sie eine Form des Nationalismus unterstützt. Dieses Problem demonstriert, wie unzulänglich die Trennung politischer Standpunkte in links und rechts ist. Weder der einen noch der anderen Seite lässt sich eine bestimmte Konnotation zuweisen.

Länder, die in den vergangenen Jahren zunehmend nationalistisch geworden sind, erkennen, dass sie weniger Einmischung von anderen Nationen wünschen, um ihre kulturelle und politische Identität zu wahren. Es mag das natürliche, evolutionär vorteilhafte Bedürfnis der Menschen ansprechen, sich in überschaubaren Stammanordnungen mit einem erreichbaren Führungsorgan zu organisieren, anstatt einer stark überlegenen, allumfassenden Macht, die außer Reichweite des Individuums liegt. Es gibt keine perfekte Staatsform, die im globalistischen Stil einen großen Raum mit einem breiten kulturellen Spektrum regieren sollte, denn Menschen existieren natürlicherweise in einer großen Diversität und haben verschiedene Werte, die nicht alle einheitlich vertreten werden können. Ein solches System würde die geistige Diversität aller Menschen untergraben und einen vollkommenen mentalen Konsens erzwingen.

Kontrollierte Einwanderung unter einem Migrationsgesetz lässt sich problemlos mit Nationalismus vereinbaren. Ein gesundes Maß an Selbstbewusstsein und Selbststolz schließen die Empfänglichkeit für Freundschaft schließlich nicht aus. Nationalismus bedeutet in erster Linie, seine individuelle kulturelle Identität zu schätzen. Damit fördert er nicht nur die Diversität verschiedener Nationen, sondern unterbindet vor allem die Zentralisierung von Macht.

Wertehierarchien und Toleranz

Von Naomi Seibt

Angesichts einer regelrechten Inflation von Verunglimpfungen wie „Rassist", „Nazi", „islamophober Hetzer" o.ä. ist es inzwischen offensichtlich, dass das Thema Identität in Bezug auf Herkunft und Kultur sowie Diskriminierung aufgrund dieser Merkmale innerhalb der letzten Jahre eine außerordentliche Brisanz erhalten hat. Ein großer Teil der westlichen Gesellschaft, gerade in der politisch „linken" Sphäre, zeichnet sich durch eine undifferenzierte Hypersensibilität gegenüber jeglicher Eigenkulturwertschätzung aus. So wird inzwischen sogar Patriotismus auf Basis der gemeinsamen Achtung der Kulturwerte, die die Säulen einer Gesellschaft bilden, als exzessiver Nationalismus beanstandet. Diese Paranoia vor der Ausgrenzung fremder Kulturwerte ist nicht bloß irrational, sondern schädlich.

Die Bevorzugung moralischer Maxime einer liberalen Gesellschaft impliziert die vergleichsweise geringere Schätzung fremder Werte. Entscheiden wir uns aber aus Angst vor Diskriminierung dazu, die Existenz einer „besseren" Kultur zu leugnen, so drohen der Liberalismus und die Souveränität des Individuums zu verkommen. Appeasement selbst illiberalen Kulturen gegenüber, mit der Begründung, alle Kulturen seien im Grunde gleichwertig und bloß unsere subjektive Perspektive determiniere ihren Status, gefährdet somit den Erhalt des von Aufklärung geprägten Liberalismus. Wollen wir diese zivilisatorischen Errungenschaften verteidigen, dürfen wir uns nicht vor der tragischen Realität verstecken, dass in einigen Fremdkulturen verachtenswerte Wertvorstellungen intrinsisch verankert vorliegen. Nur, indem wir moralische Fehler fremder Kulturen als Solche identifizieren, können wir ihre Entwicklung und Implikationen logisch nachvollziehen und die positive Lehre, die sich uns aus dieser Analyse offenbart, auf unsere eigene Kultur anwenden. Kulturwertschätzung zieht ein gewisses Maß an Diskriminierung nach sich, weil die Realität des „Besseren" nicht ohne die Möglichkeit des „Schlechteren" einhergeht. Aber es ist ein fataler Irrglaube, dass wir Präferenzen mit der bloßen Motivation entwickeln, gegen Abweichendes zu diskriminieren.

Vielmehr möchten wir das Potential des „Besseren" erfassen und uns zum Ziel unseres Strebens setzen.

Um zu verstehen, weshalb gerade viele Anhänger politisch „linker" Gesellschaftsvorstellungen Wertehierarchien so verabscheuen, ist es wichtig, ihre fundamental kollektivistische Weltanschauung in das Blickfeld zu ziehen: Die politisch linksmotivierte Verfechtung einer starken Regierung, zur Umsetzung der weitgehend vage definierten „sozialen Gerechtigkeit", erfordert einen kollektivistischen Gedankenansatz: *Das „Wohl der Gesellschaft" steht über der Freiheit und Souveränität des Individuums*. Aus der Perspektive dieses kollektivistischen Ethos fällt es leicht, der Diskriminierung aufgrund von Werten eine „persönlich verletzende" Bedeutung beizumessen. Der Kollektivist betrachtet jedes Individuum im Rahmen kollektivistischer Merkmale; die Geringschätzung eines solchen Merkmals wertet er daher als einen persönlichen Angriff. Der Individualist hingegen ist dazu in der Lage, zwischen seiner hierarchischen Ordnung von Kulturwerten und seinen Interaktionen mit Individuen zu unterscheiden. Er lässt sich nicht auf das kollektivistische „Schubladendenken" ein. Trotz seiner möglicherweise ablehnenden Haltung gegenüber einer Ideologie kann er individuellen Anhängern dieser Ideologie mit einer neutralen Voreinstellung begegnen und sogar eine respektvolle Beziehung zu ihnen aufbauen. Nur so eröffnet sich überhaupt erst die Möglichkeit des politischen Diskurses.

Ironischerweise liegt doch das Wesen der Identitätsdiskriminierung im Kollektivismus begründet, nämlich in der Überhöhung von oberflächlicher Identität: Die Reduktion des Individuums auf seine Hautfarbe oder Herkunft widerspricht dem individualistischen Ansatz im Umgang mit anderen Personen, welcher im Gegensatz zum Kollektivismus die Multidimensionalität des menschlichen Wesens respektiert. Es ist wahr, dass Kulturaspekte wie Religion – anders als Hautfarbe und geographische Herkunft – die Persönlichkeit und Moralvorstellungen des Einzelnen beeinflussen und auch der Individualist aus diesem Grund die Entscheidung treffen mag, sein Gegenüber nicht in seinen Freundeskreis zu integrieren. Dann geschieht dies aber nicht aufgrund von kollektivistischer Identitätsdiskriminierung, sondern als Konsequenz der Abwägung individueller Charaktereigenschaften.

Der Trugschluss des Kollektivisten besteht also darin, dass er so selbstverständlich in seinem kollektivistischen Weltbild verharrt, dass er es auf Jeden projiziert, der sich offen der Kategorisierung und Wertunterscheidung bedient, um seine eigenen Moralvorstellungen zu entwickeln. Die Differenzierung des Individualisten nimmt der Kollektivist dabei als „unfaire Diskriminierung" wahr. In Wahrheit kann aber selbst er sich nicht der Nutzung von Wertehierarchien entziehen, denn auch er agiert mit der Welt stets hinsichtlich seiner Präferenzen. Jede Entscheidung impliziert den Ausschluss einer Alternative. Der konsequente Kollektivist hat keinerlei Vertrauen in die individuelle Urteilsfähigkeit des Menschen, könnte dementsprechend aber auch nie auch nur eine Entscheidung treffen.

Der liberale Mensch nutzt den Diskurs, um sich stets selbst weiterzuentwickeln und möglicherweise bestehende Vorurteile abzulegen, anstatt sich an einem Weltbild festzuklammern. Religion, Vereinsangehörigkeit und Kultur seines Gesprächspartners spielen für ihn dabei keine Rolle, sondern von primärer Bedeutung ist für ihn, wie tolerant sich sein Gegenüber in der direkten Beziehung zu ihm und den Anderen verhält. Interaktionen auf individueller Basis sollten idealerweise geprägt sein von Offenheit und Toleranz. Dennoch darf und sollte aus dem globalen Blickwinkel eine Wertunterscheidung zwischen Ideologien, Moralvorstellungen oder Kultureigenschaften vorgenommen werden, denn nur so kann uns die individuelle Toleranz als Teil unserer liberalen Kultur erhalten bleiben.

Islam, Islamismus, islamischer Faschismus

Islamkritik wird von linksgrünen Gutmenschen meist ungehört der vielen Argumente als Rassismus abgetan. Wenn Sie Pech haben, können Sie bei der falschen Wortwahl in Deutschland sogar einen Straftatbestand erfüllen und müssen mit rechtlichen Konsequenzen rechnen, denn die *Beschimpfung von Bekenntnissen, Religionsgesellschaften und Weltanschauungsvereinigungen* ist im deutschen Strafgesetzbuch § 166 geregelt, davon kann Ihnen unser Autor Michael Stürzenberger ein Liedchen singen, wie Sie im Verlauf dieses Buchabschnittes lesen können.

Deutschland benötigt dringend eine offene Debatte über den Islam ohne gleich mit der Nazi- oder Rassismuskeule niedergeprügelt zu werden. Im vorherigen Buchabschnitt hat Marcus Franz anschaulich verdeutlicht, warum Kultur herrschen muss, sprich: Warum unsere Kultur die Leitkultur in unserer Heimat sein muss. Die Islamisierung ist kein Hirngespinst irgendwelcher Angsthasen, sondern bittere Realität. Der Islam ist eine sehr politische Religion und dieser politische Islam hat kein Interesse daran, dass unsere offene und freie Gesellschaft so bleibt wie sie ist. Wer sich in der Welt umschaut, der merkt sehr schnell, dass Länder, in denen der Islam vorherrschend ist, weder offen noch frei sind, nicht für Reformer, nicht für Frauen, nicht für Andersgläubige.

Die nachfolgenden Texte geben einen hervorragenden Einblick in den Themenbereich Islamisierung und Islamkritik. Die Autoren in diesem Bereich widmen ihrer Arbeit viel Energie und begeben sich dadurch nicht selten in Gefahr. Vielen Dank für diesen Einsatz!

Der Islam kennt keine Unterscheidung zwischen Islam und Islamismus

Imad Karim mit einer Einleitung von Ramin Peymani

Zum Thema „Gewaltbereiter Islamismus" fand am 26. April eine Anhörung im 1. Untersuchungsausschuss des Deutschen Bundestages statt, auch bekannt als „Amri-Untersuchungsauschuss".

Dieser soll seit Anfang März 2018 klären, welche Lehren aus dem Anschlag am Berliner Breitscheidplatz gezogen werden können. Insbesondere ging es in dieser Anhörung um die Frage, wie der Islamismus sich vom Islam abgegrenzt und einer Radikalisierung junger Menschen entgegengewirkt werden kann. Ich hatte die Ehre, den libanesisch-stämmigen Regisseur und freien Filmemacher Imad Karim zu unterstützen. Er war als Sachverständiger geladen worden, um seine fachkundige Einschätzung zum Islamismusbegriff abzugeben. Insgesamt stellten sich acht Experten den Fragen der Ausschussmitglieder. Wohltuend war, dass die Vortragenden bis auf Sindyan Quasem, der in der Vergangenheit auch schon durch sein einseitiges Wirken bei der NGO „ufuq"[1] aufgefallen war, ohne Schuldzuweisungen an die Gesellschaft und Bagatellisierungs- oder Relativierungsversuche auskamen.

Es bestand bei den übrigen Sachverständigen in einer Reihe von Punkten weitgehend Einigkeit, wobei nur Imad Karim wirklich authentisch Einblick in den muslimischen Kulturkreis geben konnte, in dem er nicht nur sozialisiert worden ist, sondern mehr als die Hälfte seines Lebens verbracht hat. Er berichtete aus dem Innenleben des Islams und erläuterte, dass das im Westen als Hauptmerkmal des Islamismus geltende Bestreben, eine allein religiös legitimierte Gesellschaft zu schaffen, auf den Islam insgesamt zutreffe. Damit Imad Karims lesenswerte Stellungnahme eine weite Verbreitung findet, stelle ich sie hier als wortgetreu gehaltenes Redemanuskript zur Verfügung:

Untersuchungsausschuss der 19. Wahlperiode
Stellungnahme zur Anhörung am 26.04.2018
„Gewaltbereiter Islamismus und Radikalisierungsprozesse"
von Imad Karim, verfasst am 23.04.2018

Als im islamischen Kulturkreis geborener und sozialisierter Mensch unterscheide ich nicht zwischen Islam und Islamismus, denn diese Begriffe existieren im Arabischen, meiner Muttersprache nicht. Zu dem in Europa seit Ende der achtziger Jahre verbreiteten Begriff Islamismus, möchte ich anmerken, dass iranische Studenten in Europa diesen nach der Machtergreifung der Mullahs kreiert haben und in der Sozialwissenschaft zementieren konnten. Schnell hat die Moslembruderschaft in Ägypten den Begriff übernommen und im Arabischen unter der Idiomatik eingeführt. Aus dem Wort leitet sich jedoch kein Hauptwort ab, sondern ein Adverb oder im besten Fall ein Adjektiv.

Spricht man vom „Islamismus" so bezeichnet man all jene Ausprägungen, die das Streben, im Namen Allahs eine allein religiös legitimierte Gesellschafts- und Staatsordnung zu errichten, eint. Islamismus richtet sich gegen die Grundsätze der Trennung von Staat und Religion, gegen die Prinzipien von Individualität, Pluralismus und Volkssouveränität, gegen Menschenrechte und die Gleichstellung der Geschlechter. Aber das ist im Grunde nichts anderes als den Islam zu beschreiben, und zwar jenen Islam, der seit 1400 Jahren praktiziert wird. Islamismus ist also eine identische Definition des Selbstbildes des Islams, beruhend auf den eigenen Erfahrungswerten.

Islamismus = Dauerpersilschein

Bei näherer Betrachtung stellt man – natürlich nur, wenn man will – fest, dass der Islamismus quasi dazu da ist, dem Islam einen „Dauerpersilschein" auszustellen. Das ist ein Zusammenspiel, dessen Tragweite die humanistischen und aufgeklärten Gesellschaften im Westen nicht überschauen.

Der böse Islamismus wird verteufelt, aber gleichzeitig erfreut sich der Islam wachsender Begeisterung durch Politiker und Medien. Wenn ein islamisch motivierter Terroranschlag stattfindet, springt der Islamismus dafür ein, um den Islam reinzuwaschen. Nicht Muslime oder ihre Religion sind dafür verantwortlich, sondern dieser ominöse Islamismus, der den Islam für seine Zwecke missbraucht.

Selbstreflexion – Mangelware im Islam

Unser Hauptproblem als Muslime ist die Unfähigkeit, endlich eine Selbstreflexion zu starten und die Rolle Mohammads zu hinterfragen oder zumindest im historischen Kontext zu sehen und uns von ihm, also vom historischen Mohammad, zu verabschieden. Das Dilemma der Muslime ist, dass sie in Mohammad ein Vorbild sehen. Mohammad aber war leider kein pazifistisch-religiöser Verkünder wie Jesus oder Buddha, sondern Machthaber eines Staates, der Angriffskriege führte, Karawanen ausrauben ließ, Attentate auf Kritiker in Auftrag gab, Sklaven hielt und auch als Richter fungierte.

Wie können Sie von mir erwarten, dass ich zwischen Islamismus und Islam unterscheide, wenn ich und Milliarden meiner Glaubensbrüder und -schwestern in den Schulen, Familien und Moscheen gelernt haben, dass wir darauf stolz sein sollen, dass Mohammad seine Kritiker töten ließ http://www.jewishencyclopedia.com/articles/10918-mohammed#2373 und dass er dafür sorgte, viele Juden (Banu Quraiza) zu töten?

Islamisten können sich auf den Propheten berufen, weil dieser im Prinzip nicht anders gehandelt hat als die heutigen Islamisten.

Auch Henryk M. Broder schreibt in seinem Buch „Hurra, wir kapitulieren", der Unterschied zwischen Islam und Islamismus sei so, wie der zwischen Alkohol und Alkoholismus. Die vom Westen erfundene Differenzierung zwischen Islam und Islamismus ist politisch gewollt und Folge der hohen Abhängigkeit von Öl produzierenden Ländern und deren finanzieller Macht.

Wenn saudische Staatsmänner auf Staatsbesuch in Deutschland sind, vermeiden ihre deutschen Kollegen, sie mit Hinweisen zur misslichen Lage der Menschenrechte in Saudi-Arabien zu belästigen. Ganz anders z.B. bei chinesischen Politikern.

Ich meine, man kann vom Ausverkauf der Werte der Aufklärung sprechen.

Natürlich ist nicht jeder Moslem ein Islamist und das ist nicht die Frage. Für mich ist relevant, ob friedliche Muslime in der Lage sind, radikalisierte Glaubensbrüder in Schach zu halten oder nicht. Schauen wir uns die traurige Dynamik im irakischen Mossul an. 1100 Isis-Fanatiker haben über zwei Millionen friedliche Muslime paralysiert und sie sogar zu Mittätern bei der Ausrottung der Christen in der Stadt machen können.

Ich unterscheide zwischen gläubigen Muslime und Kulturmuslimen.

Bei den gläubigen Muslimen wiederum unterscheide ich zwischen:

a) permanent friedlichen Muslimen, deren Friedfertigkeit auf ein instinktives Bedürfnis, mit ihren nichtmuslimischen Mitmenschen in einem menschenfreundlichen und humanen Kontext friedlich zu leben, zurückzuführen ist.

b) ebenfalls permanent friedlichen Muslimen, deren Friedfertigkeit sich aus der Tatsache ableitet, dass diese Menschen in der eigenen Religion nicht bewandert sind und daher negativen Einflüssen dieser Religion aus Unwissenheit zum Glück nicht unterliegen.

c) Muslimen, die den Andersdenkenden bzw. den Andersgläubigen als minderwertige Zeitgenossen sehen, die im Gegensatz zu den Muslimen nicht im Besitz der göttlichen Gewissheit sind. Diese Muslime dulden die Anderen, solange sie hoffen können, sie quasi für den Islam gewinnen zu können, würden aber nicht unbedingt restriktive, vielleicht mit Gewalt verbundene Mittel zum Erreichen ihres Zieles einsetzen.

d) Das sind jene Muslime, die sich berufen fühlen, den Islam mit allen Mitteln überall auf diesem Planeten zu verbreiten. Für sie sind andere nicht ebenbürtig und entweder Götzenanbeter, die man auch physisch liquidieren darf, wenn sie den Islam nicht annehmen wollen, oder „Leute des Buches", also Juden, Christen, Saeba und Teile der Anhängerschaft Zarathustras, die nur durch die Entrichtung einer Schutz-/Kopfsteuer in einer verbal erniedrigten Form geduldet werden können.

Kulturmuslime sind jene Zeitgenossen, die die ablehnende Haltung der eigenen Religion gegenüber Andersdenkenden kennen und diese bewusst ablehnen, da sie im evolutionären Sinn, mit den Anderen den Konsens suchen und umzusetzen versuchen. Ich zähle meine Eltern z.B. zu den Kulturmuslimen, die als Agnostiker lebten und starben. Gab es Familienfeste, so mussten wir alle, auch die Kinder vor dem gemeinsamen Essen bei religiösen Anlässen, den Juden und den Christen Tod und Verderben wünschen (https://youtu.be/tEg8QZqq7Uo). Dies ist Teil der Sozialisierung. Meine Eltern durften sich nicht „outen“ und ich musste sie als Muslime bestatten.

Suchen wir nach Lösungen, müssen wir eine ehrliche Debatte führen und nicht die Fehler wiederholen, die westliche Politiker in Nahen Osten seit 70 Jahren immer wieder machen, nämlich den Dialog mit den progressiven Kräften innerhalb der dortigen Gesellschaften zu meiden. Das war und ist ein fataler Fehler, den man leider hier mit den liberalen Muslimen wiederholt. Die Gesellschaft und vor allem der Staat in Deutschland muss sich der Bewegung der moderaten Muslime zuwenden und widmen. Persönlichkeiten wie Khorchide, Mansour, Ates und Ourghi können die Brücke bauen und deshalb dürfen sie nicht weiterhin als Alibifunktion für den Staat dienen. Der Staat und die Gesellschaft müssen diese Menschen unbedingt als ihre Ansprechpartner anerkennen und sich von den Islamverbänden loslösen. Der neue Dialogkolonialismus darf nicht weiter aufrecht erhalten bleiben, im Interesse aller!

Imad Karim
23.04.2018 in Mannheim

www.peymani.de

Islam und Aufklärung

Imad Karim im Gespräch mit Ramin Peymani

Imad Karim: Sie sind Iraner, so weit ich informiert bin. Und ich bin Libanese. Und wir sitzen hier in ihrer Küche, sitzen in der warmen Küche und reden über Deutschland.

Ramin Peymani: Ja. Und wir beide haben natürlich den Vorteil, dass wir zunächst einmal unverdächtig sind, eine bestimmte Gruppe von Menschen oder eine Religion, wir reden ja über den Islam, auch beim Thema Zuwanderung geht es ja in erster Line um den Islam – haben wir natürlich den Vorteil, dass wir da zunächst einmal unverdächtig sind und darüber unbefangen reden können. Aber selbst wir beide stellen ja fest – und wir waren ja vor einem halben Jahr gemeinsam auf einer Podiumsdiskussion – dass, wenn wir uns dort äußern und kritische Anmerkungen machen, dass man da schon argwöhnisch auf uns schaut und uns schon unterstellt, insgeheim oder offen, dass wir also islamophob wären, weil wir anprangern, dass es bestimmte Richtungen im Islam gibt, die als sogenannter politischer Islam ja auch im Sprachgebrauch sind, vor denen wir Sorge haben. Und ich glaube, es ist richtig, darauf hinzuweisen, dass eine aufgeklärte westliche Gesellschaft, die säkularisiert ist, die allen Religionen Religionsfreiheit zugesteht, dass sie bedroht wird, von einem Teil der Religion, der das nicht akzeptieren möchte ...

I.K.: ... weil diese Religion keine Aufklärung erfahren hat.

R.P.: Das ist auch ganz normal. Eine Religion hat einen Lebenszyklus. Der Islam ist 621 Jahre jünger als das Christentum. Gehen Sie mal 600 Jahre zurück im Christentum! Da waren wir auch nicht besser im Christentum. Da haben wir Menschen versucht, mit Gewalt zum Christentum zu zwingen. Es ist einfach ein Lebenszyklus, den der Islam auch durchläuft, der aber dazu führt, dass man heute an dieser Stelle sagen muss, diese Dinge muss man auch kritisch begleiten.

I.K.: Wir erwarten, dass wir konsequenter sind, bei der Verteidigung unserer Werte.

R.P.: Ja, aber auch um den Muslimen insgesamt Gutes zu tun. Es gibt so viele Muslime hier, die hier gut integriert sind. Sie sind ein Beispiel dafür!

I.K.: Ich bin ein Ex-Moslem.

R.P.: Aber jemand, der zumindest aus dem Kulturkreis und der Religion kommt. Was ich sagen will, ist, dass es ganz viele Muslime gibt, die hier sehr gut integriert sind.

I.K.: Ja, in der Tat.

R.P.: Und für die müssen wir kämpfen, an deren Stelle müssen wir sagen: Die, die den politischen Islam hier als Instrument für eine Veränderung unserer Gesellschaft missbrauchen wollen, die müssen wir ganz klar mit unserer Rechtsprechung und mit unserer Politik konfrontieren und sagen: „Nein, das was ihr hier wollt, gehört hier nicht her." Und wenn diese Differenzierung nicht passiert, schaden wir allen anderen Muslimen, die friedlich hier leben.

I.K.: Was ist Ihr Wunsch für Deutschland.?

R.P.: Offenheit im Diskurs. Auszuhalten, dass es Menschen gibt, die den Finger in die Wunde legen, auszuhalten, dass es unterschiedliche Meinungen gibt und nicht eine Meinungsdiktatur zu installieren, bei der nur noch bestimmte Dinge gesagt und geschrieben werden dürfen, bei der zum Beispiel Buchhändler sagen, ich traue mich nicht, ein kritisches Buch in mein Schaufenster zu stellen oder aber von vornherein sagen, es passt nicht zu meiner Meinung, sondern Offenheit auf allen Ebenen: Medien, Politik, Gesellschaft.

I.K.: Ich wünsche Ihnen für die Zukunft alles Gute.

R.P.: Danke vielmals.

I.K.: Danke, dass Sie sich die Zeit genommen haben, mit uns das Gespräch zu führen. Und ich wünsche unseren Zuschauern, dass wir sie wieder bei der nächsten Sendung sehen. Und ich sage Ihnen allen „Tschüss". Danke.

R.P.: Danke Ihnen.

Die Dialektik der Geschichte kennt kein Erbarmen mit den Relativierern

Von Imad Karim

Ich war 19 Jahre alt, als ich in diesem wunderbaren Deutschland eintraf. Nein – und mit Respekt vor allen echten Flüchtlingen –, ich kam nicht als Flüchtling, nein, ich kam nicht als Asylbewerber, und, nein, ich habe den Sozialstaat, diese Errungenschaft der Eltern und Großeltern meiner heutigen deutschen Zeitgenossen, nie in Anspruch genommen. Ich kam als selbstbewusster junger Mann aus einem offenen Beiruter Haus, als jemand, der in Deutschland ein selbstfinanziertes Studium aufnehmen wollte und das auch tat.

Das war am 5. Dezember 1977. An der Technischen Universität zu West-Berlin lernte ich Deutsch. Damals litt Deutschland noch unter der Teilung, und im Reichstag lernte ich die deutsche Geschichte kennen. Dort, wo heute Bundestagsabgeordnete und Verwaltungsangestellte ihren Tätigkeiten nachgehen, gab es damals eine Dauerausstellung mit dem Titel »Deutsche Geschichte«. Die Räume waren in Epochen rückwärts aufgeteilt, von der Bundesrepublik über die deutsche Teilung, den Zweiten Weltkrieg, die NS-Diktatur, die Weimarer Republik, den Ersten Weltkrieg, das Kaiserreich, die Revolution von 1848, die Frankfurter Paulskirchenversammlung bis zur Vormärz-Zeit und noch weiter zurück.

An der Universität standen die meisten meiner deutschen Kommilitonen bereits unter den direkten Einflüssen der Studentenbewegung der 68er. Es erschreckte mich, wie viele von ihnen ihr Land, Deutschland, hassten, oder sagen wir, ihr Land »nicht mochten«. Sie pflegten eine geradezu – wie ich es heute bezeichnen würde – masochistische Fixiertheit auf die NS-Zeit und auf die für sie daraus resultierende vererbbare Schuld. Gerade sie, die die Gleichheit der Menschen propagierten und die vorgaben, den Rassismus verbannen zu wollen, bescheinigten den Deutschen eine quasi genetische Veranlagung zum Bösen. Nicht selten hatte ich den Eindruck, sie hätten am liebsten ihre verstorbenen Vorfahren ausgegraben, um sie noch einmal zu verurteilen.

Ich aber als Humanist begriff die NS-Zeit als deutsche Katastrophe und eine zeitlose Verantwortung, alles zu tun, damit sie sich nicht wiederholt, weder in Deutschland noch sonst irgendwo. Die begangenen Verbrechen verstand ich auch und insbesondere als moralische Verpflichtung, dem jüdischen Volk stets zur Seite zu stehen, gleichzeitig aber hoffte ich, dass die Deutschen sich nicht zur Geisel dieses düsteren Teils ihrer Vergangenheit machen würden, denn mit Selbsthass und Selbstverachtung kann keiner einem Menschen aus einem anderen Kulturkreis ehrliche Liebe und Achtung entgegenbringen.

Schon damals fiel es mir schwer, zu begreifen, wie man die so großartige und reiche Geschichte eines Landes, einer Nation und eines Volkes, auf zwölf dunkle Jahre, über deren Dunkelheit, Grausamkeit und furchtbare Unmenschlichkeit kein Zweifel besteht, reduzieren kann. Ich weiß es nicht, vielleicht habe ich es als Levantiner leichter, über deutsche Epochen zu sprechen. Ich selbst komme aus dem Nahen Osten, aus einem Kulturkreis, der die Freiheit seit 1400 Jahren unterdrückt. In Deutschland traf ich auf eine freie, offene, liberale und demokratische Gesellschaft, die mir Respekt, würdevollen Umgang und menschliche Neugierde entgegenbrachte. Diesen Nazi, vor dem ich nicht zuletzt von meinen linken Mitstudenten stets gewarnt wurde, traf ich nie. Natürlich begegnete ich ein paar rückwärtsgewandten, völkisch bis rassistisch angehauchten Chauvinisten; aber diesen bedauerlichen Menschenschlag traf ich auch in über fünfzig anderen Ländern, in denen ich später für die öffentlich-rechtlichen Fernsehanstalten Filme und Reportagen realisierte.

Hier in Deutschland lernte ich mit und von den Deutschen den Duft der Freiheit kennen. Ein wunderbarer Duft, den ich in meinen mir noch verbleibenden Jahren nie wieder missen möchte.

Ich bin zufällig als Moslem geboren, verstehe mich aber seit Jahrzehnten als Agnostiker und als Mensch, der sich mit den Werten der Aufklärung dieser offenen und pluralistischen Gesellschaft kompromisslos identifiziert. Ich bin jemand, der den Islam als Ideologie öffentlich kritisiert und nicht die Muslime pauschal verurteilt, denn viele meiner Verwandten sind Muslime, und auch meine Eltern habe ich nach dem islamischen Ritual bestattet – besser gesagt, »bestatten müssen«, aber das wäre eine andere Geschichte.

Ich habe von Anfang an die Integration als Verschmelzung mit diesem Land und seinen Werten betrachtet, um es noch reicher zu machen. Alles andere waren und sind für mich Parallel- und Gegengesellschaften, die die offene Gesellschaft gefährden würden. Heute blicke ich auf meine wunderbaren 41 deutschen Jahre mit Stolz zurück. 41 Jahre, von denen ich 36 Jahre ununterbrochen arbeite und diesem Staat und dieser Gemeinschaft als Nettozahler diene. Wenn ich von der »Verschmelzung« spreche, berufe ich mich dabei auf ein arabisches vorislamisches Sprichwort, das da heißt: »***Wer bei einem Volke 40 Tage weilt, wird einer von ihnen, oder er wandert weiter***.« (من عاشر قوما اربعين يوما, يا صار منهم يا رحل عنهم). Ich bin geblieben, und aus den vierzig Tagen sind bis dato mehr als 40 Jahre geworden.

Als mündiger Bürger dieses Landes bin ich der Ansicht, dass gerade die unkontrollierte muslimische Massenzuwanderung unsere offene Gesellschaft gefährdet und womöglich einen in den letzten siebzig Jahren noch nie da gewesenen Rassismus entfachen könnte. Wenn ich also die Berliner Politik, aber auch die Politik der Länder, die »politisch korrekten« Positionen vieler Verbände und die Haltung vieler meiner Kollegen aus den Medien kritisiere, habe ich ein Eigeninteresse. Ich habe nämlich drei Kinder, die deutscher nicht sein könnten, und dennoch tragen sie meinen arabischen Nachnamen. Ich möchte nicht, dass sie oder ihre Kinder sich eines Tages rechtfertigen müssen, dass sie ein Teil Deutschlands sind.

Seitdem ich den Islam kritisiere, erlebe ich eine unglaubliche Hetzjagd. Sie beginnt mit Drohung und erstreckt sich über Diffamierung, Verunglimpfung bis hin zu Dauer-Gerichtsprozessen, die meiner Frau und mir unsere letzten Ersparnisse auffressen. Ich wehre mich entschieden gegen Zensur. Und als jemand, der die Despotie des Nahen Ostens sowohl in den ersten 19 Jahren seines Lebens, als auch später als Fernsehjournalist für deutsche Medien vor Ort hautnah erlebte, stelle ich mit Befremden fest, dass unsere Demokratie, dieses wunderbare Kulturgut der offenen Gesellschaft, stark eingeschränkt wird. Ich könnte Ihnen viele Beispiele nennen und sie auch empirisch belegen, wie Deutschland tagtäglich demokratische Fundamente aufgibt. Gegen diese Entwicklung werde ich mich als jemand, dessen Kompass das Grundgesetz ist, stets mit allen rechtsstaatlichen Mitteln wehren und sie keinesfalls als »Naturgesetz« hinnehmen. Wer die Gegner der Mainstream-Politik heute als »rechtsradikal« und »Nazis« bezeichnet, beleidigt nicht nur diese Kritiker, sondern auch die Opfer des menschenverachtenden Nationalsozialismus und deren Nachfahren. Wenn diese Begriffe inflationär verwendet werden, werden sie zugleich verharmlost, und das ist eine fatale Entwicklung. Solche Begriffe als Diffamierungsinstrumentarium gegen Andersdenkende einzusetzen, sind Anfänge, die von einer freien und emanzipatorischen Gesellschaft nicht zu tolerieren sind. In einem Artikel für das Magazin Cicero von 2016 schrieb ich zu Beginn: »Jedes Unrecht beginnt mit einer Lüge«, und gerade diesen Anfängen müssen wir wehren. Wir haben ein Recht auf Wahrheit und Transparenz, und das ist nicht irgendein Recht, sondern ein Grundrecht!

Für die meisten Deutschen ist Deutschland in erster Linie die Heimat ihrer Vorväter. Für mich ist Deutschland die Heimat meiner Werte, jener Werte, die nach einem harten Kampf ihrer Vorfahren aus der Aufklärung geboren wurden. Gemeinsam müssen wir diese Heimat als unsere gemeinsame Wertegemeinschaft begreifen und sie mit allen rechtsstaatlichen Mitteln vor politischer Ignoranz und Arroganz schützen, denn die Dialektik der Geschichte kennt kein Erbarmen mit den Relativierern.

Die Islamisierung unserer Gedanken

Von Thomas Böhm

Der Islam, der bereits mehreren Millionen Menschen den Tod brachte, hat noch einen Nebenaspekt. Er setzt sich zunehmend in unseren Köpfen fest und manipuliert unsere Gedanken.

Die schrecklichen Ereignisse der letzten Zeit verdeutlichen das. Muslime ermorden in europäischen Großstädten immer wieder Nichtmuslime und andere Muslime im Namen eines muslimischen Propheten, Nichtmuslime und Muslime behaupten dann sofort, dass diese Anschläge nichts mit dem muslimischen Glauben zu tun hätten und dass man nun Sorge haben müsse, dass feindlich gestimmte Nichtmuslime den muslimischen Gemeinden mit muslimfeindlichen Anschlägen das muslimische Leben erschweren würden.

Da bleibt nur noch wenig Platz für den liebenswürdigen Buddhisten aus dem Räucherstäbchenladen nebenan.

Es vergeht kein Tag, an dem wir uns nicht mit dem Islam, meist aus nicht so freundlichem Anlass beschäftigen (müssen). Er ist seit vielen Jahren schon DAS Thema überhaupt. Er beherrscht die Schlagzeilen, die Nachrichten, die Kommentare, die Debatten, die Talkshows, die Stammtische und das Stadtbild.

Er beeinflusst unsere Freizeitgestaltung und Essgewohnheiten, verdunkelt unsere Schlafzimmer, zwängt sich in unsere Garderoben, lenkt unsere politische Gesinnung, sorgt für schlechte Stimmung (nicht nur auf dem Alexanderplatz), bringt unser Miteinander und das Sprachzentrum völlig durcheinander. Er spaltet die Gesellschaft, zerstört Freundschaften (nicht nur auf Facebook), er stiftet Verwirrung (Merkel, Gauck), treibt einige sogar an den Rand des Wahnsinns (Augstein, Prantl, Todenhöfer, Bommarius), sät Hass und Zwietracht und hetzt Menschen (nicht nur Linke und Rechte) gegeneinander auf.

Wir alle, die wir Kinder und Enkelkinder der Aufklärung sind, die wir auf eine großartige Kultur und Tradition zurückblicken können, die immer noch von Genies wie Bach, Goethe, Einstein und Schinkel zehren, werden dabei mit Problemen konfrontiert, die wir eigentlich bereits abgehakt hatten. Jetzt aber heißt es immer wieder und immer öfter: zurück in die zukünftige Steinzeit. Und das wird noch zunehmen, das sagt uns die Demografie.

All das wäre kein Thema, wenn es sich nicht im Prinzip um eine menschliche Marotte handeln würde – um den Glauben an ein Wesen irgendwo da oben.

Wir beschäftigen uns also permanent mit etwas, was keiner mit letzter Sicherheit belegen kann.

All das wäre kein Problem, wenn wir Leichtgläubigen immer noch der Meinung wären, die Erde wäre eine Scheibe und die Strenggläubigen uns mit ihrem Wissen und ihrer Erkenntnis davon überzeugen könnten, dass unsere Kugel rund ist und dabei nicht gleich schnaufend die Schwerter zückten.

So aber ist eine Debatte über das Ungewisse mittlerweile zu einem Glaubenskrieg geworden, der nicht nur lebensgefährlich, sondern auch nervig und zeitraubend ist. Warum lassen wir Leichtgläubigen unsere und die Strenggläubigen ihre Religion nicht da, wo sie hingehört, nämlich in den eigenen Köpfen? Warum werden wir tagtäglich mit Glaubensfragen belästigt, die keiner beantworten kann? Warum müssen wir unsere individuelle, schwer erkämpfte Freiheit ständig neu verteidigen, uns immer wieder entschuldigen und zurücknehmen nur wegen einer sehr einseitig formulierten Religionsfreiheit?

Wir haben doch mit dem Christentum weiß Gott schon unser Kreuz zu tragen. Warum also muss eine weitere gefräßige Glaubensgemeinschaft noch zusätzlich unsere Sinne trüben und den geistigen Horizont einengen?

In unseren Köpfen rotiert der Islam. Die linke Gehirnhälfte (oder die Gehirnhälfte der Linken) schreit nach jedem neuen Blutbad immer lauter „Islam ist Frieden" und die rechte Gehirnhälfte (oder die Gehirnhälfte der Rechten) schlägt wütend den Koran auf und liest erneut die Suren der Gewalt vor. Aber wir alle hängen irgendwie mit drin und sind dadurch mittlerweile, ob wir wollen oder nicht, auch als Nichtmuslime irgendwie zu Mit-Muslimen geworden, ohne zu konvertieren.

Hat das etwa was mit „Unterwerfung" zu tun, oder warum habe ich diesen Beitrag, obwohl mir das Thema mächtig auf den Geist geht, überhaupt geschrieben?

www.journalistenwatch.com

Warum ich den Islam ablehne

Von Jürgen Fritz

Ich lehne den Islam und Muslime nicht deswegen ab, weil sie mir fremd sind. Ich lehne Muslime auch nicht deswegen ab, weil sie einer anderen Rasse angehören. Nein, der Grund, warum ich den Islam und Muslime als Anhänger dieser Weltanschauung ablehne, ist ein anderer.

Es geht nicht um Fremdenfeindlichkeit oder Rassismus

Ich lehne den Islam und Muslime nicht deswegen ab, weil sie mir **fremd** sind. Pizza und Internet waren mir früher auch fremd, heute liebe ich sie. Ich lehne Muslime auch nicht deswegen ab, weil sie einer anderen Rasse angehören. Es gibt ja auch deutschstämmige Muslime, die ich ablehne. Und japanische oder koreanische Buddhisten lehne ich nicht ab, obschon sie einer anderen Rasse angehören.

Würden morgen Aliens, also vollkommen Fremde, nicht nur eine andere Rasse, sondern sogar eine andere Spezies, auf unserem Planeten landen, die uns aber geistig, insbesondere sittlich-moralisch tausendfach überlegen wären, die uns in unserer geistig-seelischen Entwicklung weiterbringen könnten, die uns nicht beherrschen und unterdrücken oder an den Rand drücken wollten, sondern uns lehrten, bessere Menschen zu werden, die uns als **zur Freiheit und zur Autonomie fähige Wesen** erkennen und anerkennen würden und genau das in uns förderten; die uns nicht ins finstere frühe Mittelalter zurückführen wollten, sondern in eine helle, leuchtende, ja, strahlende Zukunft führen könnten, dann wäre ich der Allererste, der sie mit offenen Armen begrüßte. Im Grunde warte ich auf solche Aliens, also im höchsten Grade Fremde, seit ich ein kleiner Junge war. Ich fürchte nur, diese werden nicht kommen.

Das Mensch-sein-können muss geschützt werden vor denen, die just dies negieren und bekämpfen

Also müssen wir unsere geistig-seelische Weiterentwicklung selbst in die Hand nehmen. Genau das macht das **Mensch-sein** aus: **Schöpfer seiner**

selbst sein zu können. Dies kann kein einziges Tier und kein anderes Geschöpf: Einen Entwurf von sich zu machen, wie man sein will und wie man nicht sein will und sich diesem in Freiheit selbstgewählten Entwurf seiner selbst in ganz kleinen Schritten versuchen anzunähern.

Zu dieser Entwicklung seiner selbst gehört, **sich vor denen zu schützen**, die uns in vielerlei Hinsicht um tausend Jahre und mehr zurückwerfen würden, **die dieses schöpferische, göttliche Moment in uns sowie unsere Selbstbestimmungsfähigkeit und unser Selbstbestimmungsrecht negieren** und uns zu Knechten eines (imaginierten) höheren Wesens degradieren wollen, dessen Gesetze und Regeln über den geistigen Horizont eines frühmittelalterlichen Arabers nicht hinauskommen.

Warum ich die islamische Lehre ablehne

Diese Weltanschauung und dieses Menschenbild lehne ich ab. Insbesondere

- die systematische Ungleichbehandlung des weiblichen Geschlechts, die sachlich durch nichts begründet ist,
- die Legitimation und Heiligung der Gewalt zur Durchsetzung und Verbreitung des Islam,
- den oftmals brutalen, respektlosen Umgang mit tierischen Mitgeschöpfen,
- das mittelalterliche, streng patriarchale Denken,
- die Dogmengläubigkeit und Immunisierung gegen jegliche Kritik, gegen jedes Hinterfragen der Glaubensgrundsätze, das mit drastischen Repressalien bedroht wird,
- die Verachtung des (selbst)kritisch-reflexiven Denkens, das den Menschen gerade vom Tier unterscheidet,
- die Unfähigkeit, selbstbestimmte bürgerliche Zivilgesellschaften zu schaffen,
- die Obrigkeitshörigkeit,
- die Diskriminierung von Homo- und Bi-Sexuellen
- sowie aller anderen Weltanschauungen (völlige Intoleranz) und aller Nichtmuslime, ganz besonders der Nicht-Gott-Gläubigen,

- die fehlende Achtung vor dem Kind (Kinderzwangsehen) als zur Selbstbestimmung fähiges und just dazu zu erziehendes Wesen.

All das lehne ich ab.

Die systemimmanente Entwicklungssperre der islamischen Lehre

Vor allem lehne ich diese Weltanschauung aber deshalb ab, weil die islamische Lehre im Gegensatz zur christlichen eine **Entwicklungssperre** in sich eingebaut hat, so dass jeder, der dieses Weltbild weiterentwickeln möchte, Gefahr läuft, sich der **Blasphemie** schuldig zu machen. Denn dies ist der tiefere Grund für die geistig-moralische Rückständigkeit der islamisch dominierten Welt.

Und mit der religiös-politisch-totalitären Weltanschauung lehne ich ebenso alle diejenigen ab, die Anhänger dieser **inferioren, intoleranten, entwicklungsfeindlichen Lehre** sind und diese bei uns verbreiten wollen, in dem aberwitzigen Glauben, dieses Welt- und Menschenbild wäre dem eines aufgeklärten, kritisch-emanzipatorischen, zivilisierten, modernen Menschen überlegen.

www.juergenfritz.com

Good-bye Mohammed – Wie wir die Islamisierung Europas beenden können

Von Jürgen Fritz

Europa steht erneut vor einer Epochenwende. Wieder einmal muss es sich von jeglicher Fremdherrschaft, von feindlichen Bündnissen auf eigenem Territorium, von Untergrabung und Unterwanderung befreien, wenn es überleben will. Dabei kann es viel vom Handeln seiner Vorfahren lernen.

Die Schlacht bei Las Navas de Tolosa

Es war am 16. Juli des Jahres 1212, als es zum großen Showdown kam. In der Schlacht bei Las Navas de Tolosa standen sich auf beiden Seiten zigtausende Krieger gegenüber. Manche sprechen gar von hunderttausenden auf beiden Seiten. Es sollte eine der größten Feldschlachten des hohen Mittelalters werden. Unter Führung der Könige von Kastilien, Navarra, Portugal und Aragon marschierte eine gewaltige Streitmacht von Rittern aus ganz Europa auf. Die andere Seite bot eine panmuslimische Streitmacht etwa gleicher Größe auf, wenn nicht gar eine doppelt so starke mit Dschihadisten aus Nordafrika bis Zentralasien. An diesem Tag wurde über das weitere Schicksal Spaniens entschieden und vielleicht sogar mehr als das. Wer würde den Kampf für sich entscheiden können? Doch bevor wir zum Schlachtverlauf kommen, ein paar Worte zur Vorgeschichte. Wie und weshalb war es zu dieser gigantischen Feldschlacht gekommen?

Zur Vorgeschichte: Fremdherrschaft in Spanien

Die Eroberung Spaniens und die Fremdherrschaft hatten bereits 711 begonnen. Der Westgote Roderich, ein katholischer Christ, ließ sich 710 zum König krönen, hatte jedoch große Teile des Adels, arianische Christen, gegen sich. Diese riefen Verwandte, Verbündete und Söldner aus Nordafrika zur Unterstützung, um Roderich abzusetzen.

711 landete der Berber Tāriq ibn Ziyād mit seinem Heer (keine Araber, keine Muslime wie vielfach zu lesen) in der Region von Gibraltar und unterwarf

das Westgotenreich. Die Geister, die man gerufen hatte, wurde man nun aber nicht mehr los. Denn nun drangen auch omayadisch-arabische Truppen (auch keine Muslime) ein, denen es in den Folgejahren gelang, fast die gesamte iberische Halbinsel zu erobern.

Zum Inbegriff der verhassten, nun wirklich muslimischen Fremdherrschaft wurde dann um 1000 der Wesir **Mansur**, der sich damit brüstete, jedes Jahr einen Feldzug gegen die „Ungläubigen" zu unternehmen. Über 50 Mal überfiel er die nördlichen Gebiete auf der iberischen Halbinsel, brandschatzte und plünderte diese aus. 997 ließ er die christlichen Bewohner von Santiago de Compostela, die versklavt wurden, zur Demütigung die Glocken der Basilika zu Fuß in das tausend Kilometer entfernte Cordoba schleppen.

Die Zeit der Almoraviden (militante Muslime)

1031 löste sich das omayadische Kalifat auf und es entstanden zig Taifas, kleine Königreiche, teilweise bis zu 60. Die Regenten waren Araber verschiedener Clans, Berber diverser Stämme, Romanen, Normannen, Goten, Piraten usw. Jeder paktierte mit jedem gegen jeden. Einer dieser kleinen Fürsten rief nun die Herrscher aus Nordafrika zu Hilfe, die Almoraviden, militante Muslime aus der Sahara. Die Almoraviden wandten sich gegen alles, was nicht ihrer Auffassung vom Islam entsprach, bekämpften natürlich alle Christen, räumten aber auch unter ihren muslimischen Verbündeten auf. Mit Weingelagen und Tanzdarbietungen in Cordoba, Sevilla und anderswo war es nun vorbei. Und wieder galt: Die Geister, die man gerufen hatte, wurde man nicht mehr los.

Die Fundamentalisten aus Nordafrika brachten eine völlig neue Qualität der Auseinandersetzung nach Spanien: den Glaubenskrieg, den Dschihad. Was jetzt zählte, war die Eroberung im Namen Allahs. Zugleich kam es jetzt zu einer Gegenbewegung. Die spanische Kirche kam unter den direkten Einfluss Roms. 1095 rief Papst Urban II. zum Kreuzzug auf. 1099 wurde Jerusalem zurückerobert. Fast zeitgleich fielen allerdings Granada, Sevilla, Valencia und Mallorca in die Hände der nordafrikanischen Dschihadisten.

Zwei Megatrends, die Afrikanisierung des spanischen Islam und die Europäisierung des spanischen Christentums, steuerten ab nun aufeinander zu und trafen wo aufeinander? In der Schlacht bei Las Navas de Tolosa im Jahre 1212. Nun zum Schlachtverlauf.

Schlachtverlauf

Dem christlichen Heer gelang es, im Zentrum bis zu den Stellungen der Bogenschützen der Almohaden vorzudringen und diese im Nahkampf niederzumachen. Der Anführer der Muslime, Kalif Muhammad an-Nâsir, hatte sich mit einer Gruppe schwer bewaffneter Sklaven, die in der Nähe seines Zeltes angekettet waren, verschanzt. Doch als er schließlich persönlich in Bedrängnis geriet, setzte er sich mit seiner Leibwache ab, was eine Panik im ohnehin bereits zurückweichenden muslimischen Heer auslöste. Auf der Flucht erlitten die Muslime verheerende Verluste. Die Schlacht endete mit ihrer totalen Niederlage. Der almohadische Kalif Muhammad an-Nâsir flüchtete schließlich nach Nordafrika.

Von dieser Niederlage konnten sich die Muslime in der Folgezeit nicht mehr erholen, zumal der christliche Sieg die Legende der Unbesiegbarkeit der Almohaden widerlegte. Die Macht der Muslime in Spanien war gebrochen.

Folgen der Schlacht

In den nächsten 40 Jahren konnte der größte Teil der spanischen Halbinsel wieder unter die Herrschaft christlicher Könige gebracht werden. 1236 wurde Córdoba zurückerobert, 1248 Sevilla und 1261 Cádiz. Die seit Jahrhunderten andauernde Reconquista (Rückeroberung Spaniens) war zum Großteil abgeschlossen.

Bei der Einnahme Cordobas hatte Yusuf Ibn Nasr, Kleinherrscher aus Arjona, den kastilischen König Ferdinand III. unterstützt und bekam dafür freie Hand in Granada, das er in seinen Besitz brachte – der Beginn des letzten Kapitels muslimischer Herrscher in Spanien, das 250 Jahre später auch geschlossen werden sollte. Wie kam es dazu?

Das Ende der muslimischen Herrschaft in Granada

Ende des 15. Jahrhunderts war das große Thema der Zeit die Türkengefahr (1481 landete eine osmanische Expedition in Süditalien, der Papst floh aus Italien; später 1529 und 1683 standen die Türken jeweils vor Wien und versuchten die Stadt einzunehmen). Die Türken entwickelten sich immer mehr zu einer ernsten Bedrohung und man konnte sich in Spanien keinen Bündnisfall von Muslimen auf eigenem Territorium leisten. Das Ende des muslimischen Granadas war damit eingeläutet. Es war ein Ende, zu dem es in der Geschichte nicht viele Parallelen gibt; schon gar nicht in der islamischen Geschichte, wenn Muslime in der Position des Überlegenen waren.

Doch springen wir zeitlich wieder ein wenig zurück, um die Vorgeschichte zu verstehen. Von entscheidender Bedeutung war die Heirat Ferdinands von Aragon mit Isabel von Kastilien im Jahr 1469, die es ermöglichte, dass die beiden Königreiche zehn Jahre später in die Vereinigung Spaniens mündeten. Spanien war jetzt geeint und konnte sich dem Granada-Problem widmen.

Weshalb aber wurde das muslimische Granada immer mehr zum Problem? Zum einen weil es fortwährend muslimischen Piraten in seinen Häfen Zuflucht gewährte. Noch beunruhigender war aber etwas anderes. Es kam wiederholt zur Kontaktaufnahme mit der neuen Schreckensherrschaft im Osten, den Türken. Ferdinand musste handeln, um den genannten Bündnisfall im eigenen Land zu verhindern. Aber was sollte er tun? Was sollte mit all den Muslimen in Granada geschehen? Die Stadt mit Gewalt einzunehmen und alle Muslime niederzumachen, zu vertreiben oder zu versklaven, wäre mit entsprechenden eigenen Verlusten sicherlich möglich gewesen für das geeinte Spanien. Doch Ferdinand entschied sich anders.

Ferdinands Angebot an die Muslime

Er stellte Emir Muhammad XII. Abu Abdallah Bedingungen, die so günstig waren, dass dieser gar keine andere Wahl hatte, als sie anzunehmen. Am 2. Januar 1492 übergab Abu Abdallah die Schlüssel der Stadt an das spanische Königspaar (siehe Bild oben). Das Problem mit den Muslimen in Spanien war gelöst. Nachdem dies vom Tisch war, wurde drei Monate später ein Kapitän namens Christoph Columbus vom spanischen Königshaus endlich beauftragt, den Seeweg nach Indien zu finden. Im August begann die Reise, die mit der Entdeckung der Neuen Welt im Oktober endete.

Emir Abu Abdallah und allen Bewohnern Granadas, zum Schluss fast ausschließlich Muslime, sagte Ferdinand Wahrung des Besitzstandes und per-

sönliche Unversehrtheit zu. Wer sofort abziehen wollte, konnte das ungehindert tun und seinen Besitz mitnehmen oder aber ihn innerhalb von zwei (oder drei) Jahren ohne Einschränkungen veräußern.

So gut wie alle, die über Vermögen verfügten, entschieden sich für letztere Option und verließen Spanien als wohlhabende Leute Richtung Marokko. Spanien war von der letzten muslimischen Fremdherrschaft befreit. Die Reconquista war beendet.

Das Jahr 1492

Das Jahr 1492 bildet also einen doppelten Markstein: a) die vollständige Befreiung Spaniens von muslimischer Herrschaft und b) die Entdeckung Amerikas. Daher wird dieses Jahr bzw. die Zeit um 1500 herum als der Beginn der Neuzeit angesehen. Die Symbolkraft des Jahres 1492 kann dabei gar nicht hoch genug eingeschätzt werden.

Im frühen 9. Jahrhundert hatte der arabische (nicht muslimische!) Kalif von Bagdad al-Mamun die Erdkugel bis auf ein paar Kilometer genau vermessen und berechnen lassen. Nun, 1492, nachdem der letzte muslimische Herrscher in Spanien abgesetzt war, sendeten Ferdinand und Isabel Christoph Columbus aus, der hinter dem Horizont den runden Globus vermutete und die Neue Welt entdecken sollte. Dieses Beispiel zeigt wohl prägnanter als jedes andere, wie in den Jahrhunderten dazwischen der Geist quasi aus der arabischen in die europäische Welt gewechselt war.

In der inzwischen vollständig islamisierten arabischen Welt aber, die über Jahrhunderte wissensmäßig und kulturell weit überlegen gewesen war, hatte man sich die Erde nunmehr flach vorzustellen. Dies befahl das „heilige Buch“ des Islam, der Koran. Und alle wesentlichen Wahrheiten über Gott und die Welt, so die weitere Vorgabe dieses Buches, befänden sich in diesem „heiligen Buch“, so dass es anderer Bücher und Forschungen im Grunde nicht unbedingt bedürfe.

Exkurs: Das Alhambra-Edikt

Dass Nordafrika in irgendeiner Form vom Zuzug all der Muslime profitiert hätte, davon ist nichts bekannt, in keiner Form. Am meisten gelitten haben übrigens sowohl unter den Muslimen als auch unter den Christen – Stichwort: Alhambra-Edikt – die Juden. Warum dies so war, das wäre Stoff für einen eigenen Essay.

Durch dieses Edikt wurden die Juden aus allen Territorien der spanischen Krone vertrieben. Wer bis zum 31. Juli 1492 nicht zum Christentum übergetreten war, musste Spanien verlassen. Im Gegensatz zu den Muslimen hatten die spanischen Juden nur vier Monate Zeit, eine Entscheidung zu treffen und – wenn sie nicht konvertieren wollten – ihr Hab und Gut zu verkaufen und das Land zu verlassen. Dies führte zu einer Welle von Konvertierungen zum christlichen Glauben. Allerdings standen diese neuen Christen im Generalverdacht der Inquisition. Dies führte zu einer tiefen Spaltung der spanischen Gesellschaft. Viele Juden flüchteten aber auch ins benachbarte Portugal. Hier wurden sie zunächst mit offenen Armen empfangen.

Aus ökonomischer Sicht war das Alhambra-Edikt verheerend für Spanien. Zum einen mussten die vor der Vertreibung stehenden Juden ihr Hab und Gut in Windeseile verkaufen. Dies führte zu einer Überschwemmung des Marktes. Die Preise gerade im Immobiliensektor fielen drastisch. Noch schlimmer, ganze Wirtschaftssektoren, die zuvor fest in der Hand der spanischen Juden waren, waren nun verwaist. Da Christen der Geldverleih verboten war, fehlte das Kapital. Auch Ärzte und Handwerker, die vertrieben wurden, fehlten nun. Während sich in anderen europäischen Ländern eine Mittelschicht bildete, blieb es in Spanien bei Oberschicht und Unterschicht. Ebenso verheerend war die Vertreibung der Juden für Kultur und Wissenschaft. Viele Universitäten hatten Probleme, die Lehrer zu ersetzen.

Das europäische Erfolgsmodell und seine Ausbreitung

Insgesamt sollte sich im Europa der Neuzeit aber eine weltweit einmalige Erfolgsgeschichte entwickeln, die im Laufe der kommenden Jahrhunderte von vielen, die dazu imstande waren, kopiert und imitiert wurde: USA, Kanada, Australien, Neuseeland, Japan, Südkorea, Taiwan, inzwischen auch in Ansätzen von Indien und China. Weniger Rußland und gar nicht Afrika und die gesamte islamisch dominierte Welt. Letztere Zwei ziehen es inzwischen massenweise vor, statt selbst etwas aufzubauen, dorthin zu immigrieren, wo andere schon etwas aufgebaut haben und sich dort ins gemachte Nest zu setzen. Doch zurück zum einmaligen europäischen Erfolgsmodell.

Indem die religiösen Fesseln, auch die des Christentums, immer mehr gelockert wurden, die Rationalität Raum gewinnen konnte, eine Rückbesinnung auf die griechisch-römische Antike mit ihrer einmaligen kulturellen Höhe stattfand (Renaissance), die Wissenschaften einen neuen Aufschwung nahmen, die Aufklärung sich ihren Weg bahnte, wurde das tausendjährige Mittelalter langsam aber sicher überwunden, die Neuzeit begann mit all ihren Errungenschaften, die schließlich in die Moderne mündete. Mit diesem Essay möchte ich das Augenmerk aber auf einen bestimmten Punkt richten:

Wer von den Muslimen sofort abziehen wollte, konnte das ungehindert tun und seinen Besitz mitnehmen oder aber ihn innerhalb von zwei (oder drei) Jahren ohne Einschränkungen veräußern.

Schlusswort

Europa steht erneut vor einer Epochenwende oder befindet sich vielmehr schon mitten darin. Es sollte sich wiederum von jeglicher Fremdherrschaft, von feindlichen Bündnissen auf eigenem Territorium, von Untergrabung und Unterwanderung befreien. Und es sollte dies erneut in dieser generösen Art tun, wie es Ferdinand Ende des 15. Jahrhunderts getan hat, damit Rolf Peter Sieferles, Michael Leys oder Michel Houellebecqs düstere Aussichten vom völligen Untergang Europas nicht wahr werden.

Denn unser Erdteil, unsere einmalige Kultur, unsere Gesellschaft, unsere Errungenschaften, vor allen Dingen die bedingungslose Gewährung der Menschenrechte für alle auf unserem Territorium, unsere Sicherheit, unser Wohlstand, unsere Freiheit sind sehr viel fragiler, als es die meisten vermuten.

Wer von den Muslimen sofort abziehen wollte, konnte das ungehindert tun und seinen Besitz mitnehmen oder aber ihn innerhalb von zwei (oder drei) Jahren ohne Einschränkungen veräußern. Good-bye, Mohammed.

www.juergenfritz.com

Schweiz: Keine Toleranz der Intoleranz!

Von Roger Letsch

Bis vor wenigen Jahren kam die Schweiz in unseren Medien deutlich häufiger vor als heute. Bevor sie Ort der Begehrlichkeiten deutscher Finanzminister und Steuerfahnder wurde, war die Schweiz Vorbild! Es verging fast kein Tag, an dem nicht gerade vermeintlich progressive linke Politiker vom Schweizer Rentensystem schwärmten, in das alle einzahlten oder den Ausbau des Schweizer Schienennetzes lobten, das so viel besser, umfangreicher und zuverlässiger sei, als das in Deutschland. Alles richtig, auch wenn gern vergessen wurde, dass das Schweizer Rentensystem zwar umfassender aufgestellt ist, der Staat seinen Bürgern dort aber auch nicht so tief in alle Taschen greift, wie er es in Deutschland tut. Doch die Presse ist verstummt, die Schweiz wieder ein weißer kleiner Fleck auf dem bunten Teppich des besten Europas, in dem wir je lebten. Das Interesse flammt indes jäh wieder auf, wenn die Schweizer sich aufmachen, ihr Verhältnis zum Islam zu klären. Als das Minarett-Verbot beschlossen wurde, hieß es in deutschen Medien, direkte Demokratie führe dazu, dass sich „rückwärtsgewandte Kräfte" und „Intoleranz" durchgesetzt hätten – was natürlich ein Schmarrn ist, angesichts der Tatsache, dass es ja gerade darum ging, einer intoleranten, rückwärtsgewandten Religion ihre Grenzen aufzuzeigen. Seit dieser Zeit jedoch und nochmal verstärkt durch den Brexit gilt direkte Demokratie in Deutschland als Teufelszeug und die Schweiz nimmt man in unseren Medien längst nicht mehr so gern als Vorbild in den Blick.

Aber ich schweife ab, wenn auch notwendigerweise. Man muss schon im Blick haben, wie die Schweizer so ticken, denn gerade die direkte Demokratie sorgt dort dafür, dass die Politik nicht nur Prinzipien reitet, sondern oft ganz pragmatisch die Interessen der Bürger im Blick hat. Nicht dass man die als deutscher Politiker nicht auch kennte, man betrachtet sie aber eher als störende moralische Fehlbildung, gegen die man erzieherisch, juristisch und moralisch angehen müsse, anstatt sie zu exekutieren. Immer wenn sie einen Politiker davon sprechen hören, man müsse „die Menschen mitnehmen" oder wenn er nach einer verlorenen Wahl sagt, er habe seine Politik „nicht gut genug erklärt", wissen sie, wie ein Politiker das Verhältnis der eigenen Meinung zu der seiner (Nicht)Wähler definiert. Es ist ein Herr-Knecht-Verhältnis. Das existiert in der Schweiz natürlich auch, nur gibt es dort das Verhältnis auch viermal pro Jahr in umgekehrter Form, wenn ein Wahltag ansteht. Mit Erklärungen und Rechtfertigungen hält sich der Souverän in der Schweiz nicht auf, er sagt seinen Politikern einfach, was sie machen sollen.

Ich schweife schon wieder ab, denn ich wollte ja noch etwas zu den Medien sagen, den Schweizer Medien. Ich maße mir nicht an, einzuschätzen, wie die Medienlandschaft im französischen und im italienischen Teil der Schweiz auf die Bürger Frankreichs und Italiens wirken – die Medien der deutschsprachigen Schweiz jedoch sind für kritisch denkende Deutsche mittlerweile das, was das Westfernsehen für DDR-Bürger war: Gewährsquelle. Wem der arrogant-belehrende Tonfall deutscher Leitmedien nicht mittlerweile gehörig auf die Nerven geht, der muss die letzten fünf Jahre auf dem Mars verbracht haben. Parteinahme, Alarmismus auf der einen und Totschweigen und Abwiegeln auf der anderen Seite sind an der Tagesordnung. Seit fast zwei Jahren versuche ich beispielsweise vergeblich, einen Tag im Kalender rot einzukreisen, an dem der Spiegel Donald Trump mal nicht verbal den Schädel einschlägt, meist schon in der Titelzeile. Nicht dass wir uns hier falsch verstehen: Vieles was Trump tut, muss kritisch beleuchtet werden. Man hat nur schon keine Lust mehr, sich in vielen deutschen Medien die Fakten unter dem obligatorischen Haufen Mist heraus zu suchen. Also schaut man lieber gleich in die NZZ, die BAZ oder die Weltwoche. Ich würde SZ, SPON, FAZ, TAZ, ARD, ZDF und Konsorten gar nicht mehr lesen oder schauen, würde mir dort nicht Tag für Tag die Munition für meine Artikel frei Haus geliefert, die ich einfach nicht unverschossen liegen lassen kann.

Nun aber genug der Abschweifungen und zum eigentlichen Thema: Einbürgerung in die Schweiz. So ein Schweizer Pass ist eine feine Sache. Man ist damit überall auf der Welt (außer in deutschen Finanzministerien) gern gesehener Gast. Ein Türöffner also. Und anders als die deutsche Regierung, die amtliche Papiere über Krisengebieten im übertragenen Sinne mit dem Helikopter abwirft, schaut man in der Schweiz sehr genau hin, ob jemand, der einen solchen Pass haben möchte, ausreichend gefestigt ist in seiner Schweizerischkeit. Wie hält er oder sie es mit der Verfassung, wie mit den verfassungsmäßig garantierten Bürgerrechten, wozu auch die Gleichstellung von Mann und Frau gehört?

Die Stadt Lausanne jedenfalls war der Meinung, dass ein streng religiöses muslimisches Ehepaar die Schweizer Staatsbürgerschaft aufgrund der Verweigerung des Handschlages nicht erhalten dürfe.1 BAZonline schreibt dazu: *„Die Antragsteller hätten damit mangelnden Respekt für die Gleichberechtigung der Geschlechter demonstriert, sagte der Bürgermeister von Lausanne, Grégoire Junod."* Und weiter: *„Bei der Befragung durch die dreiköpfige Kommission hätten sie zudem «grosse Probleme damit gehabt, Fragen zu beantworten, die von einem Mitglied des anderen Geschlechts gestellt wurden». Zwar gelte in der Schweiz die Religionsfreiheit, sagte Junod. Die Ausübung des Glaubens dürfe aber nicht «ausserhalb des Rechts» erfolgen."*

Lausannes Vizebürgermeister Pierre-Antoine Hildbrand, selbst Mitglied dieser Kommission schiebt dann auch noch eine Erklärung nach, für die er sich meinen allergrößten Respekt verdient hat. Ach was, ich könnte ihn küssen für diesen folgenden Satz, mit dem ich meinen kleinen, abschweifenden Ausflug in die Schweizer Berge dann auch ausklingen lassen möchte. Genießen Sie diesen Satz, liebe Leser! Schreiben Sie ihn auf einen Zettel und stecken Sie diesen in ihre Tasche, denn in Deutschland werden sie ihn nicht vernehmen, bis dorthin reichen die Echos aus den Bergen leider nicht mehr. Dieser Satz ist ein Kompass, der Orientierung geben und Leben retten könnte, wenn er auch in Deutschland gälte.

„Die Verfassung und die Gleichberechtigung von Mann und Frau haben einen höheren Wert als religiöse Intoleranz."

www.unbesorgt.de

Süddeutsche: Hakenkreuz und Halbmond

Von Michael Stürzenberger
und einer Einleitung von Hanno Vollenweider

Einleitung von Hanno Vollenweider

Der nachfolgende Beitrag des bekannten Islamkritikers Michael Stürzenberger sorgte nach seiner Veröffentlichung für unglaubliches Aufsehen nicht nur im Netz. Auch für den Autor selber hatte dieser Beitrag, der eigentlich eine Besprechung eines Artikels aus der Süddeutschen Zeitung ist, ungeahnte Konsequenzen.

In dem Artikel bezeichnete der Journalist und Islam-Kritiker Michael Stürzenberger den Islam als eine „faschistische Ideologie" und zeigte die Verbindung zwischen dem Islam und den National-Sozialisten auf. Stürzenberger präsentierte dem Leser in seinem Beitrag zur Untermauerung seiner Thesen diverse Fotos, welche zur NS-Zeit in Deutschland aufgenommen wurden, darunter Bilder des Großmuftis Jerusalems, Mohammed Amin al-Husseini, im Gespräch mit Nazi-Größen wie Hitler und bei der Visite der islamischen Waffen-SS-Division Handžar. Den Großmufti und Hitler verband der heute noch in den islamischen Ländern weitverbreitete Judenhass. Dem Islambewunderer Hitler half al-Husseini deshalb auch bei der Mobilisierung von Moslems für die Waffen-SS.

Als Stürzenberger seinen PI-NEWS-Artikel wie üblich mit einem einleitenden Text, dem Foto des Großmuftis mit Sachsens NSDAP-Gauleiter Martin Mutschmann und einem Link zu dem Hauptartikel auf seinem Facebook-Account veröffentlichte, schlug das Auge des „Gesetzes" zu: Ein übereifriger Kripobeamter, der im Rahmen seiner Beobachtungstätigkeit Stürzenbergers Veröffentlichungen durchleuchtet, sah auf dem historischen Foto das Hakenkreuz an der Uniform und gab Alarm. Im Sinne seiner Obrigkeit stellte er eine Strafanzeige wegen der „Verwendung von Kennzeichen verfassungswidriger Organisationen".

Er lud Stürzenberger zur Anhörung in die Kripo-Zentrale vor, wobei jener ihm erklärte, dass es sich hier um einen journalistischen Artikel über ein historisches Ereignis handele, das Hakenkreuz ein Teil davon sei und dessen

Darstellung laut StGB §86 (3) im Rahmen der **Berichterstattung über Vorgänge des Zeitgeschehens oder der Geschichte** gestattet sei. Trotzdem leitete der wohl karrierebeflissene Kripobeamte die Anzeige an die Staatsanwaltschaft weiter, so dass die Dinge ihren verhängnisvollen Lauf nahmen.

Michael Stürzenberger
5. Juni 2016 · München, Bayern ·

SÜDDEUTSCHE ZEITUNG: HAKENKREUZ UND HALBMOND

Die Erkenntnis, dass der Islam eine faschistische Ideologie ist, hat der ägyptischstämmige Politologe Hamed Abdel-Samad mit seinem Buch „Der islamische Faschismus" vor zwei Jahren hoffähig gemacht. Dies war zwar schon dem früheren britischen Premierminister Winston Churchill klar („Der Koran ist das ‚Mein Kampf' des Propheten Mohammed"), aber die politische Korrektheit hat es lange Zeit verhindert, diese Tatsachen offen auszusprechen. Der Bayerische Innenminister Joachim Herrmann ist mittlerweile auch auf den Zug aufgesprungen und vergleicht ‚Mein Kampf' mit den kriegerischen Ankündigungen des Islamischen Staates, die im Internet nachzulesen sind. Von da bis zum Koran ist es nur noch ein kleiner Schritt, den er freilich jetzt noch nicht wagt. Die Süddeutsche Zeitung beschreibt in einem Artikel vom Freitag den Pakt der Nazis mit dem Islam und zitiert auch bedeutende Aussagen von Himmler und Hitler. Weitere Infos bei PI: http://www.pi-news.net/?p=517995

In Deutschland sind Staatsanwaltschaften weisungsgebunden, in diesem Fall an das bayerische Justizministerium. Es wird von der CSU geführt, die ein großes Interesse an der Stigmatisierung Stürzenbergers, des früheren Pressesprechers der CSU München und späteren Parteiabtrünnigen durch die Verfassungsschutzbeobachtung hat. Eigens wegen ihm wurde bei bayerischen Verfassungsschutz die Rubrik „verfassungsschutzrelevante Islamfeindlichkeit" geschaffen, um so seine faktisch belegte Islamkritik diskreditieren zu können.

Die Staatsanwaltschaft München I strickte nun aus dem Fall tatsächlich eine Anklageschrift und leugnete dreist die Tatsachen, indem sie allen Ernstes behauptete:

„Die Darstellung diente insbesondere weder der staatsbürgerlichen Aufklärung noch der Berichterstattung über Vorgänge des Zeitgeschehens oder der Geschichte, sondern lediglich der pauschalen Herabwürdigung des Islams."

Der Fall landete vor dem Münchner Amtsgericht und die Richterin Sonja Birkhofer-Hoffmann, die Stürzenberger schon am 31. 3.2014 in dem „Nahles-9. November-Fatah-Hakenkreuz"-Prozess zu 6.000 Euro Geldstrafe verurteilt hatte, ließ das juristische Fallbeil erneut auf ihn heruntersausen und verdonnerte ihn am 18. August zu sechs Monaten Haft auf Bewährung.

Die Formulierung „Der Islam ist eine faschistische Ideologie" sei eine „Beschimpfung von Religionsgesellschaften" und das Hakenkreuz stelle die verbotene Verwendung eines „Kennzeichens verfassungswidriger Organisationen" dar. Sollte Stürzenberger in den nächsten 3,5 Jahren erneut wegen einer vermeintlichen „Islam-Beleidigung" verurteilt werden oder wieder ein verbotenes Kennzeichen verwenden, werde er für sechs Monate hinter Gittern landen.

Dieses absurde Urteil sorgte international für Empörung, da es die Tatsachen auf den Kopf stellte und noch dazu quasi ein Berufsverbot für Stürzenberger sowie zugleich ein Verbot jeglicher kritischen Auseinandersetzung mit dem Islam bedeutete. Zudem war es eine schallende Ohrfeige für die Meinungsfreiheit.

Am 5. Dezember 2017 kassierte das Landgericht München I das Urteil aus der Erstinstanz – Stürzenberger wurde in allen Punkten freigesprochen.

Das neue Münchener Urteil sei gut, meinte der Journalist in einem Interview auf dem YouTube-Kanal Vlad Tepes-Blog: „Wir hatten eine objektive Richterin, mit zwei wirklich guten Schöffen, und alle drei haben mit einem Freispruch für mich geurteilt", so der Islamkritiker.

Dass der Islam eine „faschistische Ideologie" sei, wäre die Meinung Stürzenbergers, so die Begründung der Richterin. Es sei nicht die Aufgabe des Gerichts, herauszufinden, ob er damit richtig läge oder nicht. Das Gericht müsse nur herausfinden, ob das, was er sagt, von der Meinungsfreiheit gedeckt sei. Die angefallenen Kosten für den Prozess trägt die Staatskasse und damit der Steuerzahler.

„Es ist ein sehr wichtiges Urteil für alle Islam-Kritiker in Deutschland. Jetzt können wir uns sicher sein, dass wir den Islam grundlegend kritisieren dürfen. Es ist ein sehr gutes Zeichen für die Zukunft", so Stürzenberger im Interview.

Direkt auf die Rezension Stürzenbergers zum Artikel in der SZ folgt ein ausführlicher Text des Autors, in dem er seine Aussage, der Islam sei eine „faschistische Ideologie", fundiert untermauert, was auch zur Beweisvorlage vor Gericht eingereicht worden war.

Stürzenberger hat weiterhin immer wieder mit Zensurmaßnahmen zu kämpfen. So wurde ihm z.B. am 9. Mai 2018 sein Kanal bei YouTube mit über

24.000 Abonnenten geschlossen. Einen Tag vorher wurde bereits das Video *„Das Islam-Bekenntnis des Berlin-Terroristen Anis Amri"* von der Plattform eliminiert. Darin waren die Aussagen des Islam-Terroristen zu sehen, mit denen er seinen Dschihad gegen die deutschen „Ungläubigen" mit seiner religiösen Überzeugung begründete. Der YouTube-Kanal von Stürzenberger wurde erst nach Klageandrohung durch einen Rechtsanwalt wieder freigeschaltet.

Artikel von Michael Stürzenberger

Die Erkenntnis, dass der Islam eine faschistische Ideologie ist, hat der ägyptischstämmige Politologe Hamed Abdel-Samad mit seinem Buch „Der islamische Faschismus" vor zwei Jahren hoffähig gemacht. Dies war zwar schon dem früheren britischen Premierminister Winston Churchill klar (*„Der Koran ist das ‚Mein Kamp' des Propheten Mohammed"*), aber die politische Korrektheit hat es lange Zeit verhindert, diese Tatsachen offen auszusprechen. Der Bayerische Innenminister Joachim Herrmann ist mittlerweile auch auf den Zug aufgesprungen[1] und vergleicht ‚Mein Kampf' mit den kriegerischen Ankündigungen des Islamischen Staates, die im Internet nachzulesen sind. Von da bis zum Koran ist es nur noch ein kleiner Schritt, den er freilich jetzt noch nicht wagt. Die Süddeutsche Zeitung beschreibt in einem Artikel vom Freitag den Pakt der Nazis mit dem Islam und zitiert auch bedeutende Aussagen von Himmler und Hitler.

Natürlich geht die SZ noch mit leicht angezogener Handbremse zu Werke, aber leichte Fortschritte sind in der Berichterstattung durchaus erkennbar:

Die Nationalsozialisten und der Islam – dieses Verhältnis lässt einen bis heute etwas befremdet zurück, nicht nur wegen der wohl einmaligen Verneigung der Nazis vor einer fremden Kultur. Das Abzeichen der Turkestanischen Legion der Wehrmacht zeigte den Wahlspruch Biz Alla Bilen, „Allah ist mit uns", und darüber die Shah-i-Sinda-Moschee von Samarkand, einen der heiligsten Orte für die Muslime Zentralasiens. Die Nazis und der Islam, das ist bis heute aber auch ein gefundenes Fressen für jene sich bürgerlich gebenden Europäer, die anderen die Augen öffnen wollen für eine angeblich „totalitäre" Religion. Dafür wird die Historie immer wieder in Dienst genommen: Aha, Hitler mochte den Islam. Sagt das nicht alles? Oder: Spricht nicht der Umstand, dass die Nazis mit diesem Glauben

Bildquelle: Bundesarchiv, Bild 146-1980-036-05

so gut konnten, ihn als „Männer-Religion" lobten, schon Bände über die Verwandtschaft beider Denkweisen?

„Der Islam ist unserer Weltanschauung sehr ähnlich." Dieser Satz wird dem SS-Führer Himmler zugeschrieben, der am Islam angeblich besonders den Märtyrerkult schätzte, die 72 Jungfrauen („Diese Sprache versteht der Soldat"), und solche Zitate hat etwa der Münchner Rechtspopulist Michael Stürzenberger, Autor des islamfeindlichen Webportals „Politically Incorrect", schon triumphierend auf Plakate gedruckt, wie zum historischen Beweis für das wahre Gesicht des Islam.

An dieser Stelle ist hinzuzufügen, dass ich mich zusammen mit drei Mitstreitern seit nunmehr vier Jahren vor Gericht dafür verantworten[2] muss, bei einer Kundgebung am 29. September 2011 auf dem Münchner Marienplatz ein Plakat mit diesem Ausspruch und dem Bild von Himmler gezeigt zu haben. In zwei Instanzen haben wir gewonnen, aber die Staatsanwaltschaft lässt nicht locker: Islam-Aufklärer sind offensichtlich juristisch zu stigmatisieren, koste es, was es wolle. Daher befinden wir uns jetzt in der Revision und sind auf die nächste Verhandlung vor dem Landgericht gespannt. Über Hitlers Einstellung zum Islam schreibt die SZ:

Keine Frage: Wer sucht, der findet leicht Zitate von NS-Größen, die genau wie Himmler tatsächlich den Islam lobten. „Als die Mohammedaner im achten Jahrhundert über Frankreich nach Mitteleuropa vordringen wollten", so zitiert Albert Speer in seinen Memoiren aus einem der berüchtigten Monologe Hitlers, damals bereits eingegraben in seiner Tunnelwelt unter dem brennenden Berlin, „seien sie in der Schlacht von Poitiers zurückgeschlagen worden. Hätten die Araber diese Schlacht gewonnen, wäre die Welt heute mohammedanisch."

Die sogenannte Islamisierung des Abendlandes also: Hitler fuhr fort zu erklären, dass dies eine schöne Vorstellung sei. „Denn sie hätten damit den germanischen Völkern eine Religion aufgenötigt, die durch ihre Lehre: den Glauben mit dem Schwert zu verbreiten und alle Völker diesem Glauben zu unterjochen, den Germanen wie auf den Leib geschrieben sei. Infolge ihrer rassischen Unterlegenheit hätten sich die Eroberer auf die Dauer nicht gegen die in der raueren Natur des Landes aufgewachsenen und kräftigeren Einwohner halten können, sodass schließlich nicht die Araber, sondern die mohammedanisierten Germanen an der Spitze dieses islamischen Weltreiches gestanden hätten."

Hitler pflegte diese Erzählung mit der Betrachtung zu schließen: „Wir haben eben überhaupt das Unglück, eine falsche Religion zu besitzen … die mohammedanische Religion wäre für uns viel geeigneter als ausgerechnet das Christentum mit seiner schlappen Duldsamkeit."

Bildquelle: H. Hoffmann – Hitlers Hoffotograf

Die ideologischen Gemeinsamkeiten zwischen Islam und National-Sozialismus verschweigt die SZ freilich: Den Judenhass, die Gewalt- und Tötungslegitimation im Kampf um die Erringung der alleinigen Herrschaft, den absoluten Wahrheitsanspruch und die fanatische Intoleranz gegenüber Andersdenkenden.

Immerhin zitiert die SZ Feld-Imame, die sich in motivierenden Ansprachen an die über 200.000 freiwilligen Mohammedaner in den osteuropäischen Divisionen wendeten:

Feld-Imame predigen zu ihnen über Hitler, „der für Gott, Glauben, Sittlichkeit und eine schönere und gerechtere Ordnung in der Welt kämpft". So formuliert es der Divisions-Imam der bosnischen Handžar-Einheit der SS – benannt nach dem orientalischen Krummsäbel – in einer festlichen Ansprache im Jahr 1943. Noch im Herbst 1944 zieht die SS ihr 1. Ostmuslimisches Regiment sogar kurz von der Ostfront ab: Sie will mit ihm das Ende des Ramadans am 18. September feiern, mit einem „großen Gottesdienst bei Sonnenaufgang", wie es heißt.

Bildquellen: Oben: Bundesarchiv, Bild 146-1973-116-11; Unten: Bundesarchiv, Bild 146-1977-136-03A

Bildquelle: privat

Die Waffen-SS-Division Handschar bestand aus 25.000 mohammedanischen Freiwilligen, die voller Begeisterung für den National-Sozialismus kämpften.

Der Fez der SS-Mohammedaner ist mit Hakenkreuz und Totenkopf ausgestattet:

Beten und kämpfen für den National-Sozialismus, gegen die Juden und für die Weltherrschaft, die sich Mohammedaner und Nazis damals wohl in ihren größenwahnsinnigen Gedanken schon geteilt haben.

„Mein Kampf" ist vielen islamischen Ländern, vor allem in der arabischen Welt, ein Bestseller. In der Türkei stand Hitlers Hass- und Hetzbuch auf der Liste der am meisten verkauften Bücher; im März 2007 sogar auf Rang drei[3].

Adolf Hitler wird von vielen Moslems verehrt und auch in Deutschland sehnen sich einige bei anti-israelischen Demonstrationen nach dem Judenvernichter (*„Wo ist Hitler" – „Juden ins Gas"*). Heinrich Himmler, Reichsführer SS und Chef der Deutschen Polizei, sah im Islam viele Gemeinsamkeiten zum National-Sozialismus:

„Ich muss sagen, ich habe gegen den Islam gar nichts, denn er erzieht mir in dieser Division seine Menschen und verspricht ihnen den Himmel, wenn sie gekämpft haben und im Kampf gefallen sind. Eine für Soldaten praktische und sympathische Religion!"

Auch Adolf Hitler wusste das kriegerische Element im Islam zu schätzen:

„Hätte bei Poitiers nicht Karl Martell gesiegt, so hätten wir den Mohammedanismus übernommen, die Lehre der Belohnung des Heldentums. Die Germanen hätten die Welt damit erobert. Nur durch das Christentum sind wir davon abgehalten worden."

Bild: Hitler mit dem Großmufti von Jerusalem al-Husseini

Bildquelle: Bundesarchiv, Bild 146-1987-004-09A

Es ist extrem wichtig, anhand dieses damaligen Paktes zwischen Brüdern im Geiste die Gefährlichkeit der islamischen Ideologie aufzuzeigen, denn die meisten Bürger haben noch nicht ansatzweise eine Vorstellung davon, in welcher Gefahr wir uns befinden.

In der Aufklärungsarbeit über den Islam sind weiterhin ganz dicke Bretter zu bohren, aber es geht so langsam voran.

Den vollständigen Artikel der Süddeutschen Zeitung finden Sie hier:

https://www.sueddeutsche.de/leben/muslimische-ns-helfer-hakenkreuz-und-halbmond-1.3015455

www.PI-News.net

Der Islam – eine faschistische Ideologie

Von Michael Stürzenberger

Die Islamkritik entwickelte sich in den vergangenen Jahren sehr positiv und befreit sich immer mehr von den Fesseln der politischen Korrektheit, die geradezu verzweifelt versucht, das Aussprechen der Wahrheit, die auf unumstößlichen Fakten beruht, zu verhindern.

Durch mutige Aufklärer wie den früheren Muslimbruder und Sohn eines ägyptischen Imams Hamed Abdel-Samad dringt nun die Islamkritik tief in die bürgerliche Mitte der Gesellschaft vor. Maßgeblichen Anteil daran hat auch der frühere Bundesbankvorstand, Berliner Finanzsenator und (immer noch) SPD-Mitglied Thilo Sarrazin, der am 31. August 2018 sein neues Buch „Feindliche Übernahme: Wie der Islam den Fortschritt behindert und die Gesellschaft bedroht" in einem Raum der Bundespressekonferenz in Berlin vorstellte. Dabei äußerte er wörtlich:

„Nimmt man den Koran auch nur einigermaßen beim Wort, dann ist der Islam beim besten Willen keine Religion des Friedens und der Toleranz, sondern eine Gewalt-Ideologie, die im Gewand einer Religion daherkommt. Liebe und Barmherzigkeit erstrecken sich im Koran nur auf die Gläubigen, nicht auf den Rest der Welt."

Bereits 2013 hatte Hamed Abdel-Samad mit seinem Buch „Der islamische Faschismus" eine eindringlich warnende Analyse dieser „Religion" veröffentlicht. Trotzdem wurde ich am 18. August 2017 wegen der gleichen Beurteilung und der Veröffentlichung eines Fotos des Nazi-Islam-Paktes am Amtsgericht München von der Richterin Sonja Birkhofer-Hoffmann zu sechs Monaten Gefängnis auf Bewährung verurteilt.

Für den Berufungsprozess vor dem Landgericht München am 5. Dezember 2017, bei dem ich in beiden Anklagepunkten rechtskräftig freigesprochen wurde, lieferte ich im Rahmen meiner Verteidigungsschrift eine umfassende Beweisführung über den faschistischen Charakter des Islams.

Auch heutzutage gibt es immer noch grundsätzliche Fehleinschätzungen dieser Ideologie, die als sogenannte „Weltreligion" in den vergangenen Jahrzehnten von der politisch korrekten „Elite" in Politik und Medien vor klarer Kritik umfassend geschützt wurde. Anders als in vorangegangenen Jahrhunderten, als Aufklärer wie Voltaire, Philosophen wie Arthur Schopenhauer, Monarchen wie König Friedrich II. von Preußen, Staatsführer wie US-Präsident John Quincy Adams, Kirchenvertreter wie Martin Luther, Gesellschaftstheoretiker wie Karl Marx und Politiker wie Winston Churchill den Islam äußerst negativ, aber faktisch richtig beurteilten.

Der Koran ist – im Gegensatz zum Neuen Testament, in dem Evangelisten interpretierbare Geschichten erzählen – ein zeitlos gültiges Befehlsbuch, das nach moslemischer Auffassung direkt vom „Gott" Allah über den Erzengel Gabriel dem „Propheten" Mohammed offenbart worden sein soll. Jedes Wort, jeder Satz ist von gläubigen Moslems als nicht anzweifelbarer Befehl ihres Gottes anzusehen. Zudem gilt der Koran im Islam als die letzte und endgültige Offenbarung Gottes.

Aus diesen „göttlichen" Befehlen des Korans und den Anordnungen aus der Sunna, der Überlieferung der Reden und Taten des Propheten Mohammed, der im Islam als der vollkommene Mensch und das perfekte Vorbild für alle Moslems gilt, speist sich die Scharia, das islamische Gesetz.

Die Befehle dieses Gottes dürfen nicht hinterfragt werden:

„Dies ist ganz gewiß das Buch Allahs, das keinen Anlaß zum Zweifel gibt, es ist eine Rechtleitung für die Gottesfürchtigen." (Koran, Sure 2, Vers 2)

Veränderungen der Anweisungen sind nicht erlaubt:

„Lies vor, was Dir aus dem Buche Deines Herrn offenbart worden ist, seine unveränderbaren Worte; denn außer bei ihm findest Du keine Zuflucht." (Sure 18, Vers 27)

Auf Kritik und Widerspruch stehen strenge Strafen:

„Dies geschieht, weil sie sich Allah und Seinem Gesandten widersetzten; und wer sich Allah widersetzt – wahrlich, dann ist Allah streng im Strafen." (Sure 59, Vers 4)

Wer aus dieser Gemeinschaft aussteigt, ist mit dem Tod zu bestrafen:

„Wenn ein Muslim seine Religion verlässt, dann töte ihn." (Sunna, Hadith Bukhari V4 B52 N260)

Die eigene Gemeinschaft wird mittels eigener Gesetze über andere erhöht:

„Ihr seid die beste Gemeinde, die für die Menschen entstand. Ihr gebietet das, was Rechtens ist, und ihr verbietet das Unrecht, und ihr glaubt an Allah. Und wenn die Leute der Schrift geglaubt hätten, wahrlich, es wäre gut für sie gewesen! Unter ihnen sind Gläubige, aber die Mehrzahl von ihnen sind Frevler." (Koran, Sure 3, Vers 110)

Endziel ist die Erringung der weltweiten Herrschaft:

„Er ist es, Der Seinen Gesandten mit der Führung und der wahren Religion geschickt hat, auf daß Er sie über jede andere Religion siegen lasse. Und Allah genügt als Zeuge." (Sure 48, Vers 28)

Allen Mitgliedern dieser Gemeinschaft ist der Kampf vorgeschrieben:

„Zu kämpfen ist euch vorgeschrieben, auch wenn es euch widerwärtig ist. Doch es mag sein, daß euch etwas widerwärtig ist, was gut für euch ist, und es mag sein, daß euch etwas lieb ist, was übel für euch ist. Und Allah weiß es, doch ihr wisset es nicht." (2:216)

Der Kampf gegen die Andersdenkenden ist bis zum Endsieg zu führen:

„Und kämpft gegen sie, damit keine Verführung mehr stattfinden kann und kämpft, bis sämtliche Verehrung auf Allah allein gerichtet ist. Stehen sie jedoch vom Unglauben ab, dann, wahrlich, sieht Allah sehr wohl, was sie tun." (8:39)

Bei Überlegenheit sollen Moslems diesen Kampf kompromisslos ohne Friedensverhandlungen zum Ende bringen:

„Wahrlich jene, die ungläubig sind und die sich von Allahs Weg abwenden und dann als Ungläubige sterben – ihnen wird Allah gewiß nicht verzeihen. So lasset im Kampf nicht nach und ruft nicht zum Waffenstillstand auf, wo ihr doch die Oberhand habt. Und Allah ist mit euch, und Er wird euch eure Taten nicht schmälern." (47:34)

Andersdenkende und Andersgläubige sollen unterworfen und zur Tributabgabe gezwungen werden:

„Kämpft gegen diejenigen, die nicht an Allah und an den Jüngsten Tag glauben, und die das nicht für verboten erklären, was Allah und Sein Gesandter für verboten erklärt haben, und die nicht dem wahren Glauben folgen – von denen, die die Schrift erhalten haben, bis sie eigenhändig den Tribut in voller Unterwerfung entrichten." (9:29)

Moslems haben sich gegenüber den sogenannten „Ungläubigen" abzuschotten und dürfen sich ihnen auch nicht unterordnen:

„O ihr, die ihr glaubt! Nehmt nicht die Juden und die Christen zu Beschützern. Sie sind einander Beschützer. Und wer sie von euch zu Beschützern nimmt, der gehört wahrlich zu ihnen. (5:51)

Moslems ist auch die Freundschaft mit den „Ungläubigen" verboten:

„Nur die gläubigen Männer und die gläubigen Frauen sind untereinander Freunde, sie gebieten nur, was recht, und verbieten, was unrecht ist, und sie verrichten das Gebet und geben Almosen und gehorchen Allah und seinem Gesandten. Ihnen ist Allah barmherzig; denn Allah ist allmächtig und weise." (9:71)

Mischehen mit Andersgläubigen sind ebenfalls untersagt:

„Und heiratet nicht eher Heidinnen, bis sie gläubig geworden sind. Wahrlich, eine gläubige Sklavin ist besser als eine Heidin, auch wenn sie euch gefällt. Und verheiratet eure Töchter nicht an Heiden, bis sie gläubig wurden. Wahrlich, ein gläubiger Sklave ist besser als ein Heide, auch wenn er euch gefällt." (2:221)

Andersgläubige, explizit Juden und Christen, werden verflucht:

„Und die Juden sagen, Esra sei Allahs Sohn, und die Christen sagen, der Messias sei Allahs Sohn. Das ist das Wort aus ihrem Mund. Sie ahmen die Rede derer nach, die vordem ungläubig waren. Allahs Fluch über sie! Wie sind sie doch irregeleitet!" (9:30)

Andersgläubige, die Allah nicht als Gott akzeptieren, werden als minderwertige Wesen bezeichnet:

„Wahrlich, schlimmer als das Vieh sind bei Allah jene, die ungläubig sind und nicht glauben werden" (8:55)

Die „ungläubigen" Menschen werden auf eine Stufe mit Tieren abgewertet:

„Sprich: Soll ich euch über die belehren, deren Lohn bei Allah noch schlimmer ist als das? Es sind, die Allah verflucht hat und denen Er zürnt und aus denen Er Affen, Schweine und Götzendiener gemacht hat. Diese befinden sich in einer noch schlimmeren Lage und sind noch weiter vom rechten Weg abgeirrt." (5:60)

Wer sich dem Islam widersetzt, soll erniedrigt werden:

„Wahrlich, diejenigen, die sich Allah und Seinem Gesandten widersetzen, werden gewiß erniedrigt werden, eben wie die vor ihnen erniedrigt wurden; und wahrlich, Wir haben bereits deutliche Zeichen herniedergesandt. Und den Ungläubigen wird eine schmähliche Strafe zuteil sein." (58:5)

Speziell gegenüber Juden werden explizite Tötungsbefehle ausgesprochen:

„Der Prophet, Allahs Segen und Heil auf ihm, sagte: Ihr werdet gegen die Juden solange kämpfen und sie töten, bis der Stein sagt: O Muslim, dieser ist ein Jude, so komm und töte ihn." (Hadith Sahih Muslim, 5200)

Dieser Hadith ist auch im politischen Programm der islamischen Organisation Hamas in Artikel 7 festgehalten:

„Weil Muslime, die die Sache der Hamas verfolgen und für ihren Sieg kämpfen (…), überall auf der Erde verbreitet sind, ist die Islamische Widerstandsbewegung eine universelle Bewegung. (…) Hamas ist eines der Glieder in der Kette des Djihad, die sich der zionistischen Invasion entgegenstellt. (…) Der Prophet – Andacht und Frieden Allahs sei mit ihm, – erklärte: Die Zeit wird nicht anbrechen, bevor nicht die Muslime die Juden bekämpfen und sie töten; bevor sich nicht die Juden hinter Felsen und Bäumen verstecken, welche ausrufen: Oh Muslim! Da ist ein Jude, der sich hinter mir versteckt; komm und töte ihn!"

Moslems sollen den Islam kriegerisch verbreiten:

„Diejenigen, die glauben und auswandern und mit ihrem Gut und ihrem Blut für Allahs Sache kämpfen, nehmen den höchsten Rang bei Allah ein; und sie sind es, die gewinnen werden." (Koran, Sure 9, Vers 20)

Der islamische „Gott" spricht seinen Vernichtungswillen gegenüber Andersgläubigen aus:

„Allah will die Gläubigen prüfen und die Ungläubigen vertilgen." (Sure 3, Vers 141)

Moslems haben sich komplett von Andersgläubigen abzugrenzen. Wer sich von der Glaubensgemeinschaft abwendet, soll getötet werden:

> *„Sie wünschen, daß ihr ungläubig werdet, wie sie ungläubig sind, so daß ihr alle gleich werdet. Nehmt euch daher keine Beschützer von ihnen, solange sie nicht auf Allahs Weg wandern. Und wenn sie sich abwenden, dann ergreift sie und tötet sie, wo immer ihr sie auffindet; und nehmt euch keinen von ihnen zum Beschützer oder zum Helfer." (4:89)*

Moslems werden im Koran zahlreiche direkte Tötungsbefehle gegenüber Andersgläubigen erteilt:

> *„Und tötet sie, wo immer ihr auf sie stoßt, und vertreibt sie, von wo sie euch vertrieben haben; denn die Verführung zum Unglauben ist schlimmer als Töten. Und kämpft nicht gegen sie bei der heiligen Moschee, bis sie dort gegen euch kämpfen. Wenn sie aber gegen euch kämpfen, dann tötet sie. Solcherart ist der Lohn der Ungläubigen." (2:191)*

Tötungen sollen auch heimtückisch aus dem Hinterhalt erfolgen:

> *„Und wenn die heiligen Monate abgelaufen sind, dann tötet die Götzendiener, wo immer ihr sie findet, und ergreift sie und belagert sie und lauert ihnen aus jedem Hinterhalt auf. Wenn sie aber bereuen und das Gebet verrichten und die Zakah entrichten, dann gebt ihnen den Weg frei. Wahrlich, Allah ist Allvergebend, Barmherzig" (9:5)*

Jegliche Tötungshemmung wird beseitigt, indem Moslems die Mitwirkung ihres „Gottes" beim Töten erklärt wird:

> *„Nicht ihr habt sie getötet, sondern Allah hat sie getötet. Und nicht du hast geworfen, als du geworfen hast, sondern Allah hat geworfen, und damit Er die Gläubigen einer schönen Prüfung von Ihm unterziehe. Gewiß, Allah ist Allhörend und Allwissend." (8:17)*

Das Töten soll brutal durch Köpfungen erfolgen, bis ein Gemetzel angerichtet ist:

> *„Wenn ihr auf die Ungläubigen trefft, dann herunter mit dem Haupt, bis ihr ein Gemetzel unter ihnen angerichtet habt; dann schnüret die Fesseln. Fordert dann hernach entweder Gnade oder Lösegeld, bis der Krieg seine Lasten*

von euch wegnimmt. Das ist so. Und hätte Allah es gewollt, hätte Er sie Selbst vertilgen können, aber Er wollte die einen von euch durch die anderen prüfen. Und diejenigen, die auf Allahs Weg gefallen sind – nie wird Er ihre Werke zunichte machen." (47:4)

Wer beim Töten der Andersgläubigen selbst getötet wird, erhält in einem Vertrag mit „Gott" das Paradies versprochen:

„Allah hat von den Gläubigen ihr Leben und ihr Gut für das Paradies erkauft: Sie kämpfen für Allahs Sache, sie töten und werden getötet" (9:111)

Der Dschihadist verkauft also sein irdisches Leben für das Paradies:

„Und so soll kämpfen in Allahs Weg, wer das irdische Leben verkauft für das Jenseits. Und wer da kämpft in Allahs Weg, falle er oder siege er, wahrlich dem geben Wir gewaltigen Lohn." (4:74)

Im Jenseits sorgt Allah für seine Dschihadisten, die den eigenen Kampfestod erlitten haben:

„Und denjenigen, die um Allahs willen auswandern und dann erschlagen werden oder sterben, wird Allah eine stattliche Versorgung bereiten. Wahrlich, Allah – Er ist der beste Versorger." (22:58)

Todesverachtende Dschihad-Kämpfer erhalten von ihrem „Gott" einen höheren Rang als andere Moslems zugesprochen:

„Und nicht sind diejenigen Gläubigen, welche daheim ohne Bedrängnis sitzen, gleich denen, die in Allahs Weg streiten in Gut und Blut. Allah hat die, welche mit Gut und Blut streiten, im Rang über die, welche daheim sitzen, erhöht. Allen hat Allah das Gute versprochen; aber den Eifernden hat Er vor den daheim Sitzenden hohen Lohn verheißen." (4:95)

Der „Prophet" Mohammed bestätigt, dass der Dschihad die wichtigste Handlung eines Moslems ist:

„Ein Mann kam zum Propheten Allahs und sagte: ‚Unterweise mich hinsichtlich einer Handlung, die dem Jihad in der Belohnung ebenbürtig ist.' Er antwortete, ‚Ich finde keine solche Tat.'" (Sunna, Hadith Bukhari V4 B52 N44)

Der Kampfestod wird durch ewigen Sex mit Jungfrauen im Jenseits schmackhaft gemacht:

„.. und Wir werden sie mit Jungfrauen vermählen. Sie werden dort Früchte jeder Art verlangen und in Sicherheit leben. Den Tod werden sie dort nicht kosten, außer dem ersten Tod. Und Er wird sie vor der Strafe der Dschahim bewahren, als eine Gnade von deinem Herrn. Das ist das höchste Glück. (Koran, Sure 44, Vers 51)

Diese Jungfrauen werden anschaulich beschrieben:

„Wahrlich, für die Gottesfürchtigen gibt es einen Gewinn: Gärten und Beerengehege und Mädchen mit schwellenden Brüsten, Altersgenossinnen und übervolle Schalen." (Sure 78, Vers 31)

Die Anzahl der sexuell jederzeit verfügbaren Jungfrauen ist in den Hadithen auf 72 festgelegt:

„Gottes Botschafter sagte, ‚Jeder, den Gott ins Paradies einlässt wird mit 72 Ehefrauen verheiratet; zwei von ihnen sind Huris und siebzig aus seiner Erbschaft der weiblichen Bewohner der Hölle. Alle werden sie libidinöse Sexualorgane haben und er wird einen ewig-erigierten Penis haben. " (Sunna, Hadith Sunan Ibn Majah, Zuhd 39)

Der Koran verspricht im Paradies ewigen Frieden mit diesen Jungfrauen:

„.. und Jungfrauen, wohlbehüteten Perlen gleich, werden sie erhalten als Belohnung für das, was sie zu tun pflegten. Sie werden dort weder leeres Gerede noch Anschuldigung der Sünde hören, nur das Wort: „Frieden, Frieden!" (Koran, Sure 56, Vers 20)

Daher kommt auch die immer wieder von islamischen Funktionären geäußerte Behauptung, dass Islam „Frieden" bedeute. Den gibt es aber erst im Paradies, nachdem Moslems ihr Werk, Ungläubige zu unterwerfen und zu töten, auf Erden gehorsam verrichteten. Da Andersgläubigen der Zutritt ins Paradies verwehrt ist, gibt es dort ewigen Frieden. Auf Erden aber herrscht das Prinzip des Kampfes und des Krieges, da Islam wörtlich „Unterwerfung" und Muslim „der sich Unterwerfende" bedeutet. Die Länder, in denen der Islam noch nicht herrscht, werden daher auch als „Dar al-Harb" („Gebiet des Krieges") bezeichnet.

Der islamische „Gott" spricht seine Liebe für kämpfende Krieger aus:

> *„Wahrlich, Allah liebt diejenigen, die für Seine Sache kämpfen, in eine Schlachtordnung gereiht, als wären sie ein festgefügtes Mauerwerk." (Sure 61, Vers 4)*

Für sich nicht unterwerfende Andersgläubige sind grausame Strafen vorgesehen:

> *„Der Lohn derer, die Allah und Seinen Gesandten befehden und Verderben auf der Erde betreiben, ist nur der, daß sie getötet oder gekreuzigt oder an Händen und Füßen wechselseitig verstümmelt oder aus dem Lande vertrieben werden. Das wird für sie eine Schmach in dieser Welt sein, und im Jenseits wird ihnen eine schwere Strafe zuteil." (5:33)*

Die Beraubung der Andersgläubigen ist legitimiert:

> *„Allah hat euch viel Beute verheißen, die ihr machen werdet, und Er hat euch dies eilends aufgegeben und hat die Hände der Menschen von euch abgehalten, auf daß es ein Zeichen für die Gläubigen sei und auf daß Er euch auf einen geraden Weg leite." (48:20)*

Ebenso die Inbesitznahme der Länder und des Eigentums der Andersgläubigen:

> *„Und Er ließ euch ihr Land erben und ihre Häuser und ihren Besitz und ein Land, in das ihr nie den Fuß gesetzt hattet. Und Allah hat Macht über alle Dinge." (33:27)*

Frauen haben ihren Männern absoluten Gehorsam zu üben, andernfalls sind sie zu züchtigen:

> *„Die Männer stehen den Frauen in Verantwortung vor, weil Allah die einen vor den anderen ausgezeichnet hat und weil sie von ihrem Vermögen hingeben. Darum sind tugendhafte Frauen die Gehorsamen und diejenigen, die ihrer Gatten Geheimnisse mit Allahs Hilfe wahren. Und jene, deren Widerspenstigkeit ihr befürchtet: ermahnt sie, meidet sie im Ehebett und schlagt sie!" (4:34)*

Frauen müssen sich ihren Männern sexuell total unterwerfen:

> *„Eure Frauen sind ein Saatfeld für euch; darum bestellt euer Saatfeld wie ihr wollt." (2:223)*

Männern ist die Polygamie gestattet:

„Überlegt gut und nehmt nur eine, zwei, drei, höchstens vier Ehefrauen." (4:3)

Die Versklavung von Frauen ist Moslems erlaubt:

„Wer aber nicht Vermögen genug besitzt, um freie, gläubige Frauen heiraten zu können, der nehme gläubig gewordene Sklavinnen; denn Allah kennt euren Glauben, und ihr seid ja alle eines Ursprungs." (4:25)

Dies hat Allah auch seinem „Propheten" gestattet, der im Islam als der „vollkommene Mensch" und das „perfekte Vorbild" für alle Moslems gilt:

„O Prophet, Wir haben dir zu heiraten erlaubt: deine Gattinnen, denen du ihren Lohn gegeben hast, das, was deine rechte Hand an Sklavinnen besitzt von dem, was Allah dir als Beute zugeteilt hat." (33:50)

Homosexualität soll bestraft werden:

„Und wenn zwei von euch Männern es begehen, dann fügt ihnen Übel zu." (4:16)

Vorehelicher Geschlechtsverkehr ist verboten und wird mit Auspeitschung geahndet:

„Wenn eine Frau und ein Mann Unzucht begangen haben, dann gebt jedem von ihnen hundert Schläge! Keine Milde für sie soll euch ergreifen in Gottes Religion, falls ihr an Gott und den Jüngsten Tag glaubt." (24:2)

Verheiratete Frauen sollen bei Unzucht mit dem Tode bestraft werden:

„Gegen diejenigen von euren Frauen, die Schändliches begehen, müsst ihr vier von euch zeugen lassen. Wenn sie es bezeugen, dann haltet sie in den Häusern fest, bis der Tod sie abberuft oder Gott ihnen einen Ausweg verschafft." (4:15)

Auf Diebstahl steht eine grausame Strafe:

"Dem Dieb und der Diebin schneidet die Hände ab, als Vergeltung für das, was sie begangen haben, und als abschreckende Strafe von Allah." (5:38)

Fazit:

Diese menschenverachtenden, brutalen, totalitären, zu Kampf, Gewalt und Töten auffordernden Befehle beweisen den faschistischen Charakter des Islams.

Besonders deutlich wird dies, wenn man den Begriff „Ungläubige" durch „Nicht-Arier" ersetzt. Der völkische Rassismus der Nationalsozialisten ähnelt dem religiösen Rassismus des Islams in erschreckender Weise. Ebenso der tiefe Hass auf Juden.

Daher war auch der Pakt der Nazis mit dem Islam (1941-1945) folgerichtig ein Bündnis zwischen faschistischen Brüdern im Geiste. Der Großmufti von Palästina, Mohammed Amin al-Husseini, drückte dies präzise aus:

„In vielen Bereichen laufen die Ideale des Islams und des National-Sozialismus parallel: Monotheismus – Einheit der Führung; die ordnende Macht – Gehorsam und Disziplin; der Kampf und die Ehre, im Kampf zu fallen; Bekämpfung des Judentums." (Aus einem Vortrag des Großmuftis vor den Imamen der bosniakischen SS-Division Handschar, zit. nach Gensicke, a.a.O., S. 207.)

Bereits im Frühjahr 1933 sagte al-Husseini zum deutschen Generalkonsul von Jerusalem, Heinrich Wolff:

„Die Muslime innerhalb und außerhalb Palästinas heißen das neue Regime in Deutschland willkommen und erhoffen die Ausweitung einer faschistischen und antidemokratischen Staatsführung auf andere Länder."

In seiner Rede zum Jahrestag der Balfour-Erklärung äußerte er am 2.11.1943:

„Deutschland hat sich entschlossen, für die jüdische Gefahr eine endgültige Lösung zu finden, die ihr Unheil in der Welt beilegen wird."

Der Großmufti wusste also über die Vergasung der Juden im Holocaust, befürwortete dies und wurde auch aktiv: So ließ er im Jahr 1943 viertausend jüdische Kinder aus Bulgarien, die eigentlich von den Nazis zum Austausch für deutsche Kriegsgefangene im Ausland vorgesehen waren, ins Gas nach Auschwitz schicken.

Der SS-Reichsführer Heinrich Himmler bestätigte auch die ideologischen Gemeinsamkeiten von National-Sozialismus und Islam:

„Nationalsozialismus und Islam haben eine weltanschauliche Verbundenheit."

„Muslime sind die idealen Soldaten, die mit Fanatismus kämpfen und mit ihrem Tod im Kampf als Märtyrer schnurstracks in den Himmel gelangen."

„Ich muss sagen, ich habe gegen den Islam gar nichts, denn er erzieht mir in dieser Division seine Menschen und verspricht ihnen den Himmel, wenn sie gekämpft haben und im Kampf gefallen sind. Eine für Soldaten praktische und sympathische Religion!"

Adolf Hitler sah ebenfalls die Vorteile des kriegerisch orientierten Islams im Gegensatz zu dem nächstenliebenden und eher pazifistisch orientierten Christentum:

„Wir haben eben überhaupt das Unglück, eine falsche Religion zu besitzen. Die mohammedanische Religion wäre für uns viel geeigneter als ausgerechnet das Christentum mit seiner schlappen Duldsamkeit."

„Mohammedanisierte Germanen hätten an der Spitze dieses islamischen Weltreiches gestanden."

„Hätte bei Poitiers nicht Karl Martell gesieg : Haben wir schon die jüdische Welt auf uns genommen – das Christentum ist so etwas Fades-, hätten wir viel eher noch den Mohammedanismus übernommen, diese Lehre der Belohnung des Heldentums: der Kämpfer allein hat den siebenten Himmel! Die Germanen hätten die Welt damit erobert, nur durch das Christentum sind wir davon gehalten worden." (Hitler's Table Talk 1941-1944, Enigma Books, 2000, S. 607, ISBN 1929631480)

Die Befehle aus dem Koran und den Hadithen werden in den 57 islamischen Ländern in unterschiedlicher Intensität umgesetzt. Im Islamischen Staat, der sich als die exakte Kopie des ersten Islamischen Staates des Propheten Mohammed versteht, sind sie zu 100% realisiert. Mit kleineren Abstufungen in Saudi-Arabien, dem Ursprungsland des Islams, sowie in Afghanistan, Pakistan, Somalia, Nigeria, Jemen, Iran, Brunei und den Vereinigten Arabischen Emiraten.

In den übrigen islamischen Ländern hängt es von der jeweilig agierenden Regierung ab, wieviel Scharia in das Rechtssystem des Landes eingebaut wird. Allen islamischen Ländern ist gemein, dass andere Religionen unterdrückt und deren Angehörige vielfach diskriminiert, verfolgt und auch getötet werden.

Bei der Umsetzung des Islamfaschismus kann es ständig Radikalisierungen geben. In der durch den Islamgegner Mustafa Kemal Pascha „Atatürk" säkular geprägten Türkei ist der moslemische Fundamentalist Recep Tayyip Erdogan gerade dabei, das Land wieder in einen totalitären islamischen Gottesstaat umzuwandeln. Ähnliches konnte man in Ägypten beobachten, als die Muslimbrüder an die Macht gewählt wurden und nur durch einen Militärputsch von der totalen Islamisierung des Landes abgehalten werden konnten.

Zusammenfassend ist festzustellen, dass der Islam bei weitem nicht nur Glaube und Ethik ist, sondern eine alles umfassende Lebensform begründet, die auf dem Koran und der Sunna basiert. Moslems bilden eine religiöse und politische Einheit. Die Scharia, das islamische Gesetz, stellt ein politisches und gesellschaftliches Ordnungsprinzip dar. Koran und Sunna haben Verfassungsrang und sind eine verbindliche Vorbildfunktion für das politische Handeln und den islamischen Staat.

Diese Zielsetzungen widersprechen den in unserem Grundgesetz garantierten Freiheits- und Menschenrechten. Sie sind daher verfassungs- und integrationsfeindlich, richten sich auch gegen den Gedanken der Völkerverständigung und gefährden die innere Sicherheit und die öffentliche Ordnung der Bundesrepublik Deutschland.

www.PI-News.net

Nur die Diktatur braucht Zensur!

Bereits zu Beginn des Buches wurde eindrücklich belegt, wie gefährdet die Meinungsfreiheit in Deutschland bereits ist. Der nun folgende Abschnitt ist für mich persönlich der wichtigste im ganzen Buch. Die aktive Zensur unbequemer Meinungen, oder wie es von offizieller Seite in Deutschland und der EU genannt wird „Desinformation im Netz", ist der Grundstein für ein totalitäres Regime, in dem Andersdenkende für ihre Meinung verfolgt und bestraft werden. In den Freien Medien finden sich täglich Berichte über Zensur und Meinungsmache. Einige davon haben Sie z.B. im Zusammenhang mit der Massenmigration bereits lesen können. Die folgenden Beiträge sind ein kleiner Überblick über bereits existierende Zensur und Meinungsmache durch den Staat. Ein Armutszeugnis für eine freiheitlich demokratische Grundordnung. Schon jetzt werden die Begriffe Freiheit und Demokratie dazu missbraucht, Meinungen zu unterdrücken und Menschen auszugrenzen, denn die neue Zensur soll „unsere Demokratie schützen" oder „unsere Freiheit bewahren". Freiheit muss immer auch die Freiheit der Andersdenkenden beinhalten, ansonsten kann sie nicht existieren. Die Unterdrückung von Freiheit führt früher oder später zwingend zu Wut und Gewalt, was sich in Deutschland ja bereits wieder zeigt.

Auf den folgenden Seiten werden Sie Einblicke in perfide Zensur- und Machterhaltungsinstrumente wie den Medienstaatsvertrag, dem Shadow-Ban oder den Einfluss der zwangsfinanzierten GEZ-Medien erhalten.

Ein Beispiel möchte ich Ihnen bereits jetzt geben. Ein ganz wichtiger, wie aktueller Punkt: die sog. Uploadfilter-Pläne der EU. Schon zu Beginn des Jahres waren diese neuen Zensurinstrumente immer wieder Thema in den Freien Medien. Ich selber titelte dazu gewollt polemisch „EU-Kommission plant die Endlösung zur Vermeidung von ‚Desinformation im Netz'". Dass es dabei ganz klar um Meinungsmache geht, stellte Ursula Nonnenmacher von der faschistoiden Verbotspartei der Grünen klar, als sie auf Twitter einem Kritiker des Gesetzes schrieb: *„Kapierst du gar nichts? Es geht nicht mehr um uploadfilter, sondern um die Verteidigung der Demokratie gegen rechts"* (sic!).

Doch von Anfang an erklärt: Was wurde von Medien und Politikern nicht alles versucht, um uns die die von der EU quasi verpflichtend gemachten Uploadfilter schmackhaft zu machen. Es ginge um den Schutz des geistigen Eigentums von Künstlern und anderen, besonders jungen kreativen Menschen, die ohnehin nicht selten finanzielle Schwierigkeiten hätten, ließ man uns wissen. Fällt Ihnen etwas auf? Wieder wurde mit dem „Schutz" von etwas argumentiert. Doch kaum sind diese Uploadfilter so gut wie beschlossen, kommen die Macher auch schon mit dem eigentlichen Sinn um die Ecke: Es geht ganz klar um eine weitere Zensur des Internets im sog. „Kampf gegen rechts", ein neues Synonym für den Kampf gegen unbequeme Meinungen und Wahrheiten.

Die Begründung dafür ist ganz klar: *„Seit der Wahl von Donald Trump zum US-Präsidenten Ende 2016 wird auch in Europa die Sorge geäußert, dass durch Falschmeldungen im Netz die öffentliche Debatte auf drastische Art manipuliert werden kann. Die EU-Kommission will nun Maßnahmen gegen Fake News setzen und hat zu diesem Zweck eine Gruppe von Experten aus der Wissenschaft sowie Vertretern der Medienindustrie und Plattformen wie Facebook, Google und Twitter einberufen. Bis zum Sommer soll die 39-köpfige ‚High-Level Group' Vorschläge zur Bekämpfung von Falschmeldungen im Netz vorlegen."*, schreibt Netzpolitik.org über das Vorhaben der Eurokraten auf ihrer Webseite. Man braucht hier nicht unbedingt viel Übung im Zwischen-den-Zeilen-lesen, um zu verstehen, was eigentlich gemeint ist: Der Wahlerfolg Trumps war nur durch eine große Wählerschaft möglich, die ihr Vertrauen in die Mainstreammedien verloren hatten und sich fernab von Anti-Trump-Kampagnen „alternativ" im Netz informierten. So etwas darf es in Europa natürlich nicht geben! Man stelle sich vor, wie die Eurokratur enden würde, wenn die Menschen in Europa nicht länger den besänftigenden Mainstreammedien lauschen würden. Die EU-Kommission ließ dazu verlauten, man wolle einen „unionsweiten Verhaltenskodex für den Bereich der Desinformation, die Unterstützung eines unabhängigen Netzes von Faktenprüfern und eine Reihe von Maßnahmen zur Förderung von Qualitätsjournalismus und Medienkompetenz" umsetzen. Weiter heißt es an einer anderen Stelle, man wolle „qualitativ hochwertige Nachrichteninhalte über EU-Angelegenheiten" verbreiten. Die Informationshoheit als Waffe gegen Kritiker!

„Ein unabhängiges europäisches Netz von Faktenprüfern: Das Netz legt gemeinsame Arbeitsmethoden fest, tauscht bewährte Verfahren aus und arbeitet auf eine möglichst umfassende Richtigstellung von Fakten in der gesamten EU hin. Die Faktenprüfer werden von den EU-Mitgliedern des Internationalen Fact-Checking Network ausgewählt, das einem strengen internationalen Grundsätzekatalog folgt." Und an anderer Stelle heißt es weiter, dazu soll eine *„sichere europäische Online-Plattform zum Bereich der Desinformation" geschaffen werden, die das Netz von Faktenprüfern und maßgeblichen Wissenschaftlern mit grenzübergreifenden Datensammlungen und Analysen unterstützt und ihnen Zugang zu unionsweiten Daten verschafft"*. In Zukunft soll also eine Software und staatlich beauftrage „Faktenfinder" darüber entscheiden dürfen, was im Internet hochgeladen, sprich verbreitet wird (*Wenn Sie im Buch etwas zurückblättern finden Sie einen Beitrag von Niki Vogt mit dem Titel „Mainstream-Schlachtschiff correctiv.org geht auf Beatrix von Storch los und verteidigt staatliche Kriminalstatistik-Fake-News", von solchen Faktenfindern reden wir hier)*. Ähnlich wie das Netzdurchsetzungsgesetz von Heiko Maas, damals Justizminister, heute Außenminister, sind die Vorgaben absichtlich schwammig formuliert und werden somit letztendlich dafür sorgen, dass schließlich die Meinungsfreiheit deutlich eingeschränkt wird: *„In ihrer härtesten Form stellen die Vorschläge aus Sicht eines Expertenberichtes des EU-Parlaments eine Gefahr für die Meinungsfreiheit dar. Allein die Unklarheit spricht gegen den vorliegenden Entwurf des Leistungsschutzrechts."*, so Netzpolitik.org.

Wichtig zu erwähnen ist dabei, dass es derzeit keine technische Filtermöglichkeit gibt, die zuverlässige Unterscheidung zwischen völlig legalen Inhalten und solchen, die das Urheberrecht verletzen, garantieren kann. Zudem werden kleinere Anbieter benachteiligt, die sich solche Filter häufig nicht leisten können.

Wir befinden uns also bereits mitten in einem Informationskrieg! Werden Sie deshalb selber aktiv! Verschicken Sie Meldungen aus den Freien Medien per Email an Freunde, klären Sie Freunde und Bekannte über die Möglichkeiten der Nachrichtenbeschaffung außerhalb der Mainstreammedien auf! Verlassen Sie sich nicht auf Suchmaschinenergebnisse oder Ihre Facebook-Timeline. Kommen Sie den Eurokraten zuvor, indem Sie möglichst viele Menschen vor der „Umerziehung" durch diese sog. „Bildungsmaßnahmen" warnen. Sie sind nicht alleine! Nach Umfragen des Eurobarometers zur Glaubwürdigkeit der „herkömmlichen Medien" geben bereits ein Drittel der Befragten an, diese nicht als die vertrauenswürdigsten Nachrichtenquellen zu betrachten! (Radio 70 %, Fernsehen 66 %, Printmedien 63 %). Wir sind also auf einem guten Weg!

Chemnitz und der geheime Medienstaatsvertrag

Von Heiko Schrang

Im letzten Beitrag ging es um das absolute „In"-Eis bei jungen Leuten, Ben & Jerry's. Wir haben dort veröffentlicht, dass Ben & Jerry's Werbung für „Refugees Welcome" macht.[1] Ich hatte ganz höflich die Frage gestellt, ob das die Leute für sich mit ihrem Kaufverhalten überprüfen. Jeder muss selbst entscheiden, was er macht.

Da haben wir offenbar in ein riesiges Wespennest gestochen, denn wir haben über 50.000 Kommentare bei Facebook gehabt: Leute, wir boykottieren das jetzt, ist ja wohl eine Frechheit und so weiter und so fort. Spannend ist, dass bei Twitter Anzeigen wegen Hassrede gegen mich erstattet worden sind.

Ich bekam die Mitteilung: „Hallo, wegen des folgenden Inhalts haben wir eine Beschwerde zu deinem Account erhalten, @HeikoSchrang. Tweet-Text: Auf den neuen Eisbecher Ben & Jerry's steht jetzt deutlich sichtbar „Refugees Welcome". Jeder kann mit seinem Kaufverhalten entscheiden, ob er dies unterstützen möchte."

Jede Seite hat zwei Seiten und hier heißt das, man könnte ja auch sagen: Ich stehe dazu. Ich werde jetzt jeden Tag tonnenweise Ben & Jerry's Eis kaufen. Aber nein, man ist so feige und steht noch nicht einmal dazu. So weit ist es mittlerweile. Man versucht, das zu unterdrücken und darum fordere ich jeden auf, darüber nachzudenken, was wir für eine Macht haben.

Ich erinnere an „Brent Spar" 1995. Das ist vielleicht noch irgendwie ein Begriff. Da ging es um eine Öl-Plattform, die von Shell im Atlantik versenkt werden sollte. Da gab es eine Riesendiskussion, viele haben sich dagegen gewehrt und die Konsumenten haben reagiert. Selbst hier in Deutschland haben signifikant viele nicht mehr an Shell-Tankstellen getankt. Natürlich gibt es immer Typen, die sagen: Ist mir egal, da gibt es ein Angebot, einen Pfennig günstiger, und irgendwie finde ich es toll, von denen einen Plastik-Porsche zu bekommen, wenn ich für mehr als 50 D-Mark tanke.

Es gab damals so eine Aktion. Fakt ist, das lässt sich leicht recherchieren, dass die Umsatzzahlen bei Shell daraufhin um die fünfzig Prozent gesunken sind und Shell einlenken musste. Aber wir denken längst nicht mehr daran, dass wir eine super Macht haben. Uns ist gar nicht bewusst, dass wir mit unserem Kaufverhalten entscheiden können, und sagen können: Hey, ich stehe einfach nicht dazu, ich habe eine andere Meinung und möchte nicht unterstützen, dass Unternehmen dafür Werbung machen.

Die Manipulation, die hier in Deutschland abläuft, ist unvorstellbar.

Denn die Bombe des Tages ist, und wie immer wird über das absolut Wichtigste nicht gesprochen, der Medienstaatsvertrag! Keiner der Kollegen, mit denen ich in den letzten Tagen geredet habe, wusste es. Berufskollegen mit sehr großen YouTubekanälen wussten nicht, was da gerade abläuft.

Wir haben einen sogenannten Rundfunkstaatsvertrag, der die Grundlage der Zwangsgebühren ist, der sogenannten GEZ-Zahlungen, und der wird neu aufgesetzt und soll dann Medien-Staatsvertrag heißen. Das geht dann ineinander über. Was bedeutet das für uns konkret? In die Entwürfe kann man schon reinschauen, im Netz, und da sieht man, dass Leute wie ich, die über eine Reichweite von über fünftausend Zuschauern verfügen, nach diesem Gesetz eine Lizenz beantragen müssen. Berufskollegen, wie Janich oder NuoViso und wie sie alle heißen, haben alle über 5.000 Abonnenten. Wir werden dann wie Medienkonzerne dargestellt, als ob wir so etwas wie Sat1 oder RTL sind. Der Regulierung ist Tür und Tor geöffnet, es gibt dann eine Stelle, die entscheidet, wer eine Lizenz bekommt.[2]

Also Heiko Schrang kann mit SchrangTV ja mal einen Antrag stellen. Dann wird unterstellt: Ja, nee, das ist ja Hassrede, Fakenews, was der da macht, der kriegt keine Lizenz! Sowas gibt es weder in China, noch in Russland, nicht mal in Nordkorea. Was hier abläuft, ist unvorstellbar. Wir leben in einer Scheinwelt, in der die Leute träumen: „Oh, ist ja so toll, der Sommer, schön draußen sitzen. Ah, Fernsehen, was kommt denn Schönes?"

Wir leben in einem absolut totalitären Regime. Aber die Masse weiß von alldem nichts. Es wird über Belanglosigkeiten diskutiert.

Dabei haben wir es mit einer Zensurwelle sondergleichen zu tun. Laut einer international erhobenen Statistik, in der es darum geht, wie viele Bücher verboten sind, wie viel auf YouTube gelöscht worden ist und so weiter, hat Deutschland mittlerweile das Privileg, an erster Stelle zu stehen.[3] Es gibt kein Land auf der Welt, in dem mehr zensiert wird, mehr verboten wird, als in diesem so tollen, demokratischen Deutschland. Man möchte die Meinungs- und Deutungshoheit zurückverlangen. Die soll wieder allein in Staatshand. Das steckt hinter diesem Gesetz, denn es kann ja nicht angehen, dass immer mehr Kanäle immer größer werden. Ich denke an das Interview mit Petra Paulsen auf unserem Kanal, das 1,6 Millionen mal aufgerufen worden ist. Davon träumen die etablierten staatlichen oder auch privaten Kanäle. Es ist natürlich eine Gefahr, dass man hier eine andere Meinung hört. Dagegen muss man vorgehen. Darüber sollten wir nachdenken und wachsam sein und „Nein" sagen.

Schauen wir jetzt nach Chemnitz, wo Menschen, die vermutlich einen Migrationshintergrund haben, des Mordes an einem Chemnitzer beschuldigt werden. Daraufhin rennen Tausende Demonstranten, die natürlich böse Rechte sind, auf die Straße und sagen: „Moment mal, das finden wir nicht so gut." Ebenso wie in Kandel und davor steht eine Polizei, die ausgerüstet ist, wie beim G20-Treffen, mit dem Unterschied, dass in Hamburg mit Eisenstangen, Betonplatten und ähnlichen nach ihnen geworfen wurde. Hier standen nur Leute, die skandierten: „Lasst uns durch, lasst uns durch!"

Aber nein, die Polizei steht wie die Marionetten als Mauer da und lässt sie nicht durch. Und der Tag wird kommen, das ist so gewollt, auch von diesen Eliten, die wollen bei uns einen Bürgerkrieg entfachen. Nur die Masse der Bevölkerung sieht das nicht.

Ich sage immer wieder, erdet euch, bleibt in eurer Mitte, denn ansonsten seid ihr auch nur ein Spielball. Und der Tag wird kommen, an dem ein guter Nachbar, mit dem ihr eine Currywurst am Zaun geteilt und ein Bierchen getrunken habt, euch in seiner Montur gegenüber steht, wenn ihr sagt: „Ne, ich geh jetzt auf die Straße, ich habe die Nase voll davon dass Leute umgebracht oder vergewaltigt werden, ich habe das Gefühl, ich werde belogen betrogen", und so weiter – der Nachbar steht dann also da in seiner Montur und der Einsatzleiter sagt: „Straße räumen." Und ihr sagt dann zum Nachbarn: „Sei nicht sauer, du kennst meine Meinung, ich werde nicht gehen!" Und der Einsatzleiter sagt: „Wenn die nicht gehen, schießen!"

Überlegt bitte alle mal, ihr Leute, die ihr für den Staat arbeitet, ob ihr das überhaupt mit eurem Gewissen vereinbaren könnt, was ihr dort macht, für einen Staat, der dabei ist, die Menschen nicht nur zu kontrollieren, sondern der dabei ist, hier eine Art Faschismus mit Hochglanzprospekt zu etablieren. Sieht doch toll aus! Die ganze Welt lacht über Deutschland. Über Kalifornien lacht die Sonne, über Deutschland lacht die Welt.

Deutschland ist „Exportweltmeister". Gibt das zu denken? Bei den Ländern wie Saudi-Arabien oder Dubai und so weiter, die auch extreme Exportüberschüsse haben, da kriegen Leute, die ein Kind bekommen 100.000 Euro, ein Haus ... Wie sieht es bei uns aus? Unsere Schulen fliegen auseinander. Und deswegen sind wir zum absoluten Gespött für die Welt geworden.

Darüber sollte man informiert sein. Es gibt immer noch genug Leute, die es nicht wissen. Also fangt an, dieses Wissen zu teilen, denn es ist nicht fünf vor zwölf, es ist schon zehn nach zwölf, hier in Deutschland. Nur derjenige, der gegen den Strom schwimmt, kommt zur Quelle, und nur tote Fische schwimmen mit dem Strom.

www.HeikoSchrang.de

Dieser Text erschien zuerst als Video auf YouTube
https://www.youtube.com/watch?v=4VF97S1yqMc

Wie Facebook im Auftrag der Regierung die Demokratie bekämpft – eine Insiderin packt aus

Von Jürgen Fritz und Hanno Vollenweider

Eine ehemalige Mitarbeiterin, die mehrere Monate für Facebook in einem Löschzentrum tätig war, sprach mit Hanno Vollenweider. Was sie berichtet, ist reiner Sprengstoff, der in einer nicht nur äußerlichen, formalen Demokratie das Land erschüttern würde.

I. Vorwort von Jürgen Fritz

Die **Bundesrepublik Deutschland** ist gemäß Art. 20 Abs. 1 Grundgesetz (GG) ein demokratischer Bundesstaat. Alle Staatsgewalt geht vom Volke aus (Abs. 2) und wird in Wahlen und Abstimmungen ausgeübt. Eines der wichtigsten Grund- und Menschenrechte ist das Recht auf freie Meinungsäußerung, genauer: die Redefreiheit sowie die Informationsfreiheit gemäß Art. 5 GG. Denn wie sollte ein Staatsvolk seine Souveränität ausüben, wenn es wesentliche Informationen gar nicht erhält, bzw. der Einzelne Informationen nicht weiter verbreiten darf?

Grundlage einer jeden qualifizierten Entscheidung ist immer das Abwägen des Für und Wider. Dieses Abwägen erfordert, dass beide Seiten zu hören sind. Der Grundsatz des Audiatur et altera pars (Man höre auch die andere Seite) ist eine der Grundlagen nicht nur der Demokratie, sondern auch des Rechts, welche wir bereits bei den alten Römern finden.

Was **Hanno Vollenweider** auf *Die Unbestechlichen* nun aufdeckt, zeigt, wie sehr die elementarsten Grundsätze der Demokratie und des Rechtsstaates missachtet, ja regelrecht untergraben und bekämpft werden. Und dies wohl mit Unterstützung, wenn nicht auf direktes Geheiß von höchsten Stellen. Er hat mit einer Insiderin, einer ehemaligen Mitarbeiterin gesprochen, die im Löschzentrum von Facebook arbeitete. Dabei kommt Unfassbares zu Tage.

Sie beschreibt nicht nur die perfiden Methoden und technischen Finessen, mit denen Facebook ganz besonders vor der letzten Bundestagswahl versuchte, die Meinung unzähliger User zu beeinflussen. Sie erläutert für den aufmerksamen Zuhörer auch die Gründe dieser noch immer aktiven Methode: Informationen unterdrücken, um kritische Gedanken bei Bürgern gar nicht erst aufkommen zu lassen.

II. Auszüge aus dem Interview

Hanno Vollenweider: Melanie, vielen Dank, dass du dich entschlossen hast, hier mit mir über deine Arbeit bei bzw. für Facebook zu reden. Ich fasse einmal zusammen: Du hast rund drei Monate für eine Firma gearbeitet, die im Auftrag von Facebook die Aktivitäten von Usern überwacht, Sperren verhängt, Posts überprüft und löscht bzw. ganze User-Accounts stilllegt und dafür sorgt, dass gewisse Informationen – verstärkt beispielsweise vor der letzten Bundestagswahl durch einen speziellen Filtermechanismus – nicht an die Masse der Facebook-User durchdringt. (…) mich würde interessieren, wie man dir erklärt hat, was du machen sollst und vor allem warum.

Melanie C.: Also, man hat mir gesagt, dass sich bald in Deutschland die Gesetze ändern werden wegen den vielen Hass-Postings und Fake-News auf Facebook. Und dass Facebook Unterstützung braucht, um eben diese Meldungen herauszufiltern und zu löschen. (…) Ich glaube, da habe ich auch sehr überzeugt geklungen, denn die haben mir gleich gesagt, dann solle ich zur Einarbeitung in ein paar Tagen direkt zu der Firma kommen, die im Auftrag von Facebook arbeitet. Da gäbe es dann eine Art Vortrag und Einführung für die Leute, die dort neu anfangen. Ich bin da echt rausgegangen und habe mir gedacht *„Boah, jetzt machst du endlich mal was, was gut ist für die Menschheit, und gegen Hass und Nazis“*. Das haben die mir auch so zu verstehen gegeben, während des Gesprächs.

Nachrichten, „die die Nutzer nur verwirren“, wurden gelöscht

Hanno Vollenweider: Gut, du bist dann also zu dieser Einführungsveranstaltung gegangen. Wie war es da?

Melanie C.: … Meine Mentorin, die Sabine, hat damals gesagt, dass wir uns der Verantwortung bewusst sein müssen, die wir hier tragen würden. Wir ständen immerhin vor einer wichtigen Bundestagswahl. Und ein Beitrag auf Facebook könne sich eben schnell mehrere tausend Mal teilen lassen und dann sozusagen viral mehrere Millionen Menschen erreichen. Darunter gäbe es eben auch Nachrichten, die die Nutzer verwirren würden oder Unruhe in der Bevölkerung stiften oder sie aufhetzen würde. Und dann würden eben schlussendlich auch mehr Leute die Nazis von der AfD wählen. Was dann bedeuten würde, dass die Gewalt wieder zunimmt und wir wieder so was haben wie im Dritten Reich. Und das wollte sie nicht und ich natürlich auch nicht.

Die Nazis (AfD) dürfen nicht wieder an die Macht kommen

Hanno Vollenweider: Das hat diese Sabine so gesagt? Wenn man mal vernünftig denkt und diesen sinnlosen Vergleich zwischen AfD und Drittem Reich weglässt, hat sie eigentlich gesagt, dass sie dort sitzt und Nachrichten löscht, die die Leute bewegen können, ihre politische Meinung zu überdenken, oder die sie in ihrer Kritik an der aktuellen Politik bestärken würden. Das wäre ja eine Art Beeinflussung, wie es sie sonst in einer Demokratie nicht geben sollte.

Melanie C.: Ja, das hat sie so gesagt. Und es geht ja noch weiter: Sie meinte dann, wir wären der Schutzschild der Demokratie und würden mit unserer Arbeit sehr viel dafür tun, dass die Nazis – damit meinte sie immer die AfD – in Deutschland nicht an die Macht kommen würden.

Wir wurden angefeuert, immer noch mehr zu löschen

Hanno Vollenweider: Aber hat dich das nicht stutzig gemacht? Anderen die Meinung zu verbieten oder in die Meinungsbildung einzugreifen, ist ja schon etwas anderes, als Drohungen oder beleidigende Kommentare zu löschen und vielleicht den ein oder anderen ausfälligen User zu verwarnen?

Melanie C.: Ja, heute denke ich da auch anders drüber. Aber zu dem Zeitpunkt war ich total davon überzeugt, dass das richtig ist, was ich tue.

Jeder dort hat so gedacht. Es hat niemand etwas kritisiert. Ganz im Gegenteil, man ist immer noch angefeuert worden, mehr und noch mehr zu löschen oder zu bannen.

Es gab Einpeitscher wie auf einer römischen Galeere

Hanno Vollenweider: Diesbezüglich hast du mir im Vorgespräch von deinem Supervisor erzählt.

Melanie C.: Ja, man muss sich das so vorstellen: Dort saßen rund 40 Personen in einem Raum und zwei Leute waren Supervisoren, an die man sich wenden sollte, wenn man Fragen hatte, sich nicht sicher war, oder Postings von einer Internetseite entdeckt hat, die noch nicht in der Liste der Fake- und Hass-News-Seiten verzeichnet war. Die sind aber auch immer um uns herum geschlichen und haben einem über die Schulter auf den Bildschirm geschaut. Wie eben so eine Art Einpeitscher auf einer römischen Galeere. Da ist es dann auch schon mal vorgekommen, dass die einen angeraunzt haben, wenn man Beiträge nicht entfernt hat, die das System – also der Algorithmus – aufgrund der benutzen Wörter als potentielle Fake oder Hassnachricht rausgesucht hat, die man aber persönlich für eigentlich eher harmlos oder halt einfach normale Berichterstattung hielt.

Zum Lesen blieb vor dem Löschen gar keine Zeit

Hanno Vollenweider: Okay, gehen wir hier mal kurz ins Detail. Facebook hat also ein Programm, einen Algorithmus, der anhand der benutzen Wörter und der Quelle bzw. der Internetseite, von der diese Nachricht kommt, vorentscheidet, ob eine Nachricht Fake-News, Hass-Botschaft etc. ist oder nicht. Und du hast dann dort vor dem PC gesessen und eine Form der Endkontrolle, wenn man das so nennen will, durchgeführt. Ist das richtig? Habt ihr diese ganzen Meldungen dann gelesen oder recherchiert oder wie muss ich mir das vorstellen? Um so was wirklich nach dem Wahrheitsgehalt zu prüfen, benötigt das doch Zeit, gegebenenfalls müsste man auch Sachen zur Diskussion stellen müssen.

Melanie C.: Zu deiner ersten Frage: Ja, das mit dem Programm ist so. Und zu deiner zweiten Frage: Nein, dafür hatten wir gar nicht die Zeit, und das wollte auch niemand dort. Wir haben innerhalb von kürzester Zeit entscheiden müssen, was wir durchlassen und was nicht. Gelesen haben wir die Beiträge dort eigentlich nicht. Dafür war gar nicht die Zeit bei der Masse an Meldungen, die da reingekommen ist. Am Anfang habe ich mir die Meldungen teilweise auch noch genauer angesehen. Wenn man dann aber zwei, drei Mal angeschnauzt wird, weil man zu langsam ist oder dem Algorithmus vertrauen soll, dann nickt man nur noch stumpf das Meiste ab.

Es gibt schwarze Listen

Hanno Vollenweider: Du sagtest vorhin, ihr hattet eine Liste mit Hass-News-Seiten. Was waren da für Internetseiten drauf und wie haben die sich sagen wir mal, ‚qualifiziert', um auf diese Liste zu kommen?

Melanie C.: Da waren eine Menge Seiten aus dem In- und Ausland drauf. Mit Sicherheit 300 Stück oder mehr. Das waren Seiten wie PI-News, Philosophia Perennis oder eure Seite DieUnbestechlichen. Aber auch viele so kleinere Blogs von irgendwelchen Leuten. Viele ausländische Seiten auch. Also überwiegend Seiten, die kritisch über die Regierung oder zum Beispiel Flüchtlinge und Kriminalität von Flüchtlingen und Ausländern berichten.

Wer auf diese Liste kommt, haben die Supervisoren entschieden. Die haben das anhand der Menge der Hass-Nachrichten und Fake-News, die das System ausgefiltert hat, ausgewertet. Dazu kamen auch immer wieder Updates von, ich sage mal außerhalb, welche Seiten und welche Meldungen auf die Liste kommen bzw. was wir bevorzugt dann als Spam, Fake und Hass-News abtun sollten. Wir hatten dafür extra zwei Mal die Woche am Morgen ein Meeting, wo man uns auf dem Laufenden gehalten hat.

Regelmäßig kam Besuch von einer Dame von einer Stiftung

Hanno Vollenweider: Was heißt denn „es kamen Updates von außerhalb"?

Melanie C.: Wir hatten immer wieder Besuch von einer jungen Dame, die dann in den Meetings auch ab und zu gesprochen und sich bedankt hat für unsere Arbeit. Die hat nach Aussagen der anderen Mitarbeiter für eine Stiftung gearbeitet, die von der Bundesregierung beauftragt ist, sich um Hate-Speech im Internet und z.B. auf Facebook zu kümmern. Mehr habe ich darüber aber nicht erfahren. Also das hat mich auch erst im Nachhinein stutzig gemacht. Die Dame war es aber auch, die so rund vier Wochen vor der Wahl den Kreis der Meldungen, die wir durchlassen sollten, immer enger geschnürt hat. Da hatten wir extra ein Meeting, das über zwei Stunden gegangen ist. Da hat sie uns aufgeklärt, wie besonders wichtig unsere Arbeit in der Zeit jetzt ist.

Hanno Vollenweider: Okay, sind dabei vielleicht mal die Namen der Bertelsmann oder Amadeu Antonio Stiftung gefallen?

Melanie C.: Das kann ich so nicht genau sagen. Aber das könnte gut sein. Das ist so ein Punkt, den ich erst jetzt beginne zu hinterfragen.

Vor der Bundestagswahl sollte jede Kritik am Regierungskurs gelöscht werden

Hanno Vollenweider: Kannst du mir das Vorgehen vor der Bundestagswahl etwas näher erklären? Habt ihr dann mehr löschen müssen? Was für Meldungen wurden denn dann vermehrt gelöscht? Du sagtest auch was von „Meldungen durchgelassen". Wie meinst du das speziell in diesem Zusammenhang?

Melanie C.: Ja, man hat uns vor der Wahl erklärt, dass die Rechten eine unglaubliche Kampagne in den sozialen Netzwerken fahren würden, um die vielen unentschlossenen Wähler zu beeinflussen. Daraufhin sollten wir dann ganz stark ausfiltern. Da ging es dann eigentlich auch nicht um irgendwelche Fake-News, sondern um Sachen, die wirklich passiert sind. Wir mussten dann z.B. die Berichterstattung von rechten Seiten über so Sachen wie den Mord und den Prozess an der Studentin aus Stuttgart, also der Maria, die von dem Flüchtling umgebracht und vergewaltigt wurde, oder den Macheten-Vergewaltiger aus Bonn und all diese krassen Sachen, die Flüchtlinge angestellt haben, zurückhalten, damit sich nicht noch mehr auf die Seite der Rechten stellen.

Auch Sachen, die Kritik z.B. an der Europäischen Union waren und auch Kritik an der Regierung, nicht nur wegen der Flüchtlingspolitik, sollten wir, so gut es geht, filtern. Außerdem hat man uns da noch mal ganz konkret darauf hingewiesen, dass wir niemanden, nicht mal unseren Eltern, detailliert erzählen sollen, was wir machen. Da habe ich dann auch angefangen, an der ganzen Sache zu zweifeln. Das hatte dann alles schon was von einem Geheimdienst in einem schlechten Film.

Oft versuchten wir die Leute durch permanente Schikane wegzumobben

Hanno Vollenweider: Ihr habt also permanent diese ganzen Nachrichten gelöscht. Das muss ja eine unglaubliche Arbeit gewesen sein, bei Millionen von Usern, die immer wieder dieselbe Nachricht posten.

Melanie C.: Das wenigste wird wirklich gelöscht. Ich habe auch mal gefragt, warum wir die Leute, die diese Sachen immer und immer wieder auf Facebook stellen, nicht einfach rauswerfen. Aber man hat mir gesagt, das ginge nicht. Es sind einfach zu viele Leute und es würde dann doch so direkt nicht mit der Meinungsfreiheit vereinbar sein, wenn man diese ganzen Leute einfach abwürgt.

Wir hatten eine Liste mit mehreren tausend Nutzern, die durch das mehrfache Posten von extremen Inhalten aufgefallen waren. Wir haben dann diese Leute versucht, sehr aktiv einfach – ich nenne es mal „wegzumobben", indem wir denen immer wieder das Konto gesperrt haben oder Funktionen eingeschränkt wurden, dass sie z.B. mal für 30 Tage gesperrt waren oder 7 Tage nichts mehr posten konnten. Klar, die ganz Heftigen konnten wir schon löschen, weil sie ja dann gegen die Facebook-Bestimmungen verstoßen hatten. Aber bei denen, die eigentlich nichts Verbotenes posten, sondern nur Sachen, die halt rechts sind, haben wir eben diese Methoden aufgefahren. Das war in sehr vielen Fällen auch von Erfolg gekrönt. Über die Hälfte der vorübergehend gesperrten Profile – so hat man mir das zumindest gesagt – haben dann keinen Ausweis eingeschickt, um wieder entsperrt zu werden, und haben die dann wohl einfach aufgegeben.

Und dann gibt es noch den Shadowban, die subtile Art der Zensur Ja, und dann gab es die ganz hartnäckigen User, die Gruppen von AfD-lern, diesen Patrioten, Reichsbürgern und wie sie alle heißen, und die Fan-Seiten, die manche Blogs auf Facebook betreiben und auf denen sie ihre eigenen Beiträge posten. Bei denen hilft dann nur noch, ihre Posts für andere nicht mehr sichtbar zu machen, sowas haben wir – das hattest du ja auch gefragt – auch ganz allgemein bei Beiträgen von manchen vermeintlichen Fake-News-Internetseiten gemacht, bei euch zum Beispiel auch.

Hanno Vollenweider: Also ein sogenannter Shadowban, bei dem man zwar als User einen Beitrag auf sein Profil oder in eine Gruppen stellen kann, der dann aber in den Timelines der anderen User, also Freunden oder Leuten, die mit einem in der gleichen Gruppe sind, nicht auftaucht, wie es normalerweise üblich und sinngemäß wäre. Bzw. Beiträge, die man nur sehen kann, wenn man gezielt danach sucht. Ist das so gemeint?

Melanie C.: Ja, so ungefähr funktioniert das.

Hanno Vollenweider: Aber das ist ja Zensur! Sogar auf die schlimmste Art und Weise. Immerhin suggeriert man damit den Leuten, sie hätten eine freie Meinung und könnten diese auch kundtun. Dabei sieht sie niemand. Ich möchte jetzt dazu sagen, dass wir sowas schon geahnt haben, denn bei uns ist die Klick-Rate derer, die von Facebook auf unseren Blog kommen, um über 90 Prozent zurückgegangen. Bei Blogger-Kollegen wie David Berger ist es nach seiner Aussage noch schlimmer.
Viele kritische Blogger sind sogar ganz entsorgt worden, habe ich gesehen. Oder man hat sie wegen irgendwelchen Mumpitzes schikaniert. Jürgen Fritz ist das so gegangen. Und Anabelle Schunke, soweit ich weiß. Auch unserem Autor Garwin Weißenstein ist nach einem islamkritischen Beitrag einfach sein Profil gelöscht worden. Wir blenden dazu hier den Link zu der Seite ein, auf der der bekannte Rechtsanwalt Joachim Steinhöfel einen Haufen Fälle in diese Richtung gesammelt hat (https://facebook-sperre.steinhoefel.de/). Aber jetzt mal ehrlich, habt ihr euch da keine Gedanken gemacht, ihr könntet sowas werden wie eine neue Internet-Stasi?

Mehr als drei Viertel der gelöschten Sachen waren gar keine Fake-News

Melanie C.: Zum Ende hin ja. Also zumindest ich. Ich konnte das auch nicht mehr. Wenn ich das Thema aber angeschnitten habe, dann bin ich entweder von den Kollegen angegangen worden oder man hat mir erklärt, dass Facebook ein privates Unternehmen sei und machen könne, was es wolle. Außerdem war da ja das NetzDG schon so gut wie beschlossene Sache, und man hat mir erklärt, Facebook müsse so handeln, weil es sonst riesige Strafen von der Regierung bekommen würde und es Facebook dann vielleicht in Deutschland nicht mehr gibt oder so.

Ich muss das vielleicht so erklären, ich war da mehr oder weniger nur von jungen Männern umgeben, die das alles, was wir da gemacht haben, total unterstützten. Viele von denen sind politisch aktiv, und in manchen Raucherpausen ist der ein oder andere sogar richtig aggressiv geworden, wenn es um aktuelle News oder die AfD oder so ging. Dann sind da Sprüche gefallen, die hätte ich von Nazis erwartet, aber nicht von Leuten, die ich am Anfang für normal gehalten habe.

Mir sind viele der Sachen, die wir zensieren mussten, auch am Abend noch durch den Kopf gegangen. Dann habe ich angefangen zu recherchieren. Ich bin selber auf „DieUnbestechlichen", „JournalistenWatch", „Opposition24" – und wie sie alle heißen gegangen – und habe die Sachen nachrecherchiert. Zu mehr als drei Viertel der Artikel habe ich Beweise gefunden, dass das keine Fake-News sind.

Im Nachhinein ist mir, als hätte ich Menschen manipuliert und betrogen

Hanno Vollenweider: Du hast mir im Vorgespräch gesagt, du hättest am Ende auch wegen dieser Aggressivität, die dort geherrscht hat, wirklich Angst gehabt, etwas zu sagen und den Entschluss gefasst, dich der Öffentlichkeit mitzuteilen. Wie denkst du heute über das, was passiert ist?

Melanie C.: Hanno, ich fühle mich wirklich schlecht. Ich habe das Gefühl, wirklich etwas Schlechtes getan zu haben. Auch gegenüber den Opfern der Verbrechen in den Artikeln, die ich als Spam abtun musste. Mir ist, als hätte ich Menschen irgendwie manipuliert und um ihre eigene Meinung betrogen.

Hanno Vollenweider: Eine letzte Frage, Melanie. Es wird Leute geben, die meinen, dass dieses Interview auch nur Fake-News ist. Stündest Du mit Deiner Aussage zur Verfügung, wenn es zu offiziellen Ermittlungen kommen sollte, also mit Deinem vollen Namen?

Melanie C.: Ja, auf jeden Fall.

Hanno Vollenweider: Melanie, ich danke dir für das Gespräch. Ich hoffe, dass wir damit vielen Leuten die Augen öffnen können, und vielleicht tut sich ja aufgrund deiner Aussage was. Wie ich heute auf der Hinfahrt zu dir erfahren habe, hat die OSZE das Netzwerkdurchsuchungsgesetz bereits scharf kritisiert. Von dort heißt es, dieses Gesetz hätte vielleicht eine abschreckende Wirkung auf die freie Meinungsäußerung. Vielleicht wird dieses Vermächtnis von Heiko Maas ja das am kürzesten gültige Gesetz in Deutschland. Für unsere Freiheit und unsere Demokratie können wir das nur hoffen.

Das vollständige Interview kann auf YouTube und anderen Videoplattformen unter dem Titel „Insiderin aus Löschzentrum packt aus: Manipulierte Facebook die Berichterstattung vor der Wahl?", gefunden und angesehen werden. Den Text zum Interview finden Sie unter

www.dieunbestechlichen.com/2017/10/fakebook/

www.juergenfritz.com

Warum der virtuelle Scheiterhaufen gefährlicher als die Inquisition ist

Von David Berger

Der Vergleich der modernen Zensur v.a. im Internet mit der Inquisition ist noch viel zu schwach. Was diese implizite und daher umso gefährlichere Zensur anzielt, ist die totale „damnatio memoriae“ von Menschen und ihrem Denken, sofern es nicht ins Konzept der gerade noch mächtigen Angstbeißer passt.

In einem Gastkommentar für den „Zürcher Tagesanzeiger“ hat der über die Grenzen der Schweiz hinaus bekannte Publizist und Informationsbeauftragte des Bistums Chur, Giuseppe Gracia, die Zensurpolitik von Facebook genauer unter die Lupe genommen. Darin erwähnt er auch meine Sperrung:

„Oder das neueste Beispiel aus Deutschland: Der katholische Theologe und Islamkritiker David Berger äußerte sich nach dem Attentat von Orlando kritisch über den Islam, woraufhin seine Seite gesperrt wurde. Berger erklärte gegenüber einem christlichen Medienmagazin: ‚In Orlando richtet ein fanatischer Islamist ein Blutbad unter Schwulen an, und Facebook sperrt Nutzer, die Kritik am Islamismus üben.‘ Und weiter: ‚Die Inquisition war im Vergleich zu Facebook ein Hort der Fairness und Gerechtigkeit.‘“

Um dann zunächst völlig zurecht zu konstatieren:

„Bergers Reaktion ist verständlich, aber übertrieben. Bisher gibt es keine Scheiterhaufen für unbequeme User.“

Ja, die Reaktion war bewusst übertrieben und provokant – jeder, der mich als Autor etwas kennt, weiß, dass ich konstruktive Provokation liebe, um anzuregen. Besonders wenn es um ein Thema geht, das so fundamental ist: Wer jetzt hier nicht kämpft, riskiert – um mit Kafka und in einem Bild zu sprechen – am Ende wie ein „Hund erstochen zu werden“ – ohne dass das jemanden stört.

Aber dazu kommen wir noch. Zunächst: Was sollte der Vergleich mit der Inquisition? Also jener Behörde, die in ihrer spanischen und römischen Version die Reinheit des katholischen Glaubens überwachen und dessen Kritiker in Zaum halten sollte. Der Vergleich der Inquisition mit der in Deutschland durch die ganz spezielle, von der Maas-Kahane-Kommission eingeleitete Zensurpraxis von Facebook war nicht zufällig gewählt. Dabei steht die Zensurpraxis von Facebook allerdings nur als besonders eklatantes Beispiel dafür da, wie -unter dem Vorwand, gegen rechte Hetze vorzugehen – von intoleranten Linkspopulisten eigentlich Parteipolitik gemacht wird.

Ein gutes Beispiel dafür ist die „Causa Pistorius". Vor einigen Wochen hatte einer der Genossen von Justizminister Heiko Maas, Niedersachsens Innenminister Boris Pistorius einen Werbeboykott von nicht mit dem politischen Mainstream übereinstimmenden Internetseiten gefordert. Besondere Erwähnung fand dabei die Internetpräsenz der Wochenzeitung „Junge Freiheit". Sie gehöre zu den Seiten, „auf denen gehetzt wird, rassistische Parolen verbreitet werden, anonyme User sich ausbreiten mit ihren fremdenfeindlichen und rassistischen Theorien, ihrem Hass auf andere". Dies werde „durch Werbung erst ermöglicht" und solle nun durch den Werbeboykott verunmöglicht werden.

Ein Magazin des öffentlich-rechtlichen Fernsehens hatte den Innenminister richtig verstanden und bedrängte die Werbekunden der der politischen Ausrichtung des SPD-Ministers nicht genehmen Seiten vor laufender Kamera so lange zu traktieren, bis diese genervt die Werbung einstellen würden.

Die Vorgänge passen treffend ins Bild einer zunehmend um sich greifenden impliziten bis klandestinen Zensur. Diese bestimmt immer mehr über die in den sozialen Netzwerken wie auf klassischem Wege veröffentliche Meinung. Da eine direkte Zensur nicht mehr möglich ist, fordert man Werbekunden auf, in Medien, die die eigene Politik kritisieren, nicht mehr zu werben. Oder man drängt den Buchhandel dazu, Bücher, die einem nicht ins Konzept passen, nicht mehr zur Verfügung zu stellen. Um dann mit schlaumeierischem Lächeln zu sagen: „Hier wird doch nichts zensiert, wie leben in einer freien Marktwirtschaft!"

Jan-Andres Schulze hat festgestellt, dass wir einer ähnlich sinisteren Situation auch bezüglich der Facebook-Zensur begegnen, wo Heiko Maas die Meinungskontrolle nun privatisiert hat. Gepostet darf dort nur noch werden, was der von Facebook in Abstimmung mit Maas bei Bertelsmann errichteten

Zensurbehörde gefällt. Das Perfide an solcher Art Zensur: Es gibt keine reale Widerspruchsmöglichkeit, keinen Rechtsweg gegen die Entscheidungen der Facebook-Inquisition.

Und eben darin zeigt sie sich als Rückfall hinter die Fortschritte der Römischen Inquisition: Bei ihrer Einführung war die Inquisition nämlich ein enormer Fortschritt in der Praxis der Rechtsprechung, die ideologische „Vergehen" verfolgte: Zum ersten Mal wurde dem Angeklagten klar gesagt, was man ihm zum Vorwurf machte, er konnte sich einen Anwalt nehmen und öffentlich verteidigen (lassen), hatte das Recht auf ein genau fest gelegtes „ordentliches" Gerichtsverfahren. Man lese dazu die aktuellen Forschungsergebnisse in dem von dem bekannten Historiker Hubert Wolf edierten Band „Inquisition, Index, Zensur: Wissenskulturen der Neuzeit im Widerstreit" (Paderborn 2001).

Ähnlich krasse Aussagen ließen sich zum bereits angedeuteten Fall Pirinçci machen. Kurz nach dem de facto getroffenen Boykottbeschluss des deutschen Buchhandels gegen Pirinçci, der zudem auf einer durch die Medien falsch und sinnentstellend wiedergegebenen Redepassage des bekannten Autors fußte, schrieb ich in einem viel beachteten Artikel für das linksliberale Magazin „telepolis":

„Damit erleben wir derzeit einen in Deutschland nach 1945 nie gekannten Vorfall. So schnell kann man gar nicht schauen, wie Deutschlands wichtigste Buchhändler in voraufklärerische, ja vor-inquisitorische Verdammungspraktiken zurückfallen. Selbst die katholische Inquisition hat es sich immer zur Devise gemacht, klar zwischen einem konkreten Werk und der Person sowie den anderen Äußerungen des Autors zu unterscheiden.

Ob ein Werk auf den „Index der Verbotenen Bücher" kam, durfte nur von dem abhängig gemacht werden, was in diesem konkreten Buch stand. Bis der „Index der Verbotenen Bücher" in den 60-er Jahren des vergangenen Jahrhunderts als letztes Relikt frühneuzeitlicher Aufsicht über das Denken der Menschen selbst von der katholischen Kirche abgeschafft wurde …

Es ist ein Abschied von jenem Denken, für das Voltaire und die anderen großen Philosophen Europas stehen. Es ist schlicht ein Rückfall in die voraufklärerische Barbarei – im Namen der Verteidigung der politischen Korrektheit, stößt man, überheblich lächelnd und sich dabei auch noch lobwürdig glaubend, der Freiheit ein Messer in den Rücken.

Um noch einmal zu Gracia zurückzukommen: All diese Möglichkeiten, die die Inquisition bot, gibt es für den heutzutage von Toleranzpredigern Zensierten nicht. Er fühlt sich vielmehr allzu oft wie der Angeklagte in Franz Kafkas berühmten Werk „Der Prozess“: Verhaftet, ohne sich irgend einer Schuld bewusst zu sein, wird er von einem ihm nicht bekannten Gericht angeklagt, weiß aber nicht weshalb und wie er sich rechtfertigen könnte. Nach einem Jahr gibt er frustriert auf, wird von zwei ihm unbekannten Herren abgeholt, um „wie ein Hund“ erstochen zu werden.

„Wie ein Hund erstochen“: Wenn wir schon bei historischen Vorbildern bleiben wollen, müssen wir ganz klar sagen: Im zentralen Kampf der Gegenwart um Aufmerksamkeit, ist das, was diese Feinde der Freiheit anstreben, die totale „damnatio memoriae“ , die Verfluchung und demonstrative Tilgung des Andenkens an eine Person bzw. ihr Werk und Denken durch die Um- und Nachwelt.

Je ausgefeilter die Methoden einer solch indirekten Zensur durch den technischen Fortschritt werden, umso mehr drängt man Freigeister in Sarkasmus und „Innere Emigration“. Kein gutes Zeichen für den Zustand einer Gesellschaft, die sich einst bemühte, eine offene zu sein.

* * *

Journalistische Offenlegung: Der Autor dieses Textes war selbst einige Zeit für die Glaubenskongregation (früher Inquisition) als Lektor tätig; und auch danach ein Verfechter der (damals in Planung befindlichen) Maßnahmen gegen „Hetze“ und „Hassrede“ in den Medien – bis er hinter die Kulissen blicken konnte und die perfiden Mechanismen des angeblichen Kampfes gegen rechte Hetze selbst zu spüren bekam.

www.philosophia-perennis.com

Warum Mark Zuckerberg der gefährlichste „Drogendealer" der Welt ist

Von Thomas Böhm

Wir wissen alle: Isolationshaft ist eine der schlimmsten Foltermethoden, die eigentlich nur besonders böse Menschen anwenden.

Genau das aber passiert, wenn die Netzfaschisten von Facebook einen User sperren, oder gar löschen, nur weil er sich ihrer Meinung nach „unanständig" benommen, aber von einer strafbaren Handlung noch weit entfernt ist.

Der gesperrte bzw. gelöschte User ist mit dieser willkürlichen Strafmaßnahme von der weltweiten Kommunikation ausgeschlossen, ist zumindest im Netz gesellschaftlich geächtet.

Und genau das scheint den Zuckerberg-Zensoren köstliches Vergnügen zu bereiten, ansonsten würden sie das Strafmaß nicht immer wieder erhöhen, sozusagen die Folter verlängern, ganz besonders dann, wenn das Opfer winselt.

Zugegeben, Mark Zuckerberg ist ein cleveres Bürschchen, er hat mit Facebook eine Droge auf den Markt gebracht, die sehr schnell mehrere Milliarden Süchtige geschaffen hat und nun hängen sie überall auf der Welt in diesem Netzwerk, wie an einer schmutzigen Nadel, die mit der sozialen Kontaktflüssigkeit gefüllt ist. Er hat die natürlichen und verständlichen Schwächen der Menschen, nämlich das Mitteilungsbedürfnis, die Eitelkeit, die Einsamkeit und die Lust an der Selbstdarstellung zu seinen Gunsten ausgenutzt, profitiert davon, wie kein anderer Dealer dieser Welt und hat damit gleichzeitig ein riesiges Heer von Abhängigen geschaffen. Sie sind alle in die Falle gelaufen (einschließlich meiner Wenigkeit) und werden nun von Zuckerberg an der kurzen Leine gehalten. Wer meckert, oder sich daneben benimmt, wird in den gesellschaftlichen Abgrund gejagt, wird also unfreiwillig auf Entzug geschickt.

Zuckerberg ist weitaus gefährlicher als alle kolumbianischen Drogenbarone, alle afghanischen Opiumbauern und alle tschechischen Chemiker zusammen. Denn die Droge Facebook macht noch abhängiger als Meth, Heroin und Kokain zusammen und ist gefährlicher für Geist und Seele, weil sie aus den Menschen Netzwerk-Junkies macht, die mit ihrer natürlichen Umwelt nichts mehr anzufangen wissen und in dieser virtuellen Welt zu Gefangenen werden.

Letztendlich arbeitet er aber so, wie alle anderen Drogen-Bosse: Am Anfang lieferte er den reinsten und edelsten Stoff, der eben süchtig macht und nachdem er genügend Junkies um sich versammeln konnte, fängt er an, den Stoff mit minderwertigen Zusatzstoffen, die aus linken Giftschränken stammen, zu strecken. Aus Habgier oder aus Spaß an der Macht, das spielt dabei keine Rolle. Zurück bleiben psychische Wracks, die Mark Zuckerberg sich gefügig gemacht hat, die er nach stalinistisch-merkelscher Art und Weise lenken und erziehen kann. Er hat damit und mit Hilfe der Linksfaschisten aus der einst bewusstseinserweiternden Droge Facebook eine bewusstseinsverengende Droge gemacht.

Und sie alle werden mehr und mehr zu Versuchskaninchen für linke Menschenfeinde und Denunzianten, die Facebook-User werden ihrer Meinungsfreiheit beraubt, posten Katzen- und Landschaftsbilder statt Merkel ihre Meinung zu geigen, nur um Teil dieser Community bleiben zu dürfen, nur, damit der lebensbedrohliche Stoff von Zuckerberg weiterhin durch ihre Venen fließen kann.

Die Angst, wie ungezogene Kinder behandelt zu werden, die man mit Eselsohren an den Katzentisch befördert, sitzt so tief, dass sich keiner traut, durch einen Boykott den Dealer selber unter Druck setzen, auf dass er ihnen wieder den reinen Stoff besorgt. Das liegt auch daran, dass Zuckerberg auf diesem Drogen-Markt eine Monopolstellung innehat, dass es keine ernst zu nehmende Konkurrenz oder Alternative gibt.

Ein Entzug von Facebook ist für die meisten Drogensüchtigen nicht möglich, die Nebenwirkungen wären zu stark – und genau das weiß Zuckerberg – und auch deshalb ist er der gefährlichste Drogendealer der Welt.

Wie bösartig seine Machenschaften mittlerweile sind, erkennt man daran, dass er konservativen Medien wie *jouwatch* und *PP* nicht mal mehr erlaubt, Werbung zu schalten. Angeblich hätten „unabhängige Faktenprüfer den Content der kürzlichen Posts auf deiner Seite angezweifelt".

Was sind das für „unabhängige Faktenprüfer"?

www.journalistenwatch.com

Fake-News-Schleuder Recherchekollektiv „correctiv“: Verleumden, spitzeln, denunzieren

Von Niki Vogt

Die Welt der Deutungshoheit der herrschenden Schicht gerät mal wieder aus den Fugen. Wie schon so oft in der Geschichte, zeigt das Volk, der „große Lümmel“, in weiten Teilen immer weniger Bereitschaft, das, was die da oben als einzig zulässige Wahrheit verbreiten, auch zu glauben und anzunehmen.

Wie schon seit dem Frühmittelalter, als die Wenigen, die schreiben und lesen konnten, die Bibeln, päpstlichen Erlasse und Niederschriften der Herrschenden aufzeichneten und kopierten – während das niedrige Volk zu glauben und zu wissen hatte, was man ihm anschaffte. So war es auch den Herrschenden zur Zeit der Erfindung des Buchdruckes nicht recht, dass das Volk anfing, die katholische Kirche in Frage zu stellen und den Lehren des Thomas Münzer und Martin Luther zuzuhören. Als dann noch die Bauern aufmüpfig wurden, war es Zeit, dem Volk klar zu machen, wer hier das Sagen hat.

Der Buchdruck wurde billiger und kluge Köpfe machten sich Gedanken über Staat und Wahrheit und Moral, und ihre Nation und es gab Verleger, die ihre Gedanken unter das nun des Lesens mächtige Volk brachten. Johann Gottlieb Fichte mit seinen Brandreden, Theodor Körner und Verleger, wie Johann Philipp Palm begehrten gegen Unterdrückung, Unrecht, Zensur und Lüge auf. Palm wurde denunziert und bezahlte es mit seinem Leben.

Man könnte Menschen wie Palm als Vorläufer der heutigen, alternativen Medien sehen. Damals wie heute legte sich das Netz aus Spitzeln, Zensoren und Denunzianten wie giftiger Mehltau über das öffentliche und private Leben. Etwa 130 Jahre später nannte man so etwas Blockwart, und wieder ermunterte man die Denunzianten, Zensoren und Spitzel. Eine gute, alte Tradition zur Sicherung der Herrschaft, die ihre würdige Fortsetzung bei der Stasi fand.

Die Methoden der „Unschädlichmachung“ der Kritiker sind verfeinert worden. Man wird nicht mehr physisch verbrannt, nur gesellschaftlich. Heute tragen die entsprechenden „Blockwartsvereinigungen“ edle Stiftungsnamen oder erheben mit ihrer Firmenbezeichnung *correctiv!* den Anspruch zu „korrigieren“. Bei den Amerikanern heißen Umerziehungslager, in denen chronisch straffällige Menschen mit äußerst rigiden Methoden umerzogen und gebrochen werden, *Correctional Camp* oder *Boot Camp*.

Genau darum geht es. Es wurde schon viel über *correctiv* geschrieben und dabei wenig Gutes. Selbst der „Deutschlandfunk“, kaum allzu großer Kritikfreude an den Herrschenden verdächtig, meldet in seinem Beitrag „ARD, Correctiv und Co. – Zweifel am Kampf gegen ‚Fake-News‘“, Bedenken gegen die Sinnhaftigkeit der aus dem Boden sprießenden, selbst ernannten Zensoren an.

Das Anprangern angeblicher „Fake-News“ in den Alternativen sei eine Gratwanderung, „Zumal in Zeiten, in denen sich auch der öffentlich-rechtliche Rundfunk täglich dem Vorwurf ausgesetzt sieht, falsch, respektive als „Staatssender“ zu berichten. (…) Ein hartes Durchgreifen gegen unliebsame Internetbeiträge oder staatliche Vorgaben für die Verbreitung erwünschter Inhalte nährten in der Bevölkerung den Eindruck, die Herrschenden wollten keine Kritik mehr zulassen. (…) Und tendenziell gebe man so „den Rechtspopulisten weiter Auftrieb“. Auch sei das Phänomen der „Fake-News“ nicht dafür verantwortlich, dass sich viele Bürger von der etablierten Politik abwendeten.“

Die Seite „Propagandaschau“ liefert eine an Deutlichkeit nichts zu wünschen übrig lassende Beschreibung der „correctiv Recherchen für die Gesellschaft gemeinnützige GmbH“:

„Es ist eine von Systemeliten mit Geld überhäufte pseudo-liberale, zensurgeile und NATO-affine Propagandaklitsche […] Der Gründer und Führer des lukrativen Geschäfts regierungsnaher Meinungsmache und -kontrolle, David Schraven, verfolgt seine transatlantische Agenda […] und wird zu diesem Zweck aus entsprechenden Töpfen finanziell ausgehalten.[1]“

Die Finanziers und die fragwürdigen, personellen Verflechtungen der großen Mainstreammediengruppen und globalistischen Stiftungen mit correctiv werden in einer umfangreichen und sauberen Recherche von Elke Schenk ausgearbeitet, die diese Hintergründe in einem äußerst lesenswerten, vierteiligen Beitrag auf Rubikon veröffentlicht hat. Zitat:

„Als Hauptfinanzier von Correctiv mit insgesamt 3 Millionen Euro über die ersten drei Jahre fungiert die Brost-Stiftung, einer der Gründer der Westdeutschen Allgemeine Zeitung WAZ. Die WAZ hat sich zur internationalen Mediengruppe (heute Funke Mediengruppe) entwickelt und expandierte massiv in Osteuropa. Dabei wirkte der Geschäftsführer der Essener WAZ-Gruppe von 2002 bis 2012, der SPD-Politiker Bodo Hombach, als Hauptakteur, der seine vorangegangene Stellung als EU-Koordinator des Stabilitätspaktes für Südosteuropa nutzen konnte. Seit 2011 ist Hombach im Vorstand der Stiftung von Erich und Anneliese Brost und von 2014 – 2016 war er Vorsitzender des Ethikrates von Correctiv. Neben der Brost-Stiftung wird Correctiv durch weitere Stiftungen, öffentliche Einrichtungen und Unternehmen finanziert: Dazu gehören die Rudolf Augstein Stiftung mit jährlich etwa 35.000 Euro und die Bundeszentrale für politische Bildung mit insgesamt 83.000 Euro für die Correctiv-Workshops „Auskunftsrechte für alle". Die Schöpflin-Stiftung bezahlt jährlich ca. 100.000 Euro für „Recherchen im Bereich Wirtschaft". Ein Vertreter der Stiftung sitzt auch im Ethikrat von Correctiv. Als Förderer neu hinzu gekommen ist die Adessium Foundation des niederländischen Süßigkeitenherstellers Van Vliet, die u. a. investigativen Journalismus weltweit fördern will, um nach eigenen Aussagen faktenbasierte, unabhängige Informationen für eine demokratische Gesellschaft zur Verfügung zu stellen. Von ihr erhielt Correctiv in 2016 110.000 Euro. Weitere bekannte Namen auf der Fördererliste sind die Deutsche Bank (mit ca. 55.000 Euro in 2016), Open Society Stiftung des Multimilliardärs George Soros (ca. 27.000 Euro in 2016), aber auch die GLS Treuhand, Parteistiftungen, RTL, Google Germany.

Im Jahr 2017 hat sich auch der umstrittene Milliardär George Soros nicht lumpen lassen, und 100.000 Euro[2] für die noble Sache *correctiv* ausgegeben.

Dem selbstpostulierten Anspruch, zu den Allerhärtesten zu gehören – bei einer üppigen Apanage von weit über 3 Millionen Euro – wird der zuverlässig unter der Gürtellinie operierende Laden nicht gerecht. Für soviel Geld könnte man eigentlich wenigstens saubere Arbeit und gute, hieb- und stichfeste Ergebnisse erwarten. Könnte.

Stattdessen hat sich *correctiv* bereits mehrmals dermaßen in die Nesseln gesetzt und nicht nur schlampig recherchiert, sondern ganz offen feindselig und wahrheitswidrig denunziert – oder mit Dreck auf Unliebsame geworfen, während man aber an erwiesenen Lügen, Unwahrheiten und Fake-News der Systemmedien keinerlei Interesse zeigte. Selbst bei dezidiert linken Medien ist die Reputation von *correctiv* bereits hinüber: Ein Bericht der tapferen Anschwärzer über Krankenhauskeime[3] wuchs sich laut taz zur „Blamage im Großformat" aus.

Der Umgang mit politisch Unliebsamen – und hier hat David Schraven hauptsächlich die AfD auf dem Kieker – ist so grauenhaft unterirdisch, dass auch ein Mainstreammedium wie „Meedia"[4] sich angeekelt zeigt. Im Mai 2017, währen der Vorwahlkampfzeit, stürzte sich Schravens Verleumdungstruppe auf eine AfD-Politikerin, die sie als einstige Hobby-Prostitutierte im Internet ausmachen konnte. Das Ganze wurde als „Sexskandal" aufgebauscht. In der Tat setzte ein Shitstorm ein, aber nicht auf die Bloßgestellte, sondern auf *correctiv*.

In Zeiten des Genderismus und des „Alles geht, wenn es nur nicht die traditionelle, weiße Familie ist"-Mantras, muss man allerdings schon über ein bemerkenswertes Maß an Instinktlosigkeit verfügen, um sich a) öffentlich mit der Gilde der SexarbeiterInnen anzulegen und b) rein private, höchst intime Details des Sexlebens eines Menschen öffentlich hinauszuplärren. *correctiv* beweist, das Unmögliche ist möglich: Man kann auch noch unter BILD-Niveau sinken.

Das reichte Herrn Schraven aber immer noch nicht. Als die Empörung über *correctiv* hohe Wellen schlug, machte er zwar die Rolle rückwärts und beteuerte, natürlich nichts gegen Prostituierte zu haben, und nein, das sei natürlich nicht verwerflich. Dann begeht er stante pede die nächste Dämlichkeit, indem er dem Opfer seiner Verleumdungskampagne auch noch vorwirft, sie sei selbst Schuld an ihrer Bloßstellung, weil sie ihre damalige Sexarbeit verschwiegen habe. Meedia fragt folgerichtig nach:

„Ja, wenn sie das mal erzählt hätte! Ob Correctiv nun von jedem potenziellen Landtags- oder Bundestagskandidaten eine Schlafzimmerbeichte einfordern will? Ansonsten muss man als Politiker oder Politikern nach dieser Logik wohl damit rechnen, dass Leute wie die Correctiv-Schnüffler das Intimleben an die Öffentlichkeit zerren, sollte der öffentliche Unterhosen-Appell verweigert werden."

Die großartigen Recherchekünste der *correctiv*-Truppe haben zumindest auch schon für brüllendes Gelächter gesorgt. *correctiv* verschickte am Morgen nach der Wahl Donald Trumps zum US-amerikanischen Präsidenten einen E-Mail Newsletter, in dem sie den Wahlsieg von Hillary Clinton[5] feierten:

„Guten Morgen,

Nun ist es vorbei und fast amtlich. Donald Trump hat die US-Präsidentschaftswahlen verloren. Hillary Clinton hat gewonnen. Noch während die Wahl lief, hatte Trump den ersten Prozess gegen das Wahlergebnis verloren. Er hatte in Nevada das Wahlamt verklagt weil sich dort Leute zu spät in die Schlange gestellt haben sollen. Die Richter entschieden dann aber ruckZuck, dass die Trump Klage Mumpitz war. Trump bezweifelte dann noch, dass die elektronischen Wahlmaschinen richtig funktionierten. Er meinte, Stimmen für die Republikaner seien den Demokraten zugerechnet worden. Trump: ein anderes Wort für mieser Verlierer. Erinnert an den Kampf „Rumple in the Jungle" von Muhammed Ali gegen George Foreman im Jahr 1974. Nachdem Foreman verloren hatte, musste er wegen Depressionen behandelt werden. Das steht jetzt Trump bevor.

www.dieUnbestechlichen.com

Der „Tatort“ als Gehirnwäsche

Von Vera Lengsfeld

Als ich das erste Mal die Sowjetunion besuchte, das war 1968, war ich entsetzt über die Fülle der Propaganda-Plakate und Transparente, die jedes Haus, jede Mauer in Moskau zu bedecken schienen. Zusätzlich wurde die Stadt ständig mit Nachrichten und Parolen beschallt, die nur von Musikstücken unterbrochen wurden. Meistens waren es Lieder zum Lobe der Revolution, manchmal aber auch Klassik, vorzugsweise Beethoven, der angeblich Lenins Lieblingskomponist gewesen sein soll. Die Plakate und Transparente waren so schäbig wie das Stadtbild insgesamt. Eine Werbung für den Sozialismus waren sie bestimmt nicht.

Auch in der DDR gab es Gehirnwäsche, aber die war längst nicht so dauerpräsent. Die Parolen, die anlässlich des 1. Mai oder des Republikgeburtstags aufgehängt wurden, verschwanden bald wieder nach dem Ereignis.

Im bunten Deutschland sind wir mittlerweile fast bei sowjetischen Verhältnissen angelangt. Nur sind die Propagandaposter heute schicker und viel bunter als im grauen Sozialismus. Ununterbrochen werden wir von den Herrschenden per Poster ermahnt. Wir sollen AIDS-Kranken freundlich begegnen, unseren farbigen Nachbarn lieben, uns über knutschende Schwule freuen und die traditionelle Familie als Auslaufmodell empfinden. Es wird uns per Poster nahegelegt, die Energiewende für alternativlos zu halten und Tierrechte höher als Menschenrechte zu stellen.

Während man in der DDR Theater besuchte, um entspannt regimekritischen Botschaften zu lauschen, wird man heute in jedem noch so politikfernen Stück über die richtige bunte Weltsicht belehrt. Was das Fernsehen betrifft, konnte man sich in der DDR auf den Montagabend freuen. Da wurden alte, unideologische Filme gezeigt.

Heute gibt es den Tatort. Die Macher dieses Formats sehen es schon lange als ihre Aufgabe, nicht nur einfach Krimis zu zeigen, sondern politisch-korrekte Botschaften zu vermitteln. Das wurde schließlich so penetrant, dass ich nie wieder Tatort sehen wollte.

Gestern Abend habe ich es mir doch noch einmal angetan. Nach den vielen Vorab-Rezensionen, mit denen die Zuschauer angelockt und schon mal eingestimmt werden sollten, worum es sich handelt, wollte ich sehen, wie weit die Filmemacher bereit waren, sich zum Propagandisten zu erniedrigen.

Aber der gestrige Tatort war nicht einfach nur Propaganda, er knüpfte an die schlimmsten Hassproduktionen diese Genres an.

Zuschauern, die vielleicht nicht gleich kapiert hätten, dass es sich bei den „Neuen Patrioten" im Film keineswegs um eine fiktive Partei handelt, sondern um die AfD, wurden schon in den Vorab-Rezensionen darauf hingewiesen.

Gleich am Anfang wurde kein Zweifel daran gelassen, was mit diesem Film beabsichtigt ist: Es wurde die Produktion eines Freizeit-Antifanten gezeigt, die von den „Neuen Patrioten" zu den schlimmsten Naziverbrechen eine direkte Linie zog. Diesmal wolle man aber rechtzeitig widerstehen, damit sich die Nazigräuel nicht wiederholen könnten. Botschaft: Wer die AfD wählt, votiert für die Gaskammer. Damit sagen die Filmemacher nichts anderes als einige Politiker, die ebenfalls zwischen AfD und Nazis Vergleiche gezogen haben. Die Kulturschaffenden in unserer bunten Republik stehen ebenso schamlos wie unverbrüchlich an der Seite der Herrschenden. Klar, von denen kommt ja auch das Geld.

Den Filmplot zu erzählen ist müßig. Die Handlung diente nur dazu, immer wieder den Zuschauern einzuhämmern, dass die eigentliche Gefahr für die Gesellschaft von der AfD kommt. Das besonders Perfide war, dass die AfD-Politiker klar zu identifizieren waren: Ein Verschnitt aus Alice Weidel und Frauke Petry, sowie Marcus Pretzell und Jörg Meuthen. Letzterer wurde sogar mit einem Schauspieler von hoher Ähnlichkeit besetzt.

Es gab auch Szenen, wo die Antifa eine Veranstaltung der Partei blockierte. Dafür wurde aber schnell klar gemacht, dass die mörderischste Antifantin, die ein unschuldiges Antifanten-Jüngelchen sexuell gefügig und zum Beinahe-Mörder machte, gar keine war, sondern in Wirklichkeit ein Mitglied der AfD. Sie war es auch, die den tödlichen Anschlag auf ein AfD-Mitglied verübte. Ihr Kompagnon war, auch das wurde nicht ausgelassen, ein Russe. Der Mastermind hinter den Morden war natürlich der der Kampagnen-Manager der Partei, der Parteifreunde, die dem intendierten Rechtsruck im

Wege standen, wegbomben und die Schuld dafür der Antifa in die Schuhe schieben wollte.

Als ob das alles nicht Verleumdung genug wäre, wurde dem Staatsschutz nebenbei bescheinigt, auf dem rechten Auge blind zu sein. Nur Kommissar Falke sah von Anfang an durch. Ihm sagte sein untrügliches Bauchgefühl, dass dies alles nur ein Komplott eines „Westentaschen-Goebbels" sein könnte und er bekam recht. Nebenbei gelang es ihm noch, die AfD-Aktivistin zu erschießen. Nur der Russe konnte rechtzeitig die Fähre nach St. Petersburg zu besteigen. Vielleicht ist ja eine Fortsetzung dieses ideologisch wertvollen, fernsehpreisverdächtigen Propagandaschinkens geplant – mit Putin als Ferndirigent der AfD. Damit wäre der Russenhass auch wieder auferstanden. Ausschließen kann man in dieser grellbunten, skrupellosen und komplett durchgeknallten Republik leider nichts mehr.

Ein Freund schrieb mir, dass selbst seine Frau, alles andere als eine AfD-Anhängerin, diesen Film verleumderisch fand. Wenn es sich nicht um „Kunst" handelte, wäre ein Großteil dieses Films wegen Verleumdung und übler Nachrede justiziabel.

Wenn es in der bunten Republik noch so etwas wie Verantwortlichkeiten gebe, müssten die Verantwortlichen für diesen Skandal gefeuert werden. Leider ist das ein Wunschtraum.

Die Zwangsgebührenzahler werden weiter genötigt werden, solchen Schmutz auch noch bezahlen zu müssen.

www.vera-lengsfeld.de

GEZ Urteil: Jetzt spricht Heiko Schrang

Von Heiko Schrang

Das Thema ist brisant. Es geht um das Urteil des Bundesverfassungsgerichtes zur GEZ. In der vergangenen Woche ist es gefällt worden und einige meinen vielleicht, sie seien schon super informiert worden. Fakt ist aber: Uns erreichten mehr Mails als jemals zuvor und alle bitten „Heiko, uns interessiert dein Statement, wie siehst du diesen Fall?"

Ich habe festgestellt, dass bei der Bevölkerung eine extreme Enttäuschung herrscht, bei unseren Sympathisanten, die uns, also mir speziell, seit 2016 folgen. Die Leute sind massiv deprimiert und sie sind sehr enttäuscht, denn sie haben gehofft, dass das Bundesverfassungsgericht sagt: „Nein, der Rundfunkbeitrag ist nicht verfassungskonform."

Aber die Leute, die geglaubt haben, dass das Verfassungsgericht für das Volk, also für uns Entscheidungen trifft und nicht für den Staat, die glauben auch wahrscheinlich noch an den Weihnachtsmann.

Dabei sind laut Umfragen 90% der Befragten gegen den Rundfunkbeitrag und trotzdem hält man an ihm auf Biegen und Brechen fest. Es muss unbedingt so bleiben, dass die Bürger weiterhin zur Ader gelassen werden. Die Leute, die meine Historie kennen, wissen, dass ich 2016 nicht nur genötigt worden bin von den Wegelagerern der GEZ, sondern schlimmer noch, im Mai des Jahres 2016 ging es um lächerliche 221 €. Man wollte, dass ich dafür ins Gefängnis komme. Und seitdem läuft ein interessantes Katz-und-Maus-Spiel mit den Jungs von der GEZ, denn ich habe vor einem Jahr im Januar Klage eingereicht und warte bis heute sehnsüchtig auf den Termin. Denn es geht letztendlich um Gewissensgründe.

Ich habe in meinem Buch „Die GEZ-Lüge" diesen Fall ausführlich beschrieben. Wir haben auf unserer Homepage den gesamten Weg veröffentlicht: Wie gehe ich vor, wenn ich tatsächlich mit meinem Gewissen, mit meinem Herzen nicht vereinbaren kann, diesen (aus meiner Sicht nicht rechtmäßigen) Beitrag zu zahlen.

Bevor wir voll in medias res gehe mit diesem Thema: Ich habe mich aus Zeitgründen ein bisschen rausgezogen aus dieser GEZ-Geschichte, aber jedes Mal, wenn wir ein Video gedreht oder Artikel geschrieben haben, hat das massiv für Furore gesorgt. Meine beiden letzten Videos, meine beiden letzten Artikel zu GEZ wurden bei Facebook innerhalb von 10 Minuten gesperrt. Das ist bewiesen, es gibt einen Screenshot. Also ich bitte Euch, diese Informationen mit so vielen Leuten wie möglich zu teilen.

Viele Leute sind der Meinung, der Rundfunkbeitrag sei unrechtmäßig. Die, die mein Buch gelesen haben, wissen, was dort abläuft, dass dort letztendlich ein Selbstbereicherungsladen sondergleichen fungiert, wo abgehalfterte Politiker in den Rundfunkräten sitzen, die sich die Taschen vollmachen. Und das ist natürlich ein Konglomerat, ein Mix aus Politikern und auf der anderen Seite Medienmachern, die im Interesse der Politik des Staates arbeiten. Das wurde explizit alles von mir beschrieben. Wir haben die Listen mit all den Namen im Buch veröffentlicht. Trotzdem wurde immer weiter gemacht.

Es war ja nicht uninteressant. Sixt, der größte bekannte Kläger und andere Einzelkläger sind bis vor das Bundesverfassungsgericht gegangen. Da ging ein Entsetzen durch die Freien Medien, es gab einen Aha-Effekt: Oh, die beiden Brüder, die Kirchhof Brüder, da liegt ja Parteilichkeit vor! Als ob da gerade eine neue Sache ausgegraben worden sei.

Warum?

Weil 2010 Paul Kirchhof, der damals schon eng mit Angela Merkel fungiert hat, von den „Öffentlich-Rechtlichen" beauftragt worden war, ein Gutachten darüber zu erstellen, wie bei der Finanzierung zu verfahren sei, und er hat in dem Gutachten die Reform des Rundfunkgebührenmodells vorgestellt, wie sie dann auch später gekommen ist. Sein Bruder Ferdinand Kirchhof, der am Bundesverfassungsgericht einer der Verfassungsrichter ist, hat letztendlich mit entschieden, dass die Sache rechtskonform sei. Erwähnenswert in dem Zusammenhang, Olaf Kretschmann, die Koryphäe schlechthin im GEZ Bereich, war vor einem Dreivierteljahr bei SchrangTV-talk und hat das explizit genauso erzählt. Das hat nur damals keinen interessiert.

Deswegen war ich erstaunt, dass die Leute jetzt sagen, sie haben da irgendwas ausgebuddelt, was ganz neu ist. Dabei ist viel spannender – und das wurde in den Medien nicht kommuniziert – dass ein Kläger einen Befangenheitsantrag gestellt hatte. Verständlich, wenn er sieht – unter den sechzehn Richtern des Bundesverfassungsgerichts befindet sich ein Ferdinand Kirchhof. Da lag aus seiner Sicht eine Befangenheit vor, doch dieser Befangenheitsantrag wurde abgelehnt.

Das heißt, indirekt hat Ferdinand Kirchhof, weil er zum Zeitpunkt der Entscheidung Vorsitzender des 1. Senates des Bundesverfassungsgerichts war, also den Befangenheitsantrag gegen sich selbst abgelehnt.[1] Das ist unvorstellbar und an Hohn nicht mehr zu überbieten. Hier läuft ein Spielchen ab und eines wurde damit erreicht: dass die Leute eingeschüchtert sind. Und jetzt stehen sie da, wie erstarrt, die meisten: Was soll ich jetzt machen, wie geht's jetzt weiter?

Wenn wir uns aber anschauen, wie man überhaupt Richter am Bundesverfassungsgericht wird, ist damit eigentlich alles gesagt.

Warum?

Weil die Hälfte der sechzehn Richter, die dort ihrer Tätigkeit nachkommen, vom Bundestag gewählt wird und die andere Hälfte vom Bundesrat. *Also werden sie quasi von den die Leute gewählt, die die Sachverhalte „verbrechen", über die die Richter dann neutral entscheiden sollen.* Mehr Vettern- und Klüngelwirtschaft geht nicht. Was soll dabei rauskommen? Und wer glaubt, dass der Gang durch die Instanzen etwas bringt, sollte sich ansehen, was sie in der Vergangenheit gemacht haben.

Beispielsweise der ESM: Dieser Stabilitätspakt, der abgeschlossen worden ist. Viele Verfassungsrechtler, wie Schachtschneider und Konsorten, Professoren, damals Hankel und wie sie alle hießen, haben nachgewiesen, dass er nicht verfassungskonform ist.[2] Trotzdem hat das Bundesverfassungsgericht gesagt, na ja, aus den und den Gründen ist er irgendwie doch okay. 1998 war der Kosovo Krieg ein eindeutiger Angriffskrieg.[3] Jugoslawien, also in diesem Fall Serbien, war kein NATO-Partner und wurde trotzdem durch die NATO angegriffen. Da gab es damals eine Klage von unzähligen Hamburger Anwälten. Auch die wurde vom Bundesverfassungsgericht abgelehnt.

Davon müssen wir uns lösen. Eigentlich haben wir zwei Möglichkeiten: Entweder wir folgen dem Massengehorsam und legitimieren damit den Zwang oder wir folgen unserem Herzen, unserer Intuition.

Es ist kein Witz, wenn ich sage, ich habe einen Gewissenskonflikt.

Es ist ein Gewissenskonflikt, denn ich kann mit meinem Gewissen nicht vereinbaren, dass im Fernseher Gewalt ohne Ende verherrlicht wird und deshalb sehe ich mir das nicht an.

Ein aktueller Fall: Die mächtigsten Männer der Welt, Trump und Putin, treffen sich und die Medien ziehen drüber auf schlimmste Art und Weise her. Wie sie sich überhaupt treffen können, was sie miteinander reden, unvorstellbar!

Als sich Leonid Breschnew und der amerikanische Präsident Jimmy Carter trafen, da wurde das noch gefeiert. Also Salt1, Salt2, Helsinki-Abkommen, jetzt Abrüstung, wir müssen doch miteinander reden!

Inzwischen ist es schlecht, miteinander zu reden. Diese Medien machen Kriegspropaganda. Sie zeigen ihr wahres Gesicht. Sie nehmen ihre Engelsmaske ab und dann schaut der Teufel durch! Sie wollen den Krieg! Diese Medien, die zusammenarbeiten mit dem politischen Establishment, die wollen Krieg. Davon leben sie letztendlich. Das muss man sich mal vorstellen! Und dafür soll man noch Geld zahlen! Dass man überhaupt gezwungen wird!

Ich habe noch nicht erlebt, dass jemand, der keine Kinder hat, Kindergeld vom deutschen Staat beanspruchen kann. Nur Eltern, die Kinder haben kriegen Kindergeld.

Trotz alledem haben wir immer wieder gesagt (ich habe mehrere Vorträge mit Olaf Kretschmann gemacht), der Weg der Zivilcourage ist ein steiniger Weg und die Leute, die halbherzig sagen, ich probier's mal, nach der Devise „Wasch mich, aber mach mich nicht nass, ich schicke mal ein Brieflein", und wenn dann zurückkommt: „Nein, aus den Gründen geht's nicht", aufgeben ... die sollen es bitte sein lassen.

Dann ist die Zeit anscheinend noch nicht reif dafür.

Mohammed Ali hat gesagt, ich bin nicht bereit, irgendwelche Vietkong tausende Kilometer von den USA entfernt, die ich nicht mal kenne, zu töten.[4] Ja, und man hat ihm gedroht, er wurde zu einer Gefängnisstrafe verurteilt, man hat ihm seinen Weltmeisterschaftstitel aberkannt, was das schlimmste überhaupt für so einen Profi-Weltmeister im Schwergewicht ist. Und er ist diesen Weg trotzdem gegangen.

Und wenn ich diesen Weg gehe, dann geht man den theoretisch auch wie ein Che Guevara. Bei Che Guevara war es so, (jetzt lassen wir mal die Kritik derjenigen außen vor, die sagen, das war ja ein Linker oder war ja auch ein Mörder, wie auch immer,) – es geht um die Art und Weise der Zivilcourage, als sein Mörder rein kam, hinterrücks in den Raum, da hat er zu ihm gesagt: „Wenn du mich tötest, dann schauen mir aber auch in die Augen." Und das Bild kann jeder finden, wo er aufgebahrt liegt und seine Augen völlig entspannt offen hat, weil er ihn einfach mal angeschaut hat. Und mit dieser Zivilcourage, wenn wir diesem System so entgegentreten, dann kann es abtreten.

Wenn wir aber immer bei der kleinsten Sache einknicken: „Oh ja, könnte ja sein, dass ... Was soll mein Chef denken?", dann funktioniert das nicht, dann kann man es wirklich sein lassen.

Entweder hat man einen Gewissenskonflikt und der kommt aus dem tiefsten Herzen – und da frage ich ganz ehrlich, wer soll denn über meinen Gewissenskonflikt urteilen? Wie will man über meine Herzenergie urteilen? Das ist ja wohl nicht machbar.

Überlegt euch selber, wo ihr hinwollt. Mir ist es wichtig, euch diese Botschaft rüber zu geben. Und für die, die sagen: „Aber Herr Schrang, ich folge ihrem Weg, wir sind so weit gegangen, aber wenn ich vor Gericht verliere ... "

Ja, und? Wir tragen unsere Botschaft rüber. Wir schauen dem Richter wie ein Che Guevara und wie ein Mohammed Ali tief in die Augen. Aber nicht aus Hass, nicht aus Wut, sondern aus Liebe! Jesus sagte: „Denn sie wissen nicht, was sie tun."

Das kann man theoretisch auch dem Richter sagen. Es ist nicht schlimm. Er ist korrumpiert in diesem System. Wir können ihn ganz entspannt angrinsen wie ein buddhistischer Mönch und zu ihm sagen: „Kein Problem, ich zahle die Summe (am besten noch Ratenzahlung), aber ich kann jetzt schon sagen, sofort beginne ich wieder von vorne mit Einsprüchen gegen die Feststellungsbescheide und so weiter und so fort. Und das zieht sich dann wieder drei Jahre hin, bis wir uns hier wieder sehen."

Und wenn alle konsequent diesen Weg gehen, dann ist das mehr als ein Sandkörnchen im Getriebe. Es ist ein riesiger Sandhaufen und das Getriebe wird nicht mehr funktionieren. Alleine die Bürokratie ist nicht machbar.

Trag diese Botschaft weiter! Der Aufkleber „GEZ ich zahle nicht" war, nachdem das Urteil draußen war, innerhalb von Minuten ausverkauft. Damit kann man ein schönes Zeichen setzen. Das Buch „Die GEZ Lüge" wurde gerade als Hörbuch produziert, für Leute, die im Auto reinhören möchten. Denkt bitte immer daran: Nur wer gegen den Strom schwimmt gelangt zur Quelle. Nur tote Fische schwimmen mit dem Strom.

www.HeikoSchrang.de

Dieser Text erschien am 23.07.2018 zuerst als Video bei YouTube
https://www.youtube.com/watch?v=bl9wEJc34_I

Echokammer: Die globalistische Verschwörungstheorie von der Filterblase

Von Wolfgang van de Rydt

Die Filterblase (engl: filter bubble) soll das Phänomen beschreiben, dass Webseiten und sogenannte „soziale Netzwerke" wie Twitter und vor allem Facebook ihren Nutzern per Algorithmus nur Nachrichten liefern, die auf ihren Vorlieben basieren und sich ihr Weltbild dadurch immer mehr verfestigt. Erstmalig hat sich der Autor Eli Pariser in seinem gleichnamigen Buch von 2011 damit beschäftigt. Er bezieht sich jedoch ausschließlich auf die Nutzung des Internets und längst hat die Entwicklung seine Thesen überholt, doch die Kampfbegriffe „Filterblase" und „Echokammer" werden gerne als „medienwissenschaftlich fundierte" Totschlagargumente gegen Kritiker der großen Leitmedien angewandt.

Sogenannte „Faktenfinder" haben als Sonderbeauftragte bei den GEZ-Sendern gerade viel zu tun. Es sind nämlich besonders die „sozialen Netzwerke", in denen trotz immer stärkerer Zensur recht schnell die Bilder kursieren, die in der Tagesschau den Zuschauern vorenthalten werden. Ein jetzt schon historisches Beispiel liefert die Silvesternacht zu Köln 2015/16. Die zahlreichen sexuellen Übergriffe durch Migranten ließen sich nicht mehr unter Tisch kehren, ohne die Berichterstattung in den freien Medien, wäre die breite Öffentlichkeit unaufgeklärt geblieben. Wer ausschließlich „rechte Webseiten" liest, die Massenmedien meidet und sich selbständig über das Internet seine Informationen beschafft, muss sich dennoch gefallen lassen, „rechtspopulistischer Propaganda und Verschwörungstheorien" auf den Leim zu gehen. Er solle endlich herauskommen aus seiner Echokammer und die Welt nicht nur durch seine „braun gefärbte Brille betrachten", heißt es dann nicht selten. Nach jedem Terroranschlag, der bestimmte Muster aufweist, werden die „Faktenfinder" nicht müde, ihr ewig gleiches „Was wir wissen und was nicht" zu schreiben, um dann am Ende zu betonen, dass ein islamistischer Hintergrund dennoch nichts mit einer ganz bestimmten Religion zu tun habe.

Hier zwei beispielhafte Schlagzeilen:

– „Raus aus der Echokammer": Mehr Vielfalt durch staatlich unterstützte soziale Medien? – heise.de[1]

– „In der rechten Echokammer" – Süddeutsche Zeitung[2]

Auch in zahlreichen „Blogs", die zu den „alternativen Medien" gerechnet werden, aber doch eher ein linkslastiges Publikum bedienen, wird von der (rechten) Filterblase geschrieben.

– „Der politisch-mediale Komplex und seine Filterblase" – Nachdenkseiten[3]

– „Gibt es eine Filter-Blase?" – netzpolitik.org[4]

Und dann liefert sogar ein Staatssender die Überraschung. „Die Filterblasen-Theorie ist erstmal geplatzt", schreibt der DLF.[5] Google liefert keine anderen Suchergebnisse als die Nachbarn oder Freunde und Verwandte, so besagt es ein Projekt der Informatikprofessorin Katharina Zweig, das in dem Artikel beschrieben wird.

Doch die Verschwörungstheorie über die Filterblase lebt weiter. Sie ist wichtig für die Propaganda. Wir sollen keine kritischen Medien nutzen und uns selbst informieren, schon gar nicht sollen wir uns mit Gleichgesinnten zusammenfinden. Wir sollen nicht erfolgreich sein. Das steckt dahinter.

Nichts als Propaganda

Ein wahrlich teuflisches Antlitz bekommt die Propagandalüge, wenn man sich den Begriff Filterblase aus einem anderen Blickwinkel anschaut. Wir alle brauchen Filter. Schon unsere angeblich nur fünf Sinne filtern Informationen, die an unser Gehirn weitergereicht werden, wo sie nochmals gefiltert und verarbeitet werden. Bei nervösen Kindern spricht man von Reizüberflutung durch zu viel Medienkonsum, Experten raten zu weniger Fernsehen und Videospielen, da die Informationen vor allem im Schlaf verarbeitet werden, welcher für Kinder im Wachstum ganz besonders wichtig ist.

Nicht nur auf organischer Ebene ist Filterung lebenswichtig, wir müssen ständig aussortieren und filtern, mit wem wir uns umgeben, womit wir uns beschäftigen und womit nicht. Das Jugendschutzgesetz regelt, welche

Medieninhalte nicht für Kinder geeignet sind. Würde man einem 8-jährigen etwa vorhalten, er lebe in einer Filterblase, weil er noch nie einen Horrorfilm gesehen hat? Hier zeigt sich die ganze Absurdität der „Raus-aus-der-Filterblase"-Argumentation.

Gesund und erfolgreich durch die Filterblase

Es gibt Meditationstechniken, die mit der Visualisierung einer Blase arbeiten, die alle Eindrücke herausfiltern, die schädlich für den Anwender sind. Stresspatienten lernen so, sich wieder auf sich selbst zu konzentrieren und auf Medikamente zu verzichten. Solche Kurse kann man an der VHS buchen und oft bezahlt sie sogar die Krankenkasse. In jeder Reha-Klinik gehört die Vermittlung dieser Techniken zum Standardrepertoire der Therapeuten.

Auch im Coaching bildet die Filterblase eine wichtige Säule. Bei jedem Einsteigerseminar für Selbständige wird einem bereits ans Herz gelegt, wie wichtig unternehmerisches Denken ist.

Wer lernen will, wie man erfolgreich wird, sollte sich nicht mit denen darüber unterhalten, die lieber eine sichere Anstellung bevorzugen. Ohne Filtern gibt es in entscheidenden Lebensphasen kein Weiterkommen. Übertragen auf die derzeitige politische Lage, zielt die Echokammer-Propaganda darauf ab, zu verhindern, dass Menschen sich zusammenfinden, um den Kurs mitzubestimmen.

Wer einem das Recht auf die Hoheit über die eigene Filterblase abspricht, will vernichten. Wir sollen freiwillig das aufgeben, was uns ausmacht und diesen leeren Raum mit Parolen und Überzeugungen auffüllen, die nichts mit unserer Wirklichkeit zu tun haben, damit wir weiterhin fremdbestimmt nach Gutdünken derer leben, die grenzenlos herrschen wollen. Machen wir ihnen einen Strich durch die Rechnung. Wir sind viele und gemeinsam sind wir stark!

www.freie-presse.net

Aufstehen!

Mein guter Freund und der Verleger dieses Buches, Heiko Schrang, beendet beinahe jedes seiner Videos mit den wichtigen Worten „Denkt immer daran, nur wer gegen den Strom schwimmt, der gelangt zu Quelle, nur tote Fische schwimmen mit dem Strom". Ein wichtiger Satz, ein motivierender Satz. Er soll zum Aufstehen motivieren, zum Denken und zum Handeln. Alles Dinge, die wir dringend tun sollten – bald, ganz bald sogar! Es braucht solche Aufrufe, immer und immer wieder, bis sie auch der letzte gehört hat. Bevor wir in diesem Buch zum ebenfalls sehr spannenden Wirtschafsteil übergehen, möchte ich einige Seiten nutzen, um genau solcher Aufrufe zu präsentieren. Beginnend mit einem kämpferischen Text von Marcus Franz, folgend von einem sehr nachdenklichen aber ebenfalls kämpferischen Text von Naomi Seibt – die diesen Text übrigens im Alter von gerade mal 16 Jahren schrieb – und abgeschlossen durch drei offene Briefe von Petra Paulsen.

Petra Paulsen, die couragierte Lehrerin und Mutter von drei Kindern schrieb im August 2016 aufgrund ihrer persönlichen Erfahrungen und Sorgen als Mutter und Lehrerin hinsichtlich der unkontrollierten Einwanderung nach Deutschland eine Rundmail, die sie an diverse Persönlichkeiten aus Politik, Wirtschaft und Medien verschickte. Ein weiterer offener und emotionaler Brief an Angela Merkel folgte im Mai 2017. Auf diesen wurde das ZDF aufmerksam, das sie in Sendung „Wie geht´s, Deutschland?" mit Marietta Slomka als Moderatorin im Bundestagswahlkampf 2017 einlud.

Ein Schüler, der sich Petra Paulsen mit seinen Sorgen vor einem Bürgerkrieg in Deutschland anvertraute, brachte sie auf den Gedanken, ihr Buch „Deutschland außer Rand und Band – Zwischen Werteverfall, Political (In)Correctness und illegaler Migration" zu schreiben, welches nach seiner

Veröffentlichung im MSW-Verlag binnen kürzester Zeit zum Spiegel-Bestseller avancierte.

Drei der offenen Briefe von Petra Paulsen möchten wir an dieser Stelle veröffentlichen, darunter auch ihren ersten Brief zusammen mit einer Einleitung, die Petra Paulsen für dieses Buch geschrieben hat. Sie werden komplettiert durch den Weckruf „Jeder kann Aufklärer sein" und einen Brief an Angela Merkel mit dem eindringlichen Titel „Ein klares Nein zum Bürgerkrieg".

Erkennt die Lemminge – und folgt ihnen nicht!

Von Marcus Franz

Die Wege in die Selbstzerstörung sind oft durch gute Vorsätze gepflastert. Europas Verfechter des postmodernen neuen Humanismus haben eine Reihe von Idealen formuliert, die in der Theorie und auf den ersten Blick gut klingen mögen, sich aber bei genauer Betrachtung als Brandbeschleuniger des Zerfalls präsentieren und in eine Endzeit führen werden, wenn man sie nicht bekämpft.

Die neuen Missionare

Wir alle kennen die ideologisch getriebenen Herolde, die unentwegt ihre Botschaften vom neuen Menschen ins Publikum schmettern. Die führenden Vertreter des totalen Säkularismus und des postmarxistisch-kultursozialistischen Denkens haben sich mittlerweile selber den Status von Hohepriestern verliehen – allerdings ohne diese Usurpation klar auszusprechen. Sie behaupten, keiner Religion anzugehören und verfechten im selben Atemzug ihre Ideologie mit einem Eifer, der selbst den fanatischen Vertretern gewisser Glaubensrichtungen alle Ehre machen würde.

Die Kathedralen dieser neuen Säkular-Religion sind die Redaktionen der öffentlich-rechtlichen Rundfunkanstalten sowie die Parteizentralen der linksgerichteten politischen Fraktionen. Und die Missionszentren sind die Schreibstuben der vielen selbstermächtigten „Qualitätsmedien", von wo aus die neuen weltlichen Evangelien weiterverbreitet werden sollen.

Für alle

Die zentralen und kompromisslos verbreiteten Ziele der neuen Pseudoreligion sind immer „für alle" da: Gleichheit der Menschen in jeder Hinsicht, totale Gleichstellung von Mann und Frau auch in den biologischen Fragen, Auflösung aller Geschlechtsunterschiede, durchdringender Feminismus,

Ausdehnung der Menschenrechte bis hin zum Recht auf Abtreibung, totale sexuelle Befreiung für alle, Vernichtung der traditionellen Familienstrukturen, Ehe für alle, offene Grenzen für alle und ungehinderte Migration für alle.

Naive Geister können sich mit diesen Forderungen sehr schnell identifizieren, denn wer könnte etwas dagegen haben, dass „die Menschheit" überall die gleichen, möglichst guten Bedingungen vorfindet? Wer könnte den Wunsch nach der vollkommenen Freiheit des Menschen für problematisch halten? Und wer könnte guten Gewissens gegen „soziale Gerechtigkeit", gegen die Migrationsfreiheit oder gegen die vollkommene Gleichheit von Mann und Frau auftreten? Unter den nicht so kritikfähigen Leuten und bei verträumten Sozialromantikern gibt es daher Unzählige, die dieser Ersatzreligion anhängen und ein gutes Gefühl dabei haben, die erwähnten neuen und stets absolut gesetzten „Werte" zu vertreten.

Die Masterminds geben sich als Tugendbolde

Perfide, dafür aber intelligentere Charaktere, die in ihrer intellektuellen Unredlichkeit das Pharisäer-Dasein zum Lebensinhalt gewählt haben, hängen formal mit Verve den neohumanistischen Gleichheits-Idealen an, auch wenn sie selber ganz anders leben und nur nach außen hin das neue Menschenbild vertreten. Man kann sich in diesem eifrig zur Schau getragenen, angeblich menschlichkeitsorientierten Tugendstolz ja so herrlich als überlegen präsentieren. Um als guter Mensch wahrgenommen zu werden, braucht man nur die Fähigkeit der moralischen Empörung zu kultivieren und diese fleißig überall zu demonstrieren.

Woher kommt diese neue „Religion"?

Paradoxerweise ist es so, dass einerseits die linke und am Diesseits orientierte Weltanschauung für die Entwicklung der hier geschilderten Phänomene als Ursache zu nennen ist und andererseits die durch den Siegeszug des Kapitalismus entstandene materielle Besserstellung der Menschen die kausale Bedingung für die Etablierung der neuen Idealen bildet. Die westliche Wohlstands- und Konsumgesellschaft bereitete den Boden für den Vormarsch des pseudoreligiösen, säkularen und kultursozialistischen Gedankenguts.

Dazu kommt, dass viele von uns den traditionellen Glauben sowieso verloren haben und Religion für eine Sache halten, die der Vergangenheit angehören sollte. Und wenn schon Religion, dann bitte nur als Privatangelegenheit.

Der Mangel an Metaphysik

Dadurch entsteht aber in der Gesellschaft eine metaphysische Lücke, die mit eben der Säkular-Religion und dem daraus abgeleiteten Hypermoralismus und dem Tugendstolz gefüllt wird. Als Religionsersatz eignen sich im Weiteren für die nicht so auf politische Moral erpichten Leute auch diverse Extremsportarten, die Esoterik oder monomane Ernährungs-Philosophien wie der Veganismus usw.

Schuldgefühle als Hebel

Die kapitalistische Wohlstandsgesellschaft bietet den Kultursozialisten einen wunderbaren Hebel, die Leute beim schlechten Gewissen zu packen: Warum sollte der Westen alles besitzen, wenn doch dieser Reichtum angeblich nur durch die Ausbeutung der ehemaligen Kolonien und der Dritten Welt entstanden ist? Der wohlhabende Westmensch hat daher die Verpflichtung, den Armen und Verfolgten dieser Welt jederzeit Zuflucht und Brot zu gewähren. Schlichte Gemüter fallen auf diese Argumente schnell herein, denn sie klingen überzeugend, weil man ihnen jenen hypermoralistischen Gehalt verpasst hat, der uns aus allen politischen Reden und Medien-Artikeln entgegen trieft.

Auch wenn die aktuelle Politik in einigen europäischen Ländern zunehmend und mehrheitlich Stellung gegen die hier geschilderten Fehlentwicklungen bezieht und besonders die Migrationsproblematik, die durch den *Humanitarismus* (also die überschießende und kontraproduktive Form des Humanismus) entstanden ist, wieder lösen will, so bleibt im Überbau der Gesellschaft doch der Kultursozialismus bestehen, um dort sein unheilvolles Werk fortzuführen.

Die Medien als Kaderschmieden

Die Gegner jeder rechten Politik und die Proponenten der neuen Moral sind in den Medien zuhauf vertreten und sie werden nicht ruhen, denn sie beziehen ja ihre Existenzberechtigung aus ihrer Haltung. Die Konfrontationen werden sich also zuspitzen und sie werden über die Medien passieren und dort forciert werden, weil die originäre politische Linke zu schwach und zu blass geworden ist, um neue Anhänger zu finden. Und sie ist intellektuell zu ausgelaugt, um die politische Konfrontation zu bestreiten, geschweige denn zu gewinnen. Wir sehen daher, wie die führenden Linken ihre Sermone auf Bassena-Niveau abliefern und die demokratische politische Auseinandersetzung sich dafür von den für sie geschaffenen Institutionen (wie Parlament und Landtage) in die diversen medialen Einrichtungen verlagert – inklusive Social Media.

Und im Hintergrund machten Richter Politik

Keinesfalls darf man übersehen, dass auch in den maßgeblichen juristischen Institutionen (wie dem OGH, dem VfGH und dem EuGH) auffällig viele Kultursozialisten versuchen bzw. versucht haben, die eigene politische Haltung in ihre Urteile[1] und Sprüche einfließen zu lassen. Die europäische Politik wurde und wird ganz massiv von richterlichen Entscheidungen beeinflusst, weil die sozialistisch dominierte Legislative die längste Zeit zu schwach oder, besser, unwillig war, die Grundlinien vorzugeben.

Cui bono?

Bleibt zu klären, warum die Kultursozialisten und die zahllosen Postmarxisten ihre politische Haltung überhaupt in diese Richtung eingenommen haben und warum sie weder durch rationale Argumente noch durch die Mehrheit der Bevölkerung (also durch den Souverän) zu überzeugen sind, dass ihre Positionen zwangsweise zu einem Lemming-Schicksal für alle führen würden, wenn ein Großteil des Volkes so dächte wie sie. Was nützt es also den von den Bildschirmen und aus den Leitartikeln predigenden Hypermoralisten, wenn sie so sind, wie sie sind?

Die Antwort ist mehrschichtig. Einerseits sind viele Kultursozialisten wirklich überzeugt von ihrem Tun, sie fühlen sich als die neuen Missionare, die die Welt vom modernen Hypermoralismus überzeugen müssen. Andererseits haben viele der Kultursozialisten gehofft, dass sie durch einen Art Orwellschen „Animal Farm"- Effekt eines Tages die Elite der Schweine bilden können und getreu dem Spruch „Alle sind gleich, aber manche sind gleicher" für sich materielle wie reputative Vorteile generieren können.

Beide Verhaltensweisen sind zu verurteilen, weil sie der westlichen Zivilisation schaden, ja diese sogar zerstören können. Denn alles, was die Kultur-Lemminge in ihrem gekünstelten oder schlimmer noch, in ihrem echten Eifer anstellen, schwächt unsere Gesellschaft, spaltet sie und erschwert die Schaffung einer guten und starken Zukunft. Man muss daher, wenn einem etwas an Österreich und an Europa liegt, die Hypermoralisten und die Tugendstolzen sichtbar machen und ihre intellektuellen Unredlichkeiten und ihre Irrtümer aufzeigen, wo immer man sie antrifft.

www.thedailyfranz.at

Meine geistige Freiheit lasse ich mir von niemandem nehmen

Von Naomi Seibt

Am 30. Mai 2017 stellte meine Mutter Karoline Seibt auf Facebook die folgende Frage:

„Wenn ihr euer Leben zurückdrehen könntet, was würdet ihr in vorausschauender Kenntnis der heutigen Situation anders machen?"

Ich war überrascht, festzustellen, dass die meisten Antwortenden es bereuen, Kinder in die Welt gesetzt zu haben. Nicht etwa, weil sie sich durch ihre Kinder an einem sorgenfreieren Leben gehindert fühlten, sondern aus Angst, ihnen womöglich eine unglückliche Zukunft aufgebürdet zu haben, besonders aus wirtschaftlichen und politischen Gründen.

Obwohl ich diese Sorge nachvollziehen kann, teile ich sie als sechzehnjährige Tochter einer politisch engagierten und oftmals zu Unrecht als „rechtsextrem" denunzierten Mutter nicht.

Ich schäme mich nicht für meine unpopuläre Meinung und äußere sie klar und deutlich, wenn danach gefragt wird. Auch keine Autoritätspersonen – seien es Politiker, fremde Eltern, Lehrer – können mich mit bloßen Einschüchterungstaktiken überzeugen und mir die geistige Freiheit nehmen. Natürlich habe ich mich damit in einigen Kreisen unbeliebt gemacht. Natürlich habe ich negative Kommentare geerntet und mich in meiner eigenen Stufe gewissermaßen isoliert.

Darüber hinaus bin ich mir über die Instabilität des gesamtweltlichen wirtschaftlichen Systems und unseres inzwischen von Kriminalität strotzenden Deutschlands bewusst. Um ehrlich zu sein, habe ich die Hoffnung in dieses Land weitestgehend verloren.

Wäre ich deswegen lieber gar nicht geboren worden?

Die Frage erinnerte mich an die Kernfrage des Buches „Das Orangenmädchen" von Jostein Gaarder, welche der an Krebs verstorbene Vater seinem Sohn Georg in einem letzten Brief stellt:

„Stell dir vor, du stündest irgendwann, vor vielen Jahrmilliarden, als alles erschaffen wurde, auf der Schwelle zu diesem Märchen. Und du hättest die Wahl, ob du irgendwann einmal zu einem Leben auf diesem Planeten geboren werden wolltest. Du wüsstest nicht, wann du leben würdest, und du wüsstest nicht, wie lange du hier bleiben könntest, doch es wäre jedenfalls nur die Rede von wenigen Jahren. Du wüsstest nur, wenn du dich dafür entscheiden würdest, irgendwann auf die Welt zu kommen, dass du, wenn die Zeit reif wäre, wie wir sagen, oder ‚wenn die Zeit sich rundet', sie und alles darauf auch wieder verlassen müsstest. Vielleicht würde dir das großen Kummer machen, denn viele Menschen finden das Leben in diesem großen Märchen so wunderschön, dass ihnen die Tränen in die Augen treten, wenn sie nur daran denken, dass irgendwann einmal keine weiteren Tage kommen. [...] Wofür hättest du dich entschieden, Georg, wenn eine höhere Macht dich vor diese Entscheidung gestellt hätte? [...] Hättest du dich für ein Leben auf dieser Erde entschieden, kurz oder lang, in hunderttausend oder hundert Millionen Jahren?"

Meine persönliche Antwort auf diese Frage lautet: Ja, ich möchte leben. Es mag nur ein kurzer Einblick in die Welt; vielleicht sogar einen komplizierten, unsicheren Ausschnitt der Welt sein, aber letztendlich liegt es an mir, mir meine Realität zu gestalten, etwas Wertvolles zu lernen und lebenswerte Erfahrungen zu sammeln.

Obgleich mein menschliches Umfeld mir heute zu einem großen Teil mit Missbilligung begegnet, weil ich die geächtete „Anti-Flüchtlings-Meinung" vertrete, so geschieht dies doch wenigstens nicht hinter meinem Rücken. Ich kann ehrliche Konversationen führen, denn die meisten Menschen – besonders die, die Teil des Meinungs-Mainstreams sind – stehen selbstbewusst zu ihren Ansichten. Ich erkenne schnell die moralischen Werte meines Gegenübers und welche Rolle mein persönlicher Höchstwert Freiheit in dessen Prioritätenliste spielt. Trotz des noblen, aber irreführenden Etiketts des Linken, welches fälschlicherweise häufig mit dem Liberalen gleichgesetzt wird, treten moralische Werte in politischen Diskussionen zu aktuellen Themen sehr schnell hervor. Ich erkenne für mich darin zwei Vorteile:

1. Ich kann Menschen, deren Werte mit meinen vollkommen inkompatibel sind, aus meinem Leben aussortieren, bevor ich meine Zeit mit ihnen verschwende.

2. Sollte sich dennoch eine fruchtbare Diskussion ergeben, so bin ich gerne bereit, meine eigenen Ansichten auf die Probe zu stellen.

Frustration erfasst mich nur selten, denn ich kann mich gegen diese Frustration entscheiden, indem ich mich daran erinnere, dass sich Gleichgesinnte überall auf der Welt finden, wenn auch oft auf Umwegen. Ich lasse mir meine Stimmung nicht vom Staat oder Menschen diktieren, die mir von vorne herein nur schaden oder mich auf ihre Seite zwingen wollen. Mein Schicksal ist nicht zum Scheitern verurteilt, solange ich selbstbewusst an meinen Prinzipien festhalten kann und mich nicht von anderen verformen lasse.

Allerdings, und dieser Faktor ist nicht zu vernachlässigen: Ich profitiere immens von der Unterstützung meiner Mutter und wäre ohne diese vielleicht unglücklich angepasst im Mainstream untergegangen. Mein Rat an alle Eltern ist also, dass sie den Individualismus ihrer Kinder fördern und sie dazu ermutigen, alles zu hinterfragen, was ihnen von anderen Autoritätspersonen als die einzig richtige und „humanistische" Antwort präsentiert wird. Nur ein gewisses Maß an Selbstbewusstsein und die Überzeugung von der eigenen Meinung bewahren einen davor, den unrechten Verurteilungen zum „rechtsextremen Unmensch" standzuhalten.

Es sind die Beziehungen zu den Menschen, die meine Ansichten teilen, aber auch denen, die trotz einiger Meinungsunterschiede an meiner Seite bleiben, die mir das Leben mit all seinen Hindernissen und seiner Endlichkeit wert sind.

Petra Paulsen – Die Rundmail: Migration, Türkei, Integration, Islam(ismus), Merkel, Terror, Grenzsicherung, Wirtschaft, innere Sicherheit und Bildung

Von Petra Paulsen

Eine Einleitung:

Manchmal macht Not erfinderisch. Mir erging es 2016 so, nachdem ich beruflich wie privat junge Frauen kannte, die an verschiedenen Orten in Deutschland Opfer der Silvesternacht 2015/2016 geworden waren, sich unerfreuliche Ereignisse an meiner Schule häuften, die Anschläge in Ansbach und Würzburg stattgefunden hatten und die Tochter einer Freundin mir Handyfotos von einer jungen Bekannten zeigte, die zusammen mit einer weiblichen Begleitung von sogenannten „Flüchtlingen" zusammengeschlagen geschlagen worden war, nachdem beide kein „Ficki-Ficki" mit diesen wollten. Ich hatte das Gefühl, irgendetwas tun zu müssen. Schließlich waren meine drei Kinder im Sommer 2016 14, 17 und 18 Jahre alt, also in einem Alter, wo man langsam flügge wird und man das Leben erkunden und genießen möchte. Dies sollte aus meiner Sicht in einem Land, in dem die innere Sicherheit gewährleistet ist, weitestgehend unbedenklich möglich sein. Schließlich hatte ich als Hamburger Deern meine Jugend unbeschadet in der Großstadt Hamburg, aber auch in Wien verbringen können. Als mich meine Sorgen fast zu erdrücken drohten, kam mir die Idee zu meiner Rundmail.

Die Resonanz auf diese war eher durchwachsen, wenngleich ich auch heute noch mit einigen der Adressaten regelmäßig in Kontakt stehe. Auch wenn sich die Situation in Deutschland aufgrund der vielen täglichen Übergriffe, Messerstechereien, Massenschlägereien, Vergewaltigungen bis hin zu Morden – Mia, Maria, Mireille, Susanna, um nur einige traurige Beispiele zu nennen – bis heute leider keinesfalls verbessert hat, man darüber leider oft nur in den lokalen oder freien Medien liest, bin ich mir und dem Schreiben treu geblieben. Für mich ist dies zum einen ein Ventil, um mit den täglichen Hiobsbotschaften bezüglich der Lage in diesem Land besser umgehen zu können. Gleichzeitig ist dies aber auch eine Form des zivilen Widerstandes. Wer offene Briefe an die Bundeskanzlerin schreibt, will in erster Linie nicht Frau Merkel erreichen, sondern vielmehr die Menschen darüber aufklären, was hier gerade politisch und gesellschaftlich geschieht. Schließlich soll keiner sagen können, er hätte von allem nichts gewusst. Das hatten wir in der deutschen Geschichte ja schon einmal.

Und so hätte ich im Leben nicht damit gerechnet, dass mein Buch „Deutschland außer Rand und Band" binnen kürzester Zeit zum Spiegelbestseller werden würde, es mit 4,7 von 5 Sternen bei Amazon sehr gut bewertet ist und ich mich vor lauter Leserzuschriften kaum retten kann. Traurig macht mich aber, dass viele der Rezensenten, Leser in ihren an mich gerichteten Zeilen oder auch Kommentatoren von Schrang TV, die die Interviews mit mir gesehen haben, mich als eine mutige Frau bezeichnen. Und das, wo wir doch angeblich in einem freien und offenen Land leben. Nein, ich bin keine besonders mutige Frau. Als Mutter und Lehrerin möchte ich jedoch, dass unsere Kinder – ganz gleich ob mit oder ohne Migrationshintergrund – in eine friedliche Zukunft gehen. Deshalb kann ich nicht anders und ich werde auch weiterhin Gesicht und Haltung zeigen.

+++ MIGRATION +++ TÜRKEI +++ INTEGRATION +++ ISLAM(ISMUS) +++ MERKEL +++ TERROR +++ GRENZSICHERUNG +++ WIRTSCHAFT +++ INNERE SICHERHEIT +++ BILDUNG +++

11. August 2016

Sehr geehrte Damen, sehr geehrte Herren,

worauf warten wir in Deutschland, in Europa - auf die nächste Großrazzia, neuerliche Terrorwarnungen, einen weiteren Anschlag eines islamistischen Einzeltäters oder auf den ganz großen Knall???

Ich kann einfach nicht mehr ... Nein, ich kann einfach nicht mehr täglich die Nachrichten hören, sehen oder lesen, die Hände in den Schoß legen und nichts tun. Schließlich bin ich (49 Jahre, gebürtige Hamburgerin, verheiratet) zum einen Mutter von drei Kindern (14, 17, 18 Jahre), zum anderen verbeamtete Lehrerin und Personalrätin an einer Hamburger Stadtteilschule, d.h. ich habe sowohl privat wie auch beruflich ein Interesse daran, was in diesem Land geschieht und wie die Zukunft dieses Landes aussehen wird.

Vor gut einem Jahr war für mich die Welt in Deutschland vermeintlich noch mehr oder weniger in Ordnung, doch dieser Eindruck hat sich drastisch geändert. Zum einen haben die sexuellen Übergriffe in der Silversternacht und die islamistisch motivierten Terroranschläge in Würzburg und Ansbach sowie in Frankreich und Belgien dazu beigetragen. Andererseits hat sich das Bevölkerungsbild einer Kreisstadt wie Bad Oldesloe, nur 6 km von meinem Wohnort entfernt, mit knapp 25 000 Einwohnern innerhalb kürzester Zeit stark verändert. Beruflich war ich noch nie direkt oder indirekt in so viele Konfliktfälle von Schülern mit Migrationshintergrund involviert wie im vergangenen Schuljahr. Ich selbst war nie eine Helikoptermutter, die ihre Kinder ständig umkreist hat. Natürlich habe ich mir als Mutter Sorgen gemacht und meine Kinder auf die Gefahren im Verkehr hingewiesen und sie vor dem Mitgehen mit Fremden gewarnt. Jetzt aber, wo meine Kinder langsam flügge werden, alleine mit Freunden in Diskotheken, auf Reisen und Veranstaltungen gehen, komme ich aus Angst vor sexuellen und gewalttätigen Übergriffen oder gar Attentaten durch Menschen mit Migrationshintergrund kaum noch zur Ruhe, da ich selber beruflich wie auch privat Opfer solcher Taten kenne.

Für mich ist es keineswegs normal, dass sich mittlerweile viele Menschen mit Pfefferspray o.ä. bewaffnen, Selbstverteidigungskurse besuchen, den „Kleinen Waffenschein" beantragen, ihre Autos von innen verriegeln, öffentliche Plätze und Großveranstaltungen meiden, sich aus Angst vor Wohnungseinbrüchen nicht einmal mehr zu Hause sicher fühlen sowie sich Gedanken über das Auswandern machen. Ebenso empfinde ich es als äußerst befremdlich und extrem bedenklich, dass ein Bekannter von mir, Polizist in Lübeck, von einem ihm und seinen Kollegen verhängten Maulkorb in Sachen Flüchtlingspolitik berichtet und dem Kollegium meiner Schule nahegelegt wurde, über einen Vorfall mit Acht- und Zehntklässlern im Zusammenhang mit einer Schreckschusspistole und Allahu-akbar-Rufen gegenüber der Elternschaft zu schweigen. Des weiteren finde ich es erschreckend, dass langjährige Freundschaften durch die Politik der offenen Grenzen zerbrechen, da es nur noch das Lager der Gutmenschen und der Rassisten zu geben scheint. Traurig stimmt mich zudem die berechtigte Sorge vieler Menschen, aber insbesondere alleinerziehender Mütter, vor der drohenden Altersarmut.

Deutschland hat sich auf einen gefährlichen Weg begeben. An das „Wir schaffen das" von Frau Merkel glauben mittlerweile nur noch 8% der Befragten. Der innere Zusammenhalt der Gesellschaft zerfällt zusehends, links- und rechtsextremistische Anschläge binden die Sicherheitskräfte, innenpolitische Konflikte der Türkei finden hier ihren Ausdruck, die religiösen und gesellschaftlichen Konflikte aus dem Nahen Osten stoßen bei uns auf fruchtbaren Boden, der Terrorismus des IS wurde importiert, die Salafistenszene blüht und für Millionen Afrikaner ist Deutschland das Ziel ihrer Träume auf ein besseres Leben. Nahezu täglich stehe ich im Austausch mit einem sehr guten Freund, dem Leiter der Bundespolizei am Hamburger Flughafen, den ich mit seiner ausdrücklichen Genehmigung in diesem Schreiben erwähnen darf. Herr Thomas Seifert verfügt über langjährige Berufserfahrung zum Thema Migration, insbesondere zur illegalen Migration und kann auf Erfahrungen durch lange Auslandseinsätze auf dem Balkan und in Libyen zurückgreifen. Wie auch ich steht Herr Seifert dem derzeitigen Migrationsgeschehen äußerst skeptisch gegenüber und wir beide stellen in unseren Berufsfeldern zunehmend die erodierenden Kräfte von Kollegen aufgrund von Personalmangel, Überlastung und Überforderung durch Aufgaben, für die wir nicht ausgebildet sind (z.B. Umgang mit traumatisierten Flüchtlingen), fest.

Tagein tagaus verfolge ich die News zu den oben im Betreff genannten Punkten im TV und online, stelle Internetrecherchen zu bestimmten Artikeln an, gucke Diskussionsrunden, Interviews und Talkshows und lese Bücher wie „Generation Allah", „Vorsicht, Bürgerkrieg", „Das ist ja irre", „Deutschland im Blaulicht" und „Die Patin". Und hier kommen Sie, meine sehr geehrten Damen und Herren, als Buchautoren, Publizisten, Talkshowgäste, Islamkritiker oder Sicherheitsexperten, um nur einige Beispiele zu nennen, ins Spiel. Uns allen ist gemeinsam, dass wir weder fremdenfeindlich noch rechtsradikal sind. Jeder einzelne von uns sieht aufgrund seines professionellen Hintergrundes jedoch die diversen Probleme, die sich aufgrund der derzeitigen Migrationspolitik ergeben und die viele von Ihnen in den vergangenen Monaten in den Medien benannt haben. An dieser Stelle seien als einige Beispiele nur die zunehmende Kriminalität, Einschleppung von Terror, die steigende Radikalisierung unter jungen Muslimen und zunehmend aufgeweichte Bildungsstandards genannt.

Was möchte ich mit diesem an Sie gerichteten Schreiben erreichen? Zum einen möchte ich stellvertretend für viele Bürgerinnen und Bürgern Ihnen durch meine persönlichen Ängste und Erfahrungen einen Eindruck vermitteln, was viele Menschen in diesem Land bewegt. Zum anderen, und dies ist mir noch viel wichtiger, möchte ich Sie anregen und bitten, dass wir uns aufgrund unserer ganz unterschiedlichen Berufsfelder z.B. via E-Mail „connecten" und austauschen. Vielleicht ist diese Idee naiv gedacht, doch ich möchte etwas anschieben und vielleicht hat einer von Ihnen ja eine viel bessere Idee, wie nicht parteipolitisch aktive Menschen etwas erreichen können. Ihren Antworten, Kritiken oder Anregungen zu diesem Schreiben sehe ich erwartungsvoll entgegen!

Mein Wunsch für unsere Zukunft, die unserer Kinder und die Zukunft dieses Landes: Möge Deutschland ein friedvolles Land sein, in dem Meinungs- und Pressefreiheit herrschen, die Sicherheit gewährleistet und das Leben lebenswert ist!

Ich wünsche Ihnen allen noch einen ruhigen und erholsamen Sommer und verbleibe

mit freundlichen Grüßen

Ihre Petra Paulsen

Jeder kann ein Aufklärer sein

Von Petra Paulsen

Sie, ja genau Sie, haben Sie schon seit längerer Zeit das Gefühl, mit unserer Demokratie stimmt etwas nicht, denn die da oben machen ja sowieso was sie wollen, ganz gleich, welche politischen Parteien regieren? Schreiben Sie sich in den Kommentarspalten der Mainstreampresse und der Freien Medien die Finger wund, was Ihnen zwar zum Frustabbau dient, sonst aber leider nicht viel bringt? Mittlerweile sind zwei Drittel aller Deutschen gegen Angela Merkels Flüchtlingspolitik[1], die Mehrheit wünscht sich einen Untersuchungsausschuss hinsichtlich ihrer Politik und sogar fast die Hälfte der Befragten mit einem Migrationshintergrund schließt sich dieser Meinung an.[2] Doch die Bundesregierung macht immer weiter und weiter und weiter … Halt! Stopp! Sie als freiheitsliebender und freiheitlich denkender Mensch, der sich eine echte, eine direkte Demokratie mit mehr Bürgerbeteiligung und einen funktionierenden Rechtsstaat wünscht, bei dem sich tatsächlich an Recht, Gesetz und Ordnung gehalten wird, können als Aufklärer tätig werden.

Hierzu bedarf es keiner mehrjährigen Ausbildung, denn Sie können schon heute damit beginnen, denn Aufklärung ist vielseitig und lebt vom Mitmachen. Vernetzen Sie sich mit Ihrer Familie, Freunden, Verwandten, Arbeits- und Sportkollegen über die sozialen Medien und versenden Sie wichtige und informative Links! Schreiben Sie Briefe an Fraktionsvorsitzende, Kommunalpolitiker, den Deutschen Bundestag und veröffentlichen Sie diese unbedingt im Internet! Schreiben Sie Aufklärungswerke! Recherchieren Sie im Netz und verschicken Sie Ihre Recherchen samt Quellenangaben an Ihre Mitmenschen! Entwerfen Sie Flugblätter! Organisieren Sie Friedensdemonstrationen! Gründen Sie parteilose Interessensgemeinschaften! Organisieren Sie Infoabende und -stände! Verlinken Sie interessante Informationen der Freien Medien in den Internetforen der Mainstreampresse! Tun Sie nur eines nicht: Bleiben Sie nicht untätig, denn es ist eine Minute vor zwölf, wenn nicht schon später! (siehe hierzu auch GG, Artikel 20).

Seit Tagen bekommen wir das unsäglich schlechte Theater zwischen Angela Merkel und Horst Seehofer hinsichtlich der Migrationspolitik präsentiert. Der Ruf der CSU nach einer Obergrenze ist schon längst verhallt. Stattdessen wurde ein atmender Deckel installiert, was letztendlich nicht viel mehr als Augenwischerei und ein Placebo für die Bevölkerung darstellt. Der Familiennachzug von 1.000 Personen pro Monat für subsidiär Schutzbedürftige tritt ab August 2018 in Kraft – neben der bereits bestehenden Härtefallregelung, die auf diese 1.000 Migranten nicht eingerechnet wird.[3] Möglicherweise wird eben diese Härtefallregelung sich als weitere Eintrittskarte nach Deutschland erweisen.[4]

Resettlement- und Relocationprogramm – was verbirgt sich dahinter?[5] Was findet man heute noch in den Mainstreammedien über den Bericht der sogenannten Bestandserhaltungsmigration der UNO[6], die verschiedene Szenarien für Deutschland und weitere sieben Länder hinsichtlich „benötigter" Zuwanderung aufgrund sinkender Geburtenzahlen berechnet hat? Interessanterweise erschien der UNO-Bericht schon im Jahr 2000 und damals wurde tatsächlich u.a. in der *Welt* darüber berichtet und zwar dort in einem Artikel mit der verheißungsvollen Überschrift „Ohne Ausländer droht Kollaps der Sozialsysteme".[7] Das ist schon lange her und die Wirtschaftsexperten Bernd Raffelhüschen und Hans-Werner Sinn warnen bereits seit Herbst 2015 immer wieder vor den Kosten für den deutschen Steuerzahler aufgrund dieser Migrationspolitik, die vielmehr über kurz oder lang den Kollaps der Sozialsysteme bedeuten wird.[8]

Wem ist bekannt, dass das alljährliche Weltwirtschaftsforum in Davos mit führenden Wirtschaftsexperten, Politikern, Journalisten und Intellektuellen Pläne zur Migration entwickelt? Hierüber hat der Wirtschaftsjournalist Norbert Häring auf „Cashkurs.com" einen sehr lesenswerten Artikel verfasst, der sich mit der Willkommenskultur beschäftigt, die einfach nur gut für die Asylindustrie ist.[9] Wer die Kernaussagen der von Häring zitierten Publikation „The Business Case for Migration" von 2013 liest, dem sollte klar werden, warum u.a. die AfD so massiv bekämpft wird, denn *Staat und Zivilgesellschaft sollen in Partnerschaft mit der Privatwirtschaft (sinngemäß) eine Willkommenskultur etablieren*. Zwei Jahre später hatten wir bereits die politisch-medial gestützte

Willkommenskultur. Im Sinne der Globalisierer – Angela Merkel sieht in der Globalisierung die große Chance zu mehr Frieden, Freiheit und Wohlstand[10] – sollte man Migration *heute nicht mehr als eine Beziehung zwischen Individuum und Staat verstehen, sondern als Beziehung zwischen Individuum und Arbeitgeber, vermittelt über den Staat*. Der Staat soll quasi als Jobcenter zwischen Konzernen und Wirtschaftsmigranten fungieren.

Aber stimmt das mit mehr Frieden, Freiheit und Wohlstand angesichts der Situation, die seit Herbst 2015 in Deutschland herrscht, wenn sich immer mehr Menschen, vor allem aber Frauen in ihrer Bewegungsfreiheit in der Öffentlichkeit eingeschränkt fühlen, manch einer um den gesellschaftlichen Frieden fürchtet und wem kommt der vermeintliche Wohlstand in erster Linie zugute? Wohl doch den international tätigen Megakonzernen sowie den ohnehin superreichen Unternehmern. Dabei plagte Angela Merkel schon auf dem EU-Gipfel im November 2015 die Frage, wie man aus *illegaler Migration legale Migration machen könnte.*[11] Und siehe da, dafür gibt es anscheinend schon bald „eine Lösung" durch die „New Yorker Erklärung für Flüchtlinge und Migranten", beschlossen von der UN-Vollversammlung im September 2016.[12] Unter dem Stichwort „Global Compact for migration" soll die Flüchtlings- und Arbeitsmigration nunmehr geregelt werden.[13] Was aber passiert, wenn dieser Global Compact bis Ende 2018 von den Mitgliedsstaaten verabschiedet wird? Sollte Deutschland das nationale Recht auf Selbstbestimmung der Zuwanderung durch den Global Compact, die dieser den Nationalstaaten ausdrücklich zugesteht, an die EU abgeben, wie Norbert Kleinwächter (AfD) befürchtet[14], drängt sich einem die Frage auf, welche Möglichkeit die deutsche Zivilgesellschaft hat, um dagegen Einspruch einzulegen?

Nein, es ist illusorisch, sich darüber Gedanken zu machen, denn der Bürger hat kein Mitspracherecht. Die „Eliten" des Deutschen Bundestages in Berlin, des EU-Parlaments in Straßburg und Brüssel, der NATO, sowie die UNO mit Sitz des Hauptquartiers in New York beanspruchen für sich, insbesondere den Ländern Europas mit ihren schrumpfenden Gesellschaften zu sagen, wo es langzugehen hat. Mit Demokratie hat das nichts zu tun. Börsenmakler Dirk Müller, auch bekannt als Mr. Dax, sprach in einem Interview mit Focus-Money auf die Frage, ob wir denn überhaupt noch in einer Demokratie leben würden, davon, dass wir noch nie in einer Demokratie gelebt hätten, sondern in einer Plutokratie, also in einer Herrschaft des Geldes.[15] Wie aber kam er zu dieser Aussage? Er bezog sich dabei auf den österreichischen Politiker und Philosophen Richard Coudenhove-Kalergi, den Gründungsvater der Europäischen Union, Träger des ersten Karlspreises und Autor des Buches „Praktischer Idealismus". In diesem schrieb dieser bereits 1925: *Heute ist Demokratie Fassade der Plutokratie: weil die Völker nackte Plutokratie nicht dulden würden, wird ihnen die nominelle Macht überlassen, während die faktische Macht in den Händen der Plutokraten ruht. In republikanischen wie monarchischen Demokratien sind die Staatsmänner Marionetten, die Kapitalisten Drahtzieher: sie diktieren die Richtlinien der Politik, sie beherrschen durch Ankauf der öffentlichen Meinung die Wähler, durch geschäftliche und gesellschaftliche Beziehungen die Minister. (...) Die Plutokratie von heute ist mächtiger als die Aristokratie von gestern: denn niemand steht über ihr als der Staat, der ihr Werkzeug und Helfershelfer ist.*[16]

Die Europa-Gesellschaft Coudenhove-Kalergi verleiht alle zwei Jahre den Europapreis für außerordentliche Verdienste. Angela Merkel erhielt diesen Preis 2010[17] und vor ihr schon Helmut Kohl und EU-Kommissionspräsident Jean-Claude Juncker. Letzterer sagte bereits 1999 über die Trickkiste der EU: *„Wir beschließen etwas, stellen das dann in den Raum und warten einige Zeit ab, was passiert. Wenn es dann kein großes Geschrei gibt und keine Aufstände, weil die meisten gar nicht begreifen, was da beschlossen wurde, dann machen wir weiter – Schritt für Schritt, bis es kein Zurück mehr gibt."* Erschienen ist diese Äußerung in einem *Spiegel*-Artikel mit dem Titel „Die Brüsseler Republik – im 21. Jahrhundert wächst der europäische Bundesstaat heran. Er wird ein Multikulti-Staatsvolk von wenigstens 440 Millionen Menschen umfassen".[18] Der EU-Gründungsvater selbst schrieb in „Praktischer Idealismus", dass der *Mensch der fernen Zukunft ein Mischling* sein werde und *die eurasisch-negroide Zukunftsrasse, äußerlich der altägyptischen ähnlich, wird die Vielfalt der Völker durch eine Vielfalt der Persönlichkeiten ersetzen*. Zur Erinnerung: Angela Merkel sagte 2010, dass Multikulti total gescheitert sei.[19] Und nur fünf Jahre später werden Tür und Tor nach Deutschland bis heute für jedermann offengehalten, denn sonst würde laut Äußerung im Jahr 2016 von Wolfgang Schäuble (CDU) Europa in Inzucht degenerieren.[20]

Barbara Coudenhove-Kalergi, die Nichte des 1972 verstorbenen EU-Begründers, schrieb bereits im Januar 2015, also noch bevor die eigentliche Migrationskrise so richtig an Fahrt aufnahm, im österreichischen *Standard* einen Artikel mit dem Titel „Völkerwanderung – Europa bekommt ein neues Gesicht, ob es den Alteingesessenen passt oder nicht".[21] Auch über das Sterben von Demokratien durch demokratische Wahlen schrieb sie, wohl wissend, dass es gemäß ihrem Onkel gar keine echte Demokratie gibt.[22] Ihr Onkel verfasste für den britischen Premierminister Winston Churchill eine Rede, die dieser im Mai 1947 in London hielt und die Einblick auf die Ziele einer angloamerikanischen Politikelite gibt: *„Wir geben uns natürlich nicht der Täuschung hin, dass die Vereinigten Staaten von Europa die letzte und vollständige Lösung aller Probleme der internationalen Beziehungen darstelle. Die Schaffung einer autoritativen, allmächtigen Weltordnung ist das Endziel, das wir anzustreben haben. Wenn nicht eine wirksame Welt-Superregierung errichtet und rasch handlungsfähig werden kann, bleiben die Aussichten auf Frieden und menschlichen Fortschritt düster und zweifelhaft. Doch wollen wir uns in Bezug auf das Hauptziel keiner Illusion hingeben: Ohne ein Vereinigtes Europa keine sichere Aussicht auf eine Weltregierung. Die Vereinigung Europas ist der unverzichtbare erste Schritt zur Verwirklichung dieses Zieles".*[23]

Wer noch ein bisschen mehr Aufklärungsmaterial benötigt, dem seien die Bücher „Die einzige Weltmacht – Amerikas Strategie der Vorherrschaft" des 2017 verstorbenen Politikwissenschaftlers und Politikberaters Zbigniew Brzeziński sowie „Der Weg in die Weltdiktatur"[24] und „Drehbuch für den 3. Weltkrieg"[25] von Thomas P. M. Barnett, US-Militärstratege und damaliger Mitarbeiter im Team von US-Verteidigungsminister Donald Rumpsfeld, wärmstens empfohlen. Er schreibt in seinem „Drehbuch", das bereits 2005 in Englisch erschien: *(...) Und ebenso wenig möchte ich die enormen sozialen, wirtschaftlichen und politischen Herausforderungen herunterspielen, denen Europa sich bei der Integration von Flüchtlingen und Einwanderern aus Asien und Afrika entgegensieht. Ich sage Ihnen bloß, dass es das wert ist – und zwar alles.*[26] *Aus Barnetts Sicht muss es noch viele Kriege, Unruhen und Krisen weltweit geben, um am Ende am Ziel anzukommen, nämlich eine Zukunft, die es wert ist, geschaffen zu werden, ihn Form der Vormachtstellung der USA und der Ausschaltung von*

Völkern, die ihre Kultur und Identität bewahren und ihren Nationalstaat erhalten wollen.[27] Wie sagte doch Yascha Mounk am 20.02.2018 in den Tagesthemen: *„(…) dass wir hier ein historisch einzigartiges Experiment wagen, und zwar eine monoethnische, monokulturelle Demokratie in eine multiethnische zu verwandeln. Das kann klappen, das wird, glaube ich, auch klappen, aber dabei kommt es natürlich auch zu vielen Verwerfungen (…).“*[28]

So, es kann losgehen mit der Aufklärung, denn jeder kann ein Aufklärer sein! Jetzt sind Sie dran.

Offener Brief:
Ein klares NEIN zum Bürgerkrieg!!!

Von Petra Paulsen

Frau Bundeskanzlerin Dr. Angela Merkel,

Lehrer haben aus Sicht von Schülern oft die unangenehme Eigenschaft, Fragen zu stellen und bei Konflikten den wahren Verursacher ausfindig machen zu wollen. Mancher Pädagoge kann diese Eigenschaft auch in seiner Freizeit nicht ablegen, weswegen ich Ihnen privat als Bürgerin und dreifache Mutter bereits am 23. Mai 2017 einen offenen Brief geschrieben habe.[1]

Als Lehrerin der Fächer Biologie und Chemie gehört u.a. sexuelle Aufklärung zu meinen Themen. Privat geht es mir jedoch um politische Aufklärung, weswegen ich hoffe, dass meine offenen Briefe von vielen Bürgern gelesen und geteilt werden. Dank Smartphone, WhatsApp & Co. lässt sich aus diesen auch völlig unkompliziert eine Sprachnachricht machen. Schließlich haben immer weniger Menschen Zeit zum Lesen längerer Texte.

In der Kürze liegt bekanntlich die Würze, doch manchmal muss man etwas länger ausholen, um Zusammenhänge verständlich darzustellen.

Auf meinen zweiten offenen Brief an Sie anlässlich der Äußerungen von Yascha Mounk in den *Tagesthemen* im Februar 2018 zu dem in Deutschland gerade laufendem einzigartigen historischen Experiment, „eine monoethnische, monokulturelle Demokratie in eine multikulturelle" nebst „vielen Verwerfungen" zu verwandeln, habe ich bislang keinerlei Reaktion aus Berlin erhalten.[2] Warum nicht?

Habe ich letztes Jahr nur Post von der CDU-Bundesgeschäftsstelle mit lauter Beschwichtigungen aufgrund der vor der Tür stehenden Bundestagswahl bekommen. Wollte man mir damit ein wenig Bürgernähe und Problembewusstsein vorgaukeln? Unterm Strich war die CDU-Post aus Berlin eine einzige Beleidigung meiner Intelligenz! Habe ich auf meinen zweiten Brief keine Antwort erhalten, da dieses teuflische Spiel, wie ich es genannt habe, hier stattfinden soll und tatsächlich über Jahrzehnte geplant wurde?

In Deutschland werden täglich durch Ihre verantwortungslose Politik der offenen Grenzen unschuldige Menschen gleich welcher Herkunft, gleich welchen Glaubens Opfer von Verbalattacken, Messerstechereien, Schlägereien, Vergewaltigungen, Schießereien auf offener Straße am helllichten Tag und schlimmstenfalls Mord im Sinne von Mounks Verwerfungen.

Interessiert Sie das alles nicht, Frau Bundeskanzlerin? Mafiöse Kartelle, Clanstrukturen und islamistische Gotteskrieger konnten sich während Ihrer gesamten Regierungszeit ungehindert ausbreiten und sich dank Ihrer Open-Borders-Politik bis heute in ganz Europa festsetzen.[3] Berlin selbst scheint immer mehr ein Hexenkessel zu werden.[4] Man könnte glatt zu dem Schluss kommen, dass dahinter ein System steckt.

Menschen, die gegen die offenen Grenzen, gegen die Einreise ohne Papiere friedlich demonstrieren und Trauermärsche für die Mordopfer veranstalten, werden nicht selten von Gegendemonstranten angegriffen.[5] Andersdenkende halten lieber den Mund aus Angst vor Repressalien und Verlust ihres Arbeitsplatzes.

Politiker, die Kritik an Ihrer Politik äußern, werden bedroht und auch medial scharf angegangen. Autoren wird die Veröffentlichung von kritischen Büchern erschwert und dank des NetzDGs von Heiko Maas wird die Meinungsfreiheit zunehmend eingeschränkt, wie man aus den Freien Medien immer wieder hören kann. Erinnert das alles nicht sehr an totalitäre Regime, mit denen Deutschland ja schon so seine Erfahrungen gemacht hat?

Sie allerdings scheinen in der ehemaligen DDR ja eher privilegiert aufgewachsen zu sein, durften Sie doch in Leipzig und im Ausland studieren, von Ihrer Rolle als FDJ-Funktionärin ganz zu schweigen.[6]

Selbst an der innerdeutschen Grenze gab es „nur" 327 Tote zuzüglich 139 toter Flüchtlinge an der Berliner Mauer, während allein schon in diesem Jahr 1.500 Menschen auf der Flucht im Mittelmeer gestorben sind.[7 und 8] Nicht nur die Sonne lacht gerade über Deutschland, während man in Ländern wie China, Myanmar und Malaysia nur noch den Kopf über uns schüttelt. Wäre ich Sie, Frau Merkel, könnte ich mir morgens vor dem Spiegel aufgrund meines schlechten Gewissens nicht mehr in das Gesicht blicken!

Sie haben als Christin – Sie sind als Pfarrerstochter doch gläubige Christin, oder? – mittlerweile zum vierten Mal den Amtseid unter dem Zusatz „So wahr mir Gott helfe" geschworen und eine neuerliche Amtszeit als Bundeskanzlerin der Bundesrepublik Deutschland angetreten.[9]

Dass dem Amtseid keinerlei „eigenständige rechtliche Bedeutung" zukommt und dieser somit wohl eher eine Farce darstellt, wirft doch so manche Frage auf.[10] Wenn Sie nicht dem deutschen Volk dienen müssen, das nach Ihrer Definition „jeder ist, der in diesem Land lebt", also dann ja auch jeder, der sich illegal hier aufhält, wessen Interessen bedienen Sie dann?[11]

Zu gerne weisen Politiker wie beispielsweise Bundespräsident Frank-Walter Steinmeier mit seinem Buch *Europa ist die Lösung: Churchills Vermächtnis* auf den früheren englischen Premierminister als einen der Gründungsväter des EU-Projektes und dessen Rede von 1946 in Zürich hin.[12] Aus dieser Rede ergibt sich bereits die Sonderrolle der Briten in Europa und mit dem Brexit haben diese die Notbremse gezogen, denn das ehemalige *British Empire* ist nicht gewillt, Ihre Migrationspolitik mitzutragen und seine Souveränität aufzugeben.

Kennen Sie als Trägerin des Europa-Preises der *Europa-Gesellschaft Coudenhove-Kalergi*, der auch Helmut Kohl und Jean-Claude Juncker verliehen wurde, denn auch die von Richard Nikolaus Coudenhove-Kalergi für Churchill geschriebene Rede, die dieser im Mai 1947 in London hielt?[13] Diese gibt einen „wunderbaren" Einblick auf die weitreichenden Ziele einer angloamerikanischen Politikelite:

„Wir geben uns natürlich nicht der Täuschung hin, dass die Vereinigten Staaten von Europa die letzte und vollständige Lösung aller Probleme der internationalen Beziehungen darstelle. Die Schaffung einer autoritativen, allmächtigen Weltordnung ist das Endziel, das wir anzustreben haben. Wenn nicht eine wirksame Welt-Superregierung errichtet und rasch handlungsfähig werden kann, bleiben die Aussichten auf Frieden und menschlichen Fortschritt düster und zweifelhaft. Doch wollen wir uns in Bezug auf das Hauptziel keiner Illusion hingeben: Ohne ein Vereinigtes Europa keine sichere Aussicht auf eine Weltregierung. Die Vereinigung Europas ist der unverzichtbare erste Schritt zur Verwirklichung dieses Zieles."[14]

Neben dem Paneuropäer Coudenhove-Kalergi wird EU-Mitbegründer Jean Monnet mit folgenden Worten zitiert: *„Europas Länder sollten in einen Superstaat überführt werden, ohne dass die Bevölkerung versteht, was geschieht. Dies muss schrittweise geschehen, jeweils unter einem wirtschaftlichen Vorwand. Letztendlich führt es aber zu einer unauflösbaren Föderation."*[15]

Helmut Kohl wurde 2007 mit der goldenen Medaille der *Stiftung Jean Monnet für Europa* ausgezeichnet.[16] Wussten Sie, Frau Bundeskanzlerin, dass auf der Karlspreis-Medaille von Jean Monnet und Konrad Adenauer der Satz „Dem Schöpfer der ersten souveränen übernationalen europäischen Institution" eingraviert war?[17] Klingt das nicht ein wenig gottgleich und nach einer gehörigen Portion Selbstüberhöhung? Ich wüsste ja zu gerne, was man Ihnen, Martin Schulz, Papst Franziskus, Jean-Claude Juncker und Emmanuel Macron auf den Karlspreis geschrieben hat.

Coudenhove-Kalergi schrieb jedenfalls bereits 1925 (!!!) in seinem Buch *Praktischer Idealismus,* in dem er sich u.a. auch mit dem Heiden-, Juden- und Christentum befasst, Folgendes: *Heute ist Demokratie Fassade der Plutokratie: weil die Völker nackte Plutokratie nicht dulden würden, wird ihnen die nominelle Macht überlassen, während die faktische Macht in den Händen der Plutokraten ruht. In republikanischen wie monarchischen Demokratien sind die Staatsmänner Marionetten, die Kapitalisten Drahtzieher: sie diktieren die Richtlinien der Politik, sie beherrschen durch Ankauf der öffentlichen Meinung die Wähler, durch geschäftliche und gesellschaftliche Beziehungen die Minister. (…) Die Plutokratie von heute ist mächtiger als die Aristokratie von gestern: denn niemand steht über ihr als der Staat, der ihr Werkzeug und Helfershelfer ist.*

Übersetzt heißt das, dass Wahlen praktisch nichts bewirken und alles nur eine große Show ist. Frau Merkel, das ist ja unglaublich! Sie, die vermeintlich mächtigste Frau der Welt, sollen nur eine Marionette der Geldherrschaft sein! Wer steckt dahinter, etwa der militärisch-industrielle Komplex, der Probleme schafft, die es ohne ihn nicht geben würde?[18] Werden deswegen über den öffentlich-rechtlichen Rundfunk, die Mainstreammedien z.B. aus dem Hause Ihrer Freundin Friede Springer[19] und Stiftungen, die gerne Umfragen in Auftrag geben, wie die Bertelsmann-Stiftung Ihrer Freundin Liz Mohn[20],

Einheitsmeinungen wie z.B. 2015 bezüglich der Willkommenskultur – allein diese Wortschöpfung ist sehr beachtenswert – verbreitet?

Zwischen öffentlicher und veröffentlichter Meinung kann es durchaus gewaltige Unterschiede geben. Und jetzt passen Sie mal bitte gut auf, Frau Bundeskanzlerin: Coudenhove-Kalergis Ansicht nach sei der *Mensch der fernen Zukunft ein Mischling* und *die eurasisch-negroide Zukunftsrasse, äußerlich der altägyptischen ähnlich, wird die Vielfalt der Völker durch eine Vielfalt der Persönlichkeiten ersetzen*[21] Aber das wissen Sie ja bestimmt schon alles schon.

Ein Schelm, wer dabei Böses denkt, möchte man meinen. Dabei hatte seine Nichte Barbara Coudenhove-Kalergi am 7. Januar 2015, also noch bevor die „Flüchtlingskrise" so richtig an Fahrt aufnahm, im österreichischen *Standard* einen Artikel mit dem Titel *Völkerwanderung – Europa bekommt ein neues Gesicht, ob es den Alteingesessenen passt oder nicht*[22], geschrieben. Wurden deshalb die finanziellen Kürzungen beim Welternährungsprogramm für Flüchtlinge vorgenommen?[23] Werden aus diesem Grund die Grenzen bis heute nicht zum Schutze von uns Bürgern geschlossen, Frau Doktor Merkel?

Schließlich sind mit Migranten jeglicher Art lukrative Geschäfte zu machen und Grenzkontrollen würden die deutsche Wirtschaft mindestens 77 Milliarden Euro in zehn Jahren kosten.[24] Jaja, es geht immer nur ums Geld. In der Nähe zur Heimat hätte man mit jedem Euro viel mehr Menschen helfen können, doch das war ja gar nicht gewollt, weswegen viele Menschen gezwungenermaßen die Flüchtlingscamps in Richtung Europa verlassen haben.

Wo blieb da die so hochgepriesene Humanität, wo Ihr freundliches Gesicht? Mein Tipp: Opfern Sie mal ein wenig Ihrer freien Zeit und sehen Sie sich das Filmdrama „Der Marsch" (Original „The March", BBC-Fernsehdrama von 1990) auf YouTube an, welcher einer *Self-Fulfilling Prophecy* gleichkommt.[25]

Schon 1999 sagte Wenn-es-ernst-wird-muss-man-lügen-Juncker, der ein echter Bruder im Geiste von Monnet zu sein scheint, über die Trickkiste der EU:

Wir beschließen etwas, stellen das dann in den Raum und warten einige Zeit ab, was passiert. Wenn es dann kein großes Geschrei gibt und keine Aufstände, weil die meisten gar nicht begreifen, was da beschlossen wurde, dann machen wir weiter – Schritt für Schritt, bis es kein Zurück mehr gibt.[26]

Erschienen ist diese Äußerung in einem *Spiegel*-Artikel mit dem Titel *Die Brüsseler Republik – Im 21. Jahrhundert wächst der europäische Bundesstaat heran. Er wird ein Multikulti-Staatsvolk von wenigstens 440 Millionen Menschen umfassen.*[27] Auch Herr Juncker scheint ein echter Prophet zu sein, während so mancher nicht einmal weiß, was er seinen Kindern am nächsten Tag zu essen machen soll.

Martin Schulz, Ihr vermeintlicher politischer Gegner, hätte ja gerne bis 2025 die Vereinigten Staaten von Europa mit eigener EU-Verfassung, d.h. dieses Thema ist nach 70 Jahren aktueller denn je, wenngleich Sie auf dieses Thema zurückhaltend reagiert, aber nicht klar Stellung bezogen haben.[28] Dies sind die üblichen politischen Spielchen, die wir auch von Ihnen und Herrn Seehofer kennen. Nicht einmal jeder dritte Deutsche ist für die Vereinigten Staaten von Europa (VSE) oder besser gesagt, für die EUdSSR[29], doch das scheint die Politiker in Berlin und Brüssel nicht zu interessieren. Die Zeche darf aber wie üblich der deutsche Steuerzahler begleichen.

Apropos Brüssel: Wie geht es eigentlich dem Rücken von Herrn Juncker? Man konnte gar nicht mit ansehen, wie er auf dem NATO-Gipfel in der belgischen Hauptstadt durch die Gegend torkelte und wankte. Nur gut, dass man sich in der NATO aus Sicht der Politiker gegenseitig hilft und (unter)stützt, persönlich wie militärisch. So konnte er wenigstens trotz Schmerzen die Schönen, Reichen und Mächtigen auf diesem Treffen abbusseln.[30]

Das bereits 1997 von Zbigniew Brzeziński, dem 2017 verstorbenen Globalisten, Politikwissenschaftler und -berater etlicher amerikanischer Präsidenten von Carter bis Obama verfasste Buch *Die einzige Weltmacht – Amerikas Strategie der Vorherrschaft* haben Sie bestimmt gelesen.[31 und 32] Auf dem Klappentext meiner Ausgabe, die 2015 im ach so bösen Kopp-Verlag erschienen ist, wird Helmut Schmidt mit den Worten *Ein Buch, das man lesen und ernst nehmen sollte* zitiert, was man hinsichtlich der NATO-Osterweiterung und neuer US-Russlandsanktionen nur unterschreiben kann. Falls Sie es nicht wussten: Die Begriffskonstruktion „Tittytainment" wird Brzeziński zugeschrieben.[33] Inhaltlich lässt sich diese auf die einfache Formel „Brot und Spiele für das Volk" zwecks Ruhigstellung in Form medialer Berieselung reduzieren.

Thomas P. M. Barnett ist ein ehemaliger Harvard-Student und -Doktorand, US-Militärstratege und früherer Mitarbeiter im Amt zur Transformation der Streitkräfte nach 9/11 von US-Verteidigungsminister Donald Rumpsfeld.[34] Schon 2004 bzw. 2005 schrieb er die Bücher *Der Weg in die Weltdiktatur* und *Drehbuch für den 3. Weltkrieg: Die zukünftige neue Weltordnung*. Beide gibt es erst seit 2016 in deutscher Sprache, doch bereits 2003 berichtete *ZEIT ONLEIN* **über Barnett.**[35] Er selbst war mit der Wahl der deutschen Buchtitel einverstanden! Dabei liest man über die neue Weltordnung (NWO) doch immer, diese sei eine reine Verschwörungstheorie. In seinem „Drehbuch" schreibt er: *(…) Und ebenso wenig möchte ich die enormen sozialen, wirtschaftlichen und politischen Herausforderungen herunterspielen, denen Europa sich bei der Integration von Flüchtlingen und Einwanderern aus Asien und Afrika entgegensieht. Ich sage Ihnen bloß, dass es das wert ist – und zwar alles.*[36] Klingt das nicht sehr nach Yascha Mounk, Frau Merkel? Barnetts Ausführungen nach lernte er die Bevölkerungsbombe sogar lieben (s. hierzu auch den Replacementbericht der UN aus dem Jahr 2000[37]) und wie Coudenhove-Kalergi träumt auch er von Menschen mittlerer Hautfarbe, da der Begründer seiner *eigenen Religion, Jesus Christus, sicherlich mit diesem Hautton auf Erden gewandelt* sei.[38] Aus Barnetts Sicht muss es noch viele Kriege, Unruhen und Krisen weltweit geben, um am Ende am Ziel anzukommen, nämlich eine Zukunft, die es wert ist, geschaffen zu werden, nämlich in Form der Vormachtstellung der USA und der Ausschaltung von Völkern, die ihre Kultur und Identität bewahren und ihren Nationalstaat erhalten wollen. „Sag' beim Abschied leise Servus an das Selbstbestimmungsrecht der Völker" fällt mir dazu nur noch ein.[39]

Sie selbst haben ja bereits 2010 vollmundig verkündet, dass sogar der Ansatz von Multikulti absolut gescheitert sei.[40] Vor diesem global-geostrategischen Hintergrund ergibt Ihr Satz natürlich einen ganz neuen Sinn. Es sei mir hier die Frage gestattet: Hat hier eine elitäre Clique einen Pakt mit dem Satan geschlossen?

Ich persönlich hoffe, dass immer mehr Menschen verstehen, was für ein teuflisches, rassistisches und tödliches Spiel (Nikolas Sarkozy (2008)[41]; Peter Sutherland (2012)[42]; Frans Timmermans (2015)[43 und 44]; Dimitris Avramopoulos (2015)[45;] Wolfgang Schäuble (2016)[46]; Ban Ki-moon (2016)[47]) mit uns

Menschen gespielt wird. Jeder sollte sich einmal fragen, welche Rolle dabei der EU, UNO, NATO, CIA, dem WEF, der Bilderberger-Konferenz und der Transatlantikbrücke zukommt, und welche Rolle den vielen NGOs, oft von Ihrem neuen Berliner Nachbarn George Soros finanziert.[48]

Sie als gut informierte Politikerin und Fan grüner Politik wissen doch bestimmt auch, dass der frühere US-Vizepräsident Al Gore von Sugar Daddy Soros finanziert wurde.[49] Dieser sollte die Öffentlichkeit über die Auswirkungen einer vom Menschen verursachten globalen Erwärmung auf den Planeten belügen.[50]

Und nur mal so unter uns beiden Hamburger Deerns und Naturwissenschaftlerinnen:

- Warum dürfen im Hamburger Hafen Kreuzfahrtschiffe anlegen, die nun mal nicht mit Biodiesel betrieben werden, während es gleich nebenan in Altona für Dieselfahrzeuge Fahrverbote gibt?
- Warum dürfen Nordseekrabben den langen Weg nach Marokko per Schiff machen, um da gepult zu werden? Warum werden Altkleider und Elektroschrott nach Afrika verschifft?
- Warum exportiert man EU-subventionierte Tiefkühlhähnchen, Tomaten, Kartoffeln usw. nach Afrika?
- Warum durfte die Bayer AG erst kürzlich den umstrittenen Monsanto-Konzern, der Landwirte durch genmanipuliertes Saatgut zu Leibeigenen macht, übernehmen und damit zum weltweit größten Saatgut- und Glyphosathersteller werden?[51]

Na, die Antworten kennen wir doch beide, Frau Merkel. Man könnte wirklich zum chronischen Schnappatmer werden. Sicherlich bekäme man dann noch eine CO_2-Atemluftsteuer aufgebrummt!

Und wie sieht es mit der protestantischen und katholischen Kirche – gerade muss ich an Bedford-Strohm und Marx, die beiden Kreuzableger denken – nebst Vatikan unter jetziger Führung des ersten nicht-europäischen Papstes seit 1272 Jahren aus?[52 und 53] Dieser gehört dem oftmals von der katholischen Kirche schon verbotenen Jesuitenorden an.[54] Den Jesuiten wird seit langem eine besondere Nähe zur Macht nachgesagt. Der Pontifex selbst sieht Europa als eine unfruchtbare Großmutter an, weswegen er die globale Migration natürlich befürwortet, statt sich für eine Geburtenkontrolle in Afrika auszusprechen.[55]

Zu den großen Migrationsprofiteuren gehören beispielsweise ja auch die beiden kirchlichen Wohlfahrtsverbände Diakonie und Caritas.[56] Gutgläubige Menschen wie z.B. ehrenamtliche Flüchtlingshelfer, Unterstützer des Schleppertums und Demonstranten, die auf der vermeintlich richtigen Seite zu stehen glauben, sollten sich einmal überlegen, wem sie tatsächlich dienen. Leider sind diese oft nur nützliche Erfüllungsgehilfen einer menschenverachtenden Machtelite.

Zur NATO, dem einstigen Verteidigungsbündnis, fällt mir noch etwas ein: Was sagen Sie eigentlich zu den Ausführungen von 2007 des Ex-NATO-Generals Wesley Clark bezüglich eines geheimen Memos des Verteidigungsministers Donald Rumsfeld von 2001, kurz nach den Ereignissen von 09/11? Hiernach sollten der Irak, Syrien, Libanon, Libyen, Somalia, Sudan und Iran innerhalb von fünf Jahren zerstört werden.[57]

Wir erinnern uns ganz kurz an die Ausführungen von Barnett. Bis auf einen zeitlich etwas verzögerten Ablauf und bis auf den Iran wurden – natürlich rein zufällig – diese Länder allesamt ins Chaos gestürzt.

Dabei bleibt abzuwarten, wie es politisch zukünftig mit dem Iran weitergehen wird. Seit Jahrzehnten werden die Länder im Mittleren und Nahen Osten sowie in Afrika destabilisiert und mit Bürgerkriegen ins Chaos gestürzt.

Dabei geht es doch immer nur um das eine: Gas- und Ölvorkommen wie auch Bodenschätze für die politischen, wirtschaftlichen und finanziellen Ziele westlicher Eliten. Gezielt werden dort False-Flag-Operationen angezettelt sowie Regime-Changes angestrebt, wie im Irak 2003 und Libyen 2011.[58 und 59]

Dadurch werden unzählige Menschen aus ihrer Heimat vertrieben. Diese dienen dann hauptsächlich der unfruchtbaren Großmutter Europa als neue Konsumenten und billige Arbeitskräfte aufgrund fehlender Qualifikation, d.h. auch diese Menschen werden nur zum Zweck der Pläne der Globalisten benutzt.

Hillary Clinton, Außenministerin unter US-Präsident und Friedensnobelpreisträger Barack Obama – wofür hat der diesen Preis eigentlich bekommen?

– triumphierte regelrecht über den Tod Gaddafis, der bekanntlich der Türsteher Europas war.[60] Saddam Hussein, Osama bin Laden, Muammar al-Gaddafi können nicht mehr reden, und auch Anis Amri, der mutmaßliche Weihnachtsmarktattentäter von Berlin, schweigt für immer.

Der Fall Amri wirft ja so einige Fragen hinsichtlich geheimdienstlicher Verstrickungen auf.[61] Musste Gaddafi sterben, damit der Weg für Migranten nach Europa freigemacht werden sollte, weil es um libysches Erdöl ging oder weil er 2007 Sarkozy den Wahlkampf finanzierte?[62 und 63] Gehören Krieg, Tod und Vernichtung zu den westlichen Werten, die immer so hochgepriesen werden?

Sie, Frau Dr. Merkel, waren entgegen Ihren heutigen Äußerungen sehr wohl für einen Militäreinsatz im Irak mit mindestens 500.000 Toten, dessen unmittelbare Folge die Entstehung des IS war, und haben auch einen Bundeswehreinsatz dort nicht ausgeschlossen.[64, 65 und 66]

Die Spätfolgen durch den erst 2017 durch das Pentagon zugegebenen Einsatz von Uranmunition bleiben noch abzuwarten.[67] Leiden Sie am Golfkriegssyndrom ganz eigener Art, wie die *SZ* schrieb, oder an partieller Amnesie? Als wahre Christin müssten Sie doch wissen, dass das achte Gebot „Du sollst nicht lügen" lautet und dass es sich gegen alle Formen der Lüge wendet, oder?

Lügen haben bekanntlich kurze Beine und ich hoffe, dass eines nicht allzu fernen Tages all die Unwahrheiten, Heucheleien, Täuschungen, Indoktrinationen, Umerziehungsmaßnahmen und Manipulationen der vergangenen Jahrzehnte einer global-ideologisch agierenden neoliberalen Ökosozialismusclique ans Licht kommen.

Im November 2015 sagten Sie, Sie würden kämpfen für „meinen Plan, den ich habe, an den Fluchtursachen anzusetzen, aus Illegalität Legalität zu machen."[68] Ist damit der globale UN-Flüchtlings- und Migrationspakt gemeint gewesen, **über den in den Mainstreammedien kaum etwas zu lesen ist? Interessantes weiß beispielsweise die frühere „Miss Tagesschau" Eva Herman hierzu auf ihrer Internetseite zu berichten.**[69]

Im Dezember 2018 soll der Abschlusstext in Marokko unterzeichnet werden. Deutschland hat für dieses Projekt 2017 bereits 477 Millionen US-Dollar als einer der größten Geldgeber zur Verfügung gestellt.[70] Dieser

Pakt soll völkerrechtlich nicht bindend sein. Die USA haben ihn bereits verlassen, da dieser unvereinbar mit der US-amerikanischen Einwanderungs- und Flüchtlingspolitik ist. Ebenfalls hat Ungarn sich daraus zurückgezogen, Tschechien wird auch keine illegale Migration unterstützen. Kanada, Australien und Japan werden da vermutlich auch nicht mitmachen. Indien hat bereits hinsichtlich Einwanderung eigene Vorstellungen wie auch Myanmar.[71]

Im Falle von Myanmar berichten deutsche Mainstreammedien übrigens nicht die Wahrheit über die Rohingyas, Frau Doktor Merkel. Vielleicht hat die Bundesregierung ein wenig vorschnell finanzielle Hilfe in Höhe von 11,2 Millionen Euro zur Verfügung gestellt. Fraglich ist, wer damit unterstützt wird.

Wer seit zwanzig Jahren persönliche Kontakte in das frühere Burma hat, der weiß, dass es dort zu Massakern und Enthauptungen durch islamistische Terroristen und Rohingyas an Hindus und Buddhisten gekommen ist, wie man es korrekt bei *Tichys Einblick* lesen kann.[72] Womit haben wir nur all diese Lügen verdient? Papst Franziskus soll sogar gesagt haben, Jesus Christus heißt heute Rohingya.[73] *Oh Herr, vergib ihnen, denn sie wissen nicht, was sie tun!*

Ich bin mir sicher, Frau Merkel, Deutschland wird ganz vorne mit dabei sein, wenn es um die Umsetzung dieses Paktes geht. Schließlich ist das doch wohl Ihr angekündigter Plan und laut einiger Journalisten denken Sie ja immer alles vom Ende her. Gerne hätte ich von Ihnen gewusst, ob Sie wie ich Menschen kennen, die in Südafrika gelebt oder dort Angehörige durch Mord verloren haben? Warum haben wir nicht schon längst die Farmer Südafrikas bei uns aufgenommen, die dort enteignet und bestialisch ermordet werden?[74 und 75]

Es wird hoffentlich nicht daran liegen, dass diese weißer Hautfarbe und ursprünglich europäischer Prägung sind? Warum kümmert man sich in Europa nicht um die Aufnahme der 200 Millionen verfolgten Christen?[76] Ich habe da so eine Vermutung. Haben Sie die Wähler nicht getäuscht, indem Sie von Ihrem Merkel-Plan, der ja nicht von heute auf morgen aus dem Boden gestampft wurde, nichts Konkreteres erzählt haben? Hätten Sie hierzu nicht eine Ansprache, ähnlich Ihrer Neujahrsansprache machen können?

Warum haben Sie nicht schon längst wie einige Ihrer Amtsvorgänger die Vertrauensfrage im Bundestag gestellt? Man könnte meinen, Sie sind eine echte Überzeugungstäterin, weswegen so mancher in Ihnen Honeckers Rache sieht.[77] Tatsächlich sind Sie wohl eher eine willige Gehilfin eines elitären Kreises, dem es eben nicht um den vorgeschobenen Frieden und das Narrativ der Humanität geht, sondern um Zugang zu Rohstoffen, Saatgut, Wasservorräten, billigen Arbeitskräften, Wirtschaftswachstum und Gewinnmaximierung um jeden Preis.

Hier werden Menschen unter falschen Vorgaben gezielt zu einer weltweiten humanen Manövriermasse gemacht, wobei am Ende wohl eher die moderne Sklaverei steht.[78] So starben gerade in Italien 16 Migranten als Erntehelfer, die dort regelrecht ausgebeutet werden.[79] Was für ein unmenschliches und erbärmliches Trauerspiel!

Denken Sie nur mal an den Aufschrei aus der Wirtschaft, als die Mannschaft, also die Fußballnationalmannschaft bei der WM 2018 um 16 Uhr gegen Südkorea spielte. Ökonomen rechneten mit einem Gesamtverlust zwischen 130 und 200 Millionen Euro.[80]

Den fleißigen Menschen in diesem Land ist aber auch nichts vergönnt. Dabei kommt bei den Bürgern immer weniger an, wie man allein an der maroden Infrastruktur dieses Landes seit Jahren unschwer erkennen kann. Im September 2017 habe ich im ZDF bereits insbesondere Heiko Maas, neulich noch Justiz-, heute schon Außenminister, auf die Situation an deutschen Schulen hingewiesen.[81] Was ist seitdem passiert? Nichts, denn gerade heute musste ich wieder lesen, der Lehrermangel würde sich weiterhin zuspitzen.[82]

Ach, wer hätte das gedacht? Seit dem 1. August 2018 rollt gerade der Familiennachzug an. Egal, Bildung wird sowieso total überbewertet.

Und wenn ich nur an die vielen Wohnungslosen und Kinder in prekären Zuständen in diesem Land denke, wird mir ganz schlecht.[83 und 84] Von wegen „Mama Merkel". Wenn der Sozialstaat durch die rechtliche Gleichstellung weiterer Migranten anhand des Migrationspaktes mit einheimischen Bürgern, die täglich fleißig zur Arbeit gehen und jede Menge Steuern zahlen, zusammenbricht – was dann? Von einem Wirtschaftsabschwung und dem Zukunftsprojekt „Industrie 4.0", sofern es dazu irgendwann mal kommen wird, ganz zu schweigen.

Sie als bereits einmal geschiedene Frau haben Ihr persönliches Paarexperiment beendet, weil Sie und/oder Herr Merkel festgestellt haben, dass das mit Ihnen beiden keine gemeinsame Zukunft hat. Was aber, wenn dieses Humanexperiment in Deutschland und Europa mit Millionen Menschen völlig unterschiedlicher Kultur, Herkunft und Sozialisierung scheitert? Dann können wir nicht mal eben die Scheidung einreichen! Dieses Land „erfreut" sich einer ständig wachsenden Salafistenszene und ist zu einem sicheren Hafen von Dschihadisten geworden.[85 und 86]

Selbst bei *Welt online* ist immer häufiger in Leserkommentaren von der Angst vor Bürgerkrieg in Deutschland zu lesen, während sich in anderen Foren so mancher den Bürgerkrieg herbeizusehnen scheint, ohne auch nur die leiseste Vorstellung davon zu haben, was das bedeuten und wem genau das dienen würde.

Wer wie Sie und viele andere hochrangige Politiker keine genetische Zukunft hat, muss sich um seine Nachkommen keine Sorgen machen. Umso mehr bleibt zu hoffen, dass immer mehr Menschen ihre Angst vor Beschimpfungen als Nazis und Rassisten verlieren. **Es muss endlich Klartext hinsichtlich der Migration gesprochen werden. Schließlich geht es für uns Bürger um die friedliche Zukunft Deutschlands mitten in Europa.**

Sie selbst haben ja in einem „äußerst bemerkenswerten" Interview 2015 in Bern gesagt, Angst sei noch nie ein guter Ratgeber gewesen.[87] Die Angst muss endlich der Wahrheit weichen. Dabei bleibt zu hoffen, dass sich auch die vielen gut integrierten Ausländer verstärkt zu Wort melden, die dieses Land und seine Vorzüge lieben gelernt haben und weiterhin hier in Frieden leben wollen. Deutschland könnte mit gezielt eingesetzten Mitteln so viel Gutes im eigenen Land und mit Sinn und Verstand in den ärmsten Ländern der Welt bewegen, ohne die dort weltweit reichsten Präsidenten mit Unsummen an versickernder Entwicklungshilfe zu unterstützen![88] Sollte Nächstenliebe nicht vor der eigenen Tür beginnen und sich immer weiter ausbreiten?

Gerne würde ich meine Fragen an Sie direkt richten. Daher bin ich natürlich auch gerne bereit, zu einem Gespräch zu Ihnen nach Berlin zu kommen. Dieses müsste dann unbedingt aufgezeichnet und ohne einen Vorab-Fragenkatalog in ungeschnittener Form der Öffentlichkeit zugänglich gemacht werden. **Vielleicht lassen Sie sich, die Sie ja sehr experimentierfreudig zu**

sein scheinen, wenn es um andere Menschen geht, auf dieses für Sie ja wahrscheinlich beinahe waghalsige Experiment mit mir ein!

Sollte ich auch auf diesen Brief keine ausführliche Antwort Ihrerseits bekommen, gehe ich davon aus, dass ich mit meinen Ausführungen richtig liege. Keine Antwort ist manchmal auch eine Antwort. Machen Sie mit Ihrer bisherigen Migrationspolitik weiter, nehmen Sie und die Regierungstruppe in Berlin und Teile der EU in Brüssel soziale Unruhen und bürgerkriegsähnliche Zustände gemäß der Worte des früheren CIA-Chefs Michael V. Hayden billigend in Kauf.[89]

So bleibt nur noch die Hoffnung, die bekanntlich ja zuletzt stirbt, dass immer mehr Menschen all diese Zusammenhänge erkennen und sich nicht gegeneinander aufhetzen lassen. Vielmehr sollten alle gemeinsam und friedlich für bessere Lebensbedingungen hier und in der Welt auf die Straße gehen.

Ein Bürgerkrieg in Europa würde unvorstellbares Elend bedeuten und unzählige Tote aufgrund einer atomisierten Gesellschaft sowie dank Ihrem „Divide et impera" fordern. Ein solcher wäre mit Sicherheit ein weiterer Schritt in ein totalitäres Europa mit immer weniger Bürgerrechten, Bargeldverbot und keinerlei Aussicht mehr auf Bürgerentscheide. All dies wäre nur ein weiterer Schritt im Sinne der *Schaffung einer autoritativen, allmächtigen Weltordnung* der Globalistenelite unter US-amerikanischer Vormachtstellung. Das kann niemand von uns Bürgern in Europa wirklich wollen! **Ihnen wünsche ich nur eines: Gnade Ihnen Gott, Frau Merkel!**

Auf eine friedliche Zukunft für alle Menschen, vor allem aber für die Kinder in Deutschland, Europa und der ganzen Welt!

In tiefer Sorge

Petra Paulsen

Wirtschaft – Von Krisen, Geldkritik bis Bargeldverbot

Wirtschaftsnachrichten stellen, obwohl sie oft von vielen Lesern weniger beachtet werden, ein wichtiger Indikator für den Pulsschlag der Welt dar. Die Finanzkrise, das Euro-Gebilde, Steuern und Geldverschwendung, Bargeldverbot und Kryptowährungen sowie die ganz allgemeine Kritik an unserem Geldsystem sind genauso wichtig für ein allumfassendes Verständnis aktueller Politik und des fortlaufenden Weltgeschehens wie die Fragen „Wer macht mit wem Geschäfte?", „Wer leitet die Geschicke großer Unternehmen und Banken?", sowie „Welcher Politiker berät welches Unternehmen und vor allem umgekehrt, welches Unternehmen und welche Bank nimmt Einfluss auf die Politik?".

Denken Sie daran: Wenn Geld die Welt regiert, ist es umso wichtiger zu wissen, wer das Geld regiert!

Dass diese Fragen sehr spannend sein können, zeigt sich in der täglichen Redaktionsarbeit unserer Blogs immer wieder, wenn es z.B. darum geht, wie sehr sich der ehem. Finanzminister Peer Steinbrück beim Entwurf des „Bankenrettungspakets" hat von Banken beraten lassen. Denn auch hier gilt: Wer die Hintergründe kennt, der versteht die wahren Beweggründe.

Dabei ist es unseren Autoren sehr wichtig, auch komplizierte Zusammenhänge so allgemeinverständlich wie möglich zu machen und einen Blick hinter die Kulissen zu geben. Hier macht sich eine Sache sehr stark bemerkbar: Wir sind unabhängig von Werbekunden, deshalb können wir über alles und jeden schreiben, jeden Schmutz aufdecken, ohne in der Angst leben zu müssen einen wichtigen Werbekunden zu verärgern. Dass das nicht immer ganz ungefährlich ist, davon kann ich Ihnen persönlich ein Lied singen, nach der Veröffentlichung meines ersten Buches „Bankster: Wohin Milch und Honig fließen“ erreichten mich diverse Drohungen, auch von ehem. Mitstreitern aus meiner Zeit als Banker. Jedoch sehe ich sowas wie die meisten meiner heutigen Kollegen sportlich und ganz nach dem Motto des Soldaten und Landsknechtsführers Georg von Frundsberg: Viel Feind', viel Ehr'!

Die nachfolgenden Texte sprechen für sich, weshalb ich an dieser Stelle auf weitere Zeilen dazu verzichte.

Steuerhinterziehung Oder: Die höchste Form des zivilen Ungehorsams!

Von Hanno Vollenweider

Eine Bemerkung vorweg: Dieser Artikel enthält die schlimmste Hetze, die sich bundesdeutsche Ermittlungsbehörden vorstellen können, eine kriminelle Handlung weitaus schlimmer als Kindesmissbrauch oder Mord. Denn er beinhaltet Zeilen und Argumente, die Sie dazu bringen könnten, das schlimmste Verbrechen am Staate Deutschland zu begehen: aktive, geplante und mit vollster Überzeugung begangene Steuerhinterziehung.

Ich bitte Sie hiermit inständig darum, diesen Artikel nicht zu lesen oder diesen Wisch als schlechte, sich zu nah an der Wahrheit befindliche Satire abzutun. Fühlen Sie sich von mir nicht genötigt, den Rahmen der Legalität zu verlassen, denn in Deutschland würde ich als Anstifter zu dieser grausamsten aller Straftaten bereits verfolgt werden und wahrscheinlich weitaus länger eingekerkert als jeder U-Bahn-Schläger, Ehrenmörder oder Macheten-Mann.

Aber nun zum eigentlichen Text. Lassen Sie mich ein wenig ausholen:

Vor gut einer Woche konnten wir wieder überall lesen, was wir so oder so schon alle wussten: Deutschland ist Vize-Weltmeister! Nicht im Fußball, da sind wir sogar Weltmeister! Nein, wir sind Vize-Weltmeister im Steuerzahlen. Eine OECD-Studie belegt das jetzt Schwarz auf Weiß und stellt Deutschland damit ein neues, offizielles Armutszeugnis aus.

Fast 50 Prozent eines Durchschnittseinkommens werden von Gehältern in Deutschland laut einer neuen OECD-Studie an Steuern und Sozialabgaben abgezogen (OECD-Schnitt 36,0 Prozent). Nur in Belgien ist der Wert höher. *„Geht ja noch!"*, meinen Sie jetzt? Na, dann fahren Sie sicherlich kein Auto und nutzen keinen Strom, denn die horrende Benzinsteuer und die von Jahr zu Jahr steigende EEG-Umlage, die wir in Deutschland zahlen, ist in dieser Statistik noch gar nicht berücksichtigt. Auch steuerähnliche Zwangsabgaben wie der Beitragsservice für ARD, ZDF und Konsorten werden nicht berücksichtigt. Ebenso wenig wie Kurtaxen, Mehrwert-, Tabak-, Kaffee-, Bier-, Branntwein-, Schaumwein-, Tanz-, Vergnügungs-, Wett- und Lotteriesteuern oder wie sie alle heißen. Und natürlich ganz davon abzusehen, die Steuer auf Gelder, für die schon einmal Steuern bezahlt wurden, wie z.B. Vermögens-, oder Erbschaftssteuer – die beiden Letzteren sollen ja, wenn es nach den „Staatzis" von der roten Front geht, bald wieder ordentlich steigen. Denn der Staat braucht mehr Geld!

Nein, halt! Eigentlich braucht der Staat nicht mehr Geld! 2016 haben wir sogar rund 7 Mrd. € zu viel an Steuer bezahlt, also einen Steuerüberschuss produziert! Aber der bleibt erstmal in Wolfgang Schäubles Schublade für schlechte Zeiten und natürlich, um irgendwie die Kosten der Masseneinwanderung stemmen zu können. Und sowieso, wenn wir den großen deutschen Zeitungen glauben dürfen, dann haben nicht wir Steuerzahler durch harte ehrliche Arbeit für diesen Steuerüberschuss gesorgt, sondern die Politik! Überschriften wie *„Schäuble hat gut gewirtschaftet"* und *„Regierung erwirtschaftet Steuerüberschuss"* bewirken bei mir echt die schlimmsten Gesichtsentgleisungen. Traut sich die Presse nicht, dem Bürger mitzuteilen, dass dort 7 Mrd. € zu viel Steuern eingesammelt wurden, oder sind das alles Etatisten *par excellence*? Wahrscheinlich leider eher Letzteres …

Wer unseren Staat kennt oder ganz einfach ab und zu mal die Sendung „Mario Barth deckt auf" geschaut hat, der weiß schon lange, wie „die Politik" mit unseren Steuergeldern umgeht. Ich z.B. „freue" mich jedes Jahr aufs Neue auf das „Schwarzbuch" vom Bund der Steuerzahler (hier gratis bestellen: http://www.schwarzbuch.de/das-schwarzbuch-bestellen/) und schaue mir dann bei einer Flasche Wein oder meistens sogar zwei an, wo unsere hart verdienten Milliarden wieder so verschwendet wurden und was – entschuldigen Sie das Wort – für ein Scheiß von öffentlicher Seite mit Millionen über Millionen unterstützt wird. Darunter zum Beispiel, wie schon die „Junge Freiheit" im März berichtete: 4,2 Millionen für ein Strohheizkraftwerk in Polen, fünf Millionen für die energetische Moscheesanierung in Marokko, 25 Millionen für Fahrradautobahnen und sogar 527.000 € für ein Projekt namens „konfliktärmeres Fahrradfahren", nicht zu vergessen die ganzen fehlgeplanten Autobahnbrücken, die sinnlos landauf, landab herumstehen oder Großprojekte wie der BER, die grundsätzlich x-Mal so teuer werden, wie ursprünglich geplant. Ich könnte Ihnen hier noch unzählige Beispiele bringen, aber lesen Sie lieber selber nach.

Ohne die erwähnten zwei Flaschen Wein, so muss ich ehrlich zugeben, könnte ich diese Demütigung der ehrlichen Steuerzahler nicht ertragen. In meinem Freundes- und Bekanntenkreis gibt es Menschen, die zum Überleben nicht annähernd das nötige Geld haben, behinderte Menschen, alleinerziehende Mütter, Invaliden, Rentner mit 48 abgeleisteten Arbeitsjahren, die nicht genug haben, um sich im Winter die Wohnung warm zu machen. Der *Spiegel* berichtete vor einigen Tagen darüber, dass die Kinderarmut in Deutschland in den letzten Jahren rapide gestiegen ist, jedes 5. Kind ist arm! Vor allem im Osten Deutschlands steigt die Quote bedrohlich an – aber da stellt man ja lieber alte Busse hochkant auf (Kosten: 57.000€), um an das Elend anderer zu erinnern, als etwas gegen die Verwahrlosung vor der eigenen Haustüre zu tun. Von der Altersarmut möchte ich erst gar nicht anfangen. Mir treibt es regelmäßig die Tränen in die Augen und die Wut packt mich innerlich, wenn ich Bilder von bettelnden Kindern oder flaschensammelnden Rentnern sehe, Sie nicht?

Ich kann dieses *„Aber Deutschland geht es doch gut!"*, nicht mehr hören, das stimmt so einfach nicht mehr! Deutschland geht es zwar nicht an allen Ecken schlecht, aber es beginnt in wesentlichen Punkten schlechter zu werden, und ohne eine Kehrtwende in der Politik sehe ich den Abwärtstrend unaufhaltbar weiter fortschreiten.

Weiter zu einem meiner Lieblinge, die EU. An die EU zahlt Deutschland jedes Jahr 14,3 Mrd. € mehr als das Land zurückbekommt, dazu kommen Sonderzahlungen wie z.B. 1 Mrd. € an die Türkei für „EU-Fortschritte" etc. – die Euro-Rettung, der Rettungsschirm – alles Dinge, die uns in Zukunft um Kopf und Kragen bringen werden, und das, wo wir unseren Kindern in Deutschland so oder so schon einen Schuldenberg von rund 2,3 Billionen hinterlassen (Stand in realen Zahlen am 27.4.2017 um 14 Uhr: 2.291.263.190.000 €), und jede Sekunde kommen ungefähr 1550 € hinzu.

Die Zahlen lügen nicht, und selbst wenn ich jetzt wie ein Stammtischprolet klinge: Deutschland ist der Zahlmeister Europas und die Leidtragenden sind die Deutschen.

Um mich noch einmal allgemein zu wiederholen. In meinen letzten Interviews und meinem Buch habe ich immer wieder eine Zahl genannt: 1.000 Mrd. €. Diese Hausnummer geht uns EU-Bürgern jedes Jahr alleine durch Steuervergünstigungen für Großunternehmen durch die Lappen. Bei ca. 510 Mio. Einwohnern sind das sage und schreibe 1.960 € pro Einwohner, egal ob Mann, Frau, Baby oder Greis – und das jedes Jahr! Gelder, welche pure Geschenke für die Global Player sind, was dazu ganz nebenbei für eine absolut verhältnislose Unfairness gegenüber unseren heimischen Mittelständlern sorgt, die sich gegen Firmen wie *Amazon & Co.* nicht zur Wehr setzen können. So etwas widerspricht jeder Grundregel einer gesunden Marktwirtschaft und allgemein der Menschlichkeit! Vor allem, wenn durch einzelne Unternehmen aufgrund von Lobbyarbeit einzelner Großkonzerne und Postenschacherei in der Politik die Welt geplündert wird. Für mich, der ich mit Murray Rothbards Büchern unterm Kopfkissen schlafe, ist das alles mehr als unverständlich.

Was können Sie dagegen tun? Nun, ich könnte jetzt schreiben: *„Legen Sie den Apparat lahm, machen Sie ihn wehrlos! Denn der einzige Grund, warum sich in Deutschland und der gesamten EU die Mühlen noch drehen, sind Ihre Steuerabgaben. Ohne Ihr Geld ist dieser schwerfällige, aufgeblähte Kasten bewegungsunfähig. Und dann, ja dann reicht ein Antippen mit dem Zeigefinger, um ihn zu Fall zu bringen. Sie haben es in der Hand! Ich, als ehemaliger Bankster, muss mich leider zurückhalten, meine Steuererklärung kontrolliert sicherlich so was wie das „GSG9" des Finanzamts. Aber Sie, Sie könnten schummeln, was das Zeug hält."* Das könnte ich schreiben, aber es ist verboten, und deshalb sollten Sie es nicht tun! Gell, Sie verstehen schon.

Für den Anfang reicht es sicherlich bereits, wenn Sie sich einen Steuerberater nehmen und an ihrer Steuererklärung optimieren, was zu optimieren geht, selbst wenn der Steuerberater nachher so viel kostet, wie das, was Sie an Steuern einsparen. Protestieren Sie auf diese Weise, es ist die Einzige, die unsere bürokratischen Verschwender wirklich merken.

Und noch ein Punkt! Unterstützen Sie die heimische Wirtschaft und meiden Sie Unternehmen, die sich durch ihre Firmen- und Steuersparpolitik aus der Verantwortung stehlen!

8 Wege wie Deutschland systematisch zerstört wird

Von Charles Krüger

Ich möchte über die 8 wichtigsten Methoden reden, durch die Deutschland systematisch zerstört wird.

1. Es findet eine methodische Schwächung der deutschen Wirtschaft durch immer höhere Steuern und stetig mehr kostenintensive Vorschriften statt, die den Mittelstand und die Industrie vermehrt in die Knie zwingen und ein sinnvolles Wirtschaften in Deutschland zunehmend nur noch für multinationale Konzerne mit den passenden Kontakten in die Politik und ausreichend großen Rechtsabteilungen ermöglichen.

Ein Resultat dieser Politik ist, dass Investoren ihr Geld lieber in anderen Ländern als in Deutschland anlegen, z.B. Asien oder jetzt nach den Steuersenkungen vielleicht wieder den USA, während gleichzeitig die Industrie in Regionen abwandert, wo man noch wirtschaftlich agieren kann. Damit nehmen sie natürlich jede Menge Arbeitsplätze mit, dessen Fehlen hier zu millionenfacher Arbeitslosigkeit führt, deren wirkliches Ausmaß in den offiziellen Arbeitslosenstatistiken nur teilweise wiedergeben wird.

2. Der nächste Mechanismus zur Schwächung Deutschlands ist die Umschuldung von Südeuropa nach Nordeuropa, sodass deutsche Steuerzahler für unverantwortliche Regierungen in Südeuropa haften, wodurch wir gezwungen werden, deren Schulden zu übernehmen und schlussendlich eine indirekte Form von Bankenrettung stattfindet, bei der Geld von dem deutschen Steuerzahler an südeuropäische Regierungen gegeben wird, welche es direkt weiter an die Banken geben, bei denen diese Regierungen verschuldet sind.

Gleichzeitig kauft die Europäische Zentralbank in Südeuropa Staatsanleihen, was ihr bei ihrer Gründung explizit verboten wurde, aber wen interessieren schon Verträge in Europa? Dadurch inflationiert die Zentralbank den Euro, wodurch Ersparnisse unaufhörlich aufgeweicht werden, was die Wirtschaft schwächt und die Menschen schädigt.

Der Auftrag der Europäischen Zentralbank war es, den Euro so stabil zu halten wie die Bundesbank damals die D-Mark. Aus dem Grund wurde die Europäische Zentralbank auch in Deutschland, speziell in Frankfurt, angesiedelt, um sich nach dem Vorbild der Deutschen Bundesbank zu verhalten. Stattdessen verhält sich die Europäische Zentralbank wie eine südeuropäische Zentralbank und weicht das Geldsystem immer stärker auf, kauft ohne Ende Staatsanleihen von Pleitestaaten und verstärkt damit den generellen Trend zur wirtschaftlichen Zerstörung Europas. Die Niedrigzinspolitik ist dabei ein finanzpolitischer SuperGAU, deren ganzes Chaos wir in den nächsten Jahren noch genau sehen werden.

Die Staatsverschuldung ist wahrscheinlich eines der ausgeklügeltsten Korruptionssysteme der Menschheitsgeschichte: Regierungen lieben es, weil sie damit mehr Geld ausgeben können, um sich Wählerstimmen in der Bevölkerung zu erkaufen, als sie durch die Enteignung der Bevölkerung durch das Steuersystem eingenommen haben. Banken stehen daraufhin schon bereit, um dem Staat Kredite zu geben. Je mehr der Staat bei Banken verschuldet ist, desto mehr haben Banken den Staat finanziell in der Hand, weil der Staat immer abhängiger von neuen Krediten von den Banken ist.

Sollte es dann zu Krisen kommen, revanchieren sich die Staaten, plündern ihre Bevölkerungen über das Steuersystem und geben dieses Geld dann in Form von Bankenrettungen an die Großbanken.

Finanziert wird das ganze durch die Zentralbank, die permanent neues Geld aus dem Nichts erzeugt, damit die Banken immer genug Geld zum Kaufen von Staatsanleihen haben, um das ganze Korruptionssystem auf Laufen zu halten.

Also nochmal einfach: Staaten verschulden sich, um mehr Geld auszugeben, als sie eingenommen haben. Banken geben hauptsächlich diese Kredite und haben den Staat damit zunehmend finanziell in der Hand. Staaten müssen wiederum ihre Bevölkerung mit immer höheren Steuern plündern, um die Schulden bzw. allein die Zinsen dafür zu bezahlen. Und Zentralbanken halten das System am Laufen, indem sie immer neues Geld aus dem Nichts erzeugen, wodurch wiederum das Geld der Bevölkerung permanent inflationiert wird. So wird die Bevölkerung systematisch durch die tyranni-

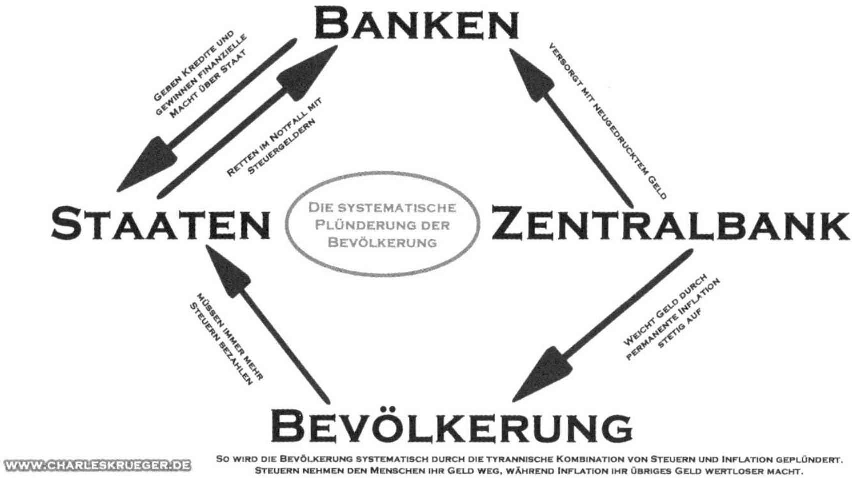

sche Kombination von Steuern und Inflation geplündert. Steuern nehmen den Menschen ihr Geld weg, während Inflation ihr übrigens Geld wertloser macht.

Wenn man sich die Menschheitsgeschichte anschaut, dann ist das wahrscheinlich das beste System, das es jemals gab, um die Bevölkerung systematisch durch eine Gruppe von Bankern und Politikern zu plündern und Wohlstand von den Menschen zu Banken zu transferieren, *ohne* dass es die geplünderten Menschen nennenswert merken.

Und nicht nur die heutige Bevölkerung wird geplündert, sondern es werden auch Schulden aufgenommen, die Menschen werden bezahlen müssen, die jetzt noch nicht mal geboren wurden. Man verkauft zukünftige Generationen in Schuldsklaverei, um im Hier und Jetzt politische Programme zu finanzieren, die keinerlei ökonomische Existenzberechtigungen haben. Aber Politiker haben keinen Anreiz, langfristig zu denken. Sie machen nur das, was ihnen hilft, die nächste Wahl zu gewinnen. Was interessiert sie schon ein Schuldenberg, der in z.B. erst 30 Jahren abbezahlt werden muss, wenn sie bereits längst in Rente sind? Und dieser Schuldenberg wird von Menschen abgezahlt werden müssen, die nichts dafür können, dass dieser Schuldenberg überhaupt existiert, bzw. die nicht einmal am Leben waren, als diese Schulden aufgenommen worden.

Alle sagen: „Denk mal an die Kinder!". Euch sind doch die Kinder völlig egal! Ihr steckt sie in grottige Zwangsschulen, überladet sie von dem Tag ihrer Geburt an mit Schulden und wollt dann, dass sie immer höhere Steuern bezahlen, um eure Schulden abzubezahlen, mit denen ihr über euren Verhältnissen gelebt habt. Und wenn sie dann noch Geld übrighaben, dann sollen sie gefälligst damit das Zwangsrentensystem finanzieren.

Meinst Du, die Leute, die aller 4 Jahre Parteien wählen, die ihnen immer mehr Geld versprechen, mehr Renten, mehr Sozialleistungen, mehr dies, mehr jenes, kümmern sich um die jungen Menschen, die den ganzen Unsinn schlussendlich bezahlen müssen? Denk mal an die Kinder? Niemand hat in den letzten Jahrzehnten in der Politik an die Kinder gedacht, sonst hätten wir heute nicht 2 Billionen Euro Staatsschulden, riesige Steuern, damit allein die Zinsen gezahlt werden können, und ein politisches System, das nur noch darauf basiert, welcher Bevölkerungsgruppe ein Politiker mehr Geld versprechen kann, um sie dazu zu bekommen, für ihn zu wählen, damit er an die Macht kommt!

3. Die ständige Aufrechterhaltung der Schuldkultur. Als Deutscher soll man sich für alle Ewigkeit schlecht für die Sachen fühlen, die selbst bei älteren Menschen viele Jahrzehnte vor der eigenen Geburt passiert sind. Man soll verantwortlich sein für Dinge, die man nie getan hat und bei denen man noch nicht mal gelebt hat, als sie passiert sind.

Es ist wichtig und richtig die Geschichte zu kennen, um zu verhindern, dass sie sich wiederholt, aber es ist eine völlig andere Sache, den Deutsche einen Schuldkomplex einzureden, während es immer weniger Menschen gibt, die zum damaligen Zeitpunkt überhaupt gelebt haben, geschweige denn zu dem Zeitpunkt verantwortliche Erwachsene waren.

4. Die Energiewende und der Atomausstieg sind weitere wesentliche Schritte, um Deutschland in die Knie zu zwingen. Indem man dafür sorgt, dass die Energiekosten extrem steigen, verarmt man die Menschen und sorgt wiederum dafür, dass die Industrie das Land verlässt, um in anderen Regionen zu produzieren, wo die Energiekosten noch erschwinglich sind, wodurch Wohlstand und Arbeitsplätze das Land verlassen.

Am meisten leiden Arme unter steigenden Energiekosten, weil sie es sich nicht einfach leisten können, wenn die Stromkosten ständig steigen. Dadurch verbreitet sich Armut, besonders wenn gleichzeitig immer mehr Arbeitsplätze das Land verlassen, weil man hier immer weniger noch sinnvoll wirtschaften kann. Strom wird durch stetig steigende Kosten der staatlich erzwungenen Energiewende immer mehr zu einem Privileg von Reichen. Hey, lass uns Benzin immer stärker besteuern, damit auch Autos zu einem Privileg von Reichen werden. Richtig, Grüne?

Gleichzeitig drangsaliert man Hausbesitzer in Deutschland mit immer neuen Vorschriften, sodass sie z.B. extrem kostspielige Heizkessel oder Klärgruben zwangskaufen müssen, auch wenn der alte Heizkessel noch bestens funktioniert, weil irgendeine neue Vorschrift verlangt, dass man umsteigt. Viele Hausbesitzer werden damit in den finanziellen Ruin getrieben oder müssen ihre letzten Notersparnisse aufbrauchen.

5. Durch die erzwungene Teilnahme Deutschlands an Kriegen überall auf der Welt, speziell im Mittleren Osten, destabilisiert man diese Regionen und sorgt dafür, dass Deutschland ein interessantes Ziel für Terroristen für Rachetaten wird.

Indem auch deutsche Truppen mithelfen, ganze Landstriche zu zerbomben, Städte unbewohnbar zu machen und auch Unschuldige zu verletzen, sorgt man dafür, dass die Menschen millionenfach aus ihren Heimaten fliehen müssen, typischerweise nach Europa.

Gleichzeitig sagen europäische Wohlfahrtstaaten, speziell Deutschland: *„Kommt alle her! Hier könnt ihr von Sozialleistungen auf Kosten anderer Menschen leben. Hier könnt ihr mehr Geld durch Sozialleistungen „verdienen", als ihr in eurem Heimatland durch Arbeit verdienen konntet."*

Wer würde da nein sagen?!

Die aus diesen beiden Gründen – Kriege und Wohlfahrtstaaten – resultierende Massenumsiedlung wurde dann gegen den Willen der Bevölkerungen in Europa durchgeführt. Im Sommer, sobald es warm genug ist, könnten wir eine weitere historische Massenwanderung sehen, wenn die bereits angekommenen Einwanderer ihre Familien nachholen. Ob die

Menschen in Europa das wollen, ist den europäischen Regierungen dabei völlig egal!

Die Bundesregierung korrumpiert dabei z.B. Gemeinden, Einwanderer aufzunehmen, indem sie ihnen Geldprämien versprechen. Die Bürger dieser Gemeinden wollen dies dann vielleicht nicht, aber die Gemeinden entscheiden sich trotzdem dafür, weil sie das süße Bestechungsgeld der Regierung wollen.

6. Durch Gesetze wie das NetzDG soll sichergestellt werden, dass jede Kritik an der Einwanderungspolitik der Bundesregierung als Hassrede zensiert und/oder strafrechtlich verfolgt werden kann. Statistiken, die erhöhte Flüchtlingskriminalität zeigen, sollen eingestellt werden oder die Kriminalität nicht mehr nach einheimischen und zugezogenen Personen unterscheiden. Das Zitieren dieser offiziellen Statistiken ist ab jetzt auch Hass und Hetze und wird zensiert. Es werden also nicht nur Beleidigungen und Drohungen zensiert, sondern auch das simple Hinweisen auf belegbare Tatsachen, weil die Wahrheit nicht mehr genannt werden darf, wenn sie nicht politische korrekt ist und/oder nicht in das Weltbild des Regimes passt.

7. Durch das Zwangsgebührenfernsehen, was sich zunehmend ins Internet verlegt und dort durch die Mediengruppe FUNK YouTuber kauft, versucht der Staat auch im Zeitalter des Internets die Deutungshoheit zu behalten, um so zu beeinflussen, was die Menschen denken und wie ihnen Nachrichten präsentiert werden. So wird man gezwungen, für die Propaganda gegen einen selber zu bezahlen.

8. Durch die stetige Machtzentralisierung der Europäischen Union solle jede Unabhängigkeit Deutschlands abgeschafft werden. Während Martin Schulz buchstäblich die Vereinigten Staaten von Europa fordert, wird mehr Souveränität abgetragen und dann an ungewählte Bürokraten gegeben. So kann man dafür sorgen, dass man Deutschland kontrolliert, egal welche Regierung gerade an der Macht ist. Sollte es bei der Bundestagswahl 2021 oder 2025 zum Beispiel zu einer AfD-Regierung kommen, aber die Regie-

rung bis dahin keine Entscheidungsgewalt mehr haben wird, weil alle Macht an die Europäische Union übergeben wurde, dann kann man sicherstellen, dass niemand mehr etwas gegen die Machtergreifung machen kann und die letzten Möglichkeiten auf Einflussnahme von der einfachen Bevölkerung genommen wurden.

Das waren die 8 Gründe in Kurzform: Die wirtschaftliche und finanzielle Zerstörung, die Schuldkultur zur Zerstörung jeglicher Heimatverbundenheit, die Energiewende, die demographische Zerstörung durch Millionen kulturfremder Einwanderer, Zensur, Propaganda und letztendlich die Entmachtung Deutschlands.

Und das Ganze soll nicht mal so klingen, als gäbe es irgendeine weltweite Verschwörung gegen Deutschland. Ganz und gar nicht. Die größte Gefahr für die Freiheit, den Wohlstand und die Sicherheit von Deutschland sind wahrscheinlich die deutschen Wähler, die seit Jahrzehnten Politiker und Parteien wählen, die uns in diese ganze Situation gebracht haben. Klar, es gibt bestimmt jede Menge reicher und mächtiger Menschen, die von diesen ganzen Entwicklungen profitieren und sie vorantreiben, aber die könnten nichts machen, wenn nicht erhebliche Teile der Bevölkerung deren Pläne akzeptieren würden oder sie aufhören würden dabei mithelfen, diese Pläne umzusetzen.

www.charleskrueger.de

Wenn Rettung zur Gefahr für Wohlstand und Demokratie wird

Von Thomas Bachheimer

Wer in den Maßstäben der letzten Jahrzehnte zu denken gewohnt ist, fragt sich nicht umsonst „Was ist nur mit Deutschland los?", „Man erkennt das Land nicht mehr – wie konnte sowas passieren?" An und für sich sollten die vielen außergewöhnlichen Ereignisse in einer reifen Demokratie doch niemals möglich sein – und dennoch: Es hat sich ein veritabler Wandel vollzogen, welcher nicht bottom-up, sondern top-down gesteuert wurde. Ein regelrechter Putsch von oben – sprich die Vertreter des Staates (im Folgenden: Herrscher) – gegen das eigene Volk. Und das in einer Demokratie, wo doch Grundgesetz und das Befolgen der „Rule of Law" (RoL) solchen Entwicklungen Einhalt gebieten sollten.

Die RoL, deren Einhaltung und deren teilweise nötigen Brüche durch die Regierenden und das Überziehen dieser RoL-Brüche sollten Gegenstand dieses Essays sein.

„Rule of Law" bezeichnet ein Konzept, das das Regieren auf der Basis von Gesetzen als wesentlich hervorhebt und dem Recht absoluten Vorrang vor anderen Maßstäben oder Begründungen für hoheitliches Handeln einräumt. Es entwickelte sich vor allem vor dem Hintergrund der Geschichte des angelsächsischen Rechtssystems, dem das Common Law zu Grunde liegt. Heute stellt das Konzept der „Rule of Law" einen Eckpfeiler westlicher, demokratischer Systeme dar, und der Begriff findet sich in westlichen Verfassungen wieder (Quelle: Wikipedia).

Kurzum, das RoL als Prinzip stellt dar, dass der Mensch von Gesetzen und nicht von Menschen regiert werden sollte. Dieses Prinzip existiert seit Aristoteles, wurde auch in nachfolgenden Gesellschaften ausgelebt, aber erst seit 1656 hat „das Ding" von James Harrington diesen Namen bekommen. Darauf haben sich die westlichen Gesellschaften zum Schutze der Untertanen geeinigt und auf diesem Prinzip sollte auch jegliches Führen basieren – zumindest in Demokratien, wie wir sie kennen.

Und natürlich war es ein Habsburger (ich, als Österreicher darf das sagen), der dieses Prinzip bis – noch eh es zu seinem derzeitigen Namen kam – zur höchsten Regel des Zusammenlebens erklärt.

FIAT IUSTITIA PEREAT MUNDUS – „Geschehe das Recht, mag auch die Welt untergehen", war das Credo dieses Herrschers und ging in die Geschichte ein.

Das Ausleben dieser Regel war im Normalfall zwar stets von Vorteil für die Untertanen und Gesellschaftsentwicklung, hatte jedoch auch seine Schwächen – insbesondere wenn die Gesellschaft von Krisen bedroht war. Eingriffe des Herrschers waren von Nöten, denn sehr oft gab's durch Kriege Natur- und Katastrophen anderer Art zu Situationen die durch das Gesetzes-Korsett noch nicht richtig abgedeckt waren. Jetzt muss ein Herrscher aber in Krisenfällen zumeist rasch reagieren und für Gesetzesvorlagen, deren Diskussion, Abstimmung und Verabschiedung blieb zumeist nicht die Zeit. Der Herrscher musste handeln, tat dies zumeist auch, was zwar einem Bruch der RoL gleichkam, aber – bei guten Herrschern – Unbill vom Volke abgewendet hat. Gerade mit diesen „schnellen Eingriffen" trennte sich unter den Herrschern die Spreu vom Weizen. Einige waren klug und handelten richtig, andere hatten ein unglückliches Händchen und wurden darob vom Volk abgestraft. Im Bruch der RoL konnte ein Herrscher sich beweisen oder auch in Verdammnis geraten.

Kaiser Ferdinands „Fiat iustitia pereat mundus" hat sich als nicht praktikabel erwiesen, zu viele Krisen und Unvorhergesehenes hat die Gesellschaften im Lauf der Geschichte getroffen. Weshalb die 100%-ige Auslegung des RoL-Prinzips zwar furchtbar edel, aber für einen Herrscher nicht opportun war.

Auch der DDR wird nachgesagt den Staat strikt nach der RoL abzuführen, was das Land per se auch nicht unbedingt lebenswerter oder bürgerfreundlicher gemacht hat. Die RoL als einziges Staatsfundament ist einfach zu wenig.

Anmerkung am Rande: Die einzigen, die sich wirklich strikt nach dem Prinzip 100%ig ausleben sollten, sind Richter und Mitarbeiter des Rechtssystems und vor allem das Verwaltungs- und Verfassungsgericht, zu dem wir in diesem Artikel (ESM) noch kurz kommen werden.

Wir lernen also, dass das RoL alleine nicht das einzig glücklich machende ist, und gute Herrscher im Notfall sich außerhalb dieses Prinzips bewegen sollten und auch müssen. Im Falle der RoL bestätigt die Ausnahme nicht nur die Regel, sondern sollte auch zur Regel gehören. Zur Perfektion gehört das menschliche Handeln und wo das menschliche Handeln im Spiel ist, wird auch übertrieben, Prinzipien werden über Bord geworfen und Regelkorsette pervertiert – womit wir nach der kurzen Einleitung schon im Deutschland des Jahres 2018 und bei seiner Kanzlerin sind.

Natürlich wird Deutschland auch in der Jetzt-Zeit von Krisen getroffen, diese bleiben einfach in keinem Zeitalter aus, so zivilisiert bzw. gut vorbereitet können Gesellschaften gar nicht sein. Und das Auftreten der meisten dieser Krisen ist „naturgegeben" oder Entwicklungen geschuldet, die niemand voraussehen konnte.

Es gibt aber auch Fälle, bei denen Regierungen oder andere Organisationen durchaus ihre Hände im Spiel haben und diese bewusst hervorrufen. Danach sind dann Herrscher ganz besonders gefragt, die die RoL mit Bauchgefühl und in Maßen brechen, um stärkeres Unheil von der ihnen verantworteten Bevölkerung abwenden – denn menschengemachte Krisen sind, wie wir alle wissen, die herausforderndsten!

Die Migrationskrise – und der Bruch der RoL der Regierung

Natürlich ist es nicht meine Aufgabe, zu sinnieren, wer für die Migrationskrise verantwortlich ist, es ist aber klar, dass diese eine der größten Herausforderungen darstellt, der sich Deutschland je zu stellen hatte. Natürlich hat sich die Kanzlerin dieser Herausforderung angenommen und Regeln gebrochen – nicht zuletzt auch da so ein Bruch zumeist mit einem Zugewinn von Machtbefugnissen einhergeht. Es folgen mehrere Gründe, warum die Kanzlerin aber das Recht zum Bruche der RoL völlig überzogen hat und die Demokratie in Deutschland ad absurdum geführt hat, was rein vom gesunden Hausverstand her aber wahrscheinlich (bin kein Jurist) auch verfassungsgemäß (ja, ich weiß in Deutschland heißt es Grundgesetz, aber das ist eine andere Geschichte) auch eine Abberufung der Dame nach sich ziehen sollte.

Sie hat dabei der Krisenbewältigung noch das Addendum „Humanismus" hinzugefügt, um im Namen dieses Humanismus' sämtliche Regeln gebrochen, die ihr das Grundgesetz auferlegt haben. Humanismus ist ja gut und schön, aber Humanismus eindeutig zum Vorteile anderer Bürger und zum Nachteile der „länger hier schon Lebenden“ (die Wortwahl per se schon ein Bruch der Verfassung) kann einfach nicht in den Machtbefugnissen eines Herrschers liegen.

Das Öffnen der Staats-Grenzen für anonyme Einreisewillige, welche hauptsächlich aus zwei Weltregionen kommen und vornehmlich einer Religion angehören, war wahrlich nicht dem Passus „jegliche Bedrohung vom deutschen Volke abzuwenden“ gemäß, worauf die Dame sogar mehrfach ihren Eid darauf geschworen hat.

Die Kriminalisierung jener Bürger, die von ihrem verfassungsmäßig zugestandenen Recht zur Demonstration gebraucht gemacht haben, kann einfach nicht mit Notfall-Maßnahmen erklärt werden.

Genauso wenig kann die Selbstbezeichnung „Kanzlerin der Einwanderer“, sprich Kanzlerin der Interessen jener, die neu hier sind, sie nicht gewählt haben und auch mit Steuerleistungen noch nie etwas zum Aufbau und Erhalt des Landes etwas geleistet haben, was eindeutig diametral zu allem steht, was wir konstitutionell einer Kanzlerin zuschreiben würden, akzeptiert werden.

„Wir schaffen das“ – nicht umsonst das meist kommentierte Zitat der Kanzlerin. Was die wenigsten Kommentatoren allerdings beachten, ist die Tatsache, dass die Kanzlerin hier endgültig aus der Deckung gegangen ist und sich damit als despotische Herrscherin demaskiert hat. Eines der Grundprinzipien in einer Demokratie ist, dass der Bürger Auftraggeber und die Regierung Auftragnehmer sind. Mit einer Kaltschnäuzigkeit, wie sie ansonsten nur bei echten Psychopathen zu finden ist, hat sie diesen Denk- und Leistungsbefehl in die Gehirne ihrer Untertanen geschmettert. Und damit hat sie sich als despotische Herrscherin jenseits jeglicher demokratischen Prinzipien demaskiert.

Alle in diesen Punkten zusammengefassten Verfassungs-, Rechts- und Durchführungsverordnungsbrüche lassen uns berechtigt annehmen, dass die Kanzlerin alleine in dieser einen Krise sich selbst nicht als vom Volk „gewählte Managerin des Volkswillens“, sondern als absolutistische Herrscherin sieht!

Abgesehen von der Migrationsproblematik und wie man dazu steht, sollte eines unbedingt festgestellt werden: dass sich das deutsche Volk – darf man das überhaupt noch schreiben? – diese Brüche, Denkvorschriften gefallen lässt, ist vielleicht mit dem noch immer herrschenden Wohlstand, einer gewissen Wurstigkeit und der in Regierungs-Geißelhaft befindlichen Mainstream-Presse erklärbar, niemals jedoch mit einem gesunden Demokratie-Verständnis der deutschen Staatsbürger. Von daher sollte jeder Einzelne von uns nicht nur auf die herrschende Klasse schimpfen, sondern sich durchaus selbst einmal am Schopf nehmen.

Wenige Jahre vor „Ausbruch" der Migrationskrise kam es im Namen der „Krisenbewältigung" zu mannigfaltigen Rechtsbrüchen durch die Regierungen der „westlichen Werte-Gemeinschaften". Wieder ist eine Krise angeblich „ausgebrochen" und schnelles Handeln war vonnöten. Auch hier haben die Medien mit dem Krisengetrommel und den Rufen nach Rettungsmaßnahmen das Volk blind gemacht und den Herrschern in die Hände gespielt. Es handelt sich um die Finanzkrise, die angeblich ganz plötzlich am 15. September 2008 – es gibt auch ein genaues Datum, wie bei einem Erdbeben, alleine das sollte uns zu denken geben – ausgebrochen war.

Die Brüche der RoL im Finanzsystem – 15. September 2008

Im Gegensatz zu den oben erwähnten „Aktivitäten" der Kanzlerin, die hauptsächlich mit dem Vorschlaghammer agierte, sind die Maßnahmen, welche die Politik in enger Kooperation mit den Banken durchgezogen hat, zur angeblichen „Rettung der Allgemeinheit", real aber zur Rettung des Finanz-Sektors und seiner Profiteure, wesentlich perfider und schwieriger zu durchschauen, als die Maßnahmen während der Migrationskrise.

Krisen-Mitverursacher Zentralbanken – EZB

Bei aller Machtverlagerung und -konzentration im Geldwesen, welche die Einführung von Zentralbanken nach sich gezogen hatte (nicht umsonst haben sich die Amerikaner 3 Mal erfolgreich gegen eine Einführung einer Zentralbank gewehrt) muss festgestellt werden, dass eine Zentralbank ganz im Sinne das RoL ist, bildet sie schließlich die 4. Kraft eines Staates, die „Monetative" und legt sie – zumindest offiziell – in die Hände (vom Herrscher) unabhängiger Akteure.

Dass eine Zentralbank den Zahlungsverkehr und Liquiditätsströme außerhalb des Machtbereiches des Herrschers steuert, ist die Basis für eine Demokratie – nicht zuletzt kennen wir das Geld-Verfälschen aus dem alten Rom (mitverantwortlich für den Niedergang des röm. Reiches) und hierzulande von den mittelalterlichen Fürsten (Kippen und Wippen) die das Inflationieren des Silbergeldes durch Reduktion des Silbergehaltes immer wieder als Mittel der Staatsfinanzierung verwendet haben.

Zentralbanken – sofern regelkonform agierend – boten hier eine ausgleichende Funktion. Kurzfristige Geldentscheidungen werden „im Hause" nach Statut geregelt, langfristig konnte der Herrscher (zur Erinnerung – in Demokratien: das Parlament) die Gesetze und damit Statuten der ZB abändern um „Macht ausgleichend" zu wirken. Perfekt!

Freilich auch hier hat sich die Realität relativ weit von der gut gemeinten Theorie entfernt. Zumeist haben sich die Zentralbanken zu einem Staat im Staat entwickelt, ohne jegliche parlamentarische Kontrolle, alles unter dem Deckel der Unabhängigkeit. Kaum ein Herrscher/Parlament getraut sich noch, in die Machenschaften der Notenbanker per Gesetz einzugreifen. Aus dem gewünschten Ausbalancieren der Geldmacht wurde eine Machtkonzentration, die jene der eigentlichen Herrscher oft bei Weitem übersteigt und so ist es nicht verwunderlich, dass die Vertreter des Souveräns (Politiker) zum Bittsteller bei den Zentralbanken werden und diese wiederum kleine Gefallen wohltätig an die Politiker verteilen. Gut für die Banker, mittelgut für die Politik, ganz schlecht für die wirtschaftlichen Akteure.

Die von der Finanzwelt verursachte Schulden-Krise wurde auf Zuruf der Banken und mit Unterstützung der Politik mit der Ursache der Krise – „neue Schulden" – angeblich repariert.

Unter dem Deckmantel der „Rettung" wurden Statuten, verfassungsrechtliche Barrieren, aber auch geldpolitische Tabus wie „Quantitative Easing", „Outright Monetary Transactions" und ESM, gebrochen. Das alles zur Rettung des Finanzsektors, zur Rettung der Glaubwürdigkeit der Politiker und zulasten der Steuerzahler und Sparer! Das Ergebnis: Staaten haben heute wesentlich mehr Schulden als vor Ausbruch der Krise 2008, z. B. die USA von 61 % des BIP auf 100%, Deutschland von knapp 70% auf 93%. Die per Zwang und unter der Gestaltungskreativität der ZB zustande gekommenen Mehrschulden sind jedoch niemals beim Volke angekommen. Das Aufblähen von Bankbilanzen und die stetig steigenden Börsen, die in der Mehrzahl den systemnahen Menschen und Organisationen dienen, bei gleichzeitigem Zurückfahren der Infrastruktur legen Zeugnis darüber ab, wem die Geldmengen-Erhöhung wirklich gedient hat.

Zusätzlich betreiben die Zentralbanken seit 2008 nicht statutenkonform auch unter dem Deckmantel der „Rettung" reinste Staatsfinanzierung, indem sie nicht mehr am freien Markt handelbare Staatsanleihen aufkaufen und diese Schulden hinter einer Art „Firewall" verschwinden lassen. Und Staatsfinanzierung durch Nationalbanken ist DER Tabubruch schlechthin. Dem nicht genug, werden unter demselben Deckmantel auch Firmenanleihen von systemkonformen Firmen gekauft, was zum einen diesen Firmen die Finanzierung erleichtert und ihnen so einen unglaublichen Wettbewerbsvorteil verschafft, zum anderen werden durch die Käufe von Staatsanleihen, aber auch privaten Anleihen falsche Preissignale an die Märkte geleitet. Die Marktteilnehmer werden deshalb falsche Investmententscheidungen treffen, was wiederum der Grund für die nächste, noch größere Krise ist, die eintreten wird, wie das Amen im Gebet.

Die Banken – gleicher unter Gleichen

Ganz im Fahrwasser der ZB haben es sich die Banken hervorragend „gerichtet". Anstatt Institute, die des Todes waren, sterben zu lassen hat man sie für ihr Nicht-Wohlverhalten belohnt (gleichzeitig die sich wohlverhaltenden Bürger bestraft) und gerettet, was das Zeug hält. Ganz schlimme Fälle wurden zum „eventuellen Auslöser für einen Flächenbrand" erklärt und in Nacht und Nebelaktionen auf Kosten der Gesellschaft not-verstaatlicht (Hypo Alpe Adria, etc.).

Too big too fail

Schon Anfang dieses Jahrtausends schwante so manchen Banken-CEOs, dass man in eine Krise schlittern würde, und sie begannen andere Banken mit teilweiser obskurer Finanzierungstechnik zu übernehmen um „too big too fail" zu werden. Man konnte davon ausgehen, dass die staatlichen Monopol-Kontrollstellen und Kartellbehörden entgegen den Satzungen alles absegnen würden, was vermeintliche Sicherheit bietet und deshalb kam es zu wilden Übernahmekämpfen in der Bankenszene mit noch wilderen Finanzierungsmodellen für diese Übernahmen, was die Krisen-Anfälligkeit des Systems ordentlich erhöht hatte. Staatsversagen pur!

Dem nicht genug, wurde den Banken eine schier unglaubliche Kreativität in der Darstellung ihrer Bilanzen erlaubt – man erinnere sich nur an die Deutsche oder Commerzbank: Beide hatten teilweise katastrophale Quartals-Ergebnisse ausgewiesen, nur um wenige Monate später mit Rekordergebnissen zu brillieren – nur die naivsten Köpfe in der Gesellschaft können solche zauberhaften Entwicklungen in kürzester Zeit wirklich glauben, doch die meisten durchschauen bzw. hinterfragen solche Geschehnisse leider nicht.

Mit diesen Tricks betrogen die Banken nicht nur die Behörden und die Öffentlichkeit, sondern auch – was fast schlimmer ist – die Märkte. Denn auch hier waren auf Grund gefälschter Bilanzen falsche Signale an die Märkte gesendet worden, was wieder zu massiven Fehlallokationen geführt hat. Dieser Bilanz-Betrug bringt uns zu einem „Folge-Ver(s)(g)ehen" der Regierungen, nämlich dem Bruch der „Isonomia".

ISONOMIA

Isonomia (gr. ἰσονομία, von ἴσος ísos, „gleich", und νόμος nómos, „Gesetz") bezeichnete im antiken Griechenland die politische Gleichheit aller Vollbürger einer Polis vor dem Gesetz. Dementsprechend waren Sklaven, Frauen und Metöken (Ortsfremde) von der Isonomie ausgeschlossen (Quelle: Wikipedia).

Das, was den Banken und anderen riesigen Konzernen erlaubt ist (Bilanzfälschung, billigste Finanzierung durch die Zentralbank, Verkauf leidender Anleihen an die Zentralbank, Rettung im Notfall mit öffentlichem Geld) etc., etc., ist dem „normalen Wirtschaftstreibenden" strengstens untersagt. Ein einfacher Tischler, Installateur oder Autohändler würde, sollte er seine Bücher wie die Deutsche Bank führen, noch am selben Tag im Knast landen, während der CEO Millionen-Boni kassiert, wenn er die Bücher mit Erlaubnis der Regierung „richtig frisiert".

Man kann daher getrost die Behauptung aufstellen: Die Regierungen haben im Rahmen der „Rettungsmaßnahmen" schwersten Rechtsbruch begangen und in weiterer Folge noch ein fundamental demokratisches Prinzip gebrochen, nämlich das Prinzip „vor dem Gesetz sind alle gleich". Ohne eine Krise wäre die absolute Bevorzugung bzw. Besserstellung gewisser Branchen, Strukturen und in weiterer Folge auch Menschen schier unmöglich. Aber auch das bleibt nicht ohne Folgen, denn diese Besserstellung zieht ein Phänomen nach sich welches die Wissenschaft vom menschlichen Handeln als „Moral Hazard" bezeichnet.

The Moral Hazard

Nicht zu vergessen hier sind die Auswirkungen dieser staatlichen Rechtsbrüche auf das menschliche Handeln – der „Moral Hazard".

Schon in den 40ern haben die Gegner von staatlicher Wirtschaftsintervention à la Keynes vor einer „Moral Hazard" Situation gewarnt – heute ist diese Warnung aktueller denn je. „Es ist zu befürchten, dass ein großer Konzern, der pleite gehen könnte, vom Staat gerettet wird, weil er sonst womöglich die ganze Volkswirtschaft mitreißen würde (Too Big to Fail)."

Als Folge davon verhalten sich Konzerne risikoreich im Vertrauen darauf, dass ihnen notfalls der Staat beispringen muss (Beispiel „Bail-out" von General Motors durch die US-Regierung). Eine mögliche Gegenmaßnahme wäre Rettung des Konzerns, aber Bestrafung der Manager (Quelle: Wikipedia).

Genau diese Befürchtung ist nun auch eingetreten. Auf Grund des Hintergedankens, dass der Staat ohnehin helfen würde, sind Manager größere Risiken als normal eingegangen – das Ergebnis ist bekannt.

Dies galt sowohl für Banken und CEOs, aber auch für die Chefs größerer Konzerne außerhalb des Finanzsektors. Mit Schaudern erinnern wir uns, als die „Big 3" Autohersteller aus Detroit in Washington vorstellig wurden und um Hilfe baten. Alle drei kamen jeder einzeln mit dem Privatjet, um sich insgesamt 17 Mrd. vom Staat abzuholen. „Too Big to Fail" + „Moral Hazard" auf das Abscheulichste vereint!

Woche für Woche baten dann neue Branchen beim Staat um Hilfe. Bei der letzten Krise waren es in der Hauptsache noch Banken, Auto- und Bauindustrie. Bei der nächsten Krise werden die „Gurkerln auf unseren Wurstsemmerln" aus staatlich garantierter Produktion stammen. Pjöngjang macht's vor.

Wie bei jedem „Bail-out" müssen Steuerzahler und ausländische Kapitalgeber schlechtes Verhalten belohnen und die Rettung durchführen. Zudem wird zwar keine RoL, aber eine uramerikanische Wirtschaftsregel verletzt: „Werfe kein gutes Geld schlechtem nach."

Diese Entwicklungen nach 2008 stellen wohl den bisherigen Tiefpunkt der wirtschaftlichen Moral dar und markieren gleichzeitig den Anfang vom Ende unseres Systems, zumal durch diese RoL-Brüche die wahren Ursachen nicht repariert, sondern lediglich mit nicht durch Produktivität gedecktes Geld – quasi als Pflaster auf einer Wunde – verdeckt, nicht aber geheilt wurden.

Das Schlechteste kommt zum Schluss

Natürlich machen die bisher geschilderten „Rettungsmaßnahmen" den interessierten Beobachter fassungslos, doch leider war das noch nicht alles. Denn das wohl verkommenste Stück in der Rettungs-Regierungs-Rechtsbruch-Historie habe ich mir für den Schluss aufbewahrt. Es ist ...

Der ESM

Nachdem all die Rettungsmechanismen rund um den Euro nicht richtig gegriffen hatten, holte man 2012 zum großen Schlag aus – der Einrichtung des „ESM – European Stability Mechanism" – wohl die Antipode zur „Rule of Law". Man hat einfach über die staatlichen Verwaltungen und über die Monetative (Zentralbanken) noch eine Struktur darüber gestellt hat, der die Vorgenannten absolut untergeordnet sind und wehrlos gegenüberstehen.

Die ESM-Struktur wurde mit folgenden Funktionen und Privilegien ausgestattet:

- der ESM kann jederzeit zur Rettung des Euros JEDE Summe von den Nationalbanken abrufen
- der ESM steht über dem Recht
- der ESM steht außerhalb jeglicher parlamentarischen Kontrolle
- die Struktur selbst und auch die Manager genießen höhere Immunität als jeder Politiker
- absolut niemand kann Einsicht in die Bücher des ESM nehmen

– der ESM wurde zur Rettung von Staaten etabliert

– bei seinem Inkrafttreten wurde eine Bankenrettung durch den ESM explizit ausgeschlossen,

– ein Jahr später wurde die Bankenrettung hinzugefügt

Man kann getrost von einem Ermächtigungsgesetz sprechen. Natürlich haben zahlreiche Bürgerinitiativen, so auch der Autor dieses Essays, gegen diese „Rettungmaßnahme" heftigst protestiert. Einige haben es bis zum deutschen Bundesverfassungsgericht (die oben angesprochene Ausnahme, dass Rechtsvertreter das RoL zu 100 % ausleben sollten) gebracht, welches aber „dem Herrscher" Recht gegeben und die Einrichtung als verfassungskonform beurteilt hat. Voßkuhle sei gedankt!

Die EU-Mitgliedsstaaten haben die finanzielle Verantwortung und Kontrolle an eine „fremde Macht" abgegeben und so die finanzielle Zukunft der Bürger an ein obskures nicht rechtmäßiges Konstrukt übergeben und so jegliche demokratie-politischen aber auch verfassungsmäßigen Prinzipien verlassen – ein Staats-Verbrechen, das Seinesgleichen sucht.

Wenn man sich all diese hier beschriebenen Maßnahmen auf der Zunge zergehen lässt, fragt man sich dann „Was darf der Herrscher eigentlich"? Klar, der Bruch des RoL ist ein erprobtes Mittel zur Bewältigung von Krisen, aber die „westliche (Un-)Wertegemeinschaft" ist hier definitiv zu weit gegangen. Das Ganze hat mit Demokratie nicht im Geringsten was zu tun – seit 2008 ff leben wir de facto in einer Diktatur. In der Hoffnung, dass Europa dereinst wieder re-demokratisiert wird, empfiehlt sich für die Zeit danach ein ...

Notfall-Katalog

Zunächst bedarf es der Definition,

– was ist ein Notfall, weiters,

– wann darf/muss der Herrscher eingreifen,

– welche Maßnahmen/Finanzrahmen stehen ihm zur Verfügung und

– wer bildet das Entscheidungsgremium.

Nächtliche finanzministerliche Banken-Verstaatlichungs-Allein-Entscheidungen zum Beispiel darf es nie wieder geben, ansonsten wird das an und für sich positive, herrschaftliche Eingreifen für immer pervertiert und die Herrscher werden dazu neigen, im Namen der „Krisenbewältigung" Maßnahmen zu setzen, die der Erfüllung ihrer ureigensten politischen (oder noch schlimmer) einer fremden Agenda, dem Ausbau ihrer Macht, oder gar der Verwirklichung ihrer persönlichen Vorstellungen dienen können.

Als einer, der dem Staat stets skeptisch auf die Finger schaut, bin ich natürlich gegen das Etablieren neuer Regeln – wir haben bereits genug davon. Aber die jüngere Vergangenheit hat uns gezeigt, dass ohne ein solches Zusatz-Korsett die Herrscher im Krisenfalle Ihre Macht pervertieren und einzementieren zum Unwohle der Gesellschaft und unter Gefährdung des Fortbestandes echter demokratischer Verhältnisse – dafür aber zum Wohle politischer Visionen, zum Wohle des Finanzsektors sowie zum Wohle größer Konzerne, und der eigenen Macht.

In den letzten Jahrzehnten hören wir immer wieder den auf die Depression der 30er Jahre und ihre politischen Folgen abzielenden Satz „Das darf nie mehr passieren". Diesen Satz sollten wir künftig unbedingt auch auf die Jahre 2008ff anwenden, uns zu Herzen nehmen und als Bürger mehr Obacht walten lassen.

www.bachheimer.com

Wer alles dafür tun wird, das Bargeldverbot durchzusetzen, und warum

Von Thomas Bachheimer

Ausgehend von der Deutschen Bank und mit großer medialer Unterstützung hat die öffentliche Diskussion rund um die Bargeldabschaffung 2016 neuen Schwung erhalten.

Neben den hinlänglich bekannten Gründen, wie Freiheitseinschränkung, und Schaffung des transparenten Bürgers/Konsumenten kommen auch noch systembedingte Gründe aus der Freiheits-Bekämpfungs-Triangel Politik, Zentralbank und Bank hinzu.

Dieses Geldregime kann nur ohne Bargeld weiterleben

Bargeld stört massiv bei der Überwälzung der Lasten der Finanzkrise weg vom System hin zum Bürger. Denn solange es die Möglichkeit der Hortung gibt, ist ein Negativzins langfristig nicht durchsetzbar und somit würde die Interventionsspirale zur geplanten Enteignung der Bürger ein jähes Ende finden. Ohne Bargeld – keine Hortung. Und damit jederzeitige Zugriff aufs Vermögen!

Banken wären Bankrunrisiken los

Ein „Bankrun" ist logischerweise nur unter einem Bargeldregime möglich. Dieses Faktum eröffnet der Finanzindustrie komplett neue Möglichkeiten. Man denke nur an die Eigenkapitalerfordernisse der Banken. Ohne Bargeld kann der Kunde sein Geld verkonsumieren oder maximal von Bank A zu Bank B verschieben. Der Bankensektor insgesamt bliebe aber von Fluchttendenzen unberührt und behielte seine Vormachtstellung.

Theoretisch unbeschränkte Giralgeldschöpfung

Die Notenbanken verpflichten die Banken ja dazu, eine so genannte Mindestreserve der Einlagen ihrer Kunden auf einem Konto der Notenbank zu halten. Je geringer der Mindestreservesatz, desto höher sind im Prinzip die Kreditvergabemöglichkeiten der Banken. Mit Abschaffung des Bargeldes wäre auch ein Mindestreservesatz von einem Prozent (Euroraum) obsolet. Aus 100 Euro Einlage könnten dann nicht nur, wie aktuell, knapp 10 000 Euro neue Kredite und damit Geld geschaffen werden, sondern ein Vielfaches davon. Der Geldschöpfungsprozess würde allein durch ein Bargeldverbot auf eine komplett neue Ebene gehoben werden. Fairerweise sei hier erwähnt, dass es auch eine Kreditnachfrage geben muss um den Prozess in Gang zu halten, Kreditangebote alleine reicht nicht, das wissen wir seit 2008!

Der Finanz-Zentralstaat wird aufgebaut

In den letzten 15 Jahren wurde die nationale Souveränität in Geldfragen von der EU sukzessive ausgehöhlt. Die EZB hat den nationalen Zentralbanken unter Beihilfe der jeweiligen Europapolitiker einen Verantwortungsbereich nach dem anderen genommen und diese dadurch fast schon obsolet gemacht. Nach der Geldpolitik und der Bankenaufsicht macht man sich nun daran, durch ein Bargeldverbot auch den Zahlungsverkehr zu zentralisieren.

EU vs nationales Recht

Die Politik (Liberale und Konservative) stellt sich offen gegen diese Initiative oder schweigt zumindest (Linke und Grüne). Manche wollen sogar das Bargeld in der Verfassung verankern, was aber nicht mehr ganz so einfach ist. Genau diese Diskussion würde den Konflikt zwischen EU-Recht und nationalem Recht schüren und somit würden breitere Schichten der Bevölkerung erkennen, welches Unrecht mit dem EU-Beitritt geschehen ist, und wie stark unsere nationale Souveränität in Geldfragen erodiert ist.

Warum wohl das Zögern?

Dass es nun den klaren Plan zur Abschaffung des Bargeldes gibt und es dazu kommen wird und auch muss (aus Sicht von Politik, Zentral- und anderen Banken), dürfte nun jedermann klar sein. Dass sie es damit auch eilig haben, ist auch logisch. Warum also wird aber so lange diskutiert und gibt man den wirtschaftlichen Akteuren die Möglichkeit, sich in Gold, Silber und Bitcoin bzw. andere Alternativen zu flüchten? Gar ein Anflug von Nächstenliebe oder schlechtes Gewissen? Natürlich nicht!

TIPS – der Bargeldersatz der EZB

Der einzige Grund, warum wir noch immer mit dem mehr oder weniger geliebten Euro unsere täglichen Transaktionen durchführen können, ist, dass die EZB es bislang noch nicht geschafft hat, ein Ersatzgeld bzw. ein alternatives Tauschmittel einsatzbereit zu machen.

Und jetzt kommt die schlechte Nachricht. Leider arbeiten Entwickler schon mit Hochdruck am alternativen bargeldlosen System. TIPS (Target Instant Payment Settlement) heißt der Spaß, dessen Grobgerüst bereits steht, welches aber noch nicht über „genügend PS" verfügt. Laut Schätzungen muss sein ein System an starken Tagen im Euroraum 200.000 Zahlungsvorgänge pro Sekunde durchführen können. Im Moment liegt man aber bei knapp 50.000. Bis Ende 2018 soll das System bereits einsatzbereit sein. Nach einer gewissen Testphase kann man sich aber darauf vorbereiten, dass der Bargeldentzug voll durchgeführt und die Entrechtung der Bürger mit nachfolgender Enteignung vollzogen wird.

Ein Albtraum für jeden freiheitlich gesinnten Menschen. Adieu Freiheit und Individualität. Hallo zentralistischer Super-Überwachungs- und Kontrollstaat. Jetzt ist der mündige Bürger gefragt, der die Durchführung der Bargeldabschaffung bis zuletzt bekämpfen muss.

2 Herzen schlagen in meiner Brust

Apropos der „Bürger muss ran": Da arbeitet man jahrelang – auf Grund der Top-down-Einführung, Schöpfung und der Konsequenzen für die Freiheit der wirtschaftlichen Akteure – gegen den Euro, flugs findet man sich auf der Seite der Euro-Bargeld-Verfechter wieder. Denn eines ganz klar: Egal wie unbrauchbar eine Währung ist, die Bargeldlosigkeit einer Gesellschaft ist wohl die größere Katastrophe.

www.bachheimer.com

Mit Kryptowährungen und Blockchain in die bargeldlose Neue Weltordnung

Von Wolfgang van de Rydt

Seit im Dezember 2017 der Bitcoin kurzzeitig schwindelerregende Höhen erklomm, hat jeder schon einmal von den sogenannten Kryptowährungen gehört. Beinahe täglich konnte man die Geschichten lesen, in denen Computernerds zu Helden wurden, weil sie irgendwo auf einer alten Diskette noch Bitcoins herumliegen hatten und nun plötzlich steinreich geworden sein sollten. Das klang schon fast nach einer Neuauflage des T-Aktienschwindels in den Neunzigern, als ein damals populärer „Volksschauspieler" zahlreiche Deutsche an die Börse lockte, die sich satte Gewinne erhofften und dann bitter enttäuscht wurden.

Doch für die breite Masse blieben Kryptowährungen ein unerschlossenes Geheimnis. Zahlreiche Legenden geisterten durch die Medien. Kryptowährungen seien wegen der hohen Kursschwankungen nur für Spekulanten interessant hieß es, was natürlich nicht falsch ist und zudem würden bevorzugt Kriminelle die neue Technologie für ihre illegalen Transaktionen nutzen. Letzteres ist eine glatte Falschmeldung, die sich jedoch hartnäckig hält. Warum das so ist, darauf komme ich später zurück. Um ein Wörtchen mitreden zu können, muss man erst einmal wissen, was diese Kryptowährungen überhaupt sind.

Was sind Kryptowährungen?

Die Entstehung der „Bitcoins" ist an sich schon Stoff für eine Verschwörungstheorie, denn niemand weiß, wer der Erfinder dieser Technologie überhaupt ist. Das Bitcoin-Zahlungssystem wurde erstmals 2008 in einem unter dem Pseudonym Satoshi Nakamoto veröffentlichten Dokument beschrieben. Bis heute ist seine Identität nicht geklärt. Die Spekulationen reichen von einem Hackerkollektiv bis hin zu Geheimdiensten oder gar einer Künstlichen Intelligenz außerirdischen Ursprungs, die hinter der neuen bahnbrechenden Technologie stecken sollen. Was wäre wohl aus dem Otto-Motor geworden, wenn sein Erfinder anonym geblieben wäre?

Die Blockchaintechnologie ist im Wesentlichen ein (Software-) Buchführungssystem, das dezentral organisiert ist. Um Transaktionen durchzuführen, werden diese nicht von einer Zentrale (Bank) autorisiert, sondern finden direkt zwischen den Partnern statt, die als Nutzer der Software Teil dieses dezentralen Netzwerks sind. Eine Nutzung der Blockchaintechnologie ist der Zahlungsverkehr in digitalen Währungen, die elektronisch „geschöpft" werden.

Das „Schöpfen" der Währung geschieht wiederum mit einer Software, die nichts anderes macht, als Zeichenketten zu generieren, die aufgrund ihrer Verschlüsselung und Einzigartigkeit als sicher gelten. Jeder Block enthält dabei typischerweise einen kryptographisch sicheren Hash (Streuwert) des vorhergehenden Blocks, einen Zeitstempel und die Transaktionsdaten. Stellen Sie sich einen Bitcoin einfach als eine Art digitale Münze oder Banknote vor, die von einem der „Miner" fälschungssicher geschürft worden ist und nun gehandelt werden kann.

Sind Kryptowährungen echtes Geld?

Gegenfrage: Ist der Euro echtes Geld? Seit der Abkehr vom Goldstandard geben die Zentralbanken nur noch FIAT-Währungen heraus, welche unbegrenzt geschöpft werden können. Für den Euro besteht Annahmezwang, ganz gleich, in welcher Währung wir unsere Geschäfte tätigen, am Ende müssen wir dem Finanzamt in Euro Rechenschaft ablegen. Der Bitcoin hat eine festgelegte Geldmenge von 21 Millionen. Damit soll ein wesentlicher Nachteil auf Verbraucherseite gegenüber dem Zentralbankengeld aufgehoben werden: Der Wertverlust. Kein Wunder, dass technikaffine Geldkritiker, darunter viele libertäre Blogger und YouTuber so begeistert von Kryptowährungen sind. Man erhofft sich ein Ende der Zentralbanken. Ob Kryptowährungen nun echtes Geld sind im Sinne nationaler Gesetze oder nicht, sie werden gehandelt. Einen Wert an sich, wie Gold und andere Edelmetalle, beinhalten sie nicht. Trotz der begrenzten Geldmenge, sind Bitcoins nicht vor Wertverlust geschützt, sondern der Kurs beruht auf dem Wert, den die Nutzer in dieser Währung erkennen. Somit sind die heutigen Kryptowährungen bis auf die Herstellungsmethode im Grunde nicht besser oder schlechter als jedes andere FIAT-Geld.

Wie komme ich an Kryptowährungen?

Sie brauchen erst einmal eine Geldbörse, wo sie Ihre Kryptowährungen aufbewahren. Da es sich um digitales Geld handelt, muss diese Geldbörse logischerweise eine Software sein. Dazu gibt es verschiedene Lösungen, die man auf PC, Mac oder Smartphone installieren kann. Es gibt Open Source Wallets (englisch: „Geldbörse") für Linux, Mac und Windows oder kommerzielle Anbieter, bei denen man einen Account, eröffnet. Lassen Sie sich von den Vokabeln nicht täuschen. Ein „Account" ist nichts anderes als ein Konto und spätestens, wenn Sie ein derartiges Konto eröffnen, um Bitcoins und andere Kryptowährungen zu handeln, endet hier die vielfach behauptete Anonymität. Eine der bekanntesten Apps wird von „coinbase" herausgeben. Auch andere Anbieter, von Kreditkarten, wie „revolut!" oder ganz profanen Girokontendienstleister bieten oft als kostenlosen Service den Zugang zum Kryptomarkt an. In Zukunft sollen Bitcoin und Co. sogar ganz simpel über die Handy-Nummern ausgetauscht werden können.

Für die breite Masse sind Kryptowährungen aufgrund der vermeintlich hohen technischen Hürden noch immer nicht attraktiv genug, die Kursschwankungen und der Ruch des Kriminellen tragen ihr übriges dazu bei, dass die Zurückhaltung nicht aufgegeben wird. Zudem kann man nur auf wenigen Marktplätzen im Internet mit Kryptowährungen bezahlen. Sobald ein großer Anbieter wie Amazon den Startschuss gibt, wird der Siegeszug der digitalen Währungen unaufhaltbar sein.

Totale Kontrolle durch Kryptowährungen

Wenn Sie bis jetzt einigermaßen verstanden haben, wie die Blockchaintechnologie funktioniert, dann ist Ihnen sicher auch klar, dass sich die Zentralbanken ganz bestimmt nicht kampflos abschaffen lassen. Längst haben Großbanken wie Goldman Sachs Patente angemeldet, die auf Blockchain beruhen und erste Staaten wollen die Kryptowährungen regulieren oder gleich ganz verbieten. In Russland hat Putin Kryptowährungen zur Chefsache erklärt, man denke daran, eine Art staatlich kontrollierten Kryptorubel einzuführen, hieß es in zahlreichen Kryptoblogs und Magazinen. Mit der ursprünglichen Idee vom Bitcoin haben solche Währungen nur wenig gemein, sie sollen Kontrolle und Regulierung ermöglichen und ganz nebenbei ließe sich der ohnehin weitgehend gläserne Bürger noch mehr durchleuchten.

Keine Verschwörungstheorie mehr: Kryptowährungen sollen das Bargeld ersetzen

Südkorea setzt auf die Blockchain, berichtete BTC-Echo im Sommer 2018.[1] Nach drastischen Einschränkungen, wie etwa dem Besitz und Handel mit Kryptowährungen für Beamte, solle nun groß in die Blockchain-Forschung investiert werden. Mit von der Partie ist dabei die südkoreanische Zentralbank, die setzt nämlich für ihr Projekt „bargeldlose Bevölkerung"[2] ebenfalls stark auf die Blockchain. Bis zum Jahr 2020 sollen Münzen und Geldscheine weitestgehend aus dem Wirtschaftskreislauf verschwunden sein. Ausgerechnet die Blockchain, die besonders von Gegnern des Zentralbankensystems so bejubelt wird, soll dabei also hilfreich sein. Wenn man die Kritiker des Zentralbankensystems mit einer Scheinalternative auf seine Seite bringt und die technischen Hürden beseitigt, steht dem Erfolg nichts mehr im Wege. Auch in China denkt man über staatliche Kryptowährungen nach.

Vergessen Sie nicht, keine Transaktion in der Blockchain ist anonym. Das betrifft sowohl die Nutzer von kommerziellen Apps und Dienstleistern, wie auch die von den frei nutzbaren Open Source Wallets. Die Blockchaintechnologie ist zu einhundert Prozent transparent. Nur, wer die technischen Möglichkeiten kennt, kann seine Transaktionen verschleiern, doch für Kriminelle sind Bitcoins schon lange nicht mehr attraktiver als andere Methoden, wie die ganz traditionelle Geldwäsche über Off-Shore-Konten. Dennoch schrieb die FAZ[3] noch kürzlich:

„Bitcoin ist die bevorzugte Zahlungsart von Kriminellen. Mit der Kryptowährung kaufen sie Waffen, Drogen und waschen Geld. Die Ermittler kommen kaum noch hinterher."

2015 hatte die Springerpresse ähnliche Gerüchte in die WELT gesetzt. Unter der Überschrift *„Wer Bitcoins nutzt, ist meist ein Krimineller"*, hieß es:

„Kritische Geister? Freiheitsliebende? Von wegen. Bitcoins werden oft als Gegenentwurf zum klassischen Geldsystem gesehen – dabei nutzen die virtuelle Währung vor allem Drogendealer und Waffenkäufer."[4]

Dies sind nur zwei Beispiele von vielen. Und ich will nicht die Kryptowährungen verteidigen, aber hier wird beständig die gleiche Keule geschwungen, mit der man schon gegen das Bargeld zu Felde zieht. Es geht um Kontrolle, nichts weiter. Beim Bargeld ist der Verkehr schon längst in vielen europäischen Ländern eingeschränkt, künftig soll nichts mehr den wachsamen Augen des Großen Bruders entgehen. Für die Regulierung von Kryptowährungen haben sich in Deutschland die Partei „DIE LINKE" wie auch die AfD ausgesprochen.[5] Der Bundesregierung wurden in entsprechenden Anfragen der Fraktionen Untätigkeit und mangelnde Kompetenz vorgeworfen. Aus beiden Lagern engagieren sich auch mehrere Politiker für die Initiative „Rettet das Bargeld", darunter Sahra Wagenknecht. Dass es sich bei dem Märchen von den Bitcoinkriminellen um eine Verschwörungstheorie handelt, besagen dagegen die Fakten:

Ein amerikanischer Thinktank hat die illegale Nutzung des Bitcoins untersucht. Die Studie6 der Foundation for Defense of Democracies besagt, dass weniger als 1 % der Transaktionen auf illegale Aktivitäten hinweisen.[7]

Und nochmal eine Gegenfrage: Wie viele kriminelle Geschäfte werden in Euro abgewickelt? Ich glaube kaum, dass der Dealer im nächsten Bahnhofsviertel für ein paar Ecstasypillen seine Bitcoin-Wallet zückt, sondern „richtiges" Geld haben will.

Bei der Blockchaintechnologie geht es aber nicht nur um Kryptowährungen. Lesen Sie mal, was in China demnächst Wirklichkeit werden soll und teilweise jetzt schon angewandt wird.

China setzt auf Blockchain und will Außenpolitik durch Künstliche Intelligenz steuern

Während in Deutschland der Netzausbau nur schleppend voran geht, wird China allmählich zum Vorreiter der Digitalisierung. Nachdem bereits das soziale Punktekonto[8] zur Formung besserer Untertanen erprobt wurde und bis 2020 flächendeckend eingeführt werden soll, stehen weitere Veränderungen an, die Chinas Weg in den IT-Totalitarismus ebnen.

Zum einen setzt China bei der Städteentwicklung nun auf die Blockchain. Präsident Xi Jinping will sich mit der „Traumstadt" Xiong'an sein eigenes Denkmal setzen. Federführend ist dabei das Unternehmen ConsenSys. Die

Bevölkerungsdichte der Megacity soll 10.000 Menschen betragen, fast doppelt so viel wie derzeit in London, der am schnellsten wachsenden europäischen Metropole. Bis 2035 soll die Grundkonstruktion abgeschlossen sein.[9]

Bei der Außenpolitik hat längst die Künstliche Intelligenz Einzug gehalten. Mehrere Prototypen von diplomatischen KI-Systemen seien bereits entwickelt, darunter auch ein System der Chinesischen Akademie der Wissenschaften, das vom Außenministerium bereits genutzt wurde.[10]

Noch ist die Blockchain nicht gezähmt. In China haben Aktivisten das Etherum-Netzwerk genutzt, um die Zensur der Behörden zu umgehen. Dabei ging es um den entsetzlichen Arzneimittelskandal, den die Regierung vertuschen wollte. Wegen in den Handel gekommener gefälschter und abgelaufener Medikamente waren zahlreiche Menschen ums Leben gekommen. Der Bitcoinblog beschrieb, wie die Methode funktioniert: „Der User sendete sich selbst 0,001 Ether und schickte den Text des Original-Artikels als Metadaten mit. Wer die Transaktion anschaut, kann das nachvollziehen, indem er die Input-Data als ‚UTF-8' anzeigen lässt."[11]

Mit der Blockchain an die Kette gelegt – düstere Zukunft?

Alles deutet darauf hin, dass die Mächtigen dieser Welt nichts unversucht lassen, um die totale Kontrolle endgültig durchzusetzen. Aber was ist schon endgültig? Wenn genügend Menschen den Verlockungen der sich immer weiter entwickelnden Technik erliegen, kann die Mehrheit kontrolliert und auf Linie gebracht werden. Ein Leben ohne Girokonto ist den meisten industrialisierten Ländern nicht mehr vorstellbar. Vor wenigen Jahrzehnten starteten die Banken und Sparkassen ihren Feldzug gegen die Lohntüte, machten sich über Omas Sparstrumpf unterm Kopfkissen lustig und behaupteten, das Geld nirgends so sicher sei wie auf der Bank. Fast niemand, der heute keine Kreditkarte hat oder einen Paypal-Account benutzt. Wer damit gar ein Geschäft betreibt, bewegt sich besser nicht außerhalb des politisch korrekten Lagers. So wurden der Identitären Bewegung während ihrer Kampagne „Defend Europe" von Paypal Spendengelder eingefroren oder dem Front Nationale in Frankreich die Bankkonten gekündigt. Während die hiesigen Medien gegen den IT-Wahn der chinesischen Regierung ätzen, Erdogan der politischen Säuberung seines

Beamtenapparats bezichtigen, wird über die globalistischen Internetgiganten Facebook, Google und Co. längst Kontrolle ausgeübt. Wenn politisch nicht genehmen Webmagazinen seitens der großen Werbeplattformen gekündigt wird oder ihre Social Media Accounts der Zensur zum Opfer fallen, stecken nicht selten staatlich geförderte Initiativen dahinter, die angebliche „Fake-News" bekämpfen sollen. Das ist bereits mehr als nur Zensur durch die Hintertür und nicht so weit vom chinesischen Modell entfernt, wie man uns das weismachen möchte. Nichts geht mehr ohne Netzzugang. Neuwagen müssen standardmäßig mit einer SIM-Karte ausgerüstet sein, Amazons Alexa, Apples Siri und die tumbe Cortana aus dem Hause Microsoft buhlen um die Gunst der Kunden als „Sprach-Assistentinnen", während die Systeme nach Hause telefonieren, wo die Konzerne fleißig Nutzerdaten sammeln. Natürlich sind die Daten dort mindestens so sicher wie bei der NSA, der per Gesetz in den USA grundsätzlich Zugang zu solchen Daten zu gewähren ist, was allerdings nur der Sicherheit der Bürger vor Terroristen und Kriminellen dienen soll. Wie die IT-Landschaft in wenigen Jahren aussehen mag, welche Möglichkeiten der Überwachung es dann gibt, von denen wir heute nicht mal albträumen können, wollen viele Bürger gar nicht so genau wissen. Die meisten verwenden den Standardsatz: „Ich habe doch sowieso nichts zu verbergen." Edward Snowden hätte sich seine abenteuerliche Flucht nach Russland sparen können, es hat alles nichts gebracht. Nur wenn eine kritische Masse dem Internet den Stecker zieht, lässt sich vielleicht verhindern, was da auf uns zukommt. Daran aber ist nicht zu denken. So erfreulich im Vergleich dazu in Deutschland der Widerstand gegen die Zwangsgebühren des sogenannten „Rundfunkbeitrags" auch sein mag, die schweigende Mehrheit zahlt und will keinen Ärger haben. Bei der Einführung einer Blockchain-Währung als „digitales Bargeld" wird es sich nicht anders verhalten. Wenn heute schon Fahrgäste mit dem Handy Zugtickets lösen, die sie dem Kontrolleur willig vorzeigen, in Schweden bereits mit RFID-Chips unter Haut bezahlt wird, ist der Umstieg von Bargeld auf Blockchain nur eine Frage der Zeit und alles andere als nurmehr eine Utopie.

www.freie-presse.net

Warum unser Geldsystem auf einen Crash zusteuert!

Von Charles Krüger

Unser Geldsystem macht es extrem leicht, sich zu verschulden. Die Nullzinspolitik der Zentralbank ist ein maßgeblicher Teil davon.

Was bedeutet das, ganz einfach erklärt?

Zinsen sind der Preis für Geld. D.h. wenn man z.B. einen 5.000 Euro Kredit aufnehmen will, dann sagen die Zinsen, wie teuer das ist, z.B. 3%. Das bedeutet, man muss die 5000 Euro plus 3% extra zurückgeben. Je niedriger die Zinsen, desto billiger kommt man an Geld bzw. an Kredite. Und je billiger Kredite sind, desto mehr neigen die Menschen dazu, Kredite aufzunehmen und sich verschulden.

Niedrige Zinsen verleiten die Menschen im Allgemeinen, Sachen zu kaufen, die sie nicht kaufen würden, wenn sie normale Zinsen wie 3%, 4%, 5% oder 6% bezahlen müssten oder wenn sie den Preis direkt bezahlen müssen. Bei einer Sache kann man sich absolut sicher sein: Immer, wenn z.B. ein Technikgeschäft eine 0-Prozent-Finanzierung anbietet, führt das dazu, dass unzählige Menschen sich Dinge kaufen, die sie sich eigentlich gar nicht leisten können: Neuer Fernseher, neuer Computer, neues Handy etc.

Und genau den gleichen Effekt haben extrem niedrige Zinsen von der Zentralbank auf das Finanzsystem. Da man so billig an Geld kommt, hat man einen riesigen Anreiz, sich zu verschulden, genau wie man sich mit den 0-Prozent-Finanzierungen auf einmal einen Fernseher kauft, den man sich eigentlich gar nichts leisten kann.

Das Problem ist aber, man kann nicht langfristig eine stabile Gesellschaft haben, wenn man nur Konsum, Konsum, Konsum hat und die Menschen sich immer stärker verschulden, um noch mehr konsumieren zu können. Und hier sind wir bei dem Grundproblem, nämlich, dass wir ein staatliches Geldsystem haben, bei dem die Zentralbank die Zinsen manipulieren kann und die Zentralbank die Zinsen immer so manipuliert, dass die Leute zu mehr Konsum und mehr Verschuldung getrieben werden.

Schauen wir uns die Alternative dazu an: In einem marktwirtschaftlichen Geldsystem mit marktwirtschaftlichen Zinsen würden die Zinsen durch Angebot und Nachfrage bestimmt werden. Das bedeutet, wenn die Menschen viel sparen und wenig konsumieren, dann würden die Zinsen fallen. Das wäre das perfekte Signal für die Unternehmer zu investieren, weil viel Geld in der Bevölkerung vorhanden ist, weil alle viel sparen und dieses Geld in der Zukunft sicherlich gerne ausgeben würden.

Das Gegenteil gilt auch: Wenn die Menschen viel Geld ausgeben und entsprechend kaum etwas sparen, dann würden die Zinssätze langfristig steigen. Das würde Investitionen verringern, was in dem Fall eine gute Sache ist, da die Menschen nicht unendlich lange viel Geld ausgeben und nichts sparen können. Irgendwann wird man wieder Ersparnisse aufbauen müssen, weshalb die Menschen weniger Geld ausgeben werden, weshalb es nicht sinnvoll ist, an dem Punkt in neue Produktion zu investieren, wenn die Leute gerade anfangen zu sparen.

Wir könnten noch viel weiter ins Detail gehen, aber der Punkt ist einfach: Ein marktwirtschaftlicher Zinssatz würde exakt die Konsumbereitschaft der Menschen widerspiegeln und den Unternehmen damit die richtigen Anreize zur richtigen Zeit geben, zu investieren. Das System wäre zudem nachhaltig, weil es sowohl Konsum als auch das Aufbauen von Ersparnissen in einem ausgewogenen Verhältnis begünstigt.

Oder mit anderen Worten: Um nachhaltig zu sein, braucht man sowohl Konsum als auch den Aufbau von Ersparnissen. Man will nicht, dass die Leute nur sparen und man will nicht, dass die Leute ihr Geld nur ausgeben, sondern das nachhaltige Optimum ist dort, wo es eine Balance zwischen Ersparnissen und Ausgaben gibt. Dafür braucht es aber unmanipulierte Zinssätze.

Heutzutage werden Zinssätze künstlich dauerhaft geringgehalten, was nur die eine Seite des Gleichgewichts zum Ausdruck kommen lässt: Hoher Konsum, geringe Bildung von Ersparnissen und sogar stetig steigende Verschuldung, um einfach immer mehr und mehr zu konsumieren. Alle sind im Konsumwahn und das Geldsystem ist die Ursache.

Es ist absolut unnachhaltig, weil Ersparnisse schlussendlich irgendwann aufgebraucht sein werden, während gleichzeitig die Verschuldung, sowohl von Privatpersonen, Unternehmen als auch beim Staat, ins Unermessliche steigen wird. Man muss irgendwann seinen Konsum zurückschrauben und wieder Ersparnisse aufbauen, damit man in Zukunft wieder konsumieren kann, aber unser Geldsystem sorgt mit den künstlich niedrigen Zinsen dafür, dass gerade dieser ausgleichende Faktor nicht eintritt!

Ganz im Gegenteil: Wenn man heutzutage viel spart, dann wird man sogar noch dafür bestraft, weil die Inflation den Wert des Geldes auffrisst. Wenn man z.B. 1000 Euro hat und eine Inflationsrate von 2% pro Jahr über 10 Jahre hinweg annimmt, dann haben die 1000 Euro nach den 10 Jahren nur noch eine Kaufkraft von ca. 820 Euro. D. h. das Geld hat weniger Wert und deshalb kann man weniger damit kaufen. Geld wird also permanent wertloser, weil in unserem Papiergeldsystem ständig neues Geld erzeugt wird.

Man wird also systematisch dazu gedrängt, viel zu konsumieren, sein Geld auszugeben (weil wenn man es nicht ausgibt, wird es immer wertloser) und es wird den Menschen immer leichter gemacht, sich zu verschulden, aber man wird bestraft, wenn man Ersparnisse aufbauen will, indem die Ersparnisse ständig wertloser werden. Man muss kein Ökonom sein, um zu verstehen, dass das nicht nachhaltig ist.

Gerade Deutschland leidet sehr unter der Nullzinspolitik der Europäischen Zentralbank[1], weil Deutsche ein Volk von Sparern ist. Wir waren typischerweise vernünftiger und sparsamer, was dazu geführt hat, dass wir mehr Wohlstand als praktische alle anderen Länder Europas produzierten (mit Ausnahme der Schweiz, die auch heute noch ein sehr wohlhabendes und sehr sparsames Land ist).

Tugenden, die weltweit mit den Deutschen assoziiert werden, wie Sparsamkeit, Pünktlichkeit und Genauigkeit, haben dafür gesorgt, dass wir über Jahrzehnte krisensicherer und wohlhabender waren als fast alle anderen Ländern Europas. Es war sogar so, dass die Deutsche Mark ein sicherer Hafen während Krisen war. Wenn eine Krise kam und die Südeuropäer jeweils ihre Währungen aufweichten, dann konnte man sein Geld in der Deutschen D-Mark anlegen, die sehr stabil gehalten wurde, und man konnte sicher sein, dass die Währung ihren Wert größtenteils erhalten würde.

Ursprünglich sollte die Europäische Zentralbank den Euro deshalb genauso stabil halten wie die Bundesbank die D-Mark, aber genau das Gegenteil ist passiert. Heute verwaltet die Europäische Zentralbank den Euro wie eine südeuropäische Zentralbank, die Unmengen an Geld in den Markt pumpt, die Zinsen niedrig hält und das Währungssystem damit zu einem Kartenhaus macht.

Zudem führen die künstlich niedrigen Zinsen dazu, dass immer mehr Zombie-Unternehmen entstehen. Was ist ein Zombie-Unternehmen? Ein Zombie-Unternehmen ist ein Unternehmen, das nur durch die Möglichkeit auf billiges Geld am Leben erhalten wird. Sobald dieser Geldstrom aufhören würde, würde das Unternehmen sofort pleitegehen, weil es unter normalen Bedingungen überhaupt nicht überleben könnte. Es ist also praktisch ein Pleiteunternehmen, was nur durch das billige Geld am Leben erhalten wird. Das hat nicht mehr das Geringste mit einem freien Markt zu tun.

Die Bank für Internationalen Zahlungsausgleich schätzte, dass ca. 10% der Unternehmen in den 14 wichtigsten Industrieländern sofort Probleme hätten, wenn die Zinsen ansteigen würden.[2] Jedes 10. Unternehmen ist also Kartenhaus, das droht zusammenzufallen, wenn die kleinste Brise kommt. Und wenn jedes 10. Unternehmen pleitezugehen droht, dann hängen da nicht nur unzählige Arbeitsplätze daran, sondern dann sind große Teile der gesamten Wirtschaft schon jetzt halbtot und man wartet eigentlich nur, bis das Unvermeidliche eintritt und diese Unternehmen nacheinander implodieren.

Und wir reden hier nicht von irgendwelchen kleinen Unternehmen. Laut einer Studie der Bank of America sind 9% der 600 größten börsennotierten Unternehmen in Europa lebende Tote.[3] Wenn das Geld aufhört zu fließen, droht ihr Zusammenbruch. Gerade bei den großen börsennotierten Unternehmen hängen superviele Arbeitsplätze und Wirtschaftsleistung daran. Diese Unternehmen haben typischerweise unzählige Zulieferbetriebe und Firmen, die von ihnen abhängen, sodass die Pleite eines dieser Unternehmen ganze Wirtschaftszweige mitrunterziehen könnten.

Bei kleineren Unternehmen schätzt man die Quote der Zombie-Unternehmen übrigens als noch viel höher ein.

Die Bank für Internationalen Zahlungsausgleich kommt aber zum selben Schluss, wer hier die ganzen Probleme verursacht: „Ein klarer Seitenhieb in

Richtung der Notenbanken: Immerhin warnt die BIZ seit Jahren vor den Nebenwirkungen der ultralockeren Geldpolitik – und vor dem Crash, zu dem das alles irgendwann führen wird."[4]

Und das ist genau das Problem. Da das Geldsystem seit Jahrzehnten dazu führt, dass die Menschen nur konsumieren, konsumieren, konsumieren und sich sogar verschulden, um mehr zu konsumieren, während sie praktisch keine Ersparnisse haben und auch keine aufbauen können, ist unsere Wirtschaft völlig instabil. Alle sind verschuldet: Privatpersonen, Unternehmen, Staaten. Alle machen genau das, was das Geldsystem ihnen als Anreiz gibt: ganz viel Geld ausgeben, Schulden aufnehmen und wenig bis gar nichts zurücklegen.

Und was meinen Sie, wird passieren, wenn wie bei der letzten Krise erste Banken pleitegehen und Umsätze überall fallen? Als Unternehmen kann man es vielleicht verkraften, wenn man mal ein Jahr 20% Prozent weniger Geld verdient, wenn man Rücklagen hat. Aber was macht man, wenn man keine Rücklagen hat, sondern sogar verschuldet ist?!

Genau das gleiche gilt für Privatpersonen: Wenn man während einer Krise seinen Job verliert, ist das vielleicht nicht so schlimm, wenn man ganz viel gespart hat, sodass man ein paar Monate über die Runden kommt, bis man wieder einen Job hat. Aber was macht man, wenn man schon pleite war, als man seinen Job noch hatte und diesen jetzt verliert?!

Eine Gesellschaft ohne Ersparnisse und Rücklagen ist wie eine Zeitbombe, bei der man nicht genau weiß, wann sie explodieren wird, aber man ganz sicher weiß, dass der Zeitpunkt irgendwann kommen wird. Es ist einfach ein logischer Fakt: Man kann nicht unbegrenzt lange auf Pump leben!

Gesellschaften, in der viele Ersparnisse vorhanden sind, sind relativ krisensicher, weil man mit vielen Rücklagen relativ problemlos damit umgehen kann, wenn es mal ein paar Jahre nicht gut läuft. Das waren wir Deutsche typischerweise, bevor der Euro eingeführt wurde.

Wenn man allerdings schon vor der Krise extrem verschuldet ist, große Teile der Wirtschaft praktisch pleite sind, und niemand mehr Ersparnisse hat, weder Privatpersonen noch Unternehmen, dann ist es ein Leichtes, dass eine Krise gigantischen Schaden verursacht. Und dann bringt es auch nix, dass Deutschland ein paar Prozentpunkt von der Verschuldung abgebaut hat, wenn 1. Deutschland immer noch *viel* höher verschuldet ist, als allein vor der letzten Krise, und 2. von Deutschland erwartet wird, dass sie in der nächsten Krise ganz Europa retten, weil alle noch viel verschuldeter sind.

Und auch die Zentralbank hat ihr gesamtes Pulver schon verschossen. Normalerweise hat man die Zinsen während einer Krise gesenkt. Das ist praktisch nicht mehr möglich, weil die Zinsen bereits am Nullpunkt sind[5], obwohl wir angeblich schon seit mehreren Jahren aus der Krise raus sind. Was will die Zentralbank noch machen, wenn man schon in Nicht-Krisenzeiten alle Tricks ausgespielt hat?

Das einzige, was man noch machen kann, ist die Gelddruckmaschine anzuwerfen und Unmengen an Geld in den Markt zu pumpen, was unser aller Geld weiter massiv entwerten wird, was das Bilden von Ersparnissen weiter bestrafen wird und weiter dazu führen wird, dass die Leute ihr letztes Geld ausgeben, wodurch die Probleme weiter zunehmen werden.

Und das ist nämlich der Punkt: Alles, was die Zentralbank noch machen kann, wird extreme, negative Folgen verursachen. Wenn die Zentralbank die Zinsen niedrig belässt, dann werden alle Probleme verstärkt, die wir bis jetzt angesprochen haben: Ersparnisse werden weiter aufgebraucht, Schulden aufgenommen und die Wirtschaft wird ständig instabiler.

Wenn die Zentralbank allerdings die Zinsen erhöht, dann werden reihenweise die ganzen Zombie-Unternehmen pleitegehen und Millionen von Arbeitsplätzen mitnehmen. Zudem würde das allen schaden, die verschuldet sind, was praktisch alle sind: Privatpersonen, Unternehmen und Staaten.

Also egal, was die Zentralbank macht, sie erzeugt Probleme. Die Zinsen niedrig zu lassen, würden den Crash herauszögern, aber dafür schlussendlich schlimmer machen, aber die Zinsen zu erhöhen, würde den Crash sofort stattfinden lassen. Wie entscheidet man sich da?! Würden Sie der sein, der den Crash herbeiführt und dann verantwortlich gemacht wird, oder würden Sie der sein, der den Crash herauszögert, aber damit verschlimmert, und währenddessen so tut, als wäre alles in Ordnung? Keine leichte Entscheidung.

Aber man darf auch nicht vergessen, dass jeder Crash auch eine Chance ist. In jeder Krise kann man profitieren. Und ich denke, in der nächsten Krise werden wir einen noch nie dagewesenen Anstieg von Kryptowährungen sehen, weil Kryptowährungen genau die Lösung bieten: Unmanipulierbarkeit, niemand kann die Zinsen künstlich heruntertreiben, niemand kann bei Bitcoin Ersparnisse zerstören oder aufweichen.

Bargeld ist beispielsweise zwar schön und gut, aber Bargeld wird in jeder Krise massiv entwertet.

Und wenn man Kryptowährungen nicht mag, dann sollte man zumindest Gold und Silber nehmen. Das Schlimmste ist jedoch, während einer Krise einfach nur Papiergeld zu halten. Die Zentralbanken und Staaten freut das sicher, weil sie dann Ihre Kaufkraft aufweichen können, um Pleiteunternehmen, Pleitebanken und Pleitestaaten damit zu retten, aber Sie sind dann halt der, der alles bezahlen muss. Wenn man hingegen Gold oder Bitcoin hält, können Zentralbanken und Staaten den Wert davon nicht einfach künstlich aufweichen.

Der wichtigste Teil einer Währung ist immer, dass man es nicht unendlich entwerten kann, indem man es unendlich neu erzeugt. Bitcoins können nicht unendlich neu erzeugt werden. Gold kann nicht unendlich neu erzeugt werden. Papiergeld kann hingegen super einfach unendlich neu erzeugt werden. Man muss es nicht mal ausdrucken, sondern man schreibt einfach ein paar Zahlen in einen Computer in der Zentralbank und schon ist aus dem Nichts erzeugtes Geld da. Alles ist besser als das!

Ungedecktes Papiergeld, das von einer zentralen Institution, der Zentralbank, beliebig manipuliert und entwertet werden kann, ist buchstäblich die destruktivste Sache der Menschheitsgeschichte, die nur durch die blutrünstige Idee getoppt wird, zwei völlig sinnlose Weltkriege gegeneinander zu kämpfen, die im Übrigen auch nur gekämpft werden konnten, weil es Papiergeld gab, was man beliebig entwerten konnte, um die ganzen Kosten der Kriege zu bezahlen, während die Kriege unter einem stabilen Geldsystem ganz schnell unbezahlbar gewesen wären.

www.charleskrueger.de

Gier ist gut! (?)

Von Hanno Vollenweider

Vor fast genau 30 Jahren lief der Blockbuster „Wall Street" in den Kinos. Dieser Film, der meiner Meinung nach zu den besten seiner Art gehört, erzählt die Geschichte des Nachwuchs-Traders Bud Fox (Charlie Sheen), der sich, verführt von der Illusion des schnellen Geldes, durch den erfolgreichen Corporate Raider Gordon Gekko (Michael Douglas) in kriminelles Insider-Trading verwickeln lässt. Einer der Höhepunkte dieses Meisterwerks der Einblicke in die Abgründe der Wall-Street ist Gekkos manipulative Ansprache vor einer Gruppe von Aktionären, in der er seine zweifelhafte „Gier ist gut"- Philosophie propagandiert und damit seine Vorhaben durchsetzen kann. Wer den Film kennt, der weiß, wie er endet: Gekkos Gier bringt ihn schlussendlich ins Gefängnis – wo er auch hingehörte.

Nun, das ist Hollywood und da enden die meisten Filme bekanntlich gut. Die Realität sieht jedoch anders aus. Wer mein Buch gelesen hat, für den sind meine Zeilen über Gordon Gekko nichts Neues, hat er mich doch dazu inspiriert, ein ganzes Kapitel „Gier ist gut" zu nennen, in dem ich über „legale Steuergestaltung" einiger deutscher Prominenter wie z.B. meinem „Freund" Carsten Maschmeyer berichte; dabei geht es im Großen und Ganzen um die sog. Cum-Ex-Deals, auch Dividendenstripping genannt – und genau zu diesem Kapitel gibt es Neuigkeiten, die ich Ihnen nicht vorenthalten möchte.

Vorab jedoch eine kleine Erklärung bzw. eine kleine Einführung in diese besonders perfide Art des Finanzgeschäfts, die man mit „Gier für Fortgeschrittene" überschreiben könnte.

Die Funktionsweise von „Dividendenstripping" resp. „Cum-Ex-Deals":

1. Ein Investor A ist Anteilseigner, also Aktieninhaber, eines Großkonzerns. Er besitzt Aktien im Wert von 15 Mio. €.
2. Kurz vor dem Dividendenstichtag (also dem Tag der Auszahlung der Dividende) kommt nun Investor C ins Spiel und kauft ebenfalls Aktien des Großkonzerns für 15 Millionen Euro. Diese kauft er aber NICHT von

Investor A, sondern erwirbt sie von Investor B, obwohl Investor B diese Aktien gar nicht besitzt. Eine solche Art von Geschäft nennt man Leerverkauf.

3. Nun ist Dividendenstichtag: Die Dividende von 500.000 Euro wird ausbezahlt. Tatsächlich erhält Investor A allerdings nur 375.000 Euro, die anderen 125.000 €, also 25%, behält der Konzern als Kapitalertragssteuer für den Staat ein. Investor A bekommt dafür eine entsprechende Bescheinigung, mit der er sich dann die bereits abgeführte Steuer unter bestimmten Umständen zurückerstatten lassen kann.
4. Die Dividende ist jetzt ausgezahlt und nun verkauft Investor A seine Aktien an Investor B. Dieser hat das nötige Geld aus dem Leerverkaufsgeschäft mit Investor C. Statt 15 Mio. € gehen für das Paket allerdings nur 14,5 Millionen Euro von B zu A, schließlich ist das Paket nach der Dividendenausschüttung (ex Dividende) nun 500.000 € weniger wert.
5. Investor B leitet nun die Aktien, die er soeben von Investor A gekauft hat, an den Investor C weiter. Damit erfüllt Investor B seine Verpflichtung aus dem Leergeschäft von Punkt 2.
   Achtung, wichtiges „Aber": Investor C hatte Investor B 15 Millionen Euro überwiesen, erhält (ex Dividende) aber nur Aktien im Wert von 14,5 Millionen Euro. Investor B überweist Investor C deshalb zusätzlich die Netto-Dividende von 375.000 €. Und was ist mit den fehlenden 125.000 € passiert? Dafür lässt sich Investor C von seiner Depotbank eine Steuerbescheinigung ausstellen, so wie sie Investor A in Punkt 3 bekommen hat.
6. Investor C leitet nun die Aktien für 14,5 Mio. € an ihren ursprünglichen Besitzer Investor A zurück. Man sollte nun denken, dass damit alles wieder beim Alten und der einzige Unterschied zum Beginn dieses Hin und Her ist, dass der Großkonzern zwischenzeitlich die fällige Dividende an Investor A ausgeschüttet hat.
   Stimmt so aber nicht ganz: Eigentlich haben nun zwei Investoren, nämlich A und C, einen Anspruch auf Rückerstattung der Steuern auf die Dividende, der Staat hat aber nur einmal 125.000 € kassiert.

Den Erlös aus der zusätzlichen Rückerstattung teilen die drei Investoren unter sich auf und alle drei haben einen schönen Batzen Geld für gar nichts bekommen.

Klingt erstmal illegal, oder? War es aber viele Jahre nicht! Erst Ende 2011 wurde diese Möglichkeit, den Staat legal zu bescheißen, endgültig verboten. Bis dahin mischten viele Banken bei diesem genialen Geldvermehrungsgeschäft mit, dem Fiskus sollen so rund 15 Mrd. € abgeknüpft worden sein – eine Wertschöpfung aus dem Nichts und zu Lasten der Steuerzahler. Das Verbot dieses „Geschäftsmodells" kam relativ plötzlich, und so verloren damals auch einige bekannte Persönlichkeiten einen Haufen Geld, darunter der schon genannte Carsten Maschmeyer und seine Frau, die Schauspielerin Veronika Ferres, Fußballtrainer Mirko Slomka, Fleischunternehmer Clemens Tönnies und der Drogerie-König Erwin Müller.

All diese Personen hatten über die noble Schweizer Privatbank *J. Safra Sarasin* in den Luxemburger Sheridan-Fonds investiert. Doch anstatt sich zu ducken und zu hoffen, dass die Presse keinen Wind von den „Investitionen" dieser Geschäftsleute in den zweifelhaften Fond bekommen, klagten sie gegen die Privatbank *J. Safra Sarasin* wegen „falscher Beratung" auf Schadenersatz in Millionenhöhe. Maschmeyer sowie auch Müller gaben an, nichts davon gewusst zu haben, wo und wie ihr Geld von der Bank angelegt wurde – anscheinend haben es diese Personen bei solchen Summen nicht nötig, genauer nachzuprüfen. Einer der damaligen Chefs der Bank, Eric Sarasin, ein bis dahin persönlicher Freund von Maschmeyer, gab hingegen an, der Investor in der VOX-Sendung „Die Höhle der Löwen" hätte ihm, so wörtlich, nach *„etwas richtig Geilem"* gefragt.

Man könnte jetzt denken, der Staat, den diese Personen mit den Cum-Ex-Deals ordentlich schröpfen wollten, geht auf das Hilfeersuchen der nun mit ordentlich Verlust gebeutelten Investoren erst gar nicht ein, aber da irrt man. Vor gut einer Woche, am 22.5.2017, bekam der 84-jährige Gründer der *Müller*-Drogeriekette vor dem Ulmer Landgericht „im Namen des [steuernzahlenden] Volkes" Recht! Ergebnis: 45 Mio. € Schadenersatz, zudem muss die Bank die Gerichtskosten in Höhe von mehreren hunderttausend Euro sowie

Zinsen in Höhe von 5% tragen. Richterin Julia Böllert sah es als erwiesen an, dass Müller Opfer einer fehlerhaften Kapitalanlageberatung geworden sei. Maschmeyer und die Bank hatten sich schon 2015 außergerichtlich auf eine Zahlung von rund 10 Mio. € geeinigt.

Sie sehen also: Gier ist gut und sie funktioniert! Zumindest, wenn man seine innere moralische Instanz grundlegend überwunden hat und auch solche Vorhaben ohne Skrupel bis zum Ende durchzieht. In den vielen Jahren, in denen ich als Kundenberater im Private-Banking für die Erfolgreichen und Mächtigen unterwegs war, habe ich so gut wie nie Kunden erlebt, die im großen Stil in etwas investiert hätten, was sie nicht mindestens zwei Mal komplett durchgecheckt und verstanden haben. Man wird nicht erfolgreich und wohlhabend, indem man wahllos und unüberlegt mit Geld um sich wirft, das wissen gerade Unternehmerlegenden wie Müller; und was wäre Maschmeyer für ein Fernseh-Investor, wenn er das nicht wissen würde?

Ich persönlich glaube den „Geprellten" deshalb nur sehr bedingt – aber das ist meine persönliche Meinung. Ggf. kehrt Herr Müller ja auch noch mal in sich und überdenkt die ganze Angelegenheit. Auch im Alter von 84 Jahren muss man nicht so altersstarrsinnig sein, dass man nicht zur Einsicht kommen könnte und diese Summe, die man eigentlich als „Lehrgeld" hätte abtun müssen, für wohltätige Zwecke zu spenden. Es würde ihm sicher nicht sonderlich weh tun. Vielmehr wäre es ein Zeichen für mehr Ethik im Business und in der Finanzwelt ...

Aber wovon träume ich hier, so was gehört dann wohl eher wieder in Richtung Hollywood als in die bittere Realität.

Nachtrag:

Um dem ganzen eine Dimension zu geben: Laut dem Steuerexperten Christoph Spengel (Universität Mannheim) entgingen Deutschland im Zeitraum von 2001 bis 2016, durch die Cum Ex-"Geschäfte", Einnahmen in Höhe von 31,8 Milliarden Euro.

www.dieUnbestechlichen.com

Es gibt kein Bedingungsloses Grundeinkommen

Von Wolfgang van de Rydt

Mit dem Bedingungslosen Grundeinkommen beschäftigen sich nicht nur ultralinke Utopisten, sondern auch führende Köpfe aus der Wirtschaft, wie Götz Werner, Gründer der Drogeriemarktkette DM. Den Menschen einen Vertrauensvorschuss in Form von Einkommenssicherung zu gewähren, ist grundsätzlich keine schlechte Idee, vor allem wenn man der Ansicht ist, dass in Zukunft immer mehr Arbeitsplätze verschwinden, durch Automation oder Konkurrenz aus dem Ausland. Schaut man sich die Infrastruktur an, etwa Schulen, öffentliche Gebäude und Straßen, kann von einem Verschwinden der Arbeit jedoch nicht die Rede sein. Dort gäbe es eine Menge zu tun, aber es wird einfach nicht erledigt, weil es sich angeblich nicht rechnet.

Sich selbst reparierende Roboter, wie sie die Träumer von „Bewegungen" wie „Occupy" oder Zeitgeist prophezeien, gibt es noch immer nicht. Auch Karl Marx hat seinerzeit von einem Verschwinden der Arbeit geschrieben, die Wirklichkeit sieht anders aus.

Die erste Bedingung für ein „Bedingungsloses" Grundeinkommen lautet, dass es überhaupt eine Wertschöpfung gibt.

Aktuell, so glauben besonders von linken Ideen beflügelte Zeitgenossen, wird diese Wertschöpfung sehr ungleich verteilt. Sie fordern „gerechte Löhne", Mindestlohn, eine Beschränkung von Managergehältern, Erbschaftssteuer und endlich ein Ende des Kapitalismus, den sie mit Gier gleichsetzen. Einen real existierenden Kapitalismus gab es vielleicht einmal zur Zeit von Ludwig Erhardt, der „Wohlstand für alle" zur Maxime erhob und das Ganze „soziale Marktwirtschaft" nannte. Davon sind wir heute um Lichtjahre weit entfernt.

Aber zurück zur Wertschöpfung. Wer am Ende der Nahrungskette steht, bekommt am wenigsten von ihr ab. Dieser Aussage würden die meisten Menschen zustimmen, wenn man ihnen dazu ein Beispiel liefert, etwa vom Bauern, der osteuropäische Erntehelfer beschäftigt oder den Betreibern von

Pflegediensten, die sich die Taschen voll machen, während das Personal aus dem letzten Loch pfeift. Fragt man, ob ein Hausmeister oder eine Reinigungskraft mehr oder weniger als die eigentlichen Fachkräfte verdienen sollten, so fällt das Urteil recht eindeutig aus. Keine Krankenschwester hätte Verständnis dafür, dass eine Putzfrau mehr nach Hause bringt als sie. Ähnlich würde ein Arzt empfinden im Vergleich zur Krankenschwester, wofür hat er denn sonst studiert?

In jeder Branche gibt es eine solche Hierarchie, die je nach Art manchmal etwas flacher gestaltet, aber allgemein akzeptiert ist. Eine Formel, dass jeder, der an der Wertschöpfung beteiligt ist, seinem Anteil daran entsprechend entlohnt wird, existiert nicht. Wahrscheinlich würden dies die meisten Menschen für richtig befinden, aber ganz so sicher wäre ich mir da heute nicht mehr. Wer wie viel verdient, ist Sache von Tarifverhandlungen, gesetzlichen Rahmenbedingungen und anderen Eingriffen in den Markt, wie dem Mindestlohn oder der Gebührenordnung für Rechtsanwälte. Völlig zu Recht beklagen Geringverdiener, dass die Gehälter von Managern entkoppelt seien, in keinem Verhältnis zu ihrer Leistung stünden, doch wenn es um „Arbeitsleistung" geht, kommt man nicht umhin, Äpfel mit Birnen zu vergleichen. Der Job einer Putzfrau unter Zeitdruck ist sicherlich nicht weniger anstrengend, als der einer Krankenschwester, der Stress einer Verkäuferin im Einzelhandel, eines Paketauslieferers, eines Bauarbeiters, eines Handwerkers, aber würde man das auch so sehen, wenn man dies mit dem Druck in den feinen Berufen, in denen man sich nicht mehr Hände schmutzig machen muss, vergleicht?

Es kann nur verteilt werden, was an Einnahmen da ist. Die Wertschöpfung ist nun mal in vielen Branchen sehr unterschiedlich. Hier beginnt die Neiddebatte, als deren Ergebnis sich die Befürworter das bedingungslose Grundeinkommen herbeiwünschen. Damit, so glauben sie, würden Einkommen vom „Zwang" zur Arbeit entkoppelt und der Weg in eine gerechtere Gesellschaft beschritten. Wer aber sorgt für diese „gerechtere Verteilung"?

Das BGE festigt den Weg in den totalitären Staat

Wer bedient sich an der Wertschöpfung und bringt es bis heute nicht fertig, die auseinanderklaffende Schere zwischen Arm und Reich wieder zu schließen? **Der Staat!** Er kassiert „Mehrwertsteuer" – die immer wieder angehoben wird, aber seltsamerweise selten denen zugutekommt, für die er angeblich einen **„Mehrwert"** schaffen will. Zu den Steuern kommen die „Sozialabgaben", Beiträge zu Pflichtversicherungen etc. pp. Rentner werden doppelt besteuert, wenn ihre Rente mit aktuell 1.132 Euro „zu hoch" ist. Wie n-tv berichtet, trifft diese Willkür mittlerweile jeden vierten Rentner. Mit einem „Bedingungslosen" Grundeinkommen ändert sich nichts an den Machtverhältnissen zugunsten der Bürger, im Gegenteil. Der Staat müsste sich noch hemmungsloser bei all denen bedienen, die an der Wertschöpfung beteiligt sind, was zur Folge hätte, dass ihre Einkommen noch stärker belastet werden. Die totale Umverteilung hat bereits im „real existierenden Sozialismus" der DDR in die Pleite geführt, die BRD ist mit der Öffnung der Sozialkassen für die ganze Welt auf einem ähnlichen Weg. Noch zahlt der deutsche Steuerzahler, geht ohne zu Mucken seiner Arbeit nach, kuscht vor der Nazikeule, wenn er sieht, wie Neubauten für Asylbewerber errichtet werden, während die Mieten für Otto-Normalverbraucher steigen und Wohnraum knapp wird. Einem solchen Staat soll man die gerechte Verteilung von Einkommen anvertrauen? Vollkommene Selbstaufgabe.

Wer auf das Bedingungslose Grundeinkommen setzt, liefert sich aus, vertraut nicht auf seine eigenen Fähigkeiten und Ressourcen, er wird zum Staatsgläubigen, zum „Staatzi". Dabei gibt es, wie eingangs erwähnt, genügend Arbeit, deren Erledigung der Staat mit all seinen Verordnungen im Wege steht. Das Geld liegt sozusagen auf der Straße, in jedem einzelnen Schlagloch. Wenn es ein „Bedingungsloses Grundeinkommen" gibt, finden sich bestimmt viele engagierte ehrenamtliche Straßenbauarbeiter, die sie aus freien Stücken wieder zuschütten und liebevoll jede Delle im Asphalt restaurieren, oder?

www.freie-presse.net

Kapitalismus hat geschafft, was Sozialismus lediglich versprochen hat

Von Charles Krüger

Es gibt viele Sachen, die Sozialisten, Kommunisten, Marxisten und ähnliche linke Strömungen in den letzten 150 Jahren versprochen haben: Die Reduktion von Armut, die Verbesserung der Lebensverhältnisse der Arbeiter, kürzere Arbeitstage, besseren Zugriff auf Bildung, medizinische Versorgung etc., einen höheren Lebensstandard für die breite Masse der Menschen und vieles mehr.

Wenn man sich allerdings die letzten 150 Jahre anschaut und dabei verschiedenste Länder vergleicht, die den mehr marktwirtschaftlichen und andere, die den sozialistischeren Weg gewählt haben, dann wird man sehen, dass wirtschaftliche Freiheit überall das Umsetzen konnte, was Sozialisten versprochen haben, während der sozialistische Weg immer dazu geführt hat, dass man weiter weg von deren eigenen Zielen gekommen ist.

Aber gehen wir mal ganz zurück an den Anfang der Menschheitsgeschichte, als Menschen als Jäger und Sammler lebten. Wissenschaftler gehen heute davon aus, dass Jäger und Sammler zwischen ca. 3 bis 8 Stunden pro Tag gearbeitet haben. Sobald man genug Lebensmittel für den Tag hatte, konnte man sich für den Rest des Tages zurücklehnen.

Obwohl manche annehmen, dass das ein bequemes Leben war, war es das Leben am untersten Existenzminium. Verletzte man sich, konnte das den Tod bedeuten. Wenn man sich z.B. den Fuß gebrochen hat, dann hätte man von wilden Tieren gefressen werden können oder man wäre verhungert, wäre der Stamm nicht in der Lage gewesen, die verletzte Person mitzuversorgen. Eine Infektion hätte ebenso ein Todesurteil sein können.

Man lebte von der Hand in den Mund. Es gab praktisch keine Möglichkeiten Lebensmittel haltbar zu machen und entsprechend konnte man nicht für schlechte Zeiten vorsorgen. Es war kein leichtes Leben, sondern es war bitterer Überlebenskampf, in der man stetig der Gefahr ausgesetzt war, auf ein wildes Tier oder einen fremden Stamm zu treffen, der dich umbringen will.

Man muss sich nur mal Survivalshows im Fernsehen anschauen. Oft können selbst Survivalprofis, die sich jahrelang damit befassen, nur sehr mühsam überleben. Es ist z.B. nicht selten, dass sie in kürzester Zeit massiv Gewicht verlieren. Und natürlich wird niemand gezwungen, in der Zivilisation zu leben. Wenn man denkt, dass das Leben als Jäger und Sammler so viel schöner ist, dann kann man gerne in den Amazonas ziehen und wieder in der unberührten Wildnis leben.

Vor ca. 12.000 Jahren haben Menschen angefangen, das Leben als Jäger und Sammler hinter sich zu lassen und sesshaft zu werden. Anstatt wilde Tiere zu jagen, fing man mit Tierzucht an. Und anstatt Pflanzen, die man essen konnte, suchen zu müssen, pflanzte man diese vor seiner Hütte an. Das sesshafte Leben setzte sich an verschiedenen Stellen des Globus unabhängig voneinander durch. Die Menschen arbeiteten zwar mehr als zuvor, aber ihr Lebensstandard wuchs, was dadurch unterstrichen wird, dass die Weltbevölkerung anfing, stark zu wachsen. Die Versorgung mit Lebensmittel war viel stabiler. Man musste nicht hoffen, auf einen wilden Hirsch zu treffen, den man erlegen konnte, sondern man hatte seine Tiere sicher vor dem Haus. Gleiches gilt für pflanzliche Nahrung. Man arbeitet von früh bis spät auf dem Feld, wo auch Kinder schon im jungen Alter anfingen zu helfen. Es gab also schon seit mindestens 12.000 Jahren lange Arbeitstage und Kinderarbeit.

Über die Jahrtausende verbesserte man die Arbeit in der Landwirtschaft immer mehr, sodass die Produktivität stetig stieg. Man nutzte bessere Anbaumethoden. Man setzte Tiere ein, um den Boden umzugraben. Aber eine wirkliche Explosion in der Produktion gab es erst durch die industrielle Revolution.

Während der industriellen Revolution nahm die benötigte Zeit, die man brauchte, um ein Feld zu bewirtschaften, stetig ab. Die Menschen wurden produktiver. Man konnte mit weniger Zeit und weniger Aufwand immer mehr Lebensmittel produzieren, was dazu führte, dass die Erwachsenen mehr Freizeit hatten und man seine Kinder zunehmend nicht mehr auf dem Feld brauchte, sondern in eine Schule schicken konnte.

Hier kommen wir an einen ersten wichtigen Punkt, den unzählige Menschen falschverstehen: Es gab Kinderarbeit, seit es die Menschheit gibt.

Genauso gab es lange Arbeitstage seit, der Mensch das erste Mal sesshaft wurde. Diese beiden Übel wurden durch marktwirtschaftlichen Fortschritt allerdings beendet, nicht verursacht. Die Marktwirtschaft hat lange Arbeitstage und Kinderarbeit, was es beides seit Tausenden Jahren gab, *behoben*; und nicht, wie viele denken, *verursacht*.

Kinderarbeit gab es während der neolithischen Revolution. Kinderarbeit gab es bei den alten Ägyptern, den Römern und allen anderen Zivilisationen der Vergangenheit. Kinderarbeit gab es das ganze Mittelalter lang. Und dann, nach vielen tausenden Jahren Menschheitsgeschichte, hat man es in der industriellen Revolution – nach dem Feudalismus, den Gildensystemen, dem Merkantilismus und dem ganzen anderen ökonomischem Unsinn – das erste Mal mit Eigentumsrechten, freiem Handel und Marktwirtschaft versucht, und plötzlich wurde so viel Wohlstand erzeugt, dass man Kinderarbeit abschaffen und seine Kinder in Schulen schicken konnte.

Viele Leute denken, dass es genau andersrum passiert ist; dass Kinderarbeit im Mittelalter überhaupt nicht existent war und dann kam der „böse Kapitalismus" und auf ein Mal mussten Kinder in Kohlebergwerken arbeiten. Die Wahrheit ist jedoch, Kinderarbeit gab es seit tausenden Jahren und der Kapitalismus hat so viel Wohlstand produziert, dass dem ein Ende gesetzt wurde.

Marktwirtschaftlicher Fortschritt machte die Menschen immer wohlhabender und wohlhabender, was den Lebensstandard der *einfachen Menschen* über die letzten 300 Jahre immer und immer und immer wieder erhöht hat. Die Menschen konnten ihren Lebensstandard mit stetig weniger Stunden Arbeit finanzieren, weshalb das durchschnittliche wöchentliche Arbeitspensum stetig abnahm. Heute könnten wir schon von locker 4 statt 8 Stunden pro Tag leben, wenn die ganzen Steuern und Abgaben nicht wären, aber das ist ein anderes Thema.

Alle Indikatoren, die einen höheren Lebensstandard bedeuten, verbesserten sich während der Industriellen Revolution: Die Lebenserwartung stieg, die Kindersterblichkeit nahm ab, die medizinische Versorgung verbesserte sich, Hunger und Armut nahmen ab, die Analphabetenrate nahm ab, der Durchschnittslohn stieg und so weiter.

Oder kurz: *Den einfachen Menschen* (nicht nur irgendwelchen reichen Fabrikbesitzern!) ging es in den letzten 300 Jahren stetig besser. Heute hat man als normale Person einen höheren Lebensstandard, besseres Essen, bessere medizinische Versorgung etc. als selbst König oder die reichsten Unternehmer vor 300 Jahren.

Als Marx 1883 starb, war der z.B. *durchschnittliche* Engländer 3-Mal reicher, als zum Zeitpunkt, als Marx 1818 geboren wurde. D.h. allein innerhalb seiner Lebensspanne ist der Lebensstandard der Menschen durch marktwirtschaftlichen Fortschritt und Produktionssteigerung rapide gestiegen, obwohl er prophezeite, dass genau das Gegenteil passieren würde.

Und dieser Trend geht bis heute weiter, zumindest in Ländern, wo man marktwirtschaftliche Freiheit nicht immer stärker abschafft.

Weltweite Armut ist z.B. entgegen dem, was man oft in der Panikmache hört, massiv im Rückgang. Laut der World Poverty Clock lebten im Januar 2016 10% der Weltbevölkerung in extremer Armut. Heute sind es nur noch 8%. In ein paar Jahren werden es nur noch 6% sein. Statistisch gesehen schaffen es jede einzelne Sekunde 1,1 Personen aus extremer Armut heraus. D.h. allein seit dem Beginn des Videos geht es hunderten Menschen besser.

Immer mehr Menschen bekommen Zugriff auf sauberes Wasser. Immer mehr Menschen können sich Bildung und medizinische Versorgung leisten. Immer mehr Menschen leben immer bessere Leben.

Weltweiter Hunger ist drastisch im Rückgang.[1]

Die Lebenserwarten wächst weltweit rapide.[2]

Der UN-Human-Development-Index[3] zeigt weltweiten Fortschritt. Überall geht es voran.

Man halte sich nur mal vor Augen, dass extreme Armut, die die Menschheit schon seit Anbeginn unserer Spezies plagt, bis zur Mitte des Jahrhunderts beendet sein kann! In wenigen Jahrzehnten könnten wir das erste Mal in einer Welt leben, in der *niemand* mehr als „extrem arm" gilt.

Die Marktwirtschaft hat genau das geschafft, was Sozialisten versprochen haben. Sozialisten haben hingegen immer genau das Gegenteil davon geschaffen. Sozialismus hat Armut und Hunger immer verstärkt. Lebensstandards sind langfristig immer gesunken, Zugriff auf medizinische Versorgung und Bildung wurde in sozialistischen Ländern stetig schlechter, obwohl diese „kostenlos" waren.

Technischer Fortschritt kommt also nicht von irgendwoher. Technischen Fortschritt gibt es nur in marktwirtschaftlichen Ländern, weshalb man auch nicht so viel von technischen Neuheiten aus Kuba, Venezuela oder Nord-Korea hört.

Schauen wir uns noch den Weltglücksindex[4] an. Die Top 10 Länder sind Finnland, Norwegen, Dänemark, Island, die Schweiz, die Niederlande, Kanada, Neuseeland, Schweden und Australien. Jedes dieser Länder gilt laut dem Heritage Ranking[5] als wirtschaftlich frei oder überwiegend frei.

Die 10 unglücklichsten Länder sind Burundi, die Zentralafrikanische Republik, Südsudan, Tansania, derJemen, Ruanda, Syrien, Liberia, Haiti und Malawi. Keines dieser Länder ist wirtschaftlich frei oder zumindest überwiegend frei, sondern alle finden sich in den hinteren Plätzen.

Glückliche Gesellschaften existieren nicht ohne wirtschaftliche Freiheit.

Wenn man die Welt in 4 Gruppen aufteilt und nach ihrer wirtschaftlichen Freiheit sortiert, dann sieht man, dass das freiste Viertel die größte Menge an Wohlstand hat[6], während das unfreiste Viertel deutlich ärmer ist. Auch Wirtschaftswachstum und Freiheit korrelieren.

Und das beides führt natürlich dazu, dass Armut in dem unfreisten Viertel am höchsten ist. Fast 50% leben in moderater Armut und fast 1/3 in extremer Armut. Je wirtschaftlich freier ein Land ist, desto weniger Armut gibt es jedoch. Im wirtschaftlich freisten Viertel leben deshalb kaum noch Menschen in Armut. Will man Armut verringern, dann muss man Freiheit schaffen.

Das drückt sich auch dadurch aus, dass es in wirtschaftlich freien Ländern auch den Ärmsten besser geht. Je freier ein Land, desto mehr verdienen die Ärmsten 10%. Das ist auch völlig logisch. Es ist viel besser, eine arme Person in z.B. der Schweiz, Kanada, Australien oder Irland zu sein, als in Venezuela, Kuba, Nordkorea oder einem der unzähligen, afrikanischen Ländern ohne wirtschaftliche Freiheit.

Auch Lebenserwartung korreliert mit wirtschaftlicher Freiheit. Im Sozialismus zu leben ist also buchstäblich schlecht für deine Gesundheit und verringert die Lebenswertung um über ein Jahrzehnt.

Anti-Kapitalismus ist die ideologische Blindheit, nach der man den ganzen Fortschritt nicht sieht, den die Menschheit in den letzten 300 Jahren dank des Kapitalismus' gemacht hat. Und durch diese Blindheit können sie nicht sehen, dass die Marktwirtschaft genau das geschaffen hat, was Anti-Kapitalisten immer versprochen haben: einen besseren Lebensstandard für die Arbeiter, weniger Arbeitszeit, bessere medizinische Versorgung, weniger Armut und weniger Hunger, mehr Fortschritt und mehr Wohlstand. Kapitalismus ist das erfolgreichste Anti-Armuts-Programm, das es je gegeben hat; mit gigantischem Abstand.

www.charleskrueger.de

Autoren

Hanno Vollenweider, geboren 1985 in Norddeutschland, studierte Business Administration an einer international renommierten Universität. Er ist Chefredakteur des Autorenblogs *www.dieUnbestechlichen.com.* Im Dezember 2016 veröffentlichte er sein Buch „Bankster – Wohin Milch und Honig fließen" in dem er eindrücklich seine mehr als 10-jährige Erfahrung in der – wie er sagt – Welt der „legalen organisierten Kriminalität" schildert. Als Anlagespezialist betreute er in seinem Büro in Zürich zwischenzeitlich über 1 Mrd. Euro an Kundengeldern, darunter Vermögensteile bekannter Unternehmer, Fußballmanager und deutscher Adelsfamilien. Da er in seinem Buch über 120 Namen von Firmen, Politikern und Prominenten nennt, die sich auf Kosten der steuerzahlenden Bevölkerung bereichern, machte sich Vollenweider als Whistleblower viele Feinde. Hanno Vollenweider hat in seinem jugendlichen Leichtsinn die Idee entwickelt, dieses Buch zu schaffen, ohne sich vorab Gedanken darüber zu machen, was da auf ihn zukommt. Vollenweider lebt seit einigen Jahren in Bayern. Er bedankt sich an dieser Stelle bei allen Autoren und Helfern für ihr Mitwirken an diesem Buch! Er verspricht beim nächsten Projekt, längere Deadlines einzurichten und nicht mehr so oft anzurufen, um zu fragen, wo die Texte bleiben.

Heiko Schrang ist einer der bekanntesten Publizisten der freien Medien. Neben seiner Autorentätigkeit ist er auch Inhaber des erfolgreichen Schrang-Verlages.
Dort erschienen die Bestseller „Die Jahrhundertlüge, die nur Insider kennen" und „Im Zeichen der Wahrheit", die auf außerordentliche Weise

politische und spirituelle Themen miteinander verbinden. In seinem Verlag werden jedoch nicht nur Eigenveröffentlichungen publiziert, sondern auch anderen Autoren eine Chance gegeben, ihr Wissen einer breiten Masse zugänglich zu machen.

Die Erstveröffentlichung der Autorin Petra Paulsen „Deutschland außer Rand und Band" schaffte es zwei Wochen nach Erscheinen direkt in die Spiegel-Beststeller-Liste. Breite Bekanntheit erlangte er jedoch mit seinem Format Schrang-TV, das mittlerweile zu den größten YouTube-Kanälen im Bereich der Alternativmedien gehört. Allein das Interview mit der Bestsellerautorin Petra Paulsen erzielte über 1,5 Millionen Aufrufe.

Heiko Schrang ist bekennender Buddhist und lebt nördlich von Berlin. Seine Videos erscheinen auf YouTube und *www.heikoschrang.de*

Vera Lengsfeld, geboren 1952 in Thüringen ist Politikerin und Publizistin. Sie war Bürgerrechtlerin und Mitglied der ersten frei gewählten Volkskammer der DDR. Von 1990 bis 2005 war sie Mitglied des Deutschen Bundestages zunächst bis 1996 für Bündnis 90/Die Grünen, ab 1996 für die CDU. Seitdem betätigt sie sich als freischaffende Autorin. 2008 wurde sie mit dem Bundesverdienstkreuz am Bande geehrt. Lengsfeld ist Autorin mehrerer Bücher und schrieb Beiträge für *Süddeutsche Zeitung*, *Frankfurter Rundschau*, *Frankfurter Allgemeine Zeitung*, *Der Spiegel*, *Die Welt* und *Focus*. Sie ist zudem Kolumnistin des Weblogs *Die Achse des Guten*. Ihr eigener Blog *www.vera-lengsfeld.de* ist eine feste Größe in den Freien Medien. Im März 2018 initiierte Lengsfeld die „Gemeinsame Erklärung 2018", in der es heißt: „Mit wachsendem Befremden beobachten wir, wie Deutschland durch die illegale Masseneinwanderung beschädigt wird. Wir solidarisieren uns mit denjenigen, die friedlich dafür demonstrieren, dass die rechtsstaatliche Ordnung an den Grenzen unseres Landes wiederhergestellt wird." Die Erklärung erreichte als Petition über 65.000 Unterschriften.

David Berger, geboren 1968 in Würzburg war nach seiner Promotion (Dr. phil.) und Habilitation (Dr. theol.) viele Jahre Professor im Vatikan. 2010 dann sein Outing: Es erscheint das zum Besteller werdende Buch *Der hei-*

lige Schein über seine Arbeit im Vatikan als homosexueller Mann. Auf niemanden wurde auf kreuz.net so eingedroschen wie auf den Kölner Theologen, bis hin zu Morddrohungen. Anschließend arbeitete er, bis zu seinem Rauswurf wegen zu offener Islamkritik, zwei Jahre als Chefredakteur eines Homomagazins. Seit 2016 ist er auch als Blogger unterwegs, sein Blog www.philosophia-perennis.com gehört zu den meistbesuchten Blogs Deutschlands. Als freier Journalist schreibt er u.a. für die *Die Zeit*, *Junge Freiheit und The European*. Seine Bibliographie wissenschaftlicher Schriften umfasst ca. 1.000 Titel.

Petra Paulsen, geboren 1966, in Hamburg geboren, verheiratet und dreifache Mutter studierte Lehramt für die Fächer Biologie und Chemie. Eingebunden in Familie, Beruf und Haushalt war sie bis zur Migrationskrise 2015 ein eher unpolitischer Mensch. Im August 2016 schrieb sie aufgrund persönlicher Erfahrungen und Sorgen als Mutter und Lehrerin hinsichtlich der unkontrollierten Einwanderung nach Deutschland eine Rundmail, die auf Bitte einiger der Angeschriebenen im Internet bei Epoch Times, MMNews und querdenken-tv veröffentlicht wurde. Ein offener emotionaler und unverblümter Brief an Bundeskanzlerin Merkel folgte im Mai 2017. Auf diesen wurde das ZDF aufmerksam und es folgte eine Einladung in die Sendung „Wie geht´s, Deutschland?“ mit Marietta Slomka als Moderatorin im Bundestagswahlkampf 2017. Ein Schüler, der sich Petra Paulsen mit seinen Sorgen vor einem Bürgerkrieg in Deutschland anvertraute, brachte sie auf den Gedanken, ihr Buch „Deutschland außer Rand und Band – Zwischen Werteverfall, Political (In)Correctness und illegaler Migration“ zu schreiben, dass binnen gut zwei Wochen in der Spiegel-Bestsellerliste landete. Seither hat Petra Paulsen weitere offene Briefe und Artikel auch bei Macht-steuert-Wissen, Philosophia Perennis und Jürgen-Fritz-Blog veröffentlicht, die auch von anderen Internetportalen der Freien Medien übernommen wurden.

Jürgen Fritz war nach der mittleren Reife zunächst mehr als vier Jahre im Polizeivollzugsdienst in Rheinland-Pfalz tätig, machte dann sein Abitur über den zweiten Bildungsweg und studierte anschließend in Heidelberg

Philosophie (Schwerpunkte: Erkenntnis-/Wissenschaftstheorie und Ethik), Erziehungswissenschaft, Mathematik, Physik und Geschichte. Für seine philosophisch-erziehungswissenschaftliche Abschlussarbeit wurde er mit dem Michael-Raubal-Preis für hervorragende wissenschaftliche Leistungen ausgezeichnet.

Nach zwei Jahren im Schuldienst und dem zweiten Staatsexamen absolvierte er noch eine dritte Ausbildung zum Financial Consultant (Finanzmathematik, Grundlagen der Volks- und Betriebswirtschaft, Steuern und Recht ...) unter anderem an der heutigen MLP Corporate University. Er arbeitete etliche Jahre als unabhängiger Finanzspezialist. Außerdem ist er seit Jahren als freier Autor tätig. 2007 erschien seine preisgekrönte philosophische Abhandlung „Das Kartenhaus der Erkenntnis – Warum wir Gründe brauchen und weshalb wir glauben müssen" als Buch, 2012 in zweiter Auflage. In den letzten Jahren beschäftigt er sich verstärkt mit Fragen der Ontologie, der Ästhetik, der Philosophie der Emotionen, der Ethik, der Religionsphilosophie und mit politischen Religionen (totalitäre Herrschaftsideologien), insbesondere dem Islam.

Zur Zeit arbeitet er an zwei weiteren Buchprojekten, die sich zum einen mit der Frage nach dem Sinn des Daseins beschäftigen, zum anderen mit der Frage, ob der Islam tatsächlich zu Deutschland und zu Europa gehört respektive überhaupt gehören kann. Jürgen Fritz betreibt den sehr beliebten Blog www.juergenfritz.com – seine Beiträge erscheinen u.a. auch auf Epoch Times, The European, Philosophia-perennis etc.

Michael Stürzenberger arbeitete als Journalist u.a. für das Bayern Journal, dessen Chef Ralph Burkei beim islamischen Terroranschlag in Mumbai starb. 2003/2004 war er Pressesprecher der CSU München bei der Franz Josef Strauß-Tochter Monika Hohlmeier. Von 2009 bis 2011 versuchte er, im dortigen Integrationsausschuss vergeblich die Islamkritik zu etablieren. Im Mai 2011 wechselte er zur Partei „Die Freiheit", wo er ab 2012 bayerischer Landesvorsitzender und von 2014 bis 2016 Bundesvorsitzender war. Seine YouTube-Videos haben knapp 23 Millionen Zugriffe. Stürzenberger schreibt heute für PI-News.net, einer der meistbesuchten Blogs

Deutschlands. Außerdem hält er Vorträge, ist Redner bei PEGIDA und ist in ganz Deutschland als islamkritischer Sprecher unterwegs.

Ramin Peymani, geboren 1968 in Teheran, ist ein deutscher Buchautor und Publizist iranischer Abstammung. Nach einem Studium der Wirtschaftsinformatik an der European Business School arbeitete Peymani ein Jahrzehnt lang im Finanzbereich für die Citibank und für Goldman Sachs. Ab 2002 war er mehr als sechs Jahre lang für den Deutschen Fußball-Bund tätig, zunächst als Finanzcontroller, später als Büroleiter des DFB-Präsidenten Theo Zwanziger. Seit Ende 2008 widmet sich Peymani als Privatier einer Vielzahl von Projekten, von denen die meisten ehrenamtlichen Charakter haben.
Peymani ist Autor mehrerer Bücher und veröffentlicht Artikel auf einer Reihe von Online-Magazinen und Debattenplattformen (u.a. Novo Argumente, Achse des Guten, Epoch Times, eigentümlich frei). Ferner ist er als Gastdozent mit einer Seminarreihe über Corporate Social Responsibility und als Redner zu den Themen Staatsschuldenkrise und Medienkritik tätig. Peymani lebt in Kelkheim (Taunus) und ist FDP-Mitglied. Er hat mehrere Parteifunktionen inne und ist Kreistagsabgeordneter im Main-Taunus-Kreis. Der Autor und Publizist ist außerdem Mitglied der Friedrich August von Hayek-Gesellschaft.
Neben seinem Blog www.liberale-warte.de, auf dem er einer großen und stetig wachsenden Leserschaft wöchentlich ein brisantes gesellschaftspolitisches Thema präsentiert, hat Peymani sechs Bücher geschrieben u.a. „Hexenjagd: Der mündige Bürger als Feindbild von Politik und Medien", „Das Grauen: Deutschlands gefährliche Parallelgesellschaft", „Spukschloss Deutschland: Der Zeitgeist als Gespenst einer Generation".
In seinen Publikationen widmet sich Ramin Peymani vor allem der Fragestellung, warum es Medien und Berufspolitik gelingt, Doppelstandards in der Extremismusbekämpfung zu etablieren und mit einer einseitigen Fokussierung die Durchsetzung ihrer ideologisch motivierten Agenda zu erzwingen. Sein Leitmotiv ist der Einsatz für die persönliche Freiheit des Einzelnen, die er in Deutschland zunehmend gefährdet sieht.

Imad Karim, geboren 1958 in Beirut (Libanon), ist ein libanesisch-deutscher Regisseur, Drehbuchautor und Fernsehjournalist. Nach seinem Abitur, im Schatten des im April 1975 ausgebrochenen libanesischen Bürgerkrieges nahm er sein Studium an der Akademie der schönen Künste in Beirut (ALBA) auf. Das von kriegsbedingter Unterbrechung gekennzeichnete Studium, die Verfolgung durch lokale Kommandeure und die allgemeine Sicherheitslage zwangen ihn, sein Heimatland zu verlassen. Als Exil wählte er Deutschland. Ab 1977 studierte er in Berlin, Mainz und Mannheim Medienwissenschaft und Sozialwissenschaft und schloss 1987 mit einem Magister ab.

Im Oktober 1991, drei Monate nach Beendigung des libanesischen Bürgerkrieges, kehrte er als einer der ersten Regisseure in seine Heimat zurück und drehte für das Institut für Film und Bild in Wissenschaft und Unterricht den Film „Die verlogenen Mythen meines Krieges". Ab 1992 arbeitete er für ARD, ZDF und WDR als freier Fernsehjournalist, Filmautor und Regisseur. In den darauffolgenden Jahren bereiste er die Krisengebiete im Nahen Osten und berichtete u. a. für ARD, ZDF und einige Privatsender live vor Ort, hauptsächlich aber aus dem Libanon und von der libanesisch-israelischen Grenze. Ab 1993 produzierte er als TV-Autor, Regisseur und Produzent im Auftrag des WDR-Fernsehens eine Reihe von Dokumentationen, Reportagen und Filmessays im In- und Ausland (Libanon, Syrien, Ägypten, Marokko, Tunesien, Irak, Türkei, Ghana, Schweiz, Italien, Spanien, Portugal, Philippinen und Hongkong). Seine Filme wurden in den Fernsehanstalten WDR, hr, BR, MDR, ORB, SR, SWR, NDR, 3Sat, Phoenix und im ersten ARD-Programm ausgestrahlt. 1995 erhielt er den europäischen Medienpreis „Civis – Europas Medienpreis für Integration".

Seit Beginn der Flüchtlingskrise engagiert sich Karim, der sich selbst als Ex-Moslem bezeichnet, in der medialen Kritik am politischen Islam. Dabei trat Karim auch als externer Gastredner bei Veranstaltungen der Alternative für Deutschland (AfD) und der AfD-nahen Desiderius-Erasmus-Stiftung auf. Karim war ebenfalls als Sachverständiger zum Thema „Gewaltbereiter Islamismus" zur Anhörung im 1. Untersuchungsausschuss des Deutschen Bundestages am 26. April 2018 geladen – auch bekannt als „Amri-Untersuchungsausschuss".

Thomas Bachheimer, geboren 1966 in Graz. Nach einer Ausbildung zum Börsenhändler handelte Bachheimer in Dublin, München und Wien erfolgreich mit Staatsanleihen und Rohstoff-Derivaten.
Anlässlich der Euroeinführung hatte er ein Erweckungserlebnis, als seine Großmutter meinte, das wird jetzt meine 4. Währungsreform und bei jeder habe ich noch alles verloren. Seit diesem Tag beschäftigt sich Bachheimer eingehend mit dem Wesen des westlichen Geldsystems, der Geldwährung durch Volksverschuldung sowie der Schule der österreichischen Nationalökonomie. In zahlreichen Publikationen und als Key-Note-Speaker Vorträgen hat er sich mit dem Währungssystem und der Einflussnahme der Politik im Wirtschaftsleben auseinandergesetzt. Bachheimer war über 8 Jahre lang OPEC-Analyst für diverse TV-Stationen, wie CNBC, BBC, n-tv, etc. und machte in dieser Rolle auf den Zusammenhang von Geldmenge und Rohstoffpreisen aufmerksam.
Als Europapräsident des Goldstandard Instituts hat er sich voll und ganz der Aufgabe verschrieben, die „Währungsbenutzer" – sprich Endverbraucher wie auch Wirtschaftstreibende – über die Vorteile von nicht-politischen, gedeckten Währungen zu informieren und die Etablierung eines neuen Denkens im Währungsbereich voranzutreiben. Hierzu betreibt der die News-Plattform *www.bachheimer.com*

Marcus Franz, geboren 1968 in Wien, er studierte nach der Matura Medizin an der Universität Wien. 1987 wurde er promoviert (Dr. med.). 1992 wurde er Arzt für Allgemeinmedizin und 1997 für Innere Medizin. Franz ist Facharzt im Bereich Gastroenterologie und Onkologie. Während seiner Tätigkeit als Arzt war er unter anderem am Allgemeinen Krankenhaus der Stadt Wien (AKH Wien) sowie an den Spitälern in Wiener Neustadt und Wien-Hietzing tätig. Seit 2007 leitet er eine eigene Arztpraxis in Wien. Marcus Franz ist verheiratet und Vater von drei Kindern.
Franz ist ein politischer Quereinsteiger. Im Oktober 2013 wurde er als Parteiloser auf der Liste des Teams Stronach als Abgeordneter in den österreichischen Nationalrat gewählt, war dann zunächst Klubobfrau-Stellvertreter des Parlamentsklubs und bis September 2014 auch Generalsekretär

der Partei. Im Juni 2015 wechselten er und Georg Vetter auf Einladung Reinhold Lopatkas, des Klubchefs der ÖVP im Nationalrat, vom Team Stronach in den ÖVP-Parlamentsklub, wobei von Lopatka besonders Franz' „christlich-konservative Wertehaltung" hervorgehoben wurde.
In einem Blogeintrag Anfang 2016 schrieb Franz: „Frau Merkel will als die metaphorische ‚Mutti' des Staates das negative Faktum der nicht vorhandenen oder zu wenigen eigenen Kinder mit der Einbringung vieler, vieler junger Migranten wieder gutmachen." Diese Aussage führte zu Verwerfungen innerhalb der ÖVP, woraufhin er am 1. März 2016 wieder aus dem ÖVP-Klub austrat.
Marcus Franz' Blog *www.thedailyfranz.at* ist durch seine Themenvielfalt von österreichischer Politik, über Europapolitik, Gesellschaftskritik bis hin zu Heimat und Identität über die Landesgrenzen von Österreich hinaus bekannt und beliebt.

Thomas Böhm, Ende des Jahre 2012 erblickte journalistenwatch.com das Licht der Medienwelt. Innerhalb kürzester Zeit wurde der Blog „für Medienkritik und Gegenöffentlichkeit" zum führenden Online-Magazin im Bereich der freien Medien.
Getreu dem Motto: „Wir sind das Nachrichtenergänzungsmittel mit definitiv politischen Nebenwirkungen" konnte sich jouwatch in der Medien-Szene, trotz massiver Blockade auf Facebook und permanenten Angriffen aus der linken Ecke der Republik rasch etablieren und hat nun schon rund 1 Million Leser im Monat.
Die „Küchenredaktion" von jouwatch wird sich auch weiterhin engagieren, das sind wir unseren Lesern schuldig, die ein Recht auf ein erweitertes Nachrichtenspektrum haben.

Roger Letsch, Baujahr 1967, aufgewachsen in Sachsen-Anhalt, als dieses noch in der DDR lag und nicht so hieß. Lebt in der Nähe von und arbeitet in Hannover als Webdesigner, Fotograf und Texter. Er sortiert seine Gedanken in der Öffentlichkeit auf seinem Blog unbesorgt.de. Seine Artikel erscheinen ebenso auf der Achse des Guten, wie auch auf anderen Blogs.

Peter Helmes, geboren 1943, kommt aus einem in einem mittelständischen Elternhaus. Er absolvierte er eine kaufmännische Ausbildung und studierte im 2. Bildungsweg unter anderem Betriebs-, Volkswirtschaft, Management und Philosophie. Helmes war 40 Jahre ehrenamtlich und 25 Jahre hauptberuflich in der Politik auf Landes-, Bundes- und internationaler Ebene tätig. Er ist ein katholischer, sehr fröhlicher Rheinländer, arbeitet seit 24 Jahren als selbständiger Politikberater und Publizist und war 21 J. freiberuflicher Universitäts-Dozent (Lobbying, Medien).
Bei der Bundestagswahl 1980 war er Mitglied im Wahlkampfstab von Franz Josef Strauß als Bundesgeschäftsführer der „Bürgeraktion Demokraten für Strauß". Er veröffentlichte bisher (Stand Sept. 2018) 45 Bücher und Broschüren, die hohe Auflagen erreichten, und verfasst regelmäßig „Konservative Kommentare" auf verschiedenen Internet-Foren. Vor allem: Er ist auch Europäer, für ein Europa der Vaterländer – auf christlich-abendländischem Fundament.
Helmes war Ende 1980 Mitbegründer (neben Franz Josef Strauß, Gerhard Löwenthal, Ludek Pachman, Joachim Siegerist u.a.) der Deutschen Konservativen e.V. in Hamburg, die heute über 40.000 Mitglieder zählt. Er ist Träger des „Pour le Mérite Européen" – verliehen vom einstigen EU-Kommissions-Präsidenten Gaston Thorn.
Peter Helmes bloggt seit dem 01.01.2012 auf www.conservo.wordpress.com – Helmes gibt dort zu sich und seinen zahlreichen Gastautoren an: Wir wollen gezielt christlich-abendländische Werte vertreten und dem Zeitgeist entgegenwirken. „Moderne" aller Couleur haben wir genug!

Niki Vogt, geboren 1957, studierte nach dem Abitur zwei Semester Luft- und Raumfahrttechnik und Kalligraphie in Aachen. Sie wechselte dann nach Köln, wo sie Jura (mit Schwerpunkt Rechtsgeschichte) und Nordistik (mit Schwerpunkt Rechtsgeschichte) studierte und Porzellanmalerei lernte. In München absolvierte sie noch eine Grafikerlehre. 1981 heiratete sie Dr. Michael Vogt, die Ehe wurde 2014 geschieden. Die Ehe hat drei Kinder. Neben der Kindererziehung arbeitete Niki Vogt als Grafikerin und schrieb diverse Artikelbeiträge.

Ab 2013 arbeitete sie bei Michael Vogt auf seinem Webportal „Quer-Denken.TV" als Chefredakteurin. Gleichzeitig betrieb sie mit Michael Vogt und einem Geschäftsführer eine Filmaufragsproduktion, sowie den Schild-Verlag, in dem sie diverse Buchprojekte und die Autoren betreute und die Grafikarbeiten, Satz und Lektorat übernahm. Sie ist die Autorin mehrerer Filmdokumentationen. Im Sommer wechselte Niki Vogt zu dem neuen, sehr erfolgreichen Portal www.dieUnbestechlichen.com von Hanno Vollenweider, wo sie regelmäßig Beiträge schreibt.

Charles Krüger ist ein Aktivist und Betreiber eine beliebten YouTube-Channels, der nach ihm benannt ist und auf dem er mehrmals pro Woche über Themen wie Freiheit, Philosophie und Marktwirtschaft redet.
Er schreibt über sich selbst: Ich wurde sehr von freiheitlichen Denkern wie Ludwig von Mises, Murray Rothbard, Hans Hermann Hoppe und Ron Paul beeinflusst. Ron Pauls Buch „Liberty Defined" ist eines der wichtigsten Bücher in meinem Leben gewesen, weil es mich das erste Mal an die freiheitliche Philosophie des Libertarismus und die dazu gehörige Wirtschaftsphilosophie der „Österreichischen Schule der Ökonomie" gebracht hat. Es war wie ein Augenöffner, der dazu geführt hat, dass ich mich seitdem für diese Themen interessiere und sie versuche, durch meinen Aktivismus zu verbreiten.
Für mich ist die Philosophie des Libertarismus nicht nur eine vollumfängliche, moralbasierte Weltanschauung, sondern auch die Erklärung für die wichtigsten gesellschaftlichen Fragen unserer Zeit: Warum gibt es ständig Wirtschaftskrisen? Warum steuern wir auf einen Finanzcrash zu? Wie lösen wir das Problem der Machtgier der Politiker? Was ist die Ursache für Armut und wie verbreiten wir Wohlstand? Wie verhindern wir Kriege auf der Welt? Wie kam es zur Einwanderungskrise? Auf was für Regeln sollte eine friedliche, freiheitliche Gesellschaft basieren? Müssen Menschen überhaupt regiert und beherrscht werden oder gibt es Alternativen? Und vieles mehr.
Alle Infos zu meiner Arbeit findet man auf www.charleskrueger.de.

Christian Jung ist freier Journalist, Autor und Inhaber der Bildagentur Metropolico www.medien.metropolico.org. Seit Jahren beschäftigt er sich mit Verbindungen der extremen Linken mit der etablierten Politik, Behörden und Parteien. Jung und sein Co-Autor Torsten Groß veröffentlichten 2016 das Buch „Der Links-Staat". Unter demselben Titel erschienen Video-Dokumentationen, dessen dritten und bislang letzten Teil Jung 2018 veröffentlichte („Der Link-Staat Teil III – Steuergeld und Verfassungsschutz als Waffen gegen die Opposition"). Der Diplom-Verwaltungswirt war einst in Münchens Ausländerbehörde für Ausweisungen und Abschiebungen zuständig. Migration und Ausländerpolitik ist folglich auch einer seiner journalistischen Schwerpunkte. Jung wurde als Mitglied der Enquete-Kommission Linksextremismus des Landtages von Sachsen-Anhalt berufen und ist dort als Sachverständiger tätig.

Wolfgang van de Rydt, geboren 1966 in Geldern am Niederrhein. Er schreibt über sich selbst: Angefangen mit dem Bloggen habe ich direkt mit dem Aufkommen der ersten Plattformen, von denen es heute nicht mehr so viele gibt. Damals finanzierte ich mein Leben mehr oder weniger gut mit ganz normalen Jobs im Sozialwesen, arbeitete mit behinderten Menschen, Autisten, Familien, gab Workshops, klärte nebenbei über Missstände in der Branche auf und spielte unter meinem Künstlernamen Fantareis auf den unterschiedlichsten politischen Bühnen der Republik. Irgendwann passte das nicht mehr zusammen und ich beschloss, meine Aktivitäten zu meinem Hauptberuf zu machen.
2013 rief ich die Plattform „Opposition 24" ins Leben, nachdem Angela Merkel trotz NSA-Skandal und Griechenland-Desaster ohne große Mühe erneut die Kanzlerschaft erringen konnte. Wir „kleinen Blogger" konnten damals nicht wirklich mit den großen Medienkonzernen konkurrieren, heute hat sich das Blatt gewendet und das ist gut so. Aus O24 wurde freie-presse.net und für die Zukunft stehen weitere vielversprechende Projekte an. Es war mir neben dem einen großen Themenschwerpunkt „Justizopfer, Missbrauchsfälle und Korruption" immer sehr wichtig, an einer besseren Vernetzung der Bloggerszene mitzuarbeiten und Strukturen

aufzubauen, die professionelleres Arbeiten ermöglichen. Wie dieses Buch beweist, sind wir einen Riesenschritt nach vorne gekommen.

John James, geboren in Großbritannien. Er studierte Politikwissenschaften und Germanistik in seinem Heimatland. Er ist seit mehr als 20 Jahren in Europa als Musiker und Kulturmanager tätig. Loyal gegenüber den politischen Idealen seiner alten Heimat und begeistert von der Lebensqualität und den Menschen seiner neuen Heimat, Österreich. Europäer zu sein, bedeutet für ihn, eine kulturelle Identität zu besitzen, die weit über die Strukturen der EU hinausgeht. Politisch steht er in der Tradition des „Classical Liberalism", wie sie im 18. und 19. Jahrhundert in Großbritannien von Philosophen wie Locke und Mill entwickelt wurde. Die Freiheit des Individuums zu schützen und eine unparteiische Justiz zu garantieren, sieht er als die Kernaufgaben eines Staatswesens. Für Mitteleuropa hält er eine Stärkung des Einflusses der österreichischen Schule der Nationalökonomie auf Politik und Wirtschaft für wünschenswert. Seine Artikel erscheinen auf *www.bachheimer.com* und erfreuen sich auch international großer Beliebtheit.

Naomi Seibt, geboren 2000. Sie schreibt über sich selbst: 2015, in der 11. Klasse, entwickelte sich mein politisches Interesse aufgrund der wachsenden Relevanz politischer Themen in Deutschland (Migrationskrise) und da ich mich erstmals intensiv mit meiner eigenen politisch-philosophischen Einstellung befasste, geriet ich schnell in das Territorium der Grundsatzfragen wie „Wie viel Liberalismus sollte idealerweise in einer politischen Ordnung herrschen?" und damit auch in den ökonomischen Bereich „Sozialismus oder Kapitalismus?" Von da an eignete ich mir mein Wissen selbst durch Bücher von Hayek, Mises, Friedman und Co. an und verschlang förmlich Podcasts und Videos mit Vorlesungen/Reden u. ä. von gegenwärtig relevanten Figuren in diesen Bereichen (Beispiele: Jordan Peterson, Stefan Molyneux, Ben Shapiro, Lauren Southern). In der Schule wurden die genannten Themen nie auch nur ansatzweise diskutiert. Meine Sozialwissenschaftslehrerin war meinen Weltansichten gegenüber

ohnehin sehr kritisch eingestellt. Ende des letzten Schuljahres schrieb ich freiwillig und ohne das Ziel, dafür benotet zu werden, den hier im Buch veröffentlichten Text „Nationalismus und moderne Rechte – tatsächlich Vorboten eines neuen Nationalsozialismus?“,. Dann wurde mir angeboten, ihn auf dem Blog philosophia perennis und später bei Jürgen Fritz zu veröffentlichen, wo er sehr oft gelesen wurde.
Mein Abitur habe ich im Juli 2017 mit einem 1,0 Schnitt gemacht. Nun werde ich zum Wintersemester das VWL-Studium aufnehmen. Die Zwischenzeit habe ich genutzt, um mich selbst in den Bereichen Politik, Wirtschaft und Philosophie weiterzubilden und 2018 an dem „Hayek-Wettbewerb“ in Münster teilzunehmen, wofür ich in drei Monaten eine fast 70-seitige Arbeit über die Gefahren des postmodernen Sozialismus schrieb, in englischer Sprache („A Deconstruction of Postmodern Socialism and its Motives“). Da ich nicht das Kriterium „Studentin in Münster“ erfüllte, durfte ich leider nicht als Gewinnerin in Betracht gezogen werden, jedoch wurde extra für mich ein Sonderpreis zusätzlich verliehen.

Friedemann Wehr bloggt als Freelancer (früher altermannblog.de heute qpress.de) seit zehn Jahren. Der gelernte Volkswirt war u.a. zehn Jahre als Operations Research Analyst bei der US-Army und zuletzt als kaufmännischer Geschäftsführer der Stadtwerke Düren GmbH tätig. Er kann auf eine 39-jährige SPD-Mitgliedschaft zurückblicken, die er 2008 beendete, als die Cocktailsozialisten um Steinmeier und Müntefering die Macht übernahmen. Er war im Stadtrat von Kaiserslautern, kennt Verwaltungs- und Aufsichtsräte aus eigener Erfahrung. Er weiß, wie Politik gemacht wird. Er selbst bezeichnet sich als politisch nicht mehr sozialisierbar, weil er sich nicht mehr in ein Schema pressen lassen will:
„Rechts und links sind die Lieblingsworte von Navigationsgeräten. Sie sagen uns, wie wir fahren müssen, um unser Ziel zu erreichen. Für die politische Orientierung taugen sie nichts. Wo sehen wir uns in dreißig Jahren? Versteht man unter bunt, wenn alle schwarz gekleidet sind? Müssen wir nachdenken, was der Kleberclaus und Konsorten uns vordenken? Richtet man uns nach? Wer bestimmt, wer gut und wer böse ist? Ist die Virtual

Reality die Realität? Wenn es, wie kürzlich in Chemnitz, keine Hetzjagden auf Menschen gibt, dann werden sie einfach dazu erfunden. Glaubt nichts, seht Euch die Welt selbst an. Benutzt das Gehirn und – wer es sich noch erlauben kann – sagt seine Meinung!"

Friedemann reist gerne in Länder, in die andere nicht wollen. Er war im letzten Jahr auf der Krim und in diesem Jahr mit einer Schweizer Reisegruppe in Syrien. Er ist mit einem Overlanderbus von Kapstadt bis Kairo gefahren. Außer volkswirtschaftlichen Fragen sind die Verwicklungen des Westens in der Ukraine und Syrien seine Lieblingsthemen. Als Atheist lehnt er Glaubensbotschafter aller Art ab und sieht in der westlichen Laissez-faire-Politik in Sachen Islam die Errungenschaften der Aufklärung und des Humanismus gefährdet: „Man hat den klerikalen Katholizismus mit der Aufklärung nicht überwunden, um dann das Denken an islamische Mullahs zu delegieren". Friedemann fühlt sich in Kulturkreisen mit eigener Identität wohl und lehnt eine McDonaldisierung der Welt ab. „Meine Liebe zu Pfälzer Saumagen und Rieslingschorle im Dubbeglas ist schlichtweg mit dem Koran nicht kompatibel."

Deutschland außer Rand und Band

Dieses Buch schaffte es vierzehn Tage nach Erscheinen in die Spiegel Bestsellerliste. Über eine Million Menschen sahen ihre Botschaft auf YouTube.
Spätestens seit Petra Paulsens Teilnahme an der ZDF Sendung "Wie geht's, Deutschland?" wurde sie einem breiten Publikum bekannt.

Hardcover **22,90 €**

ISBN: 978-3-945780-32-9

Ebook **16,99 €**

epub ISBN: 978-3-945780-35-0

PDF ISBN: 978-3-945780-33-6

Hörbuch

6-CD-Set **22,95 €**

ISBN: 978-3-954716-21-0

MP3 Download **20,95 €**

versandkostenfrei in unserem Shop

www.shop.macht-steuert-wissen.de

Heiko Schrang
DIE JAHRHUNDERTLÜGE, 2
DIE NUR INSIDER KENNEN
erkennen - erwachen - verändern

Heiko Schrang
DIE JAHRHUNDERTLÜGE, 2
DIE NUR INSIDER KENNEN
erkennen - erwachen - verändern

SEIN – Die Kunst des Annehmens

Das Buch „Sein – Die Kunst des Annehmens" kann für Viele ein Lichtblick in dieser dunklen Welt sein. Ähnlich wie das weltberühmte Tao Te King von Laotse findet der Leser in diesem Weisheitsbuch Antworten auf die wichtigsten Fragen des Lebens.
Die Autorin versteht es auf einzigartiger Weise, den Leser mit auf eine Reise zu den tiefsten Geheimnissen des Seins mitzunehmen.

Hardcover **22,90 €**

ISBN: 978-3-945780-43-5

Quellen

Die Hetzjagd auf die Wahrheit

1) https://www.gmx.net/magazine/politik/martin-schulz-alexander-gauland-gehoert-misthaufen-deutschen-geschichte-33160432

Artilleriefeuer aus dem Elfenbeinturm: Der Krieg der Medien gegen das Volk

1) https://www.journalistenwatch.com/2018/08/28/der-hass-chemnitz/
2) https://philosophia-perennis.com/2018/09/03/chemnitz-wie-die-mainstreammedien-ihre-zuschauer-taeuschen/
3) https://philosophia-perennis.com/2018/08/30/angebliche-hetzjagden-auf-migranten-in-chemnitz-frei-erfunden/
4) https://www.youtube.com/watch?v=GD_ZdP79O84
5) http://www.tagesschau.de/multimedia/video/video-443507~player_branded-true.html
6) https://twitter.com/drumheadberlin/status/1036645442954698752?ref_src=twsrc%5Etfw%7Ctwcamp%5Etweetembed%7Ctwterm%5E1036645442954698752&ref_url=https%3A%2F%2Fphilosophia-perennis.com%2F2018%2F09%2F03%2Fchemnitz-wie-die-mainstreammedien-ihre-zuschauer-taeuschen%2F
7) https://juergenfritz.com/2018/08/31/daniel-zabel/
8) http://www.pi-news.net/2018/09/spd-erweist-daniel-hillig-letzte-ehre/
9) https://www.focus.de/panorama/welt/tugce-prozess-in-darmstadt-was-sagte-der-taeter-nach-dem-schlag-der-tugce-das-leben-kostete_id_4656129.html
10) https://www.n-tv.de/panorama/Sanel-M-ist-ausser-Landes-article19801135.html
11) https://www.deutschlandfunk.de/urteil-im-mordfall-mia-kandel-wird-instrumentalisiert-fuer.1773.de.html?dram:article_id=427082
12) https://www.youtube.com/watch?v=uLA5ghyUiMA
13) https://meedia.de/2018/09/04/heuchlerisches-gejammer-ralf-hoecker-wirft-medien-beim-haftbefehl-leak-von-chemnitz-scheinheiligkeit-vor/
14) https://jungefreiheit.de/kultur/medien/2018/vertrauen-der-deutschen-in-medien-sinkt/

Chemnitz für Dummies

1) https://www.zeit.de/politik/deutschland/2018-09/verfassungsschutz-hans-georg-maassen-chemnitz-hetzjagd (abgerufen am 24.10.2018)
2) https://www.wr.de/sport/fussball/wirsindmehr-fussball-und-sein-umgang-mit-rassismus-id215403003.html (abgerufen am 24.10.2018)
3) http://www.spiegel.de/spiegel/print/d-73989788.html (abgerufen am 24.10.2018)
4) „Das RAF Phantom", Gerhard Wisnewski, Knaur Verlag , 2008
5) https://www.welt.de/print-welt/article620034/Neue-Spuren-im-Fall-Rohwedder.html (abgerufen am 24.10.2018)
6) Handelsblatt 26.11.1990
7) https://de.wikipedia.org/wiki/Wiking-Jugend (abgerufen am 24.10.2018)
8) https://de.wikipedia.org/wiki/R%C3%A4umung_der_Mainzer_Stra%C3%9Fe (abgerufen am 24.10.2018)

9) https://www.zeit.de/gesellschaft/zeitgeschehen/2018-03/prozess-gruppe-freital-rechtsterrorismus-haftstrafen (abgerufen am 24.10.2018)
10) https://de.wikipedia.org/wiki/B%C3%BCrgerwehr_Freital

Die alltägliche Heuchelei und Propaganda

1) http://www.tagesschau.de/inland/messerangriff-altena-103.html
2) http://www.t-online.de/nachrichten/panorama/id_82779538/motiv-unklar-mann-faehrt-mit-auto-sechs-passanten-in-cuxhaven-an-.html
3) https://www.welt.de/vermischtes/article165300909/Fluechtling-aus-Syrien-ersticht-Psychologen.html

Oxytocin oder Oxymoron – Hauptsache Merkel regiert!

1) https://www1.wdr.de/wissen/mensch/oxytocin-fremdenfeindlichkeit-100.html

Der Untergang von Einigkeit, Recht und Freiheit – Die Liste der Schande

1) https://www.zeit.de/politik/deutschland/2017-04/armutsbericht-grosse-koalition-schoenung-kritik
2) https://www.welt.de/wirtschaft/article164054213/Zahl-der-Hartz-IV-Empfaenger-aus-Nicht-EU-Staaten-steigt-stark.html
3) http://www.faz.net/aktuell/wirtschaft/gesetz-von-nahles-rueckkehrrecht-aus-teilzeit-in-vollzeit-gescheitert-15029585.html
4) https://www.destatis.de/DE/PresseService/Presse/Pressemitteilungen/2017/01/PD17_001_13321.html
5) http://www.spiegel.de/wirtschaft/soziales/15-millionen-arbeitnehmer-arbeiten-in-teilzeit-a-1145212.html
6) https://dieunbestechlichen.com/2017/07/erwerbsarmut-arm-trotz-arbeit-das-bittere-los-immer-mehr-deutscher/
7) http://www.spiegel.de/wirtschaft/soziales/deutschland-zahl-der-minijobber-steigt-auf-knapp-2-5-millionen-a-1101212.html
8) https://www.presseportal.de/pm/52007/3674008
9) http://www.rp-online.de/politik/deutschland/hartz-iv-aufstocker-sind-mehrheitlich-fachkraefte-aid-1.6166366
10) http://www.zeit.de/wirtschaft/2016-09/arbeitsmarkt-leiharbeit-zuwachs-deutschland
11) https://www.merkur.de/wirtschaft/jeder-zehnte-rentner-muss-arbeiten-sind-top-10-jobs-8482066.html
12) http://www.spiegel.de/wirtschaft/soziales/arbeitslosenstatistik-so-hoch-ist-die-verdeckte-arbeitslosigkeit-a-1133354.html
13) http://www.bagw.de/de/themen/zahl_der_wohnungslosen/index.html
14) https://www.nwzonline.de/politik/immer-mehr-haushalte_a_31,1,402189838.html
15) http://www.spiegel.de/wirtschaft/soziales/unicef-bericht-zur-kinderarmut-wo-kinder-am-besten-leben-a-1152182.html
16) http://osthessen-news.de/n11565001/tabuthema-altersarmut-zum-leben-zu-wenig-zum-sterben-zu-viel.html
17) https://www.shz.de/deutschland-welt/wirtschaft/armut-in-deutschland-330-000-haushalten-wurde-der-strom-abgestellt-id16249901.html

18) https://philosophia-perennis.com/2017/06/29/bundestag-netzwerkdurchsetzungsgesetz/
19) https://www.tichyseinblick.de/kolumnen/spahns-spitzwege/netzdg-und-so-weiter-die-gedanken-sind-frei-wie-lange-noch/
20) https://www.tichyseinblick.de/daili-es-sentials/netzdg-loeschorgie-von-kai-aus-der-kiste/
21) http://www.lto.de/recht/nachrichten/n/wissenschaftlicher-dienst-netzdg-maas-gutachten-rechtswidrig/
22) http://dip21.bundestag.de/dip21/btd/18/112/1811277.pdf
23) http://www.zeit.de/digital/datenschutz/2017-06/staatstrojaner-gesetz-bundestag-beschluss
24) https://www.heise.de/newsticker/meldung/BND-will-angeblich-mit-150-Millionen-Euro-Whatsapp-Co-knacken-3520634.html
25) https://www.heise.de/newsticker/meldung/Bundestag-genehmigt-Online-Zugriff-auf-Passfotos-durch-Sicherheitsbehoerden-3717986.html
26) https://www.heise.de/newsticker/meldung/Bundestag-genehmigt-Ausbau-der-Videoueberwachung-3648846.html
27) http://www.spiegel.de/netzwelt/netzpolitik/fluggastdatenspeicherung-regierung-bringt-umstrittene-eu-richtlinie-auf-den-weg-a-1134747.html
28) https://www.datenschutzbeauftragter-info.de/datenschutzrechtliche-zaesur-neues-bundesdatenschutzgesetz-verabschiedet/
29) https://www.datenschutz-praxis.de/fachnews/neues-bundeskriminalamtgesetz-beschneidet-grundrechte/
30) https://irights.info/artikel/bundesarchivgesetz-zugang-informationsfreiheit/28162
31) https://www.heise.de/newsticker/meldung/IT-Sicherheit-Bundestag-erlaubt-Deep-Packet-Inspection-und-Netzsperren-3699426.html
32) https://www.heise.de/newsticker/meldung/Tuerkei-blockiert-wohl-mit-Deep-Packet-Inspection-Zugang-zu-Tor-3577109.html
33) http://www.mdr.de/nachrichten/politik/inland/bankgeheimnis-abgeschafft-steuerzahler-geldwaesche-100.html
34) https://dieunbestechlichen.com/2017/05/das-bargeldverbot-kommt-eine-duestere-prophezeiung/
35) https://www.taz.de/!5420359/
36) https://celler-presse.de/2017/02/21/richtervorbehalt-bei-blutentnahme-entfaellt-buerokratieabbau-hilft-polizei-und-betroffenen/
37) https://www.bundesregierung.de/Content/DE/Artikel/2017/02/2017-02-07-elektronische-fussfessel.html
38) http://www.t-online.de/nachrichten/deutschland/innenpolitik/id_81495726/jetzt-kommen-fahrverbote-fuer-saemtliche-straftaten.html

Wie die CDU über Jahrzehnte hinweg das eigene Volk belogen und betrogen hat

1) https://www.youtube.com/watch?v=q8EVJ_edjRg
2) https://juergenfritz.com/2017/12/08/buchempfehlung-die-getriebenen/
3) https://www.kopp-verlag.de/Europa-und-das-kommende-Kalifat.htm?websale8=kopp-verlag&pi=123165&ci=000406

Traktat über den Verfall der SPD – Eine Erklärung

1) http://altmod.de/

Die Rote Hilfe – Unterstützung für linke Straftäter

1) Rote Hilfe Zeitung 4/2017, Seite 6
2) Rote Hilfe Zeitung 4/2017, Seite 45
3) „Die RAF hat Euch lieb" -Die Bundesrepublik im Rausch von 68 Eine Familie im Zentrum der Bewegung, von Bettina Röhl, Heyne-Verlag, Originalausgabe 2018, Seite 437 f.
4) DER SPIEGEL, Nr. 46, 1977, Seite 36 ff.
5) Jan Philipp Reemtsma, „Lust an Gewalt", ZEIT online, 8. März 2007, 13:00 Uhr Editiert am 14. März 2007, 5:07 Uhr Quelle: DIE ZEIT, 08.03.2007 Nr. 11 https://www.zeit.de/2007/11/RAF/komplettansicht, zuletzt aufgerufen am 27.08.2018
6) „Wir wollten alles und gleichzeitig nichts", DER SPIEGEL, 31/1980 Online: http://www.spiegel.de/spiegel/print/d-14316959.html, zuletzt aufgerufen am 27.08.2018
7) So erging es uns jedenfalls als wir für die Recherchen zum Buch „Der Links-Staat" (Kopp-Verlag) uns am Telefon als spendenwillige Unterstütze der Roten Hilfe ausgaben.
8) JUNGE FREIHEIT, online: https://jungefreiheit.de/politik/deutschland/2014/144966/ zuletzt aufgerufen am 28.08.2018
9) https://www.ulla-jelpke.de/2018/08/jetzt-erst-recht-hinein-in-die-rote-hilfe/ zuletzt aufgerufen am 28.08.2018

G20: Warum der Krawall staatlich bezahlt war

1) https://www.geolitico.de/2018/04/28/massenmigration-als-strategie/ (abgerufen am 25.10.2018)
2) https://www.preussische-allgemeine.de//nachrichten/artikel/wie-die-antifa-mit-steuergeldern-gefoerdert-wird.html (abgerufen am 25.10.2018)
3) https://www.unzensuriert.de/content/0024070-Nach-Zensurgesetz-will-SPD-naechsten-Schritt-zur-Meinungs-und-Informationsdiktatur (abgerufen am 25.10.2018)

Der Anwendungsvorgang des EU-Rechts und die Aushöhlung der repräsentativen Demokratie

1) http://eur-lex.europa.eu/legal-content/DE/AUTO/?uri=uriserv:l14534
2) http://eur-lex.europa.eu/legal-content/DE/AUTO/?uri=uriserv:l14534
3) http://eur-lex.europa.eu/legal-content/DE/TXT/?uri=uriserv:l14548
4) https://de.wikipedia.org/wiki/Amt_f%C3%BCr_Ver%C3%B6ffentlichungen_der_Europ%C3%A4ischen_Union
5) http://www.spiegel.de/spiegel/print/d-15317086.html

Verlieren Genderkritiker den Kampf gegen die Genderideologie?

1) https://philosophia-perennis.com/genderideologie-gender-auseinandersetzung/

„Arschficker_Innen" und weibliche Ejakulationen an deutschen Hochschulen – was ist da los?

1) http://www.express.de/koeln/irrer-sex-zoff-uni-koeln--anal-seminar-geht-nach-hinten-los-24056830

Migration als Problemlöser? Ihr Heuchler!

1) http://www.spiegel.de/politik/ausland/fluechtlinge-ankunft-der-aquarius-in-valencia-a-1213432.html
2) http://lepeuple.be/il-ny-avait-pas-un-seul-syrien-sur-laquarius/90881

3) https://www.actualidadvaldepenas.com/articulo/sociedad/valdepenero-companeros-residencia-estudiantes-alicante-obligados-dejarla-meter-migrantes-aquarius/20180617112342130818.html
4) https://intereconomia.com/economia/politica/desalojada-una-residencia-universitaria-para-alojar-a-los-inmigrantes-del-aquarius-20180618-1257/
5) https://www.actualidadvaldepenas.com/articulo/sociedad/valdepenero-companeros-residencia-estudiantes-alicante-obligados-dejarla-meter-migrantes-aquarius/20180617112342130818.html
6) https://youtu.be/M1LcYDFCaug
7) https://www.heise.de/tp/features/Vereinte-Nationen-bereiten-weltweite-Pakte-zu-Fluechtlingen-und-Migration-vor-3995024.html?seite=all
8) http://www.un.org/depts/german/gv-71/band1/ar71001.pdf
9) https://de.wikipedia.org/wiki/Youth_Bulge

Das geheime Experiment an den Deutschen

1) https://www.youtube.com/watch?v=eFLY0rcsBGQ (abgerufen am 25.10.2018)
2) https://www.epochtimes.de/politik/europa/eu-kommission-vize-fordert-homogene-kulturen-abschaffen-vermischte-kulturen-weltweit-a1327296.html (abgerufen am 25.10.2018)
3) https://www.nachhaltigkeitsrat.de/wpcontent/uploads/migration/documents/RNE_Visionen_2050_Band_2_texte_Nr_38_Juni_2011.pdf (abgerufen am 25.10.2018)

Schwindelerregende Staatspropaganda: Der Spiegel im Stil des SED-Politbüros

1) http://www.spiegel.de/wirtschaft/soziales/fluechtlinge-300-000-migranten-haben-einen-job-gefunden-a-1224125.html

Finis Germaniae – Wie die Immigranten Deutschland ruinieren werden

1) http://www.rhein-zeitung.de/startseite_artikel,-syrischer-geschaeftsmann-reist-mit-vier-ehefrauen-und-23-kindern-ein-_arid,1539821.html

Weitere Quellen:

Bundesagentur für Arbeit-Statistik: Auswirkungen der Migration auf den deutschen Arbeitsmarkt (S. 19: SGB II-Quote)

http://www.zeit.de/wirtschaft/2015-09/fluechtlinge-arbeitsmarkt-arbeitslosenquote-qualifizierung

http://deutsche-wirtschafts-nachrichten.de/2015/09/11/nahles-nicht-einmal-jeder-zehnte-fluechtling-fuer-arbeit-oder-ausbildung-qualifiziert/

http://www.haz.de/Nachrichten/Politik/Deutschland-Welt/Japan-nimmt-2014-nur-elf-Fluechtlinge-auf

http://www.zeit.de/politik/ausland/2014-04/japan-fluechtlinge-einwanderer

https://www.laenderdaten.info/Asien/Suedkorea/fluechtlinge.php

Die Wahrheit über kulturfremde Ausländer und Immigranten – erschreckende Fakten

1) https://www.destatis.de/DE/ZahlenFakten/GesellschaftStaat/Bevoelkerung/Bevoelkerung.html
2) https://de.statista.com/statistik/daten/studie/1236/umfrage/migrationshintergrund-der-bevoelkerung-in-deutschland/
3) https://reisejunkie.info/loft/wp-content/uploads/2017/02/Layout_final02_small.pdf
4) https://juergenfritzphil.wordpress.com/2017/07/18/finis-germaniae-wie-die-immigranten-deutschland-ruinieren-werden/

5) https://philosophia-perennis.com/2016/08/15/fluechtlinge-wirtschaft/
6) https://juergenfritzphil.wordpress.com/2017/03/07/es-gibt-nicht-nur-egalitarismus-und-rassismus/
7) http://www.faz.net/aktuell/gesellschaft/kriminalitaet/hameln-mann-schleift-frau-an-seil-hinter-auto-her-14537585.html

Mainstream-Schlachtschiff correctiv.org geht auf Beatrix von Storch los und verteidigt staatliche Kriminalstatistik-Fake-News

1) https://correctiv.org/echtjetzt/artikel/2018/06/21/nein-frau-von-storch-deutschland-ist-nicht-unsicherer-geworden/?c=7658#comment-form
2) https://correctiv.org/correctiv/
3) https://dieunbestechlichen.com/2018/01/ein-berliner-polizist-packt-aus-so-wird-die-kriminalstatistik-manipuliert/
4) https://www.neopresse.com/gesellschaft/kriminalitaetsstatistik-in-deutschland-luegt-trump-oder-luegen-deutsche-medien/
5) https://www.bka.de/DE/UnsereAufgaben/Forschung/ForschungsprojekteUndErgebnisse/Dunkelfeldforschung/dunkelfeldforschung_node.html
6) http://www.fh-guestrow.de/doks/forschung/dunkelfeld/Abschlussbericht_2017_11_05.pdf
7) https://www.lka.polizei-nds.de/forschung/dunkelfeldstudie/dunkelfeldstudie---befragung-zu-sicherheit-und-kriminalitaet-in-niedersachsen-109236.html
8) https://www.focus.de/politik/deutschland/polizeiliche-kriminalstatistik-kripo-beamter-behauptet-tatsaechlich-gab-es-viel-mehr-straftaten-als-statistik-zeigt_id_8882500.html
9) https://dieunbestechlichen.com/2018/06/bka-lagebild-zu-merkels-leistungsbilanz-2017-in-sachen-mord-totschlag-raub-vergewaltigung-etc/
10) https://dieunbestechlichen.com/2018/05/chef-deutscher-kriminalbeamter-muss-gehen-zuvor-hatte-er-seehofers-kriminalstatistik-in-frage-gestellt/

Die Armutskrieger: Afrikas Desperados stürmen Europas Grenzanlagen

1 https://www.un.org/pga/72/wp-content/uploads/sites/51/2018/07/migration.pdf

Waldemar, die Schokoladenmächte, Schlepper und der Wert von 100 Euro

1) https://www.merkur.de/politik/groenemeyer-makatsch-und-viele-mehr-deutsche-promis-starten-fotoaktion-fuer-fluechtlinge-zr-10085584.html
2) https://www.alibaba.com/product-detail/Cheap-8-5m-Big-Boat-of_60384916540.html?spm=a2700.galleryofferlist.normalList.44.8d3a4e8ax0HL31
3) https://www.deutschlandfunk.de/europa-heute.794.de.html
4) https://ondemand-mp3.dradio.de/file/dradio/2018/08/09/grenzsicherung_in_spanien_die_meerenge_von_gibraltar_dlf_20180809_0917_e6a1ac85.mp3
5) https://www.welt.de/politik/ausland/article179995330/Spanische-Exklave-Ceuta-Migranten-attackieren-Beamte-mit-selbst-gebauten-Flammenwerfern.html
6) https://bazonline.ch/ausland/europa/die-schwarze-axt/story/15199232
7) https://www.liportal.de/cote-divoire/wirtschaft-entwicklung/
8) https://de.wikipedia.org/wiki/Deutschland
9) http://www.bmz.de/de/presse/reden/minister_mueller/2016/januar/20160131_Eroeffnungsrede-Minister-Mueller-bei-Forum-Nachhaltiger-Kakao-auf-der-internationalen-Suesswarenmesse.html

10) http://www.bmz.de/de/presse/aktuelleMeldungen/2017/november/171128_pm_129_Reformpartnerschaften-fuer-mehr-Investitionen-in-Afrika-unterzeichnet/index.jsp

Erfundene Massenzustimmung: Wie die Journaille eine Staatsstudie missbraucht

1) https://www.giz.de/de/presse/64131.html

Die Opfer der Gewalt radikaler Migranten dürfen nicht in Vergessenheit geraten

1) https://www.iom.int/global-compact-migration
2) https://www.zeit.de/politik/ausland/2017-12/vereinte-nationen-nikki-haley-fluechtlinge-usa
3) https://www.epochtimes.de/politik/welt/ungarn-will-europaeisch-afrikanische-erklaerung-zu-migration-nicht-ratifizieren-a2415966.html?text=1

Nationalismus und moderne Rechte – tatsächlich Vorboten eines neuen Nationalismus?

1) http://www.wissen.de/lexikon/faschismus
2) https://en.wikipedia.org/wiki/Fascism#Position_in_the_political_spectrum
3) https://de.wikipedia.org/ HYPERLINK „https://de.wikipedia.org/wiki/Politisches_Spektrum#Herkunft"wiki HYPERLINK „https://de.wikipedia.org/wiki/Politisches_Spektrum#Herkunft"/ HYPERLINK „https://de.wikipedia.org/wiki/Politisches_Spektrum#Herkunft"Politisches_Spektrum#Herkunft
4) https://www.welt.de/debatte/kommentare/article6076197/Jenseits-von-rechts-und-links.html
5) http://www.dailykos.com/story/2006/7/25/230389/-
6) http://www.bpb.de/nachschlagen/lexika/pocket-politik/16547/rechts-links-schema
7) https://de.wikipedia.org/wiki/Politisches_Spektrum
8) https://www.theguardian.com/world/2016/jun/21/gay-lgbt-muslim-countries-middle-east
9) https://www.shura.gov.sa/wps/wcm/connect/ShuraEn/internet/Laws+and+Regulations/The+-Basic+Law+Of+Government/Chapter+One/
10) https://www.welt.de/debatte/kommentare/article153023085/Sie-will-ihr-Auto-fahren-wohin-sie-will.html
11) http://news.trust.org//item/20130927160132-qt52c/
12) https://www.welt.de/debatte/kommentare/article133712722/Islamophobie-Wir-nennen-es-Aufklaerung.html
13) http://www.faz.net/aktuell/politik/f-a-z-gastbeitrag-assimilation-integration-identitaet-1513177.html
14) „Die großen Regierungserklärungen der deutschen Bundeskanzler von Adenauer bis Schröder", S. 194, Klaus Stüwe, Springer Verlag
15) http://www.faz.net/aktuell/feuilleton/sarrazin/auslaender-in-deutschland-einwanderungsland-wider-willen-1580276.html

Der Islam kennt keine Unterscheidung zwischen Islam und Islamismus

1) http://www.ufuq.de/verein/uber-uns/verein/

Schweiz: Keine Toleranz der Intoleranz

1) https://bazonline.ch/schweiz/standard/lausanne-lehnt-einbuergerung-von-muslimpaar-ab/story/21715828

Hakenkreuz und Halbmond

1) http://www.pi-news.net/2016/05/herrmann-is-gigantische-weltweite-bewegung/
2) http://www.pi-news.net/2016/05/herrmann-is-gigantische-weltweite-bewegung/
3) https://www.welt.de/politik/article1128347/Tuerkei-verbietet-Adolf-Hitlers-Mein-Kampf.html

Chemnitz und der geheime Medienstaatsvertrag

1) https://kurier.at/genuss/fluechtlinge-willkommen-die-neue-ben-jerry-s-eissorte/303.116.480 (abgerufen am 25.10.2018)
2) https://www.heise.de/newsticker/meldung/Medienstaatsvertrag-Let-s-Player-sollen-von-Rundfunkpflicht-befreit-werden-4119772.html (abgerufen am 25.10.2018)
3) https://www.mmnews.de/vermischtes/20506-deutschland-ist-zensurweltmeister (abgerufen am 25.10.2018)

Fake-News-Schleuder „Correctiv": Verleumden, spitzeln, denunzieren

1) https://propagandaschau.wordpress.com/2017/05/03/der-groesste-lump-im-ganzen-land-das-ist-und-bleibt-der-denunziant-david-schraven-correctiv/
2) http://www.handelsblatt.com/unternehmen/it-medien/correctiv-soros-spendet-fuer-kampf-gegen-fake-news/19610750.html
3) http://www.taz.de/!5027824/
4) http://meedia.de/2017/05/03/wie-das-recherchebuero-correctiv-das-sexleben-einer-afd-politikerin-enthuellte-und-sich-damit-einen-shitstorm-einfing/
5) http://meedia.de/2016/11/09/peinliche-letter-panne-wie-correctiv-hillary-clinton-voreilig-als-praesidentin-feierte/

GEZ-Urteil: Jetzt spricht Heiko Schrang

1) https://www.handelsblatt.com/politik/deutschland/rundfunkbeitrag-karlsruhe-weist-ablehnungsgesuche-gegen-richter-kirchhof-zurueck/21240414.html?ticket=ST-5914483-OavO4VEkp1vFfpew7Vgl-ap4 (abgerufen am 25.10.2018)
2) https://www.wiwo.de/politik/europa/bundestag-linke-fiskalpakt-ist-verfassungswidrig/6453224-2.html (abgerufen am 25.10.2018)
3) http://www.taz.de/!5165840/ (abgerufen am 25.10.2018)
4) https://www.tagesspiegel.de/themen/reportage/erinnerungen-an-muhammad-ali-i-aint-got-no-quarrel-with-them-vietcong/13689002-3.html (abgerufen am 25.10.2018)

Echokammer: Die globalistische Verschwörungstheorie von der Filterblase

1) https://www.heise.de/newsticker/meldung/Raus-aus-der-Echokammer-Mehr-Vielfalt-durch-staatlich-unterstuetzte-soziale-Medien-3965681.html
2) https://www.sueddeutsche.de/politik/politik-im-netz-in-der-rechten-echokammer-1.3485685
3) https://www.nachdenkseiten.de/?p=42945
4) https://netzpolitik.org/2011/gibt-es-eine-filter-blase/
5) https://www.deutschlandfunk.de/suchmaschinen-die-filterblasen-theorie-ist-erstmal-geplatzt.2907.de.html?dram:article_id=411873

Erkennt die Lemminge – und folgt ihnen nicht!

1) https://www.info-direkt.eu/2017/05/29/skandalurteil-des-oegh-eine-politisch-motivierte-fehlentscheidung/

Jeder kann Aufklärer sein

1) https://www.stern.de/politik/deutschland/umfrage--zwei-von-drei-deutschen-lehnen-merkels-fluechtlingspolitik-ab-8124758.html
2) https://www.cicero.de/innenpolitik/bamf-affaere-untersuchungsausschuss-fluechtlingskrise-bundesregierung-afd
3) https://www.zeit.de/politik/deutschland/2018-01/union-und-spd-einigen-sich-beim-familiennachzug
4) https://vera-lengsfeld.de/2018/01/22/wir-werden-verarscht-dass-es-quietscht/#more-2244
5) https://resettlement.de/relocation-umverteilung-von-asylsuchenden-aus-griechenland-und-italien-in-andere-eu-staaten/
6) http://www.un.org/esa/population/publications/migration/execsumGerman.pdf
7) https://www.welt.de/print-welt/article525931/Ohne-Auslaender-droht-Kollaps-der-Sozialsysteme.html
8) https://www.focus.de/finanzen/news/konjunktur/hans-werner-sinn-der-star-oekonom-spricht-klartext_id_7942461.html
9) https://www.cashkurs.com/hintergrundinfos/beitrag/warum-migration-gut-fuers-geschaeft-ist-das-weltwirtschaftsforum-und-die-willkommenskultur/
10) https://www.handelsblatt.com/archiv/davos-eroeffnung-die-rede-von-kanzlerin-merkel-im-wortlaut-seite-8/2760382-8.html?ticket=ST-6448874-QPvgsqskk5JdPtzeSmT3-ap3
11) https://www.welt.de/politik/video148791995/Wie-koennen-wir-aus-illegaler-Migration-legale-Migration-machen.html
12) https://www.deutschland.de/de/topic/politik/global-compact-on-migration-rechte-von-migranten-staerken
13) https://www.arbeitgeber.de/www/arbeitgeber.nsf/id/995829B29846E185C12581F60056891D
14) https://www.youtube.com/watch?v=Kg4ZtYUZWsU
15) https://www.focus.de/finanzen/boerse/boersen-guru-dirk-mueller-warnt-wir-erleben-die-groesste-blase-aller-zeiten_id_8388196.html
16) https://underinformation.files.wordpress.com/2010/02/praktischeridealismus.pdf
17) https://www.bundeskanzlerin.de/ContentArchiv/DE/Archiv17/Artikel/2011/01/2011-01-13-merkel-europapreis.html
18) http://www.spiegel.de/spiegel/print/d-15317086.html
19) http://www.spiegel.de/politik/deutschland/integration-merkel-erklaert-multikulti-fuer-gescheitert-a-723532.html
20) http://www.faz.net/aktuell/politik/wolfgang-schaeuble-abschottung-wuerde-europa-in-inzucht-degenerieren-lassen-14275838.html
21) https://derstandard.at/2000010102927/Eine-Voelkerwanderung
22) https://www.derstandard.de/story/2000076971769/wie-demokratien-sterben
23) https://fassadenkratzer.wordpress.com/2013/11/22/hintergrunde-der-europaischen-integrationsbewegung/
24) https://www.amazon.de/Weg-die-Weltdiktatur-Jahrhundert-Strategie/dp/3941956515/ref=sr_1_1?s=books&ie=UTF8&qid=1529858964&sr=1-1&keywords=Thomas+Barnett
25) https://www.amazon.de/Drehbuch-f%C3%BCr-den-3-Weltkrieg-Weltordnung/dp/3941956493/ref=sr_1_3?s=books&ie=UTF8&qid=1529858964&sr=1-3&keywords=Thomas+Barnett
26) Thomas P.M. Barnett: Drehbuch für den 3. Weltkrieg: Die zukünftige neue Weltordnung. J.K. Fischer Verlag, 2016, S. 29

27) Petra Paulsen: Deutschland außer Rand und Band – Zwischen Werteverfall, Political (In)Correctness und illegaler Migration, Macht-steuert-Wissen-Verlag, 2018, S. 170.

28) https://www.youtube.com/watch?v=eFLY0rcsBGQ

Ein klares NEIN zum Bürgerkrieg

1) https://www.epochtimes.de/politik/deutschland/petra-paulsen-brief-bundeskanzlerin-merkel-migranten-manchester-familiennachzug-fluechtlinge-schuldenberg-a2126434.html

2) https://www.epochtimes.de/politik/deutschland/petra-paulsen-zweiter-offener-brief-an-die-bundeskanzlerin-was-fuer-ein-teuflisches-spiel-wird-gespielt-a2359666.html?text=1

3) https://bazonline.ch/ausland/europa/die-schwarze-axt/story/15199232

4) https://www.berliner-kurier.de/berlin/polizei-und-justiz/sechs-anschlaege-in-sieben-wochen-wild-west-berlin-31076716

5) https://dieunbestechlichen.com/2018/01/trauermarsch-fuer-mia-in-kandel-attackiert-gutmenschen-mit-bunten-regenschirmen-drehen-durch-video/

6) https://www.focus.de/politik/deutschland/wahlen-2009/bundestagswahl/ddr-vergangenheit-lafontaine-attackiert-merkel_aid_436788.html

7) http://www.faz.net/aktuell/politik/inland/neue-studie-zu-toten-an-der-innerdeutschen-grenze-15050499.html

8) https://www.welt.de/politik/ausland/article180557278/UNHCR-Ueber-1500-tote-Fluechtlinge-im-Mittelmeer.html

9) https://www.youtube.com/watch?v=Fr3JPQo79Tk

10) http://www.faz.net/aktuell/politik/inland/angela-merkels-wahl-zur-kanzlerin-was-bedeutet-der-amtseid-15492589.html

11) https://www.welt.de/politik/deutschland/article162407512/Das-Volk-ist-jeder-der-in-diesem-Lande-lebt.html

12) https://www.europa-union.de/fileadmin/files_eud/PDF-Dateien_EUD/Allg._Dokumente/Churchill_Rede_19.09.1946_D.pdf

13) https://www.bundeskanzlerin.de/ContentArchiv/DE/Archiv17/Artikel/2011/01/2011-01-13-merkel-europapreis.html

14) https://fassadenkratzer.wordpress.com/2013/11/22/hintergrunde-der-europaischen-integrationsbewegung/

15) https://www.focus.de/magazin/archiv/debatte-es-ist-zeit-fuer-deutschland-wieder-aufzustehen_aid_544099.html

16) https://www.nzz.ch/articleEV0F8-1.102318

17) https://www.zdf.de/nachrichten/heute/karlspreis-fuer-macron-100.html

18) https://www.nachdenkseiten.de/?p=28017

19) https://www.basel-express.ch/redaktion/medienkritik/216-ach-wie-gut-dass-niemand-weiss-dass-meine-freundin-springer-heisst

20) https://www.handelsblatt.com/politik/deutschland/portraet-lauf-maedchen-lauf-seite-5/2511074-5.html?ticket=ST-1711856-vVPG2InMMpfUdw1sK9cQ-ap3

21) https://underinformation.files.wordpress.com/2010/02/praktischeridealismus.pdf

22) https://derstandard.at/2000010102927/Eine-Voelkerwanderung

23) http://www.faz.net/aktuell/politik/fluechtlingskrise/wie-der-fluechtlingsandrang-aus-syrien-ausgeloest-wurde-13900101.html

24) https://www.welt.de/wirtschaft/article152488598/Geschlossene-Grenzen-wuerden-Milliarden-kosten.html

25) https://www.youtube.com/watch?v=pJijNr-sEvo
26) https://diepresse.com/home/wirtschaft/eurokrise/1335097/Junckers-beste-Zitate_Wenn-es-ernst-wird-muss-man-luegen
27) http://www.spiegel.de/spiegel/print/d-15317086.html
28) https://www.welt.de/newsticker/dpa_nt/afxline/topthemen/hintergruende/article171370904/Schulz-will-Vereinigte-Staaten-von-Europa.html
29) http://www.spiegel.de/politik/ausland/vereinigte-staaten-von-europa-mehrheit-der-deutschen-ist-dagegen-a-1182554.htm
30) https://www.youtube.com/watch?v=Ia-GaZjbNaM
31) https://de.wikipedia.org/wiki/Zbigniew_Brzezi%C5%84ski
32) https://www.mintpressnews.com/zbigniew-brzezinski-the-man-behind-obamas-foreign-policy/21369/
33) https://de.wikipedia.org/wiki/Tittytainment
34) https://de.wikipedia.org/wiki/Thomas_P._M._Barnett
35) https://www.zeit.de/2003/22/Menschenrechte
36) Thomas P.M. Barnett: Drehbuch für den 3. Weltkrieg: Die zukünftige neue Weltordnung. J.K. Fischer Verlag, 2016, S. 29
37) http://www.un.org/esa/population/publications/migration/execsumGerman.pdf
38) Ebd. S. 320
39) https://de.wikipedia.org/wiki/Selbstbestimmungsrecht_der_V%C3%B6lker
40) http://www.spiegel.de/politik/deutschland/integration-merkel-erklaert-multikulti-fuer-gescheitert-a-723532.html
41) https://www.youtube.com/watch?v=be2pX2IYTEs
42) https://www.bbc.co.uk/news/uk-politics-18519395
43) http://unser-mitteleuropa.com/2016/05/04/vizeprasident-der-eu-kommission-monokulturelle-staaten-ausradieren/
44) https://www.youtube.com/watch?v=Gg2CNMwEhJ4
45) https://www.sn.at/politik/weltpolitik/eu-kommissar-brauchen-ueber-70-mio-migranten-in-20-jahren-1917877
46) https://www.t-online.de/nachrichten/ausland/eu/id_78063760/wolfgang-schaeuble-abschottung-laesst-europa-in-inzucht-degenerieren-.html
47) https://www.unric.org/de/migration-pressemitteilungen/11270
48) https://de.wikipedia.org/wiki/Open_Society_Foundations#Kritik
49) https://www.washingtontimes.com/news/2016/aug/22/george-soros-al-gores-sugar-daddy/
50) https://www.eike-klima-energie.eu/2016/11/30/george-soros-zahlte-millionen-an-al-gore-damit-dieser-bzgl-der-globalen-erwaermung-luegt/
51) https://www.3sat.de/page/?source=/makro/magazin/doks/188650/index.html
52) http://www.spiegel.de/politik/deutschland/christentum-und-islam-die-unterwerfung-kolumne-a-1120073.html
53) https://religion.orf.at/stories/2575531/
54) https://diepresse.com/home/panorama/religion/1357191/Die-Jesuiten-und-die-Naehe-zur-Macht
55) https://www.nrz.de/kultur/papst-wirbt-fuer-globalpakt-migration-id214618889.html
56) https://vera-lengsfeld.de/2017/10/30/die-fluechtlingsgewinnler-caritas-und-diakonie/

57) https://www.handelsblatt.com/politik/international/us-aussenpolitik-chaos-ohne-kontrolle/10036758-2.html

58) http://www.spiegel.de/einestages/irakkrieg-2003-george-w-bush-und-der-krieg-gegen-terror-a-1101543.html

59) https://www.freitag.de/autoren/gela/die-libysche-revolutionsluege

60) https://www.n-tv.de/politik/So-versank-Libyen-im-Chaos-article18853481.html

61) https://www.epochtimes.de/politik/deutschland/buch-die-destabilisierung-deutschlands-fall-anis-amri-kein-behoerdenversagen-c-i-a-nahm-einfluss-a2509921.html

62) https://www.evangelisch.de/inhalte/106088/26-08-2011/libyen-der-krieg-um-europas-oel

63) https://www.zeit.de/politik/ausland/2018-03/nicolas-sarkozy-muammar-al-gaddafi-wahlkampffinanzierung

64) https://www.youtube.com/watch?v=_EaEVIh9t5I

65) http://www.fluchtgrund.de/2016/07/vom-irakkrieg-zum-islamischen-staat-westliche-interventionen-und-ihre-folgen/

66) https://www.sueddeutsche.de/politik/merkel-und-der-irak-krieg-ein-golfkriegssyndrom-ganz-eigener-art-1.747506

67) http://www.spiegel.de/politik/ausland/syrien-usa-raeumen-einsatz-von-uranmunition-ein-a-1134694.html

68) https://www.welt.de/politik/deutschland/article148837248/Ich-kaempfe-fuer-meinen-Weg.html

69) https://www.eva-herman.net/eva-herman-finale-massenmigration-offenbar-beschlossen/

70) https://www.focus.de/politik/ausland/zuwanderung-un-denkt-mit-globalem-fluechtlingspakt-migration-neu-trump-straeubt-sich-schon_id_8724153.html

71) https://www.tichyseinblick.de/kolumnen/spahns-spitzwege/un-fluechtlingspakt-assam-und-berlin/

72) https://www.tichyseinblick.de/kolumnen/aus-aller-welt/was-ueber-die-muslimischen-rohingya-terroristen-verschwiegen-wird/

73) https://www.kirche-und-leben.de/artikel/papst-jesus-christus-heisst-heute-rohingya/

74) https://www.zeit.de/2012/07/DOS-Farmermorde/seite-3

75) https://deutsche-wirtschafts-nachrichten.de/2018/08/03/suedafrika-bereitet-gesetz-zur-enteignung-weisser-farmer-vor/

76) https://www.opendoors.de/

77) https://www.welt.de/kultur/literarischewelt/article12583083/Ist-Angela-Merkel-ein-Irrtum-oder-Honeckers-Rache.html

78) https://juergenfritz.com/2018/08/01/islam-soll-europa-erobern/

79) https://www.deutschlandfunk.de/migranten-in-italien-die-neuen-sklaven-europas.1773.de.html?dram:article_id=389841

80) https://www.handelsblatt.com/sport/wm2018/wm-vorrunde-fruehes-deutschland-spiel-kostet-die-wirtschaft-womoeglich-hunderte-millionen/22741216.html?ticket=ST-605412-pDAdjb66ivZK1diEdpxw-ap3

81) https://www.youtube.com/watch?v=MhEZYG8GilU

82) https://www.sueddeutsche.de/politik/lehrerverband-lehrermangelspitztsichzu-1.4086945

83) https://www.deutschlandfunk.de/obdachlosigkeit-leben-am-unteren-rand.724.de.html?dram:article_id=409005

84) http://www.spiegel.de/lebenundlernen/schule/bertelsmann-studie-kinderarmut-haengt-stark-von-berufstaetigkeit-der-muetter-ab-a-1215011.html

85) https://www.tagesschau.de/inland/salafisten-137.html

86) https://vera-lengsfeld.de/2018/08/07/wir-werden-gewarnt-deutschland-ist-ein-sicherer-hafen-fuer-dschihadisten/
87) https://www.youtube.com/watch?v=a70vJLUDIXE
88) https://www.tichyseinblick.de/daili-es-sentials/zwei-deutsche-berichten-von-afrika/
89) http://www.washingtonpost.com/wp-dyn/content/article/2008/04/30/AR2008043003258.html

Mit Kryptowährungen und Blockchain in die bargeldlose Neue Weltordnung

1) https://www.btc-echo.de/suedkorea-ein-staat-setzt-auf-die-blockchain/
2) https://www.btc-echo.de/suedkorea-will-mit-kryptowaehrungen-und-blockchain-bargeldlos-werden/
3) http://www.faz.net/aktuell/finanzen/digital-bezahlen/bitcoin-ist-die-bevorzugte-waehrung-von-kriminellen-15487883.html
4) https://www.welt.de/finanzen/article144780737/Wer-Bitcoins-nutzt-ist-meist-ein-Krimineller.html
5) https://dieunbestechlichen.com/2018/07/bitcoin-geldwaesche-das-darknet-bundesregierung-linke-afd-wollen-kryptowaehrungen-staatlich-regulieren/
6) http://www.defenddemocracy.org/content/uploads/documents/MEMO_Bitcoin_Laundering.pdf
7) https://www.btc-echo.de/studie-erforscht-nutzung-von-bitcoin-fuer-illegale-aktivitaeten/
8) https://www.heise.de/newsticker/meldung/China-schafft-digitales-Punktesystem-fuer-den-besseren-Menschen-3983746.html
9) https://www.btc-echo.de/china-mit-der-blockchain-zur-traumstadt/
10) https://www.heise.de/tp/features/China-testet-KI-System-fuer-die-Aussenpolitik-4122568.html
11) https://bitcoinblog.de/2018/07/27/chinesen-besiegen-zensur-durch-blockchain/

Warum unser Geldsystem auf einen Crash zusteuert!

1) https://www.zeit.de/wirtschaft/geldanlage/2017-05/europaeische-zentralbank-ezb-nullzinspolitik-kosten-sparer
2) https://www.welt.de/wirtschaft/article167215622/Zombiefirmen-bergen-das-Risiko-einer-neuen-Krise.html
3) https://www.welt.de/wirtschaft/article167215622/Zombiefirmen-bergen-das-Risiko-einer-neuen-Krise.html
4) https://www.welt.de/wirtschaft/article167215622/Zombiefirmen-bergen-das-Risiko-einer-neuen-Krise.html
5) https://www.finanzen.net/leitzins/

Kapitalismus hat geschafft, was Sozialismus lediglich versprochen hat

1) https://humanprogress.org/dwline?p=585&r0=82&yf=1992&yl=2016&high=1
2) https://humanprogress.org/dwline?p=298&r0=82&yf=1960&yl=2015&high=1
3) https://www.humanprogress.org/dwline?p=295&r0=82&r1=13&r2=12&r3=11&r4=14&r5=15&r6=16&r7=17&yf=1990&yl=2015&high=1&reg=2
4) https://s3.amazonaws.com/happiness-report/2018/WHR_web.pdf
5) https://www.heritage.org/index/ranking
6) https://object.cato.org/sites/cato.org/files/pubs/efw/efw2016/efw-2016-chapter-1.pdf